FRANÇAIS
LITTÉRATURE

CLASSES DES LYCÉES

& MÉTHODES

CHRISTOPHE DESAINTGHISLAIN
CHRISTIAN MORISSET
EVELYNE POUZALGUES-DAMON
PATRICE ROSENBERG
DOMINIQUE VANHAMME
PATRICK WALD LASOWSKI

NATHAN

UN LIVRE DE LITTÉRATURE

Cet ouvrage présente les écrivains, les œuvres, les mouvements et les grands thèmes qui ont nourri chaque siècle. Une même structure, qui se reproduit chapitre après chapitre, permet la confrontation des périodes et la prise de conscience des évolutions. C'est ainsi que chaque introduction, au début de chaque chapitre, s'articule toujours autour de quatre rubriques : l'histoire politique, l'histoire de la langue, l'histoire des lettres et l'histoire des arts.

UN LIVRE DE TEXTES

Ce manuel rassemble les auteurs ayant marqué leur époque. Pour chaque auteur, le choix des textes obéit à deux critères essentiels :
- la représentativité, car chaque extrait est au cœur de l'œuvre et de sa signification ;
- la densité, car par sa dynamique, chaque extrait doit inciter à la lecture de l'œuvre elle-même.

UN LIVRE DE MÉTHODES

Les questionnaires, les pages sur les thèmes et les courants offrent de nombreux exercices avec pour objectif de lier savoirs littéraires et études linguistiques pour apprendre à saisir un texte, dans son époque et dans son genre. Les pages de méthode, avec leurs explications et leurs activités, mettent en place des compétences de lecture plus larges, pour l'étude d'une œuvre en son entier, pour l'analyse d'autres textes, pour réussir et préparer le baccalauréat.

SOMMAIRE

1000-1500

1500-1600

1600-1650

1650-1700

1700-1750

1750-1800

L'ÂGE DES LUMIÈRES

1800-1850

L'ÂGE DES ROMANTISMES

1850-1900

1900-1950

Depuis 1950

MÉTHODES

LE TEXTE DE POÉSIE

LE TEXTE DE THÉÂTRE

LE TEXTE ROMANESQUE

LE TEXTE ARGUMENTATIF

1000
1200

Le monde médiéval

LE PAYSAN, LE CHÂTEAU ET L'ÉGLISE

Au xe siècle, l'homme vit au rythme des saisons, de la religion et des ordres du seigneur. Dans ce monde essentiellement paysan, il a ses repères : le château offre une protection, l'église et le cimetière rassemblent la communauté des vivants et des morts dans l'attente de la Résurrection finale. À partir du xie siècle, l'économie s'améliore. Au moment des grandes foires, le paysan se rend dans les villes qui s'enrichissent, s'étendent et s'émancipent de la tutelle des seigneurs. Le roi parvient peu à peu à faire reconnaître son autorité sur un territoire de plus en plus vaste et, comme saint Louis, il organise les croisades. La population augmente. Mais tout bascule au début du xive siècle. Les famines se multiplient, la peste noire décime des régions entières, la guerre contre les Anglais débute pour durer plus de cent ans, de 1337 à 1453. Ce long « automne du Moyen Âge » ne prend fin que dans la seconde moitié du xve siècle.

L'APPARITION ET LE TRIOMPHE DU FRANÇAIS

À côté du latin qui demeure la langue de l'Église et de l'enseignement, une nouvelle culture écrite s'impose. Le 14 février 842, Charles le Chauve et Louis le Germanique, deux petits-fils de Charlemagne, prêtent serment d'assistance mutuelle contre leur frère Lothaire. Pour que les soldats comprennent l'engagement qu'ils doivent tous prononcer, celui-ci est rédigé non en latin, la langue écrite d'usage, mais en roman, la langue orale. *Les Serments de Strasbourg* sont ainsi le premier texte connu écrit en roman, l'ancêtre du français. Le roman correspond donc à la langue parlée, mais chaque région possède son propre patois. Deux grandes langues romanes se constituent, désignées par la manière de dire oui : la langue d'oïl au Nord, la langue d'oc au Sud.

LE JONGLEUR, LE CLERC ET LE PRINCE

Chantée par des « jongleurs », autrement dit des amuseurs, parfois acrobates, parfois mimes, allant de château en château et de ville en ville, la littérature du Moyen Âge est essentiellement orale. Il faut dire qu'il existe peu de livres. Les textes sont copiés à la main sur de coûteux et rares parchemins par des clercs. Détenteurs de l'écrit, les clercs sont les précieux compilateurs des faits et gestes de leurs contemporains : ils rédigent les actes officiels, ils rapportent la chronologie des grands événements dans les annales… Ayant d'abord copié et imité des poésies latines, ils deviennent, comme Chrétien de Troyes, les créateurs de chansons et de romans. Parallèlement, l'activité littéraire est indissociable des cours princières. Le premier troubadour connu, Guillaume IX d'Aquitaine, est un seigneur important et Charles d'Orléans, poète lui-même, invite François Villon à participer aux concours poétiques de Blois.

L'ART AU SERVICE DE LA PIÉTÉ

À partir du XIe siècle, les rois, les grands seigneurs, les abbés ou les riches bourgeois des villes financent la construction de grandes églises. Dans ce monde profondément religieux, l'homme crée pour Dieu. La voûte de pierre en berceau remplace la charpente en bois. La massivité et la solidité de l'édifice expriment la confiance de la communauté réunie. Cet art roman qui se développe et s'enrichit débouche au XIIIe siècle sur l'art gothique. La technique de la croisée d'ogives permet alors d'agrandir les ouvertures et d'élever l'édifice plus haut dans le ciel. Parallèlement, l'église est enrichie de sculptures et de peintures évoquant la Bible ou, plus simplement, le travail des hommes de l'époque. Dans le même temps, à côté de l'art monumental, un art de la précision et du détail apparaît dans les enluminures éclatantes des manuscrits des moines copistes.

La bénédiction de l'évêque entouré de ses clercs marque l'ouverture de la foire.

L'or symbolise la lumière divine.

La foire permet la rencontre du monde paysan et du monde de la ville.

La disposition de la scène en cercle est typique du Moyen Âge.

La perspective est aplatie : il ne s'agit pas de copier la réalité mais de montrer ce qu'il faut savoir.

Les proportions ne sont pas respectées : petit signifie secondaire.

L'auteur, un clerc probablement, ne ressent pas la nécessité de signer son œuvre : seul Dieu est le véritable créateur.

Bénédiction de la foire du Lendit, enluminure du XIVe siècle.

Peinte à la main l'enluminure illustre le texte du manuscrit. Elle « illumine » le sens du texte.

À l'origine, la foire est une fête religieuse. L'afflux des pèlerins attire très vite les marchands, chaque année, le deuxième mercredi de juin, dans la plaine Saint-Denis, près de Paris.

La chanson de geste

Nom : chanson de geste ; la geste vient du latin *gesta* et signifie ce qui a été fait, les exploits
Apparition : fin du XIe siècle dans les pays de langue d'oïl
Forme du texte : long poème de plusieurs milliers de vers, divisé en strophes de longueur irrégulière (appelées « laisses ») ; le vers utilisé est essentiellement le décasyllabe, parfois l'alexandrin
Lieux : France, Angleterre

Principales chansons de geste

cycle de Charlemagne : *La Chanson de Roland* (vers 1100), *Fierabras* (vers 1170) ;

cycle de Guillaume d'Orange : *La Chanson de Guillaume* (vers 1100) ;

cycle des vassaux révoltés : *La Chanson de Gormon et Isembart* (vers 1130) ;

cycle de la croisade : *La Chanson d'Antioche* (vers 1130).

LA NAISSANCE DE LA LITTÉRATURE ÉPIQUE

Nul ne sait qui est le dénommé Turold qui, vers l'an 1100, inscrit son nom au dernier vers de *La Chanson de Roland* : le modeste moine qui écrit un texte oral qui a parcouru les siècles ? le chanteur inspiré qui déclame les exploits des chevaliers de Charlemagne ? Ce premier monument de la littérature française devient pourtant le modèle d'un genre très actif durant plusieurs siècles : la chanson de geste. Vibrant témoignage des combats héroïques menés par les rois et les princes carolingiens, la geste transfigure les événements militaires pour en faire un récit idéalisé, une épopée où le héros démontre une puissance physique démesurée, exalte la fraternité d'armes, défend l'idéal chrétien.

LE TEMPS DE LA PAROLE PATHÉTIQUE

Lointains héritiers des mimes de la fin de l'Antiquité romaine, les jongleurs sont les interprètes attitrés des chansons de geste. Allant de château en village, ces professionnels du spectacle, à la fois musiciens et acrobates, savent s'adapter à des publics très divers. Apprenant par cœur les milliers de vers que contient une chanson, ils s'accompagnent de la vielle pour déclamer plusieurs heures durant les exploits de Roland ou de Guillaume. Puissamment évocatrice, la geste possède un rythme régulier où les répétitions et les effets de symétrie entraînent un public ébahi vers un monde ordonné où le Bien triomphe du Mal, en un combat intense fait de violence et de sang.

UNE INFLUENCE DURABLE

Copiées, imitées, regroupées en des cycles qui parcourent allègrement des filiations imaginaires entre les héros, les chansons de geste rencontrent un franc succès. Éléments d'une propagande politique et religieuse, elles sont très vite un moyen de faire l'éloge des croisades. Pourtant, progressivement, les poèmes se font plus longs, les intrigues deviennent de plus en plus complexes et, même s'il demeure secondaire, le thème de l'amour fait son apparition. L'épopée se teinte ainsi de romanesque. On y découvre la féerie de l'Orient, les aventures deviennent merveilleuses. À la fin du Moyen Âge, les thèmes épiques poursuivent leur histoire dans des adaptations en prose.

La Chanson de Roland

En 778, l'arrière-garde des troupes de Charlemagne est massacrée dans les Pyrénées. Trois siècles plus tard, *La Chanson de Roland* imagine l'appel à l'aide désespéré de Roland.

Le roi déclare : « J'entends le cor de Roland !
Il ne l'aurait jamais sonné s'il n'avait pas eu à se battre. »
Ganelon répond : « Pas du tout, il n'y a pas de bataille !
Vous êtes bien vieux, votre chef[1] est fleuri[2] et blanc ;
Par de tels mots, vous ressemblez à un enfant.
Vous connaissez fort bien le grand orgueil de Roland ;
On est surpris que Dieu le tolère si longtemps.
Déjà il prit Noples[3] sans votre ordre :
Les Sarrasins de la ville firent une sortie,
Livrèrent bataille au bon vassal Roland ;
Il fit laver alors les prés avec de l'eau
Pour que leur sang répandu ne se vît pas.
Pour un seul lièvre, il sonne le cor à longueur de journée.
En ce moment, il fait de l'effet devant ses pairs.
Personne au monde n'oserait engager le combat avec lui.
Chevauchez donc ! Pourquoi vous arrêter ?
Elle est bien loin devant nous, la Terre des Aïeux[4] ! »

Le comte Roland a la bouche sanglante :
De son cerveau la tempe est rompue.
Avec douleur et peine il sonne l'olifant[5].
Charles l'entendit, et ses Français l'écoutent.
Le roi déclare : « Ce cor a longue haleine ! »
« Un chevalier y met toutes ses forces », répond le duc Naimes[6].
« À mon avis, il est en train de se battre,
Et celui-là[7] l'a trahi qui vous demande de ne rien y faire.
Armez-vous donc, poussez votre cri de guerre,
Et secourez vos nobles et proches vassaux ;
Vous entendez bien que Roland se lamente ! »

Turold (?), *La Chanson de Roland*, laisses 134 et 135, vers 1100, traduction de I. Short, Éd. Le Livre de Poche.

1. *chef :* tête
2. *fleuri :* blanc de poils
3. *Noples :* localisation difficile, peut-être un nom poétique pour la ville espagnole de Pampelune
4. *Terre des Aïeux :* patrie
5. *olifant :* cor d'ivoire
6. *le duc Naimes :* vassal de Charlemagne réputé pour sa sagesse
7. *celui-là :* Ganelon

QUESTIONS

Le rythme épique

1. Voici le texte original des premiers vers. Repérez les assonances finales (répétition d'un même son), la longueur des vers et le type de césure.

Ce dist li reis : 'Jo oi le corn Rollant !
Unc ne l'sunast se ne fust cumbatant'.
Guenes respunt : 'De bataille est nïent !'

Le contexte de la féodalité

2. La geste montre un rapport d'homme à homme, tel que le définit la relation féodale entre le chevalier et son suzerain.
Observez comment à chaque son du cor s'exprime la proximité de Charlemagne et de Roland.

La figure du traître

3. Beau-père de Roland avec qui il s'est querellé, Ganelon l'a trahi en permettant aux Sarrasins de dresser une embuscade à Roncevaux. Relevez et analysez les différents arguments avancés par Ganelon pour empêcher Charlemagne de porter secours à Roland.

La poésie courtoise

Dans les régions de langue d'oc
Auteurs : les troubadours
Apparition : fin du XIe siècle avec Guillaume IX, comte de Poitiers et duc d'Aquitaine
Disparition : fin du XIIIe siècle
Forme du texte : la *canso* (chanson), le *sirventès* (poème polémique), la *tenso* ou le *partimen* (dialogue)
Lieux : Limousin, Aquitaine, Auvergne, Provence
Principaux troubadours : Guillaume IX (1071-1127), Jaufré Rudel (première moitié du XIIe siècle), Bernard de Ventadour (v. 1150-v. 1200), Bertrand de Born (v. 1140-v. 1215), Guiraud Riquier (v. 1230-1293)

Dans les régions de langue d'oïl
Auteurs : les trouvères
Apparition : milieu du XIIe siècle en Champagne
Disparition : XIVe siècle
Forme du texte : le *grand chant*, le *débat* ou le *jeu-parti* (dialogue), la *pastourelle*
Lieux : Champagne, Artois, Picardie, puis Bourgogne, Lorraine, Île-de-France
Principaux trouvères : Gace Brulé (v. 1160-v. 1215), le châtelain de Coucy (fin du XIIe siècle), Conon de Béthune (v. 1150-v. 1220), Thibaut de Champagne (1201-1253), Colin Muset (milieu du XIIIe siècle)

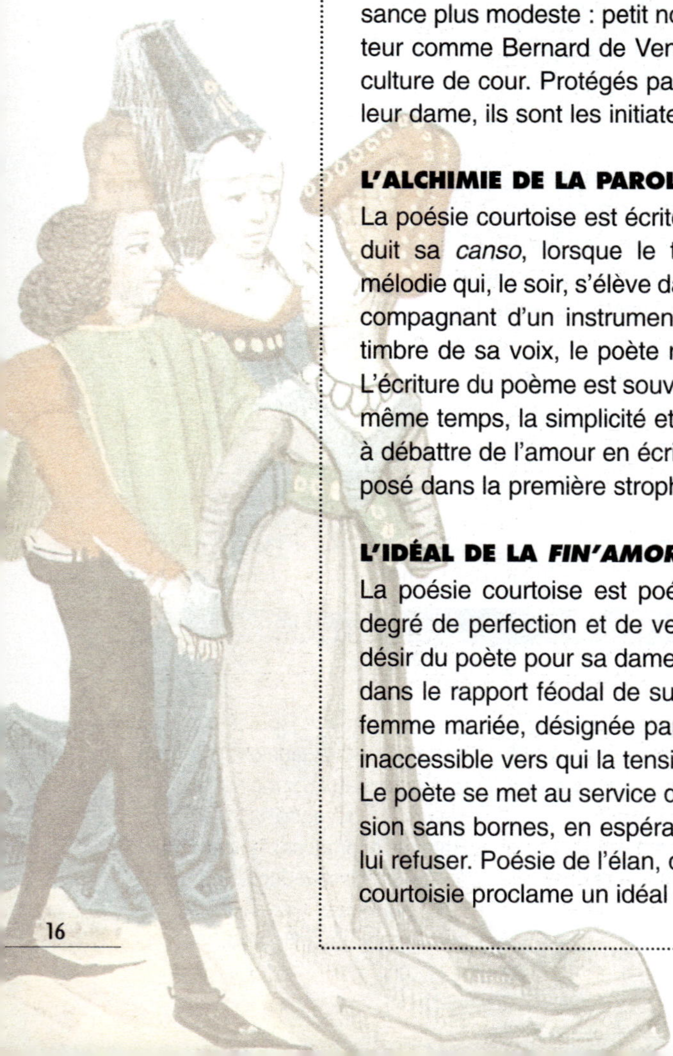

L'ART DÉLICAT DES COURS SEIGNEURIALES

À partir de la fin du XIe siècle, dans le sud de la France, des hommes inventent un art nouveau : la poésie courtoise, qui tire son nom des cours seigneuriales où elle est chantée. On les appelle les troubadours, car ils sont ceux qui trouvent (*trobar* en langue d'oc), qui inventent. Certains sont de grands seigneurs comme Guillaume IX d'Aquitaine. D'autres ont une naissance plus modeste : petit noble, ancien jongleur, voire fils d'un simple serviteur comme Bernard de Ventadour. Mais leur chant appartient toujours à la culture de cour. Protégés par un noble seigneur ou par celle qu'ils appellent leur dame, ils sont les initiateurs d'un certain art de dire la vie et l'amour.

L'ALCHIMIE DE LA PAROLE ET DE LA MUSIQUE

La poésie courtoise est écrite pour être chantée. Lorsque le troubadour produit sa *canso*, lorsque le trouvère propose son *grand chant*, c'est une mélodie qui, le soir, s'élève dans la grande salle du château seigneurial. S'accompagnant d'un instrument, n'utilisant parfois que la seule ressource du timbre de sa voix, le poète rend sensible la richesse du vers et de la rime. L'écriture du poème est souvent un modèle de virtuosité qui doit dire, dans le même temps, la simplicité et la force du sentiment. Les poètes aiment aussi à débattre de l'amour en écrivant des jeux-partis : à partir d'un dilemme proposé dans la première strophe, s'élabore une réponse dialoguée.

L'IDÉAL DE LA *FIN'AMOR*

La poésie courtoise est poésie d'amour, un amour porté à son plus haut degré de perfection et de vertu comme en témoigne l'adjectif *fin*. Elle dit le désir du poète pour sa dame, sa *domna*, qui est d'un rang supérieur comme dans le rapport féodal de suzeraineté. La dame n'est pas l'épouse, mais la femme mariée, désignée par un pseudonyme imagé. Elle est donc cet être inaccessible vers qui la tension du désir est à l'image de la pureté du chant. Le poète se met au service de sa dame. Il affirme une fidélité et une soumission sans bornes, en espérant une récompense qu'elle est toujours libre de lui refuser. Poésie de l'élan, qui se nourrit de son inachèvement perpétuel, la courtoisie proclame un idéal qui rompt avec une réalité parfois violente.

Ab la dolçor del temps novèl... Vers 1100

Premier troubadour connu, Guillaume IX est aussi un grand seigneur de son temps. Réputé pour la légèreté de ses mœurs et son tempérament guerrier, il exprime pourtant toute la délicatesse de la *fin'amor*.

À la douceur du temps nouveau,
Les bois feuillissent[1] et les oiseaux
Chantent, chacun en son latin[2],
Selon les strophes d'un chant nouveau.
Il est donc juste de se procurer
Ce que l'homme désire le plus.

De là d'où tout m'est bon et beau,
Je ne vois venir messager ni lettre scellée ;
Aussi mon cœur ne dort et ne rit
Et je n'ose faire un pas en avant
Avant de savoir si la fin
Sera celle que je désire.

Il en est de notre amour
Comme de la branche de l'aubépine
Qui est sur l'arbre, tremblante,
La nuit, dans la pluie et le gel,
Jusqu'au lendemain, quand le soleil se répand
À travers les feuilles vertes sur le rameau.

Je me souviens encore de ce matin
Où nous avons mis fin à la guerre,
Où elle m'a donné ce don si grand,
Son amour entier et son anneau.
Que Dieu me laisse vivre encore tant
Que j'ai mes mains sous son manteau.

Je n'ai nul souci du babil[3] des autres,
Qui pourrait me séparer de mon Bon Voisin.
Je sais ce qu'il en est des paroles
Et de ces brefs discours qui vont se répandant.
Tels autres peuvent se vanter d'amour,
Nous, nous en avons la pièce et le couteau[4].

Guillaume IX d'Aquitaine, *Ab la dolçor del temps novèl...*, vers 1100, traduction de J. Cerquiglini, Éd. Le Livre de Poche.

1. *feuillissent :* se garnissent de feuilles
2. *latin :* langue
3. *babil :* bavardage
4. *la pièce et le couteau :* tout ce qu'il faut pour manger

QUESTIONS

Le temps de l'amour

1. Le troubadour situe son chant au printemps. Quels vers rendent compte de ce contexte ?

La fidélité de l'amant

2. Quels sont les signes de la fidélité de l'amant dans le poème ?

La discrétion et le secret

3. Le troubadour utilise un *senhal*, un pseudonyme, pour désigner sa dame. Relevez et analysez celui utilisé ici.

Chrétien de Troyes

Nom : Chrétien
Naissance : inconnue
Décès : vers 1190
Lieu : Troyes, à la cour du comte de Champagne puis à la cour du comte de Flandres
Situation familiale : inconnue
Profession : clerc
Amitiés : protection de Marie de Champagne, puis de Philippe d'Alsace

Il a écrit

des romans : *Érec et Énide* (vers 1170), *Cligès* (vers 1176), *Yvain ou le Chevalier au lion* (vers 1180), *Lancelot ou le Chevalier à la charrette* (vers 1180), *Perceval ou le Conte du Graal* (vers 1185) ;

des adaptations d'Ovide dont : *Philomena* (vers 1160-70) ;

des chansons courtoises.

LE MYSTÈRE D'UNE VIE

De la vie de Chrétien de Troyes, nous ne possédons que des indications allusives placées au début de ses romans. Un nom : « Chrétien », qui signifierait peut-être qu'il est un juif converti, comme souvent à cette époque. Un lieu : Troyes. Il affirme avoir écrit un roman à la demande de « ma dame de Champagne », Marie de Champagne, qui tient à Troyes une cour fréquentée par de nombreux poètes. Il semble bien qu'il soit clerc, car ses écrits démontrent qu'il en possède l'instruction. Pour le reste, sa vie est un mystère. Nulle date de naissance, nulle date de décès. L'interruption brusque de son dernier roman correspondrait au terme de sa vie, vers 1190.

L'ÉCRIVAIN À LA COUR DE CHAMPAGNE

En cette seconde moitié du XIIe siècle, Troyes est le symbole de la renaissance économique et culturelle que connaît la France. Placée au carrefour d'importantes routes commerciales, la ville est réputée pour ses vastes foires où se rencontre et commerce une population bruyante et mélangée. Cette richesse profite naturellement au comte et à la comtesse de Champagne, qui habitent le palais situé au centre de la ville. Amateurs des arts, ils permettent l'épanouissement d'une culture aristocratique : chansons de trouvères, discussion avec des philosophes… C'est dans ce contexte que Chrétien de Troyes, sous l'œil bienveillant de Marie, écrit des adaptations du poète latin Ovide et chante l'amour à la manière des troubadours.

LE PREMIER GRAND ROMANCIER

Pourtant, la poésie courtoise ne suffit pas à Chrétien de Troyes. Il veut écrire « une composition très bien ordonnée ». Cette composition est celle du récit romanesque. À vrai dire, Chrétien n'est pas l'inventeur du roman. Depuis le milieu du XIIe siècle, certains auteurs ont adapté des récits de l'histoire ou des légendes antiques. Chrétien de Troyes, lui, invente le destin d'un héros, la quête de l'aventure et de l'amour, les incessantes surprises du récit. Autrement dit, il crée le roman moderne. Pour cela, il emprunte au thème du roi Arthur et des chevaliers de la Table ronde. C'est ainsi tout un imaginaire qui peuple désormais la culture occidentale.

Érec et Énide

vers 1170

Ce texte est le premier roman conservé de Chrétien de Troyes. Au service du roi Arthur, Érec poursuit un chevalier qui a manqué de respect à la reine et à lui-même. Arrivé dans une ville, il rencontre Énide, une jeune fille d'une beauté prodigieuse. Il défie alors tout autre prétendant et affronte le chevalier.

Érec aurait dû se trouver au plus mal : le froid acier[1] lui est passé sur la hanche jusqu'à la chair. Cette fois, Dieu l'a sauvé, car si le fer n'avait pas glissé et frappé à plat, il lui aurait tranché le milieu du corps en deux. Mais Érec ne se décourage pas car, si l'autre lui prête, il sait bien le rembourser : il l'attaque hardiment en le frappant le long de l'épaule. Il lui assène un tel coup que l'écu ne résiste plus, le haubert[2] non plus, et l'épée va jusqu'à l'os et fait jaillir le sang vermeil qui coule jusqu'à la ceinture. Les deux chevaliers sont fiers : ils luttent d'égal à égal, de sorte que l'un ne cède pas un seul pied de terre à l'autre. Leurs hauberts sont démaillés et leurs écus[3] sont si déchiquetés qu'ils n'ont, sans mentir, plus rien d'entier dont ils puissent se protéger. Ils se frappent à découvert : tous les deux perdent beaucoup de sang et s'affaiblissent. Le chevalier frappe Érec et Érec riposte en lui assenant un tel coup sur le heaume[4] qu'il l'étourdit. Érec frappe et refrappe sans rencontrer de résistance. Il donne trois coups de suite et écartèle complètement le heaume en tranchant la coiffe[5] au-dessous. Son épée pénètre jusqu'à la tête et fend l'os du crâne du chevalier, mais elle n'atteint pas la cervelle. Son adversaire incline par en avant et chancelle. Érec le pousse et le fait tomber sur le côté droit. Il lui tire et arrache le heaume avec violence, il lui délace la ventaille[6] et lui découvre le visage et la tête. Érec se souvient de l'outrage que le nain[7] lui a fait subir dans le bois et il aurait coupé la tête au chevalier si celui-ci ne lui avait demandé merci : « Ah ! vassal, tu m'as vaincu. De grâce ! ne me tue pas ! Puisque tu m'as déjà vaincu et pris, tu n'aurais jamais plus gloire et valeur si tu me tuais maintenant. Ce serait une trop grande vilenie[8]. Voici mon épée, je te la rends. » Mais Érec la refuse et lui dit : « C'est bien, je te fais grâce. »

Chrétien de Troyes, *Érec et Énide*, vers 1170,
traduction de P. F. Dembowski, Éd. Gallimard.

1. *acier :* épée de l'adversaire d'Érec
2. *haubert :* longue cotte de mailles
3. *écu :* bouclier
4. *heaume :* casque
5. *coiffe :* pièce de tissu portée en dessous du heaume
6. *ventaille :* visière du heaume
7. *nain :* le chevalier est accompagné d'un nain qui a frappé Érec avec son fouet au début du récit
8. *vilenie :* déshonneur

QUESTIONS

La violence du combat

1. Dans les romans de Chrétien de Troyes, la valeur des chevaliers est démontrée par la violence du combat. Complétez le tableau suivant :

L'état des corps	L'état des armures
« L'épée va jusqu'à l'os »	....

La psychologie du héros

2. Premier grand romancier, Chrétien de Troyes s'intéresse à la pensée profonde de ses héros car celle-ci permet d'expliquer leurs actions. Quel passage indique la pensée intime du héros ? Expliquez en quoi ce passage permet de comprendre son action.

La générosité du chevalier

3. Le véritable chevalier « ne doit accomplir aucun acte entaché d'un soupçon de honte ». En quoi cette appréciation s'applique-t-elle à la fin de ce passage ?

4. Pourquoi Érec refuse-t-il l'épée de celui qu'il a vaincu ? À quel idéal de la relation chevaleresque cette action correspond-elle ?

Yvain ou le Chevalier au lion

vers 1180

Dans ce roman, Chrétien de Troyes mêle habilement l'idéal de la chevalerie et le fantastique. Chevalier du roi Arthur, Yvain s'enfonce dans la forêt de Brocéliande et arrive près de la fontaine merveilleuse de Barenton. Le gardien de la fontaine vient livrer combat. L'ayant tué, Yvain tombe amoureux de sa femme, Laudine, et déclare sa flamme en parfait chevalier courtois.

« Sans mentir, ma dame[1], nulle force n'est aussi puissante que celle qui m'ordonne de consentir en tout à votre volonté. Je ne crains nullement d'obéir à votre bon plaisir, quel qu'il soit, et, s'il était en mon pouvoir de réparer le meurtre dont je suis coupable envers vous, je le ferais sans discuter. – Comment ? fait-elle. Eh bien, vous serez quitte de la réparation si vous parvenez à me convaincre que vous ne m'avez causé aucun tort en tuant mon époux ! – Ma dame, fait-il, pardonnez-moi ! Quand votre époux m'a attaqué, quel tort ai-je eu de me défendre ? Un homme veut tuer ou capturer son adversaire, si l'autre se défend et le tue, dites-moi si ce dernier a le moindre tort ? – Nullement, du point de vue du droit, et je crois bien qu'il ne me servirait à rien de vous avoir fait exécuter. Mais j'aimerais bien savoir d'où vient la force qui vous contraint de vous soumettre à ma volonté, sans restriction. Je vous tiens quitte de tous vos torts et méfaits, mais asseyez-vous et contez-moi comment vous êtes dompté à présent. – Ma dame, cette force vient de mon cœur qui s'attache à vous. C'est mon cœur qui m'a mis dans cette disposition. – Et votre cœur, qui l'a soumis, cher et tendre ami ? – Dame, ce sont mes yeux ! – Et les yeux, qui ? – La grande beauté que je vis en vous. – Et la beauté, quel fut son crime ? – Ma dame, celui de me faire aimer. – Aimer, et qui ? – Vous, dame très chère ! – Moi ? – Oui, vraiment ! – De quelle manière ? – D'une manière qu'il ne peut exister de plus grand amour, telle que mon cœur ne vous quitte pas et que jamais je ne l'imagine ailleurs, telle qu'ailleurs je ne puis mettre mes pensées, telle qu'à vous je m'abandonne sans réserve, telle que je vous aime bien plus que moi-même, telle qu'à votre gré, si c'est votre désir, pour vous je veux mourir ou vivre. – Et oseriez-vous entreprendre de défendre la fontaine pour moi ? – Oui, assurément, ma dame, contre n'importe qui. – Alors sachez que la paix est conclue entre nous ! »

1. *ma dame :* **Laudine**

Chrétien de Troyes, *Yvain ou le Chevalier au lion*, vers 1180, traduction de Ph. Walter, Éd. Gallimard.

QUESTIONS

L'idéal courtois

1. Auteur de poèmes courtois, Chrétien de Troyes rapporte ici un dialogue entre l'ami, c'est-à-dire celui qui courtise, et sa dame. Quels passages du texte indiquent qu'Yvain se soumet au désir de celle qu'il aime ?

Le combat d'amour

2. Comme lors d'une lutte contre un chevalier, Yvain combat pour séduire Laudine. Qui pose essentiellement les questions ? Qui mène le combat ?

3. Comment évolue le rythme du combat ?

La force de la passion

4. L'amour d'Yvain est absolu. À partir de l'étude de la fin du texte, expliquez quels sont les caractères de cette passion absolue ?

5. Quelle est la limite de cette passion ?

Perceval ou le Conte du Graal — vers 1185

Dernière œuvre de Chrétien de Troyes, inachevée, *Le Conte du Graal* sera continué par d'autres romanciers. Jeune homme un peu niais, Perceval, qui ne connaît pas son nom, devient chevalier du roi Arthur et part à l'aventure. Arrivé au château du Roi Pêcheur, il assiste à un spectacle étrange. Le lendemain, il rencontre une jeune fille qui l'interroge.

« Vraiment, il[1] vous a fait un grand honneur en vous invitant à vous asseoir à côté de lui. Et une fois installé près de lui, dites-moi, avez-vous vu la lance dont la pointe saigne bien qu'il n'y ait ni chair ni veine ? – Si je l'ai vue ? Oui, ma foi. – Et avez-vous demandé pourquoi elle saignait ? – Je n'en ai rien dit. – Par Dieu, sachez donc que vous avez eu tort. Et avez-vous vu le graal[2] ? – Oui, très bien. – Et qui le tenait ? – Une jeune fille. – D'où venait-elle ? – D'une des chambres. – Et où est-elle allée ? – Elle est entrée dans une autre chambre. – Et y avait-il quelqu'un devant le graal ? – Oui. – Qui ? – Deux serviteurs, pas un de plus. – Et que tenaient-ils dans leurs mains ? – Des chandeliers garnis de chandelles. – Et après le graal, qui s'avançait ? – Une jeune fille. – Et que tenait-elle ? – Un petit tailloir[3] en argent. – Avez-vous demandé à ces personnes où elles allaient ainsi ? – Pas un mot n'est sorti de ma bouche. – Par Dieu, voilà qui est encore plus grave ! Quel est votre nom, mon ami ? » Et lui, qui ne connaissait pas son nom, le devina comme par enchantement et dit qu'il s'appelait Perceval le Gallois, sans être sûr de dire la vérité, mais il dit vrai, sans le savoir. Quand la demoiselle l'entendit, elle s'est dressée contre lui, comme en colère : « Votre nom est changé, mon ami ! – Et comment ? – C'est Perceval l'Infortuné ! Ah ! malheureux Perceval, quelle malchance pour toi que tu n'aies pas posé toutes ces questions, car autrement tu aurais guéri le bon roi infirme, et il aurait recouvré l'usage de tous ses membres et le pouvoir sur ses terres. Et il en aurait résulté tant d'avantages ! Mais maintenant, sache bien qu'en résulteront des calamités pour toi et pour d'autres. »

Chrétien de Troyes, *Perceval ou le Conte du Graal*, vers 1185,
traduction de D. Poirion, Éd. Gallimard.

1. *il :* le Roi Pêcheur, qui est infirme
2. *graal :* plat creux qui répand une lumière éblouissante
3. *tailloir :* plat pour découper la viande

QUESTIONS

Le fantastique et l'étrange

1. Le héros vit des aventures hors du commun. Relevez les phénomènes étranges vécus par Perceval.

2. Le héros découvre un ordre surnaturel dont le sens lui échappe. En étudiant la précision des questions, expliquez qu'un sens caché existe.

L'élu

3. Seul le meilleur chevalier parvient à vivre certaines aventures. Quelle indication souligne le fait que Perceval est élu pour connaître le secret du Graal ?

4. Pourquoi peut-on dire que l'intrigue est relancée ?

Le dévoilement et la connaissance

5. La quête du chevalier ouvre à la connaissance de soi-même. Quelles sont les informations dévoilées dans ce passage ?

6. Quelles facultés extraordinaires Perceval posséderait-il ?

Le Roman de Renart

Auteur : Pierre de Saint-Cloud,
le premier auteur, suivi d'une vingtaine d'autres,
la plupart anonymes
Origine : textes latins (*Ysengrimus*, vers 1150)
Forme du texte : vingt-sept « branches » (ou récits)
comptant au total trente mille octosyllabes
Principaux personnages : Renart (seigneur de Maupertuis),
Dame Hermeline (sa femme),
Noble (le lion qui est le roi), Dame Fière (la reine),
Ysengrin (le loup, connétable du roi), Chanteclerc (le coq),
Brun (l'ours), Tiécelin (le corbeau)

L'HOMME ET L'ANIMAL

Au Moyen Âge, l'homme vit au rythme de la nature et l'hiver est une bien longue et morne saison. Le soir, le froid glace les pièces du château et la bise s'engouffre dans les ruelles du village. On se rassemble, le temps est à la veillée. Au château ou dans la masure du plus riche villageois, le ménestrel vient d'arriver. On lui offre à manger. Après le repas, quand le silence se fait, dans la pénombre d'une pâle lumière, il se met à raconter les aventures écrites par Pierre de Saint-Cloud. On rit à écouter ces histoires de Renart, celles où les animaux, si proches de la vie quotidienne d'un monde essentiellement rural, vivent comme des hommes et dévoilent les travers des puissants et des faibles.

LA RUSE ET LA FOURBERIE

Renart vole les jambons d'Ysengrin, il le fait descendre au fond d'un puits, il trompe les marchands de poissons en faisant le mort… Le *Roman* raconte toujours la tromperie en de multiples variations. Par l'écart entre le discours et les faits, entre l'apparence des paroles et la réalité des gestes, la ruse est le signe de Renart. Même le lion est trompé en raison de sa naïveté et il arrive également que Renart soit pris à ses propres pièges. Le personnage séduit. Entre 1174 et 1250, les auteurs se succèdent, les aventures se multiplient, à tel point que progressivement le mot goupil, qui désigne l'animal jusqu'alors, est remplacé par le mot renard, encore utilisé actuellement.

LA SATIRE SOCIALE

Mais *Le Roman de Renart* ne dit pas seulement la ruse, il n'est pas un simple amusement de clercs repris par toute une civilisation. Il est aussi une manière de rire de la vision idyllique de la féodalité ou de la courtoisie. Comme lors de la fête des fous où tout est permis, comme lors du carnaval où les pouvoirs sont renversés pour un temps, le *Roman* montre que les liens féodaux sont bafoués, que la paix revendiquée par certains n'est qu'un vain mot, que la courtoisie masque souvent les désirs les plus inavoués. Derrière le récit se cache la parodie de la société féodale.

Le Roman de Renart

vers 1174-1177

Les aventures de Renart sont des histoires de ruses, de tromperies, de fourberies. Mais c'est aussi le monde féodal qui apparaît à travers le récit. Dans ce passage, on voit Renart faire faussement l'éloge de la paix proclamée par le roi.

Renart aperçut une mésange sur la branche d'un chêne creux où elle avait caché ses œufs. Il lui adresse un salut :

– Soyez la bienvenue, commère[1] ! Descendez donc me donner un baiser.

– Renart, dit-elle, taisez-vous. Pour sûr vous seriez mon compère[2] si vous n'étiez un tel larron ; vous avez joué trop de tours à trop d'oiseaux et trop de bêtes. À quoi s'en tenir avec vous ? Savez-vous ce qui se produit ? Les diables vous ont tant gâté que nul ne vous fait confiance.

– Madame, répond le goupil, aussi vrai que votre petit est mon filleul par le baptême, je ne fis ni ne projetai jamais rien qui dût vous déplaire. Apprenez donc pourquoi je n'en ai pas le droit, il est juste de vous le dire : messire Noble le lion a récemment juré la paix, qui durera s'il plaît à Dieu ; par sa terre il la fit jurer, et fit promettre à ses barons[3] de la garder et maintenir. Les petites gens sont en joie, car vont finir en plusieurs terres querelles, plaids[4], mortelles guerres ; les bêtes, grandes et petites, grâce à Dieu pourront jouir de la tranquillité.

– Pourquoi me raconter ces blagues ? répondit la mésange. Arrangez-vous avec une autre. N'insistez pas pour me baiser, cela n'est pas pour aujourd'hui !

Quand Renart voit que sa commère ne veut pas croire son compère :

– Madame, veuillez m'écouter. Puisque vous vous méfiez de moi, yeux fermés je vous baiserai.

– Ma foi, dit-elle, je veux bien : fermez-les donc.

Il obéit, et la mésange à pleines pattes ramassa de la mousse et des feuilles, et loin de vouloir le baiser, les lui frotta sur les moustaches. Et quand Renart crut la saisir, il n'attrapa rien qu'une feuille qui demeurait sur sa moustache. La mésange alors lui cria :

– Ah ! Renart, qu'est donc cette paix ? Vous l'eussiez bien vite troublée si je ne m'étais reculée ! Votre seigneur l'a mal jurée !

Pierre de Saint-Cloud, *Le Roman de Renart,* branche II, vers 1174-1177,
traduction de M. Cadot, D.R.

1. commère : ici, marraine d'un enfant par rapport aux parents, ou au parrain
2. compère : parrain d'un enfant
3. barons : nobles
4. plaids : assemblées où l'on décide notamment de la guerre

QUESTIONS

Le discours de la ruse

1. Renart veut attraper la mésange et tente de la convaincre de ses bonnes intentions. Pour cela, il utilise trois ruses successives. Lesquelles ?

L'animal à l'image de l'homme

2. L'animal imite le monde de l'homme. Relevez et classez les termes qui traduisent cette humanisation du monde animal.

La parodie de la féodalité

3. À partir de l'an mille, l'Église essaie d'imposer la « paix de Dieu » pour éviter la guerre perpétuelle entre les seigneurs. Cette idée apparaît dans ce passage. De quelle façon ?

Tristan et Yseut

Apparition de l'histoire : seconde moitié du XIIe siècle
Origine : légende celtique *(Diarmaid et Grainne)*
Lieux du récit : îles Britanniques (Cornouailles et Irlande), France (Bretagne), la mer
Principaux personnages : Marc (roi de Cornouailles), Tristan (orphelin élevé par son oncle, le roi Marc, devient chevalier), Yseut (fille de la reine d'Irlande, femme de Marc), Brangien (suivante d'Yseut), Governal (précepteur de Tristan), Husdent (chien de Tristan), Yseut aux Blanches Mains (femme de Tristan à la fin du roman)

Principaux textes

textes longs : récit de Thomas (vers 1175 ?), récit de Béroul (vers 1176-1180 ?), de ces deux récits, il n'existe plus que des fragments, version en prose (vers 1240) ;

textes courts : *Folie Tristan* (anonyme), *Lai du Chèvrefeuille* de Marie de France (vers 1170).

LA NAISSANCE D'UN MYTHE

L'origine de l'histoire de Tristan et Yseut est obscure, mais il est certain que dès le XIIe siècle, la folle passion de ces amoureux est chantée par les troubadours qui jouent sur le rapprochement entre Tristan et l'adjectif triste. Évoqué par Chrétien de Troyes dans un texte aujourd'hui perdu, le récit semble prendre naissance dans les légendes celtiques. Dès le IXe siècle en effet, des conteurs irlandais racontent à un public fasciné l'histoire d'amour du jeune Diarmaid ensorcelé par la femme du roi Finn, avec laquelle il fuit dans la forêt profonde. Au milieu du XIIe siècle, l'histoire est reprise par écrit par un clerc anglais, Thomas, et un conteur d'origine normande, Béroul.

LE THÈME DE L'AMOUR FATAL

L'histoire de Tristan et Yseut est celle d'une passion fatale. Tristan ramène la belle Yseut que doit épouser son oncle, le roi Marc, mais il boit avec la jeune fille le philtre d'amour prévu pour les futurs époux. Désormais, une passion se noue entre les deux jeunes gens. Démasqués, ils fuient dans la forêt du Morois. Au bout de plusieurs années, Yseut retourne à la cour du roi Marc. Tristan épouse alors Yseut aux Blanches Mains. Blessé à mort lors d'un combat, il envoie chercher Yseut car elle seule peut le guérir. Mais Yseut aux Blanches Mains annonce, contrairement à la vérité, que le bateau qui ramène Yseut porte une voile noire, signe qu'elle n'est pas à bord. Tristan se laisse alors mourir et, peu après, Yseut meurt de chagrin.

UN IMMENSE SUCCÈS

Le récit des amours de Tristan et Yseut bouleverse les hommes et les femmes du Moyen Âge. Si certains lettrés, dont Chrétien de Troyes, semblent critiquer ce récit d'un amour adultère qui met en question le pouvoir établi, l'émouvante histoire passionne de nombreux artistes et leurs publics. Tout au long du Moyen Âge, des textes font allusion à la forêt du Morois, au philtre d'amour et à la mort des amants. De fines enluminures sur les parchemins, des coffrets sculptés avec délicatesse, des tapisseries flamboyantes rendent vivantes la passion et l'histoire des amants.

Tristan et Yseut

vers 1175

Cette version est écrite par Thomas, il s'agit de la fin du récit. Tristan exilé, mortellement blessé, envoie chercher Yseut. Mais une ruse fait croire à son refus et Tristan se laisse mourir. Lorsque Yseut arrive, il est trop tard.

Yseut se rend près du corps, elle se tourne vers l'orient et, saisie de pitié, prie pour Tristan : « Ami, en vous voyant mort, je ne peux ni ne dois souhaiter vivre. Vous êtes mort par amour pour moi et je meurs de tendresse pour vous, mon ami, parce que je n'ai pu arriver à temps pour vous guérir et vous soulager de votre mal. Rien ne pourra jamais plus me consoler ni me réjouir, aucun plaisir, aucune réjouissance. Maudit soit cet orage qui m'immobilisa sur la mer et qui m'empêcha d'arriver ! Si j'étais venue à temps, ami, je vous aurais rendu la vie et je vous aurais parlé tendrement de notre amour. J'aurais plaint mon aventure, notre joie, nos plaisirs, la peine et la grande douleur que nous valut notre amour. Je vous aurais rappelé tout cela en vous baisant et en vous embrassant. Puisque je n'ai pu vous guérir, puissions-nous au moins mourir ensemble ! Puisque je n'ai pu arriver à temps ni déjouer le sort, puisque je suis arrivée après votre mort, je me consolerai en buvant le même breuvage que vous. Vous avez perdu la vie à cause de moi. Je me comporterai donc en véritable amie : je veux mourir pour vous de la même manière. »

Elle le serre dans ses bras et s'étend à côté de lui. Elle lui baise la bouche, le visage et le tient étroitement enlacé. Elle s'étend, corps contre corps, bouche contre bouche, et rend l'âme. Elle meurt ainsi à côté de lui pour la douleur causée par sa mort. Tristan mourut par amour pour Yseut qui ne put arriver à temps. Tristan mourut par amour pour elle et la belle Yseut par tendresse pour lui.

Thomas achève ici son histoire. Il adresse son salut à tous les amants, aux pensifs et aux amoureux, à ceux qui ressentent l'envie et le désir d'aimer, aux voluptueux et même aux pervers, à tous ceux qui entendront ces vers.

Tout le monde n'a peut-être pas eu son compte mais j'ai fait du mieux que j'ai pu et j'ai dit toute la vérité comme je l'avais promis au début. J'ai rassemblé des contes et des vers. J'ai agi ainsi pour offrir un modèle et pour embellir l'histoire afin qu'elle puisse plaire aux amants et afin qu'ils puissent, en certains endroits, se souvenir d'eux-mêmes. Puissent-ils y trouver une consolation envers l'inconstance, envers le tort, envers la peine, envers la douleur, envers tous les pièges de l'amour !

Thomas, *Tristan et Iseut*, vers 1175,
traduction de D. Lacroix et Ph. Walter, Éd. Le Livre de Poche.

QUESTIONS

L'idéal de la courtoisie

1. Observez le monologue d'Yseut. Pourquoi peut-on dire que son amour n'est pas limité par la mort ?

L'expression des sentiments

2. Comment s'exprime la proximité des amants dans les paroles et les actes d'Yseut ?

La vérité du roman

3. Thomas indique qu'il a voulu écrire une histoire vraie. Quelle est la vérité morale de l'histoire ?

Le Roman de la Rose

Auteurs : première partie (inachevée) :
Guillaume de Lorris (vers 1235) ;
deuxième partie : Jean Chopinel, dit Jean de Meung (vers 1270)
Genre : poème narratif et allégorique
Forme du texte : poème de vingt et un mille sept cent cinquante octosyllabes, dont environ quatre mille pour la première partie
Lieu de la composition : Ile-de-France

LA COURTOISIE DE GUILLAUME DE LORRIS

C'est à Lorris, ville située non loin de Montargis, que naît le premier auteur du *Roman de la Rose*. Jeune clerc, fréquentant vraisemblablement les cours seigneuriales où s'élabore la poésie courtoise, Guillaume semble avoir vingt-cinq ans lorsqu'il rédige le début d'un poème dédié à son amie. Il y raconte le songe fait quelques années auparavant par une belle nuit de printemps et qui renferme, dit-il, tout l'Art d'amour.

L'auteur-amant du poème rapporte en effet comment, dans son rêve, il est arrivé devant un verger au milieu duquel il découvre une Rose qu'il désire cueillir. Blessé à jamais par les flèches d'Amour, il rencontre des obstacles dans son projet, représentés par des personnages allégoriques comme Danger, Honte ou Jalousie. Le texte s'interrompt alors que le narrateur s'abandonne au désespoir.

LA PHILOSOPHIE DE JEAN DE MEUNG

Quarante années plus tard, Jean de Meung poursuit le récit de Guillaume de Lorris. Mais le poème change de style. Jean Chopinel, né à Meung-sur-Loire près d'Orléans, est un intellectuel qui fréquente l'Université parisienne. Celle-ci, installée par Philippe Auguste sur la rive gauche de la Seine en 1215, est réputée pour les débats qu'elle provoque. Maître ès arts, traducteur du philosophe latin Boèce, Jean de Meung introduit dans son poème une vision critique du monde. Les jugements occupent l'essentiel du poème. Critique de la noblesse, des moines, raillerie acerbe contre les superstitions, éloge de la nature et de la raison, c'est une philosophie humaniste qui se cache derrière le thème du désir et de l'amour.

LA PREMIÈRE ŒUVRE CLASSIQUE

Le Roman de la Rose est l'œuvre la plus connue au Moyen Âge. Modèle littéraire, le songe allégorique devient un véritable genre qu'on imite. Réservoirs de maximes, certains de ses vers sont très souvent cités. François Villon, au XVe siècle, appelle son amour « sa chère rose » et se réfère explicitement au texte dans ses vers. À la même époque, certains penseurs critiquent le caractère polémique du poème. Apprécié ou rejeté, *Le Roman de la Rose* est devenu un classique que cite Jean-Jacques Rousseau au XVIIIe siècle.

Le Roman de la Rose

vers 1235

En dédiant *Le Roman de la Rose* à son amie, Guillaume de Lorris s'inscrit dans la continuité du discours courtois né au XIIe siècle. Le poète évoque le rêve qu'il a fait, symbole du désir pour sa dame. Au début du *Roman*, le narrateur, après être entré dans un verger paradisiaque, découvre une multitude de roses.

Parmi ces boutons j'en élus un si beau qu'à côté de lui je ne prisai nul des autres, après que je l'eus bien regardé, car il était enluminé d'une couleur si vermeille[1] et si fine que Nature n'avait pu mieux faire : elle y avait disposé par grande maîtrise quatre paires de feuilles à la suite ; la queue était droite comme jonc, et par-dessus se dressait le bouton qui répandait une odeur si suave[2] qu'elle emplissait toute la place.

Et quand je sentis ce parfum pénétrant, je ne pensai plus à retourner sur mes pas : je me serais volontiers approché pour prendre le bouton, si j'avais osé y porter la main ; mais des chardons aigus et piquants m'en empêchaient ; des épines et des ronces crochues ne me laissaient pas aller plus avant, et je craignais de me blesser.

Le dieu d'Amour, qui ne cessait pas de m'épier et de me poursuivre avec son arc tendu, s'était arrêté près d'un figuier. Quand il vit que j'avais choisi ce bouton qui me plaisait plus que tout autre, il prit aussitôt une flèche et l'encocha, puis bandant son arc jusqu'à l'oreille il me visa à l'œil et me planta la sagette[3] raide à travers le cœur. Un froid mortel me saisit, qui depuis m'a causé maint frisson sous chaude pelisse[4]. Aussitôt que je fus enferré, je chus à terre et le cœur me faillit. Je demeurai longtemps gisant et pâmé[5] ; quand je repris mes sens, je me trouvai si faible que je crus avoir perdu beaucoup de sang, mais la sagette qui m'avait percé ne m'avait pas fait saigner, et ma plaie était toute sèche. Je pris alors la flèche à deux mains, et commençai à tirer fort, et en tirant à soupirer, et je tirai tant que j'amenai à moi le fût empenné[6]. Mais la pointe barbelée, qui avait nom Beauté, était fichée si profondément dans mon cœur qu'elle n'en put être extraite ; elle resta dedans, et je l'y sens encore.

Guillaume de Lorris et Jean de Meung, *Le Roman de la Rose*, vers 1235,
traduction de A. Mary, Éd. Gallimard.

1. *vermeille* : rouge vif
2. *suave* : douce
3. *sagette* : flèche
4. *pelisse* : manteau garni de fourrure
5. *pâmé* : sans connaissance
6. *fût empenné* : baguette porteuse de plumes

QUESTIONS

Un poème allégorique

1. *Le Roman de la Rose* est un récit allégorique : les sentiments, les destinataires de l'amour sont représentés par des personnages ou des objets. Ainsi, la rose représente l'amie. Analysez deux autres allégories de ce passage.

Les obstacles de la conquête

2. *Le Roman de la Rose* évoque tous les obstacles à l'instauration du véritable amour entre les amants.
Sous quelle forme sont-ils représentés ?

Les symptômes de l'amour

3. Le narrateur tombe amoureux. Comment cela est-il évoqué ?
4. Analysez les émotions ressenties par le narrateur.
5. Comment l'auteur symbolise-t-il le caractère absolu de l'amour ?

Rutebeuf

Nom : son nom exact est inconnu ;
on le connaît sous le surnom de Rutebeuf (« rude bœuf »)
Naissance : date inconnue ;
il est vraisemblablement né en Champagne
Décès : après 1285
Lieu : Paris
Profession : ménestrel qui déclame ses textes

Il a écrit

des œuvres polémiques, dont : *La Descorde de l'Université* (1254) ;

des poèmes lyriques, dont : *Poèmes de l'Infortune* (1262) ;

une pièce de théâtre : *Le Miracle de Théophile* (vers 1260).

LE JONGLEUR DES RUES DE PARIS

Au XIIIe siècle, dans un Paris en pleine expansion, s'active une population affairée et bruyante : annonces des commerçants, numéros des acrobates ou cris des bateleurs. La rue connaît aussi les sérieuses discussions du quartier latin, de l'Université et de ses dix mille étudiants. Dans ce milieu, un jeune ménestrel s'efforce de survivre. Il signe ses poèmes « Rutebeuf », c'est-à-dire « rude bœuf ». S'agit-il d'une référence à son physique ou à une origine fruste, ou bien encore d'une allusion à la vigueur de ses textes ? Toujours est-il que sa poésie dit la rudesse de la vie. Pour vivre, il met sa plume au service de ceux qui le payent en prenant une part active aux débats de la capitale.

LE POÈTE SATIRIQUE

Les occasions de débattre ne manquent pas. La concurrence de l'enseignement des franciscains et des dominicains, qu'on appelle les ordres mendiants, est vue d'un mauvais œil par les professeurs séculiers de l'Université. Rutebeuf écrit alors des textes satiriques qui fustigent la fausse pauvreté des ordres mendiants et les accusent d'abuser l'opinion. Plus largement, c'est le rôle même du pape qui est férocement condamné. Mais les ordres mendiants sortent vainqueurs de cette querelle de l'Université. Rutebeuf, abandonné à son sort, ne peut que regretter les excès d'une satire qui le laisse solitaire. Pour lui, c'est le retour de l'infortune.

LE PESSIMISTE CONVAINCU

Le monde que décrit Rutebeuf est perverti et le thème de la pauvreté revient sans cesse dans ses écrits. Absence de confiance dans l'avenir, refus de croire en l'instauration d'un monde meilleur, le mal est là. Le dénuement des plus humbles sans cesse trompés en est le signe. Paris est une ville de contrastes : à côté de la richesse de certains, le monde des pauvres et des exclus constitue une véritable société parallèle où jouent les solidarités de condition et de destin. Dès lors, le poète dit l'angoisse désabusée de celui qui erre à la recherche d'un peu de pain ou d'un lit. Rutebeuf est le premier à dire le tragique de la condition de l'homme.

La Complainte Rutebeuf

vers 1260

Née dans la ville et non au sein des cours aristocratiques, la poésie de Rutebeuf rompt avec les thèmes courtois. Récitée et non plus chantée, elle exprime l'angoisse de l'homme face aux infortunes de la vie.

Que sont mes amis devenus
Que j'avais si étroitement fréquentés
    Et tant aimés ?
Je crois qu'ils sont bien clairsemés ;
Faute de les avoir entretenus,
    Je les ai perdus.
De tels amis m'ont fait du mal,
Car jamais, tant que Dieu m'assaillit
    De tous côtés,
Je n'en vis un seul dans ma maison.
Je crois que le vent les a emportés.
    L'amitié est morte.
Ce sont amis que vent emporte,
Et il ventait devant ma porte ;
    Ainsi il les emporta,
Si bien qu'aucun ne me réconforta,
Ni ne m'apporta un peu de son bien.
    Ceci m'apprend que
Le peu de bien qu'on a, un ami le prend ;
Mais il se repent trop tard,
    Celui qui a mis en jeu
Son bien pour se faire des amis,
Quand il ne les trouve, ni entièrement ni à demi,
    Prêts à le secourir.
Désormais je laisserai courir Fortune[1]
Et je m'efforcerai de me tirer d'affaire
    Si je le peux.

1. *Fortune* : le destin

Rutebeuf, *La Complainte Rutebeuf* (extrait),
vers 1260 (?), traduction de J. Cerquiglini,
Éd. Le Livre de Poche.

QUESTIONS

La vie et la misère

1. Le thème de la misère revient souvent dans la poésie de Rutebeuf. Expliquez que l'homme ne décide pas de sa vie.

L'amitié perdue

2. Rutebeuf exprime la perte de l'amitié. Quel constat fait-il ?

3. Relevez la métaphore par laquelle le poète exprime la perte des amis.

La plainte du poète

4. En étudiant la forme du poème et son rythme, expliquez comment l'auteur exprime la gravité de sa situation.

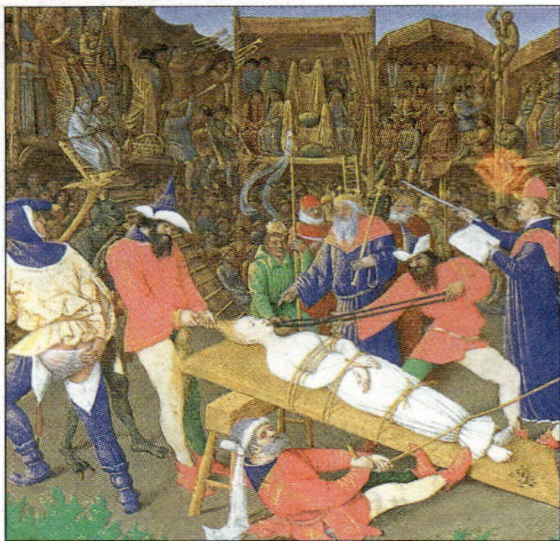

Le théâtre médiéval

Apparition : Xe siècle pour les pièces religieuses *(La Visite au sépulcre*, première dramatisation théâtrale connue) ;
fin du XIIIe siècle pour les pièces non religieuses (*Le Jeu de la feuillée* et *Le Jeu de Robin et Marion* d'Adam de la Halle)
Principaux genres : le *mystère* (longue et spectaculaire représentation à caractère religieux, ayant pour thème la Passion du Christ, la vie d'un saint…),
la *farce* (courte pièce comique),
la *sotie* (pièce satirique dont les personnages sont des sots),
le *miracle* (pièce religieuse où un pêcheur est sauvé du Diable par la Vierge), la *moralité* (pièce qui contient une leçon morale)

DRAMATISATION ET FOI

Vers 950, dans l'abbaye de Fleury, un surprenant spectacle est organisé : trois hommes habillés en femmes se dirigent vers un endroit où est figuré un tombeau, ils cherchent mais ne découvrent aucun corps… C'est ainsi que naît le théâtre médiéval, lorsque trois moines se déguisent pour mettre en scène la visite au tombeau du Christ devant un public qu'ils désirent instruire. La technique séduit : Pâques, Noël, la fête d'un saint sont autant d'occasions de donner à voir les mystères de la foi dans une atmosphère à la fois pieuse et gaie. Au milieu du XIIe siècle, le latin est concurrencé par le français. La mise en scène devient plus complexe. Aux miracles du XIIIe siècle succèdent les impressionnants mystères de la fin du Moyen Âge.

LA FÊTE SUR LA PLACE PUBLIQUE

Au XIIIe siècle, le théâtre est devenu une affaire qui passionne les foules et dont l'organisation suppose des moyens que seules les villes riches possèdent. À côté des jongleurs, des montreurs d'ours et des musiciens, de gigantesques spectacles sont organisés sur la place centrale de la cité. Des confréries dramatiques voient le jour. Les représentations peuvent rassembler plusieurs milliers de personnes. Elles s'étalent sur une journée, trois jours, voire vingt-cinq comme pour *Le Mystère de la Passion* de Valenciennes en 1547 ! C'est une véritable fête qui rassemble la communauté urbaine.

L'ÉMOTION ET LE RIRE

Le mystère raconte l'histoire biblique, parfois depuis la Genèse jusqu'à la Passion du Christ, ce qui explique sa longueur. Il donne à voir des mythes connus par tous. Sur l'immense scène sont figurés le Paradis et ses nuages, Jérusalem et ses remparts, l'Enfer et ses flammes. Roulement de tonnerre, volerie des anges accrochés à des filins, écoulement de sang lors des décapitations… Le spectateur est emporté au plus profond de l'émotion et de l'angoisse. Heureusement, par instants, les pitreries des diables provoquent le rire et, finalement, le Bien l'emporte sur le Mal. Beaucoup moins imposantes, mais tout autant prisées par le public les jours de foire, des farces sont jouées sur une estrade et illustrent l'histoire du trompeur trompé.

Le Mystère de la Passion

vers 1450

C'est au XIVe siècle que sont représentés les premiers mystères. Longs de quatre mille vers à cette époque, ils atteignent soixante-cinq mille vers à la fin du XVe siècle ! Dans cet extrait, tiré de la version d'Arnoul Gréban, les diables rentrent en Enfer. Ils ont essayé de vaincre le Christ, mais rien n'y a fait.

BÉRICH. – Holà, Lucifer !

LUCIFER. – Qui est là ? D'où nous viennent ces baladins[1] ?

ASTAROTH. – C'est nous, vos trois envoyés ; nous nous dépêchons de rentrer.

LUCIFER. – Avec quel résultat ?

SATAN. – Roi Lucifer, ne vous fâchez pas, par ma patte. Ce n'est pas de notre faute. Personne n'y aurait mis plus du sien.

LUCIFER. – Comment ? Avec toutes vos courses par monts et par vaux vous n'êtes arrivés à rien ?

SATAN. – Je n'ai rien à vous cacher, c'est comme je vous le dis : ce fameux Jésus est monté[2] dans la gloire au Paradis en traînant avec lui toutes les générations passées des hommes, patriarches, prophètes, une telle foule que j'ai cru enrager de les voir partir.

LUCIFER. – Et toi, l'ennemi invétéré du genre humain, tu t'es tenu à l'écart ? Tu n'as pas couru à travers champs pour en rattraper au moins une dizaine ou une douzaine en choisissant les pires et pour les traîner dans notre fournaise.

SATAN. – C'est facile à dire ! Ils n'avaient plus peur ni de vous ni de nous. Ils resplendissaient comme le soleil en plein jour ! Quand j'ai vu ça, je me suis cassé la gueule d'horreur et de honte, et me voilà au rapport !

LUCIFER. – C'est le diable qui vous a ramenés ici ! Bandits que vous êtes, vous et tous vos semblables, mais vous allez le sentir passer ! Cerbère !

CERBÈRE. – À vos ordres, *domine*[3] !

LUCIFER. – Prends-moi ces trois fichus brigands ! Pends-les par les pieds à la potence et plonge-les tout au fond de la cuve ! Et pousse les feux, qu'ils transpirent bien !

Arnoul Gréban, *Le Mystère de la Passion*, Quatrième journée, vers 1450, traduction de M. de Combarieu du Grès et J. Subrenat, Éd. Gallimard.

1. *baladins* : saltimbanques
2. *monté* : référence à l'Ascension du Christ
3. *domine* : maître

QUESTIONS

Les feux de l'Enfer

1. Le mystère montre un combat entre le Bien et le Mal, représentés par le Paradis et l'Enfer. La scène se passe dans l'Enfer. Relevez les indices de la présence du feu.

La gloire du Paradis

2. Le Christ sort vainqueur du combat contre les forces du mal. La victoire revient au Bien. Quels termes et quelles images expriment cette puissance supérieure du Bien ?

Des diables bouffons

3. Les diables des mystères représentent le Mal. Mais ils sont en même temps des bouffons. Relevez des indices de cette bouffonnerie dans l'extrait.

La Farce de Maître Pathelin

Ruse, tromperie, coups de bâton… la farce est à l'origine du théâtre comique. Issue des festivités du carnaval, parfois simple intermède d'une cérémonie plus sérieuse, elle devient un genre autonome et très populaire au XVe siècle. Par sa longueur et l'efficacité de sa construction dramatique, *La Farce de Maître Pathelin* annonce déjà les comédies du XVIIe siècle. Maître Pathelin, un rusé avocat, trompe ses concitoyens à son profit. Thibault l'Agnelet vient lui demander de l'aide afin d'éviter une condamnation pour vol.

PATHELIN. – Comment est-ce que l'on t'appelle ?

LE BERGER. – Thibault l'Agnelet, par saint Maur[1] !

PATHELIN. – L'Agnelet, c'est maint[2] agneau de lait que tu lui as chapardé à ton maître ?

LE BERGER. – Par mon serment, il est fort possible que j'en aie mangé plus de trente en trois ans.

PATHELIN. – Cela fait dix de rente[3], pour tes dés[4] et pour ta chandelle[5]. *(À part)*. Je crois que je vais lui jouer un bon tour. *(Haut)*. Penses-tu qu'il puisse trouver, sur pied, des gens pour prouver ses dires ? C'est le point capital du procès.

LE BERGER. – Prouver, seigneur ? Sainte Marie ! par tous les saints du paradis, il en trouvera dix pour un qui déposeront contre moi.

PATHELIN. – C'est une circonstance qui peut faire le plus grand tort à ta cause. Voici ce à quoi je pensais : je ferai semblant de ne pas te connaître et de ne t'avoir jamais vu.

LE BERGER. – Dieu, vous ne ferez pas cela !

PATHELIN. – Non, jamais de la vie ! Mais voici ce qu'il conviendra de faire. Si tu parles, on multipliera les questions pour que tu te coupes dans tes réponses. En de tels cas, les aveux sont si préjudiciables et nuisent tellement, que ce sont des diables[6] ! Voici donc qui arrangera les choses. Aussitôt qu'on t'appellera pour comparaître en jugement, tu ne répondras rien d'autre que « bée », quoi qu'on te dise, et s'il arrive qu'on te maudisse en disant : « Hé, cornard[7] puant ! Que Dieu vous donne une mauvaise année, truand ! Vous moquez-vous de la justice ? », dis « bée ». « Ha ! » dirai-je « il est simplet : il croit parler à ses bêtes » mais, dussent-ils rompre leurs têtes, qu'aucun autre mot ne sorte de ta bouche ! Garde-t-en bien !

LE BERGER. – J'y ai intérêt. Je m'en garderai assurément et je le ferai bien soigneusement, je vous le promets et je vous l'affirme.

PATHELIN. – Eh bien ! fais attention ! Tiens-toi bien ferme ! À moi-même, quoi que je te dise ou que je te propose, ne me réponds pas autrement.

LE BERGER. – Moi ? Que non pas, par mon serment ! Dites hardiment que je suis fou si je dis aujourd'hui une autre parole, à vous ou à quelque autre personne, quelque mot que l'on me sonne, excepté « bée » que vous m'avez appris.

1. *saint Maur :* saint Honoré au sud-est de Paris
2. *maint :* un grand nombre
3. *rente :* revenu annuel
4. *dés :* jeu où l'on mise une somme d'argent
5. *chandelle :* indispensable pour l'éclairage au Moyen Âge
pour tes dés et pour ta chandelle : pour tes profits
6. *diables :* ici, situations inextricables
7. *cornard :* cocu

◀ Au Moyen Âge, villes et campagnes entretiennent de multiples relations : le paysan vient parfois vendre à la ville, le bourgeois emploie à l'occasion un berger, le marchand circule de foire en foire à travers les campagnes. Lors des nombreuses fêtes qui rythment l'année, chacun oublie les dures réalités de l'existence grâce aux danses, aux festins et aux rires des spectacles en plein air qu'illustre cette miniature tirée des *Heures* de Charles d'Angoulême, à la fin du XIVe siècle.

PATHELIN. – Par saint Jean, de cette façon ton adversaire aura le bec cloué ! Mais fais aussi que je me loue quand ce sera fait, de ton paiement.

LE BERGER. – Monseigneur, si je ne vous paye pas à votre mot, ne me croyez jamais plus.

Anonyme, *La Farce de Maître Pathelin*, vers 1460, traduction de C.-A. Chevallier, Éd. 10-18.

QUESTIONS

La jouissance des plaisirs de la vie

1. Les personnages de la farce désirent jouir des plaisirs matériels. Seul le désir les conduit. Repérez des indices de la recherche de ces plaisirs en complétant le tableau suivant :

Types de plaisirs	Indices
Manger	....
S'enrichir	....
Jouer	....

2. Le langage de la farce est souvent très cru. Citez quelques exemples de cette verdeur.

L'ancrage dans la réalité sociale

3. La farce s'inspire de la réalité sociale de l'époque. Ainsi apparaissent différentes catégories sociales. Thibault l'Agnelet travaille pour un « maître » (ligne 4). Montrez que cette différence sociale se manifeste également entre Pathelin et le berger en complétant le tableau suivant :

Indices / Sens de la relation	Noms par lesquels on interpelle l'autre personnage	Tutoiement / Vouvoiement
Pathelin → Thibault	« L'Agnelet » (ligne 3)	....
Thibault → Pathelin	....	....

La tromperie érigée en règle

4. La seule morale acceptée dans la farce : que le trompeur soit lui-même trompé ! Ainsi, le berger trompera également Pathelin au moment de le payer en répétant inlassablement « bée » à toutes les réclamations de l'avocat. En analysant les répliques des lignes 28 à 40, montrez que ce dénouement est déjà annoncé.

Charles d'Orléans

Nom : d'Orléans
Prénom : Charles
Naissance : le 24 novembre 1394, à Paris
Décès : le 5 janvier 1465, à Amboise
Lieux : Paris, Angleterre (prisonnier de 1415 à 1440), Blois
Situation familiale : veuf deux fois, marié trois fois, quatre enfants dont le futur roi Louis XII

Il a écrit
des ballades, des rondeaux.

UN JEUNE HOMME DANS LA TOURMENTE

Le monde sur lequel le jeune Charles d'Orléans ouvre les yeux en 1394 est d'une rare violence. Petit-fils de roi, promis à un important avenir politique, le jeune garçon est ballotté par les luttes qui opposent les ducs d'Orléans et ceux de Bourgogne en pleine guerre de Cent Ans. La veille de ses treize ans, son père est assassiné ; sa mère meurt, désespérée. Ayant perdu sa première femme, le jeune homme épouse la fille du comte d'Armagnac qui entre dans une lutte sanglante contre les Bourguignons. Les Armagnacs s'imposent à Paris, ils organisent la défense contre les Anglais, mais en 1415, ces derniers écrasent les chevaliers français à Azincourt. Charles d'Orléans est fait prisonnier. Il a vingt et un ans, sa détention va durer vingt-cinq ans.

LE PRISONNIER EXILÉ

Entre 1415 et 1440, Charles d'Orléans est l'un des prisonniers les plus célèbres de l'époque. Le début de sa détention est rude mais les conditions de vie s'adoucissent lorsqu'il est confié au comte de Suffolk. Il peut alors rencontrer des personnes venant du continent, il se rend parfois à Douvres. Il écrit des poèmes, évoque la nostalgie qui l'étreint « en regardant vers le pays de France ». Il dit aussi l'amour, à la manière courtoise. L'écriture devient un refuge, et les termes de « mélancolie » et « nonchaloir » expriment la tristesse de l'existence. Finalement, les Anglais le laissent partir contre une énorme rançon.

LA RETRAITE À BLOIS

Quand Charles d'Orléans rentre en France, sa seconde épouse est morte. Il fait la paix avec Philippe le Bon, duc de Bourgogne, et pour sceller celle-ci, il épouse la jeune nièce du duc, Marie de Clèves. Elle a quatorze ans, il vient d'en avoir quarante-six. Il tente sans conviction de revendiquer des territoires italiens qui lui viennent de sa mère. Battu, il n'insiste pas et il se retire de la vie publique. Entouré d'amis, il organise une cour littéraire à Blois. C'est l'époque des concours poétiques où, un soir, on peut entendre la voix de François Villon. La maladie le fait souffrir. Il met en ordre ses poèmes, rassemble le tout dans un volume, puis il meurt, en 1465.

Rondeaux

1450-1465

Poète d'inspiration courtoise, Charles d'Orléans compose essentiellement des ballades et des rondeaux. Dans ces derniers, il montre un art de dire le sentiment en un refrain qui sans cesse revient à l'esprit.

Puis çà, puis là,
Et sus et jus[1],
De plus en plus
Tout vient et va.

Fous on verra,
Grands et menus[2],
Puis çà, puis là,
Et sus et jus.

Vieux temps déjà
S'en sont courus
Et neufs venus,
Que dea[3] ! que dea !
Puis çà, puis là.

Charles d'Orléans,
Rondeau 42, 1450-1465,
traduction de J.-C. Mühlethaler,
Éd. Le Livre de Poche.

Plus penser que dire
Me convient souvent,
Sans montrer comment
N'a quoi mon cœur tire.

Feignant de sourire
Quand suis très dolent[4],
Plus penser que dire
Me convient souvent.

En toussant soupire
Pour secrètement
Musser[5] mon tourment.
C'est privé martyre :
Plus penser que dire.

Charles d'Orléans,
Rondeau 133, 1450-1465,
traduction de J.-C. Mühlethaler,
Éd. Le Livre de Poche.

1. *et sus et jus* : et en haut et en bas
2. *menus* : petits
3. *dea* : interjection exprimant l'étonnement
4. *dolent* : attristé
5. *musser* : cacher

Miniature du xve siècle, *L'Amant à la porte de la demeure* (détail).

QUESTIONS

Une poésie ciselée

1. Les rondeaux de Charles d'Orléans sont « de véritables objets d'art pareils à une miniature ». En comparant les deux rondeaux, expliquez comment ils sont construits.

Une petite musique

2. Les rondeaux sont des poèmes qui trottent dans la tête. En repérant les répétitions de sonorité dans le premier rondeau, expliquez l'effet musical produit.

La vie du moi

3. La poésie de Charles d'Orléans exprime les sentiments que ressent l'intimité du moi. Quels sentiments de l'existence exprime chacun des poèmes ?

François Villon

Nom : de Montcorbier
Prénom : François
Pseudonyme : Villon (nom de son père adoptif)
Naissance : en 1431 ou 1432, à Paris
Décès : date inconnue, après 1463
Lieux : Paris jusqu'en 1457 ; vie errante entre 1457 et 1461 ; revient à Paris en 1461 ; condamné à mort, il est finalement banni de la ville en 1463 ; aucune trace de lui à partir de cette date
Professions : clerc, « voleur »
Amitiés : Colin de Cayeux et Régnier de Montigny, deux membres du gang des malfaiteurs « les Coquillards »

Il a écrit

deux longs poèmes : *Le Lais* (1456), *Le Testament* (1461-1462) ;

des poésies diverses, dont : *Épître à mes amis*, *Ballade des pendus* (vers 1460).

L'ÉTUDIANT PARISIEN

Issu d'une famille pauvre de Paris, François de Montcorbier est orphelin très jeune. Présenté à Guillaume de Villon, un chanoine de l'église Saint-Benoît-le-Bétourné, il est recueilli, à huit ans, par celui qu'il appellera « son plus que père » et qui lui donne son nom et une instruction. Doué, il devient étudiant dans le quartier latin dont il connaît les moindres ruelles. L'endroit est pittoresque, les jeunes gens viennent par milliers de toute la France pour poursuivre des études : les patois répondent aux accents, des amitiés se forment, Villon rencontre de jeunes nobles. Bachelier, licencié, maître ès Arts de l'université de Paris, François Villon semble alors destiné à une carrière de clerc.

LE VOLEUR VAGABOND

Mais Villon participe à des chahuts lors des carnavals, il rencontre les brigands parisiens des bas-fonds. Très vite, il devient lui-même « mauvais garçon ». Lors d'une dispute, il blesse mortellement un prêtre. Il s'enfuit puis obtient une lettre de rémission qui arrête les poursuites. De retour, il participe au vol de cinq cents écus d'or au Collège de Navarre dans la nuit de Noël 1456, époque où il aurait écrit *Le Lais*. Il quitte Paris après le vol et commence une vie itinérante aux aventures nombreuses. On le voit ainsi en compagnie d'un groupe de malfaiteurs, les Coquillards, mais aussi à la cour de Blois où il participe à un concours poétique organisé par Charles d'Orléans.

LE BANNISSEMENT

En 1458, l'évêque d'Orléans le fait jeter en prison. Il y souffre cruellement et se souvient de cet épisode lorsque, dans *Le Testament*, il ironise sur l'évêque, sur la vie et son caractère dérisoire. Rentré à Paris, il est arrêté pour le vol commis en 1456. Il promet de rembourser une part de la somme. On le libère. Mais, son passé chargé le poursuit. Accusé d'avoir participé à une bagarre où est blessé un notaire pontifical, il est torturé et condamné à mort. C'est à cette date qu'il aurait composé la célèbre *Ballade des pendus*, description impitoyable des cadavres se balançant au gibet. En janvier 1463, sa peine est commuée en un bannissement de dix ans. Villon disparaît, sans que l'on sache ce qu'il devient. Il a un peu plus de trente ans.

Le Lais

1456

Villon prétend avoir composé *Le Lais* à Noël 1456. Le cœur « débrisé », il exprime son désespoir devant la froideur de celle qu'il aime et décide de quitter Paris. Il lègue ce qu'il possède, c'est-à-dire rien, à ceux qu'il connaît.

Le regard de celle m'a pris
Qui m'a été félonne et dure :
Sans ce qu'en rien aie mépris[1],
Veut et ordonne que j'endure
La mort, et que plus je ne dure ;
Si n'y vois secours que fouïr[2].
Rompre veut la vive soudure[3],
Sans mes piteux regrets ouïr !

Pour obvier[4] à ces dangers,
Mon mieux est, ce crois, de partir.
Adieu ! Je m'en vais à Angers :
Puis qu'el[le] ne me veut impartir[5]
Sa grâce, ne [la] me départir[6],
Par elle meurs, les membres sains ;
Au fort[7], je suis amant martyr
Du nombre des amoureux saints.

Combien que le départ me soit
Dur, si faut-il que je l'élogne[8] :
Comme mon pauvre sens conçoit,
Autre que moi est en quelogne[9],
Dont oncque[10] soret[11] de Boulogne
Ne fut plus altéré d'humeur[12].
C'est pour moi piteuse besogne :
Dieu en veuille ouïr ma clameur !

Et puisque départir[13] me faut,
Et du retour ne suis certain,
– Je ne suis homme sans défaut
Ne qu'autre[14] d'acier ne d'étain ;
Vivre aux humains est incertain,
Et après mort n'y a relais ;
Je m'en vais en pays lointain –
Si établis ce présent lais[15].

François Villon, *Le Lais*, 1456,
traduction de J. Dufournet, Éd. Gallimard.

1. *aie mépris :* aie commis de faute
2. *fouïr :* fuir
3. *vive soudure :* vivante liaison
4. *obvier :* remédier
5. *impartir :* accorder
6. *ne départir :* ni en donner un peu
7. *au fort :* bref
8. *l'élogne :* m'éloigne d'elle
9. *en quelogne :* en « quenouille », être en faveur auprès d'elle
10. *oncque :* jamais
11. *soret :* hareng saur
12. *altéré d'humeur :* assoiffé de liquide, c'est-à-dire de désir
13. *départir :* partir
14. *ne qu'autre :* pas plus qu'un autre
15. *lais :* poème contenant des legs

QUESTIONS

La plainte de l'amoureux

1. Villon se plaint de l'attitude de celle qu'il aime. Relevez les reproches qu'il fait à sa dame.

La familiarité des images

2. À la violence de ses sentiments, Villon oppose des images familières. Relevez une telle image.

Le réalisme de la vie

3. L'amant malheureux décide d'établir des legs (ironiques). Comment se justifie-t-il ?

Le Testament

1461-1462

En 1458, François Villon est jeté en prison par l'évêque d'Orléans. Libéré, il entreprend la composition du *Testament*, un ensemble poétique où il s'en prend à son geôlier tout en jetant un regard sans concession sur la vie.

Fausse beauté qui tant me coûte cher,
Rude en effet, hypocrite douleur,
Amour dure plus que fer à mâcher[1],
Nommer que puis, de ma défaçon seur[2],
Cherme félon, la mort d'un pauvre cœur,
Orgueil mussé[3] qui gens met au mourir,
Yeux sans pitié, ne veut Droit de Rigueur[4],
Sans empirer[5], un pauvre secourir ?

Mieux m'eût valu avoir été sercher[6]
Ailleurs secours, c'eût été mon honneur ;
Rien ne m'eût su hors de ce fait hâcher[7]
Trotter m'en faut en fuite et déshonneur.
Haro, haro[8], le grand et le mineur !
Et qu'est-ce ci ? Mourrai sans coup férir ?
Ou Pitié veut, selon cette teneur[9],
Sans empirer, un pauvre secourir ?

Un temps viendra qui fera dessécher
Jaunir, flétrir votre épanie[10] fleur ;
Je m'en risse, se tant pusse mâcher[11],
Las ! mais nenni, ce seroit donc foleur[12] ;
Vieil je serai, vous laide, sans couleur ;
Or buvez fort tant que ru[13] peut courir,
Ne donnez pas à tous cette douleur,
Sans empirer, un pauvre secourir.

Prince [amoureux], des amants le graigneur[14],
Votre mal gré ne voudroie encourir
Mais tout franc[15] cœur doit, par Notre Seigneur,
Sans empirer, un pauvre secourir.

François Villon, « Ballade à s'amie », *Le Testament,* 1461-1462,
traduction de J. Dufournet, Éd. Gallimard.

1. *dure plus que fer à mâcher :* plus dur à mâcher que le fer
2. *de ma défaçon seur :* sûr de ma destruction
3. *mussé :* caché
4. *Droit de Rigueur :* Droit ne veut-il pas contre Rigueur...
5. *empirer :* l'accabler
6. *sercher :* chercher
7. *hâcher :* appâter
8. *haro :* à l'aide
9. *selon cette teneur :* grâce à ce poème
10. *épanie :* épanouie
11. *je m'en risse, se tant pusse mâcher :* j'en rirais, si je pouvais alors remuer la mâchoire
12. *foleur :* folie
13. *ru :* ruisseau
14. *graigneur :* le plus grand
15. *franc :* noble

QUESTIONS

Une attaque incisive

1. En étudiant les associations de termes dans la première strophe, analysez l'attaque du poète.

La fuite du temps

2. La poésie de Villon exprime souvent le thème de l'existence qui s'enfuit. Repérez et analysez les images qu'il utilise.

Une philosophie de la vie

3. Face à une vie qui semble fragile et courte, Villon balance souvent entre le désespoir et l'ironie. Quelle idée avance-t-il au vers 19 ?

La Ballade des pendus

vers 1460

On ne sait si *La Ballade des pendus* a été écrite au moment où Villon est condamné à mort, mais la puissance des images de ce texte indique que la vision atroce du gibet accompagne l'intimité de Villon.

Frères humains qui après nous vivez,
N'ayez les cœurs contre nous endurcis,
Car, se pitié de nous pauvres avez,
Dieu en aura plus tôt de vous mercis.
Vous nous voyez ci attachés cinq, six :
Quand de la chair que trop avons nourrie,
Elle est piéça[1] dévorée[2] et pourrie,
Et nous, les os, devenons cendre et poudre[3]
De notre mal personne ne s'en rie ;
Mais priez Dieu que tous nous veuille absoudre !

Se frères vous clamons, pas n'en devez
Avoir dédain, quoique fûmes occis
Par justice. Toutefois, vous savez
Que tous hommes n'ont pas bon sens rassis ;
Excusez-nous, puisque sommes transis[4],
Envers le fils de la Vierge Marie,
Que sa grâce ne soit pour nous tarie,
Nous préservant de l'infernale foudre.
Nous sommes morts, âme ne nous harie[5],
Mais priez Dieu que tous nous veuille absoudre !

La pluie nous a débués[6] et lavés,
Et le soleil desséchés et noircis ;
Pies, corbeaux, nous ont les yeux cavés[7],
Et arraché la barbe et les sourcils.
Jamais nul temps nous ne sommes assis ;
Puis çà, puis là, comme le vent varie,
À son plaisir sans cesser nous charrie,
Plus becquetés d'oiseaux que dés à coudre,
Ne soyez donc de notre confrérie ;
Mais priez Dieu que tous nous veuille absoudre !

Prince Jésus, qui sur tous a maîtrie,
Garde qu'Enfer n'ait de nous seigneurie ;
À lui n'ayons que faire ne que soudre[8].
Hommes, ici n'a point de moquerie ;
Mais priez Dieu que tous nous veuille absoudre !

François Villon, *La Ballade des pendus*, vers 1460,
traduction de J. Dufournet, Éd. Gallimard.

1. *piéça :* depuis longtemps
2. *dévorée :* détruite
3. *poudre :* poussière
4. *transis :* trépassés
5. *âme ne nous harie :* que personne ne nous tourmente
6. *débués :* lessivés
7. *cavés :* creusés
8. *ne que soudre :* ni à payer

QUESTIONS

L'adresse aux vivants

1. Par quels termes les destinataires du texte sont-ils désignés ? Comment comprendre cet appel ?

Le corps à vif

2. Relevez et classez le lexique décrivant le corps des pendus. Quel est l'effet produit ?

Le sentiment religieux

3. Villon fait une large place au sentiment religieux. Quelles sont les peurs des pendus ?

La quête du chevalier

Amour, compagnon, aventure, le chevalier du roman du Moyen Âge est toujours à la recherche d'un être ou d'un objet qui lui manque. Non seulement, la quête organise les différents épisodes de l'histoire, mais surtout, elle dévoile symboliquement au lecteur les insatisfactions et les désirs qui sont les siens.

▶ L'OBJET DE LA QUÊTE

Les actions du chevalier sont motivées par différents objets, qui peuvent se succéder, se superposer, voire s'opposer.

Objet de la quête	**Idéal exalté**
Des aventures, des prouesses	La chevalerie, la puissance virile
Un compagnon disparu	La fraternité d'armes, le loyalisme aristocratique
Une jeune femme	L'amour, la courtoisie
Un objet sacré (le Graal, qui est le vase ayant recueilli le sang du Christ)	Le christianisme, l'abondance, le savoir absolu

▶ LES QUALITÉS DU CHEVALIER

L'accomplissement de la quête, et son éventuel succès, suppose que le chevalier possède un certain nombre de qualités ou vertus qui lui permettent de franchir les obstacles. L'énoncé des qualités est parfois explicite mais se déduit très souvent des actions du chevalier. Le repérage peut déboucher sur un classement en deux grandes catégories : les qualités physiques d'une part, les qualités morales d'autre part.

▶ LES OBSTACLES RENCONTRÉS

Le chevalier rencontre une série d'épreuves au cours de sa quête. Ces épreuves se présentent sous la forme d'un combat contre un autre chevalier, un être surnaturel, voire une nature hostile. Chaque victoire rapproche le chevalier de l'objet de sa quête.

▶ LES LIEUX ET LES MOMENTS DE L'ACTION

Les lieux et les moments de l'action possèdent souvent une signification particulière.

La nuit est l'instant du danger.

Une forêt obscure, un pont à franchir constituent le lieu d'une épreuve.

> Ils sont parvenus dans une forêt qu'ils ne cessèrent de parcourir jusqu'à prime.
> Dans cette forêt, au terme d'une longue chevauchée, voici qu'ils entendirent de très loin les cris d'une jeune fille en détresse.
>
> Chrétien de Troyes, *Érec et Énide*, vers 1170, Éd. Gallimard.

▶ LA DÉCOUVERTE DE SOI-MÊME

La quête du chevalier est également la découverte d'un savoir sur lui-même. Il peut s'agir soit de retrouver une vertu perdue, soit de découvrir sa véritable identité.

> Quel est votre nom, mon ami ?
> Et lui qui ne savait son nom en a l'inspiration et il dit que Perceval le Gallois est son nom, sans savoir s'il dit vrai ou non.
>
> Chrétien de Troyes, *Perceval*, vers 1185, Éd. Gallimard.

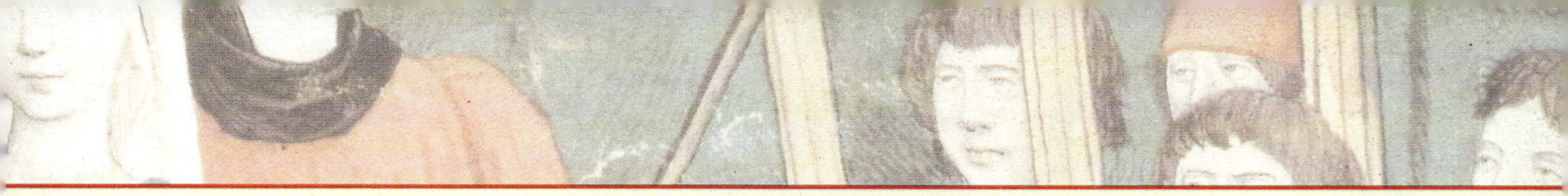

Exercice 1

Voici une série d'indications spatiales, temporelles et climatiques tirées d'un épisode fantastique et tragique de *Perceval*. Quelles peuvent être leurs significations pour le chevalier ?

mauvais temps, obscurité, nuit, chapelle située à un carrefour, une faible clarté, tonnerre, bourrasques, tempête, averse, vent.

Exercice 2

En analysant le lexique utilisé dans le texte suivant, relevez et classez les qualités que doit posséder le chevalier.

Furent mis en place ceux qui de l'avis général, avaient le plus de qualités, les grands, les forts, les beaux, les agiles, les loyaux, les preux, les hardis, ceux qui étaient riches en ressources morales et physiques. Mais l'ordre de chevalerie ne leur fut pas conféré à la légère et comme un vain titre, ils durent assumer un lourd poids de devoirs. Savez-vous lequel ? À l'origine de l'ordre, il fut imposé à qui voulait être chevalier et qui en obtenait le privilège par légitime élection d'être courtois sans bassesse, bon sans félonie, pitoyable envers les nécessiteux, généreux et toujours prêt à secourir les miséreux, à tuer les voleurs et les meurtriers, à rendre d'équitables jugements sans amour et sans haine, sans faiblesse de cœur pour avantager le tort en portant atteinte au droit, et sans haine pour ne pas nuire au droit en faisant triompher le tort. Un chevalier ne doit, par crainte de la mort, accomplir aucun acte entaché d'un soupçon de honte, mais il doit redouter la honte plus que la mort. La chevalerie a pour mission essentielle de protéger la Sainte Église, à qui il est interdit de prendre une revanche par les armes et de rendre le mal pour le mal, et de protéger aussi celui qui tend la joue gauche, après avoir été frappé sur la droite.

Anonyme, *Lancelot en prose*, vers 1220-1230, traduction de A. Micha, Éd. 10-18.

Exercice 3

Les actions du chevalier correspondent aux fonctions qu'il accomplit dans la société. À partir du texte de l'exercice 2, expliquez quelles sont les fonctions du chevalier.

Exercice 4

Voici deux extraits d'*Érec et Énide* dans lesquels l'identité d'un personnage est dévoilée. Expliquez à quels moments s'effectue le dévoilement de l'identité.

Puisque Érec prenait femme, il fallait la nommer de son propre nom, car femme sans nom ne peut être épousée. Jusque-là on avait ignoré son nom et à cette occasion on l'apprit pour la première fois : à son baptême, elle avait été nommée Énide.

Je ne sais par quel sortilège vous m'avez défait, moi qui suis un si valeureux chevalier. Il est donc juste que je vous dévoile mon nom. Dans ce pays, on me nomme Mabonagrain, mais je n'étais point connu sous ce nom dans les lieux où l'on me voyait jadis. Du temps où j'étais jeune homme, je ne disais jamais mon nom, parce que je ne le connaissais pas.

Chrétien de Troyes, *Érec et Énide*, vers 1170, traduction de P. F. Dembowski, Éd. Gallimard.

▲ Chevalerie et courtoisie appartiennent au même idéal, symbolisé par la cérémonie où la dame, après le tournoi, récompense celui qui lui voue une fidélité absolue en portant ses couleurs. Le prix est remis solennellement, sur un linge blanc, par la dame et ses demoiselles.

LE TEXTE

CHANSON, BALLADE ET RONDEAU

Jusqu'au XIIIe siècle, les textes littéraires sont écrits exclusivement en vers. Cela s'explique par le caractère oral de leur transmission, le vers permettant une meilleure mémorisation. Les romans de Chrétien de Troyes, *Le Roman de Renart* se présentent sous la forme d'un long poème. Il est donc difficile de différencier les textes en se fondant sur l'opposition vers/prose. Cependant, on peut distinguer de longs textes qui ont pour but de raconter une histoire, et d'autres, courts, ayant pour objet de traduire les sentiments de leurs auteurs et possédant des formes définies. Parmi ceux-ci, la chanson courtoise, la ballade et le rondeau.

▶ LA CHANSON COURTOISE

Apparition : fin du XIe siècle dans les pays de langue d'oïl.

Épanouissement : XIIe et XIIIe siècles en pays de langue d'oc ;
fin XIIe siècle et XIIIe siècle en pays de langue d'oïl.

Déclamation : poème chanté.

Thèmes principaux : amour du poète pour sa dame.

Principaux représentants : Guillaume IX, Bernard de Ventadour, Gace Brulé.

Forme classique du poème

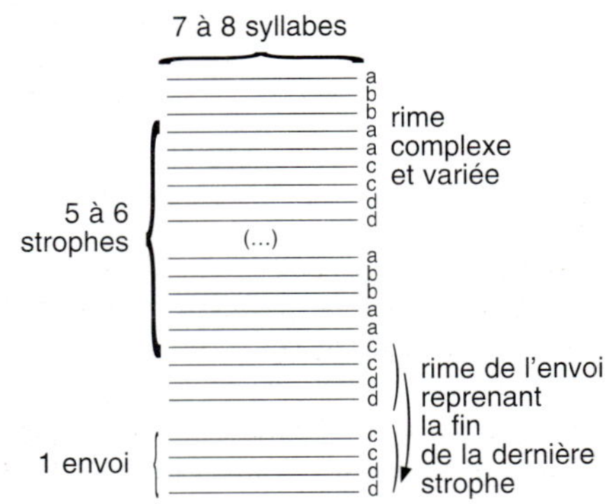

▶ LA BALLADE

Apparition : fin du XIIIe siècle.

Épanouissement : XIVe et XVe siècles.

Déclamation : chanté puis récité.

Thèmes principaux : amour, réflexion sur le monde, angoisse de l'existence.

Principaux représentants : Guillaume de Machaut, Eustache Deschamps, Christine de Pisan, Charles d'Orléans, François Villon.

Forme classique du poème

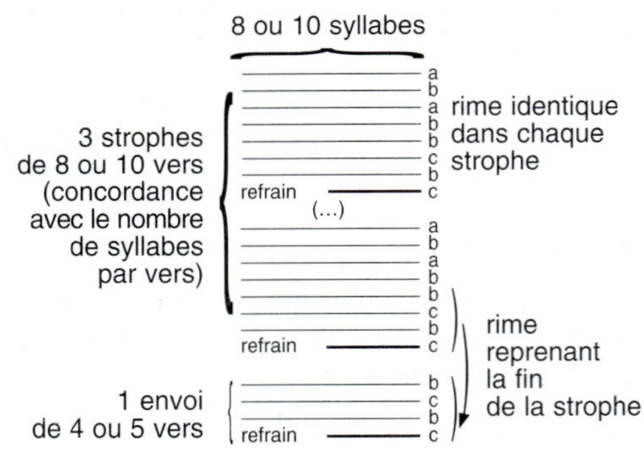

▶ LE RONDEAU

Apparition : fin du XIIIe siècle.

Épanouissement : XIVe et XVe siècles.

Déclamation : chanté puis récité.

Thèmes principaux : amour, poésie du quotidien et de l'allusion.

Principaux représentants : Guillaume de Machaut, Eustache Deschamps, Christine de Pisan, Charles d'Orléans.

Forme classique du poème

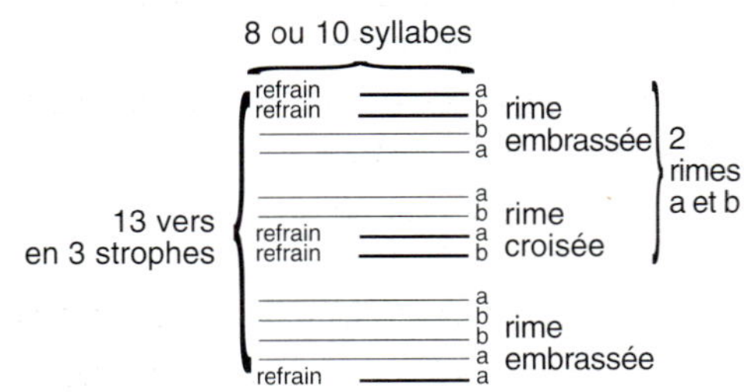

DE POÉSIE

EXERCICE 1

Les troubadours placent dans l'envoi de leur chanson un pseudonyme pour désigner de manière secrète celle à qui leurs vers sont destinés. En voici une liste. Analysez chaque pseudonyme comme l'exemple.

Exemple : Rayon → **soleil** / **lumière** / **droiture**

Rayon, Joie de Cœur, Mon Été, Dame Doux Regard, Mon plus que Joie, La Désirée, Douce Ennemie, Beau Chevalier, Mon Guerrier, Beau Corps de Joie, Beau Diamant.

EXERCICE 2

Voici un type particulier de poème appelé triolet. Analysez et comparez sa forme par rapport au rondeau classique.

Blanche comme le lis, plus vermeille que la rose,
Resplendissante comme rubis d'Orient,
En contemplant votre beauté sans pareil,
Blanche comme le lis, plus vermeille que la rose,
Je suis si transporté que mon cœur veille toujours
Afin que je serve selon la loi des purs amants,
Blanche comme le lis, plus vermeille que la rose,
Resplendissante comme rubis d'Orient.

Guillaume de Machaut, milieu du XIVe siècle.
Trad. J. Cerquiglini, Éd. Le Livre de Poche.

EXERCICE 3

Voici les premiers vers de plusieurs chansons courtoises. Observez le lexique, dégagez les thèmes de ces chansons.

1. Le rossignol a annoncé la nouvelle :
Voici venue la saison où le temps se fait doux.

2. De mon bel amour, de ma loyale amie
Remonte en moi, souvent, le tendre souvenir,

3. Le bel été revient dans toute sa transparence :
Voici que l'herbe reverdoie

4. Dans sa beauté, le retour du printemps
M'envahit de douceur

5. Si la fureur et la folie
Et le désespoir d'amour

6. Que mon chant s'élève, tel est mon désir

7. Irrésistible, la force qui me pousse à chanter

EXERCICE 4

Observez les sonorités et le rythme du poème cité à l'exercice 2. Expliquez l'effet produit.

EXERCICE 5

Voici un poème écrit par Christine de Pisan vers 1390 alors que son époux vient de mourir.

1. Identifiez-le.

2. Quels sentiments ressent l'auteur ?

3. Comment les exprime-t-elle ?

Seulete suy et seulete vueil[1] estre,
Seulete m'a mon doulz ami laissiée,
Seulete suy, sanz compaignon ne[2] maistre,
Seulete suy, dolente et courrouciée,
Seulete suy en languour mesaisiée[3],
Seulete suy plus que nulle esgarée,
Seulete suy sanz ami demourée.

Seulete suy a huis[4] ou a fenestre,
Seulete suy en un anglet muciée[5],
Seulete suy pour moy de plours repaistre,
Seulete suy, dolente ou apaisiée,
Seulete suy, riens n'est qui tant me siée,
Seulete suy en ma chambre enserrée,
Seulette suy sanz ami demourée.

Seulete suy partout et en tout estre[6].
Seulete suy, ou je voise ou je siée[7],
Seulete suy plus qu'autre riens[8] terrestre
Seulete suy de chascun delaissiée,
Seulete suy durement abaissiée,
Seulette suy souvent toute esplourée,
Seulete suy sanz ami demourée.

Princes, or est ma doulour commenciée :
Seulete suy de tout dueil menaciée,
Seulete suy plus tainte que morée[9],
Seulete suy sanz ami demourée.

Christine de Pisan, *Seulete suy...*, vers 1390.

1. *vueil :* je veux
2. *ne :* ni
3. *mesaisiée :* tourmentée
4. *huis :* porte
5. *anglet muciée :* coin caché
6. *estre :* lieu
7. *ou je voise ou je siée :* que je marche ou m'arrête
8. *riens :* chose
9. *morée :* étoffe noire

1500
1600

Le temps de la Renaissance

LES GUERRES DE RELIGION

En 1517, un moine allemand, Luther, condamne les superstitions et le pouvoir de l'Église, et demande un retour au christianisme des origines. Excommunié par la papauté, il brûle publiquement le texte de sa condamnation. La chrétienté se divise alors en deux communautés : les catholiques, favorables à l'autorité romaine, et les protestants, favorables à l'Église réformée. François Ier autorise la liberté de croyance dans son royaume. Mais en 1534, des écrits contre la messe sont placardés sur la porte de sa chambre, à Amboise. Il pourchasse alors les hérétiques. Ses successeurs ne parviennent qu'à des compromis fragiles. Lors de la Saint-Barthélémy, le 24 août 1572, des milliers de protestants sont massacrés à Paris. La guerre civile ne s'arrête qu'en 1598 lorsque, par l'édit de Nantes, Henri IV accorde la liberté de culte aux protestants.

LE FRANÇAIS DEVIENT LA LANGUE NATIONALE

En 1539, l'édit de Villers-Cotterêts stipule que le français devient obligatoire pour toutes les procédures de justice. Cette décision s'exerce au détriment du latin : la même année, Robert Estienne propose dans son dictionnaire des équivalents français de termes juridiques latins. Les dialectes régionaux régressent et la langue nationale se codifie : grammaire et traité d'orthographe apparaissent. Enfin, l'exercice de l'éloquence, clé du pouvoir, est assuré par l'enseignement des lettres. L'édit de François Ier s'inscrit donc dans un ample mouvement. En 1549, Du Bellay publie une *Défense et Illustration de la langue française*. La confiance dans la dignité du français s'appuie sur les multiples traductions que publient les humanistes, encouragés dès 1530 par la fondation du Collège royal, le futur Collège de France. Cette institution, indépendante du pouvoir ecclésiastique, enseigne librement le latin, le grec, l'hébreu. Les humanistes mettent à la disposition du public de nombreux chefs-d'œuvre.

L'ÉLAN HUMANISTE

Par son format plus maniable et la clarté de ses caractères romains et italiques, le livre devient un véritable instrument de diffusion des œuvres : il permet à l'auteur de conquérir une gloire qui commence à concurrencer celle de l'épée. La recherche d'un public conduit l'écrivain à dédier son œuvre au roi et à plaire à la cour ; l'appui d'un puissant protecteur est souvent nécessaire pour affronter la censure de la Sorbonne, la faculté de théologie de Paris. Mais un public plus large se constitue dans les grandes villes, qui se passionne pour les récits de la découverte du Nouveau Monde. Les grands foyers de culture humanistes ignorent d'ailleurs les frontières : les traités d'éducation d'Érasme de Rotterdam ou *L'Utopie* de Thomas More, chancelier d'Angleterre, circulent dans toute l'Europe. Ni courtisan futile, ni savant pédant, l'écrivain tente de faire entendre au public la sagesse qu'il a découverte, qu'elle soit évangélique, stoïcienne ou épicurienne.

L'INFLUENCE ITALIENNE

Ébloui par les palais qu'il découvre à l'occasion des guerres d'Italie, François Ier souhaite que cet art soit un modèle pour les artistes français. Sur les bords de la Loire, de somptueux châteaux alignent harmonieusement de hautes fenêtres et ornent de loges à l'italienne leur façade aux proportions savamment calculées. Une vie de cour raffinée se déroule dans ce cadre élégant : les poèmes de Ronsard mis en musique par Clément Jannequin sont sur toutes les lèvres. La volonté de s'individualiser favorise l'art du portrait qu'illustrent Jean et François Clouet. Des peintres italiens, Léonard de Vinci, le Rosso, séjournent en France. Les œuvres du Primatice influencent l'école de Fontainebleau qui célèbre le corps féminin en de multiples figures mythologiques. Les lignes souples de Vénus ou de Diane sont aussi celles des Nymphes ou des Grâces de sculpteurs qui s'inspirent de la statuaire antique.

Les trois personnages en pleine lumière, dans une attitude réflexive et réfléchie, incarnent la quête du savoir propre à la Renaissance.

Le turban renvoie à l'Orient, la barbe à la sagesse.

Au XVIe siècle la mélancolie est associée au génie, c'est un signe positif.

Le tableau est un objet de méditation, il a une valeur allégorique.

La maîtrise de la perspective : l'espace imite l'espace réel.

Le soleil : la Renaissance est l'aube d'une nouvelle ère de lumière.

L'ombre de la caverne s'oppose à la partie lumineuse de droite : l'inconnu s'oppose à la connaissance.

Les emblèmes du savoir : le compas et l'équerre.

Giorgione,
Les Trois Philosophes, 1508.

Les personnages renvoient à la philosophie antique, à la philosophie arabe et à celle de la Renaissance. Mais on peut aussi y voir les trois âges de la vie, ou bien le mathématicien, l'astrologue et l'astronome, ou bien encore les trois rois mages avant leur départ.

François Rabelais

Nom : Rabelais
Prénom : François
Pseudonyme : Alcofrybas Nasier, anagramme de son nom, à une lettre près
Naissance : en 1483 ou en 1494, à la Devinière, près de Chinon
Décès : en 1553, à Paris
Lieux : Chinon, Lyon, Rome, Paris
Situation familiale : deux enfants naturels
Profession : médecin
Amitiés : Guillaume Budé, Marguerite de Navarre, la famille Du Bellay

Il a écrit

Pantagruel (1532), *Gargantua* (1534), *Tiers Livre* (1546), *Quart Livre* (1552), *Cinquième Livre* (1564), ouvrage posthume attribué à Rabelais.

LE MOINE HUMANISTE

Rabelais passe son enfance parmi les paysans de Touraine et les hommes de loi que fréquente son père. Devenu moine, il quitte le monastère de Fontenay-le-Comte, en Vendée, lorsque ses supérieurs, inquiets de sa très grande liberté d'esprit, lui retirent ses livres. En 1523, il s'installe à l'abbaye de Maillezais, protégé par son évêque. Celui-ci n'ignore pas qu'il accueille l'un des plus grands hellénistes de France.

LE MÉDECIN

Après des études de droit, il abandonne les ordres pour étudier la médecine à Montpellier. En 1532, il édite Hippocrate, le père de la médecine. À trente-huit ans, il exerce à l'Hôtel-Dieu de Lyon. Il devient le médecin personnel du cardinal Jean Du Bellay, conseiller de François Ier, puis de Guillaume Du Bellay, gouverneur du Piémont. Il voyage en Italie et rencontre le pape qui absout son départ irrégulier des ordres, autorise ses deux enfants à porter son nom et accepte qu'il exerce la médecine.

L'ÉCRIVAIN

À plus de quarante ans, il publie *Pantagruel.* Malgré sa condamnation par la Sorbonne pour sa trop grande originalité religieuse, l'ouvrage connaît sept éditions en trois ans. En 1534, Rabelais donne une suite à son œuvre : *Gargantua.* Par prudence, lors de la réimpression de l'ouvrage, il supprime les allusions trop directes à l'autorité ecclésiastique et aux théologiens de la Sorbonne qui ont censuré son œuvre. Il s'inquiète par la suite de la répression dont sont victimes ceux que l'Église suspecte d'hérésie, tel Étienne Dolet, brûlé à Paris place Maubert. En 1546, condamné à nouveau par la Sorbonne après la publication du *Tiers Livre*, il s'enfuit à Metz, puis à Rome, et revient finalement au service de Jean Du Bellay retiré à Saint-Maur. À plus de soixante ans, avant de mourir, il offre au public le *Quart Livre* qui critique ouvertement les théologiens dévots de la Sorbonne.

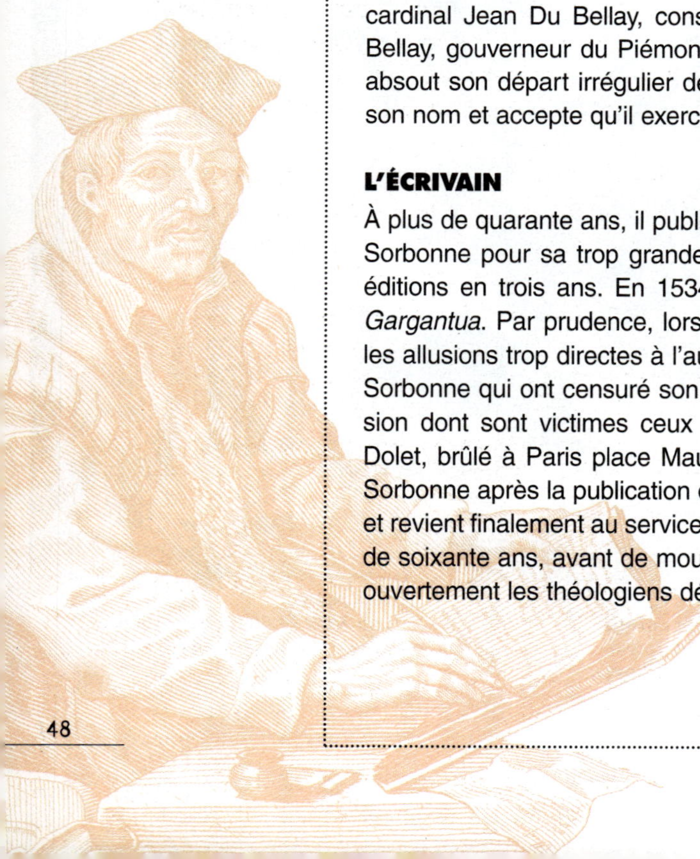

Pantagruel

Rabelais raconte les aventures merveilleuses et satiriques du géant Gargantua et de son fils Pantagruel. Nourri de culture populaire, son récit est à la fois burlesque et plein de sagesse.

Je ne dirai pas ici comment à chacun de ses repas il engloutissait le lait de quatre mille six cents vaches, et comment, pour lui faire un poêlon[1] destiné à cuire sa bouillie, on occupa tous les poêliers de Saumur en Anjou, de Villedieu en Normandie, de Bramont en Lorraine, ni comment on lui donnait cette bouillie dans une grande auge[2] qui est encore à présent à Bourges, près du palais ; mais ses dents s'étaient déjà tellement développées et fortifiées qu'il brisa un grand morceau de l'auge, comme cela est très nettement visible.

Un beau jour, vers le matin, où l'on voulait lui faire téter une de ses vaches (car en fait de nourrices il n'en eut jamais d'autres, comme le dit l'histoire), il se libéra un bras des liens qui l'attachaient au berceau, vous prend la vache par dessous le jarret, lui mangea les deux tétines et la moitié du ventre, avec le foie et les rognons, et il l'aurait toute dévorée, n'eût été qu'elle poussait d'horribles cris, comme si les loups la tenaient aux jambes ; ces cris firent accourir les gens qui ôtèrent la vache à Pantagruel ; mais ils eurent beau faire, le jarret lui resta entre les mains, et il le mangeait très bien, comme vous feriez d'une saucisse ; et quand on voulut lui ôter l'os, il l'avala promptement aussi vite qu'un cormoran[3] avalerait un petit poisson ; et après il commença à dire : « Bon ! bon ! bon ! », car il ne savait pas encore bien parler, voulant faire comprendre qu'il avait trouvé cela fort bon, et qu'il ne demandait qu'à recommencer. Voyant cela, ceux qui le servaient le lièrent avec de gros câbles, comme ceux que l'on fabrique à Tain pour transporter le sel à Lyon, ou comme ceux de la grande nef *Françoise* qui est au port du Havre en Normandie.

Mais, un jour qu'un grand ours, que nourrissait son père, s'échappa et venait lui lécher le visage, car les nourrices ne lui avaient pas torché bien à fond les babines, il se défit de ces câbles aussi facilement que Samson[4] parmi les Philistins, et vous prit Messire de l'Ours, vous le mit en pièces comme un poulet, et s'en fit un bon régal pour ce repas.

François Rabelais, *Les horribles et espovantables faictz et prouesses du très renommé Pantagruel, Roy des Dipsodes, fils du grant géant Gargantua*, 1532, traduction Éd. du Seuil.

1. *poêlon :* épaisse casserole en terre
2. *auge :* mangeoire en pierre
3. *cormoran :* oiseau au plumage sombre, très bon plongeur
4. *Samson :* personnage biblique célèbre pour sa longue chevelure qui lui donnait sa force, trahi par Dalila

QUESTIONS

Un roman comique

1. Pantagruel est un géant. Et Rabelais tire de nombreux effets comiques du gigantisme de son héros. Relevez quelques-uns de ces effets qui reposent sur l'opposition entre le « bébé » et ses capacités extraordinaires.

La vie et ses surprises

2. Les événements s'enchaînent rapidement. Relevez l'accumulation des verbes d'action qui donnent au récit sa vivacité.

3. Plusieurs comparaisons soulignent la rapidité des actions. Relevez-les.

La réalité d'une époque

4. Rabelais multiplie les toponymes (les noms de lieux). Relevez ces toponymes.

5. Tous les héros de Rabelais sont de grands mangeurs. Montrez comment chaque paragraphe se développe à partir de la nourriture.

Gargantua

Le livre de Rabelais, *Gargantua*, se présente comme une chronique de géants où souffle l'esprit humaniste. Le récit de l'enfance de Gargantua fait ainsi une large part aux études du géant. Un premier maître ennuyeux et stupide a rendu l'enfant rêveur et niais. Un second maître, Ponocratès, organise la journée de son jeune élève.

Ensuite, il le soumit à un rythme de travail tel qu'il ne perdait pas une heure de la journée, mais consacrait au contraire tout son temps aux lettres et aux études libérales[1]. Gargantua s'éveillait donc vers quatre heures du matin. Pendant qu'on le frictionnait, on lui lisait quelque page des saintes Écritures, à voix haute et claire, avec la prononciation requise. Cet office[2] était dévolu à un jeune page[3] natif de Basché, nommé Anagnostes. Suivant le thème et le sujet du passage, bien souvent, il s'appliquait à révérer[4], adorer, prier et supplier le bon Dieu dont la majesté et les merveilleux jugements apparaissaient à la lecture.

Puis il allait aux lieux secrets excréter[5] le produit des digestions naturelles. Là, son précepteur répétait ce qu'on avait lu et lui expliquait les passages les plus obscurs et les plus difficiles.

En revenant, ils considéraient l'état du ciel, regardant s'il était comme ils l'avaient remarqué la veille au soir et en quels signes entrait le soleil, et aussi la lune, ce jour-là.

Cela fait, il était habillé, peigné, coiffé, apprêté[6] et parfumé et, pendant ce temps, on lui répétait les leçons de la veille. Lui-même les récitait par cœur et y appliquait des exemples pratiques concernant la condition humaine ; ils poursuivaient quelquefois ce propos pendant deux ou trois heures, mais d'habitude ils s'arrêtaient quand il était complètement habillé.

Ensuite, pendant trois bonnes heures, on lui faisait la lecture. Cela fait, ils sortaient, toujours en discutant du sujet de la lecture, et allaient faire du sport au Grand Braque ou dans les prés ; ils jouaient à la balle, à la paume, au ballon à trois, s'exerçant élégamment le corps, comme ils s'étaient auparavant exercé les âmes.

Tous leurs jeux n'étaient que liberté, car ils abandonnaient la partie quand il leur plaisait et ils s'arrêtaient en général quand la sueur leur coulait par le corps ou qu'ils ressentaient autrement la fatigue. Ils étaient alors très bien essuyés et frottés, ils changeaient de chemise et allaient voir si le repas était prêt, en se promenant doucement. Là, en attendant, ils récitaient à voix claire et en belle élocution quelques formules retenues de la leçon.

Cependant, Monsieur l'Appétit venait et c'était juste au bon moment qu'ils s'asseyaient à table .

Au début du repas, on lisait quelque plaisante histoire des gestes[7] anciennes, jusqu'à ce qu'il eût pris son vin.

Alors, si on le jugeait bon, on poursuivait la lecture, ou ils commençaient à deviser[8] ensemble, joyeusement, parlant pendant les premiers mois des vertus et propriétés, de l'efficacité et de la nature de tout ce

1. *études libérales :* études sans but professionnel
2. *office :* activité
3. *page :* serviteur
4. *révérer :* honorer
5. *excréter :* expulser
6. *apprêté :* préparé
7. *gestes :* récits héroïques
8. *deviser :* discuter

▶ Les jeux, à l'époque de Rabelais, peints par Bruegel le Vieux (détail).

qui leur était servi à table : du pain, du vin, de l'eau, du sel, des viandes, des poissons, des fruits, des herbes, des racines et de leur préparation. Ce faisant, Gargantua apprit en peu de temps tous les passages relatifs à ce sujet dans Pline[9], Athénée, Dioscorides, Julius Pollux, Galien, Porphyre, Oppien, Polybe, Héliodore, Aristote, Élien et d'autres. Sur de tels propos, ils faisaient souvent, pour plus de sûreté, apporter à table les livres cités plus haut. Gargantua retint si bien et si intégralement les propos tenus qu'il n'y avait pas alors un seul médecin qui sût la moitié de ce qu'il avait retenu.

Après, ils parlaient des leçons lues dans la matinée et, terminant le repas par quelque confiture de coings, il se curait les dents avec un brin de lentisque[10], se lavait les mains et les yeux de belle eau fraîche, et tous rendaient grâce à Dieu par quelques beaux cantiques à la louange de la munificence[11] et de la bonté divines. Sur ce, on apportait des cartes, non pas pour jouer, mais pour apprendre mille petits amusements et inventions nouvelles qui relevaient tous de l'arithmétique.

Par ce biais, il prit goût à cette science des nombres et, tous les jours, après le dîner et le souper, il y passait son temps avec autant de plaisir qu'il pouvait en prendre aux dés et aux cartes.

François Rabelais, *Gargantua*, chapitre 23, 1534, traduction de G. Demerson, Éd. du Seuil.

9. *Pline :* écrivain latin ; Rabelais fournit une liste de savants de l'Antiquité
10. *lentisque :* arbuste
11. *munificence :* grandeur

QUESTIONS

Un programme gigantesque

1. Le maître de Gargantua est Ponocratès, nom qui signifie bourreau de travail. L'emploi du temps de Gargantua est à la mesure du géant. En observant l'emploi du temps de Gargantua, analysez la répartition des activités intellectuelles et physiques.

Une pédagogie moderne

2. L'action du maître s'appuie sur la pratique du dialogue. Les discussions sont nombreuses. Précisez leur rôle par rapport à la mémorisation.

3. D'autres pratiques facilitent l'apprentissage des multiples savoirs. Repérez-les.

Une formation humaniste

4. La religion a une place importante. Quelles conceptions de la prière apparaissent à travers les pratiques religieuses de Gargantua ?

5. En quoi se distinguent-elles de celles fondées sur des formules rituelles ?

Gargantua

Le livre *Gargantua* est le récit d'exploits à la manière des romans de chevalerie. Rabelais se moque de l'esprit de conquête des princes. Sous un prétexte futile, Pichrocole, un seigneur colérique, envahit les terres de Grandgousier, le père de Gargantua. Des soldats pillent ainsi le village de Seuillé et vendangent les vignes de l'abbaye.

En l'abbaye il y avait alors un moine cloîtré nommé Frère Jean des Entommeures, jeune, fier, pimpant, joyeux, pas manchot, hardi, courageux, décidé, haut, maigre, bien fendu de gueule, bien servi en nez, beau débiteur d'heures, beau débrideur[1] de messes, beau décrotteur de vigiles[2] et pour tout dire, en un mot, un vrai moine s'il en fut jamais depuis que le monde moinant moina de moinerie ; au reste, clerc[3] jusques aux dents en matière de bréviaire.

Celui-ci, entendant le bruit que faisaient les ennemis à travers le clos[4] de leur vigne, sortit pour voir ce qu'ils faisaient. En s'apercevant qu'ils vendangeaient leur clos sur lequel reposait leur boisson pour toute l'année, il s'en retourne au chœur de l'église où se trouvaient les autres moines, tous abasourdis[5] comme fondeurs de cloches, et voyant qu'ils chantaient[6] :

« Ini - nim - pe - ne - ne - ne - ne - ne - ne - tum - ne - num - num - ini - i - mi - i - mi - co - o - ne - no - o - o - ne - no - ne - no - no - no - rum - ne - num - num...

– C'est, dit-il, bien chien chanté ! vertu Dieu, que ne chantez-vous :

Adieu paniers, vendanges sont faites ?

Je me donne au diable s'ils ne sont pas dans notre clos à couper si bien ceps et raisins que, par le corps Dieu, il n'y aura de quatre années rien à grappiller dedans. Ventre saint Jacques, que boirons-nous pendant ce temps-là, nous autres pauvres diables ? Seigneur Dieu, donnez-nous notre vin quotidien ! »

Alors le prieur claustral[7] dit :

« Que fait cet ivrogne ici ? Qu'on me le mène au cachot. Troubler ainsi le service divin !

– Oui mais le service du vin, dit le moine, faisons en sorte qu'il ne soit pas troublé ; car vous-même, Monsieur le Prieur, aimez à en boire, et du meilleur. C'est ce que fait tout homme de bien. Jamais un homme noble ne hait le bon vin : c'est un précepte[8] monacal. Quant à ces répons[9] que vous chantez ici, pardieu, ils ne sont point de saison.

« Pourquoi nos heures sont-elles courtes en période de moisson et de vendanges, et longues pendant l'Avent[10] et tout l'hiver ? Feu Frère Macé Pelosse, de bonne mémoire, vrai zélateur[11] de notre ordre (ou je me donne au diable), m'a dit, je m'en souviens, que c'était afin qu'en cette saison nous fassions bien rentrer la vendange pour faire le vin, et puissions le humer en hiver.

« Messieurs, écoutez, vous autres qui aimez le vin. Par le corps Dieu, suivez-moi ! Et bon sang, que saint Antoine m'envoie la brûlure si ceux qui n'auront pas secouru la vigne tâtent du piot[12] ! Ventre Dieu, les

1. *débrideur :* **lecteur rapide**
2. *vigiles :* **prières des veilles de fêtes religieuses**
3. *clerc :* **savant**
4. *clos :* **enclos**
5. *abasourdi :* **étonné comme un fondeur qui a manqué sa cloche**
6. *ils chantaient :* **« ne craignez pas l'assaut des ennemis »**
7. *prieur claustral :* **moine responsable du cloître**
8. *précepte :* **règle**
9. *répons :* **paroles tirées de la Bible**
10. *Avent :* **période qui précède Noël**
11. *zélateur :* **ardent défenseur**
12. *tâtent du piot :* **goûtent le vin**

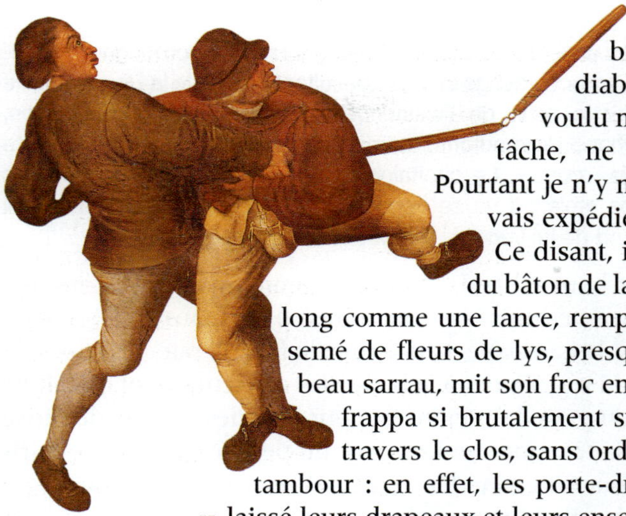

biens de l'Église ! Ah ! Non, non, diable ! Saint Thomas l'Anglais[13] a bien voulu mourir pour eux. Si je mourais à cette tâche, ne serais-je pas saint pareillement ? Pourtant je n'y mourrai pas ; ce sont les autres que je vais expédier. »

Ce disant, il mit bas son grand habit et se saisit du bâton de la croix, qui était en cœur de cormier[14], long comme une lance, remplissant bien la main et quelque peu semé de fleurs de lys, presque toutes effacées. Il sortit ainsi, en beau sarrau, mit son froc en écharpe et, avec son bâton de croix, frappa si brutalement sur les ennemis qui vendangeaient à travers le clos, sans ordre, sans enseigne, sans trompette ni tambour : en effet, les porte-drapeau et les porte-enseigne avaient laissé leurs drapeaux et leurs enseignes le long des murs, les tambours avaient défoncé leurs caisses d'un côté pour les emplir de raisins, les trompettes étaient chargées de pampres[15], c'était la débandade ; il les cogna donc si roidement, sans crier gare, qu'il les culbutait comme porcs, en frappant à tort et à travers, comme les anciens s'escrimaient.

Aux uns, il écrabouillait la cervelle, à d'autres, il brisait bras et jambes, à d'autres, il démettait les vertèbres du cou, à d'autres, il disloquait les reins, effondrait le nez, pochait les yeux, fendait les mâchoires, enfonçait les dents dans la gueule, défonçait les omoplates, meurtrissait les jambes, déboîtait les fémurs, débezillait les fauciles.

Si l'un d'eux cherchait à se cacher au plus épais des ceps, il lui froissait toute l'arête du dos et lui cassait les reins comme à un chien.

Si un autre cherchait son salut en fuyant, il lui faisait voler la tête en morceaux en le frappant à la suture occipito-pariétale.

Si un autre grimpait à un arbre, croyant y être en sécurité, avec son bâton, il l'empalait par le fondement.

François Rabelais, *Gargantua*, chapitre 27, 1534,
traduction de G. Demerson, Éd. du Seuil.

13. Saint Thomas : **archevêque de Canterbury assassiné dans son église**
14. cormier : **bois très dur**
15. pampres : **raisins**

QUESTIONS

Un personnage original

1. Le héros de l'épisode est longuement présenté. Relevez les traits physiques et moraux du jeune moine. Quelle surprise provoquent-ils ?

2. Les autres moines se ridiculisent face au danger. Relevez les manifestations de leur peur.

Un récit parodique

3. Frère Jean se conduit comme un guerrier courageux, digne des récits chevaleresques. Relevez les termes qui le décrivent comme un guerrier héroïque.

4. La précision des termes anatomiques fait de ce texte une parodie de la littérature chevaleresque. Relevez les termes médicaux.

Une foi vivante

5. Frère Jean a confiance en Dieu et dans la vie. Observez son portrait, ses actions. Précisez ce qui le rend différent des autres moines.

6. Il fait un jeu de mots à la ligne 27. Que révèle ce jeu de mots ? En quoi exprime-t-il une conception originale de la vie ?

Quart Livre

Pantagruel et ses amis, Frère Jean et Panurge, un rusé compagnon, s'embarquent pour un long voyage afin de consulter l'oracle de la Dive Bouteille qui doit leur dévoiler le sens de l'existence. Au cours de leur navigation, Dindenault, un marchand de moutons, se moque de Panurge qui ne supporte guère d'être traité de « cocu ». Le capitaine réussit à apaiser la dispute mais Panurge prévient ses amis : il va se venger. Avec une extrême courtoisie, il demande au marchand de lui vendre un mouton de son troupeau.

« Et quand, dit le marchand, notre ami, mon voisin, vous aurai-je convenablement vanté tous les membres principaux ? Le collet, l'épaule, les gigots, le haut-côté, la poitrine, le foie, la rate, les tripes, le boyau, la vessie, qui sert à jouer à la balle ; les côtelettes dont on fait de beaux petits arcs, au pays des Pygmées, pour tirer des noyaux de cerise contre les grues[1] ; la tête dont on fait, avec un peu de soufre, une mirifique décoction[2] pour faire viander les chiens constipés du ventre ?

– Merde, merde, dit le patron du navire au marchand. Voilà trop bonimenté[3], vends-le-lui si tu veux ; et si tu ne veux pas, ne l'amuse pas plus longtemps.

– Pour l'amour de vous, je veux bien, répondit le marchand, mais ça lui reviendra à trois livres tournois[4] l'unité au choix.

– C'est beaucoup, dit Panurge. Chez nous j'en aurais bien cinq, voire six pour la même somme en deniers[5]. Prenez bien garde que ce ne soit trop. Vous n'êtes pas le premier, à ma connaissance, qui, voulant trop rapidement s'enrichir et réussir, est, tout au rebours, tombé dans la pauvreté et s'est même quelquefois rompu le cou.

– Va te faire voir par la fièvre quarte[6], dit le marchand, lourdaud stupide que tu es. Par le saint vœu de Charroux : le moindre de ces moutons vaut quatre fois plus que le meilleur de ceux que, jadis, les Coraxiens, en Tuditanie, une contrée d'Espagne, vendaient un talent[7] d'or la bête. Et que penses-tu, ô crétin trop payé ! que valait un talent d'or ?

– Mon bon monsieur, dit Panurge, vous vous échauffez sous le harnois[8], à ce que je vois et comprends. Tenez, voilà votre argent. »

Après avoir payé le marchand, Panurge choisit dans tout le troupeau un beau et grand mouton, et il l'emportait criant et bêlant, et tous les autres moutons, en l'entendant, bêlaient et regardaient de quel côté on emmenait leur compagnon. Pendant ce temps, le marchand disait à ses moutonniers :

« Oh ! comme il a bien su choisir, le client ! Il s'y entend, le coquin ! Sans mentir, le plus beau sans mentir, je le réservais au seigneur de Cancale[9], en homme qui connaît bien ses goûts. En effet, de nature, il est tout joyeux et épanoui quand il a en main une épaule de mouton, bien tournée et belle à voir, telle une raquette pour gaucher ; et, avec un couteau bien tranchant, Dieu sait comment il s'en escrime ! »

Subitement, je ne sais comment (l'incident fut soudain, je n'eus loisir de l'analyser), Panurge, sans en dire davantage, jette en pleine

mer son mouton criant et bêlant. Tous les autres moutons, criant et bêlant sur le même ton, se mirent à se jeter et à sauter en mer après lui, à la file. On se pressait : c'était à qui serait le premier à y sauter après son compagnon. Il n'était pas possible de les en empêcher, comme vous connaissez le naturel du mouton, qui est de toujours suivre le premier, de quelque côté qu'il aille. Aussi, comme le dit Aristote[10] au livre 9 de l'*Histoire des animaux*, c'est l'animal le plus sot et le plus stupide du monde.

Le marchand, tout affolé de voir sous ses yeux ses moutons se noyer et disparaître, s'efforçait de les en empêcher et de les retenir de toutes ses forces. Mais c'était en vain. Tous, à la file, sautaient dans la mer et disparaissaient. Finalement, sur le tillac[11] du navire, il en saisit par la toison un grand et fort, croyant ainsi le retenir et, à sa suite, sauver le reste. Le mouton fut si fort qu'il entraîna avec lui le marchand dans la mer, et il se noya ; ainsi les moutons de Polyphème[12], le Cyclope borgne, entraînèrent hors de la caverne Ulysse et ses compagnons.

François Rabelais, *Quart Livre*, chapitre 7, 1552,
traduction de G. Demerson, Éd. du Seuil.

1. *grues :* oiseaux
2. *mirifique décoction :* extraordinaire boisson purgative
3. *bonimenté :* discuté
4. *livres tournois :* monnaie
5. *deniers :* monnaie
6. *fièvre quarte :* violente fièvre
7. *talent :* monnaie
8. *vous vous échauffez sous le harnois :* vous vous mettez en colère
9. *Cancale :* ville de Bretagne
10. *Aristote :* philosophe grec
11. *tillac :* pont
12. *Polyphème :* Cyclope qui voulait manger Ulysse

QUESTIONS

Le bonimenteur

1. Le marchand vante ses moutons. Il utilise une pratique commerciale traditionnelle mais parodie aussi l'exercice rhétorique de l'éloge. Relevez les énumérations.

2. Le marchand se moque de Panurge. Quels qualificatifs utilise-t-il pour parler de son client ?

La ruse

3. Panurge intervient habilement. De quelles qualités fait-il preuve dans sa négociation ?

4. La ruse triomphe. Elle se déroule en trois étapes. Repérez-les.

5. Pourquoi la référence mythologique désamorce-t-elle le tragique de la mort du marchand ?

Une leçon de sagesse

6. La démesure aveugle le marchand avide. Relevez les signes de cet aveuglement face à Panurge, puis face aux moutons.

7. Selon Aristote, le mouton incarne la bêtise. Ce passage du *Quart Livre* illustre cette symbolique. De quelle manière ?

Joachim Du Bellay

Nom : Du Bellay
Prénom : Joachim
Naissance : en 1522, à Liré, en Anjou
Décès : le 1er janvier 1560, à Paris
Lieux : Liré, Paris, Rome
Profession : intendant à Rome
Amitiés : Ronsard, les poètes de la Pléiade

Il a écrit

un manifeste : *Défense et Illustration de la langue française* (1549) ;

des poèmes parmi lesquels : *L'Olive* (1549), *Les Antiquités de Rome* (1558), *Les Regrets* (1558).

LE JEUNE POÈTE

Très tôt orphelin, Du Bellay passe son enfance au château de la Tourmelière dans la douce campagne angevine. Sa famille compte parmi ses membres le cardinal Jean Du Bellay dont Rabelais fut le médecin. Il commence des études à Poitiers. Son goût pour la poésie et la rencontre de Ronsard déterminent sa vocation poétique. À Paris, au collège de Coqueret, il se passionne pour la poésie antique. Il partage son enthousiasme avec de jeunes poètes qui se regroupent sous le nom de la Pléiade. À vingt-sept ans, il rédige le manifeste du groupe, *Défense et Illustration de la langue française*, et publie le premier recueil de sonnets écrits en français, imités de Pétrarque, le grand poète italien de l'amour.

LE VOYAGEUR NOSTALGIQUE

De santé délicate, Du Bellay ne peut rêver de gloire militaire. Il se prépare à servir le cardinal Jean Du Bellay, un grand diplomate. À trente et un ans, il accompagne son cousin, ambassadeur à Rome. Il devient l'intendant d'un palais fastueux et fréquente la cour pontificale. Le séjour, qui devait combler les vœux d'un humaniste épris de culture antique, est une amère déception. Déçu par l'hypocrisie des courtisans, il a la nostalgie du pays natal.

LE POÈTE ÉPROUVÉ

De retour en France en 1557, il publie *Les Antiquités de Rome* et *Les Regrets* dont la puissance satirique déplaît à son protecteur. *Les Antiquités de Rome* se présentent comme une réflexion sur la grandeur et la décadence de la ville, accompagnée d'une méditation sur la destinée humaine : le sort de Rome est un avertissement pour chaque homme. *Les Regrets* témoignent de la déception du poète. Bien que Du Bellay soit accueilli à la cour, il se sent solitaire : une surdité grandissante l'oblige à communiquer par écrit. Et c'est la plume à la main qu'il meurt, à trente-sept ans, frappé d'une crise d'apoplexie. Il est enterré à Notre-Dame de Paris, en hommage aux services rendus à son prestigieux cousin.

Les Antiquités de Rome

1558

Le spectacle des ruines de la Rome antique impressionne les voyageurs humanistes, nourris de littérature latine. Du Bellay donne vie au passé prestigieux de l'empire romain grâce au dynamisme de son imagination.

Comme le champ semé en verdure foisonne,
De verdure se hausse en tuyau[1] verdissant,
Du tuyau se hérisse en épi florissant,
D'épi jaunit en grain, que le chaud assaisonne[2] :

Et comme en la saison le rustique[3] moissonne
Les ondoyants cheveux du sillon blondissant,
Les met d'ordre en javelle[4], et du blé jaunissant
Sur le champ dépouillé mille gerbes façonne :

Ainsi de peu à peu crût l'empire romain,
Tant[5] qu'il fut dépouillé par la barbare main,
Qui ne laissa de lui que ces marques antiques

Que chacun va pillant : comme on voit le glaneur[6]
Cheminant pas à pas recueillir les reliques[7]
De ce qui va tombant après le moissonneur.

Joachim Du Bellay,
Les Antiquités de Rome, sonnet 30, 1558.

1. *tuyau :* tige
2. *assaisonne :* mûrit
3. *le rustique :* le paysan
4. *en javelle :* le blé moissonné est mis en tas
5. *tant :* jusqu'à ce que
6. *glaneur :* ramasseur d'épis laissés par les moissonneurs
7. *les reliques :* ce qui reste

QUESTIONS

Un jeu de comparaisons

1. Pour parler de Rome, Du Bellay utilise une comparaison. Laquelle ?
2. Justifiez cette comparaison en confrontant les vers 9-10 au reste du poème.
3. Le développement de la comparaison donne au poème son équilibre. Précisez les trois étapes de ce développement.

Une succession de tableaux

4. Chaque quatrain propose un tableau vivant. Quelle différence y a-t-il entre le tableau du premier quatrain et celui du second ?
5. D'une strophe à l'autre, les mots à la rime se répondent, *foisonne*, par exemple, renvoie à *moissonne*. Trouvez d'autres exemples.

L'héritage de l'Antiquité

6. Du Bellay médite sur le sort d'une civilisation. Quelle image de Rome le poème donne-t-il ?
7. Le dernier tercet évoque l'image du glaneur. En quoi le travail du glaneur éclaire-t-il celui du poète ?
8. Du Bellay est un humaniste. Montrez-le à l'aide de ce poème.

Les Regrets

À Rome, Du Bellay est très occupé par ses devoirs d'intendant. Il confie ses déceptions à sa poésie. Les premiers poèmes du recueil justifient avec simplicité et sincérité l'activité poétique.

Vu le soin[1] ménager[2] dont travaillé je suis,
Vu l'importun[3] souci qui sans fin me tourmente,
Et vu tant de regrets desquels je me lamente,
Tu t'ébahis[4] souvent comment chanter je puis.

Je ne chante, Magny[5], je pleure mes ennuis,
Ou, pour le dire mieux, en pleurant je les chante,
Si bien qu'en les chantant, souvent je les enchante,
Voilà pourquoi, Magny, je chante jours et nuits.

Ainsi chante l'ouvrier en faisant son ouvrage,
Ainsi le laboureur faisant son labourage,
Ainsi le pèlerin regrettant sa maison,

Ainsi l'aventurier en songeant à sa dame,
Ainsi le marinier en tirant à la rame,
Ainsi le prisonnier maudissant sa prison.

Joachim Du Bellay, *Les Regrets*, sonnet 12, 1558.

1. *soin :* souci
2. *ménager :* ses devoirs d'intendant
3. *importun :* gênant
4. *tu t'ébahis :* tu t'étonnes
5. *Magny :* un ami de Du Bellay

QUESTIONS

Une aventure personnelle

1. Du Bellay décrit la situation pénible dans laquelle il se trouve (vers 1 à 8). Relevez les termes négatifs qu'il utilise.

2. Du Bellay explique qu'il parvient à chanter, à composer des vers. Relevez (vers 5 à 8) les termes qui le montrent.

Une aventure humaine

3. Du Bellay compare sa situation à celle d'autres hommes (vers 9 à 14). Relevez les termes qui désignent ce qui rend pénible chacune de ces situations.

4. Quel est l'effet produit par cette accumulation de comparaisons ?

Un sonnet simple

5. Les vers des tercets sont construits de façon similaire. Relevez dans les quatrains des vers qui possèdent aussi une construction identique.

6. Le sonnet se termine par une pointe. Analysez-la.

Humaniste accompli, Du Bellay médite sur le sort des voyageurs illustres de l'Antiquité : son propre destin lui apparaît voué au malheur de l'exil. Sa poésie devient nostalgique : la France lui paraît très loin de Rome.

Heureux qui, comme Ulysse, a fait un beau voyage,
Ou comme celui-là qui conquit la Toison[1],
Et puis est retourné, plein d'usage[2] et raison,
Vivre entre ses parents le reste de son âge !

Quand reverrai-je, hélas, de mon petit village
Fumer la cheminée, et en quelle saison
Reverrai-je le clos de ma pauvre maison,
Qui m'est une province, et beaucoup davantage ?

Plus me plaît le séjour qu'ont bâti mes aïeux
Que des palais romains le front audacieux,
Plus que le marbre dur me plaît l'ardoise fine,

Plus mon Loir[3] gaulois que le Tibre[4] latin,
Plus mon petit Liré[5] que le mont Palatin,
Et plus que l'air marin la douceur angevine.

Joachim Du Bellay,
Les Regrets, sonnet 31, 1558.

1. *Toison* : la Toison d'or conquise par Jason, un héros antique
2. *usage* : expérience
3. *Loir* : rivière d'Anjou
4. *Tibre* : fleuve qui, à Rome, coule au pied du Palatin
5. *Liré* : village natal de Du Bellay

Bruegel le Vieux (détail).

QUESTIONS

Une intense nostalgie

1. Du Bellay compare son expérience du voyage à celle des héros antiques. Repérez les termes qui exaltent le voyage et ceux qui exaltent la nostalgie.
2. Du Bellay médite dans la première strophe. Il se lamente dans la seconde. Comparez les temps.

Des espaces contrastés

3. L'amour du pays natal l'emporte sur le prestige de Rome. Détaillez les oppositions architecturales et géographiques de ces lieux.
4. Les préférences de Du Bellay sont présentées de façon dynamique. Relevez l'ordre de présentation des lieux.

Un art simple et direct

5. Quatrains et tercets sont nettement différenciés. Relevez leurs différences syntaxiques.
6. Le sonnet valorise l'attaque et la chute. Relevez les éléments qui donnent à l'ouverture une valeur de maxime et, à la fin, sa valeur suggestive.

Pierre de Ronsard

Nom : Ronsard
Prénom : Pierre
Naissance : le 11 septembre 1524, au manoir de la Possonnière
Décès : la nuit du 27 décembre 1585, à Saint-Cosme
Lieux : le Vendômois, Paris
Profession : aumônier ordinaire du roi
Amitiés : Du Bellay et les jeunes poètes de la Pléiade, Étienne Jodelle, Rémy Belleau

Il a écrit de nombreux recueils de poèmes parmi lesquels : *Odes* (1550), *Amours* (1552), *Hymnes* (1555-1564), *Continuation des Amours* (1556), *Discours sur les misères de ce temps* (1562), *Élégies, Mascarades et Bergeries* (1565), *Second Livre des Amours* (1578), *Sonnets pour Hélène* (1578).

LE POÈTE DÉBUTANT

Au cœur des forêts du Vendômois, bercé par les eaux lentes du Loir, le jeune Ronsard découvre le charme des vers dans *Le Roman de la Rose* que lui fait lire son père. À douze ans, il entre au service des Valois mais une demi-surdité l'oblige à renoncer à toute ambition militaire. Il s'enthousiasme pour la poésie grecque de Pindare et la poésie latine d'Horace qu'il étudie au collège de Coqueret, à Paris ; il regroupe alors autour de lui de jeunes poètes et fonde la Pléiade. Ces jeunes écrivains partagent le même culte de la poésie antique et une même volonté de rénover les genres poétiques. Ils défendent une même doctrine : la création repose sur l'inspiration, le travail, l'imitation des œuvres antiques et italiennes. Ils veulent que la poésie soit émouvante et savante, qu'elle aborde tous les thèmes, et devienne la plus haute expression de la culture.

LE POÈTE DE LA COUR

À vingt-huit ans, il séduit le public par des odes et surtout par des sonnets inspirés par son amour pour Cassandre Salviati, la fille d'un riche banquier, puis par Marie, une jeune paysanne. Mis en musique, ses poèmes sont sur toutes les lèvres : à trente-six ans, il devient le poète de la cour. S'il écrit des billets doux à la demande des courtisans, il consacre le meilleur de son énergie à méditer sur des sujets ambitieux : la justice, la paix, la mort. Dans les *Discours*, il décrit la misère du peuple et condamne les protestants.

LE POÈTE VIEILLISSANT

Inlassablement, Ronsard corrige, classe, augmente ses recueils. En 1578, Hélène de Surgères lui inspire un nouveau cycle de sonnets d'amour. Mais Ronsard s'éloigne de la cour qui lui préfère le poète Desportes. Retiré au prieuré de Saint-Cosme, il soigne les fruits et les fleurs du jardin. Accablé par des crises de goutte, il décrit ses souffrances dans les *Derniers Vers*, avant de mourir, les mains jointes, dans la nuit du 27 décembre 1585.

Second Livre des Amours

1578

À la mort de Marie de Clèves, aimée d'Henri III, Ronsard compose plusieurs poèmes émouvants : il se souvient d'avoir aimé une autre Marie. Ainsi poésie de circonstance et souvenir personnel se fondent dans une série d'images à travers lesquelles la mort est transfigurée.

Comme on voit sur la branche, au mois de mai, la rose
En sa belle jeunesse, en sa première fleur,
Rendre le ciel jaloux de sa vive couleur,
Quand l'Aube, de ses pleurs, au point du jour l'arrose ;

La grâce dans sa feuille, et l'amour se repose,
Embaumant les jardins et les arbres d'odeur ;
Mais, battue ou de pluie, ou d'excessive ardeur,
Languissante elle meurt, feuille à feuille déclose.

Ainsi en ta première et jeune nouveauté,
Quand la Terre et le Ciel honoraient ta beauté,
La Parque[1] t'a tuée, et cendre tu reposes.

Pour obsèques reçois mes larmes et mes pleurs,
Ce vase plein de lait[2], ce panier plein de fleurs,
Afin que vif et mort ton corps ne soit que roses.

Pierre de Ronsard, « Sur la mort de Marie »,
Second Livre des Amours, sonnet 4, 1578.

1. La Parque : **désignation mythologique de la mort**
2. ce vase plein de lait : **offrande antique**

QUESTIONS

Une série d'images

1. Sur quelle comparaison le sonnet est-il construit ? Précisez la relation entre la construction de la comparaison et celle du sonnet.

2. Les quatrains forment un tableau unique, la rose est concrètement décrite, mais également personnifiée. Repérez l'association de ces deux aspects.

Une réalité transfigurée

3. Le premier tercet présente la mort de Marie. Relevez les termes qui accentuent la cruauté de la mort et ceux qui l'atténuent.

4. Le second tercet est une offrande. Relevez le champ lexical du don. Quelle figure de style permet la métamorphose proposée par le dernier vers ?

Une œuvre musicale

5. La césure de l'alexandrin détermine la lecture du vers. Analysez l'équilibre des vers 2 et 13.

6 . On retrouve à l'intérieur des vers 8 et 14 des sonorités qui se répètent. Lesquelles ? Comment la rime finale contribue-t-elle à l'unité du poème ?

Sonnets pour Hélène

À cinquante-quatre ans, Ronsard est encouragé par Catherine de Médicis à célébrer la beauté d'Hélène de Surgères, l'une de ses demoiselles d'honneur. Il se prend au jeu et compose une centaine de poèmes pleins de ferveur amoureuse : le nom d'Hélène cristallise ses souvenirs littéraires mais aussi des souvenirs plus personnels.

Quand je pense à ce jour où, près d'une fontaine,
Dans le jardin royal ravi de ta douceur,
Amour te découvrit les secrets de mon cœur,
Et de combien de maux j'avais mon âme pleine,

Je me pâme[1] de joie, et sens de veine en veine
Couler ce souvenir, qui me donne vigueur,
M'aiguise le penser, me chasse la langueur[2],
Pour espérer un jour une fin à ma peine.

Mes sens de toutes parts se trouvèrent contents,
Mes yeux en regardant la fleur de ton Printemps,
L'oreille en t'écoutant, et sans cette compagne

Qui toujours nos propos tranchait par le milieu,
D'aise[3] au Ciel je volais, et me faisais un Dieu ;
Mais toujours le plaisir de douleur s'accompagne.

Pierre de Ronsard, *Sonnets pour Hélène,* sonnet 13, 1578.

1. *je me pâme :* je suis envahi par
2. *langueur :* mélancolie
3. *aise :* bonheur

QUESTIONS

La présence d'un souvenir

1. Le poème s'ouvre avec éclat : l'existence du poète est éclairée par le souvenir d'un aveu. Lequel ? Regroupez les verbes qui décrivent la scène amoureuse et ceux qui exaltent le retentissement de ce moment.

2. Les variations de temps situent la scène. Expliquez l'utilisation du passé simple au vers 3.

La force du souvenir

3. La scène amoureuse se déroule dans un cadre. Décrivez-le.

4. Le cadre favorise les échanges. Relevez le champ lexical de la parole et du regard.

5. Le souvenir retentit avec intensité. Quelle métaphore traduit la force du souvenir ?

6. Analysez la progression qui décrit les effets du souvenir.

Le bonheur et la souffrance

7. Le bonheur exprimé dans les quatrains s'achève en souffrance dans les tercets. Comment la présentation de la compagne explique-t-elle cette souffrance ?

8. Quels éléments du texte justifient l'hyperbole audacieuse du vers 13 ?

9. La chute du poème marque une prise de distance. Comment ?

Hélène de Surgères a été célébrée par Desportes, un poète en faveur à la cour, qui défend une poésie légère : c'est sur ce terrain que Ronsard veut rivaliser. Il entreprend de décrire la passion amoureuse guidée par le respect du code courtois.

Si c'est aimer, Madame, et de jour et de nuit
Rêver, songer, penser le moyen de vous plaire,
Oublier toute chose, et ne vouloir rien faire
Qu'adorer et servir la beauté qui me nuit ;

Si c'est aimer de suivre un bonheur qui me fuit,
De me perdre moi-même, et d'être solitaire,
Souffrir beaucoup de mal, beaucoup craindre, et me taire,
Pleurer, crier merci[1], et m'en voir éconduit[2] ;

Si c'est aimer de vivre en vous plus qu'en moi-même,
Cacher d'un front joyeux une langueur extrême,
Sentir au fond de l'âme un combat inégal,
Chaud, froid, comme la fièvre amoureuse me traite ;

Honteux, parlant à vous, de confesser mon mal !
Si cela c'est aimer, furieux[3] je vous aime :
Je vous aime, et sais bien que mon mal est fatal :
Le cœur le dit assez, mais la langue est muette.

Pierre de Ronsard, *Sonnets pour Hélène*, Madrigal, 1578.

1. *crier merci :* supplier
2. *éconduit :* rejeté
3. *furieux :* à la folie

QUESTIONS

Le spectacle de la passion

1. Le poème énumère tous les signes de la passion amoureuse. Relevez les termes qui sont liés à l'exaltation de la femme et ceux qui renvoient à la souffrance de l'amoureux.

2. Les signes de la passion sont mis en valeur par la musique du sonnet. Justifiez le choix des mots placés à la rime en expliquant leur apport au sens du poème.

La tradition amoureuse

3. La tradition courtoise exige que l'amoureux marque sa soumission à la femme qu'il aime. Justifiez, dans cette perspective, le retardement de l'aveu. Quels sont les deux verbes qui soulignent la difficulté de la parole ?

4. Le rôle de l'amoureux est fixé par le code courtois. Comment l'emploi des pronoms souligne-t-il la distribution des rôles ?

Le jeu de l'aveu

5. Le madrigal est un poème destiné à séduire par sa chute inattendue. Analysez les parallélismes par lesquels les quatrains constituent un ensemble régulier et indiquez comment le dernier vers produit son effet de surprise.

6. Un madrigal souligne la dimension ludique de l'usage des mots. Relevez la valeur hyperbolique des termes employés.

Montaigne

Nom : Eyquem de Montaigne
Prénom : Michel
Naissance : le 28 février 1533, au château de Montaigne, dans le Périgord
Décès : le 13 septembre 1592, au château de Montaigne
Lieux : Bordeaux, Paris, Rome
Situation familiale : marié avec Françoise de la Chassaigne en 1565 ; des enfants, qui meurent en bas âge
Professions : juriste, conseiller au parlement de Bordeaux, maire de Bordeaux
Amitié : Étienne de La Boétie

Il a écrit

Essais, livres I et II en 1580, réédités en 1582 et en 1587 ;

édition enrichie du livre III en 1588, édition définitive (posthume) en 1595.

LE JEUNE HUMANISTE

Montaigne grandit dans une atmosphère humaniste : son père impose à la maisonnée l'emploi du latin que le jeune enfant apprend alors sans effort. Il fréquente le collège de Guyenne à Bordeaux, puis fait des études de droit. Il complète sa formation en suivant des cours au collège des Lecteurs royaux à Paris. De retour à Bordeaux, il entre à la Chambre des enquêtes où il examine les litiges trop complexes pour être tranchés à l'audience. Il aiguise ainsi son jugement en confrontant des opinions contradictoires.

L'AMI FIDÈLE

À vingt-cinq ans, Montaigne rencontre Étienne de La Boétie, l'auteur du *Discours de la servitude volontaire*, ouvrage qui analyse les ressorts du pouvoir. Une amitié profonde unit ces deux fervents admirateurs de l'Antiquité qui partagent la même volonté d'apaiser les querelles religieuses. Mais cinq ans après leur rencontre, la Boétie meurt, assisté de son ami inconsolable, à qui il lègue sa bibliothèque. En 1565, Montaigne se marie. Il devient l'héritier du domaine familial à la mort de son père en 1568.

L'AUTEUR DES *ESSAIS*

À trente-huit ans, le jour de son anniversaire, Montaigne se retire des affaires publiques. Dans la tour qui domine ses terres, il a installé sa bibliothèque et gravé sa devise « Que sais-je ? ». Il compose les *Essais* en confrontant ses expériences à ses lectures. En 1580, il présente son livre à Henri III. Pour soigner ses calculs rénaux qui le font cruellement souffrir, il entreprend un voyage. À Rome, il apprend qu'il est élu maire de Bordeaux. Pendant quatre ans, ses fonctions l'amènent à faire face à la disette, la peste, les guerres civiles. Il rencontre à deux reprises Henri de Navarre, le futur Henri IV. Il enrichit les *Essais* d'un troisième livre et meurt, à cinquante-neuf ans, en laissant un exemplaire de son œuvre couvert d'annotations.

Essais, livre I

1580

Montaigne consacre un long chapitre des *Essais* à l'éducation : la formation du jugement est un but difficile à atteindre et la tâche du précepteur est exigeante.

De l'institution des enfants

On ne cesse de criailler à nos oreilles, comme qui verserait dans un entonnoir ; et notre charge[1], ce n'est que redire ce qu'on nous a dit. Je voudrais qu'il corrigeât cette partie, et que, de belle arrivée[2], selon la portée de l'âme qu'il a en la main, il commençât à la mettre sur la montre[3], lui faisant goûter les choses, les choisir et discerner d'elle-même, quelquefois lui ouvrant chemin, quelquefois le lui laissant ouvrir. Je ne veux pas qu'il invente et parle seul, je veux qu'il écoute son disciple parler à son tour. Socrate et, depuis, Archésilas[4] faisaient premièrement parler leurs disciples, et puis il parlaient à eux. « *Obest plerumque iis qui discere volunt, auctoritas eorum qui docent*[5]. »

Il est bon qu'il le fasse trotter devant lui pour juger de son train[6], et juger jusques à quel point il se doit ravaler[7] pour s'accommoder à sa force. À faute de cette proportion nous gâtons tout ; et de la savoir choisir, et s'y conduire bien mesurément, c'est l'une des plus ardues besognes[8] que je sache ; et est l'effet d'une haute âme et bien forte, savoir condescendre[9] à ses allures puériles et les guider. Je marche plus sûr et plus ferme à mont qu'à val[10].

Ceux qui, comme porte notre usage, entreprennent d'une même leçon et pareille mesure de conduire et régenter[11] plusieurs esprits de si diverses mesures et formes, ce n'est pas merveille si, en tout un peuple d'enfants, ils en rencontrent à peine deux ou trois qui rapportent quelque juste fruit de leur discipline.

Qu'il ne lui demande pas seulement compte des mots de sa leçon, mais du sens et de la substance, et qu'il juge du profit qu'il aura fait, non par le témoignage de sa mémoire, mais de sa vie. Que ce qu'il viendra d'apprendre, il le lui fasse mettre en cent visages et accommoder à autant de divers sujets, pour voir s'il l'a encore bien pris et bien fait sien.

Montaigne, *Essais*, livre I, chapitre 26, 1580.

1. *charge* : le rôle du précepteur
2. *de belle arrivée* : dès l'abord
3. *mettre sur la montre* : demander à l'élève « un galop d'essai »
4. *Archésilas* : philosophe grec, comme Socrate
5. *Obest…* : « L'autorité de ceux qui enseignent nuit la plupart du temps à ceux qui veulent s'instruire. »
6. *son train* : son allure
7. *se ravaler* : s'abaisser
8. *besogne* : travail difficile
9. *condescendre* : se mettre à la portée de
10. *à mont qu'à val* : en montant qu'en descendant
11. *régenter* : gouverner

QUESTIONS

La figure du pédagogue

1. Le maître traditionnel est ouvertement critiqué. Repérez les verbes qui portent cette critique. Précisez les conceptions du maître et de l'élève qui sont attaquées.

2. Un contre-modèle se dessine. Relevez les verbes qui décrivent ce modèle.

La formation de l'élève

3. La prise en compte des capacités de l'élève est une nécessité. Quelle difficulté soulève cette nécessité ?

4. Comment Montaigne justifie-t-il le rejet du cours collectif ?

5. Quels exercices assurent la formation du jugement ?

La portée des exemples

6. Montaigne justifie ses positions. Quel rôle jouent la référence à Socrate et la citation latine ?

7. Pour illustrer ses idées, Montaigne utilise deux images. Lesquelles ?

8. Il donne à sa pensée une portée générale : par quels procédés ?

Essais, livre I

1580

Montaigne s'est passionné pour les Indiens du Nouveau Monde : il admire leur civilisation, leur clarté d'esprit et s'indigne du sort qui leur a été infligé. En 1562, à Rouen, il rencontre trois « sauvages » qui sont présentés au roi.

Des cannibales

Ils dirent qu'ils trouvaient en premier lieu fort étrange que tant de grands hommes, portant barbe, forts et armés, qui étaient autour du Roi (il est vraisemblable qu'ils parlaient des Suisses de sa garde), se soumissent à obéir à un enfant[1], et qu'on ne choisissait plutôt quelqu'un d'entre eux pour commander ; secondement (ils ont une façon de leur langage telle, qu'ils nomment les hommes moitié les uns des autres) qu'ils avaient aperçu qu'il y avait parmi nous des hommes pleins et gorgés de toutes sortes de commodités, et que leurs moitiés étaient mendiants à leurs portes, décharnés de faim et de pauvreté ; et trouvaient étrange comme ces moitiés ici nécessiteuses pouvaient souffrir une telle injustice, qu'ils ne prissent les autres à la gorge, ou missent le feu à leurs maisons.

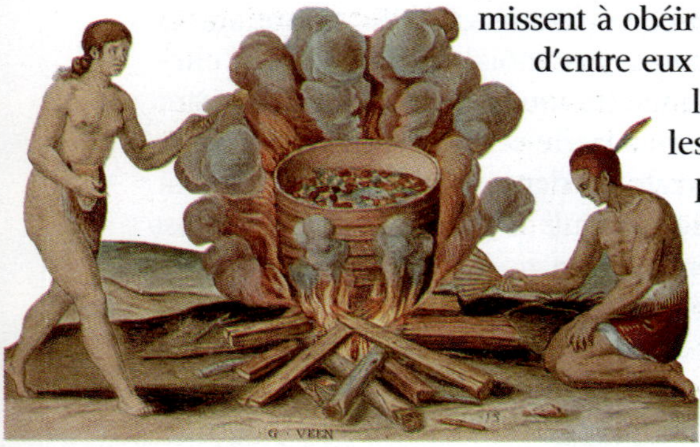

▲ Cette gravure présente les indiens de Virginie, tels que le XVIe siècle les imaginait alors.

Je parlai à l'un d'eux fort longtemps ; mais j'avais un truchement[2] qui me suivait si mal et qui était si empêché à recevoir mes imaginations par sa bêtise, que je n'en pus tirer guère de plaisir. Sur ce que je lui demandai quel fruit il recevait de la supériorité qu'il avait parmi les siens (car c'était un capitaine, et nos matelots le nommaient Roi), il me dit que c'était marcher le premier à la guerre ; de combien d'hommes il était suivi, il me montra un espace de lieu, pour signifier que c'était autant qu'il en pourrait en un tel espace, ce pouvait être quatre ou cinq mille hommes, si, hors de la guerre, toute son autorité était expirée, il dit qu'il lui en restait cela que, quand il visitait les villages qui dépendaient de lui, on lui dressait des sentiers au travers des haies de leurs bois, par où il pût passer bien à l'aise.

Tout cela ne va pas trop mal : mais quoi, ils ne portent point de hauts de chausses[3] !

Montaigne, *Essais*, livre I, chapitre 31, 1580.

1. *un enfant* : **Charles IX a douze ans**
2. *truchement* : **interprète**
3. *hauts de chausses* : **pantalon qui s'arrête au genou**

QUESTIONS

Une anecdote pittoresque

1. La rencontre est décrite avec précision. Identifiez les deux moments du récit grâce au changement d'interlocuteur.

2. La parole des sauvages est naïve. Relevez les expressions qui soulignent leur étonnement.

Des témoins lucides

3. Les sauvages sont critiques. Relevez les termes qui dénoncent la soumission des soldats et des pauvres et qui exaltent le courage et la modestie de leur roi.

4. En quoi l'attitude de Montaigne est-elle différente des autres ?

Un moraliste amusé

5. Complice amusé des cannibales, Montaigne guide la réflexion du lecteur. Quel est le rôle des informations placées entre parenthèses ? Quel est le préjugé visé par la dernière ligne ?

Essais, livre III

1588

Dans ce chapitre, Montaigne fait part de sa riche expérience de voyageur. D'une curiosité inlassable, il s'intéresse aux coutumes étrangères. La confrontation avec les autres le rend moins vaniteux.

De la vanité

Chaque usage a sa raison. Soient des assiettes d'étain, de bois, de terre, bouilli ou rôti, beurre ou huile de noix ou d'olive, chaud ou froid, tout m'est un, et si un que, vieillissant, j'accuse cette généreuse faculté, et aurais besoin que la délicatesse et le choix arrêtât l'indiscrétion de mon appétit et parfois soulageât mon estomac.

Quand j'ai été ailleurs qu'en France et que, pour me faire courtoisie, on m'a demandé si je voulais être servi à la française, je m'en suis moqué et me suis toujours jeté aux tables les plus épaisses[1] d'étrangers.

J'ai honte de voir nos hommes[2] enivrés de cette sotte humeur de s'effaroucher[3] des formes contraires aux leurs ; il leur semble être hors de leur élément quand ils sont hors de leur village. Où qu'ils aillent, ils se tiennent à leurs façons et abominent[4] les étrangères. Retrouvent-ils un compatriote en Hongrie, ils festoient cette aventure : les voilà à se rallier et à se recoudre ensemble, à condamner tant de mœurs barbares qu'ils voient. Pourquoi non barbares, puisqu'elles ne sont françaises ? Encore sont-ce les plus habiles[5] qui les ont reconnues, pour en médire. La plupart ne prennent l'aller que pour le venir[6]. Ils voyagent couverts et resserrés d'une prudence taciturne et incommunicable, se défendant de la contagion d'un air inconnu.

Ce que je dis de ceux-là me ramentoit[7], en chose semblable, ce que j'ai parfois aperçu en chacun de nos jeunes courtisans. Ils ne tiennent qu'aux hommes de leur sorte, nous regardent comme gens de l'autre monde, avec dédain ou pitié. Ôtez-leur les entretiens des mystères de la Cour, ils sont hors de leur gibier[8], aussi neufs pour nous et malhabiles comme nous sommes pour eux. On dit bien vrai qu'un honnête homme, c'est un homme mêlé[9].

Montaigne, *Essais*, livre III, chapitre 9, 1588.

1. *épaisses* : où les étrangers sont les plus nombreux
2. *nos hommes* : les compatriotes de Montaigne
3. *s'effaroucher* : craindre
4. *abominent* : détestent
5. *habiles* : fins, intelligents
6. *le venir* : le retour
7. *me ramentoit* : me rappelle
8. *gibier* : centre d'intérêt
9. *mêlé* : curieux de tout, ouvert

QUESTIONS

L'authentique voyageur

1. Montaigne accepte et apprécie la diversité des traditions. Quels faits le démontrent ?

2. Montaigne est présent dans son texte. Quelle image de lui-même nous donne-t-il ? Par quels traits se singularise-t-il ?

La satire des Français

3. Montaigne s'emporte contre les voyageurs qui se replient sur eux-mêmes. Quelles critiques fait-il ?

4. La caricature ridiculise un type de voyageur. Quelles façons de désigner les individus facilitent cette critique d'ordre général ?

L'idéal humaniste

5. La cour est un monde clos. Quels traits rapprochent les courtisans des voyageurs ?

6. La phrase finale formule un idéal. Relevez les marques de généralisation du propos.

Agrippa d'Aubigné

Nom : d'Aubigné
Prénom : Agrippa
Naissance : le 8 février 1552, à Pons, en Saintonge
Décès : le 9 mai 1630, à Genève
Lieux : Paris, Talcy, Casteljaloux, Maillezais en Vendée
Situation familiale : marié avec Suzanne de Lezay, en 1583
Profession : homme de guerre
Amitié : Henri de Navarre

Il a écrit
Le Printemps (poèmes d'amour qu'il ne publie pas),
Les Tragiques (publication clandestine en 1616).

L'ENFANT BOULEVERSÉ

D'Aubigné perd sa mère en venant au monde. Il est élevé par son père dans les principes de la religion réformée. Très jeune, il lit le latin, le grec, l'hébreu. Sa vive imagination d'enfant se nourrit des scènes de la Bible. À neuf ans, devant des corps de huguenots suppliciés, il jure de défendre la cause protestante. Après la mort de son père au siège d'Orléans, il s'engage dans l'armée des huguenots et devient le compagnon d'Henri de Navarre.

LE PROTESTANT ENGAGÉ

D'Aubigné s'écarte d'abord de son serment de jeunesse. Il compose des poèmes pleins de furie, inspirés par son amour malheureux pour Diane Salviati. Puis il participe aux plaisirs mondains de la cour où réside Henri de Navarre. En 1572, la veille de la Saint-Barthélémy, il quitte la capitale pour se battre en duel et échappe ainsi au massacre. Mais, à vingt ans, blessé dans une embuscade à Talcy, il entrevoit le sens de sa mission et de son œuvre : il sera le témoin du martyr protestant. De nouveau blessé, lors d'un combat à Casteljaloux, il rédige les premiers vers des *Tragiques*.

LE TÉMOIN AMER

La cause protestante s'affaiblit : Henri de Navarre renonce à la foi protestante pour devenir roi de France. D'Aubigné se sent personnellement trahi et mène alors une vie retirée en Vendée. Les tableaux violents des guerres de religion hantent sa mémoire. Pendant quarante ans, il élabore les sept chants de son immense poème, *Les Tragiques*, qui sont publiés en 1616 sans rencontrer aucun écho. Avant de mourir, il entre en conflit avec son fils converti au catholicisme et assiste à l'effondrement du mouvement protestant pour lequel il s'est tant battu.

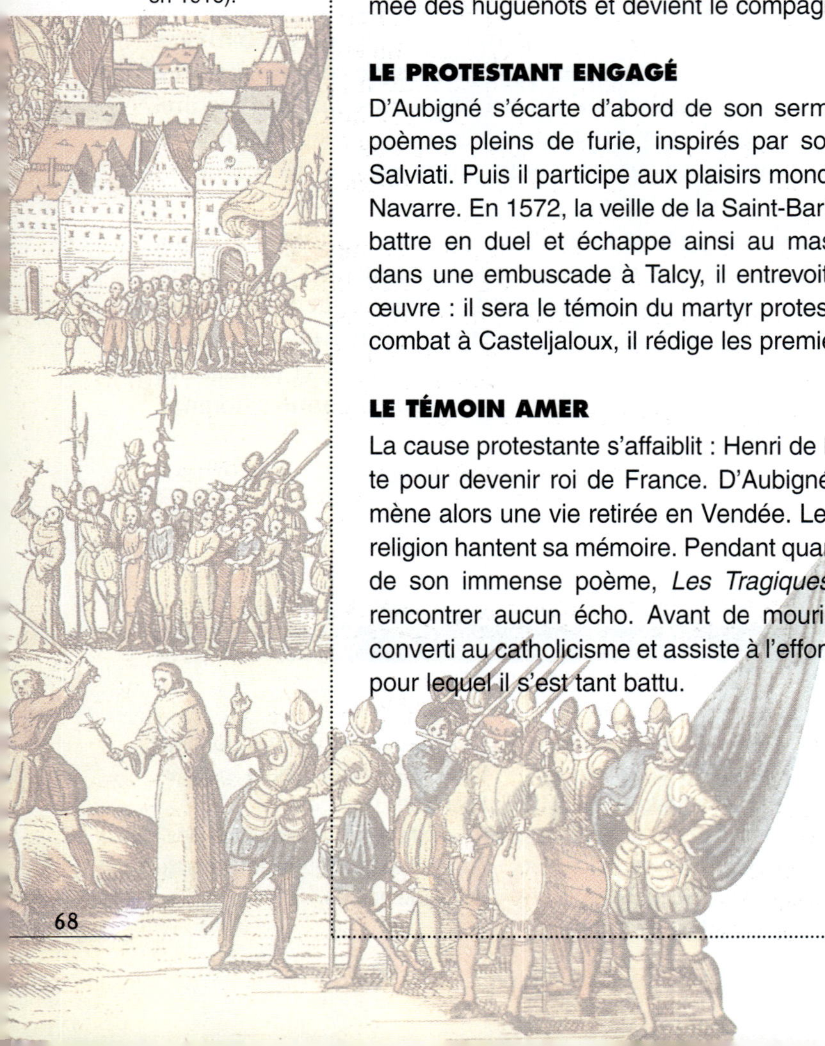

Les Tragiques

Après avoir décrit les horreurs de la guerre civile, les injustices des princes catholiques, le martyr des protestants, d'Aubigné annonce la vengeance de Dieu qui frappera les catholiques. Pour raconter celle-ci, il puise son inspiration dans la Bible qui rapporte le premier meurtre de l'humanité : après avoir tué son frère Abel, Caïn est cruellement châtié.

Ainsi Abel offrait en pure conscience
Sacrifices à Dieu, Caïn offrait aussi :
L'un offrait un cœur doux, l'autre un cœur endurci[1],
L'un fut au gré de Dieu, l'autre non agréable.
Caïn grinça les dents, pâlit, épouvantable,
Il massacra son frère, et de cet agneau doux
Il fit un sacrifice à son amer courroux.
Le sang fuit de son front, et honteux se retire
Sentant son frère sang[2] que l'aveugle[3] main tire[4] ;
Mais quand le coup fut fait, sa première pâleur
Au prix de la seconde était vive couleur ;
Ses cheveux vers le ciel hérissés en furie,
Le grincement des dents en sa bouche flétrie,
L'œil sourcillant de peur découvrait son ennui[5].
Il avait peur de tout, tout avait peur de lui ;
Car le ciel s'affublait du manteau d'une nue
Sitôt que le transi[6] au ciel tournait la vue ;
S'il fuyait au désert, les rochers et les bois
Effrayés aboyaient au son de ses abois[7].
Sa mort ne peut avoir de mort pour récompense,
L'enfer n'eut point de morts à punir cette offense,
Mais autant que de jours il sentit de trépas ;
Vif il ne vécut point, mort il ne mourut pas.
Il fuit d'effroi transi, troublé, tremblant et blême,
Les lieux plus assurés lui étaient des hasards.

Agrippa d'Aubigné, « Vengeances » (vers 178-203),
chant VI, *Les Tragiques*, 1616, Éd. Gallimard.

1. *endurci* : rebelle
2. *son frère sang* : fraternel
3. *aveugle* : aveuglée par la haine
4. *tire* : verse
5. *ennui* : tourment
6. *transi* : Caïn saisi par la peur
7. *abois* : cris sauvages

QUESTIONS

Un récit explicatif

1. Afin d'amplifier l'effet du crime, le récit remonte à sa cause. Repérez les trois moments de ce récit grâce aux termes d'articulation.

2. Des changements de temps accompagnent le passage d'un épisode à l'autre. Justifiez l'emploi de l'imparfait au début du récit.

Un tableau convaincant

3. Les deux frères sont nettement différenciés. Relevez les formulations qui opposent leurs attitudes.

4. Les sentiments de Caïn sont intensément suggérés : relevez les manifestations physiques de la haine et de la peur qu'il éprouve face au châtiment de Dieu.

Une leçon

5. Dans la mémoire du lecteur subsiste l'horreur de la scène. Le vers 3 est construit sur une antithèse. Relevez deux autres vers construits sur le même principe.

6. Le tableau biblique permet de comprendre les guerres de religion. De quelle manière ?

Le maître et l'élève

Au début du XVIe siècle, dans toute l'Europe, les humanistes, tel Érasme, s'efforcent de diffuser leurs valeurs. Ils consacrent souvent leur énergie à éduquer les futurs responsables d'un pays, issus des rangs de la noblesse.

▶ LA RELATION PÉDAGOGIQUE

La pédagogie fondée sur l'autorité. Le maître fonde son enseignement sur le discours, indifférent à la personnalité de l'élève, qu'il n'hésite pas à châtier. Il cherche à inculquer des formules et forme surtout la mémoire. Cette pédagogie est héritée du Moyen Âge.

La pédagogie fondée sur la liberté. Le maître humaniste fonde son enseignement sur le dialogue. Attentif aux aptitudes de l'élève, il le traite avec une douce bienveillance. Il cherche à présenter des opinions que l'élève confronte et assimile activement : il forme surtout le jugement.

▶ LE LIEU DE L'ÉDUCATION

L'école. Montaigne ainsi qu'Érasme la considèrent comme une prison. Dès le début du XVIe siècle, dans quelques institutions, des humanistes entreprennent des réformes : l'hygiène est améliorée, les châtiments corporels se font rares, l'emploi du temps accorde une place aux activités récréatives (sports, promenades). Des enseignants plus compétents et l'émulation stimulent les élèves.

La maison. La demeure familiale est le lieu éducatif idéal selon Rabelais et Montaigne. Seul, un précepteur, par sa présence continuelle, est apte à connaître l'élève et à transformer toutes les circonstances de sa vie en situations d'apprentissage : une promenade, un banquet deviennent l'occasion d'une leçon. Cette conception de la relation pédagogique se prolonge jusqu'au XVIIIe siècle.

> En passant par les prés, ils [Gargantua et son maître] visitaient les arbres et les plantes.
>
> Rabelais, *Gargantua*, chapitre 28, 1534.

▶ LE CONTENU DE L'APPRENTISSAGE

Pendant tout le siècle, l'apprentissage de base est le latin, langue de la culture savante. La grammaire, la rhétorique (l'art du discours), la littérature, la morale, sont étudiées à travers la lecture des auteurs de l'Antiquité. Au fil du siècle, deux perspectives s'opposent : celle de Rabelais et celle de Montaigne. Rabelais propose un programme encyclopédique : le grec et l'hébreu (pour lire la Bible dans le texte original), le droit et la médecine, les mathématiques et les arts. Montaigne accorde la priorité à l'équilibre du corps et de l'esprit et à la recherche d'une attitude mesurée et tolérante. Il craint par dessus tout le pédantisme.

> Le soin et la dépense de nos pères ne vise qu'à nous meubler la tête de science.
>
> Montaigne, *Essais*, livre I, 1580.

▶ L'OBJECTIF DE L'ÉDUCATION

L'éducation dans une institution, ou par un précepteur, ne concerne que des enfants nobles ou issus de milieux aisés appelés à exercer des responsabilités. Le maître souhaite faire de son élève un homme complet. Il développe ses qualités intellectuelles par la lecture et la discussion. Il aiguise son sens moral par des textes philosophiques et religieux. Cet enseignement imprègne ensuite l'adulte car les exemples reçus, les principes acquis, guident son jugement.

> On demandait à Socrate d'où il était. Il ne répondit pas « D'Athènes », mais : « Du monde ».
>
> Montaigne, *Essais*, livre I, 1580.

Exercice 1

Avant d'être éduqué par Ponocratès, un maître humaniste, Gargantua a subi l'influence de maîtres qui l'ont rendu niais et ignorant. À travers les phrases qui suivent, relevez les traits négatifs de cette première éducation.

À l'église, il écoutait vingt-six ou trente messes.

Il étudiait quelque méchante demi-heure, les yeux fixés sur son livre ; mais son âme était dans la cuisine.

Rabelais, *Gargantua*, chapitre 21, 1534.

Exercice 2

Montaigne exprime avec vivacité son refus de l'éducation en collège. Relevez les critiques qu'il adresse à cette institution.

Vous n'entendez que cris d'enfants suppliciés, et de maîtres enivrés en leur colère. Quelle manière pour éveiller l'appétit envers leur leçon, à ces tendres âmes et craintives de les y guider d'une trogne effroyable, les mains armées de fouets ?

Montaigne, *Essais*, livre I, 1580.

Exercice 3

Dans le chapitre qu'il consacre à l'éducation, Montaigne multiplie les conseils. Dégagez le principe éducatif de ses propositions.

Ce n'est pas une âme, ce n'est pas un corps qu'on dresse, c'est un homme ; il ne faut pas les séparer. Et comme dit Platon, il ne faut pas les dresser l'un sans l'autre, mais les conduire également, comme un couple de chevaux attelés à un même timon.

Je voudrais qu'on fût soigneux de lui choisir un conducteur qui eût plutôt la tête bien faite que bien pleine, et qu'on y requît tous les deux, mais plus les mœurs et l'entendement que la science.

Montaigne, *Essais*, livre I, 1580.

Exercice 4

1. Gargantua récompense le courage de Frère Jean lors de la guerre contre Pichrocole : il lui offre l'abbaye de Thélème. Ce lieu utopique propose un programme éducatif original. Relevez tous les traits qui témoignent de l'importance de la liberté et qui en démontrent les effets bénéfiques.

2. Rédigez un bref paragraphe dans lequel vous exposerez votre analyse.

Toute leur vie était régie non par des lois, des statuts ou des règles, mais selon leur volonté et leur libre arbitre. Ils sortaient du lit quand bon leur semblait, buvaient, mangeaient, travaillaient, dormaient quand le désir leur en venait. Nul ne les éveillait, nul ne les obligeait à boire ni à manger, ni à faire quoi que ce soit. Ainsi en avait décidé Gargantua. Et leur règlement se limitait à cette clause :

FAIS CE QUE TU VOUDRAS,

parce que les gens libres, biens nés, bien éduqués, conversant en bonne société, ont naturellement un instinct, un aiguillon qu'ils appellent honneur et qui les pousse toujours à agir vertueusement et les éloigne du vice.

Rabelais, *Gargantua*, chapitre 57, 1534.

▲ Fondée sur l'observation et sur le partage du savoir, la relation bienveillante du maître et de l'élève illustrée par Nicolas Neufchatel (1527-1590), dans son tableau, *Johan Neudorfer, mathématicien*.

L'humanisme

L'humanisme désigne un grand mouvement intellectuel, moral et religieux qui caractérise le XVIe siècle. Les humanistes proposent un idéal de paix et de sagesse humaine. Ils aspirent à rendre l'humanité meilleure.

▶ L'HISTOIRE DU MOT

Le mot humanisme possède une double signification. Il désigne d'abord l'étude des textes grecs et latins de l'Antiquité. Cette étude s'attache à tout ce qui concerne l'homme. L'humanisme désigne aussi le perfectionnement des qualités intellectuelles et morales de l'homme. L'humanisme désigne un idéal d'épanouissement de l'homme fondé sur le savoir.

▶ L'ORIGINE DU MOUVEMENT

À la fin du XVe siècle, de nombreux savants grecs fuient l'invasion des Turcs et emportent avec eux les manuscrits des auteurs de l'Antiquité. Avec leur arrivée en Italie, l'enseignement des langues anciennes connaît un renouveau qui gagne progressivement toute l'Europe. Cet enseignement développe le sens critique : les textes antiques sont débarrassés des contresens accumulés pendant le Moyen Âge.

▶ LES THÈMES ESSENTIELS

L'exigence spirituelle. Le renouveau spirituel se fait par le retour aux sources, celles de la sagesse antique et celles de l'Évangile. Le texte permet à chacun de nourrir directement sa foi. Il développe aussi le goût d'une sagesse qui ne s'appuie pas seulement sur les textes, mais qui invite également à faire confiance aux pouvoirs de l'homme.

L'exigence politique. Le bon prince est exalté : il écoute les conseils de la sagesse. Pour l'amour de son peuple, il ne pratique que la guerre défensive.

L'exigence culturelle. Le progrès de l'humanité est possible. La curiosité et la connaissance permettent à l'homme de devenir meilleur et de construire une société plus humaine.

▶ LES PROCÉDÉS PRIVILÉGIÉS

La reprise de la rhétorique	La littérature antique fournit un répertoire de formes (hymnes), de procédés (figures de style).	« Chante-moi ces odes inconnues encore de la Muse française. » Du Bellay conseille ainsi les jeunes poètes de la Pléiade.
La référence aux thèmes antiques	La littérature grecque et latine fournit de nombreux thèmes (mythologiques ou philosophiques).	« Cueillez dès aujourd'hui les roses de la vie. » Ronsard traduit ainsi le thème épicurien du poète latin Horace : *carpe diem*, « profite de l'instant ».
La citation	La sagesse antique fournit des formules brèves qui font autorité et qui retiennent l'attention du lecteur.	« Connais-toi toi-même. » Devise de Socrate, philosophe grec, cité par Montaigne.

AUJOURD'HUI *« Rien de ce qui est humain ne m'est étranger. » Cette formule de Térence, dramaturge latin, reprise par Montaigne, définit encore aujourd'hui l'attitude humaniste.*

Exercice 1

Gargantua écrit à son fils Pantagruel qui étudie à Paris. À travers cet extrait de sa lettre, retrouvez les thèmes de l'humanisme.

Tu deviens homme et te fais grand, il te faudra issir[1] de cette tranquillité et repos d'étude et apprendre la chevalerie et les armes pour défendre ma maison et nos amis secourir en tous leurs affaires contre les assauts des malfaisants.

Rabelais, *Gargantua*, chapitre 29, 1534.

1. *issir* : sortir

Exercice 2

1. Ronsard a beaucoup lu les poètes latins, en particulier Horace qui insistait sur la nécessité de saisir l'instant qui passe *(carpe diem)*, de profiter du temps. Identifiez la présence de cette source d'inspiration dans le poème qui suit.

2. Rédigez en quelques lignes les résultats de votre analyse de la manière suivante :
Pour donner au *carpe diem* d'Horace tout son éclat, Ronsard justifie ce conseil en le faisant apparaître comme la conclusion émue et logique d'une situation. Dans le premier sizain,... Dans le second,... Enfin...

Mignonne, allons voir si la rose
Qui ce matin avait déclose
Sa robe de pourpre au soleil
A point perdu cette vesprée
Les plis de sa robe pourprée
Et son teint au vôtre pareil.

Las ! voyez comme en peu d'espace,
Mignonne, elle a dessus la place,
Las ! las ! ses beautés laissé choir !
Ô vraiment marâtre Nature
Puisqu'une telle fleur ne dure
Que du matin jusques au soir !

Donc, si vous me croyez, mignonne,
Tandis que votre âge fleuronne
En sa plus verte nouveauté,
Cueillez, cueillez votre jeunesse :
Comme à cette fleur la vieillesse
Fera ternir votre beauté.

Pierre de Ronsard,
Quatre Premiers Livres des *Odes*, 1550.

Exercice 3

Au fil de sa réflexion, Montaigne fait référence à la culture antique. Relevez ces références.

Le but de notre carrière, c'est la mort : c'est l'objet nécessaire de notre visée. Si elle nous effraie, comme est-il possible d'aller un pas avant sans fièvre ? Le remède du vulgaire, c'est de n'y penser pas. Mais de quelle brutale stupidité lui peut venir un si grossier aveuglement ? Il lui faut faire brider l'âne par la queue, *Qui capite ipse suo instituit vestigia retro*[1].

Montaigne, *Essais*, livre I, chapitre 20, 1580.

1. ainsi il ne verrait pas où il va.

Exercice 4

Le XVIe siècle rejette les représentations du Moyen Âge qui déforment le monde. La perfection mathématique, avec la perspective, l'anatomie et le modelé, devient la référence à l'art.

1. Repérez l'instrument qui symbolise le savoir, présent dans deux autres tableaux (p. 71 et 47).

2. L'humanisme est effort de réflexion sur l'homme et son action. Quels détails du tableau en témoignent ?

▼ Holbein, *Nicolas Kratzer*, 1528.

LE SONNET

Forme fixe dont l'organisation est codifiée, le sonnet crée chez le lecteur des attentes avec lesquelles le poète joue. Un sonnet vit de la mise en tension de toutes ses ressources : cette forme féconde est apte à traiter tous les sujets d'inspiration personnelle.

▶ LA FORME DU SONNET

Le sonnet se compose de deux strophes : deux quatrains (un quatrain regroupe quatre vers) et un sizain formé de deux tercets (un tercet regroupe trois vers).

▶ LA RIME

Les rimes se succèdent selon le schéma suivant : ABBA ABBA CCD EED (ou encore CCD EDE). Les rimes féminines et masculines alternent. Le groupement des rimes est différent dans les quatrains et les tercets. Des rimes embrassées et identiques enferment les deux quatrains sur eux-mêmes. Plus légers, les deux tercets sont aussi plus ouverts grâce à une rime d'appel qui ne trouve son écho que dans le vers final.

Quand vous serez bien vieille, au soir, à la chandelle,
Assise auprès du feu, dévidant et filant,
Direz, chantant mes vers, en vous émerveillant :
« Ronsard me célébrait du temps que j'étais belle ! »

Je serai sous la terre, et, fantôme sans os,
Par les ombres myrteux je prendrai mon repos :
Vous serez au foyer une vieille accroupie.

Pierre de Ronsard, *Amours*, 1578.

« Chandelle » : rime féminine. « Accroupie » : rime qui attend son écho.

▶ LE RYTHME

Le mètre est toujours identique tout au long du sonnet. L'alexandrin est le mètre le plus employé. Il a rapidement supplanté l'usage du décasyllabe. Il permet d'accentuer des mots au milieu, c'est-à-dire à l'hémistiche, et à la fin du vers, et de varier les coupes.

Lors, vous n'aurez servante, oyant telle nouvelle,
Déjà sous le labeur à demi sommeillant,
Qui au bruit de Ronsard ne s'aille réveillant,
Bénissant votre nom de louange immortelle.

Pierre de Ronsard, *Amours*, 1578.

Le nom de Ronsard est accentué, « votre nom » également.

▶ L'ATTAQUE ET LA CHUTE

Le premier vers pose le cadre de référence du sonnet. Le contenu des deux quatrains peut être relayé par un autre contenu dans les six derniers vers. Et le dernier vers doit proposer une pointe ou une chute qui résume l'impression d'ensemble, met en valeur un détail formant contraste, crée un effet de surprise.

Cueillez dès aujourd'hui les roses de la vie.

Pierre de Ronsard, *Amours*, 1578.

Le vers final formule une sagesse qui dépasse le cadre du sonnet.

Exercice 1

Dans ce poème d'amour, Louise Labé respecte les contraintes du sonnet. Établissez le schéma des rimes.

Tant que mes yeux pourront larmes épandre
À l'heur passé avec toi regretter,
Et qu'aux sanglots et soupir résister
Pourra ma voix, et un peu faire entendre ;

Tant que ma main pourra les cordes tendre
Du mignard luth, pour tes grâces chanter ;
Tant que l'esprit se voudra contenter
De ne vouloir rien fors que toi comprendre,

Je ne souhaite encore point mourir.
Mais, quand mes yeux je sentirai tarir,
Ma voix cassée, et ma main impuissante,

Et mon esprit en ce mortel séjour
Ne pouvant plus montrer signe d'amante,
Prierai la mort noircir mon plus clair jour.

Louise Labé, *Sonnets*, 14, 1555.

Exercice 2

Dans son recueil *Les Fleurs du mal* publié en 1857, Charles Baudelaire exprime la profonde mélancolie qui l'accable. Relevez les thèmes de chaque quatrain et de chaque tercet.

LA CLOCHE FÊLÉE

Il est amer et doux, pendant les nuits d'hiver,
D'écouter, près du feu qui palpite et qui fume,
Les souvenirs lointains lentement s'élever
Au bruit des carillons qui chantent dans la brume.

Bienheureuse la cloche au gosier vigoureux
Qui, malgré sa vieillesse, alerte et bien portante,
Jette fidèlement son cri religieux,
Ainsi qu'un vieux soldat qui veille sous la tente !

Moi, mon âme est fêlée, et lorsqu'en ses ennuis
Elle veut de ses chants peupler l'air froid des nuits,
Il arrive souvent que sa voix affaiblie

Semble le râle épais d'un blessé qu'on oublie
Au bord d'un lac de sang, sous un grand tas de morts,
Et qui meurt, sans bouger, dans d'immenses efforts.

Charles Baudelaire, *Les Fleurs du mal*, 1857.

Exercice 3

1. Face à la mort, Ronsard exprime son émotion de façon poignante. Étudiez l'attaque et la chute du poème.

2. Rédigez votre analyse.

Je n'ai plus que les os, un squelette, je semble,
Décharné, dénervé, démusclé, dépulpé,
Que le trait de la Mort sans pardon a frappé ;
Je n'ose voir mes bras que de peur je ne tremble.

[...]

Adieu, chers compagnons, adieu, mes chers amis !
Je m'en vais le premier vous préparer la place.

Pierre de Ronsard, *Derniers Vers*, 1585.

Exercice 4

1. Dans *Les Trophées*, publié en 1893, José Maria de Hérédia consacre plusieurs poèmes à la Bretagne. Relevez les thèmes de chaque quatrain et de chaque tercet.

2. Le dernier vers respecte le principe du sonnet : la chute. Expliquez comment.

SOLEIL COUCHANT

Les ajoncs éclatants, parure du granit,
Dorent l'âpre sommet que le couchant allume ;
Au loin, brillante encor par sa barre d'écume,
La mer sans fin commence où la terre finit

À mes pieds c'est la nuit, le silence. Le nid
Se tait, l'homme est rentré sous le chaume qui fume ;
Seul, l'Angélus du soir, ébranlé dans la brume[1],
À la vaste rumeur de l'Océan s'unit.

Alors, comme du fond d'un abîme, des traînes[2],
Des landes, des ravins, montent des voix lointaines
De pâtres[3] attardés ramenant le bétail.

L'horizon tout entier s'enveloppe dans l'ombre,
Et le soleil mourant, sur un ciel riche et sombre,
Ferme les branches d'or de son rouge éventail.

José Maria de Hérédia, *Les Trophées*, 1893.

1. *dans la brume :* le tintement des cloches retentit à travers la brume
2. *des traînes :* des chemins creux
3. *pâtres :* bergers

LA SITUATION D'ARGUMENTATION

L'argumentation vise à agir sur quelqu'un, à le faire changer d'avis, soit en ayant recours à la raison, soit en ayant recours à l'émotion. Pour saisir une argumentation, il faut donc repérer l'identité de l'argumentateur et de l'argumenté, les fonctions de l'argumentation.

▶ L'ARGUMENTATEUR

L'argumentateur est celui qui cherche à convaincre, à persuader. Pour peser sur l'interlocuteur, pour faciliter l'adhésion aux idées qu'il défend, l'argumentateur engage sa personne, représente des valeurs, donne la meilleure image de lui-même.

> La liberté est un présent du Ciel et chaque individu de la même espèce a le droit d'en jouir aussitôt qu'il jouit de la raison.
>
> Denis Diderot, article « Autorité politique », l'*Encyclopédie,* 1751-1772.

C'est la responsabilité du directeur de l'*Encyclopédie* qu'engage Diderot en écrivant lui-même l'article « Autorité politique ».

▶ L'ARGUMENTÉ

L'argumenté est l'interlocuteur visé par une argumentation. Lorsqu'on argumente, on tient compte des valeurs, des désirs, des goûts auxquels l'argumenté est sensible, pour mieux le convaincre, pour anticiper sur les contre-arguments qu'il peut opposer.

> Il est évident que nous changeons d'époque. Il faut faire notre bilan. Nous avons un héritage, laissé par la nature et par nos ancêtres.
>
> Jean Giono, *La Chasse au bonheur,* 1988, Éd. Gallimard.

À travers la première personne du pluriel, Giono implique l'argumenté : son contemporain soucieux de la nature.

▶ LES FONCTIONS DE L'ARGUMENTATION

La fonction persuasive. L'argumentateur cherche à persuader l'argumenté, à changer son opinion, à lui faire partager son point de vue.

La fonction polémique. L'argumentateur cherche à ridiculiser, aux yeux de l'argumenté, celui avec qui il n'est pas d'accord. Si l'argumentateur s'adresse directement à son adversaire, il ne cherche pas à le convaincre, mais à le réduire au silence.

> Et voilà pourquoi M. Barbey d'Aurevilly est un critique aussi tumultueux qu'impuissant. Il joue du bâton, il connaît la savate et la boxe.
>
> Émile Zola, *Un bourgeois,* article de 1880.

Zola utilise la caricature pour faire sourire le lecteur aux dépens de Barbey d'Aurevilly.

▶ LES RESSORTS DE L'ARGUMENTATION

Le raisonnement logique. L'argumentation est avant tout l'art du raisonnement. L'argumentateur fait appel au raisonnement, à la logique, à l'enchaînement des idées.

Le recours à l'émotion. Par extension, l'argumentation recouvre tous les moyens mis en œuvre pour prouver ou réfuter une proposition. L'argumentateur fait appel aux sentiments, à la sensibilité. Il exprime son émotion et cherche à émouvoir.

Exercice 1

Le capitaine des brigands raconte comment, avec ses cavaliers, il a fait prisonnier le fils du gouverneur.

Repérez les argumentateurs successifs et l'objet du débat.

« Ne laissons point échapper le fils d'un mortel ennemi de nos pareils. Combien son père a-t-il fait mourir de gens de notre profession ! Vengeons-les. Immolons cette victime à leurs mânes. »

Mes autres cavaliers applaudirent à ce sentiment, et mon lieutenant même se préparait à servir de grand prêtre dans ce sacrifice, lorsque je lui retins le bras.

– Arrêtez, lui dis-je ; pourquoi sans nécessité vouloir répandre du sang ? Contentons-nous de la bourse de ce jeune homme. Puisqu'il ne résiste point, il y aurait de la barbarie à l'égorger. D'ailleurs, il n'est point responsable des actions de son père, et son père ne fait que son devoir lorsqu'il nous condamne à la mort, comme nous faisons le nôtre en détroussant les voyageurs. »

Alain-René Lesage, *Histoire de Gil Blas de Santillane*, 1715-1735.

Exercice 2

Dominique père, vinaigrier, défend ses idées sur l'éducation devant l'employeur de son fils.

À travers les argumentateurs en présence, quelles sont les valeurs qui s'affrontent ?

Dominique Père. J'avais un parent, préfet de collège, qu'on disait savant, et à qui je ne trouvais pas moi le sens commun, il me disait toujours d'un ton rogue : sans le latin votre fils ne parviendra jamais à rien. Tudieu ! Mon cousin, lui répondis-je, vous avez beau dire, on ne parle plus latin dans aucune maison du royaume. Si mon fils avait besoin d'une autre langue que la sienne, c'est en anglais, c'est en allemand qu'il lui serait utile et agréable de savoir s'expliquer ; il trouverait des gens pour lui répondre, et je vous l'envoyai sur-le-champ dans ces pays-là dès l'âge de douze ans.

Louis Sébastien Mercier, *La Brouette du vinaigrier*, 1775.

Exercice 3

Déguisé, Almaviva monologue devant la maison de Rosine.

Quelle est la situation d'argumentation : argumentateurs en présence, objet du débat, ressorts de l'argumentation ?

Le Comte, *seul, en grand manteau brun et chapeau rabattu. Il tire sa montre en se promenant.* – Si quelque aimable de la Cour pouvait me deviner à cent lieues de Madrid, arrêté tous les matins sous les fenêtres d'une femme à qui je n'ai jamais parlé, il me prendrait pour un Espagnol du temps d'Isabelle. – Pourquoi non ? Chacun court après le bonheur. Il est pour moi dans le cœur de Rosine. – Mais quoi ! suivre une femme à Séville, quand Madrid et la Cour offrent de toutes parts des plaisirs si faciles ? – Et c'est cela même que je fuis. Je suis las des conquêtes que l'intérêt, la convenance ou la vanité nous présentent sans cesse. Il est si doux d'être aimé pour soi-même.

Pierre-Augustin Caron de Beaumarchais, *Le Barbier de Séville*, 1775.

Exercice 4

Quels sont les arguments en présence. Quelle est la fonction de l'argumentation de Léo ?

Yvonne. – Michel travaille.

Léo. – Non. Michel ne travaille pas. Et tu ne veux pas qu'il travaille. Tu ne tiens pas à ce qu'il travaille.

Yvonne. – Voilà du nouveau.

Léo. – Tu as toujours empêché Michel de prendre du travail.

Yvonne. – Pour ce qu'on lui offrait.

Léo. – On lui offrait des places de débutant et où il pouvait gagner de quoi vivre.

Yvonne. – Je me suis renseignée chaque fois. Ces places étaient stupides et le mettaient en contact avec une quantité de gens de cinéma, de gens d'automobile, de gens affreux.

Léo. – Ici nous approchons de la vérité. Nous sommes moins loin du mensonge. Tu redoutais de voir Michel prendre le large. Tu le voulais dans tes jupes.

Jean Cocteau, *Les Parents terribles*, 1929, Éd. Gallimard.

PACIFICUM
VAN
ROMEN.

1600
1650

La recherche d'un ordre

LA MONARCHIE EN PÉRIL

En 1610, l'assassinat d'Henri IV, poignardé en plein Paris, montre la fragilité de la paix que la France redécouvre après des années de guerres civiles. Le royaume menacé par l'Espagne est divisé par des querelles religieuses, politiques, sociales qui provoquent des troubles violents. Il faut toute l'énergie du Premier ministre Richelieu, toute l'habileté de son successeur Mazarin pour maintenir un ordre d'autant plus violemment contesté qu'il affirme partout sa présence. En 1648 éclatent plusieurs révoltes, les Frondes, qui mènent le pays au bord de la guerre civile. Le 6 janvier 1649, le jeune dauphin, le futur Louis XIV, est obligé de fuir la capitale de son royaume. Mais la bourgeoisie et les grands seigneurs n'arrivent pas à s'unir : le pouvoir royal s'impose alors comme seul capable d'éloigner le spectre de l'anarchie.

LE SOUCI DU BON USAGE

Grâce aux écrivains du siècle précédent, le français est devenu une langue de culture comme l'espagnol ou l'italien. Le latin reste certes vivant dans les cercles des savants, des philosophes, des théologiens et dans les collèges où les élèves doivent écrire et parler en latin même pendant les récréations ! Mais hors du collège, le latiniste n'est qu'un pédant ridicule. Le souci d'une langue légitime est commun au poète qui veut plaire, au ministre qui veut unifier le pays, au provincial qui veut réussir à Paris. Malherbe condamne les ambiguïtés, les latinismes, les régionalismes. En 1635, Richelieu fonde l'Académie française dont les membres sont chargés de purifier la langue. Dans ses *Remarques sur la langue française*, Vaugelas consigne les expressions dont se sert le beau monde. Le succès de l'ouvrage montre à quel point le public lettré est avide de règles et de normes.

LES PREMIERS SALONS LITTÉRAIRES

Au début du siècle, la vogue des livres de piété témoigne du renouveau du catholicisme : on se plonge dans les œuvres de saint François de Sales, on se presse aux sermons de saint Vincent de Paul. Mais on aime aussi voir ce farceur de Bruscambille ou rire au Pont-Neuf des grosses astuces de Tabarin, Mondor et Mathurine. Non loin de là, on peut acheter pour trois sous des pamphlets osés contre les puissants du jour. Le ton change dans les salons de l'aristocratie où les grandes dames, comme Mme de Rambouillet, donnent des leçons d'élégance et de politesse à des seigneurs qui en avaient besoin. On y parle amour, poésie, beau langage : les belles manières sont à la mode. Plus austères, les spécialistes, comme Chapelain ou l'abbé d'Aubignac, cherchent dans les auteurs de l'Antiquité les règles des beaux ouvrages. Ce renouveau de la réflexion critique atteint le public cultivé qui se passionne en 1637 pour la querelle du *Cid*, le dernier succès de Corneille. De ces recherches, de ces débats naît peu à peu la littérature qu'on appellera classique.

LES DÉBUTS DE LA PEINTURE FRANÇAISE

Entre la peinture flamande qu'illustrent Rubens ou Rembrandt, et la peinture italienne que renouvellent Caravage et les Carrache, la peinture française trace un itinéraire singulier grâce à des personnalités hors pair qui travaillent à bonne distance de la cour. Les frères Le Nain évoquent l'univers paysan avec un réalisme d'une tendre gravité. Les lumineux nocturnes de La Tour donnent à la peinture religieuse une intimité d'une rare profondeur. Dans de savantes compositions, Poussin invite à savourer l'ordre mystérieux du monde. En musique, le public, toujours attaché aux airs de cour et aux ballets, reste insensible aux nouveautés venues d'Italie. L'architecture, plus inventive, propose de rigoureuses constructions où la brique des murs joue avec la pierre des encadrements et l'ardoise des grands toits en pente. Mais ces innovations restent timides et Paris fait toujours triste figure face aux splendeurs de Rome.

Georges de La Tour, *Le Tricheur à l'as de carreau*, vers 1635.

François de Malherbe

Nom : Malherbe
Prénom : François
Naissance : en 1555, à Caen
Décès : le vendredi 6 octobre 1628, à Paris
Lieux : Caen, Aix-en-Provence, Paris
Situtation familiale : marié (en 1581), quatre enfants dont trois morts en bas âge
Professions : des charges diverses auprès de diplomates, de juristes ; écuyer du roi
Amitiés : des humanistes comme le cardinal Du Perron, des disciples comme le poète Racan, le juriste érudit Fabri de Peiresc, la princesse de Conti

Il a écrit

des poèmes (divers recueils collectifs jusqu'au recueil de ses plus beaux vers en 1627) ;

des traductions de Tite-Live (1616, 1621) ;

des lettres (recueils en 1618, 1627).

LE NORMAND DU MIDI

Fils aîné d'un magistrat, de noblesse ancienne mais peu fortuné, François de Malherbe reçoit une éducation soignée qu'il approfondit dans les universités de Bâle et de Heidelberg. Passionné de grec et de latin, il s'intéresse à l'histoire, écrit des vers : il fréquente des juristes qui maintiennent vivante à Caen la tradition humaniste. Mais il refuse la carrière paternelle et s'engage comme secrétaire auprès d'Henri d'Angoulême qu'il suit en Provence. Après la mort soudaine de son protecteur qui ruine ses espérances, il partage sa vie entre la Normandie et la Provence. Sa notoriété de poète s'impose peu à peu et, en 1605, Henri IV le récompense enfin par un poste de grand écuyer.

LE POÈTE DES ROIS

Installé à Paris, il devient vite le poète le plus en vue de la cour. Toujours un peu cassant, sûr de sa noblesse, il n'a rien d'un courtisan servile et c'est par amour sincère de la paix publique qu'il loue dans ses vers les grands et la politique royale. Il prête sa plume aux amours d'Henri IV et compose des vers pour tous ces carrousels et ballets dont l'époque raffole. Favori de la régente Marie de Médicis, il fréquente en familier l'élégant salon de Mme de Rambouillet. Mais, dès 1615, il s'éloigne de la cour. Il lui faut bien souvent réclamer sa pension et c'est en vain qu'il demandera au roi Louis XIII de punir les meurtriers de son fils Marc Antoine tué en 1627.

LE CHEF D'ÉCOLE

Dans son modeste logement parisien, il expose sa doctrine à ses disciples Racan, Maynard puis Chapelain, Vaugelas. Loin d'être inspiré des dieux, le poète n'est qu'un « arrangeur de syllabes ». Mais ces arrangements clairement raisonnés doivent célébrer la langue moderne. Malherbe raille et raye, dans les œuvres de Desportes et de Ronsard, les ambiguïtés, les allusions mythologiques. Il traque les latinismes, les régionalismes, les mots inutiles qu'il appelle « bourre » et les cacophonies malheureuses. Il veut un français clair et net. Agonisant, il aurait reproché à son hôtesse d'employer un mot incorrect. « Il voulait, dit Racan, jusques à la mort maintenir la pureté de la langue française. »

Dessein de quitter une dame qui ne le contentait que de promesse

1607

La part de l'inspiration amoureuse dans l'œuvre de Malherbe est relativement réduite. Elle frappe par une saveur drue, bien éloignée des extases platoniques des poètes de la Pléiade. Aux traditionnelles langueurs des amoureux, Malherbe, en 1607, oppose la fermeté d'une audacieuse franchise.

Beauté, mon beau souci, de qui l'âme incertaine[1]
A comme l'Océan son flux et son reflux :
Pensez de vous résoudre à soulager ma peine,
Ou je vais me résoudre à ne le[2] souffrir plus.

Vos yeux ont des appas que j'aime et que je prise,
Et qui peuvent beaucoup dessus ma liberté ;
Mais pour me retenir, s'ils font cas de ma prise[3],
Il leur faut de l'amour autant que de beauté.

Quand je pense être au point que cela s'accomplisse,
Quelque excuse toujours en empêche l'effet[4] :
C'est la toile sans fin de la femme d'Ulysse[5],
Dont l'ouvrage du soir au matin se défait.

Madame, avisez-y, vous perdez votre gloire
De me l'avoir promis et vous rire de moi,
S'il ne vous en souvient vous manquez de mémoire,
Et s'il vous en souvient vous n'avez point de foi.

J'avais toujours fait compte[6], aimant chose si haute,
De ne m'en séparer qu'avecque le trépas,
S'il arrive autrement ce sera votre faute,
De faire des serments et ne les tenir pas.

François de Malherbe, *Dessein de quitter une dame qui ne le contentait que de promesse*, 1607.

1. *incertaine* : instable, imprévisible
2. *le* : votre hésitation
3. *ma prise* : de m'avoir pris, séduit
4. *l'effet* : l'acte, la réalisation
5. *la femme d'Ulysse* : par fidélité conjugale, Pénélope a déclaré qu'elle ne se remarierait que lorsque sa tapisserie serait terminée. Or elle défait chaque nuit ce qu'elle tisse chaque jour
6. *fait compte* : calculé, prévu

QUESTIONS

La logique du discours

1. Le poète développe une argumentation. Comparez la première strophe (l'exorde) à la dernière (la péroraison). Entre ces deux strophes, distinguez les différentes étapes de la démonstration.

2. Le discours délibératif confronte deux décisions. Lesquelles ?

La force du désir

3. Relevez les expressions qui désignent l'amour du poète. Pourquoi distingue-t-il l'amour de la beauté (vers 8) ?

4. La demande amoureuse se transforme en réclamation. Par quelles expressions met-il la dame dans son tort ?

La tension rythmique

5. Chaque strophe contient une phrase. Étudiez dans chaque strophe la disposition des phrases.

6. Quel rôle le poète donne-t-il aux comparaisons ?

7. Le poète fait jouer les sons de la langue. Commentez de ce point de vue les vers 11 et 12.

Consolation à Monsieur Du Périer sur la mort de sa fille

1607

En s'adressant à son ami Du Périer qui vient de perdre en 1598 une petite fille de cinq ans, Malherbe, qui a perdu lui-même deux garçons en bas âge, s'inspire du philosophe stoïcien Sénèque.

Ta douleur, Du Périer, sera donc éternelle,
Et les tristes discours
Que te met en l'esprit l'amitié paternelle
L'augmenteront toujours ?

Le malheur de ta fille au tombeau descendue
Par un commun trépas,
Est-ce quelque dédale[1], où ta raison perdue
Ne se retrouve pas ?

Je sais de quels appas[2] son enfance était pleine,
Et n'ai pas entrepris,
Injurieux[3] ami, de soulager ta peine
Avecque son mépris[4].

Mais elle était du monde, où les plus belles choses
Ont le pire destin,
Et rose elle a vécu ce que vivent les roses,
L'espace d'un matin.

Puis quand ainsi serait, que selon ta prière,
Elle aurait obtenu
D'avoir en cheveux blancs terminé sa carrière[5],
Qu'en fût-il advenu ?

Penses-tu que, plus vieille, en la maison céleste
Elle eût eu plus d'accueil ?
Ou qu'elle eût moins senti la poussière funeste
Et les vers du cercueil ?

Non, non, mon Du Périer, aussitôt que la Parque[6]
Ôte l'âme du corps
L'âge s'évanouit au-deçà de la barque[7],
Et ne suit point les morts.

François de Malherbe, *Consolation à Monsieur Du Périer, gentilhomme d'Aix-en-Provence, sur la mort de sa fille,* 1607.

1. *dédale :* labyrinthe
2. *appas :* charmes
3. *injurieux :* comme un ami qui te ferait injure, qui insulterait ta douleur
4. *avecque son mépris :* en méprisant, en méconnaissant la profondeur de son chagrin
5. *carrière :* le cours de la vie
6. *Parque :* dans la mythologie grecque, divinité qui décide, en coupant le fil de la vie, de notre mort
7. *barque :* dans la mythologie grecque, la barque de Charon qui transportait les morts dans l'au-delà

QUESTIONS

L'effort de la raison

1. Quels termes, quelles constructions relèvent du dialogue ?

2. Malherbe oppose à la violence du chagrin la force de la raison. Quels sont ses arguments ?

La douleur du deuil

3. Malherbe est sensible à la douleur de son ami. Quelle image donne-t-il de son chagrin ?

4. De quelle façon les expressions évoquant la mort s'opposent-elles ?

Le passage du temps

5. Comment le poète suggère-t-il la force irréversible du temps ?

6. En étudiant le choix et la place des mots, expliquez la célébrité de la quatrième strophe.

Imitation du psaume « *Lauda anima mea Dominum* »

1627

Malherbe n'a pas été longtemps abusé par la cour. Dans cette pièce tardive, il ne retient du psaume biblique « Ô mon âme loue le Seigneur » que les versets qui lui permettent de dire sa désillusion.

▲ De Witte (1617-1692), *Intérieur d'église.*

N'espérons plus, mon âme, aux promesses du monde[1] :
Sa lumière[2] est un verre, et sa faveur une onde,
Que toujours quelque vent empêche de calmer ;
Quittons ces vanités, lassons-nous de les suivre :
C'est Dieu qui nous fait vivre,
C'est Dieu qu'il faut aimer.

En vain, pour satisfaire à nos lâches envies,
Nous passons près des rois tout le temps de nos vies,
À souffrir des mépris et ployer les genoux ;
Ce qu'ils peuvent n'est rien : ils sont comme nous sommes,
Véritablement hommes,
Et meurent comme nous.

Ont-ils rendu l'esprit, ce n'est plus que poussière
Que cette Majesté si pompeuse et si fière
Dont l'éclat orgueilleux étonne[3] l'univers ;
Et dans ces grands tombeaux où leurs âmes hautaines
Font encore les vaines,
Ils sont mangés des vers.

Là se perdent ces noms de maîtres de la terre,
D'arbitres de la paix, de foudres de la guerre :
Comme ils n'ont plus de sceptre, ils n'ont plus de flatteurs,
Et tombent avec eux d'une chute commune
Tous ceux que leur fortune
Faisait leurs serviteurs.

François de Malherbe, *Imitation du psaume CXLV*, 1627.

1. *monde :* société humaine (à opposer au Ciel)
2. *lumière :* éclat attirant
3. *étonne :* émerveille, surprend vivement

QUESTIONS

L'art de la strophe

1. Chaque strophe s'achève par deux vers courts. Quels effets produit ce changement de mètre ?
2. Étudiez la disposition des rimes. Quelles sont les plus expressives ?

La puissance de la mort

3. La mort égalise toutes les différences : quelles antithèses manifestent sa puissance ?
4. Quel vers pourrait sembler macabre ? N'a-t-il pas surtout une valeur morale ?

La faiblesse des puissants

5. Pour évoquer les grands, le poème multiplie les hyperboles. Que dénoncent-elles ?
6. Quelles expressions évoquent les courtisans ? Sont-ils excusés ou accusés ?

Honoré d'Urfé

Nom : d'Urfé
Prénom : Honoré
Naissance : le 10 ou 11 février 1567, à Marseille
Décès : le 1er juin 1625, à Villefranche-sur-Mer
Lieux : le Forez, la Provence, Tournon, la Savoie, le Jura, Paris, Turin
Situation familiale : marié (en 1600) ; séparation à l'amiable (vers 1613)
Professions : guerrier, diplomate, écrivain
Amitiés : Malherbe, François de Sales, Marguerite de Valois, le duc de Savoie

Il a écrit

un poème pastoral : *Sireine* (1596) ;

des poésies religieuses ;

Épîtres morales (1598) ;

un roman : *L'Astrée* (1607, 1610, 1619).

LE GUERRIER CATHOLIQUE

Honoré d'Urfé passe sa jeunesse dans le sud du Massif central, au château de la Bastie que son grand-père, ancien ambassadeur de François Ier à Rome, a fait remanier à l'italienne. La bibliothèque de cette famille d'humanistes réunit plus de 4 500 volumes ! Après de solides études au collège jésuite de Tournon, en Ardèche, il s'engage dans les armées catholiques de la Ligue et s'oppose longtemps à Henri IV. Arrêté à plusieurs reprises, ce guerrier qui connaît la fureur des combats est aussi philosophe : il commence en prison les *Épîtres morales* inspirées de Sénèque et de Platon. Libéré, il rejoint le pays de sa mère, la Savoie, alors adversaire de la France.

LE SEIGNEUR ÉCLAIRÉ

En 1600, il épouse, par amour ou par intérêt, Diane de Chateaumorand, sa belle-sœur récemment séparée de son mari. La paix signée entre la Savoie et la France le rapproche de la cour d'Henri IV. Il partage alors sa vie entre ses divers châteaux et Paris. D'une élégance raffinée, il éblouit par l'étendue de ses connaissances : « Fort versé en la philosophie et en l'histoire, il avait les mathématiques à un haut point avec la connaissance des langues latine, grecque, italienne, espagnole, allemande. » La régente Marie de Médicis lui confie des missions secrètes vers la Savoie. Séparé de son épouse, il séjourne à Milan, Venise, et à Turin surtout.

L'AUTEUR DE *L'ASTRÉE*

Depuis de longues années, Honoré d'Urfé songe à un roman. Le récit des amours malheureux d'Astrée la belle bergère et du tendre Céladon devient le cœur d'une ample composition qui multiplie les intrigues les plus romanesques, les personnages les plus divers, les discussions les plus passionnées sur l'amour. Dès la publication de la première partie, en 1607, *L'Astrée* obtient un succès immédiat auprès des salons et de la cour, comme auprès des connaisseurs émerveillés par la clarté d'une prose éloquente et sensible. Hélas, la mort surprend l'auteur avant qu'il ait pu achever la quatrième partie d'un roman de plusieurs milliers de pages.

L'Astrée

Chassé par Astrée qui l'a cru infidèle, Céladon vit caché dans les bois. Ne sortant que la nuit, il se dirige sans le savoir vers l'endroit où Astrée et ses amis, en excursion dans la forêt, se sont profondément endormis.

Le soleil ne paraissait point encore, lorsque de fortune[1] il adressa ses pas du côté où était cette troupe. Et parce qu'il s'en allait tout en ses pensées, sans prendre garde à ce qui lui était autour, jamais homme ne fut plus étonné[2] que lui, quand tout à coup il aperçut Astrée. Elle avait un mouchoir dessus les yeux qui lui cachait une partie du visage, un bras sous la tête, et l'autre étendu le long de la cuisse, et le cotillon[3], un peu retroussé par mégarde, ne cachait pas entièrement la beauté de la jambe. Et d'autant que son corps de jupe[4] la serrait un peu, elle s'était délacée, et n'avait rien sur le sein qu'un mouchoir de reseuil[5] au travers duquel la blancheur de sa gorge paraissait merveilleusement. Du bras qu'elle avait sous la tête, on voyait la manche avalée jusque sous le coude, permettant ainsi la vue d'un bras blanc et potelé, dont les veines, pour la délicatesse de la peau, par leur couleur bleue, découvraient leurs divers passages. Et quoique de cette main elle tînt sa coiffure qui la nuit s'était détachée, si est-ce que[6] pour la serrer[7] trop négligemment, une partie de ses cheveux s'était éparse sur sa joue, et l'autre prise à quelques ronces qui étaient voisines.

Ô quelle vue fut celle-ci pour Céladon ! Il fut tellement surpris qu'il demeura immobile sans pouls, et sans haleine, et n'y avait en lui autre signe de vie que le battement du cœur et la vue qui semblait être attachée sur ce beau visage. Mais il lui advint lors comme à ces personnes qui ont longuement demeuré dans des profondes ténèbres, et qui sont tout à coup portées aux plus clairs rayons du soleil ; car tout ainsi qu'elles demeurent éblouies par trop de clarté, de même pour avoir trop de contentements il n'en pouvait jouir d'un seul, les ayant eus tout à coup, et venant de quitter l'obscurité de ses déplaisirs.

Quelque temps après, ayant repris un peu plus de force, il commença de considérer ce qu'il voyait, tantôt regardant ce visage aimé, tantôt le sein de qui les trésors ne lui avaient jamais été découverts, et sans se pouvoir saouler de considérer toutes ces beautés, il eût voulu, comme un nouvel Argus[8], avoir tout le corps couvert d'yeux.

Honoré d'Urfé, *L'Astrée*, seconde partie, 1610.

1. *de fortune :* **par hasard**
2. *étonné :* **frappé de stupeur**
3. *cotillon :* **petite jupe de dessous**
4. *corps de jupe :* **corsage, chemisier**
5. *reseuil :* **dentelle**
6. *si est-ce que :* **pourtant**
7. *pour la serrer :* **parce qu'elle la serrait**
8. *Argus :* **dans la mythologie grecque, prince aux cent yeux dont cinquante restaient ouverts dans son sommeil**

QUESTIONS

Un épisode romanesque

1. L'épisode est-il rendu vraisemblable ? Quels points de vue successifs adopte le narrateur ?

2. Quels procédés soulignent la surprise de Céladon ?

Le regard fasciné

3. La vue d'Astrée « étonne » le héros. À quoi est-il réduit ?

4. La mobilité des yeux compense la fixité du corps. Comment est suggérée l'activité du regard ?

La beauté découverte

5. Par quelles étapes progresse la description d'Astrée ?

6. Astrée s'est endormie tout habillée. Comment les vêtements révèlent-ils la beauté du corps ?

Charles Sorel

Nom : Sorel
Prénom : Charles
Naissance : en 1599 ou 1602, à Paris
Décès : le 7 mars 1674, à Paris
Lieu : Paris
Situation familiale : célibataire
Professions : écrivain, historiographe du roi
Amitiés : Théophile de Viau, Saint-Amant, Guy Patin, l'abbé Michel de Marolles

Il a écrit

des romans, dont : *Histoire comique de Francion* (1623), *Le Berger extravagant* (1627), *Polyandre* (1648) ;

des ouvrages historiques, dont : *Histoire de la monarchie française* (1629), *Histoire de Louis XIII* (1646) ;

des ouvrages de critique, dont : *La Bibliothèque française* (1664), *De la connaissance des bons livres* (1671).

LE JEUNE ÉCRIVAIN

On ignore la date exacte de la naissance de ce fils de procureur, qui prétend descendre d'Agnès Sorel, la belle maîtresse de Charles VII. Après quelques années comme externe au collège de Lisieux à Paris, il amorce vaguement des études de droit et devient peut-être secrétaire d'un juriste. Mais sa vocation littéraire, qui irrite sa famille, est très précoce puisque dès 1616, alors qu'il n'a qu'une quinzaine d'années, il salue le mariage de Louis XIII par un *Épithalame* en vers. Protégé par le comte de Cramail, lui-même poète, il fréquente les poètes libertins Théophile de Viau, Saint-Amant, Boisrobert avec lesquels il écrit le *Ballet des Bacchanales* dansé devant le roi.

LE ROMANCIER LIBERTIN

En 1623, il publie un roman constamment réimprimé au cours du siècle : *L'Histoire comique de Francion*. Par une série d'épisodes dont l'humeur joyeuse rappelle Rabelais et le roman picaresque espagnol, le jeune romancier écarte les modèles trop idéalisés du genre héroïque et propose un tableau critique de la société de son temps. Un récit librement conduit, des scènes parfois osées, une langue riche et savoureuse donnent à cette œuvre de jeunesse, écrite à toute vitesse, l'allure de la liberté. Dans les versions qui suivront, Sorel, sans doute alarmé par l'emprisonnement de son ami Théophile de Viau, aura tendance à supprimer ces belles audaces.

LE CRITIQUE SOLITAIRE

Taciturne, parfois sombre, extrêmement sensible, Charles Sorel est un homme discret. La plupart de ses nombreux ouvrages (on lui en attribue plus d'une quarantaine) sont publiés sans nom d'auteur. Dans la maison familiale qu'il partage avec sa sœur et son mari, il écrit sur tout car il s'intéresse à tout : à l'histoire, aux sciences, à la religion et, bien sûr, à la littérature. Jaloux de son indépendance, il se moque de l'Académie française, puis de Furetière : il n'appartient à aucun groupe. Il finit sa vie dans la gêne : sa pension d'historiographe supprimée par Colbert, ses rentes perdues, il est recueilli par un neveu et meurt au cœur de ce Paris qu'il n'a jamais quitté.

Histoire comique de Francion

1623

Agathe, une vieille dame de très petite vertu, raconte sa jeunesse à Francion. En faisant revivre le Paris louche des voleurs et des prostituées, elle évoque la mort de Perrette, l'entremetteuse qui lui a appris son « métier ».

Comme elle était merveilleusement[1] triste de se voir ainsi déchue[2], la bonne Dame se sentait bien défaillir peu à peu : c'est pourquoi elle fit ce qu'on a coutume de faire en cette extrémité : moi qui étais comme sa fille, je reçus d'elle des témoignages apparents[3] de bienveillance. De toutes choses qu'elle savait, elle n'en oublia pas une à me dire, et me donna des conseils dont je me suis bien servie depuis. Pour ne vous point mentir, il n'y avait aucun scrupule en elle, ni aucune superstition[4] ; elle vivait si rondement[5] que (si ce que l'on dit de l'autre monde est vrai) les autres âmes jouent maintenant à la boule de la sienne. Elle ne savait non plus ce que c'est des cas de conscience[6] qu'un Topinambou[7], parce qu'elle disait que si l'on lui en avait appris autrefois quelque peu, elle l'avait oublié, comme une chose qui ne sert qu'à troubler le repos. Souvent elle m'avait dit que les biens de la terre sont si communs, qu'ils ne doivent être non plus à une personne qu'à l'autre, et que c'est très sagement fait de les ravir subitement quand l'on peut des mains d'autrui ; « car, disait-elle, je suis venue toute nue en ce monde et nue je m'en retournerai. Les biens que j'ai pris d'autrui, je ne les emporterai point, que l'on aille les chercher où ils sont et que l'on les prenne, je n'en ai plus que faire. Hé quoi, si j'étais punie après ma mort pour avoir commis ce qu'on appelle larcin, n'aurais-je pas raison de dire à quiconque m'en parlerait que ç'aurait été une injustice de m'avoir mise au monde pour y vivre, sans me permettre de prendre les choses dont l'on y vit ? »

Après m'avoir tenu de pareils discours, elle expira et je la fis enterrer sans aucune pompe comme elle me l'avait recommandé, parce qu'elle savait qu'il n'est rien de plus inutile.

Quelques nouvelles connaissances me vinrent alors qui m'apportèrent de quoi dîner, mais la perte de ma bonne mère me fut si sensible, avec la mauvaise rencontre que je faisais quelquefois de personnes qui savaient trop de mes affaires, que je résolus de quitter Paris et m'en aller à la ville de Rouen.

Charles Sorel, *Histoire comique de Francion*, deuxième livre, 1623.

1. *merveilleusement :* extraordinairement
2. *déchue :* réduite à la pauvreté
3. *apparents :* bien visibles
4. *superstition :* dévotion ou « crainte de Dieu mal ordonnée » (Furetière)
5. *rondement :* franchement, sincèrement
6. Elle n'avait pas plus d'idée de ce qu'est un cas de conscience
7. *Topinambous :* peuple du Brésil considéré comme sauvage et ignorant

QUESTIONS

Les ellipses du récit

1. L'agonie donne au romancier l'occasion de scènes pathétiques. Qu'est-ce qui prend ici la place du récit de la mort ?

2. Quel argument est mis en valeur par le passage au style direct ?

Le refus de la morale

3. Perrette prend des libertés avec la morale courante. Par quelle formule refuse-t-elle tout souci moral ?

4. Quels arguments justifient le vol ? Quels autres arguments pourrait-on leur opposer ?

L'oubli de la mort

5. L'amoralisme du personnage se fonde sur son athéisme. Quelles formules expriment son incrédulité ? Comment évoque-t-elle Dieu ?

6. Comment voit-on que la mourante accorde ses actes à ses idées ?

Théophile de Viau

Nom : Viau
Prénom : Théophile
Souvent appelé : Théophile
Naissance : en 1590, à Clairac, en Agenais
Décès : le 25 septembre 1626, à Paris
Lieux : Languedoc, Hollande, Angleterre, Paris
Situation familiale : célibataire
Profession : au service du comte de Candale puis du duc de Luynes, favori du roi
Amitiés : des nobles qui le protègent comme le duc Liancourt et le duc de Montmorency ; des poètes comme Des Barreaux

Il a écrit

divers recueils de poèmes ;

Traité de l'immortalité de l'âme (adapté de Platon) en 1621 ;

une tragédie : *Pyrame et Thisbé* (1621).

LE JEUNE HUGUENOT

Théophile est le fils d'un noble lettré, longtemps avocat à Bordeaux. Son frère aîné, sa sœur écrivent des vers. Lui-même, qui a fréquenté divers collèges protestants, connaît le grec et le latin. Il a une vingtaine d'années lorsqu'il quitte le domaine familial pour accompagner une troupe de comédiens. Il part ensuite avec le jeune Guez de Balzac étudier la médecine dans la célèbre université réformée de Leyde, aux Pays-Bas. Joyeuse est la jeunesse du poète qui ne craint pas les scandales ! Mais il lui faut un protecteur : il entre au service du jeune comte de Candale et suit ce seigneur protestant dans ses campagnes contre les armées royales en Languedoc.

LE POÈTE LIBERTIN

En 1616, dans le sillage de Candale qui se soumet au roi, le poète est introduit à la cour où les jeunes seigneurs apprécient sa fougue, son « esprit hardi », sa verve audacieuse. Il aime les fêtes et la liberté et se plaît dans la compagnie de poètes à l'esprit libre, Boisrobert, Saint-Amant, Des Barreaux. Exilé de la cour en 1619 pour avoir écrit « des vers indignes d'un chrétien », il retrouve vite la faveur du roi, combat dans son armée et se voit partout bien reçu. Ses vers, parus depuis 1611 dans des recueils collectifs, ont l'honneur d'une édition séparée. En 1621, sa tragédie *Pyrame et Thisbé* remporte un éclatant succès. Il se réjouit de passer pour le chef des poètes anticonformistes qu'on appelle libertins ou épicuriens.

LE POÈTE EN PRISON

Bien qu'il se soit converti au catholicisme en 1622, les jésuites Garasse et Voisin se déchaînent contre lui, l'accusant de libertinage, c'est-à-dire d'impiété, de débauche et d'insoumission. On commence par brûler son effigie puis on l'arrête le 17 septembre 1623, au moment où il fuyait vers l'Angleterre. On le jette comme un chien dans le cachot de Ravaillac, « sans feu, sans air et sans soleil ». Le 1er septembre 1625, il sort enfin ; condamné au bannissement, il se réfugie chez le duc de Montmorency. Il meurt un an plus tard, épuisé par cette incarcération. Désormais, les libertins devront se cacher et se taire.

Ode

1621

Théophile de Viau aime célébrer dans ses poèmes la variété des paysages et des lumières. « J'aime, dit-il, un beau jour, des fontaines claires, l'aspect des montagnes, l'étendue d'une grande plaine. » Mais parfois l'univers s'assombrit et le poème s'ouvre sur d'inquiétantes énigmes.

Un corbeau devant moi croasse,
Une ombre offusque[1] mes regards,
Deux belettes et deux renards
Traversent l'endroit où je passe,
Les pieds faillent[2] à mon cheval,
Mon laquais tombe du haut mal[3],
J'entends craqueter le tonnerre,
Un esprit se présente à moi,
J'ois[4] Charon[5] qui m'appelle à soi,
Je vois le centre de la terre.

Ce ruisseau remonte en sa source,
Un bœuf gravit sur[6] un clocher,
Le sang coule de ce rocher,
Un aspic[7] s'accouple d'une ourse,
Sur le haut d'une vieille tour
Un serpent déchire un vautour,
Le feu brûle dedans la glace,
Le Soleil est devenu noir,
Je vois la Lune qui va choir,
Cet arbre est sorti de sa place.

Théophile de Viau, *Œuvres*, 1621.

1. *offusque :* met un voile sur
2. *faillent :* manquent à, se dérobent sous
3. *haut-mal :* épilepsie
4. *j'ois :* j'entends
5. *Charon :* dans la mythologie antique, le batelier qui fait franchir aux morts le fleuve des enfers
6. *gravit sur :* escalade, grimpe avec peine
7. *aspic :* serpent venimeux, emblème au Moyen Âge de l'incrédulité

QUESTIONS

La force des signes

1. Cette ode énumère brièvement une série de faits. Pourquoi semblent-ils inquiétants ?

2. On a l'impression d'assister à la scène. Relevez les indications de lieu et de temps.

3. Quand la valeur du présent est-elle nuancée ?

Le poète aux aguets

4. Le poète semble rapporter simplement ce qu'il perçoit. De quels verbes est-il le sujet ?

5. Quels verbes indiquent une activité ?

6. À quels moments le poète semble-t-il directement impliqué ?

7. Dans quelle strophe le poète est-il moins présent ?

Le renversement mystérieux

8. Quelles remarques se suivent sans logique ?

9. Quelle progression repère-t-on dans la première strophe, puis d'une strophe à l'autre ?

10. Quelles indications apparaissent comme des inversions de l'ordre habituel des choses ?

Vincent Voiture

Nom : Voiture
Prénom : Vincent
Naissance : baptisé le 24 février 1597, à Amiens
Décès : le 26 mai 1648, à Paris
Lieux : Amiens, Orléans, Paris
Situation familiale : célibataire,
au moins un enfant qu'il a reconnu
Professions : au service du frère du roi, agent diplomatique
Amitiés : Mme de Saintot, Mme de Rambouillet,
Mme de Combalet (nièce de Richelieu), Angélique Paulet,
Gaston d'Orléans, Vaugelas, Racan

Il a écrit
des lettres et des poèmes, mais ses *Œuvres* (incomplètes) ne furent publiées qu'en 1650.

LE BOURGEOIS AMBITIEUX

Fils d'un marchand de vin, fournisseur attitré de la cour, le jeune Voiture étudie au collège de Boncourt à Paris puis à l'université d'Orléans où il lie des amitiés qu'il sait habilement faire jouer pour se pousser dans le monde. Sans jamais renier ses origines roturières, il devient dès 1626 conseiller du roi, puis entre au service du turbulent frère de Louis XIII, Gaston d'Orléans, qu'il accompagne dans son exil en Belgique puis en Espagne. Négociateur habile, fin politique, il se fait apprécier de Richelieu. Multipliant les charges et les pensions, il amasse une fortune, malgré d'énormes pertes au jeu.

L'HOMME DU MONDE

Vers 1625, il est introduit à l'hôtel de Rambouillet ; c'est là que règne Mme de Rambouillet qui reçoit dans sa célèbre pièce, dite la chambre bleue, tout ce que le royaume compte de poètes, d'écrivains, de seigneurs raffinés. Fuyant l'affectation et la pédanterie, on veut s'amuser, on veut rire. Voiture, petit mais élégant, désinvolte mais délicieusement spirituel, devient vite le roi de ces divertissements. Frileux, ne buvant que de l'eau et se gavant de confitures, il se dit toujours prêt à « aimer en cinq ou six lieux à la fois ». Pour des affaires d'amour ou de jeu, il se bat en duel « jusqu'à quatre fois ; de jour et de nuit, au soleil, à la lune et aux flambeaux ».

LE POÈTE GALANT

C'est pour surprendre et éblouir son monde qu'il écrit des vers de circonstance, pleins de brio. Apprécié de Malherbe et de ses disciples, admis très vite à l'Académie française, il connaît fort bien la poésie italienne et, ce qui est plus rare, la poésie espagnole. Il ne craint pas de s'inspirer des chansons populaires, de relancer le rondeau. Mais il sait jouer de ses modèles avec une désinvolture heureuse. Il fait de la poésie un jeu spirituel et séduit par son goût de la liberté et du plaisir. Lorsqu'il meurt victime de la goutte et du paludisme « entre les bras de ses sultanes », ce poète admiré de La Fontaine et de Boileau n'a rien daigné publier. Ne cherchait-il qu'à se distraire ?

Rondeau

Voiture remet à la mode le rondeau, poème en vogue au Moyen Âge mais condamné par la Pléiade. En jouant avec les mots, le poète galant trouve l'occasion de parler d'amour sur un ton nouveau.

Ou vous savez tromper bien finement,
Ou vous m'aimez assez fidèlement,
Lequel des deux, je ne le saurais dire,
Mais cependant je pleure et je soupire
Et ne reçois aucun soulagement.

Pour votre amour j'ai quitté franchement
Ce que j'avais acquis bien sûrement ;
Car on m'aimait, et j'avais quelque empire
Où vous savez.

Je n'attends pas tout le contentement
Qu'on peut donner aux peines d'un Amant,
Et qui pourrait me tirer de martyre,
À si grand bien mon courage n'aspire ;
Mais laissez-moi vous toucher seulement
Où vous savez.

Vincent Voiture, *Œuvres*, écrit en 1639,
édition posthume en 1650.

« Laissez-moi vous toucher seulement », *La Collation dans un parc*, peinture du XVIIe siècle.

QUESTIONS

Le jeu formel

1. En analysant la disposition des strophes et des rimes, dégagez les règles du rondeau.
2. L'expression reprise a chaque fois un sens différent. Lesquels ?

Le conte galant

3. Le rondeau évoque une histoire. Reconstituez les étapes de cette intrigue galante.
4. Le poète se montre-t-il vraiment attaché à la fidélité ?

Le désir souriant

5. Relevez les expressions, images et hyperboles, appartenant au vocabulaire amoureux.
6. Le poète se prend-il au sérieux ? En paraît-il plus séduisant ?

Pierre Corneille

Nom : Corneille
Prénom : Pierre
Naissance : le 6 juin 1606, à Rouen
Décès : le 1er octobre 1684, à Paris
Lieux : Rouen et ses environs, Paris
Situation familiale : marié en 1641 (sept enfants)
Professions : avocat du roi (administration royale), dramaturge
Amitiés : son jeune frère Thomas, Saint-Évremond, Fontenelle

Il a écrit

des comédies, dont : *Mélite* (1629), *L'Illusion comique* (1635), *Le Menteur* (1643) ;

des tragi-comédies, dont : *Clitandre* (1630), *Le Cid* (1637) ;

des tragédies, dont : *Horace* (1640), *Cinna* (1642), *Polyeucte* (1643), *Rodogune* (1644), *Sertorius* (1662), *Othon* (1664) ;

des études sur le théâtre, dont : *Trois discours sur le poème dramatique* (1660).

L'ÉLÈVE DES JÉSUITES

Le jeune bourgeois Pierre Corneille fait de solides études chez les jésuites de Rouen. Selon son neveu Fontenelle, « il en a toujours conservé une extrême reconnaissance pour la société ». Sans doute ses maîtres lui ont-ils donné aussi le goût du théâtre qu'ils pratiquaient à des fins pédagogiques. Ayant acquis, dès vingt-deux ans, la charge d'avocat du roi, il compose des comédies et des tragédies qui lui assurent une rapide notoriété. En 1637, la tragi-comédie *Le Cid* suscite la première grande querelle de notre histoire théâtrale : on l'accuse de plagiat, d'inconvenance, d'irrégularité vis-à-vis des règles du théâtre classique. Malgré son triomphal succès, Corneille, ulcéré d'être désavoué par l'Académie française, se tait pendant quatre ans.

LE POÈTE SUBLIME

À partir de 1640, il offre coup sur coup trois tragédies parfaitement régulières : *Horace*, *Cinna*, *Polyeucte*, puis une comédie charmante *Le Menteur*. Quand il le veut, il néglige les règles et montre la richesse de son inspiration dans des œuvres étonnantes comme *Rodogune*, *Héraclius* ou *Nicomède*. Ce bourgeois tranquille à l'allure négligée et vite bredouillant adore les actions d'éclat, les sentiments hors du commun, les héros même monstrueux. La grandeur de ses personnages qui font briller sur la scène tout l'éclat de leur énergie suscite un nouveau ressort théâtral : l'admiration. Son public s'enflamme, comme Mme de Sévigné, pour ces tirades « qui font frissonner ».

LE CRÉATEUR DÉLAISSÉ

En 1651, après l'échec de *Pertharite*, Corneille se livre à un travail critique considérable : il corrige, et commente toutes ses œuvres dont il publie en 1660 une édition en trois volumes. Pour lui, la tragédie doit développer « quelque grand intérêt d'État, quelque passion plus noble et plus mâle que l'amour ». Mais, en 1661, de telles ambitions n'ont plus cours et, s'il connaît encore de vifs succès avec *Œdipe* ou *La Toison d'Or*, il doit céder la première place à son jeune rival Racine. De 1675 à 1682, on ne lui verse même plus de pension ! Pourtant, trois mois après sa mort, c'est Racine lui-même qui fait l'éloge de ces chefs-d'œuvre « qui vivront à jamais dans la bouche des hommes ».

L'Illusion comique

1635

Dans *L'Illusion comique*, Corneille met en scène, « exprès pour faire rire », le capitaine gascon Matamore. Au deuxième acte, ce parfait fanfaron songe à « mettre en poudre » le roi de Perse ou le Grand Mogol, le plus puissant roi des Indes !

CLINDOR

Et puis quand auriez-vous rassemblé votre armée ?

MATAMORE

Mon armée ? Ah, poltron ! ah, traître ! pour leur mort
Tu crois donc que ce bras ne soit pas assez fort !
Le seul bruit de mon nom renverse les murailles,
Défait les escadrons, et gagne les batailles,
Mon courage invaincu contre les empereurs
N'arme que la moitié de ses moindres fureurs ;
D'un seul commandement que je fais aux trois Parques[1],
Je dépeuple l'État des plus heureux monarques ;
La foudre est mon canon, les destins mes soldats :
Je couche d'un revers mille ennemis à bas ;
D'un souffle je réduis leurs projets en fumée,
Et tu m'oses parler cependant d'une armée !
Tu n'auras plus l'honneur de voir un second Mars[2] :
Je vais t'assassiner d'un seul de mes regards,
Veillaque[3]. Toutefois, je songe à ma maîtresse,
Ce penser m'adoucit ; va, ma colère cesse,
Et ce petit archer[4] qui dompte tous les Dieux
Vient de chasser la mort qui logeait dans mes yeux.
Regarde, j'ai quitté cette effroyable mine
Qui massacre, détruit, brise, brûle, extermine,
Et, pensant au bel œil qui tient ma liberté,
Je ne suis plus qu'amour, que grâce, que beauté.

CLINDOR

Ô Dieux ! en un moment que tout vous est possible !

Pierre Corneille, *L'Illusion comique*,
Acte II, scène 2 (vers 230-253), 1635.

1. *les trois Parques :* divinités qui tissent les destinées humaines
2. *Mars :* le dieu de la guerre
3. *veillaque :* injure gasconne, maraud, coquin, paysan
4. *petit archer :* l'amour qui lance ses flèches dans les cœurs

QUESTIONS

Le jeu des paroles

1. En vrai poète, Matamore déploie toutes les ressources de la rhétorique. Par quelles antithèses met-il en lumière sa puissance ?

2. En relevant les expressions qui désignent Clindor, distinguez les divers moments de la tirade.

La guerre et l'amour

3. Le chevalier courtois est vaillant à la guerre et sensible à l'amour. Quels termes du vocabulaire militaire pourraient figurer dans une tragédie ? Quel est, ici, leur effet ?

4. Relevez les expressions galantes. Sont-elles touchantes ?

L'art des métamorphoses

5. Matamore passe prestement d'un rêve à l'autre. Comment souligne-t-il son habileté ?

6. Quelles expressions évoquent le jeu de ses regards ?

7. Quel rôle joue donc Clindor face à Matamore ?

Le Cid

Trop âgé pour répliquer au Comte qui l'a humilié, don Diègue demande à son fils Rodrigue de venger son honneur. Le jeune homme doit donc provoquer en duel le Comte, le père de celle qu'il aime.

DON RODRIGUE
À moi, Comte, deux mots.

LE COMTE
Parle.

DON RODRIGUE
Ôte-moi d'un doute.
Connais-tu bien don Diègue ?

LE COMTE
Oui.

DON RODRIGUE
Parlons bas, écoute.
Sais-tu que ce vieillard fut la même vertu[1],
La vaillance, et l'honneur de son temps ? le sais-tu ?

LE COMTE
Peut-être.

DON RODRIGUE
Cette ardeur que dans les yeux je porte,
Sais-tu que c'est son sang ? le sais-tu ?

LE COMTE
Que m'importe ?

DON RODRIGUE
À quatre pas d'ici je te le fais savoir.

LE COMTE
Jeune présomptueux.

DON RODRIGUE
Parle sans t'émouvoir.
Je suis jeune, il est vrai, mais aux âmes bien nées
La valeur n'attend point le nombre des années.

LE COMTE
Mais t'attaquer à moi ! qui t'a rendu si vain[2],
Toi qu'on n'a jamais vu les armes à la main ?

DON RODRIGUE
Mes pareils à deux fois ne se font point connaître,
Et pour leurs coups d'essai veulent des coups de maître.

LE COMTE
Sais-tu bien qui je suis ?

DON RODRIGUE
Oui, tout autre que moi
Au seul bruit de ton nom pourrait trembler d'effroi.
Mille et mille lauriers dont ta tête est couverte
Semblent porter écrit le destin de ma perte.
J'attaque en téméraire un bras toujours vainqueur,

1. *la même vertu :* la vertu même
2. *vain :* ridiculement orgueilleux

▲ Samuel Labarthe dans le rôle de Rodrigue, mis en scène par Gérard Desarthe.

Mais j'aurai trop de force ayant assez de cœur[3],
À qui venge son père il n'est rien impossible :
Ton bras est invaincu, mais non pas invincible.

LE COMTE

Ce grand cœur qui paraît aux discours que tu tiens,
Par tes yeux chaque jour se découvrait aux miens,
Et croyant voir en toi l'honneur de la Castille,
Mon âme avec plaisir te destinait ma fille.
Je sais ta passion, et suis ravi[4] de voir
Que tous ses mouvements cèdent à ton devoir,
Qu'ils n'ont point affaibli cette ardeur magnanime[5],
Que ta haute vertu répond à mon estime,
Et que voulant pour gendre un chevalier[6] parfait,
Je ne me trompais point au choix que j'avais fait.
Mais je sens que pour toi ma pitié s'intéresse[7],
J'admire ton courage, et je plains ta jeunesse.
Ne cherche point à faire un coup d'essai fatal,
Dispense ma valeur d'un combat inégal,
Trop peu d'honneur pour moi suivrait cette victoire :
À vaincre sans péril, on triomphe sans gloire,
On te croirait toujours abattu sans effort,
Et j'aurais seulement le regret de ta mort.

DON RODRIGUE

D'une indigne pitié ton audace est suivie.
Qui m'ose ôter l'honneur craint de m'ôter la vie.

LE COMTE

Retire-toi d'ici.

DON RODRIGUE.

Marchons sans discourir.

LE COMTE

Es-tu si las de vivre ?

DON RODRIGUE

As-tu peur de mourir ?

LE COMTE

Viens, tu fais ton devoir, et le fils dégénère[8]
Qui survit un moment à l'honneur de son père.

Pierre Corneille, *Le Cid*, Acte II, scène 2 (vers 399-444), 1637.

3. *cœur* : courage
4. *ravi* : émerveillé, transporté d'admiration (sens fort)
5. *magnanime* : clément et généreux
6. *chevalier* : gentilhomme
7. *s'intéresse* : prend parti, s'émeut
8. *dégénère* : devient indigne

QUESTIONS

La provocation

1. Le dialogue s'engage et se finit difficilement. Pourquoi ? Que doit prouver Rodrigue ?

2. Quel rythme montre la fougue de Rodrigue dans les vers 1 à 6 ?

La reconnaissance

3. Quelles images révèlent l'admiration profonde que Rodrigue éprouve pour le Comte ?

4. Quels sentiments le Comte éprouve-t-il pour Rodrigue ?

La noblesse

5. Chacun retrouve en l'autre les qualités qu'il admire en lui-même. Quelles sont ces qualités ?

6. Pourquoi le Comte accepte-t-il finalement le combat ?

Horace

Les rois d'Albe et de Rome ont confié à six de leurs soldats le soin de défendre leur ville. Albe a choisi Curiace, Rome a choisi Horace. Or ce sont des amis intimes : Horace est le beau-frère de Curiace, qui est lui-même fiancé à la sœur d'Horace.

CURIACE

Que désormais le Ciel, les Enfers et la Terre
Unissent leurs fureurs à nous faire la guerre,
Que les hommes, les Dieux, les Démons et le Sort
Préparent contre nous un général effort ;
Je mets à[1] faire pis en l'état où nous sommes
Le Sort, et les Démons, et les Dieux, et les hommes,
Ce qu'ils ont de cruel, et d'horrible et d'affreux,
L'est bien moins que l'honneur qu'on nous fait à tous deux.

HORACE

Le Sort qui de l'honneur nous ouvre la barrière
Offre à notre constance[2] une illustre matière[3].
Il épuise sa force à former un malheur,
Pour mieux se mesurer avec notre valeur,
Et comme il voit en nous des âmes peu communes,
Hors de l'ordre commun il nous fait des fortunes[4].
Combattre un ennemi pour le salut de tous,
Et contre un inconnu s'exposer seul aux coups,
D'une simple vertu c'est l'effet ordinaire,
Mille déjà l'ont fait, mille pourraient le faire.
Mourir pour le pays est un si digne sort,
Qu'on briguerait[5] en foule une si belle mort.
Mais vouloir au Public[6] immoler ce qu'on aime,
S'attacher au combat contre un autre soi-même,
Attaquer un parti qui prend pour défenseur
Le frère d'une femme et l'Amant[7] d'une sœur,
Et, rompant tous ces nœuds[8] s'armer pour la Patrie
Contre un sang qu'on voudrait racheter de sa vie,
Une telle vertu n'appartenait qu'à nous,
L'éclat de son grand nom[9] lui fait peu de jaloux,
Et peu d'hommes au cœur l'ont assez imprimée,
Pour oser aspirer à tant de Renommée.

Pierre Corneille, *Horace*, Acte II, scène 3 (vers 423-452), 1640.

1. *mets à :* **mets au défi de**
2. *constance :* **fermeté, courage inébranlable**
3. *illustre matière :* **occasion de gloire**
4. *fortunes :* **destinées**
5. *briguerait :* **rechercherait, désirerait**
6. *public :* **bien public, patrie**
7. *Amant :* **fiancé**
8. *nœuds :* **alliances, liens familiaux ou affectifs**
9. *grand nom :* **renommée d'un tel « exploit »**

QUESTIONS

Une situation tragique

1. En quoi la situation dans laquelle se trouvent les deux amis est-elle tragique ?

2. Qui décrit le plus précisément l'atrocité du moment ?

Des efforts opposés

3. Les deux héros évoquent le sort. Quel sens donnent-ils à ce mot ?

4. Tous deux se désignent par « nous ». Ce pronom a-t-il la même valeur pour les deux amis ?

De la révolte à l'héroïsme

5. La révolte de Curiace permet-elle de répondre à la situation ?

6. Par quelles formules s'exalte l'orgueil d'Horace ? Pensez-vous qu'il cherche à aider Curiace ?

Cinna

1642

Auguste, empereur de Rome, découvre qu'Émilie et Cinna, qu'il avait couverts de bienfaits, préparent sa mort. Devant une telle trahison, Auguste songe à se tuer puis, par un pur élan de générosité, s'élève jusqu'à la clémence.

AUGUSTE

En est-ce assez, ô Ciel ! et le Sort, pour me nuire,
A-t-il quelqu'un des miens qu'il veuille encor séduire[1] ?
Qu'il joigne à ses efforts le secours des Enfers.
Je suis maître de moi comme de l'Univers.
Je le suis, je veux l'être. Ô Siècles, ô Mémoire[2],
Conservez à jamais ma dernière victoire,
Je triomphe aujourd'hui du plus juste courroux
De qui le souvenir puisse aller jusqu'à vous.
Soyons amis, Cinna, c'est moi qui t'en convie :
Comme à mon ennemi je t'ai donné la vie,
Et malgré la fureur de ton lâche destin[3],
Je te la donne encor comme à mon assassin.
Commençons un combat qui montre par l'issue
Qui l'aura mieux de nous, ou donnée, ou reçue.
Tu trahis mes bienfaits, je les veux redoubler,
Je t'en avais comblé, je t'en veux accabler.
Avec cette beauté[4] que je t'avais donnée,
Reçois le Consulat pour la prochaine année.
Aime Cinna, ma fille, en cet illustre rang,
Préfères-en la pourpre[5] à celle de mon sang,
Apprends sur mon exemple à vaincre ta colère,
Te rendant un époux, je te rends[6] plus qu'un père.

Pierre Corneille, *Cinna*, Acte V, scène 3 (vers 1693-1714), 1642.

▼ À la Comédie-Française, Michel Vitold dans le rôle d'Auguste.

1. *séduire :* détourner du droit chemin
2. *mémoire :* souvenir de la postérité (Littré), renommée
3. *destin :* projet, dessein (« destiner » au XVIIe siècle veut dire « projeter »)
4. *cette beauté :* Émilie
5. *pourpre :* la toge des consuls était bordée de rouge
6. *rends :* avant d'être empereur, Auguste avait fait tuer le père d'Émilie

QUESTIONS

L'affirmation de soi

1. Quel passage a le ton d'un monologue ? Quelles forces Auguste prend-il alors à témoin ?

2. Par quelles expressions s'affirme la force de sa volonté ?

Le coup de force

3. La clémence n'est pas l'indulgence. Quelles expressions soulignent la gravité du complot ?

4. La clémence renforce-t-elle la position d'Auguste ?

Le défi héroïque

5. Relevez les expressions par lesquelles l'empereur fait de sa clémence un nouveau défi qui ne peut que séduire l'esprit chevaleresque de ses anciens ennemis.

René Descartes

Nom : Descartes
Prénom : René
Naissance : le 31 mars 1596, à La Haye, en Touraine
Décès : le 11 février 1650, à Stockholm
Lieux : France, Hollande, Allemagne, Italie, Suède
Situation familiale : célibataire (une fille morte jeune)
Professions : soldat, savant, philosophe
Amitiés : Beeckman, Élisabeth de Bohême, Christine de Suède

Il a écrit

des travaux scientifiques, dont : *Dioptrique*, *Météores*, *Géométrie* (1637) ;

des ouvrages philosophiques, dont : *Discours de la méthode* (1637), *Méditations métaphysiques* (1641), *Principes de philosophie* (1644), *Les Passions de l'âme* (1649) ;

une abondante correspondance scientifique et polémique.

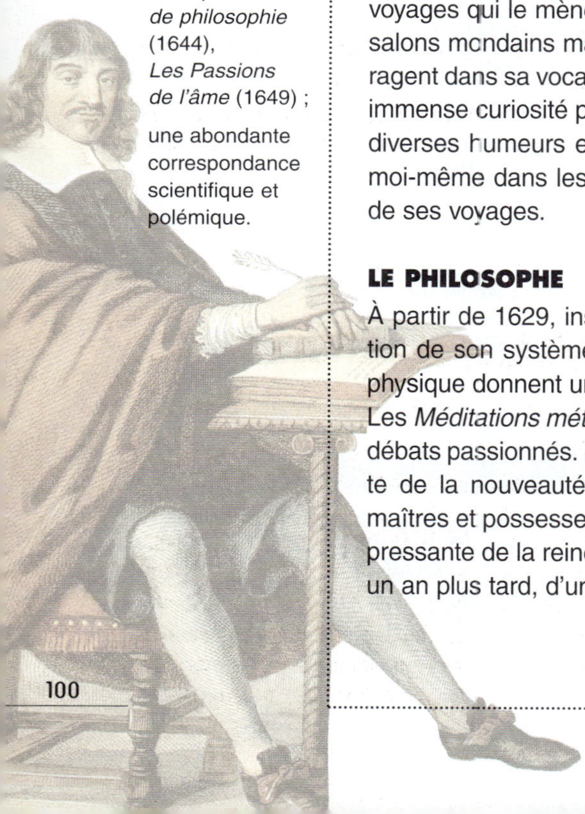

LE GENTILHOMME

René Descartes entre vers dix ans au collège jésuite de La Flèche, « une des plus célèbres écoles de l'Europe ». Après sa licence en droit obtenue en 1616, ce gentilhomme, pour voyager et peut-être pour échapper à la carrière judiciaire, s'engage en 1618 dans l'armée de Maurice de Nassau, en Hollande, puis au Danemark et en Allemagne. Une nuit, le 10 novembre 1619, il conçoit, lors de rêves étranges, « les fondements d'une science admirable » : sa vocation pour la philosophie, déjà éveillée par sa rencontre avec le savant Beeckman, est à présent définitive.

LE VOYAGEUR

En 1622, renonçant à la vie militaire, Descartes décide que sa fortune lui permet de vivre sans avoir à gagner de l'argent. Il se lance alors dans des voyages qui le mènent de Hollande, en France et en Italie. Il y fréquente les salons mondains mais cherche aussi la compagnie des savants qui l'encouragent dans sa vocation. Toutefois, cette période est encore marquée par une immense curiosité pour le monde et les hommes : « Fréquenter des gens de diverses humeurs et conditions, recueillir diverses expériences, m'éprouver moi-même dans les rencontres », tel est le profit que Descartes veut retirer de ses voyages.

LE PHILOSOPHE

À partir de 1629, installé aux Pays-Bas, Descartes se consacre à l'élaboration de son système philosophique. Ses recherches en mathématiques, en physique donnent un nouvel essor au développement de l'esprit scientifique. Les *Méditations métaphysiques* et les *Principes de philosophie* soulèvent des débats passionnés. L'Europe savante et cultivée est de plus en plus consciente de la nouveauté d'une pensée qui veut rendre les hommes « comme maîtres et possesseurs de la nature ». En 1649, Descartes cède à l'invitation pressante de la reine Christine de Suède et se rend à Stockholm où il meurt, un an plus tard, d'une pneumonie qu'il a refusé de soigner à temps.

Discours de la méthode

Premier ouvrage philosophique d'importance publié en français, le *Discours de la méthode* se voulait accessible même à ceux qui ignoraient le latin. Pour donner à chacun le moyen d'établir la vérité, Descartes propose quatre préceptes qui, en éveillant l'esprit critique, remettent en cause les idées reçues.

Comme la multitude des lois fournit souvent des excuses aux vices, en sorte qu'un État est bien mieux réglé lorsque, n'en ayant que fort peu, elles y sont fort étroitement observées, ainsi, au lieu de ce grand nombre de préceptes dont la logique[1] est composée, je crus que j'aurais assez des quatre suivants, pourvu que je prisse une ferme et constante résolution de ne manquer pas une seule fois à les observer.

Le premier était de ne recevoir jamais aucune chose pour vraie que je ne la connusse évidemment[2] être telle ; c'est-à-dire d'éviter soigneusement la précipitation et la prévention[3], et de ne comprendre rien de plus en mes jugements que ce qui se présenterait si clairement et si distinctement à mon esprit que je n'eusse aucune occasion de le mettre en doute.

Le second, de diviser chacune des difficultés que j'examinerais en autant de parcelles qu'il se pourrait et qu'il serait requis pour les mieux résoudre.

Le troisième, de conduire par ordre mes pensées, en commençant par les objets les plus simples et les plus aisés à connaître, pour monter peu à peu comme par degrés jusques à la connaissance des plus composés, et supposant même de l'ordre entre ceux qui ne se précèdent point naturellement les uns les autres.

Et le dernier, de faire partout des dénombrements si entiers et des revues si générales, que je fusse assuré de ne rien omettre.

René Descartes, *Discours de la méthode pour bien conduire sa raison et chercher la vérité dans les sciences*, 1637.

1. *logique :* ensemble des règles qui régissent le raisonnement. Le Moyen Âge en avait fait une science très complexe : la scolastique
2. *évidemment :* avec la clarté de l'évidence
3. *prévention :* ce qui pousse à l'erreur, idée préconçue, préjugé

QUESTIONS

La méthode

1. Dans le premier paragraphe, Descartes justifie sa méthode. Comment s'appelle l'ensemble des lois qui régissent la conduite humaine dans un État ? Pourquoi veut-il s'écarter de ces « lois » ?

2. Quelle condition est indispensable pour que la méthode proposée soit efficace ?

La rigueur de l'enchaînement

3. Les préceptes sont logiquement liés entre eux. Le premier précepte a-t-il la même visée que les trois autres ? Quels obstacles désignent-ils pour atteindre le vrai ?

4. Quel nom donneriez-vous aux deuxième et troisième préceptes ?

5. Quelle démarche décrit le quatrième précepte ?

Le philosophe enthousiaste

6. Pour exposer sa méthode, pourquoi Descartes utilise-t-il la première personne ?

7. Relevez les principaux temps employés : quel effet produisent-ils ?

8. Descartes affirme sa foi dans la raison humaine. Quelles expressions montrent son enthousiasme ?

La grandeur héroïque

Dans la première moitié du siècle, la France, encore toute bruissante de la fureur des guerres de religion, a le goût du panache et de l'éclat. Rixes, duels, batailles font surgir des figures héroïques dont Corneille donne au théâtre les plus exemplaires incarnations.

▶ L'ESPACE HÉROÏQUE

La guerre. Le champ de bataille est par excellence le lieu où le héros s'expose. Descendant du chevalier féodal, le héros est d'abord un guerrier qui défend son honneur épée au poing.

> Que j'ai fait de combats et gagné de batailles,
> Que j'ai surpris de forts et forcé de murailles !

Hérode dans *La Marianne* de Tristan L'Hermite, 1636.

Le pouvoir. Appartenant de plein droit à l'aristocratie, le héros doit constamment, par la parole et par les actes, faire éclater sa valeur. Mais le roi doit parfois remettre le héros à sa place.

L'amour. Loin d'être une faiblesse honteuse, l'amour, toujours fondé sur l'admiration, permet de ressusciter la générosité du chevalier courtois.

▶ LES VERTUS HÉROÏQUES

Le courage. Le héros se distingue de l'homme ordinaire car il ne craint pas de mettre sa vie en jeu. Dans ce risque assumé face à la mort s'affirme la force de la volonté héroïque.

> Les hommes courageux meurent quand il leur plaît.

Théophile de Viau, *Pyrame et Thisbé,* 1621.

L'orgueil. Il n'y a pas d'héroïsme sans affirmation orgueilleuse de soi. Dans la conscience d'appartenir à une lignée, dans le désir de briller, le héros puise l'énergie de l'action généreuse.

La constance. Le héros s'admire trop pour pouvoir se renier. Fidèle à l'être aimé comme il est fidèle à lui-même, il montre sa fermeté d'âme en restant inébranlable devant les hasards de la « fortune ».

> J'ai d'un cœur invincible affronté la fortune,
> J'ai vu d'un œil constant le courroux de Neptune.

Jean de Rotrou, *Bélisaire,* 1642.

▶ L'IDÉAL HÉROÏQUE

L'idéal politique. Le héros s'exalte en défendant une cause qu'il juge sacrée : l'honneur de sa famille, la liberté de sa patrie. Il n'a pas alors le sentiment de se sacrifier car cette cause lui permet de faire éclater sa valeur.

L'idéal amoureux. Le héros fait de l'amour une valeur suprême qui peut entrer en conflit avec l'honneur ou le devoir patriotique. Mais l'on est aimé pour son mérite. La prouesse permet donc souvent de surmonter le conflit.

L'idéal surhumain. Dans l'amour comme à la guerre, le héros est amené, pour surmonter une épreuve inhumaine, à inventer une autre façon d'être qui le mène aux limites de l'humanité.

> Je dois bénir l'excès de ta sévérité,
> Car je vais de la mort à l'immortalité,
> Ma tête bondissant des coups que tu lui donnes,
> S'en va dedans le Ciel se charger de Couronnes
> Dont les riches brillants n'ont point de pesanteur.

Tristan L'Hermite, *La Marianne,* 1636.

Exercice 1

En évoquant son enfance bretonne, sur quelles qualités le narrateur insiste-t-il ?

J'avais déjà je ne sais quel instinct qui m'incitait à haïr les actions basses, les paroles sottes, et les façons niaises de mes compagnons d'école, qui n'étaient que les enfants des sujets de mon père, nourris grossièrement sous leurs cases champêtres. Je me portais jusqu'à leur remontrer de quelle façon il fallait qu'ils se comportassent : mais s'ils ne suivaient pas mes préceptes, je les chargeais aussi d'appointement[1], de manière que j'avais souvent des querelles contre eux car ces âmes viles ne connaissant pas le bien que je leur voulais, et ne considérant pas que qui aime bien châtie, se cabraient à tous les coups.

Charles Sorel, *Histoire comique de Francion*, troisième livre, 1623.

1. *je les chargeais aussi d'appointement :* je les rossais

Exercice 2

De quelles qualités héroïques fait preuve la reine Marianne à qui la confidente Dina conseille la prudence et la feinte ?

Si mon corps est captif, mon âme ne l'est pas :
Je laisse la contrainte aux serviles personnes,
Je sors de trop d'aïeux qui portaient des Couronnes
Pour avoir la pensée et le front différents,
Et devenir Esclave en faveur des Tyrans.

Tristan L'Hermite, *La Marianne*, Acte II, scène 1, vers 362-366, 1636.

Exercice 3

Pourquoi la réplique du vieil Horace a-t-elle été considérée comme le comble du sublime ? Quelles sont les valeurs qui l'animent ?

JULIE

Que vouliez-vous qu'il fît contre trois ?

LE VIEIL HORACE

Qu'il mourût,
Ou qu'un beau désespoir alors le secourût.
N'eût-il que d'un moment reculé sa défaite,
Rome eût été du moins un peu plus tard sujette,
Il eût avec honneur laissé mes cheveux gris,
Et c'était de sa vie un assez digne prix.

Pierre Corneille, *Horace*, Acte III, scène 6 (vers 1021-1026), 1640.

Exercice 4

Dans quelle mesure peut-on dire que la conception de Rodrigue est plus héroïque que celle de son père don Diègue ?

DON DIÈGUE

L'amour n'est qu'un plaisir, l'honneur est un devoir.

DON RODRIGUE

Ah ! que me dites-vous ?

DON DIÈGUE

Ce que tu dois savoir.

DON RODRIGUE

Mon honneur offensé sur moi-même se venge :
Et vous m'osez pousser à la honte du change[1] !
L'infamie est pareille, et suit également
Le guerrier sans courage et le perfide amant.

Pierre Corneille, *Le Cid*, Acte III, scène 6 (vers 1069-1074), 1637.

1. *change :* changement

▲ À travers Énée le héros troyen qui, selon certains, contribua à la fondation de Rome, c'est aussi la grandeur des héros de Corneille qu'exalte Nicolas Poussin en 1639 dans ce détail extrait de *Vénus montrant ses armes à Énée*.

Le Baroque

Le terme baroque permet de souligner la cohérence des œuvres littéraires de la fin du XVIe et du début du XVIIe siècle. Refusant de se plier à une doctrine, Théophile de Viau, Tristan L'Hermite, Saint-Amant affirment les droits de l'individu, s'abandonnent aux élans de l'imagination, adorent les raffinements de la virtuosité.

▶ L'HISTOIRE DU MOT

Le terme naît du croisement d'un mot portugais qui désigne les perles imparfaites avec un mot du latin médiéval qui désigne les raisonnements alambiqués. « Baroque » qualifie donc de façon nettement péjorative tout ce qui est déréglé, artificiel, bizarre. Les historiens de l'art l'utilisent à la fin du siècle dernier pour caractériser le style de l'art romain du XVIIe siècle. C'est récemment que le terme a été adopté par l'histoire littéraire.

▶ L'ORIGINE DU MOUVEMENT

À la fin du XVIe siècle, l'affrontement entre catholiques et protestants, la faiblesse du pouvoir royal, la découverte d'un univers dont l'homme n'est plus le centre favorisent une nouvelle sensibilité : le baroque. Au début du XVIIe siècle, face aux incertitudes et aux difficultés du temps, mais aussi sous l'influence de l'extrême virtuosité du poète cordouan Gongora et du napolitain Marino, les auteurs sont séduits par la fantaisie et l'exubérance des formes.

▶ LES THÈMES ESSENTIELS

L'illusion et les métamorphoses. Des transformations incessantes modifient les apparences d'un univers en mouvement : la nuit devient le jour, la glace brûle, le sommeil hésite entre la vie et la mort. Entre l'extase et l'effroi, le poète baroque est fasciné par la puissance du devenir.

Les jeux sur l'identité. Les masques et les miroirs troublent les certitudes : l'identité personnelle est mise en péril par ces déguisements qui modifient l'âge, le sexe ou l'âme. Les miroirs réduisent la beauté à un éblouissant jeu de surfaces.

Le bonheur et l'incertitude. Les sensations, la brûlure du soleil, la blancheur d'une épaule, l'odeur d'un fruit, sont constamment exaltées comme ce qui assure le bonheur d'une existence toujours menacée d'incertitude.

▶ LES PROCÉDÉS PRIVILÉGIÉS

L'hyperbole	« Et mes peines quand je les conte Font trembler la terre de peur. » Marbeuf.	L'image ostensiblement excessive veut imposer la violence du sentiment.
L'antithèse	« Mais que ce dur glaçon qu'elle porte dans l'âme Résiste toujours à ma flamme. » Tristan L'Hermite.	Le rapprochement des métaphores « glaçon » et « flamme » accentue une invivable contradiction.
La personnification	« Ombres, où cachez-vous les yeux de ma maîtresse ? » Théophile de Viau.	L'obscurité, transformée en interlocutrice, devient un personnage doué de volonté.

AUJOURD'HUI *Le mot baroque qualifie le plus souvent de façon élogieuse la recherche de l'originalité. L'extravagance même devient le signe d'une créativité qui déplace les normes et les traditions.*

Exercice 1

Relevez les personnifications dans ce passage. Expliquez pourquoi elles ont pu séduire.

L'haleine manque aux vents et la force à l'orage,
Les éclairs indignés d'être éteints par les eaux
En ont tari la source et séché les ruisseaux.

Pierre Corneille, *Clitandre*, 1631.

Exercice 2

Expliquez pourquoi ce passage peut être qualifié de baroque.

(Francion, la tête sur le sein de Laurette, dit le plaisir que lui donne la musique.)

Mon esprit et mon corps tremblent toujours à petites secousses, l'on en a vu tantôt la preuve, car à peine ai-je pu tenir tantôt mon verre dedans ma main, tant j'avais de tremblement en tout mon bras ; aussi je ne touche ce beau sein qu'en tremblant, mon souverain plaisir c'est de frétiller, je suis tout divin, je veux être toujours en mouvement comme le ciel.

Charles Sorel, *Histoire comique de Francion*, 1623.

Exercice 3

Indiquez les métaphores par lesquelles la jalousie devient un être animé. Sont-elles cohérentes ?

Serpent couvert de fleurs, dangereuse vipère,
Jaune fille d'Amour qui fais mourir ton père,
Dragon toujours veillant avec cent yeux ouverts,
Qui prends tout à rebours et vois tout de travers,
Vautour insatiable, horrible Jalousie,
Qui de cent faux objets brouille ma fantaisie
N'as-tu pas pleinement satisfait ta rigueur ?

Tristan L'Hermite, *La Marianne*, 1636.

Exercice 4

Relevez les métaphores qui évoquent la beauté du corps féminin. Quel est leur trait commun ?

[Elle] Nous découvre des perles fines
Dans une boîte de rubis.
Ses yeux sont des saphirs qui brillent
Et ses cheveux qui s'éparpillent
Font montre d'un riche trésor.

Tristan L'Hermite, *Les Vers héroïques*, 1648.

▲ Peter Paul Rubens, *Chasse aux lions et aux tigres*, 1615.

Exercice 5

1. Observez la construction du tableau de Rubens. Pourquoi peut-on dire qu'elle s'inscrit dans l'esprit du baroque ?

2. Quels thèmes du baroque retrouve-t-on dans cette scène ?

LA STRUCTURE NARRATIVE

La structure narrative rend compte de la logique et de l'organisation des actions de l'histoire. On distingue deux grands modèles d'analyse communs à tout récit : le schéma narratif et le schéma actantiel.

▶ LE SCHÉMA NARRATIF

Le schéma narratif (ou quinaire) présente l'histoire sous la forme d'une transformation en cinq étapes. 1) La situation initiale qui est une situation stable ; on découvre les lieux, les personnages, l'époque. 2) L'événement perturbateur qui modifie la situation initiale. 3) L'action provoquée par l'événement perturbateur. 4) L'événement équilibrant qui résout la situation, que ce soit une réussite ou un échec. 5) La situation finale.

Situation initiale	→	Événement perturbateur	→	Action	→	Événement équilibrant	→	Situation finale
Une petite ville tranquille…		*On découvre le corps d'une personne assassinée…*		*Le commissaire mène une enquête…*		*L'assassin est découvert et arrêté.*		*La ville retrouve sa tranquillité… mais…*

La situation finale peut devenir la situation initiale d'une nouvelle perturbation.

▶ LE SCHÉMA ACTANTIEL

Le schéma actantiel permet de dégager les différentes « forces » qui influencent le déroulement de l'action. Les principales de ces forces, appelées « actants », sont :

– l'actant-sujet : celui qui poursuit un but dans le récit ;
– l'actant-objet : il s'agit du but recherché par l'actant-sujet (le trésor, l'être aimé…) ;
– l'actant-adjuvant : il aide l'actant-sujet dans la réalisation de sa recherche ;
– l'actant-opposant : il est un obstacle à la réussite de l'actant-sujet.

Un actant peut désigner un personnage, un groupe de personnages (l'armée ennemie), un objet (l'épée recherchée par le chevalier), une idée (la recherche du pouvoir)…

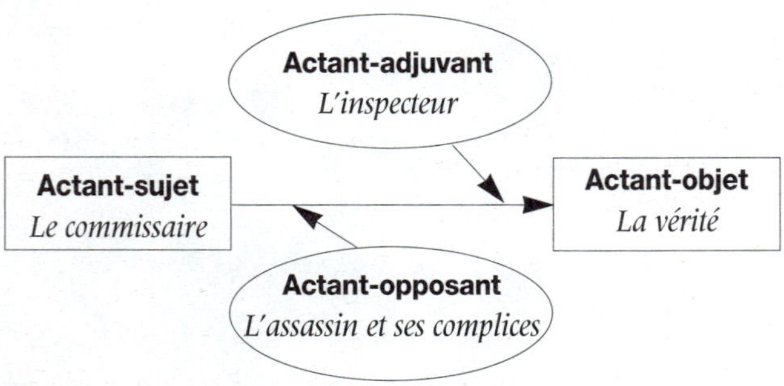

On peut dresser plusieurs schémas actantiels pour un même récit en fonction de l'actant-sujet choisi (le commissaire recherche la vérité, l'assassin recherche l'impunité).

L'analyse d'un récit à l'aide des schémas narratif ou actantiel permet de mettre en évidence son originalité. On peut ainsi remarquer, par exemple, que l'état final est semblable à l'état initial (le pauvre qui retombe dans la pauvreté après avoir tenté de s'enrichir, l'absence de modification symbolisant le tragique d'une vie), qu'un actant-adjuvant devient actant-opposant (thématique du traître)…

Exercice 1

À partir de cet extrait de Froissart, un chroniqueur du XIVe siècle, établissez le schéma du récit.

Croquard chevauchoit une fois un jeune coursier fort embridé, que il avoit acheté trois cents écus, et l'éprouvoit au courir. Si l'échauffa tellement que le coursier, outre sa volonté, l'emporta ; si que, à saillir un fossé, le coursier trébucha et rompit à son maître le col. Je ne sais que son avoir devint, ni qui eut l'âme ; mais je sais que Croquart fina ainsi.

Jean Froissart, *Les Chroniques*, Livre premier, vers 1370, Éd. Gallimard.

Exercice 2

Réalisez le schéma actantiel du récit de l'exercice 1 en prenant Croquard comme actant-sujet. Expliquez votre schéma.

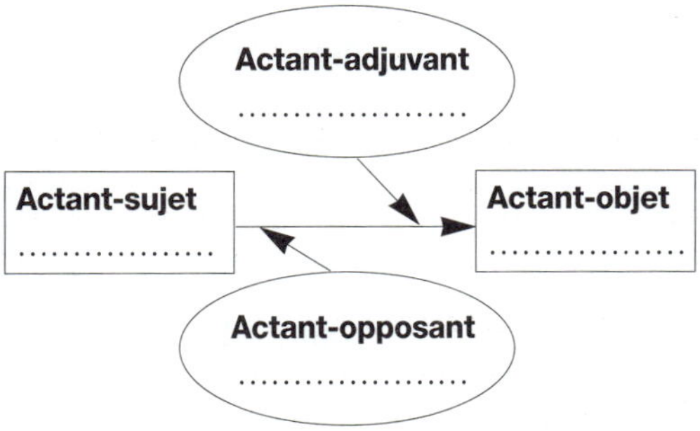

Exercice 3

Les fabliaux sont, au XIIIe et XIVe siècles, de courts contes amusants et possédant parfois une morale. Voici la situation initiale d'un fabliau. À partir de son étude, expliquez comment elle prépare l'action qui suit.

Il était jadis un paysan riche, bien pourvu, mais très avare. Il avait trois charrues de huit bœufs, qui étaient à la mesure de ses besoins, et deux juments et deux roncins. Il avait blé, viande et vin en quantité nécessaire. Mais il n'avait pas de femme et tous ses amis l'en blâmaient, ainsi que tous les gens du pays. (...) Dans le pays vivait un chevalier qui était vieux et sans femme et avait une fille très belle et fort courtoise demoiselle.

Anonyme, *Le Paysan médecin*, milieu du XIIIe siècle, traduction de R. Brusegan, Éd. 10.18.

Exercice 4

Voici un événement perturbateur. Après avoir repéré les différents temps verbaux employés, expliquez quel temps souligne la perturbation.

Comme elle dansait avec M. de Guise, il se fit un assez grand bruit vers la porte de la salle, comme de quelqu'un qui entrait et à qui on faisait place. Mme de Clèves acheva de danser et, pendant qu'elle cherchait des yeux quelqu'un qu'elle avait dessein de prendre, le roi lui cria de prendre celui qui arrivait. Elle se tourna et vit un homme qu'elle crut d'abord ne pouvoir être que M. de Nemours, qui passait par-dessus quelques sièges pour arriver où l'on dansait.

Mme de La Fayette, *La Princesse de Clèves*, 1678.

Exercice 5

1. Voici les premières lignes du *Journal d'une femme de chambre* d'Octave Mirbeau. À partir de leur analyse, dégagez les indices qui permettent de définir la situation initiale du récit.

2. Expliquez quel est l'actant-objet recherché par le personnage principal.

Aujourd'hui, 14 septembre, à trois heures de l'après-midi, par un temps doux, gris et pluvieux, je suis entrée dans ma nouvelle place. C'est la douzième en deux ans. Bien entendu, je ne parle pas des places que j'ai faites durant les années précédentes. Il me serait impossible de les compter. Ah ! je puis me vanter que j'en ai vu des intérieurs et des visages, et de sales âmes... Et ce n'est pas fini... À la façon, vraiment extraordinaire, vertigineuse, dont j'ai roulé, ici et là, successivement, de maisons en bureaux et de bureaux en maisons, du bois de Boulogne à la Bastille, de l'Observatoire à Montmartre, des Ternes aux Gobelins, partout, sans pouvoir jamais me fixer nulle part, faut-il que les maîtres soient difficiles à servir maintenant !... C'est à ne pas croire.
L'affaire s'est traitée par l'intermédiaire des Petites Annonces du *Figaro* et sans que je voie Madame. Nous nous sommes écrits des lettres, ç'a été tout : moyen chanceux où l'on a souvent, de part et d'autre, des surprises.

Octave Mirbeau, *Journal d'une femme de chambre*, 1900.

LES RÈGLES DE LA VERSIFICATION CLASSIQUE

Malherbe disait que la prose ressemblait à la marche et la poésie à la danse. Pour danser, il faut mesurer ses pas ; pour composer des vers classiques en français, il faut mesurer les syllabes, s'imposer la contrainte des rimes, répartir les accents. Alors naît le rythme qui fait danser et chanter la langue.

▶ LE COMPTE DES SYLLABES

Pour compter les syllabes qui permettent d'identifier le mètre adopté par le poète, on doit prendre garde au *[e]* dit muet. Il ne compte ni à la fin du vers ni à l'intérieur du vers lorsqu'il est suivi par une autre voyelle avec laquelle il se fond : il y a élision. Parfois, deux voyelles en contact dans un mot comptent deux syllabes : c'est la diérèse qui met en valeur le mot qu'elle allonge.

Ce	jour	me	jet	te aus	si	dans	quel	que in	qui	é	tude
1	2	3	4	5	6	7	8	9	10	11	12

[e] + consonne = 1 syllabe (Ce, me) — **élision = 1 syllabe** (te aus) — **élision** (que in) — **diérèse** (é) — **[e] final ne compte pas** (tude)

▶ LES CONTRAINTES DE LA RIME

La rime signale la fin du vers. Pour que deux vers riment, il faut que la dernière voyelle accentuée et tout ce qui suit se prononce de la même façon. Les rimes féminines qui comportent un *[e]* muet final et les autres rimes dites masculines doivent nécessairement alterner.

Rimes	pauvres (un son commun)	suffisantes (deux sons communs)	riches (trois sons et plus en commun)
féminines	s'est émue je l'ai vue (Corneille)	crimes abîmes (Saint-Amant)	tourterelles querelles (L'Hermite)
masculines	soldats combats (Rotrou)	jour retour (Racan)	divers univers (Voiture)

Selon la disposition des rimes, on parle de rimes plates ou suivies (a a b b), de rimes croisées (a b a b), de rimes embrassées (a b b a).

▶ LA CRÉATION DU RYTHME

Le rythme naît de la distribution des accents. En français, l'accent frappe la dernière voyelle d'un mot ou d'un groupe de mots autre que le *[e]* muet.

l'orage — le bel orage — il me l'avait donnée

Chaque accent est suivi par une coupe dont la place dans le vers est variable. Dans l'alexandrin, la sixième syllabe, obligatoirement accentuée, ne peut être suivie d'un *[e]* non élidé. On appelle césure cette coupe à place fixe qui peut être plus ou moins marquée.

Et les fruits / passeront // la promes / se des fleurs / — Malherbe.
1 2 3 4 5 6 7 8 9 10 11 12

La distribution régulière des accents contribue à l'harmonie du vers.

Exercice 1

En comptant les syllabes, identifiez les vers suivants : alexandrin, décasyllabe, octosyllabe.

Les ouvrages communs vivent quelques années ;
Ce que Malherbe écrit dure éternellement.
François de Malherbe.

Quand tu sens ma brûlante main
Se promener dessus ton sein,
Tu sens bien, Cloris, que je t'aime.
Théophile de Viau.

Le péché que l'on cache est demi pardonné.
Mathurin Régnier.

Exercice 2

Même exercice, mais attention aux diérèses.

Je sais sa violence et redoute sa haine.
Rotrou.

Quel doux parfum de musc et d'ambre
Me vient le cerveau réjouir ?
Saint-Amant.

Roi de ses passions, il a ce qu'il désire.
Racan.

Exercice 3

Quel effet l'alternance des vers produit-elle ?

Un souvenir heureux est peut-être sur terre
Plus vrai que le bonheur.
Alfred de Musset.

Mon enfant, ma sœur,
Songe à la douceur
D'aller là-bas vivre ensemble !
Aimer à loisir,
Aimer et mourir
Au pays qui te ressemble !
Charles Baudelaire.

Le ciel est, par-dessus le toit,
Si bleu, si calme !
Un arbre, par dessus le toit,
Berce sa palme.
Paul Verlaine.

Exercice 4

Précisez la nature, la qualité et la disposition des rimes.

Dans ce bois ni dans ces montagnes
Jamais chasseur ne vint encor.
Si quelqu'un y sonne du cor
C'est Diane avec ses compagnes.
Tristan L'Hermite.

Je pensais que ce pauvre Amour,
Qui toujours vous prêta ses armes,
Est banni loin de votre cour,
Sans ses traits, son arc et ses charmes
Vincent Voiture.

Exercice 5

Indiquez, pour les vers suivants, le schéma rythmique tel qu'il est proposé dans l'exemple.

Bajazet / interdit ! // Atali/de étonnée ! /
3 + 3 + 3 + 3
Jean Racine.

Sur ce rocher désert, jeté par la tempête,
Tu vis tes ennemis déchirer ton manteau !
Lamartine.

Le dur faucheur avec sa large lame avance
Pensif et pas à pas vers le reste du blé.
Victor Hugo.

Exercice 6

L'affaiblissement de la césure donne naissance au rythme ternaire (4 + 4 + 4, etc.). Relevez-en des exemples. Expliquez leur effet.

Et périssez du moins en roi, s'il faut périr.
Jean Racine.

L'ouragan de leur vie a pris toutes les pages
Et d'un souffle il a tout dispersé sur les flots !
Victor Hugo.

J'ai l'extase et j'ai la terreur d'être choisi.
Je suis indigne, mais je sais votre clémence.
Paul Verlaine.

Exercice 7

Relevez les infractions aux règles de la versification classique.

Ne parlez pas d'amour J'écoute mon cœur battre
Il couvre les refrains sans fil qui l'ont grisé
Ne parlez plus d'amour Que fait-elle là-bas
Trop proche et trop lointaine ô temps martyrisé
Louis Aragon, *Le Crève-cœur*, Éd. Gallimard.

LA RÈGLE DES TROIS UNITÉS

À la différence du roman, le théâtre fait assister à l'action. Pour que le spectateur puisse voir les choses, comme si elles arrivaient devant lui, le XVIIe siècle impose peu à peu la règle des trois unités.

▶ L'UNITÉ D'ACTION

Cette règle assure la cohérence esthétique de l'œuvre. Pour être captivée, l'attention du spectateur ne doit pas être dispersée entre plusieurs événements. Si le théâtre baroque tire des effets des intrigues qu'il multiplie, le théâtre classique élimine tout épisode ou tout personnage qui n'est pas lié directement à l'action principale. Il faut, écrit Boileau en 1674, « Qu'en un lieu, en un jour, un seul fait accompli tienne jusqu'à la fin le théâtre rempli. »

▶ L'UNITÉ DE TEMPS

Dans le théâtre baroque, les événements représentés s'étendent sur plusieurs jours, plusieurs mois, parfois plusieurs années.

La règle de l'unité de temps cherche à faire coïncider la durée de la représentation théâtrale avec la durée de l'action représentée. Ainsi, le spectateur peut facilement faire comme s'il était le témoin des événements qui se jouent sous ses yeux. À l'intérieur de chaque acte, cette concordance est assurée par la liaison des scènes. C'est entre les actes que peut s'écouler le temps nécessaire à l'action, mais on ne peut excéder vingt-quatre heures sans affaiblir l'impression de vraisemblance.

Puisqu'en un même jour l'ardeur d'un même zèle
Achève le destin de son amant et d'elle,
Je veux qu'un même jour, témoin de leurs deux morts,
En un même tombeau voie enfermer leurs corps.

Pierre Corneille, *Horace*, Acte V, scène 3, 1640.

Dans les derniers vers d'*Horace*, Corneille rappelle que toute l'action a eu lieu dans la même journée.

▶ L'UNITÉ DE LIEU

Dans le théâtre baroque, le même espace scénique, place de village, scène de théâtre, peut évoquer plusieurs lieux. Un rideau vite tiré permet de passer d'un endroit à l'autre.

La règle de l'unité de lieu cherche à faire coïncider l'espace scénique avec le lieu de l'action représentée. Ainsi, le spectateur peut facilement faire comme s'il voyait le lieu même où se déroule l'action. Un changement de décor ou un lieu trop célèbre (le Sénat de Rome par exemple) auraient gêné cet effet d'illusion. Les œuvres classiques se déroulent donc le plus souvent dans une salle passe-partout qui permet à tous les personnages de se croiser sans invraisemblance.

Les deux camps sont rangés au pied de nos murailles ;
Mais Rome ignore encor comme on perd des batailles.

Pierre Corneille, *Horace*, Acte I, scène 1, 1640.

Dès les premiers vers de l'œuvre, Corneille précise le lieu et le moment de l'action. Toute la pièce se déroule dans une salle de la maison romaine du héros de la pièce.

Exercice 1

Quelles indications de lieu et de mouvement renvoient à un lieu hors scène ? Lesquelles renvoient à l'espace scénique ?

PYRRHUS

Ah ! qu'ils s'aiment, Phœnix ; j'y consens : qu'elle [parte !
Que charmés l'un et l'autre, ils retournent à Sparte :
Tous nos ports sont ouverts et pour elle et pour lui.
Qu'elle m'épargnerait de contrainte et d'ennui !

PHŒNIX

Seigneur…

PYRRHUS

Une autre fois je t'ouvrirai mon âme :
Andromaque paraît. Me cherchiez-vous, madame ?
Un espoir si charmant me serait-il permis ?

ANDROMAQUE

Je passais jusqu'aux lieux où l'on garde mon fils.
Puisqu'une fois le jour vous souffrez que je voie
Le seul bien qui me reste et d'Hector et de Troie,
J'allais, seigneur, pleurer un moment avec lui :
Je ne l'ai pas encore embrassé d'aujourd'hui !

Jean Racine, *Andromaque*, Acte I, scène 4 (vers 253-264), 1664.

Exercice 2

Voici le résumé d'une tragi-comédie de Rotrou, jouée en 1636, *La Belle Alphrède*. Quels lieux pourraient représenter une mise en scène baroque ? Quelles conditions faudrait-il réunir pour respecter l'unité de lieu ?

Abandonnée par Rodolphe parti en Angleterre suivre un nouvel amour, la belle Alphrède s'embarque à sa poursuite. Elle fait naufrage et retrouve sur une île déserte Rodolphe que des pirates ont fait prisonnier. Elle s'élance à son secours, l'aide à s'échapper mais se retrouve prisonnière des brigands. Mais, parmi les pirates, elle reconnaît, ô joie, son père et son frère qui décident de l'accompagner en Angleterre. Là, ils délivrent Isabelle que des bandits retenaient prisonnière. Isabelle est celle que poursuivait Rodolphe : elle s'éprend du frère d'Alphrède qu'elle épouse tandis que Rodolphe, repentant, épouse Alphrède qui l'aimait tant.

Exercice 3

1. Combien de temps les événements évoqués dans le texte de l'exercice précédent peuvent-ils durer ?

2. À quelle conditions pourrait-on respecter l'unité de temps ?

Exercice 4

Pour quelles raisons Hugo condamne-t-il l'unité de lieu ?

Quoi de plus invraisemblable et de plus absurde, en effet, que ce vestibule, ce péristyle, cette antichambre, lieu banal où nos tragédies ont la complaisance de venir se dérouler ?… Il résulte de là que tout ce qui est trop caractéristique, trop intime, trop local, pour se passer dans l'antichambre ou dans le carrefour, c'est-à-dire tout le drame, se passe dans la coulisse. Nous ne voyons en quelque sorte sur le théâtre que les coudes de l'action ; ses mains sont ailleurs. Au lieu de scènes, nous avons des récits ; au lieu de tableaux, des descriptions…

Victor Hugo, *Préface de Cromwell*, 1827.

Exercice 5

De quelle façon l'auteur joue-t-il avec les indications de temps ? Que veut-il ainsi suggérer ?

(Le roi n'a plus qu'une heure à vivre.)

LE ROI. – Ah ! Si je pouvais avoir un siècle devant moi peut-être aurais-je le temps !

LE MÉDECIN. – Il ne vous reste qu'un peu plus d'une heure, Sire. Il faut tout faire en une heure.

MARIE. – Il n'aura pas le temps, ce n'est pas possible, il faut lui donner du temps.

MARGUERITE. – C'est cela qui est impossible. Mais en une heure il a tout son temps.

LE MÉDECIN. – Une heure bien remplie vaut mieux que des siècles et des siècles d'oubli et de négligence. Cinq minutes suffisent, dix secondes conscientes. On lui donne une heure : soixante minutes, trois mille six cents secondes. Il a de la chance.

Eugène Ionesco, *Le Roi se meurt*, 1962, Éd. Gallimard.

LE CONFLIT THÉÂTRAL

« Il faut aller au théâtre, dit Ionesco, comme on va à un match de football, de boxe, de tennis. » Et Pascal remarque que « rien ne nous plaît que le combat » si bien que « dans les comédies, les scènes contentes, sans crainte, ne valent rien ». Le théâtre joue de toutes les tensions qui déchirent les hommes.

▶ LES TYPES DE CONFLITS

Ils varient selon les époques, les auteurs et le genre de l'œuvre. Le théâtre grec antique montre le héros déchiré entre sa volonté et le destin que lui imposent les dieux. Corneille trouve « les grands sujets qui remuent fortement les passions » en opposant la violence des désirs « aux lois du devoir, ou aux tendresses du sang ».

▶ LE CONFLIT ET LA TENSION DRAMATIQUE

Le spectateur, écrit Chapelain en fixant les principes du théâtre classique, doit « être suspendu de telle sorte qu'il est en peine de la fin ». Ainsi, la construction même de l'œuvre doit mettre en évidence les différentes étapes du conflit. On appelle « nœud » dramatique ce qui forme l'intrigue d'une pièce.

	Exposition (acte 1)	Péripéties (actes 2 à 4)	Dénouement (acte 5)
Tragédie	Les données historiques ou légendaires du conflit.	Toujours croissant, le conflit suscite la peur.	Obligatoirement malheureux : échec, morts.
Comédie	Les circonstances d'un conflit souvent familial.	Le développement du conflit provoque le rire.	Heureux (mariage désiré, éviction du gêneur).

▶ LES FORMES DU CONFLIT

Au théâtre, le conflit s'exprime par le dialogue. L'échange peut opposer de longues tirades. Lorsque le conflit devient plus aigu, les répliques se limitent à un vers (on parle de stichomythie). La violence, admise dans le théâtre baroque, est rejetée hors de la scène dans les tragédies classiques. Les coups de bâton ne sont tolérés que dans la comédie.

Esthétique baroque	Dorise à Pymante : « Traître, ce ne sera qu'à ta confusion ». Elle lui crève un œil. Pierre Corneille, *Clitandre,* 1631.	Le déchaînement de la violence sur la scène même est un élément essentiel du spectacle.
Esthétique classique	Horace à Camille : « Va dedans les enfers plaindre ton Curiace ». Camille meurt en coulisses. Pierre Corneille, *Horace,* 1640.	La fuite de Camille, justifiée par sa peur, évite aux spectateurs la vision d'un meurtre horrible.

▶ LES ENJEUX DU CONFLIT

Tantôt ce sont des caractères qui s'opposent et le théâtre conduit à réfléchir sur la conduite du menteur, de l'avare, du jaloux. Tantôt, les classes sociales confrontent leurs langages et leurs valeurs. Le conflit peut être aussi d'ordre politique ou religieux. On comprend que l'art théâtral soit surveillé de très près par les autorités politiques et religieuses.

Exercice 1

Quel type de conflit inspire ici Molière ? Comment le rend-il comique ?

SGANARELLE. – Il suffit que nous savons ce que nous savons, et que tu fus bien heureuse de me trouver.
MARTINE. – Qu'appelles-tu bien heureuse de te trouver ? Un homme qui me réduit à l'hôpital, un débauché, un traître, qui me mange tout ce que j'ai ?
SGANARELLE. – Tu as menti ; j'en bois une partie.
MARTINE. – Qui me vend, pièce par pièce, tout ce qui est dans le logis ?
SGANARELLE. – C'est vivre de ménage[1].

Molière, *Le Médecin malgré lui*, Acte I, scène 1, 1666.

1. ***vivre de ménage*** : vivre avec économie et vivre en vendant ses meubles !

Exercice 2

Quel type de conflit se manifeste ici ?

(Sur l'île où les esclaves commandent, Cléanthis explique à Trivelin comment l'appelait sa maîtresse Euphrosine.)

CLÉANTHIS. – J'ai aussi des surnoms ; vous plaît-il de les savoir ?
TRIVELIN. – Oui-da. Et quels sont-ils ?
CLÉANTHIS. – J'en ai une liste : Sotte, Ridicule, Bête, Butorde, Imbécile, etc.
EUPHROSINE *(en soupirant)*. – Impertinente que vous êtes !
TRIVELIN. – Effectivement, elle vous prend sur le fait. Dans votre pays, Euphrosine, on a bientôt[1] dit des injures à ceux à qui l'on en peut dire impunément.
CLÉANTHIS. – Oh ! dame, il n'est plus si aisé de me répondre. Autrefois il n'y avait rien de si commode ; on n'avait affaire qu'à de pauvres gens : fallait-il tant de cérémonies ? Faites cela, je le veux, taisez-vous, sotte... Voilà qui était fini. Mais à présent il faut parler raison ; c'est un langage étranger pour Madame.

Marivaux, *L'Île des esclaves*, scène 3, 1725.

1. ***bientôt*** : vite

Exercice 3

Contre quoi Antigone, la jeune sœur d'Ismène, se révolte-elle?

ISMÈNE. – Essaie de comprendre au moins !
ANTIGONE. – Comprendre... Vous n'avez que ce mot-là dans la bouche, tous, depuis que je suis toute petite. Il fallait comprendre qu'on ne peut pas toucher à l'eau, à la belle eau fuyante et froide parce que cela mouille les dalles, à la terre parce que cela tache les robes. Il fallait comprendre qu'on ne doit pas manger tout à la fois, donner tout ce qu'on a dans ses poches au mendiant qu'on rencontre, courir, courir dans le vent jusqu'à ce qu'on tombe par terre et boire quand on a chaud et se baigner quand il est trop tôt ou trop tard, mais pas juste quand on en a envie ! Comprendre. Toujours comprendre. Moi je ne veux pas comprendre. Je comprendrai quand je serai vieille.

Jean Anouilh, *Antigone*, 1946, Éd. de La Table Ronde.

Exercice 4

Quel type de phrase marque l'intensité de l'affrontement ? Qu'a-t-il de traditionnel ? Quels jeux de scène indiqueriez-vous aux acteurs ?

(Madame de Perleminouze en visite chez Madame y découvre son mari, le Comte...)

MADAME DE PERLEMINOUZE. – Allez, allez, on sait que vous pommez avec Lady Braetsel !
MADAME. – Comment ? Avec cette grande corniche ? Ne serait-ce pas plutôt avec la Baronne de Marmite ?
MADAME DE PERLEMINOUZE. – Comment ? Avec cette petite bobèche ? À votre place, monsieur, je préfèrerais la vieille popote qui fait le lutin près du Pont-Bœuf !
LE COMTE. – Mais... c'est une transpiration, une vraie transpiration !...
MADAME ET MADAME DE PERLEMINOUZE. – Monsieur, vous n'êtes qu'un sautoir !
MADAME. – Un fifre !
MADAME DE PERLEMINOUZE. – Un serpolet !
MADAME. – Un iodure !

Jean Tardieu, *Un mot pour un autre*, dans *La Comédie du langage*, 1950, Éd. Gallimard.

LA THÈSE, LES ARGUMENTS, LES EXEMPLES

Quand un auteur, ou un personnage de roman, veut amener son interlocuteur à partager une opinion, il écrit ou prononce un texte qui a la forme d'une démonstration.

▶ LE THÈME

L'argumentateur aborde un domaine particulier, un thème. Le thème est donc la matière traitée dans une argumentation. Il correspond au mot, ou au groupe de mots, servant de réponse à la question : de quoi le texte parle-t-il ?

▶ LA THÈSE

La thèse défendue. L'argumentateur a une opinion concernant un thème. Il l'expose et développe toute une démonstration pour prouver la justesse de son opinion. Il défend donc une thèse. En général, la thèse est exprimée clairement avant la démonstration.

La thèse combattue. Un argumentateur peut montrer son désaccord avec une opinion. Il développe alors une démonstration, une argumentation prouvant que cette opinion est sans fondement : il formule des objections.

▶ LES ARGUMENTS

L'argumentateur développe une démonstration comportant des idées orientées vers la même conclusion : « ma thèse est exacte. » Ces idées s'appellent des arguments. L'argumentateur les élabore à partir de sa culture, de ses sentiments, de ses valeurs.

> Comment pourriez-vous le condamner à mort, tandis que moi, je vis ?
> Non, sans doute, la société n'a point de droit d'arracher la vie, et surtout à un être tel que Julien Sorel. Tout le monde…
>
> Stendhal, *Le Rouge et le Noir*, 1830.

Le thème de la lettre de Julien Sorel : la peine de mort. La thèse : il ne doit pas être condamné. Le premier argument : c'est un être particulier.

▶ LES EXEMPLES

Ils servent à expliquer une idée, à préciser une notion générale en exposant un cas particulier. Ils prouvent, ils authentifient une affirmation. Les différents types d'exemples sont :

Le témoignage. Un fait vécu par un autre personnage vient appuyer le propos.

La preuve. Un fait précis confirme des propos qui pourraient être contestés.

La référence. L'œuvre, la renommée d'un écrivain, donnent du poids à ce qui est dit.

Les chiffres. Ils traduisent un fait en valeur (chiffres réels, date, pourcentage).

Le cas particulier. Un cas particulier illustre, rend plus concrète une idée générale.

▶ LE PARAGRAPHE ARGUMENTATIF

Il contient le plus souvent trois étapes : il expose un argument, il explique ensuite cet argument, il illustre l'argument. Cette organisation est la plus claire ; elle n'est toutefois pas la seule : un paragraphe peut aussi commencer par un exemple.

Exercice 1

Repérez le thème de ces lignes qui ouvrent un chapitre des *Essais*.

Celui me semble avoir très bien conçu la force de la coutume, qui premier forgea ce conte, qu'une femme de village, ayant appris de caresser et porter entre ses bras un veau dès l'heure de sa naissance, et continuant toujours à ce faire, gagna cela par l'accoutumance, que tout grand bœuf qu'il était, elle le portait encore.

Montaigne, *Essais*, livre 1, 1580.

Exercice 2

Montaigne a des idées pédagogiques originales. Quelle thèse soutient-il dans ces lignes ?

Il se tire une merveilleuse clarté, pour le jugement humain, de la fréquentation du monde. Nous sommes tous contraints et amoncelés en nous, et avons la vue raccourcie à la longueur de notre nez.

Montaigne, *Essais*, livre I, 1580.

Exercice 3

Un Persan écrit de Paris à un ami resté en Perse. Expliquez la construction du premier paragraphe de sa lettre.

Je trouve les caprices de la mode, chez les Français, étonnants. Ils ont oublié comment ils étaient habillés cet été ; ils ignorent encore plus comment ils le seront cet hiver. Mais, surtout, on ne saurait croire combien il en coûte à un mari pour mettre sa femme à la mode.

Montesquieu, *Lettres persanes*, 1721.

Exercice 4

1. Dans une de ses comédies, Marivaux met en scène une servante et sa maîtresse qui est veuve. Quelle est la thèse de la marquise ?

2. Quels sont les arguments utilisés par Lisette pour combattre cette thèse ?

La Marquise. – Eh ! laissez-moi, je dois soupirer toute ma vie.
Lisette. – Vous devez, dites-vous ? Oh ! vous ne payerez jamais cette dette-là ; vous êtes trop jeune, elle ne saurait être sérieuse.
La Marquise. – Eh ! ce que je dis là n'est que trop vrai : il n'y a plus de consolation pour moi, il n'y en a plus ; après deux ans de l'amour le plus tendre, épouser ce que l'on aime, ce qu'il y avait de plus aimable au monde, l'épouser, et le perdre un mois après !
Lisette. – Un mois ! c'est toujours autant de pris. Je connais une dame qui n'a gardé son mari que deux jours ; c'est cela qui est piquant.
La Marquise. – J'ai tout perdu, vous dis-je.
Lisette. – Tout perdu ! Vous me faites trembler : est-ce que tous les hommes sont morts ?

Marivaux, *La Seconde Surprise de l'amour*, 1727.

Exercice 5

Dans *Intermezzo*, un inspecteur s'oppose à la pédagogie d'une jeune institutrice qui fait cours au milieu de la nature : le plafond de la salle de classe, c'est le ciel bleu. Identifiez la thèse et l'argument de l'inspecteur.

Le plafond, dans l'enseignement, doit être compris de façon à faire ressortir la taille de l'adulte vis-à-vis de la taille de l'enfant. Un maître qui adopte le plein air avoue qu'il est plus petit que l'arbre, moins corpulent que le bœuf, moins mobile que l'abeille, et sacrifie la meilleure preuve de sa dignité.

Jean Giraudoux, *Intermezzo*, Acte I, scène 6, 1933, Éd. Grasset.

Exercice 6

Michaux est fasciné par l'habileté des Chinois. À quels types d'exemples fait-il appel ?

Le Chinois est artisan et artisan habile. Il a des doigts de violoniste.
Sans être habile, on ne peut être Chinois, c'est impossible.
Même pour manger, comme il fait avec deux bâtonnets, il faut une certaine habileté. Et cette habileté, il l'a recherchée. Le Chinois pouvait inventer la fourchette, que cent peuples ont trouvée et s'en servir. Mais cet instrument, dont le maniement ne demande aucune adresse, lui répugne.

Henri Michaux, *Un barbare en Asie*, 1933, Éd. Gallimard.

1650
1700

L'âge classique

LE RÈGNE DU ROI-SOLEIL

En faisant arrêter le 5 septembre 1661 Fouquet, le célèbre surintendant des Finances, le jeune Louis XIV montre à tous que rien ne peut lui résister. Écartée du pouvoir politique, mais comblée d'honneurs, la noblesse est prisonnière de l'étiquette de la cour. Une administration centralisée, qui surveille tout, impose les décisions royales. Tout en développant le commerce et l'industrie, le roi lance le pays dans des guerres de conquête qu'il voudrait profitables et glorieuses : il attaque l'Espagne en 1667, la Hollande en 1672, puis toute l'Europe pendant dix longues années meurtrières et ruineuses. Il veut aussi imposer un ordre unique dans le domaine religieux : il résiste au pouvoir du pape, pourchasse durement les jansénistes et, en 1685, la désastreuse révocation de l'édit de Nantes autorise d'ignobles persécutions contre les protestants. Toutes ces violences, un climat de bigoterie tatillonne, d'horribles famines assombrissent les dernières années du siècle.

LE TRIOMPHE DES PURISTES

La correction de la langue préoccupe les écrivains comme les mondains. Quand le jeune Racine part pour Uzès, il emporte dans ses bagages la grammaire de Vaugelas que Corneille consulte pour corriger ses œuvres. Ce souci d'un style raffiné conduit les précieux à remplacer le mot « pieds » par « chers souffrants » ou « joue » par « trône de la pudeur ». Ces excès ridiculisés par Molière seront bien vite démodés, mais ils témoignent d'un purisme très largement répandu. On veut une langue « exacte et raisonnable ». Au risque d'appauvrir le lexique, on évite les archaïsmes, les mots techniques, les termes trop crus. Impatiemment attendu, le *Dictionnaire de l'Académie* ne paraît qu'en 1694, devancé par celui de Furetière, en 1690. Peu à peu, le français s'impose dans toute l'Europe cultivée.

LA COUR ET LA VILLE

Dans le monde des lettres aussi, si l'on veut réussir, il faut plaire au roi : c'est à la cour qu'il faut briller ; c'est l'air de la cour qu'il faut prendre pour être à la mode. Le roi protège et surveille l'Académie française, accorde des gratifications financières à ceux qui se mettent au service de sa gloire. À la ville, les résistances à l'idéologie officielle restent fortes : la rigueur des jansénistes influence en profondeur des cercles de plus en plus étendus. À l'opposé, les salons de Ninon de Lenclos, de Mme de La Sablière sont des foyers d'anticonformisme que la censure surveille. À la croisée de la cour et de la ville se forge l'idéal laïc de l'honnête homme : cultivé sans être pédant, élégant sans être précieux, sociable sans être servile, il sait rester lui-même dans une société de plus en plus étouffante. En 1687 éclate la querelle des Anciens et les Modernes qui remet en cause le respect des traditions morales, religieuses, esthétiques : l'honnête homme commence à céder la place au philosophe.

LE GOÛT DU LUXE

Très sensible aux images qui diffusent sa gloire, Louis XIV joue un rôle décisif dans le développement des académies de peinture, de sculpture et d'architecture où s'enseignent, sous la ferme direction du peintre Le Brun, « les règles les plus justes et les plus correctes » des beaux-arts. Le roi accorde le monopole du théâtre chanté à Lulli qui crée l'opéra français en équilibrant la part du récit et celle du chant. Mais c'est à Versailles que s'exprime avec le plus d'éclat le goût du temps pour la grandeur et le luxe. Commencé en 1668 par Le Vau, poursuivi en 1678 par Hardouin-Mansart, le palais déploie 580 mètres de façades qu'allègent d'élégants effets de symétrie. À l'intérieur, tapisseries, bronzes dorés, marbres, peintures, miroirs composent un décor d'un luxe inouï. Dans les jardins dessinés par Le Nôtre, massifs, plans d'eaux, statues recréent un espace propice aux promenades contemplatives. La puissante harmonie de l'ensemble fait de Versailles une réalisation exemplaire de l'art classique.

Eustache Le Sueur, *Allégorie d'un ministre parfait*, 1653.

Ce tableau a été peint pour une riche famille de marchands demeurée fidèle au pouvoir royal pendant les troubles de la Fronde.

Blaise Pascal

Nom : Pascal
Prénom : Blaise
Naissance : le 19 juin 1623, à Clermont-Ferrand
Décès : le 19 août 1662, à Paris, vers une heure du matin
Lieux : Clermont-Ferrand, Paris, Rouen
Situation familiale : célibataire
Profession : rentier
Amitiés : des savants, des mondains, les solitaires de Port-Royal
Signe particulier : une maladie d'origine nerveuse le tient parfois prostré des jours entiers

LE GÉNIE INVENTIF

Tout enfant, Blaise Pascal surprend son entourage par sa précocité. « Il voulait, écrit sa sœur Gilberte, savoir la raison de toutes choses. » Pour aider son père chargé de la recette des impôts à Rouen, il met au point lui-même la première machine à calculer. En 1648, ce « nouvel Archimède » conduit une série d'expériences qui établissent l'existence du vide et la pression de l'air. Par ses recherches sur les mises des joueurs, il annonce le calcul des probabilités. C'est lui encore qui conçoit l'organisation des premiers transports en commun de la capitale. Ainsi, jusqu'aux derniers jours de sa vie, il ouvre des voies nouvelles dans tous les domaines qu'il a abordés.

L'HOMME ENGAGÉ

Cet infatigable chercheur ne reste pas prisonnier du cercle fermé des savants. Il correspond avec la reine Christine de Suède, voyage avec le jeune duc de Roannez, fréquente le chevalier de Méré, lit les philosophes antiques, médite les *Essais* de Montaigne : tout en approfondissant son expérience du monde, il découvre d'autres formes d'esprit. Lorsque ses amis de Port-Royal sont accusés d'hérésie par la Sorbonne, il met son talent à leur service en rédigeant de 1656 à 1657 les *Lettres provinciales*. Il réussit à passionner le public pour de difficiles questions de doctrine religieuse. Le succès de ces textes clandestins suscite les foudres de la censure et Pascal est obligé de changer plusieurs fois de nom et de domicile pour échapper à la police.

LE CROYANT PASSIONNÉ

Le polémiste n'est sans doute si intransigeant que parce qu'il a découvert une lumière d'un autre ordre. Annoncée par une première rencontre avec les prêtres jansénistes lors d'une maladie de son père, sa conversion est définitive à partir de la nuit du 23 novembre 1654 où il lui a été donné d'être « éternellement en joie ». Il change alors de vie, se prive de tout confort, limite les visites de ses amis qui risqueraient de lui donner de trop égoïstes plaisirs. Il abandonne sa propre maison pour ne pas déranger un enfant malade qu'il y a recueilli par charité. Il meurt chez son beau-frère en demandant qu'on le transporte à l'hôpital pour y être « en la compagnie des pauvres ».

Il a écrit

des ouvrages scientifiques, dont : *Traité des coniques* (1640), *Expériences nouvelles touchant le vide* (1647) ;

des ouvrages de polémique, dont : *Lettres provinciales* (1656-1657) ;

une série de réflexions philosophiques publiées en 1670 après sa mort sous le titre de *Pensées*.

Pensées

Vers 1658

Dans les dernières années de sa vie, Pascal prépare une *Apologie de la religion chrétienne*. Les notes, fiévreusement accumulées, sont publiées après sa mort sous le titre de *Pensées*. Il y dénonce la puissance de l'imagination qui trompe si facilement notre raison.

Qui dispense la réputation, qui donne le respect et la vénération aux personnes, aux ouvrages, aux lois, aux grands, sinon cette faculté imaginante ? Toutes les richesses de la terre sont insuffisantes sans son consentement. Ne diriez-vous pas que ce magistrat dont la vieillesse vénérable impose le respect à tout un peuple se gouverne par une raison pure et sublime, et qu'il juge des choses par leur nature sans s'arrêter à ces vaines circonstances qui ne blessent que l'imagination des faibles ? Voyez-le entrer dans un sermon[1], où il apporte un zèle tout dévot[2] renforçant la solidité de sa raison par l'ardeur de sa charité ; le voilà prêt à l'ouïr avec un respect exemplaire. Que le prédicateur[3] vienne à paraître, si la nature lui a donné une voix enrouée et un tour de visage bizarre, que son barbier l'ait mal rasé, si le hasard l'a encore barbouillé[4] de surcroît, quelque grandes vérités qu'il annonce, je parie la perte de la gravité de notre sénateur !

Le plus grand philosophe du monde sur une planche plus large qu'il ne faut, s'il y a au-dessous un précipice, quoique sa raison le convainque de sa sûreté, son imagination prévaudra. Plusieurs n'en sauraient soutenir la pensée sans pâlir et suer.

Je ne veux pas rapporter tous ses effets ; qui ne sait que la vue des chats, des rats, l'écrasement d'un charbon, etc. emportent la raison hors des gonds ? Le ton de voix impose aux plus sages et change un discours et un poème de force.

L'affection ou la haine change la justice de face, et combien un avocat bien payé par avance trouve-t-il plus juste la cause qu'il plaide ! Combien son geste hardi la fait-il paraître meilleure aux juges dupés[5] par cette apparence ! Plaisante raison qu'un vent manie et à tous sens !

Blaise Pascal, *Pensées*, écrites avant 1658, première édition posthume en 1670.

1. *dans un sermon :* **dans une église pour y écouter un sermon**
2. *dévot :* **pieux**
3. *prédicateur :* **prêcheur**
4. *barbouillé :* **sali**
5. *dupés :* **trompés**

QUESTIONS

Le lecteur pris à partie

1. Pascal prend constamment le lecteur à témoin. Relevez les indices de la présence de l'interlocuteur et le type de phrase qui l'implique.

2. De quelles façons l'auteur manifeste-t-il sa propre présence ?

L'appel à l'imagination

3. Pour dénoncer la force de l'imagination, Pascal fait appel à notre imagination : il esquisse de petites comédies. Quelles indications rendent les personnages vivants ?

4. À quoi Pascal compare-t-il la justice et la raison humaines ?

L'enchaînement rigoureux

5. Pourquoi Pascal a-t-il pris en exemple les hommes « les plus sages » ?

6. Les effets de l'imagination s'enchaînent et se renforcent. Quelles en sont les conséquences les plus dangereuses ?

Second Discours sur la condition des grands

Dans les trois brefs *Discours sur la condition des grands*, Pascal explique à « un enfant de grande condition » quels sont, selon la raison, les droits de la noblesse. Même s'il ne s'agit que de notes mises au point par un de ses proches, on reconnaît la manière de Pascal : claire, logique, implacable.

Il est bon, Monsieur, que vous sachiez ce que l'on vous doit, afin que vous ne prétendiez pas exiger des hommes ce qui ne vous est pas dû ; car c'est une injustice visible : et cependant elle est fort commune à ceux de votre condition[1], parce qu'ils en ignorent la nature.

Il y a dans le monde deux sortes de grandeurs ; car il y a des grandeurs d'établissement et des grandeurs naturelles. Les grandeurs d'établissement dépendent de la volonté des hommes, qui ont cru avec raison devoir honorer certains états et y attacher certains respects. Les dignités et la noblesse sont de ce genre. En un pays on honore les nobles, en l'autre les roturiers[2] ; en celui-ci les aînés, en cet autre les cadets. Pourquoi cela ? Parce qu'il a plu aux hommes. La chose était indifférente avant l'établissement ; après l'établissement elle devient juste, parce qu'il est injuste de la troubler.

Les grandeurs naturelles sont celles qui sont indépendantes de la fantaisie des hommes, parce qu'elles consistent dans des qualités réelles et effectives de l'âme ou du corps, qui rendent l'un ou l'autre plus estimable, comme les sciences, la lumière de l'esprit, la vertu, la santé, la force.

Nous devons quelque chose à l'une et à l'autre de ces grandeurs ; mais comme elles sont d'une nature différente, nous leur devons aussi différents respects. Aux grandeurs d'établissement, nous leur devons des respects d'établissement, c'est-à-dire certaines cérémonies extérieures qui doivent être néanmoins accompagnées, selon la raison, d'une reconnaissance intérieure de la justice de cet ordre, mais qui ne nous font pas concevoir quelque qualité réelle en ceux que nous honorons de cette sorte. Il faut parler aux rois à genoux ; il faut se tenir debout dans la chambre des princes. C'est une sottise et une bassesse d'esprit que de leur refuser ces devoirs.

Mais pour les respects naturels qui consistent dans l'estime[3], nous ne les devons qu'aux grandeurs naturelles ; et nous devons au contraire le mépris et l'aversion[4] aux qualités contraires à ces grandeurs naturelles. Il n'est pas nécessaire, parce que vous êtes duc, que je vous

1. *condition :* **rang social**
2. *roturiers :* **qui ne sont pas nobles**
3. *estime :* **sentiment favorable**
4. *aversion :* **répulsion**

estime ; mais il est nécessaire que je vous salue. Si vous êtes duc et honnête homme, je rendrai ce que je dois à l'une et à l'autre de ces qualités. Je ne vous refuserai point les cérémonies que mérite votre qualité de duc, ni l'estime que mérite celle d'honnête homme. Mais si vous étiez duc sans être honnête homme, je vous ferais encore justice ; car en vous rendant les devoirs extérieurs que l'ordre des hommes a attachés à votre naissance, je ne manquerais pas d'avoir pour vous le mépris intérieur que mériterait la bassesse de votre esprit.

Voilà en quoi consiste la justice de ces devoirs. Et l'injustice consiste à attacher les respects naturels aux grandeurs d'établissement, ou à exiger les respects d'établissement pour les grandeurs naturelles. M. N... est un plus grand géomètre que moi. En cette qualité il veut passer devant moi : je lui dirai qu'il n'y entend rien. La géométrie est une grandeur naturelle ; elle demande une préférence d'estime ; mais les hommes n'y ont attaché aucune préférence extérieure. Je passerai donc devant lui, et l'estimerai plus que moi en qualité de géomètre. De même si, étant duc et pair[5], vous ne vous contentez pas que je me tienne découvert[6] devant vous, et que vous voulussiez encore que je vous estimasse, je vous prierais de me montrer les qualités qui méritent mon estime. Si vous le faisiez, elle vous est acquise, et je ne vous la pourrais refuser avec justice ; mais si vous ne le faisiez pas, vous seriez injuste de me la demander, et assurément vous n'y réussirez pas, fussiez-vous le plus grand prince du monde.

Blaise Pascal, *Second Discours sur la condition des grands*, 1660, édition posthume en 1670.

5. *pair* : titre prestigieux réservé à quelques rares membres de la haute aristocratie
6. *je me tienne découvert* : je retire mon chapeau

QUESTIONS

Une leçon de méthode

1. Pour résoudre le problème des inégalités entre les hommes, Pascal définit, en géomètre, les termes qui lui permettent d'opérer une distinction essentielle. Quels sont les deux ordres de grandeur que Pascal distingue ? Pourquoi doit-on les distinguer ?

2. Quels types de respect distingue-t-il ? Pourquoi ?

La justesse des rapports

3. Pour Pascal, la justice consiste à rapporter à chaque grandeur le respect qui convient.
Complétez le tableau en notant les exemples que Pascal propose.

	Grandeurs	Respects
Ce qui a été établi	....	....
Ce qui vient de la nature	....	....

4. En quoi consiste l'injustice ?

Conservateur ou subversif ?

5. Quelles expressions semblent insolentes à l'égard de ceux qui se considèrent comme des « grands ». Que reproche Pascal à la plupart d'entre eux ?

6. Pourquoi serait-ce une « sottise » de refuser certains honneurs aux grands de ce monde ?

7. On a reproché à Pascal de vouloir préserver l'ordre existant. Que cherche-t-il à conserver ?

Bossuet

Nom : Bossuet
Prénom : Jacques Bénigne
Naissance : le 27 septembre 1627, à Dijon, en Bourgogne
Décès : le 12 avril 1704, à Paris, rue Sainte-Anne
Lieux : Dijon, Paris, Metz, Versailles, Meaux
Professions : prêtre, théologien, précepteur, évêque, écrivain
Amitiés : Vincent de Paul, Fénelon (jusqu'en 1697), La Bruyère

Il a écrit

- des *Sermons* innombrables (publiés à partir de 1772) ;
- des *Oraisons funèbres* pour Henriette de France (1669), Henriette d'Angleterre (1670), Condé (1687), etc. ;
- des ouvrages d'histoire, de polémique et de piété.

LE PRÉDICATEUR

Septième enfant d'une famille de magistrats, le jeune Bossuet reçoit une solide formation chez les jésuites de Dijon puis au prestigieux collège de Navarre à Paris. Tonsuré à dix ans, ordonné prêtre à vingt-cinq ans, ce jeune théologien qui fréquente le meilleur monde se fait très tôt remarquer par ses dons d'orateur. Pour prêcher, il adopte ce que son maître Vincent de Paul appelle la « petite méthode » : il fuit les artifices et les complaisances, il reste simple, s'adapte à l'auditoire. Grâce à son talent et à de puissants appuis, il devient vite le prédicateur préféré de la reine-mère Anne d'Autriche et de Louis XIV.

LE PRÉCEPTEUR DU GRAND DAUPHIN

De 1666 à 1687, c'est Bossuet qui a la charge et la gloire de composer les oraisons funèbres des grands de ce monde : ces discours d'apparat prononcés devant toute la cour sont ses premières œuvres publiées. À quarante-deux ans, il est nommé précepteur du dauphin alors âgé de neuf ans. Bossuet se consacre tout entier à cette nouvelle tâche, marque insigne de la confiance du roi : il compose pour son élève une grammaire latine, des manuels de morale, de politique, d'histoire. Il va même jusqu'à assister au coucher du dauphin pour l'endormir par un dernier récit. Mais ces dix années d'efforts ne profitent guère à son élève dont Saint-Simon écrit qu'il resta « absorbé dans sa graisse et dans ses ténèbres ».

L'ÉVÊQUE DE MEAUX

Nommé en 1682 évêque de Meaux, il devient le porte-parole officiel de l'Église de France. Il n'est, dit-il, « jamais en repos contre l'hérésie ». Il condamne le théâtre qui rend les vices séduisants : ni Corneille ni Racine ni Molière ne trouvent grâce à ses yeux. Il condamne les quiétistes parce qu'ils sont trop mystiques, les jansénistes parce qu'ils sont trop austères, les casuistes parce qu'ils ne le sont pas assez et les protestants parce qu'ils sont protestants. Il fait brûler le livre de Richard Simon qui tentait un examen critique des Écritures. Tout esprit critique semble dangereux à cet homme de foi qui ne respecte que la tradition : « Hier on croyait ainsi, écrit-il au philosophe Leibniz, donc encore aujourd'hui, il faut croire de même. »

Sermon du mauvais riche

1662

1661 et 1662 sont des années terribles. On trouve des morts, dit un témoin, « sur les chemins et dans les blés, la bouche pleine d'herbes ». À la fin du sermon qu'il prononce devant le jeune Louis XIV, Bossuet évoque cette misère atroce pour rappeler à ses auditeurs « l'obligation d'assister les pauvres ».

Dieu semblait s'être apaisé en donnant la paix[1] à son peuple ; mais nos péchés continuels ont rallumé sa juste fureur ; il nous a donné la paix, et lui-même nous fait la guerre : il a envoyé contre nous, pour punir notre ingratitude, la maladie, la mortalité, la disette[2] extrême, une intempérie étonnante[3], je ne sais quoi de déréglé dans toute la nature qui semble nous menacer de quelques suites funestes, si nous n'apaisons sa colère. Et dans les provinces éloignées, et même dans cette ville, au milieu de tant de plaisirs et de tant d'excès, une infinité de familles meurent de faim, et de désespoir : vérité constante, publique, assurée. Ô calamité de nos jours ! Quelle joie pouvons-nous avoir ? Faut-il que nous voyions de si grands malheurs ? Et ne nous semble-t-il pas qu'à chaque moment tant de cruelles extrémités que nous savons, que nous entendons de toutes parts, nous reprochent devant Dieu et devant les hommes ce que nous donnons à nos sens, à notre curiosité[4], à notre luxe ? Qu'on ne demande plus maintenant jusqu'où va l'obligation d'assister les pauvres : la faim a tranché le doute, le désespoir a terminé la question ; et nous sommes réduits à ces cas extrêmes, où tous les Pères[5] et tous les théologiens nous enseignent, d'un commun accord, que si l'on n'aide le prochain selon son pouvoir, on est coupable de sa mort ; on rendra compte à Dieu de son sang, de son âme, de tous les excès où la fureur de la faim et du désespoir le précipite. Qui nous donnera que nous entendions[6] le plaisir de donner la vie ? Qui nous donnera, Chrétiens, que nos cœurs soient comblés de l'onction[7] du Saint-Esprit, pour goûter ce plaisir sublime de soulager les misérables, de consoler Jésus-Christ qui souffre en eux, de faire reposer, dit le saint apôtre, leurs entrailles affamées : *Viscera sanctorum requieverunt per te, frater !*[8] Ah ! que ce plaisir est saint ! Ah ! que c'est un plaisir vraiment royal !

Jacques Bénigne Bossuet, *Sermon du mauvais riche*, 1662.

1. le traité des Pyrénées de 1659 met fin à la guerre contre l'Espagne
2. disette : pénurie d'aliments
3. étonnante : épouvantable
4. curiosité : désir de posséder ce qui est rare
5. les Pères de l'Église : écrivains du IIe au VIIe siècle qui font autorité en matière de religion
6. entendions : prenions conscience
7. onction : grâce
8. « Par ton amour, frère, tu as réconforté le cœur des saints ! »

QUESTIONS

L'emphase oratoire

1. Pour frapper l'auditoire, l'orateur doit rythmer son discours. Identifiez les groupes binaires et tertiaires et indiquez leur place.

2. Une question oratoire est une question qui n'appelle pas de réponse. Relevez ces constructions et expliquez l'effet produit.

La tonalité biblique

3. Comment Bossuet explique-t-il la misère du royaume ?

4. On distingue parfois le dieu vengeur de l'Ancien Testament du dieu miséricordieux des Évangiles. En relevant les termes qui évoquent l'activité divine, dites à quelles images de Dieu l'orateur se réfère.

La véhémence polémique

5. Bossuet évoque la misère du peuple. Quelles expressions vous semblent les plus saisissantes ?

6. L'orateur dénonce les scandaleux écarts de fortune. Relevez les formules les plus accusatrices. Sont-elles choquantes pour le roi et les courtisans ?

Oraison funèbre de Henriette d'Angleterre

Henriette d'Angleterre, qu'on appelle Madame car elle est l'épouse du frère du roi, meurt à vingt-six ans, peut-être empoisonnée. À l'évocation, par Bossuet, de ces moments terribles, « l'auditoire, écrit Voltaire, éclata en sanglots et la voix de l'orateur fut interrompue par ses soupirs et ses pleurs. »

▶ La solennité des cathédrales où l'on se pressait pour écouter Bossuet.

Ô nuit désastreuse ! ô nuit effroyable, où retentit tout à coup comme un éclat de tonnerre cette étonnante[1] nouvelle : « Madame se meurt ! Madame est morte ! » Qui de nous ne se sentit frappé à ce coup, comme si quelque tragique accident avait désolé[2] sa famille ?

Au premier bruit d'un mal si étrange[3], on accourut à Saint-Cloud de toutes parts ; on trouve tout consterné, excepté le cœur de cette princesse : partout on entend des cris ; partout on voit la douleur et le désespoir, et l'image de la mort. Le roi, la reine, Monsieur, toute la cour, tout le peuple, tout est abattu, tout est désespéré ; et il me semble que je vois l'accomplissement de cette parole du prophète : « Le roi pleurera, le prince sera désolé, et les mains tomberont au peuple de douleur et d'étonnement. »

Mais et les princes et les peuples gémissaient en vain ; en vain Monsieur, en vain le roi même tenait Madame serrée par de si étroits embrassements. Alors ils pouvaient dire l'un et l'autre avec saint Ambroise : « *Stringebam brachia, sed jam amiseram quam tenebam*. Je serrais les bras, mais j'avais déjà perdu ce que je tenais. » La princesse leur échappait parmi des embrassements si tendres, et la mort plus puissante nous l'enlevait entre ces royales mains.

Jacques Bénigne Bossuet, *Oraison funèbre de Henriette d'Angleterre*, 21 août 1670.

1. *étonnante :* **stupéfiante, accablante**
2. *désolé :* **ravagé, détruit**
3. *étrange :* **extraordinaire et redoutable**

QUESTIONS

L'accentuation des contrastes

1. Quelles expressions évoquent la disparue ? Par quels constrastes se distingue-t-elle de tous ceux qui l'entourent ?

2. Bossuet est resté avec la princesse pendant toute son agonie. Utilise-t-il ses souvenirs ? Comment rend-il sensible l'émotion générale ?

L'usage des citations

3. La violence dramatique de la scène est constamment soutenue par les références aux textes sacrés. Étudiez comment chaque citation est introduite.

4. Comment ces citations se lient-elles aux autres images ?

5. Quel sens ces citations donnent-elles à l'événement ?

La prose lyrique

6. Analysez le rythme de la première phrase en comptant les syllabes.

7. L'anaphore est la reprise d'un mot au début d'un groupe syntaxique. Relevez-en deux : quel thème mettent-elles en valeur ?

8. Les modalités exclamatives et interrogatives : quelle est leur fonction ?

Traité de la concupiscence

1694

Il faut se détourner de l'amour du monde charnel, corrompu et passager, pour se tourner vers Dieu. Ces pages écrites comme pour Bossuet seul, et publiées après sa mort, montrent la ferveur éblouie du croyant qui ne se sentait jamais plus proche de Dieu que dans la solitude et le silence de la nuit.

Le soleil s'avançait, et son approche se faisait connaître par une céleste blancheur qui se répandait de tous côtés ; les étoiles étaient disparues, et la lune s'était levée avec son croissant d'un argent si beau et si vif que les yeux en étaient charmés[1]. Elle semblait vouloir honorer le soleil en paraissant claire et illuminée par le côté qu'elle tournait vers lui ; tout le reste était obscur et ténébreux, et un petit demi-cercle recevait seulement dans cet endroit-là un ravissant éclat, par les rayons du soleil comme du père de la lumière. Quand il la voit de côté, elle reçoit une teinte de lumière ; plus il la voit, plus sa lumière s'accroît ; quand il la voit tout entière, elle est dans son plein, et plus elle a de lumière, plus elle fait d'honneur à celui d'où elle lui vient. Mais voici un nouvel hommage qu'elle rend à son céleste illuminateur. À mesure qu'il approchait, je la voyais disparaître ; le faible croissant diminuait peu à peu, et quand le soleil se fut montré tout entier, sa pâle et débile[2] lumière, s'évanouissant, se perdit dans celle du grand astre qui paraissait, dans laquelle elle fut comme absorbée. On voyait bien qu'elle ne pouvait avoir perdu sa lumière par l'approche du soleil, qui l'éclairait ; mais un petit astre cédait au grand, une petite lumière se confondait avec la grande ; et la place du croissant ne parut plus dans le ciel, où il tenait auparavant un si beau rang parmi les étoiles.

Mon Dieu, lumière éternelle, c'est la figure[3] de ce qui arrive à mon âme quand vous l'éclairez. Elle n'est illuminée que du côté que vous la voyez ; partout où vos rayons ne pénètrent pas, ce n'est que ténèbres ; et quand ils se retirent tout à fait, l'obscurité et la défaillance sont entières. Que faut-il donc que je fasse, ô mon Dieu, sinon de reconnaître de vous[4] toute la lumière que je reçois ?

Jacques Bénigne Bossuet, *Traité de la concupiscence*[5], chapitre 32, écrit en 1694, édition posthume en 1731.

1. charmés : **émerveillés**
2. débile : **faible, fragile**
3. figure : **image, symbole**
4. de vous : **comme venant de vous**
5. concupiscence : **force qui nous attache aux plaisirs de ce monde**

QUESTIONS

Le tableau de l'aurore

1. Pour peindre l'aurore, le moment où le soleil apparaît dans le ciel, Bossuet refuse tout pittoresque. À quoi se réduisent les indications de formes et de couleurs ?

2. En relevant les termes qui s'opposent, expliquez sur quel contraste est construit le tableau.

Le jeu des correspondances

3. Bossuet établit une correspondance entre un mouvement visible et un mouvement invisible. Que symbolisent le soleil, la partie éclairée de la lune, sa partie obscure ?

4. Quels termes du premier paragraphe préparent et justifient l'interprétation proposée dans le second ?

La ferveur d'une prière

5. La contemplation du tableau permet d'établir un dialogue avec Dieu. Relevez les termes et les constructions qui manifestent l'émotion du croyant.

6. Quelle relation la lune établit-elle avec le soleil ? En quoi figure-t-elle la relation que le texte lui-même établit avec Dieu ?

Molière

Nom : Poquelin
Prénom : Jean-Baptiste
Pseudonyme : Molière (il n'a jamais expliqué ce choix)
Naissance : baptisé le 15 janvier 1622, à Paris, à l'église Saint-Eustache
Décès : le 17 février 1673, à Paris, à dix heures du soir
Lieux : Paris, Bordeaux, Lyon, Rouen
Situation familiale : marié le 20 février 1662 à Armande Béjart
Professions : comédien, directeur de troupe
Amitiés : des philosophes libertins, La Fontaine, Boileau

Il a écrit

des comédies en vers, dont : *L'École des femmes* (1662), *Le Misanthrope* (1666), *Tartuffe* (1669), *Les Femmes savantes* (1672) ;

des comédies en prose, dont : *Dom Juan* (1665), *George Dandin* et *L'Avare* (1668) ;

des comédies-ballets, dont : *Le Bourgeois gentilhomme* (1670), *Le Malade imaginaire* (1673).

LE COMÉDIEN

Ayant reçu une excellente éducation, le jeune Poquelin, fils aîné d'une famille aisée de la bourgeoisie parisienne, aurait pu réussir dans le droit ou le commerce mais à vingt ans, sous le nom de Molière, il se lance dans le théâtre et participe à la fondation de l'Illustre-Théâtre. Vite endetté, il doit quitter la capitale. La tournée en province dure douze ans ! De retour à Paris en 1658, Molière se distingue par le naturel de son jeu qui rompt avec la solennité emphatique des comédiens du temps. « Jamais personne, dit-on, ne sut démonter si bien son visage » ; d'un sourire, d'une voix un peu nasillarde, il rend inoubliables les personnages qu'il incarne.

L'AUTEUR

Molière s'inspire d'abord de la farce et des comédiens italiens, puis il compose des œuvres plus ambitieuses. En 1662, l'éclatant succès de *L'École des femmes* suscite la jalousie des rivaux et la colère des dévots. Dans *Tartuffe*, il dénonce tous ceux qui simulent la piété pour satisfaire leurs ambitions personnelles. Le parti dévot fait interdire la pièce comme il fera interdire la suivante, *Dom Juan*. Ces difficultés épuisent Molière. Cet homme si aimable s'emporte pour des riens, sombre dans la tristesse, frôle la mort : d'avril à mai 1666, la troupe ne joue plus rien. En 1669, une troisième version de *Tartuffe* enfin autorisée obtient un succès triomphal. Mais Molière évite désormais les sujets trop brûlants.

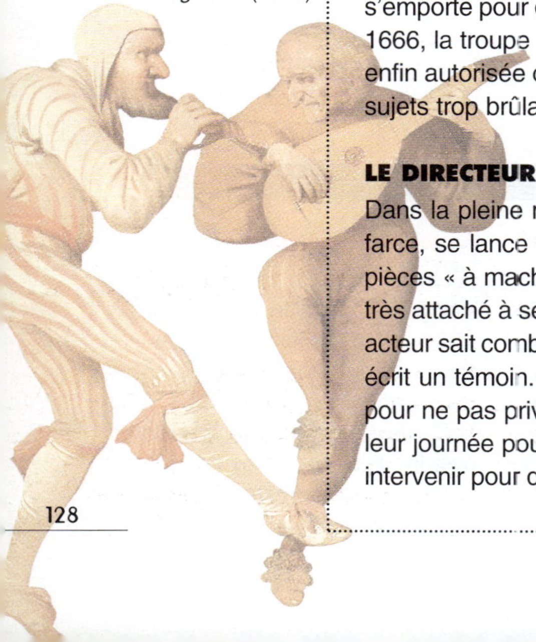

LE DIRECTEUR DE TROUPE

Dans la pleine maturité de son génie, Molière reste inspiré par le goût de la farce, se lance dans des comédies musicales et compose pour la cour des pièces « à machines » : du théâtre, rien ne lui est étranger. Metteur en scène très attaché à ses comédiens, il les dirige avec un soin méticuleux : « Chaque acteur sait combien il doit faire de pas, et toutes ses œillades sont comptées », écrit un témoin. Le 17 février 1673, Molière ne se sent pas bien mais il joue pour ne pas priver de leur salaire « cinquante pauvres ouvriers qui n'ont que leur journée pour vivre ». Une crise mortelle l'interrompt. Le roi lui-même doit intervenir pour que les prêtres de sa paroisse veuillent bien, de nuit, l'enterrer.

L'École des femmes

1662

Pour s'assurer la fidélité de sa future femme, Arnolphe recueille une jeune fille et l'élève à l'écart de tout et de tous. Malgré ces précautions, la jeune Agnès tombe amoureuse du jeune Horace. Arnolphe menace puis s'attendrit.

AGNÈS

Du meilleur de mon cœur je voudrais vous complaire :
Que me coûterait-il, si je le pouvais faire ?

ARNOLPHE

Mon pauvre petit bec[1], tu le peux, si tu veux.
(Il fait un soupir.)
Écoute seulement ce soupir amoureux,
Vois ce regard mourant, contemple ma personne,
Et quitte ce morveux et l'amour qu'il te donne.
C'est quelque sort qu'il faut qu'il ait jeté sur toi,
Et tu seras cent fois plus heureuse avec moi.
Ta forte passion est d'être brave[2] et leste[3] :
Tu le seras toujours, va, je te le proteste[4],
Sans cesse, nuit et jour, je te caresserai,
Je te bouchonnerai[5], baiserai, mangerai ;
Tout comme tu voudras tu pourras te conduire :
Je ne m'explique point, et cela, c'est tout dire.
(À part.)
Jusqu'où la passion peut-elle faire aller !
Enfin, à mon amour rien ne peut s'égaler :
Quelle preuve veux-tu que je t'en donne, ingrate ?
Me veux-tu voir pleurer ? Veux-tu que je me batte ?
Veux-tu que je m'arrache un côté de cheveux ?
Veux-tu que je me tue ? Oui, dis si tu le veux :
Je suis tout prêt, cruelle, à te prouver ma flamme.

AGNÈS

Tenez, tous vos discours ne me touchent point l'âme :
Horace avec deux mots en ferait plus que vous.

Molière, *L'École des femmes,*
Acte V, scène 4 (vers 1584-1606), 1662.

1. *petit bec* : petite bouche, joli minois
2. *brave* : bien vêtue
3. *leste* : élégante, séduisante
4. *proteste* : promets solennellement
5. *bouchonnerai* : cajolerai

QUESTIONS

Le jeu des gestes

1. Le texte de théâtre doit être lu, disait Molière, en imaginant le jeu des interprètes. Quels mots appellent une mimique ?

2. Pourquoi Agnès décide-t-elle de parler ?

L'amour tyrannique

3. Quelle image Arnolphe se fait-il d'Agnès ? Comment explique-t-il qu'elle aime le « morveux » ?

4. Quelles expressions montrent l'amour d'Arnolphe ?

L'amoureux ridicule

5. Les exagérations font rire. Donnez-en des exemples.

6. Pourquoi les protestations d'Arnolphe sont-elles inutiles ?

7. Tout en étant ridicule, Arnolphe peut-il être émouvant ?

Dom Juan

MOLIÈRE

Le Dom Juan de Molière n'est pas seulement un séducteur qui considère la fidélité conjugale comme un préjugé ridicule ; c'est aussi un libertin, un esprit fort qui se moque de la religion. Égaré dans une forêt avec son valet Sganarelle, Dom Juan demande son chemin à un pauvre. Il a soudain envie de provoquer cet homme qui vit loin du monde pour prier Dieu. Pour un louis d'or, commettrait-il un péché mortel ?

DOM JUAN. – Mais tout en raisonnant, je crois que nous sommes égarés. Appelle un peu cet homme que voilà là-bas, pour lui demander le chemin.

SGANARELLE. – Holà, ho, l'homme ! ho, mon compère ! ho, l'ami ! un petit mot s'il vous plaît. Enseignez-nous un peu le chemin qui mène à la ville.

LE PAUVRE. – Vous n'avez qu'à suivre cette route, Messieurs, et détourner à main droite quand vous serez au bout de la forêt. Mais je vous donne avis que vous devez vous tenir sur vos gardes, et que depuis quelque temps il y a des voleurs ici autour.

DOM JUAN. – Je te suis bien obligé[1], mon ami, et je te rends grâce de tout mon cœur.

LE PAUVRE. – Si vous vouliez, Monsieur, me secourir de quelque aumône ?

DOM JUAN. – Ah ! ah ! ton avis est intéressé, à ce que je vois.

LE PAUVRE. – Je suis un pauvre homme, Monsieur, retiré tout seul dans ce bois depuis dix ans, et je ne manquerai pas de prier le Ciel qu'il vous donne toute sorte de biens.

DOM JUAN. – Eh ! prie-le qu'il te donne un habit, sans te mettre en peine des affaires des autres.

SGANARELLE. – Vous ne connaissez pas Monsieur, bonhomme ; il ne croit qu'en deux et deux sont quatre, et en quatre et quatre sont huit.

DOM JUAN. – Quelle est ton occupation parmi ces arbres ?

LE PAUVRE. – De prier le Ciel tout le jour pour la prospérité des gens de bien qui me donnent quelque chose.

DOM JUAN. – Il ne se peut donc pas que tu ne sois bien à ton aise ?

LE PAUVRE. – Hélas ! Monsieur, je suis dans la plus grande nécessité[2] du monde.

DOM JUAN. – Tu te moques : un homme qui prie le Ciel tout le jour, ne peut pas manquer d'être bien dans ses affaires.

LE PAUVRE. – Je vous assure, Monsieur, que le plus souvent je n'ai pas un morceau de pain à mettre sous les dents.

DOM JUAN. – Voilà qui est étrange, et tu es bien mal reconnu[3] de tes soins. Ah ! ah ! je m'en vais te donner un louis d'or tout à l'heure[4], pourvu que tu veuilles jurer[5].

LE PAUVRE. – Ah ! Monsieur, voudriez-vous que je commisse un tel péché ?

DOM JUAN. – Tu n'as qu'à voir si tu veux gagner un louis d'or ou non. En voici un que je te donne, si tu jures ; tiens ; il faut jurer.

LE PAUVRE. – Monsieur !

DOM JUAN. – À moins de cela, tu ne l'auras pas.

SGANARELLE. – Va, va, jure un peu, il n'y a pas de mal.

1. *je te suis bien obligé :* **je te remercie**
2. *nécessité :* **très grande pauvreté, indigence**
3. *reconnu :* **récompensé**
4. *tout à l'heure :* **immédiatement**
5. *jurer :* **parler de façon impie contre Dieu, la Vierge ou les saints**

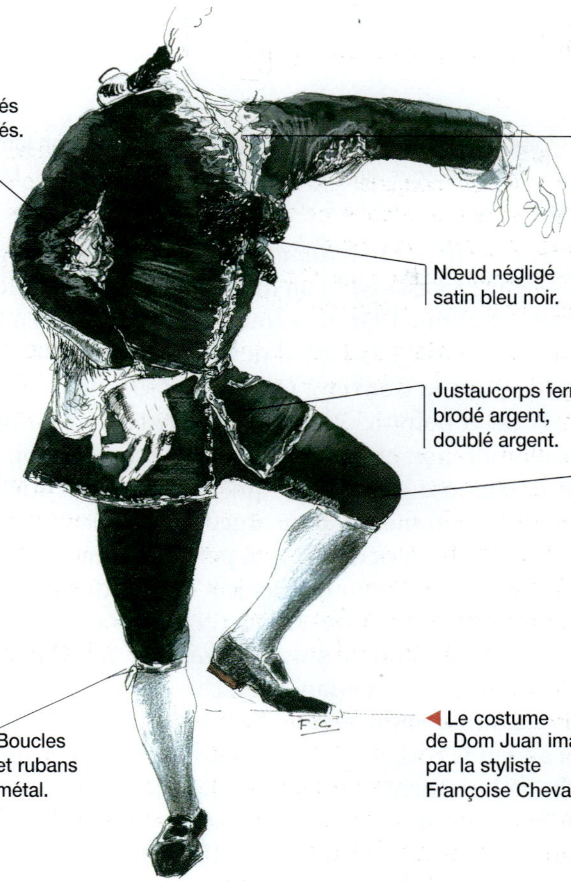

◄ Le costume de Dom Juan imaginé par la styliste Françoise Chevalier.

DOM JUAN. – Prends, le voilà ; prends, te dis-je ; mais jure donc.

LE PAUVRE. – Non, Monsieur, j'aime mieux mourir de faim.

DOM JUAN. – Va, va, je te le donne pour l'amour de l'humanité. Mais que vois-je là ? Un homme atttaqué par trois autres ? La partie est trop inégale, et je ne dois pas souffrir cette lâcheté. (*Il court au milieu du combat.*)

SGANARELLE, *seul.* – Mon maître est un vrai enragé d'aller se présenter à un péril qui ne le cherche pas ; mais, ma foi ! le secours a servi, et les deux ont fait fuir les trois.

Molière, *Dom Juan,* Acte II, scènes 1, 2, 3, 1665.

QUESTIONS

L'échange impossible

1. La conversation se développe par une série de questions. En les relevant, distinguez les principaux moments de cet échange.

2. La scène ne fait pas avancer l'action. Pourquoi peut-elle intéresser le spectateur ?

3. L'humeur de Dom Juan évolue. Sur quels tons successifs s'adresse-t-il au pauvre ? Quels signes donne-t-il de son impatience ?

Le seigneur et le pauvre

4. Au XVIIe siècle l'aumône est recommandée par l'Église. Comment le pauvre la justifie-t-il ?

5. Dom Juan est un grand seigneur. Quelle aurait dû être son attitude à l'égard du pauvre ? Par quel mot de grand seigneur se moque-t-il du pauvre ?

6. Quand Dom Juan montre-t-il qu'il respecte les valeurs du monde chevaleresque ?

L'athée et le croyant

7. Pour quels motifs le pauvre résiste-t-il à la tentation ?

8. En incitant le pauvre à trahir sa foi, Dom Juan veut-il se moquer de la foi, de la charité, de la religion ? Pourquoi s'irrite-t-il de la résistance du pauvre ?

9. Quelle réplique indique que Dom Juan croit en la raison humaine ?

10. Que suggère la formule « l'amour de l'humanité » ?

L'Avare

Dès qu'il le peut, Harpagon se précipite dans son jardin pour vérifier que les dix mille écus qu'il y a enterrés y sont toujours. Mais voilà qu'il arrive en hurlant sur scène : on lui a volé son trésor !

HARPAGON. *(Il crie au voleur dès le jardin, et vient sans chapeau.)* – Au voleur ! au voleur ! à l'assassin ! au meurtrier ! Justice, juste ciel ! Je suis perdu, je suis assassiné ! On m'a coupé la gorge, on m'a dérobé mon argent ! Qui peut-ce être ? Qu'est-il devenu ? Où est-il ? Où se cache-t-il ? Que ferai-je pour le trouver ? Où courir ? Où ne pas courir ? N'est-il point là ? N'est-il point ici ? Qui est-ce ? Arrête ? *(Il se prend lui-même le bras.)* Rends-moi mon argent, coquin !... Ah ! c'est moi. Mon esprit est troublé, et j'ignore où je suis, qui je suis, et ce que je fais. Hélas ! mon pauvre argent, mon pauvre argent, mon cher ami, on m'a privé de toi ! Et, puisque tu m'es enlevé, j'ai perdu mon support[1], ma consolation, ma joie ; tout est fini pour moi, et je n'ai plus que faire au monde ! Sans toi, il m'est impossible de vivre. C'en est fait, je n'en puis plus, je me meurs, je suis mort, je suis enterré ! N'y a-t-il personne qui veuille me ressusciter en me rendant mon cher argent, ou en m'apprenant qui l'a pris ? Euh ! que dites-vous ? Ce n'est personne. Il faut, qui que ce soit qui ait fait le coup, qu'avec beaucoup de soin on ait épié l'heure ; et l'on a choisi justement le temps que je parlais à mon traître de fils. Sortons. Je veux aller quérir[2] la justice et faire donner la question[3] à toute ma maison : à servantes, à valets, à fils, à fille, et à moi aussi. Que de gens assemblés ! Je ne jette mes regards sur personne qui ne me donne des soupçons, et tout me semble mon voleur. Eh ! de quoi est-ce qu'on parle là ? De celui qui m'a dérobé ? Quel bruit fait-on là haut ? Est-ce mon voleur qui y est ? De grâce, si l'on sait des nouvelles de mon voleur, je supplie que l'on m'en dise. N'est-il point caché là parmi vous ? Ils me regardent tous, et se mettent à rire. Vous verrez qu'ils ont part, sans doute, au vol que l'on m'a fait. Allons, vite, des commissaires, des archers[4], des prévôts[5], des juges, des gênes[6], des potences et des bourreaux ! Je veux faire pendre tout le monde ; et si je ne retrouve mon argent, je me pendrai moi-même après !

Molière, *L'Avare*, Acte IV, scène 7, 1668.

1. *support :* soutien
2. *quérir :* chercher
3. *faire donner la question :* torturer pour obtenir des aveux
4. *archers :* soldats qui accompagnent les prévôts pour les arrestations
5. *prévôts :* juges subalternes
6. *gênes :* instruments de torture

QUESTIONS

Le monologue

1. Le monologue est une convention théâtrale : le personnage parle seul. Qu'est-ce qui justifie ici le recours au monologue ?

2. Seul sur scène, le personnage s'adresse à de nombreux interlocuteurs. Lesquels ?

Le délire de la passion

3. Quelles modalités de la phrase (déclarative, interrogative, exclamative, impérative) marquent l'émotion d'Harpagon ?

4. Relevez les expressions qui évoquent son argent et qu'on pourrait employer pour un être aimé.

L'art du rire

5. La passion la plus sincère peut faire rire par son excès même. Relevez deux expressions particulièrement extravagantes.

6. Harpagon est d'une extrême violence. Pourquoi les menaces qu'il profère nous font-elles rire ?

Tartuffe

Orgon, riche bourgeois parisien, prend Tartuffe pour un saint tandis que toute la famille se moque de cet hypocrite qui feint d'être pieux pour s'insinuer dans la maison. Pendant deux actes, on ne parle que de Tartuffe. Au troisième acte, il apparaît enfin.

TARTUFFE, *apercevant Dorine.*

Laurent, serrez[1] ma haire[2], avec ma discipline[3]
Et priez que toujours le Ciel vous illumine.
Si l'on vient pour me voir, je vais aux prisonniers
Des aumônes que j'ai partager les deniers.

DORINE

Que d'affectation et de forfanterie[4] !

TARTUFFE

Que voulez-vous ?

DORINE

Vous dire…

TARTUFFE. *Il tire un mouchoir de sa poche.*

Ah ! mon Dieu, je vous prie,
Avant que de parler prenez-moi ce mouchoir.

DORINE

Comment ?

TARTUFFE

Couvrez ce sein que je ne saurais voir :
Par de pareils objets[5] les âmes sont blessées,
Et cela fait venir de coupables pensées.

DORINE

Vous êtes donc bien tendre à la tentation,
Et la chair sur vos sens fait grande impression ?
Certes je ne sais pas quelle chaleur vous monte :
Mais à convoiter, moi, je ne suis point si prompte,
Et je vous verrais nu du haut jusques en bas,
Que toute votre peau ne me tenterait pas.

TARTUFFE

Mettez dans vos discours un peu de modestie[6],
Ou je vais sur-le-champ vous quitter la partie[7].

Molière, *Tartuffe*, Acte III, scène 2 (vers 853-870), 1669.

1. *serrez* : rangez
2. *haire* : vêtement de crin rude et piquant porté à même la peau pour faire pénitence
3. *discipline* : petit fouet en crin ou en métal pour humilier son corps
4. *forfanterie* : imposture, scélératesse
5. *objets* : visions, ce qui frappe la vue
6. *modestie* : pudeur, décence
7. *quitter la partie* : s'en aller

QUESTIONS

Le faux dévot

1. On appelle dévot quelqu'un qui aime prier, qui va souvent à l'église, qui se consacre aux bonnes œuvres. À quelles pratiques dévotes Tartuffe se livre-t-il ?

2. Ces pratiques doivent rester discrètes. À qui Tartuffe parle-t-il et de qui veut-il être entendu ?

Le corps en jeu

3. De quelle façon le corps de Tartuffe est-il présent ?

4. La pudeur, feinte ou réelle, impose une maîtrise des gestes et des regards. Comment imaginez-vous l'attitude de Tartuffe au cours de cette scène : gestes, regards, ton de la voix ?

Le franc parler

5. Le comique naît du contraste entre deux langages. Relevez dans les paroles de Tartuffe les termes religieux ou moraux. À quels mots de Dorine s'opposent-ils ?

6. Par quels arguments Dorine dénonce-t-elle la pudeur du dévot ?

François de La Rochefoucauld

Nom : Marcillac, puis La Rochefoucauld
Prénom : François
Naissance : le 15 septembre 1613, à Paris
Décès : dans la nuit du 16 au 17 mars 1680, à Paris
Lieux : Paris, châteaux des Charentes
Situation familiale : marié, huit enfants légitimes
Professions : homme de guerre, gentilhomme campagnard
Amitiés : les aristocrates frondeurs comme Condé, Mme de Longueville (dont il eut un fils), puis des proches des jansénistes

Il a écrit

Mémoires (1662), *Réflexions ou Sentences et Maximes morales* (1665), *Réflexions diverses* (publication posthume).

LE PRINCE ROMANESQUE

Fils aîné d'un duc et pair du royaume, le jeune François VI de Marcillac qui deviendra duc de La Rochefoucauld à la mort de son père en 1650, appartient à la fine fleur de l'aristocratie française. Tout jeune, il aime caracoler sur les champs de bataille, faire le bel esprit dans les salons les plus raffinés et mener des intrigues amoureuses et politiques à la cour du roi. Ainsi, comme le premier ministre Richelieu persécute selon lui la reine Anne d'Autriche, il projette de la ramener vers l'Espagne. Cet extravagant projet lui donne un bonheur fou mais le conduira pour huit jours à la prison de la Bastille et pour deux ans en exil sur ses terres.

LE FRONDEUR VAINCU

À la mort de Richelieu, il espère que la reine le récompensera de son dévouement mais elle nomme Premier ministre un fidèle de Richelieu, le cardinal Mazarin. Se sentant berné, il s'engage dans la Fronde aux côtés des nobles qui contestent la politique royale. Lorsque, en novembre 1652, la monarchie triomphe de cette résistance désordonnée et vainement meurtrière, il refuse l'amnistie. Séparé de sa maîtresse, la belle Mme de Longueville, rendu presque aveugle par un coup de mousquet reçu en plein visage, celui que ses compagnons surnommaient « La Franchise » se retire pour plusieurs années sur ses terres.

LE GRAND SEIGNEUR HONNÊTE HOMME

La Rochefoucauld revient à Paris en 1656 mais Louis XIV se méfiera toujours de lui. Il se consacre à la rédaction des *Maximes* qui le rendront célèbre. Il les fait d'abord circuler parmi ses amis, puis les éditions se multiplient, constamment revues et corrigées. Dans les salons qu'il fréquente, il donne l'image d'une authentique « honnêteté » ; ouvert aux autres, d'une finesse pénétrante, il affronte avec courage les malheurs qui le frappent : la mort de deux de ses fils en 1672, la goutte, maladie douloureuse dont il mourra. Devant cette mort qu'il trouvait une « chose épouvantable », il se montre si impassible qu'on dirait, écrit son amie la marquise de Sévigné, qu'il assiste à la mort d'un autre.

Réflexions ou Sentences et Maximes morales

1665

Le recueil des *Réflexions ou Sentences et Maximes morales* présente dans un désordre voulu une suite de 504 réflexions d'une brièveté assassine. Le thème qui court à travers tout l'ouvrage est annoncé en tête du recueil : « Nos vertus ne sont le plus souvent que des vices déguisés. »

19. Nous avons tous assez de force pour supporter les maux[1] d'autrui.

26. Le soleil ni la mort ne se peuvent regarder fixement.

35. L'orgueil est égal dans tous les hommes, et il n'y a de différence qu'aux moyens et à la manière de le mettre au jour.

39. L'intérêt[2] parle toutes sortes de langues, et joue toutes sortes de personnages, même celui de désintéressé.

49. On n'est jamais si heureux ni si malheureux qu'on s'imagine.

76. Il est du véritable amour comme de l'apparition des esprits : tout le monde en parle, mais peu de gens en ont vu.

136. Il y a des gens qui n'auraient jamais été amoureux s'ils n'avaient jamais entendu parler de l'amour.

149. Le refus des louanges est un désir d'être loué[3] deux fois.

171. Les vertus se perdent dans l'intérêt, comme les fleuves se perdent dans la mer.

196. Nous oublions aisément nos fautes lorsqu'elles ne sont sues que de nous.

237. Nul ne mérite d'être loué de bonté s'il n'a pas la force d'être méchant. Toute autre bonté n'est le plus souvent qu'une paresse ou une impuissance de la volonté.

276. L'absence diminue les médiocres passions, et augmente les grandes, comme le vent éteint les bougies et allume le feu.

330. On pardonne tant que l'on aime.

372. La plupart des jeunes gens croient être naturels, lorsqu'ils ne sont que mal polis et grossiers.

409. Nous aurions souvent honte de nos plus belles actions si le monde voyait tous les motifs[4] qui les produisent.

François de La Rochefoucauld, *Réflexions ou Sentences et Maximes morales*, 1665.

1. *maux* : malheurs
2. *intérêt* : « par le mot d'intérêt, on n'entend pas toujours un intérêt de bien, mais le plus souvent un interêt d'honneur ou de gloire », La Rochefoucauld
3. *être loué* : voir ses mérites mis en valeur
4. *motifs* : raisons

QUESTIONS

L'art de la formule

1. Le mot « maxime » vient de l'expression *maxima sententia* qui signifie « affirmation très générale ». Confirmez cette définition en analysant les marques temporelles et personnelles des groupes verbaux.

L'art de l'attaque

2. Relevez les formules construites sur une opposition.

3. Choisissez trois maximes et remplissez le tableau :

Maxime n°	Évidence visée	Vice dénoncé

La maxime et la poésie

4. Certaines maximes proposent des images qui suscitent l'étonnement et la rêverie. Quelles sont les formules fondées sur des comparaisons et des images ?

5. Quelles maximes vous semblent les plus poétiques ?

Réflexions diverses

Sous le titre *Réflexions diverses* ont été recueillis dix-neuf textes que La Rochefoucauld n'avait pas publiés de son vivant. Dans ces pages écrites dans les dernières années de sa vie, l'écrivain, délaissant la concision meurtrière des maximes, expérimente de nouvelles formules de composition et d'écriture. Le chapitre 11 donne une ampleur saisissante à la traditionnelle comparaison entre les hommes et les animaux : quand on regarde bien ses semblables, on aperçoit des têtes de loups, des yeux de serpents, des becs d'oiseaux.

Du rapport des hommes avec les animaux

Il y a autant de diverses espèces[1] d'hommes qu'il y a de diverses espèces d'animaux, et les hommes sont, à l'égard des autres hommes, ce que les différentes espèces d'animaux sont entre elles et à l'égard les unes des autres. Combien y a-t-il d'hommes qui vivent du sang et de la vie des innocents, les uns comme des tigres, toujours farouches et toujours cruels, d'autres comme des lions, en gardant quelque apparence de générosité, d'autres comme des ours, grossiers et avides, d'autres comme des loups, ravissants[2] et impitoyables, d'autres comme des renards, qui vivent d'industrie[3], et dont le métier est de tromper !

Combien y a-t-il d'hommes qui ont du rapport aux chiens ! Ils détruisent leur espèce ; ils chassent pour le plaisir de celui qui les nourrit ; les uns suivent toujours leur maître, les autres gardent sa maison. Il y a des lévriers d'attache[4], qui vivent de leur valeur, qui se destinent à la guerre, et qui ont de la noblesse dans leur courage[5] ; il y a des dogues acharnés, qui n'ont de qualités que la fureur ; il y a des chiens, plus ou moins inutiles, qui aboient souvent, et qui mordent quelquefois, et il y a même des chiens de jardinier[6]. Il y a des singes et des guenons qui plaisent par leurs manières[7], qui ont de l'esprit, et qui font toujours du mal. Il y a des paons qui n'ont que de la beauté, qui déplaisent par leur chant, et qui détruisent les lieux qu'ils habitent.

Il y a des oiseaux qui ne sont recommandables que par leur ramage[8] ou par leurs couleurs. Combien de perroquets, qui parlent sans cesse, et qui n'entendent jamais ce qu'ils disent ; combien de pies et de corneilles, qui ne s'apprivoisent que pour dérober ; combien d'oiseaux de proie, qui ne vivent que de rapine ; combien d'espèces d'animaux paisibles et tranquilles, qui ne servent qu'à nourrir d'autres animaux !

1. *espèces* : catégories
2. *ravissants* : prédateurs
3. *vivent d'industrie* : recourent à des moyens indélicats
4. *lévriers d'attache* : chiens qui chassent loups et sangliers
5. *courage* : cœur
6. *chiens de jardinier* : ceux qui, ne pouvant pas utiliser une chose, empêchent les autres de s'en servir
7. *manières* : façons d'être
8. *ramage* : chant

▶ Bruegel de Velours, détail du tableau *L'Arche de Noé*.

Il y a des chats, toujours au guet, malicieux et infidèles, et qui font patte de velours ; il y a des vipères dont la langue est venimeuse, et dont le reste est utile[9] ; il y a des araignées, des mouches, des punaises et des puces, qui sont toujours incommodes et insupportables ; il y a des crapauds, qui font horreur, et qui n'ont que du venin ; il y a des hiboux, qui craignent la lumière. Combien d'animaux qui vivent sous terre pour se conserver ! Combien de chevaux, qu'on emploie à tant d'usages, et qu'on abandonne quand ils ne servent plus ; combien de bœufs, qui travaillent toute leur vie pour enrichir celui qui leur impose le joug ; de cigales, qui passent leur vie à chanter ; de lièvres, qui ont peur de tout ; de lapins, qui s'épouvantent et rassurent[10] en un moment ; de pourceaux, qui vivent dans la crapule et l'ordure[11] ; de canards privés[12], qui trahissent leurs semblables, et les attirent dans les filets, de corbeaux et de vautours, qui ne vivent que de pourriture et de corps morts ! Combien d'oiseaux passagers[13], qui vont si souvent d'un bout du monde à l'autre, et qui s'exposent à tant de périls, pour chercher à vivre ! Combien d'hirondelles, qui suivent toujours le beau temps ; de hannetons inconsidérés et sans dessein ; de papillons, qui cherchent le feu qui les brûle ! Combien d'abeilles, qui respectent leur chef, et qui se maintiennent avec tant de règle et d'industrie[14] ! Combien de frelons, vagabonds et fainéants, qui cherchent à s'établir aux dépens des abeilles ! Combien de fourmis, dont la prévoyance et l'économie soulagent tous leurs besoins ! Combien de crocodiles, qui feignent de se plaindre pour dévorer ceux qui sont touchés de leur plainte ! Et combien d'animaux qui sont assujettis[15] parce qu'ils ignorent leur force !

Toutes ces qualités[16] se trouvent dans l'homme, et il exerce, à l'égard des autres hommes, tout ce que les animaux dont on vient de parler exercent entre eux.

François de La Rochefoucauld, *Réflexions diverses*, 1673-1679, édition posthume en 1731.

9. *utile :* **utilisé comme remède**
10. *rassurent :* **se rassurent**
11. *ordure :* **débauche**
12. *privés :* **domestiqués**
13. *passagers :* **migrateurs**
14. *industrie :* **ingéniosité**
15. *sont assujettis :* **sont placés sous domination**
16. *qualités :* **caractères, tendances bonnes ou mauvaises**

QUESTIONS

La force de l'anaphore

1. L'anaphore est la répétition au début d'une proposition d'un mot ou d'un groupe de mots. Quelle formule est constamment répétée ? Repérez ses variantes.

2. Sur quel mot de la première phrase l'anaphore insiste-t-elle ?

3. L'anaphore est renforcée par la reprise d'un même type de phrase : lequel ?

Les analogies accusatrices

4. Un raisonnement analogique permet d'éclairer un élément inconnu en le rapportant à un élément connu. Quelles sont les deux analogies développées par le texte ?

5. L'évocation de la vie animale multiplie les traits négatifs. Les animaux paisibles sont-ils présentés comme admirables ?

6. Quels aspects de la vie sociale sont ici évoqués ?

La profusion des métaphores

7. La métaphore élimine l'outil comparatif (comme, pareil à…). À quel moment passe-t-on de la comparaison à la métaphore ? En quoi ce passage peut-il sembler effrayant ?

8. Le comportement animal est parfois présenté comme machinal, frisant la folie. Relevez quelques exemples de ces comportements.

Jean Racine

Nom : Racine
Prénom : Jean
Naissance : baptisé le 22 décembre 1639, à La Ferté-Milon, dans le Valois
Décès : le 21 avril 1699, à Paris
Lieux : Port-Royal, Paris, Uzès
Situation familiale : marié, sept enfants
Professions : poète, dramaturge, historien
Amitiés : La Fontaine, Boileau, les comédiennes Du Parc et la Champmeslé

Il a écrit

des poèmes : *La Nymphe de la Seine* (1660), *Cantiques spirituels* (1694) ;

des tragédies : *Andromaque* (1667), *Britannicus* (1669), *Bérénice* (1670), *Bajazet* (1672), *Mithridate* (1673), *Iphigénie* (1674), *Phèdre* (1677) ;

une comédie : *Les Plaideurs* (1668).

L'ENFANT DE PORT-ROYAL

Orphelin de père et de mère à quatre ans, Jean Racine est élevé par ses grands-parents paternels dans le milieu austère des amis de Port-Royal, les jansénistes. Persécutés par l'Église et le roi, ces solitaires d'une piété rigoureuse comptent de remarquables savants particulièrement attachés aux rares élèves qui leur restent : ils donneront à Racine le goût de la langue et de la littérature grecques. Mais venu à Paris pour finir ses études, Racine fréquente de plus joyeuses sociétés et malgré les reproches de ses anciens maîtres qui voudraient faire de lui un homme de loi ou d'Église, il se laisse emporter par son goût des lettres et des plaisirs.

LE POÈTE TRAGIQUE

Encouragé par le succès de deux poèmes en l'honneur de Louis XIV, Racine se lance dans la carrière théâtrale en composant des tragédies qu'il confie d'abord à la troupe de Molière, puis à celle de l'Hôtel de Bourgogne. En dix ans, de 1667 à 1677, il écrit sept chefs-d'œuvre inimitables. Enfermés pour quelques heures dans un lieu unique, des personnages qui se déchirent découvrent avec effroi les abîmes du cœur humain. À partir de 1670, c'est sa maîtresse, la Champmeslé, belle, émouvante, à la voix magnifique, qui interprète ses premiers rôles : il la fait répéter vers par vers pour atteindre cette « tristesse majestueuse » où réside à ses yeux tout le charme des tragédies.

L'HISTORIOGRAPHE DU ROI

À trente-huit ans, il épouse une jeune fille de vingt-cinq ans qui ignore tout du théâtre. Elle lui donne sept enfants qu'il aime tendrement. Il devient l'écrivain officiel du roi qui lui demande d'écrire tantôt la chronique de ses campagnes militaires, tantôt des tragédies ou des poèmes édifiants. Courtisan averti, il est comblé de richesses et d'honneurs. Le roi lui accorde même, privilège rarissime, la noblesse héréditaire ! Mais, au risque de déplaire, il n'oublie pas les jansénistes dont il s'était brutalement détaché : il écrit en secret leur histoire et demande dans son testament que « son corps soit porté à Port-Royal des Champs ».

Andromaque 1667

Aimer sans être aimé, voilà l'enfer où plonge *Andromaque*, la première grande tragédie racinienne. Au quatrième acte, Pyrrhus annonce à sa fiancée Hermione qu'il épouse finalement la troyenne Andromaque. Hermione laisse éclater sa douleur.

HERMIONE

Je ne t'ai point aimé, cruel ? Qu'ai-je donc fait ?
J'ai dédaigné pour toi les vœux de tous nos princes,
Je t'ai cherché moi-même au fond de tes provinces ;
J'y suis encor, malgré tes infidélités,
Et malgré tous mes Grecs honteux de mes bontés.
Je leur ai commandé de cacher mon injure[1] ;
J'attendais en secret le retour d'un parjure[2] ;
J'ai cru que tôt ou tard, à ton devoir rendu,
Tu me rapporterais un cœur qui m'était dû.
Je t'aimais inconstant, qu'aurais-je fait fidèle ?
Et même en ce moment où ta bouche cruelle
Vient si tranquillement m'annoncer le trépas[3],
Ingrat, je doute encor si je ne t'aime pas.
Mais, Seigneur, s'il le faut, si le ciel en colère
Réserve à d'autres yeux la gloire de vous plaire,
Achevez votre hymen[4], j'y consens. Mais du moins
Ne forcez pas mes yeux d'en être les témoins.
Pour la dernière fois je vous parle peut-être :
Différez-le d'un jour ; demain vous serez maître.
Vous ne répondez point ? Perfide, je le voi[5],
Tu comptes les moments que tu perds avec moi !
Ton cœur, impatient de revoir ta Troyenne,
Ne souffre qu'à regret qu'un autre t'entretienne.
Tu lui parles du cœur, tu la cherches des yeux.
Je ne te retiens plus, sauve-toi de ces lieux :
Va lui jurer la foi que tu m'avais jurée,
Va profaner des Dieux la majesté sacrée.
Ces Dieux, ces justes Dieux n'auront pas oublié
Que les mêmes serments avec moi t'ont lié.
Porte aux pieds des autels ce cœur qui m'abandonne ;
Va, cours. Mais crains encor d'y trouver Hermione.

Jean Racine, *Andromaque*, Acte IV, scène 5 (vers 1356-1386), 1667.

1. *mon injure :* l'injure qui m'était faite
2. *parjure :* traître
3. *trépas :* mort infidèle
4. *hymen :* mariage
5. *je le voi :* je le vois

QUESTIONS

Les mouvements du dialogue

1. Que trahissent les tutoiements ?
2. Quand Hermione attend-elle une réponse qui ne vient pas ?

Le langage de la passion

3. Quels mots désignent Pyrrhus ?
4. Quelles périphrases dissimulent Andromaque ?

La douleur d'aimer

5. À quel moment Hermione confesse-t-elle son amour ? À quoi voit-elle que Pyrrhus ne l'aime plus ?

Britannicus

Pour montrer à tous l'étendue de son pouvoir, le jeune empereur de Rome, Néron, ordonne que Junie, la fiancée de Britannicus, soit conduite en pleine nuit au palais. Au deuxième acte, Néron confie son trouble à Narcisse.

NÉRON

Narcisse, c'en est fait, Néron est amoureux.

NARCISSE

Vous !

NÉRON

Depuis un moment : mais pour toute ma vie,
J'aime, que dis-je, aimer ? j'idolâtre Junie.

NARCISSE

Vous l'aimez !

NÉRON

Excité d'un désir curieux,
Cette nuit je l'ai vue arriver en ces lieux,
Triste, levant au ciel ses yeux mouillés de larmes,
Qui brillaient au travers des flambeaux et des armes :
Belle, sans ornements, dans le simple appareil[1]
D'une beauté qu'on vient d'arracher au sommeil.
Que veux-tu ? Je ne sais si cette négligence[2],
Les ombres, les flambeaux, les cris et le silence,
Et le farouche aspect de ses fiers[3] ravisseurs,
Relevaient de ses yeux les timides douceurs.
Quoi qu'il en soit, ravi[4] d'une si belle vue,
J'ai voulu lui parler, et ma voix s'est perdue :
Immobile, saisi d'un long étonnement,
Je l'ai laissé passer dans son appartement.
J'ai passé dans le mien. C'est là que solitaire,
De son image en vain j'ai voulu me distraire[5] :
Trop présente à mes yeux, je croyais lui parler ;
J'aimais jusqu'à ses pleurs que je faisais couler.
Quelquefois, mais trop tard, je lui demandais grâce :
J'employais les soupirs, et même la menace.
Voilà comme, occupé de mon nouvel amour,
Mes yeux, sans se fermer, ont attendu le jour.

Jean Racine, *Britannicus*, Acte II, scène 2 (vers 382-406), 1669.

1. *simple appareil :* **tenue négligée, qu'on n'a pu préparer**
2. *négligence :* **sans soin, sans parure**
3. *fiers :* **rudes, brutaux**
4. *ravi :* **ébloui, hors de lui**
5. *distraire :* **détourner**

QUESTIONS

Le récit au théâtre

1. Quelle scène spectaculaire est remplacée par un récit ?

2. Que nous fait découvrir le récit de Néron ? L'intérêt dramatique en est-il augmenté ?

L'éclat des regards

3. En relevant les mots qui évoquent les yeux et le regard, distinguez trois moments dans la tirade.

4. Quels contrastes rendent Junie fascinante pour Néron ?

Les effets du désir

5. Par quelles défaillances le jeune empereur découvre-t-il qu'il est amoureux ?

6. La tendresse du tyran n'est-elle pas inquiétante ?

Bérénice

Titus, devenu empereur de Rome, doit se séparer de la reine Bérénice, car les Romains haïssent la royauté. Après de longues hésitations, Titus annonce à Bérénice qu'il la renvoie car, dit-il, « il ne s'agit plus de vivre, il faut régner. »

BÉRÉNICE

Eh bien ! régnez, cruel ; contentez votre gloire :
Je ne dispute[1] plus. J'attendais, pour vous croire,
Que cette même bouche, après mille serments
D'un amour qui devait unir tous nos moments,
Cette bouche, à mes yeux[2] s'avouant infidèle,
M'ordonnât elle-même une absence éternelle.
Moi-même j'ai voulu vous entendre en ce lieu.
Je n'écoute plus rien : et pour jamais, adieu.
Pour jamais ! Ah ! seigneur, songez-vous en vous-même
Combien ce mot cruel est affreux quand on aime ?
Dans un mois, dans un an, comment souffrirons-nous,
Seigneur, que tant de mers me séparent de vous ?
Que le jour recommence et que le jour finisse,
Sans que jamais Titus puisse voir Bérénice,
Sans que de tout le jour je puisse voir Titus !
Mais quelle est mon erreur, et que de soins[3] perdus !
L'ingrat, de mon départ consolé par avance,
Daignera-t-il compter les jours de mon absence ?
Ces jours si longs pour moi lui sembleront trop courts.

TITUS

Je n'aurai pas, Madame, à compter tant de jours.
J'espère que bientôt la triste Renommée
Vous fera confesser que vous étiez aimée.
Vous verrez que Titus n'a pu sans expirer...

BÉRÉNICE

Ah ! Seigneur, s'il est vrai, pourquoi nous séparer ?
Je ne vous parle point d'un heureux hyménée :
Rome à ne plus vous voir m'a-t-elle condamnée ?
Pourquoi m'enviez-vous l'air que vous respirez ?

Jean Racine, *Bérénice*, Acte IV, scène 5 (vers 1103-1129), 1670.

1. *disputer :* **défendre sa cause par des arguments**
2. *à mes yeux :* **en ma présence**
3. *soins :* **inquiétude, sollicitude**

QUESTIONS

Le mouvement de la parole

1. En repérant les moments où le personnage s'interrompt, distinguez trois mouvements différents.

2. Quel mot, quel geste semble provoquer chaque mouvement ?

L'espoir de convaincre

3. Quels reproches Bérénice adresse-t-elle à Titus ? Quand et pourquoi se fait-elle ironique ?

4. Quels mots rendent sensible la douleur de la séparation ?

La tristesse majestueuse

5. Quels types de phrases marquent l'émotion de la reine ?

6. Relevez les parallélismes qui réunissent les amants. Quel vers les maintient désunis ?

Iphigénie

Les dieux ordonnent à Agamemnon de faire périr sa fille, Iphigénie. Pour la faire venir au camp, le roi a prétendu qu'Achille voulait l'épouser. Au début du deuxième acte, elle vient saluer son père chéri.

IPHIGÉNIE

Seigneur, où courez-vous ? et quels empressements[1]
Vous dérobent sitôt à nos embrassements ?
À qui dois-je imputer cette fuite soudaine ?
Mon respect a fait place aux transports de la Reine.
Un moment à mon tour ne vous puis-je arrêter ?
Et ma joie à vos yeux n'ose-t-elle éclater ?
Ne puis-je... ?

AGAMEMNON

Hé bien ! ma fille, embrassez votre père,
Il vous aime toujours.

IPHIGÉNIE

Que cette amour m'est chère !
Quel plaisir de vous voir et de vous contempler
Dans ce nouvel éclat dont je vous vois briller !
Quels honneurs ! Quel pouvoir ! Déjà la Renommée
Par d'étonnants récits m'en avait informée ;
Mais que voyant de près ce spectacle charmant[2],
Je sens croître ma joie et mon étonnement[3] !
Dieux ! avec quel amour la Grèce vous révère !
Quel bonheur de me voir la fille d'un tel père !

AGAMEMNON

Vous méritiez, ma fille, un père plus heureux.

IPHIGÉNIE

Quelle félicité peut manquer à vos vœux ?
À de plus grands honneurs un roi peut-il prétendre ?
J'ai cru n'avoir au ciel que des grâces à rendre.

AGAMEMNON *(à part)*

Grands Dieux ! à son malheur dois-je la préparer ?

IPHIGÉNIE

Vous vous cachez, Seigneur, et semblez soupirer ;
Tous vos regards sur moi ne tombent qu'avec peine.
Avons-nous sans votre ordre abandonné Mycène[4] ?

AGAMEMNON

Ma fille, je vous vois toujours des mêmes yeux.
Mais les temps sont changés, aussi bien que les lieux.
D'un soin cruel ma joie est ici combattue.

IPHIGÉNIE

Hé ! mon père, oubliez votre rang à ma vue.
Je prévois la rigueur d'un long éloignement.
N'osez-vous sans rougir être père un moment ?
Vous n'avez devant vous qu'une jeune princesse
À qui j'avais pour moi vanté votre tendresse.

---

1. *empressements :* **affaires urgentes**
2. *charmant :* **extraordinaire, merveilleux, fascinant**
3. *étonnement :* **stupéfaction**
4. *Mycène :* **ville d'où vient Iphigénie**

▲ Michel Favory dans le rôle d'Agamemnon et Valérie Dréville dans le rôle d'Iphigénie. Représentation à la Comédie-Française, en 1990, dans un décor et des costumes de Yannis Kokkos.

Cent fois lui promettant mes soins, votre bonté,
J'ai fait gloire à ses yeux de ma félicité.
Que va-t-elle penser de votre indifférence ?
Ai-je flatté[5] ses vœux d'une fausse espérance ?
N'éclaircirez-vous point ce front chargé d'ennuis[6] ?

AGAMEMNON

Ah, ma fille !

IPHIGÉNIE

Seigneur, poursuivez.

AGAMEMNON

Je ne puis.

IPHIGÉNIE

Périsse le Troyen auteur de nos alarmes !

AGAMEMNON

Sa perte à ses vainqueurs coûtera bien des larmes.

IPHIGÉNIE

Les Dieux daignent surtout prendre soin de vos jours !

AGAMEMNON

Les Dieux depuis un temps me sont cruels et sourds.

IPHIGÉNIE

Calchas[7], dit-on, prépare un pompeux sacrifice.

AGAMEMNON

Puissé-je auparavant fléchir leur injustice !

IPHIGÉNIE

L'offrira-t-on bientôt ?

AGAMEMNON

Plus tôt que je ne veux.

IPHIGÉNIE

Me sera-t-il permis de me joindre à vos vœux ?
Verra-t-on à l'autel votre heureuse famille ?

AGAMEMNON

Hélas !

IPHIGÉNIE

Vous vous taisez ?

AGAMEMNON

Vous y serez, ma fille.
Adieu.

Jean Racine, *Iphigénie*, Acte II, scène 2 (vers 531-579), 1674.

5. *ai-je flatté :* **ai-je trompé, abusé**
6. *ennuis :* **tourments, afflictions**
7. *Calchas :* **devin, prêtre grec**

QUESTIONS

Le dialogue impossible

1. Comment Iphigénie procède-t-elle pour engager puis prolonger le dialogue ?
2. Que marquent les échanges vers par vers (appelés « stichomythie ») ?

L'ironie tragique

3. Quels vers n'ont pas le même sens pour les deux personnages ?
4. Sont-ils tous deux victimes du destin ?

Le respect des bienséances

5. Relevez dans le rôle d'Iphigénie des expressions dignes d'une princesse.
6. Le raffinement de la langue rend-il la scène plus cruelle ?

Jean de La Fontaine

Nom : La Fontaine
Prénom : Jean
Naissance : le 7 juillet 1621,
à Château-Thierry, en Champagne
Décès : le 13 avril 1695, à Paris, chez ses amis les Hervart
Lieux : Champagne, Paris
Situation familiale : marié (1647),
puis séparé de biens (1659) et de corps (1671)
Profession : maître des eaux et forêts, homme de lettres
Amitiés : Fouquet, Charles Perrault, Jean Racine,
Ninon de Lenclos, Mme de La Sablière

Il a écrit

des poèmes, dont : *Aux nymphes de Vaux* (1662) ;

des comédies, dont : *L'Eunuque* (1654), *Le Rendez-vous* (1683) ;

Contes et nouvelles en vers (1665, 1666, 1671) ;

Fables (1668, 1678, 1693) ;

un roman : *Les Amours de Psyché et Cupidon* (1669) ;

des livrets d'opéra : *Galatée* (1682), *Astrée* (1691).

LE JEUNE HOMME INDÉCIS

C'est à Château-Thierry où il est né que s'écoule la jeunesse de La Fontaine. Longues chevauchées dans les forêts dont son père a la charge, galanteries vagabondes, lectures heureuses dans la belle demeure familiale : le temps passe sans que le jeune homme se fixe en province ou à Paris. Il se lance dans des études de droit mais a-t-il jamais plaidé ? Son mariage à vingt-six ans, la naissance d'un fils, sa charge de maître des eaux et forêts ne parviendront pas à fixer ce caractère inquiet. Ce qui l'attire de plus en plus, ce sont ses amis parisiens avec lesquels il peut discuter des auteurs anciens qu'il lit avec passion. En 1658 pourtant, à trente-sept ans, il n'a presque rien publié.

LE COURTISAN MALADROIT

L'avenir semble sourire à La Fontaine lorsqu'en 1659, il se trouve introduit auprès de Fouquet, le surintendant des Finances qui a su réunir autour de lui les artistes les plus brillants du moment : le peintre Le Brun, le comédien Molière, le futur conteur Perrault. En 1661, le jeune Louis XIV fait brutalement arrêter Fouquet. La Fontaine est recueilli par des amis mais son indépendance le tient longtemps à l'écart des faveurs rémunératrices de la cour. Malgré l'éclatant succès des *Fables* (1668, 1678), il continue à publier des contes licencieux quand la bigoterie triomphe à la cour et il se rapproche des jansénistes que le Roi persécute, ce qui explique que Louis XIV ait retardé son entrée à l'Académie française jusqu'en 1695.

LE PARESSEUX INFATIGABLE

La Fontaine s'est plu par modestie à donner de lui l'image d'un paresseux. Mais l'aisance du style est le fruit d'inlassables corrections. À partir de 1672, il fréquente, dans le salon de son amie Mme de La Sablière, des voyageurs, des savants, des philosophes ; lui-même médite et adapte des pages du philosophe grec Platon. Observateur d'une lucidité irremplaçable, il devient un des plus fins connaisseurs de la vie politique de son temps. Certains ont pu se moquer du vieil académicien, à la tenue négligée, qui s'endormait en fin de repas. La publication du dernier livre des *Fables*, un an avant sa mort, prouve la vitalité de son inspiration.

Le Chêne et le Roseau

Le Chêne un jour dit au Roseau :
« Vous avez bien sujet d'accuser la Nature ;
Un roitelet pour vous est un pesant fardeau.
Le moindre vent qui d'aventure[1]
Fait rider la face de l'eau,
Vous oblige à baisser la tête,
Cependant que[2] mon front, au Caucase pareil,
Non content d'arrêter les rayons du soleil,
Brave l'effort de la tempête.
Tout vous est aquilon[3], tout me semble zéphyr[4].
Encor si vous naissiez à l'abri du feuillage
Dont je couvre le voisinage,
Vous n'auriez pas tant à souffrir :
Je vous défendrais de l'orage ;
Mais vous naissez le plus souvent
Sur les humides bords des Royaumes du vent[5].
La Nature envers vous me semble bien injuste.
Votre compassion, lui répondit l'Arbuste,
Part d'un bon naturel ; mais quittez ce souci.
Les vents me sont moins qu'à vous redoutables ;
Je plie et ne romps pas. Vous avez jusqu'ici
Contre leurs coups épouvantables
Résisté sans courber le dos ;
Mais attendons la fin. » Comme il disait ces mots,
Du bout de l'horizon accourt avec furie
Le plus terrible[6] des enfants
Que le Nord eût porté jusque-là dans ses flancs.
L'Arbre tient bon ; le Roseau plie.
Le vent redouble ses efforts,
Et fait si bien qu'il déracine
Celui de qui la tête au ciel était voisine,
Et dont les pieds touchaient à l'empire des morts[7].

Jean de La Fontaine, *Fables, Livre I*, fable 22, 1668.

1. *d'aventure :* **par hasard**
2. *cependant que :* **alors que**
3. *aquilon :* **vent du Nord**
4. *Zéphyr :* **brise légère**
5. *Royaumes du vent :* **marais, étangs, rivières**
6. *terrible :* **terrifiant**
7. *l'empire des morts :* **le monde souterrain des enfers**

QUESTIONS

Le sourire ironique

1. Relevez les formules par lesquelles le chêne se place lui-même au centre de l'univers.

2. Quelles expressions laissent percer l'ironie du roseau ?

Le souffle lyrique

3. Quelles périphrases évoquent l'immensité de vastes horizons ?

4. Comment l'évocation des vents contribue-t-elle à donner au tableau une couleur tragique ?

La moralité

5. Quelle formule résume l'attitude que le récit donne en exemple ?

6. En quoi cette attitude est-elle provocatrice du point de vue moral, politique, esthétique ?

Le Vieillard et les Trois Jeunes Hommes

Un Octogénaire plantait.
« Passe encor de bâtir ; mais planter à cet âge ! »
Disaient trois Jouvenceaux[1], enfants du voisinage ;
Assurément il radotait.
« Car, au nom des Dieux, je vous prie,
Quel fruit de ce labeur pouvez-vous recueillir ?
Autant qu'un patriarche il vous faudrait vieillir.
À quoi bon charger votre vie
Des soins[2] d'un avenir qui n'est pas fait pour vous ?
Ne songez désormais qu'à vos erreurs passées ;
Quittez le long espoir et les vastes pensées ;
Tout cela ne convient qu'à nous.
Il ne convient pas à vous-mêmes[3],
Repartit le Vieillard. Tout établissement[4]
Vient tard et dure peu. La main des Parques[5] blêmes
De vos jours et des miens se joue également.
Nos termes[6] sont pareils par leur courte durée.
Qui de nous des clartés de la voûte azurée
Doit jouir le dernier ? Est-il aucun moment
Qui vous puisse assurer d'un second seulement ?
Mes arrière-neveux[7] me devront cet ombrage :
Hé bien ! défendez-vous au sage
De se donner des soins pour le plaisir d'autrui ?
Cela même est un fruit que je goûte aujourd'hui :
J'en puis jouir demain, et quelques jours encore ;
Je puis enfin compter l'aurore
Plus d'une fois sur vos tombeaux. »
Le Vieillard eut raison : l'un des trois Jouvenceaux
Se noya dès le port, allant à[8] l'Amérique ;
L'autre, afin de monter aux grandes dignités,
Dans les emplois de Mars[9] servant la République[10],
Par un coup imprévu vit ses jours emportés ;
Le troisième tomba d'un arbre
Que lui-même il voulut enter[11] ;
Et, pleurés du Vieillard, il grava sur leur marbre
Ce que je viens de raconter.

Jean de La Fontaine, *Fables, Livre XI*, fable 8, 1678.

1. *Jouvenceau :* jeune homme (nuance ironique)
2. *soins :* soucis, préoccupations
3. *à vous-mêmes :* même à vous
4. *établissement :* tout ce qu'on fonde de façon stable
5. *Parques :* divinités qui décident de la durée de nos vies
6. *termes :* aboutissement, la fin d'une durée, le dernier moment
7. *arrière-neveux :* arrière petits-enfants
8. *à :* vers
9. *Mars :* dieu de la guerre
10. *la République :* l'État
11. *enter :* greffer

QUESTIONS

Du récit aux discours

1. En quoi la situation initiale est-elle surprenante ?

2. À quoi sert le récit qui suit le discours du vieillard ?

D'un discours à l'autre

3. Comparez le ton des jouvenceaux à celui du vieillard.

4. À quels arguments des jeunes répondent ceux du vieillard ?

La sagesse et le bonheur

5. Quels vers nous invitent à contempler la beauté du monde ?

6. À quel moment le poète se fait-il le disciple du vieillard ?

Le Vieux Chat et la Jeune Souris

Une jeune Souris, de peu d'expérience,
Crut fléchir un vieux Chat, implorant sa clémence,
Et payant de raisons[1] le Raminagrobis[2] :
« Laissez-moi vivre : une Souris
De ma taille et de ma dépense
Est-elle à charge en ce logis ?
Affamerais-je, à votre avis,
L'Hôte, l'Hôtesse, et tout leur monde ?
D'un grain de blé je me nourris :
Une noix me rend toute ronde.
À présent je suis maigre ; attendez quelque temps.
Réservez ce repas à Messieurs vos Enfants. »
Ainsi parlait au Chat la Souris attrapée.
L'autre lui dit : « Tu t'es trompée :
Est-ce à moi que l'on tient de semblables discours ?
Tu gagnerais autant de parler à des sourds.
Chat et vieux pardonner ? cela n'arrive guères[3].
Selon ces lois, descends là-bas,
Meurs, et va-t'en tout de ce pas,
Haranguer les sœurs Filandières[4].
Mes Enfants trouveront assez d'autres repas. »
Il tint parole ; et, pour ma fable,
Voici le sens moral qui peut y convenir :
La jeunesse se flatte[5], et croit tout obtenir ;
La vieillesse est impitoyable.

Jean de La Fontaine, *Fables, Livre XII*, fable 5, 1693.

1. *payant de raisons :* **donnant des justifications**
2. *Raminagrobis :* **magistrat de l'œuvre de Rabelais**
3. *guères :* **rarement**
4. *sœurs Filandières :* **les Parques qui tissent et coupent le fil de la vie**
5. *se flatte :* **se trompe, se fait des illusions**

Illustration de Grandville.

QUESTIONS

La mise en place du dialogue

1. Que rappellent les interventions du narrateur ?

2. Relevez les synonymes de « parler ». Que soulignent-ils ?

La tentative de séduction

3. Par quelles formules la souris croit-elle flatter le chat ?

4. Quel est son ultime argument ? Comment est-il mis en valeur ?

Les mots du pouvoir

5. Sur quel ton le chat s'adresse-t-il à la souris ?

6. Expliquez la moralité. Quelle autre morale aurait pu convenir ?

Madame de Sévigné

Nom : de Rabutin-Chantal
Prénom : Marie
Naissance : le 5 février 1626, place des Vosges, à Paris
Décès : le 17 avril 1696, à Grignan, en Provence
Lieux : Paris, les Rochers en Bretagne, la Provence
Situation familiale : mariée en 1644, veuve en 1651 ; deux enfants : Françoise et Charles
Profession : aucune
Amitiés : Bussy-Rabutin, Fouquet, Mme de La Fayette, La Rochefoucauld, Pomponne

Elle a écrit

des lettres, non destinées au public.

L'ÉPOUSE TRAHIE

Ayant perdu à un an son père tué par les Anglais sur l'île de Ré, à sept ans sa mère, à dix ans ses grands-parents maternels, la jeune orpheline, fille unique de surcroît, est recueillie par un oncle maternel, ce qui lui évite le couvent. Heureuse avec ses cousins et ses cousines, elle reçoit une éducation essentiellement littéraire : elle écrit l'italien, connaît un peu le latin et l'espagnol. À dix-huit ans, elle épouse le baron de Sévigné qui se fait passer pour marquis : de très ancienne noblesse bretonne, ce bel homme trop brusque, joueur, toujours prêt à sortir son épée, est aussi volage. Il meurt dans un duel en 1651. Il laisse à sa jeune épouse deux enfants tout jeunes, des souvenirs amers et beaucoup de dettes.

LA JEUNE VEUVE

Passé le temps du deuil, la marquise de Sévigné quitte vite la Bretagne pour Paris. Jolie, cultivée, elle aime rire et danser ; elle chante à ravir les airs italiens les plus passionnés. Spirituelle, elle brille dans les salons et se lie d'amitié avec Mme de La Fayette. Elle aime plaire et elle plaît. Mais elle ne pense qu'à ses enfants, sa fille surtout, « la plus jolie fille de France », dit-on, qui connaît le latin, l'italien et s'intéresse à la philosophie. À vingt-trois ans, la fille de la marquise épouse un homme presque ruiné mais de grande noblesse : le comte de Grignan. Les époux, la mère et son fils vivent dans le bel hôtel qu'ils louent en plein Paris.

LA MÈRE PASSIONNÉE

En novembre 1669, Grignan est nommé lieutenant-général pour le roi en Provence. Cette brillante promotion sépare brutalement la mère de sa fille. Heureusement il y a les lettres ! Depuis peu, un service régulier assure la distribution du courrier. Deux fois par semaine, les lettres partent, les lettres arrivent. Le courrier rythme désormais la vie de la marquise. C'est pour vivre avec sa fille, pour elle seule, qu'elle écrit des centaines de lettres. Du reste, dès qu'elle le peut, la mère rejoint la fille et c'est à Grignan, dans le magnifique château de son gendre, que s'éteint celle qui est devenue sans le savoir, sans le vouloir, un écrivain.

Lettre du 3 mars 1671

Le 4 février 1671, Mme de Grignan part rejoindre son mari en Provence. Sa mère, la marquise de Sévigné, se retrouve seule dans sa demeure parisienne. Elle repense constamment au moment affreux où sa fille lui a été comme arrachée.

À Paris, mardi 3 mars 1671.

Je vous assure, ma chère bonne, que je songe à vous continuellement, et je sens tous les jours ce que vous me dîtes une fois, qu'il ne fallait point appuyer sur ces pensées. Si l'on ne glissait pas dessus, on serait toujours en larmes, c'est-à-dire moi. Il n'y a lieu dans cette maison qui ne me blesse le cœur. Toute votre chambre me tue ; j'y ai fait mettre un paravent tout au milieu, pour rompre un peu la vue d'une fenêtre sur ce degré[1] par où je vous vis monter dans le carrosse de d'Hacqueville[2], et par où je vous rappelai. Je me fais peur quand je pense combien alors j'étais capable de me jeter par la fenêtre, car je suis folle quelquefois ; ce cabinet[3], où je vous embrassai sans savoir ce que je faisais ; ces Capucins[4], où j'allai entendre la messe ; ces larmes qui tombaient de mes yeux à terre, comme si c'eût été de l'eau qu'on eût répandue ; Sainte-Marie[5], Mme de La Fayette[6], mon retour dans cette maison, votre appartement, la nuit et le lendemain ; et votre première lettre, et toutes les autres, et encore tous les jours, et tous les entretiens de ceux qui entrent dans mes sentiments. Ce pauvre d'Hacqueville est le premier ; je n'oublierai jamais la pitié qu'il eut de moi. Voilà donc où j'en reviens : il faut glisser sur tout cela, et se bien garder de s'abandonner à ses pensées et aux mouvements de son cœur. J'aime mieux m'occuper de la vie que vous faites présentement ; cela me fait une diversion, sans m'éloigner pourtant de mon sujet et de mon objet, qui est ce qui s'appelle poétiquement l'objet aimé. Je songe donc à vous, et je souhaite toujours de vos lettres. Quand je viens d'en recevoir, j'en voudrais bien encore. J'en attends présentement, et reprendrai ma lettre quand j'en aurai reçu. J'abuse de vous, ma chère bonne. J'ai voulu aujourd'hui me permettre cette lettre d'avance ; mon cœur en avait besoin. Je n'en ferai pas une coutume.

Madame de Sévigné, *Lettre à Mme de Grignan*, 3 mars 1671.

1. *degré :* escalier
2. *d'Hacqueville :* ami dévoué qui a emmené Mme de Grignan dans son carrosse
3. *cabinet :* petite pièce à l'écart
4. *les Capucins :* moines de la rue d'Orléans, dans le Marais
5. *Sainte-Marie :* couvent où sa fille a été élevée autrefois
6. *Mme de La Fayette :* l'auteur de *La Princesse de Clèves*, amie intime de l'auteur

QUESTIONS

Les idées noires

1. Relevez les formules où Mme de Sévigné annonce qu'elle se refuse à certaines pensées.

2. Quelle place occupent pourtant ces pensées dans la lettre ? Comment expliquer cette contradiction entre ce qui est annoncé et écrit ?

L'intensité du souvenir

3. Combien de lignes évoquent le départ ? Combien évoquent les jours qui suivent ? Que traduit cette accélération du récit ?

4. À quelles expressions sent-on que la mère revit le moment des adieux ?

Le temps des lettres

5. Le présent indique une durée dont on ne signale ni le début ni la fin. Quelles expressions donnent la sensation d'une durée sans fin ?

6. Quel rôle les lettres jouent-elles désormais dans la vie de la mère ?

Lettre du 26 avril 1671

Les lettres que Mme de Sévigné envoie à sa fille sont d'abord des signes de tendresse. Mais elles font aussi circuler les nouvelles que l'éloignement de la cour et la rareté des journaux rendent précieuses. Ainsi, lorsqu'elle apprend que l'ancien maître d'hôtel de Fouquet, Vatel, qu'elle connaissait et appréciait, vient de se suicider, elle se hâte de l'écrire à sa fille.

À Paris, dimanche 26 avril 1671.

Il est dimanche 26 avril ; cette lettre ne partira que mercredi, mais ce n'est pas une lettre, c'est une relation que vient de me faire Moreuil[1], à votre intention, de ce qui s'est passé à Chantilly touchant Vatel. Je vous écrivis vendredi qu'il s'était poignardé ; voici l'affaire en détail[2].

Le Roi arriva jeudi au soir. La chasse, les lanternes, le clair de la lune, la promenade, la collation[3] dans un lieu tapissé de jonquilles, tout cela fut à souhait. On soupa. Il y eut quelques tables où le rôti manqua, à cause de plusieurs dîners où l'on ne s'était point attendu. Cela saisit Vatel. Il dit plusieurs fois : « Je suis perdu d'honneur ; voici un affront que je ne supporterai pas. » Il dit à Gourville[4] : « La tête me tourne, il y a douze nuits que je n'ai dormi. Aidez-moi à donner des ordres. » Gourville le soulagea en ce qu'il put. Ce rôti qui avait manqué, non pas à la table du Roi, mais aux vingt-cinquièmes, lui revenait toujours à la tête. Gourville le dit à Monsieur le Prince[5]. Monsieur le Prince alla jusque dans sa chambre et lui dit : « Vatel, tout va bien ; rien n'était si beau que le souper du Roi. » Il lui dit : « Monseigneur, votre bonté m'achève ; je sais que le rôti a manqué à deux tables. – Point du tout, dit Monsieur le Prince ; ne vous fâchez point : tout va bien. » La nuit vient. Le feu d'artifice ne réussit pas ; il fut couvert d'un nuage. Il coûtait seize mille francs. À quatre heures du matin, Vatel s'en va partout ; il trouve tout endormi. Il rencontre un petit pourvoyeur qui lui apportait seulement deux charges de marée ; il lui demanda : « Est-ce là tout ? » Il lui dit : « Oui, monsieur. » Il ne savait pas que Vatel avait envoyé à tous les ports de mer. Il attend quelque temps ; les autres pourvoyeurs ne viennent point. Sa tête s'échauffait ; il croit qu'il n'aura point d'autre marée. Il trouve Gourville et lui dit : « Monsieur, je ne survivrai pas à cet affront-ci ; j'ai de l'honneur et de la réputation à perdre. » Gourville se moqua de lui. Vatel monte à sa chambre, met son épée contre la porte, et se la passe au travers du cœur, mais ce ne fut qu'au troisième coup, car il s'en donna deux qui n'étaient pas mortels ; il tombe mort. La marée cependant arrive de tous côtés. On cherche Vatel pour la distribuer. On va à sa chambre. On heurte, on enfonce la porte, on le trouve noyé dans son sang. On court à Monsieur le Prince, qui fut au désespoir. Monsieur le Duc[6] pleura ; c'était sur Vatel que roulait tout son voyage de Bourgogne. Monsieur le Prince le dit

▼ L'abondance des victuailles et l'activité des cuisines, pendant le festin, peintes par Joachim Wtewael.

au Roi fort tristement. On dit que c'était à force d'avoir de l'honneur en sa manière ; on le loua fort. On loua et blâma son courage. Le Roi dit qu'il y avait cinq ans qu'il retardait de venir à Chantilly, parce qu'il comprenait l'excès de cet embarras. Il dit à Monsieur le Prince qu'il ne devait avoir que deux tables et ne se point charger de tout le reste ; il jura qu'il ne souffrirait plus que Monsieur le Prince en usât ainsi. Mais c'était trop tard pour le pauvre Vatel. Cependant Gourville tâche de réparer la perte de Vatel ; elle le fut. On dîna très bien, on fit collation, on soupa, on se promena, on joua, on fut à la chasse. Tout était parfumé de jonquilles, tout était enchanté. Hier, qui était samedi, on fit encore de même. Et le soir, le Roi alla à Liancourt, où il avait commandé un *medianoche*[7] ; il y doit demeurer aujourd'hui.

Voilà ce que Moreuil m'a dit, pour vous mander. Je jette mon bonnet par-dessus les moulins[8], et je ne sais rien du reste. M. d'Hacqueville, qui était à tout cela, vous fera des relations sans doute, mais comme son écriture n'est pas si lisible que la mienne, j'écris toujours. Voilà bien des détails, mais parce que je les aimerais en pareille occasion, je vous les mande.

Madame de Sévigné, *Lettre à Mme de Grignan*, 26 avril 1671.

1. *Moreuil :* gentilhomme proche des Condé
2. *en détail :* une précédente lettre avait annoncé la nouvelle
3. *collation :* repas
4. *Gourville :* intendant du prince de Condé
5. *Monsieur le Prince :* le prince de Condé
6. *Monsieur le Duc :* le fils de Condé
7. *medianoche :* repas qui se prend après minuit
8. *je jette mon bonnet par-dessus les moulins :* phrase qu'on dit aux enfants qui signifie : « Je ne sais pas comment finir le conte. »

QUESTIONS

La vivacité du récit

1. Dans un récit au passé, le présent met l'action en valeur. Étudiez l'effet du présent de narration dans le passage qui va de « La nuit vient » à « désespoir » (l. 18 à 35).

2. Les paroles placées entre guillemets tranchent sur les paroles rapportées indirectement. Relevez les propos rapportés indirectement. Quand et pourquoi la narratrice adopte-t-elle le style direct ?

L'intensité dramatique

3. Le nom propre met en lumière les personnages. Distinguez deux groupes parmi les personnages nommément désignés. Quels mots réduisent les autres à l'anonymat ? Quel rôle ces derniers jouent-ils dans la scène ?

4. Quelles indications la narratrice donne-t-elle pour éclairer le geste de Vatel ? Expliquez l'expression « avoir de l'honneur en sa manière » (l. 37-38).

La réaction des maîtres

5. La relation met en scène des personnages importants du royaume. Par quel personnage s'ouvre et se ferme le récit ? La présence des grands peut-elle expliquer le geste de Vatel ?

6. Relevez quelques manifestations de la bonté des maîtres à l'égard de Vatel. Cependant, comment peut-on comprendre les larmes du Duc ? Quelle conclusion le roi donne-t-il à l'incident ?

Madame de La Fayette

Prénom : Marie-Madeleine
Nom : Pioche de La Vergne
Naissance : baptisée le 18 mars 1634, à Paris
Décès : le 25 mai 1693, à Paris
Lieux : Paris, Anjou, Auvergne
Situation familiale : mariée (1655), deux fils (nés en 1658 et 1659)
Profession : aucune
Amitiés : Ménage, Fouquet, Mme de Sévigné, La Rochefoucauld

Elle a écrit

La Princesse de Montpensier (1662), *Zaïde* (1669-1671), *La Princesse de Clèves* (1678), des mémoires sur Henriette d'Angleterre et la cour (publications posthumes).

LA JEUNE FILLE À LA MODE

Née dans une famille de petite noblesse, la jeune Marie-Madeleine Pioche de La Vergne grandit au milieu d'intellectuels. Très vite, elle a la réputation d'être intelligente et spirituelle. À dix-sept ans, elle est nommée demoiselle d'honneur de la reine Anne d'Autriche, ce qui lui permet d'observer de près les intrigues de la cour et de mériter l'estime et l'amitié des grandes dames comme Henriette d'Angleterre, la future belle-sœur de Louis XIV. Avec l'érudit Ménage, elle approfondit ses connaissances en latin, en espagnol, en italien et se passionne pour les ouvrages d'histoire et les longs romans à la mode.

LA DAME DU MONDE

En 1655, elle épouse le comte de La Fayette, de dix-sept ans son aîné, et le suit en Auvergne : elle déploie toute son énergie pour redorer le blason de son mari ; puis, en 1659, sans rompre avec lui, elle s'installe définitivement à Paris. Dans la belle demeure que ses parents ont fait construire rue Férou, « le plus joli lieu du monde pour l'esprit à Paris », selon Mme de Sévigné, elle reçoit la plus haute société. C'est à la table du roi qu'elle participe aux fêtes de Versailles en 1669. Mais elle sait préserver son indépendance : elle impose sans scandale son amitié amoureuse pour le duc de La Rochefoucauld, l'auteur des célèbres maximes.

LA ROMANCIÈRE MYSTÉRIEUSE

Toute jeune intéressée par la littérature, Mme de La Fayette s'est entourée d'humanistes brillants comme Huet et Segrais. Ils voudraient renouveler l'art romanesque en refusant les interminables bavardages des romans précieux ou les facilités du réalisme. Roman longuement médité, *La Princesse de Clèves*, inscrit dans un cadre historique un récit rigoureusement construit. Le bref chef d'œuvre fait sensation mais, goût du mystère, respect des convenances ou volonté de garder ses distances avec le monde des lettres, aucun de ses ouvrages ne paraîtra sous son nom de son vivant. Dans les dernières années de sa vie, elle écrit des mémoires historiques. De tous les éloges qu'elle attire, elle préfère celui de son ami Segrais : « Elle aimait le vrai en toutes choses, et sans dissimulation. »

La Princesse de Clèves

1678

Le roman *La Princesse de Clèves* s'ouvre par une fresque des dernières années du règne de Henri II. Puis surgit l'héroïne du roman : Mlle de Chartres.

Il parut alors une beauté à la cour, qui attira les yeux de tout le monde, et l'on doit croire que c'était une beauté parfaite, puisqu'elle donna de l'admiration dans un lieu où l'on était si accoutumé à voir de belles personnes. Elle était de la même maison que le vidame[1] de Chartres et une des plus grandes héritières de France. Son père était mort jeune, et l'avait laissée sous la conduite de Mme de Chartres, sa femme, dont le bien, la vertu et le mérite étaient extraordinaires. Après avoir perdu son mari, elle avait passé plusieurs années sans revenir à la cour. Pendant cette absence, elle avait donné ses soins à l'éducation de sa fille ; mais elle ne travailla pas seulement à cultiver son esprit et sa beauté, elle songea aussi à lui donner de la vertu et à la lui rendre aimable. La plupart des mères s'imaginent qu'il suffit de ne parler jamais de galanteries[2] devant les jeunes personnes pour les en éloigner. Mme de Chartres avait une opinion opposée ; elle faisait souvent à sa fille des peintures de l'amour ; elle lui montrait ce qu'il a d'agréable pour la persuader plus aisément sur ce qu'elle lui en apprenait de dangereux ; elle lui contait le peu de sincérité des hommes, leurs tromperies et leur infidélité, les malheurs domestiques[3] où plongent les engagements[4] ; et elle lui faisait voir, d'un autre côté, quelle tranquillité suivait la vie d'une honnête femme, et combien la vertu donnait d'éclat et d'élévation à une personne qui avait de la beauté et de la naissance ; mais elle lui faisait voir aussi combien il était difficile de conserver cette vertu, que par une extrême défiance de soi-même et par un grand soin de s'attacher à ce qui seul peut faire le bonheur d'une femme, qui est d'aimer son mari et d'en être aimée.

Cette héritière était alors un des grands partis[5] qu'il y eût en France ; et quoiqu'elle fût dans une extrême jeunesse, l'on avait déjà proposé plusieurs mariages. Mme de Chartres, qui était extrêmement glorieuse[6], ne trouvait presque rien digne de sa fille ; la voyant dans sa seizième année, elle voulut la mener à la cour. Lorsqu'elle arriva, le vidame alla au-devant d'elle ; il fut surpris de la grande beauté de Mlle de Chartres, et il en fut surpris avec raison. La blancheur de son teint et ses cheveux blonds lui donnaient un éclat que l'on n'a jamais vu qu'à elle ; tous ses traits étaient réguliers, et son visage et sa personne étaient pleins de grâce et de charmes.

Madame de La Fayette, *La Princesse de Clèves*, première partie, 1678.

1. *vidame* : **titre nobiliaire**
2. *galanteries* : **intrigues amoureuses**
3. *domestiques* : **familiaux**
4. *engagements* : **liaisons amoureuses**
5. *partis* : **personne à marier**
6. *glorieuse* : **orgueilleuse, fière de son rang**

QUESTIONS

Le portrait d'apparat

1. Relevez les hyperboles qui peignent l'héroïne. Sont-elles descriptives ?

Le discours de la vertu

2. À quelle éducation la mère s'oppose-t-elle ?
3. Comment conçoit-elle la vertu ?

L'héroïne exposée

4. À quels dangers l'héroïne est-elle exposée ?
5. La voit-on agir et parler ?

La Princesse de Clèves

Mlle de Chartres a déjà épousé le prince de Clèves lorsqu'elle tombe follement amoureuse du duc de Nemours. Pour résister à cette passion dont elle découvre avec horreur la force irrésistible, elle se réfugie loin de la cour dans son domaine de Coulommiers. C'est là que le duc de Nemours la surprend.

Les palissades étaient fort hautes, et il y en avait encore derrière, pour empêcher qu'on ne pût entrer ; en sorte qu'il était assez difficile de se faire passage. M. de Nemours en vint à bout néanmoins ; sitôt qu'il fut dans ce jardin, il n'eut pas de peine à démêler où était Mme de Clèves. Il vit beaucoup de lumières dans le cabinet[1] ; toutes les fenêtres en étaient ouvertes et, en se glissant le long des palissades, il s'en approcha avec un trouble et une émotion qu'il est aisé de se représenter. Il se rangea derrière une des fenêtres, qui servaient de porte, pour voir ce que faisait Mme de Clèves. Il vit qu'elle était seule ; mais il la vit d'une si admirable beauté qu'à peine fut-il maître du transport[2] que lui donna cette vue. Il faisait chaud, et elle n'avait rien, sur sa tête et sur sa gorge, que ses cheveux confusément rattachés. Elle était sur un lit de repos, avec une table devant elle, où il y avait plusieurs corbeilles pleines de rubans ; elle en choisit quelques-uns, et M. de Nemours remarqua que c'étaient des mêmes couleurs qu'il avait portées au tournoi[3]. Il vit qu'elle en faisait des nœuds à une canne des Indes, fort extraordinaire, qu'il avait portée quelque temps et qu'il avait donnée à sa sœur, à qui Mme de Clèves l'avait prise sans faire semblant de la reconnaître pour avoir été à M. de Nemours. Après qu'elle eut achevé son ouvrage avec une grâce et une douceur que répandaient sur son visage les sentiments qu'elle avait dans le cœur, elle prit un flambeau et s'en alla, proche d'une grande table, vis-à-vis du tableau du siège de Metz, où était le portrait de M. de Nemours ; elle s'assit et se mit à regarder ce portrait avec une attention et une rêverie que la passion seule peut donner.

On ne peut exprimer ce que sentit M. de Nemours dans ce moment. Voir au milieu de la nuit, dans le plus beau lieu du monde, une personne qu'il adorait, la voir sans qu'elle sût qu'il la voyait, et la voir tout occupée de choses qui avaient du rapport à lui et à la passion qu'elle lui cachait, c'est ce qui n'a jamais été goûté ni imaginé par nul autre amant.

Ce prince était aussi tellement hors de lui-même qu'il demeurait immobile à regarder Mme de Clèves, sans songer que les moments lui étaient précieux. Quand il fut un peu remis, il pensa qu'il devait attendre à lui parler qu'elle allât dans le jardin ; il crut qu'il le pourrait faire avec plus de sûreté, parce qu'elle serait plus éloignée de ses femmes ; mais, voyant qu'elle demeurait dans le cabinet, il prit la résolution d'y entrer. Quand il voulut l'exécuter, quel trouble n'eut-il point ! Quelle crainte de lui déplaire ! Quelle peur de faire changer ce visage où il y avait tant de douceur et de le voir devenir plein de sévérité et de colère !

1. cabinet : **petite pièce d'un pavillon qui donne sur la forêt et sur un jardin de fleurs**
2. transport : **violente émotion**
3. tournoi : **M. de Nemours y portait du jaune et du noir. Seule Mme de Clèves pouvait deviner que c'était en son honneur**

▶ L'intimité du face à face avec le miroir révélée par le peintre Nicolas Régnier (1591-1667).

Il trouva qu'il y avait eu de la folie, non pas à venir voir Mme de Clèves sans en être vu, mais à penser de s'en faire voir ; il vit tout ce qu'il n'avait point encore envisagé. Il lui parut de l'extravagance dans sa hardiesse de venir surprendre, au milieu de la nuit, une personne à qui il n'avait encore jamais parlé de son amour. Il pensa qu'il ne devait pas prétendre qu'elle le voulût écouter, et qu'elle aurait une juste colère du péril où il l'exposait par les accidents qui pouvaient arriver. Tout son courage l'abandonna, et il fut prêt plusieurs fois à prendre la résolution de s'en retourner sans se faire voir. Poussé néanmoins par le désir de lui parler, et rassuré par les espérances que lui donnait tout ce qu'il avait vu, il avança quelques pas, mais avec tant de trouble qu'une écharpe qu'il avait s'embarrassa dans la fenêtre, en sorte qu'il fit du bruit. Mme de Clèves tourna la tête, et, soit qu'elle eût l'esprit rempli de ce prince, ou qu'il fût dans un lieu où la lumière donnait assez pour qu'elle le pût distinguer, elle crut le reconnaître et sans balancer ni se retourner du côté où il était, elle entra dans le lieu où étaient ses femmes. Elle y entra avec tant de trouble qu'elle fut contrainte, pour le cacher, de dire qu'elle se trouvait mal ; et elle le dit aussi pour occuper tous ses gens et pour donner le temps à M. de Nemours de se retirer.

Madame de La Fayette, *La Princesse de Clèves*, quatrième partie, 1678.

QUESTIONS

Le nocturne lumineux

1. Comme dans un tableau, l'espace est construit de façon rigoureuse. Dans quelles zones nettement opposées se déplacent les personnages ?
2. Quelle expression indique la chaleur d'une nuit d'été ? En quoi cette indication contribue-t-elle à l'organisation du tableau ?

La beauté surprise

3. Dans sa pièce, l'héroïne se croit à l'abri des regards. À quels signes voit-on qu'elle se croit seule ?
4. Quels objets révèlent qu'elle aime le duc de Nemours ? Comment voit-on que ces objets ont été pour elle l'occasion d'une sorte de mensonge ?

Le regard amoureux

5. La scène progresse en multipliant les regards. En relevant les verbes qui décrivent ces regards, indiquez de quelle façon ils progressent.
6. Quelles expressions suggèrent que le bonheur de la passion est inexprimable ?

Jean de La Bruyère

Nom : La Bruyère
Prénom : Jean
Naissance : baptisé le 17 août 1645, à Paris
Décès : le 11 mai 1696, à Versailles, d'une attaque d'apoplexie
Lieux : Paris, Chantilly, Versailles
Professions : avocat, précepteur, bibliothécaire, écrivain, académicien
Amitiés : Bossuet, Boileau, Racine, La Fontaine

Il a écrit
Les Caractères (1688, 1689, 1691, 1692, 1694).

L'INTELLECTUEL

Fils aîné d'une famille de moyenne bourgeoisie parisienne qui vit parfois dans la gêne, Jean de La Bruyère, après des études de droit, s'inscrit au barreau de Paris pour être avocat mais il n'a, semble-t-il, jamais plaidé la moindre cause. Apparemment, il préfère passer ses journées au jardin du Luxembourg ou des Tuileries. L'héritage d'un oncle lui permet en 1673 d'acheter une charge de trésorier à Caen. Après un bref séjour en Normandie, il revient vivre à Paris sous le toit familial, avec sa mère, ses frères et ses sœurs. Il a sa chambre au dernier étage en plein vent : il lit beaucoup ; s'il commence à écrire, c'est en secret.

LE PRÉCEPTEUR DU DUC DE BOURBON

Sans doute sur la recommandation de Bossuet, il entre à trente-neuf ans au service des Condé, une des plus illustres familles de l'aristocratie française. Il est chargé d'enseigner l'histoire, la géographie et la philosophie au petit-fils du vainqueur de Rocroi. La tâche n'est pas de tout repos car son élève a bien d'autres pensées en tête et les Condé sont hautains, violents, coléreux. Pourtant, lorsqu'à la mort de son grand-père en 1686, son élève, déjà marié, devient duc, La Bruyère reste à leur service avec le titre de gentilhomme. Il dispose d'une chambre chez les Condé, tantôt à Paris, tantôt à Versailles. Il peut observer de près le grand monde et il prend des notes, il écrit.

L'AUTEUR DES CARACTÈRES

En mars 1688 paraît la première édition, sans nom d'auteur, des *Caractères* de l'auteur grec Théophraste suivie discrètement par *Les Caractères ou mœurs de ce siècle*. Le succès considérable de l'ouvrage ne l'enrichit pas car il donne tous ses droits à la fille de son éditeur, mais cela l'encourage à développer son chef-d'œuvre : en huit ans, il passe de 420 à 1 120 remarques ! En prenant parti pour les Anciens, avec La Fontaine, Racine et Boileau, il suscite l'animosité des Modernes, Fontenelle, Perrault, qui cherchent en vain à retarder son élection à l'Académie française. La mort le surprend à Versailles. Dans sa chambre, on trouve quelques vêtements, quelques livres, un peu d'argent : il avait voulu rester pauvre.

Les Caractères

1689

Dans *Les Caractères*, La Bruyère veut « peindre les hommes en général ». Au début du chapitre intitulé « De l'homme », il nous invite à ne pas nous emporter contre les hommes quand nous voyons « leur fierté, l'amour d'eux-mêmes et l'oubli des autres : ils sont ainsi faits, c'est leur nature ».

▶ « Il est sain, il a un visage frais et un œil vif... ». Peinture d'Abraham Bosse (1602-1676). *Les Cinq Sens, le Goût.*

Ruffin commence à grisonner ; mais il est sain[1], il a un visage frais et un œil vif qui lui promettent encore vingt années de vie ; il est gai, *jovial*, familier, indifférent ; il rit de tout son cœur, et il rit tout seul et sans sujet : il est content de soi, des siens, de sa petite fortune ; il dit qu'il est heureux. Il perd son fils unique, jeune homme de grande espérance, et qui pouvait un jour être l'honneur de sa famille ; il remet sur[2] d'autres le soin de le pleurer ; il dit : « Mon fils est mort, cela fera mourir sa mère » ; et il est consolé. Il n'a point de passions[3], il n'a amis ni ennemis, personne ne l'embarrasse, tout le monde lui convient, tout lui est propre ; il parle à celui qu'il voit une première fois avec la même liberté et la même confiance qu'à ceux qu'il appelle de vieux amis, et il lui fait part bientôt de ses *quolibets*[4] et de ses historiettes[5]. On l'aborde, on le quitte sans qu'il y fasse attention, et le même conte qu'il a commencé de faire à quelqu'un, il l'achève à celui qui prend sa place.

Jean de La Bruyère, *Les Caractères ou mœurs de ce siècle*, quatrième édition, 1689.

1. *sain :* **en bonne santé**
2. *remet sur :* **laisse à**
3. *passions :* **sentiments**
4. *quolibets :* **astuces sans intérêt**
5. *historiettes :* **petites histoires un peu osées**

QUESTIONS

L'art de l'esquisse

1. Le présent indique un fait actuel, habituel ou général. En distinguant les valeurs du présent, peut-on repérer divers moments dans le texte ?

2. Comment Ruffin est-il situé dans le temps et dans l'espace ?

3. Peut-on distinguer un début et une fin ? Une telle composition est-elle en accord avec le caractère évoqué ?

La parole inutile

4. La façon dont le personnage parle révèle ce qu'il est. Relevez toutes les expressions qui évoquent la parole. Sur quel aspect du personnage insistent-elles ?

5. Quels mots désignent ces interlocuteurs ? Sont-ils ainsi mis en lumière ? Pourquoi ?

6. Quelle phrase est rapportée directement ? Pourquoi ?

Le comique

7. Le comique accentue ce qui semble essentiel. Quelles exagérations peut-on relever ?

8. Le comique joue sur la surprise. Relevez les formules où d'apparentes qualités accentuent les défaillances du personnage.

9. Quel aspect de la nature humaine La Bruyère a-t-il voulu dénoncer ?

Les Caractères

Si, dans *Les Caractères*, La Bruyère a le projet de « peindre l'homme en général », il jette aussi un regard particulièrement aigu sur l'actualité de son temps comme l'indique le sous-titre de son œuvre : *mœurs de ce siècle*. Le double portrait de Giton et Phédon termine le chapitre intitulé « Des biens de fortune ».

Giton a le teint frais, le visage plein et les joues pendantes, l'œil fixe et assuré, les épaules larges, l'estomac haut[1], la démarche ferme et délibérée[2]. Il parle avec confiance ; il fait répéter celui qui l'entretient, et il ne goûte que médiocrement tout ce qu'il lui dit. Il déploie un ample mouchoir, et se mouche avec grand bruit ; il crache fort loin, et il éternue fort haut. Il dort le jour, il dort la nuit, et profondément ; il ronfle en compagnie. Il occupe à la table et à la promenade plus de place qu'un autre. Il tient le milieu en se promenant avec ses égaux ; il s'arrête, et l'on s'arrête ; il continue de marcher, et l'on marche : tous se règlent sur lui. Il interrompt, il redresse[3] ceux qui ont la parole : on ne l'interrompt pas, on l'écoute aussi longtemps qu'il veut parler ; on est de son avis, on croit les nouvelles qu'il débite[4]. S'il s'assied, vous le voyez s'enfoncer dans un fauteuil, croiser les jambes l'une sur l'autre, froncer le sourcil, abaisser son chapeau sur ses yeux pour ne voir personne, ou le relever ensuite, et découvrir son front par fierté et par audace. Il est enjoué, grand rieur, impatient, présomptueux, colère, libertin[5], politique[6], mystérieux sur les affaires du temps ; il se croit des talents et de l'esprit. Il est riche.

1. *l'estomac haut :* le torse bombé
2. *délibérée :* résolue, hardie
3. *redresse :* corrige
4. *débite :* raconte, rend publiques (non péjoratif)
5. *libertin :* incrédule, athée

▲ En 1685, Louis XIV entouré de ses courtisans : le cérémonial de cour qui inspire La Bruyère. Peinture de Claude-Guy Hallé.

Phédon a les yeux creux, le teint échauffé[7], le corps sec et le visage maigre ; il dort peu, et d'un sommeil fort léger ; il est abstrait[8], rêveur, et il a avec de l'esprit l'air d'un stupide : il oublie de dire ce qu'il sait, ou de parler d'événements qui lui sont connus ; et s'il le fait quelquefois, il s'en tire mal, il croit peser à ceux à qui il parle, il conte brièvement, mais froidement ; il ne se fait pas écouter, il ne fait point rire. Il applaudit, il sourit à ce que les autres lui disent, il est de leur avis ; il court, il vole pour leur rendre de petits services. Il est complaisant, flatteur, empressé ; il est mystérieux sur ses affaires, quelquefois menteur ; il est superstitieux[9], scrupuleux, timide. Il marche doucement et légèrement, il semble craindre de fouler la terre ; il marche les yeux baissés, et il n'ose les lever sur ceux qui passent. Il n'est jamais du nombre de ceux qui forment un cercle pour discourir ; il se met derrière celui qui parle, recueille furtivement ce qui se dit, et il se retire si on le regarde. Il n'occupe point de lieu, il ne tient point de place ; il va les épaules serrées, le chapeau abaissé sur ses yeux pour n'être point vu ; il se replie et se renferme dans son manteau ; il n'y a point de rues ni de galeries si embarrassées[10] et si remplies de monde, où il ne trouve moyen de passer sans effort, et de se couler sans être aperçu. Si on le prie de s'asseoir, il se met à peine sur le bord d'un siège ; il parle bas dans la conversation, et il articule mal ; libre néanmoins sur les affaires publiques, chagrin[11] contre le siècle, médiocrement prévenu[12] des ministres et du ministère. Il n'ouvre la bouche que pour répondre ; il tousse, il se mouche sous son chapeau, il crache presque sur soi, et il attend qu'il soit seul pour éternuer, ou, si cela lui arrive, c'est à l'insu de la compagnie : il n'en coûte à personne ni salut ni compliment. Il est pauvre.

Jean de La Bruyère, *Les Caractères ou mœurs de ce siècle*, sixième édition, 1691.

6. *politique* : **discret ou feignant de l'être**
7. *échauffé* : **marqué de rougeurs et de boutons**
8. *abstrait* : **absorbé dans ses pensées**
9. *superstitieux* : **consciencieux jusqu'à la superstition**
10. *embarrassées* **encombrées**
11. *chagrin* : **mécontent**
12. *médiocrement prévenu* : **peu favorable à**

QUESTIONS

Les jeux de la symétrie

1. Les traits communs retenus dans chaque portrait différencient les personnages. Montrez-le en remplissant le tableau :

	Giton	Phédon
il a le teint	....	....
il a le visage	....	....
il crache	....	....
il parle	....	....
il est mystérieux	....	....

2. La diversité des notations s'oppose à la brièveté du trait final. Pourquoi le mot de la fin surprend-il ?

L'art du trait significatif

3. La Bruyère sait forcer le trait pour rendre visible, et risible, ce qu'il veut dénoncer. Relevez dans les deux portraits des exagérations. Par quel procédé ces hyperboles sont-elles rendues vraisemblables ?

4. Repérez, dans chaque portrait, des gags, des petites scènes de comédie.

5. Peignant « d'après nature », La Bruyère refuse toute idéalisation. À quel détails le voit-on ? A-t-il cherché à épargner la figure du pauvre ?

Les effets de l'argent

6. Quels gestes, quelles remarques illustrent les formules opposées : Giton occupe « plus de place qu'un autre » et Phédon « ne tient point de place » ?

7. Relevez dans chaque portrait une phrase qui souligne que devant la force de l'argent, le mérite n'a plus cours.

8. Les réactions des gens qu'ils fréquentent influent-elles sur l'image que Giton et Phédon se font, plus ou moins clairement, d'eux-mêmes ?

Fénelon

Nom : de Salignac de La Mothe-Fénelon
Prénom : François
Naissance : le 6 août 1651,
à Fénelon, dans le Périgord
Décès : le 7 janvier 1715, à Cambrai,
après un accident de voiture
Lieux : Périgord, Paris, Saintonge, Versailles, Cambrai
Professions : missionnaire, éducateur, archevêque
Amitiés : Bossuet (jusqu'en 1698),
Mme Guyon, le duc de Chevreuse,
le duc de Bourgogne

Il a écrit

des textes pédagogiques non destinés à la publication, dont : *Fables*, *Dialogues des morts*, *Les Aventures de Télémaque* (1699) ;

des textes de polémique religieuse, dont : *Les Maximes des saints* (1697) ;

des lettres de direction spirituelle, de critique littéraire.

LE MISSIONNAIRE

Treizième enfant d'une famille de noblesse ancienne mais appauvrie, le jeune François de Salignac, après des études à Cahors puis à Paris, est ordonné prêtre en 1675. Il est nommé supérieur du couvent des Nouvelles Catholiques, de jeunes protestantes récemment converties. Après la révocation de l'édit de Nantes, il est envoyé en Saintonge pour convertir les populations au catholicisme. Sa relative modération le fait soupçonner de jansénisme. Mais son charme, ses talents d'orateur, son origine sociale lui ouvrent les portes du grand monde : il est très lié avec les gendres de Colbert, proches de Mme de Maintenon, la femme du roi.

LE PRÉCEPTEUR DU DUC DE BOURGOGNE

En 1689, il est nommé précepteur du duc de Bourgogne qui, petit-fils de Louis XIV, deviendra peut-être roi de France. Âgé de sept ans, c'est un enfant terrible, « dur et colère » écrit Saint-Simon, mais entre les mains de Fénelon, il se transforme en « un prince affable, doux, humain ». Les honneurs pleuvent sur l'habile pédagogue : admis à l'Académie française en 1693, il est nommé archevêque de Cambrai, ce qui lui donne le titre de duc, et des revenus considérables. Mais Fénelon se sent très proche du quiétisme qui appelle à s'anéantir soi-même pour se fondre en Dieu. Or ce mysticisme est condamné par Rome comme une hérésie. En 1699, démis de ses fonctions de précepteur, l'illustre prélat doit quitter Versailles pour toujours.

L'ARCHEVÊQUE DE CAMBRAI

Exilé à Cambrai, il se consacre à son diocèse avec un dévouement qui lui assure l'estime et l'affection de tous. Infatigable, il écrit des ouvrages pour lutter contre l'athéisme et le jansénisme. Dans une très riche correspondance, il aborde les problèmes spirituels, moraux, politiques. Il reste en contact avec le duc de Bourgogne et ses alliés. *Les Tables de Chaulnes* lui permettent de préciser ces réformes qu'il avait annoncées dans *Les Aventures de Télémaque*. Mais, en 1712, la mort brutale de son ancien élève ruine tous ses espoirs. Il continue à vivre « les mains ouvertes » si bien que, selon Saint-Simon, « il mourut sans devoir un sou et sans nul argent ».

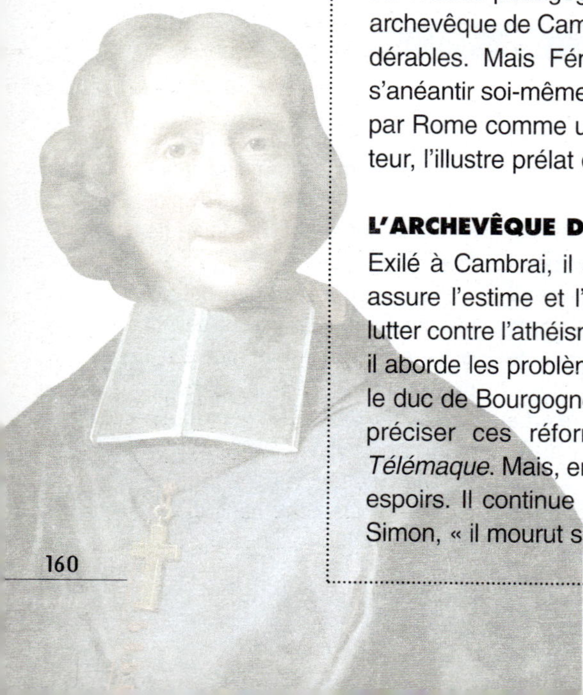

Les Aventures de Télémaque

1699

Dans *Les Aventures de Télémaque*, Mentor explique à son élève Télémaque comment être un bon roi. Après avoir critiqué l'autorité royale « injuste et trop violente », Mentor dénonce les effets du luxe.

Le luxe empoisonne toute une nation. On dit que le luxe sert à nourrir les pauvres aux dépens des riches ; comme si les pauvres ne pouvaient pas gagner leur vie plus utilement, en multipliant les fruits de la terre, sans amollir les riches par des raffinements de volupté. Toute une nation s'accoutume à regarder comme les nécessités de la vie les choses les plus superflues : ce sont tous les jours de nouvelles nécessités qu'on invente, et on ne peut plus se passer des choses qu'on ne connaissait point trente ans auparavant. Ce luxe s'appelle bon goût, perfection des arts[1], et politesse[2] de la nation. Ce vice, qui en attire une infinité d'autres, est loué comme une vertu ; il répand sa contagion depuis le roi jusqu'aux derniers de la lie du peuple. Les proches parents du roi veulent imiter sa magnificence ; les grands, celle des parents du roi ; les gens médiocres[3] veulent égaler les grands : car qui est-ce qui se fait justice ? Les petits veulent passer pour médiocres : tout le monde fait plus qu'il ne peut, les uns, par faste et pour se prévaloir de leurs richesses, les autres, par mauvaise honte et pour cacher leur pauvreté. Ceux mêmes qui sont assez sages pour condamner un si grand désordre ne le sont pas assez pour oser lever la tête les premiers et pour donner des exemples contraires. Toute une nation se ruine, toutes les conditions[4] se confondent. La passion d'acquérir du bien pour soutenir une vaine dépense corrompt les âmes les plus pures : il n'est plus question que d'être riche ; la pauvreté est une infamie. Soyez savant, habile, vertueux ; instruisez les hommes ; gagnez des batailles ; sauvez la patrie ; sacrifiez tous vos intérêts : vous êtes méprisé, si vos talents ne sont relevés par le faste. Ceux mêmes qui n'ont pas de bien veulent paraître en avoir ; ils en dépensent comme s'ils en avaient : on emprunte, on trompe, on use de mille artifices indignes pour parvenir. Mais qui remédiera à ces maux ?

Fénelon, *Les Aventures de Télémaque*, livre XVII, 1699.

1. *arts :* techniques
2. *politesse :* degré de civilisation
3. *médiocres :* d'une aisance moyenne
4. *conditions :* situations sociales

QUESTIONS

Le poison

1. Parmi les formules qui désignent le luxe, distinguez les termes médicaux des termes moraux.

2. Comment, selon Fénelon, le goût du luxe se répand-il ?

3. Quels sont les autres vices que le luxe « attire » (ligne 9) ?

La satire sociale

4. Comment Fénelon met-il en scène ses contemporains ? Que leur reproche-t-il ?

5. Quels sont les arguments des partisans du luxe ?

6. Par quels procédés (types de phrases, anaphores), l'auteur prend-il à partie ses lecteurs ?

La vertu

7. En dénonçant le luxe comme un vice dangereux, Fénelon suggère ce que serait une nation vertueuse. Quelles valeurs une telle nation devrait-elle honorer ?

8. Dégagez le portrait, tantôt explicite, tantôt implicite, du citoyen idéal.

La passion amoureuse

Les « feux », les « flammes », les « ardeurs inquiètes », ces images évoquent au XVIIe siècle la violence irrésistible de la passion amoureuse. Jamais avant Racine, Molière, La Rochefoucauld, Mme de La Fayette, on ne l'a analysée avec une telle acuité. Phèdre et Alceste, la princesse de Clèves restent pour nous les figures majeures d'une expérience bouleversante.

▶ LES TROUBLES DE LA PASSION

La naissance de l'amour. L'amour naît d'un regard, d'un rien, d'un « je ne sais quoi » et provoque soudain un trouble dont les effets physiques sont toujours fortement notés.

La faiblesse de la raison. D'une part, on ne peut pas expliquer pourquoi on est tombé amoureux ; d'autre part, l'amour fait passer le désirable pour le raisonnable.

La faiblesse de la volonté. En voulant lutter contre ce sentiment dont il mesure avec effroi la folie, l'amoureux découvre sa faiblesse infinie.

> Elle trahit mes soins, mes bontés, ma tendresse
> Et cependant je l'aime après ce lâche tour
> Jusqu'à ne me pouvoir passer de cet amour.
>
> Molière, *L'École des femmes,* Acte III, scène 5, 1662.

▶ LES VERTIGES DE LA PASSION

L'interdit. L'être désiré est souvent inaccessible. Tantôt l'être aimé est marié ; tantôt il en aime un autre. Mais cette interdiction attise la passion.

La jalousie. L'amoureux évite rarement l'épreuve de la jalousie. Le jaloux souffre de savoir qu'on lui préfère peut-être un rival.

La tyrannie. La passion est désir de possession et dans le mouvement qui la porte vers l'autre se découvre la force de l'égoïsme : la liberté de l'autre, dans la passion, est insupportable.

> Il n'y a point de passion où l'amour de soi-même règne si puissamment que dans l'amour ; et on est toujours plus disposé à sacrifier le repos de ce qu'on aime qu'à perdre le sien.
>
> François de La Rochefoucauld, *Maximes,* 1666.

▶ LES DÉLICES DE LA PASSION

Le bonheur de rêver. Le désir anime même les moments de solitude. Dans les lieux qui échappent à la vie sociale, l'amoureux peut s'abandonner à la vision qui fait battre son cœur.

Le bonheur de partager. La complicité même fugitive avec l'autre fait entrevoir ce que pourrait être le bonheur vraiment fou d'aimer et d'être aimé.

> Elle ne sentait que le plaisir de voir M. de Nemours, elle en avait une joie pure et sans mélange qu'elle n'avait jamais sentie.
>
> Mme de Lafayette, *La Princesse de Clèves,* 1678.

Le bonheur d'avoir aimé. Si douloureuse que soit la passion qui jette Oreste dans la folie, Phèdre dans le crime, Alceste dans le « désert », elle révèle à l'amoureux des intensités irremplaçables qui rendent tout le reste insignifiant.

> Un cœur attendri n'oublie jamais ce qui l'a fait apercevoir des transports qu'il ne connaissait pas et dont il était capable.
>
> Guilleragues, *Lettres portugaises,* 1669.

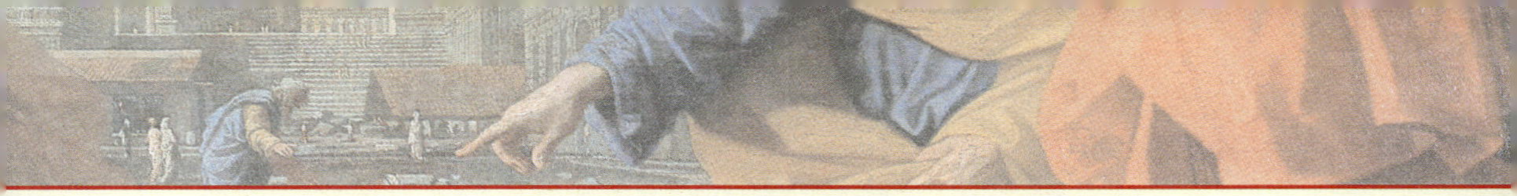

Exercice 1

Le jeune Hippolyte qui n'aimait que la chasse et les chevaux tombe amoureux. Il ose enfin avouer son amour à celle qu'il aime.

1. Expliquez ce qui surprend et bouleverse le jeune homme.

2. Relevez les mots et les expressions qui marquent la défaite et la honte du héros.

Asservi maintenant sous la commune loi,
Par quel trouble me vois-je emporté loin de moi ?
Un moment a vaincu mon audace imprudente :
Cette âme si superbe est enfin dépendante.
Depuis près de six mois, honteux, désespéré,
Partout portant le trait dont je suis déchiré,
Contre vous, contre moi, vainement je m'éprouve :
Présente, je vous fuis ; absente, je vous trouve ;
Dans le fond des forêts votre image me suit ;
La lumière du jour, les ombres de la nuit,
Tout retrace à mes yeux les charmes que j'évite :
Tout vous livre à l'envi le rebelle Hippolyte.
Moi-même, pour tout fruit de mes soins superflus,
Maintenant je me cherche et ne me trouve plus.

Jean Racine, *Phèdre*, Acte II, scène 2 (vers 535-548), 1677.

Exercice 2

Pour Pascal, la passion humaine est une preuve de la misère de l'homme. Par quelles oppositions rend-il visible l'absurdité de l'amour ?

Qui voudra connaître à plein la vanité de l'homme n'a qu'à considérer les causes et les effets de l'amour. La cause en est un je ne sais quoi. Et les effets en sont effroyables. Ce je ne sais quoi, si peu de choses qu'on ne peut le reconnaître, remue toute la terre, les princes, les armées, le monde entier. Le nez de Cléopâtre, s'il eût été plus court, toute la face de la terre aurait changé.

Blaise Pascal, *Pensées*, vers 1658.

Exercice 3

Alceste répond à Célimène qui lui reproche de ne pas l'aimer « comme il faut que l'on aime ».

1. Relevez les expressions négatives : quel personnage atteignent-elles ?

2. Par quelles expressions Alceste met-il en valeur la force de son amour ?

3. De quoi Alceste a-t-il peur ?

Ah ! rien n'est comparable à mon amour extrême,
Et, dans l'ardeur qu'il a de se montrer à tous,
Il va jusqu'à former des souhaits contre vous.
Oui, je voudrais qu'aucun ne vous trouvât [aimable,
Que le Ciel, en naissant, ne vous eût donné rien,
Que vous n'eussiez ni rang, ni naissance, ni bien,
Afin que de mon cœur l'éclatant sacrifice
Vous pût d'un pareil sort réparer l'injustice,
Et que j'eusse la joie et la gloire, en ce jour,
De vous voir tenir tout des mains de mon amour.

Molière, *Le Misanthrope*, Acte IV, scène 3 (vers 1422-1431), 1666.

Exercice 4

En relevant les termes qui s'opposent, expliquez ce que le bonheur du personnage a d'étonnant.

La passion n'a jamais été si tendre et si violente qu'elle l'était alors en ce prince. Il s'en alla sous des saules, le long d'un petit ruisseau qui coulait derrière la maison où il était caché. Il s'éloigna le plus qu'il lui fut possible, pour n'être vu ni entendu de personne ; il s'abandonna aux transports de son amour et son cœur en fut tellement pressé qu'il fut contraint de laisser couler quelques larmes ; mais ces larmes n'étaient pas de celles que la douleur seule fait répandre, elles étaient mêlées de douceur et de ce charme qui ne se trouve que dans l'amour.

Mme de La Fayette, *La Princesse de Clèves*, 1678.

◀ Hermione, personnage de Racine. Le vertige de la passion peint, pendant la période romantique du XIXe, par Guérin. *Andromaque et Pyrrhus* (détail).

Le classicisme

On appelle classicisme l'idéal esthétique commun aux écrivains les plus novateurs des années 1660-1685. Si divers que soient Molière et Racine, La Fontaine et Bossuet, ils partagent une exigence si radicale de clarté, de rigueur, d'universalité que leurs œuvres ont paru très vite exemplaires même à leurs adversaires.

▶ L'HISTOIRE DU MOT

Au XVIIe siècle, le mot classique, du latin *classici scriptores*, écrivains de première classe, désigne les auteurs anciens dignes d'être étudiés. Les écrivains du règne de Louis XIV se considéraient eux-mêmes comme des modernes. Ce sont les Romantiques du XIXe siècle qui les ont baptisés « classiques » pour se moquer d'une tradition qui leur semblait devenue stérile.

▶ L'ORIGINE DU MOUVEMENT

Le mouvement naît de la convergence de plusieurs courants. D'une part, les critiques élaborent à partir d'Aristote et des théoriciens italiens les règles du beau fondées sur la raison. D'autre part, le public cultivé prend le goût des analyses psychologiques, de l'élégance du style. Les créateurs enfin veulent toucher un public élargi et imposent, parfois contre l'Église, la légitimité d'un art profane.

▶ LES THÈMES ESSENTIELS

Plaire et instruire. Voilà le but de l'art. Sans le plaisir, le rire ou les larmes, il n'y a pas d'art mais si ce plaisir ne fait pas réfléchir, l'art n'est plus que vaine virtuosité.

Le goût du naturel. L'art classique se veut naturel mais le naturel résulte d'une savante élaboration qui ne retient du réel que ce qui est significatif. Le vraisemblable ainsi produit est à la fois crédible et exemplaire.

L'amour du travail bien fait. Le génie, certes irremplaçable, ne suffit pas car chaque œuvre a ses règles que seul un long travail permet de maîtriser. Mais ce travail doit rester invisible, sinon, on perd ce charme mystérieux qu'on appelle alors le « je-ne-sais-quoi ».

> Vingt fois sur le métier remettez votre ouvrage :
> Polissez-le sans cesse et le repolissez.
>
> Nicolas Boileau, *L'Art poétique,* Chant I, 1674.

▶ LES PROCÉDÉS PRIVILÉGIÉS

La litote	En affaiblissant l'expression, on donne plus d'intensité à la pensée.	« Il m'a confié des choses qui ne sont pas d'une médiocre importance. » Mme de Lafayette, *La Princesse de Clèves*, 1678.
Les formules générales	Le goût des formules impersonnelles conduit à multiplier les maximes.	« Toute la dignité de l'homme consiste en la pensée. » Blaise Pascal, *Pensées,* vers 1658.
Les images discrètes	Souvent lexicalisées, appartenant au langage courant, les images s'organisent en réseaux cohérents.	« Chargés d'un feu secret vos yeux s'appesantissent. Il n'en faut point douter : vous aimez, vous brûlez. » Jean Racine, *Phèdre*, 1677.

AUJOURD'HUI *Le mot classique qualifie toute œuvre remarquable par sa force, son équilibre, sa simplicité. Même s'il sert parfois à dénoncer ce qui est trop traditionnel, il témoigne d'une exigence de sobriété, d'une volonté de discrétion souvent présentes dans les œuvres les plus modernes.*

Exercice 1

Dans les phrases suivantes, relevez les litotes et exprimez la formule qu'elles suggèrent en la dissimulant :

Ce n'était pas un sot, non, non et croyez-m'en
Que le chien de Jean de Nivelle.

Jean de La Fontaine

Cet air de mystère et de confidence n'était pas d'un médiocre charme pour ce prince et même pour Mme de Clèves.

Mme de La Fayette

Tous ceux qui le voient en parlent comme d'un garçon qui n'a point de méchanceté.

Molière

(Iphigénie s'adresse à son père qui a accepté de la sacrifier.)
J'ose vous dire ici qu'en l'état où je suis,
Peut-être assez d'honneurs environnaient ma vie
Pour ne pas souhaiter qu'elle me fût ravie.

Jean Racine

Exercice 2

Comparez les trois versions de cette maxime de La Rochefoucauld : quelle est la plus brève, la plus concise, la plus générale ?

Version manuscrite : Chaque homme n'est pas plus différent des autres hommes qu'il l'est souvent de lui-même.

Édition de 1664 : Chaque homme se trouve quelquefois aussi différent de lui-même qu'il l'est des autres.

Édition de 1666 : On est quelquefois aussi différent de soi-même que des autres.

Exercice 3

Comparez les deux textes qui suivent. Lequel vous semble le plus « classique » ? Pourquoi ?

Quant à la force, il n'est pas animal au monde en butte de tant d'offenses que l'homme : il ne nous faut point une baleine, un éléphant et un crocodile ni tels autres animaux desquels un seul est capable de défaire un grand nombre d'hommes : les poux sont suffisants pour faire vaquer la dictature de Sylla : c'est le déjeuner d'un petit ver que le cœur et la vie d'un grand et triomphant empereur.

Montaigne, *Essais* (II, 12), 1580.

L'homme n'est qu'un roseau, le plus faible de la nature, mais c'est un roseau pensant. Il ne faut pas que l'univers s'arme pour l'écraser ; une vapeur, une goutte d'eau suffit pour le tuer.

Blaise Pascal, *Pensées*, vers 1658.

Exercice 4

Observez le tableau de Nicolas Poussin.

1. Le classicisme exalte les « choses bien ordonnées ». Analysez le tableau et montrez comment celui-ci respecte ce principe.

2. Quels thèmes du classicisme repère-t-on dans ce tableau ?

▼ Nicolas Poussin, *La Mort de Saphire*, 1654-1655.

LA MÉTRIQUE ET LA SYNTAXE

Le vers (ou mètre) fonctionne comme un instrument qui mesure les divers éléments de la phrase. Tantôt la longueur des groupes syntaxiques s'accorde à celle du vers, tantôt surgissent des décalages.

▶ L'ACCORD DE LA PHRASE ET DU VERS

Le plus souvent dans la métrique traditionnelle, la fin du vers coïncide avec la fin du groupe syntaxique. Un tel accord, exigé par Malherbe, assure au vers densité, harmonie, élégance.

Qui veut mourir ou vaincre est vaincu rarement.
Pierre Corneille.

La concordance entre la phrase et le vers contribue à la fermeté de la maxime.

▶ LA MISE EN VALEUR DES EFFETS SYNTAXIQUES

Tous les effets syntaxiques (place du sujet, éloignement de termes ordinairement liés, etc.) prennent un relief particulier parce qu'ils s'inscrivent dans un cadre métrique strict. La coupe marquée à la césure accentue les symétries et les oppositions.

Partout / en Italie, //aux Gau/les, en Espa/gne,
La fortu/ne le suit //et l'amour / l'accompa/gne.
Pierre Corneille.

Dans le premier vers, les groupes circonstanciels préparent les deux indépendantes inscrites dans chaque hémistiche.

▶ L'ENJAMBEMENT

Parfois la fin du vers ne correspond pas à la fin d'un groupe syntaxique ; la limite du vers toujours marquée par la rime est affaiblie : il y a enjambement d'un vers sur l'autre.

Le Dieu qui fait aimer prit son temps, il tira
Deux traits de son carquois ; de l'un il entama
Le soldat jusqu'au vif ; l'autre effleura la dame.
Jean de La Fontaine.

Les deux propositions enjambant les deux vers, contrarient la régularité métrique et, en retrouvant l'allure du récit, ménagent des effets de surprise et de fantaisie.

▶ LE REJET ET LE CONTRE-REJET

Lorsque l'enjambement se limite à un mot ou un bref groupe de mots suivi par une pause forte, on parle de rejet. Quand un bref groupe de mots ou un mot amorce une phrase qui se développe dans le vers suivant, on parle de contre-rejet. Le groupe ainsi placé est mis en valeur.

Même il m'est arrivé de manger quelquefois
Le berger.
Jean de La Fontaine.

Le rejet est souligné par un passage à un mètre très bref.

Je l'ai trouvé couvert d'une affreuse poussière,
Revêtu de lambeaux, tout pâle. Mais son œil
Conservait sous la cendre encor le même orgueil.
Jean Racine.

Le contre-rejet attire l'attention sur la persistance du regard.

Exercice 1

Dans les exemples suivants, repérez les effets de rejet et de contre-rejet.

Mais j'aperçois venir Madame la Comtesse
De Pimbesche. Elle vient pour affaire qui presse.

Jean Racine, *Les Plaideurs*, 1668.

Elle porta chez lui ses pénates, un jour
Qu'il était allé faire à l'Aurore sa cour.

Jean de La Fontaine, « Le Chat, la Belette et le Petit Lapin », *Fables*, 1694.

Exercice 2

À partir de l'exemple qui suit, complétez le tableau.

Vers cité	Phénomène repéré	Valeur expressive
....	....	....

L'air brûlant fait, sous ses haleines
Sans murmure et sans échos,
Luire en la fournaise des plaines
La braise des coquelicots.

Les brebis paissent inégales ;
Le jour est splendide et dormant ;
Presque pas d'ombre ; les cigales
Chantent sous le bleu flamboiement.

Victor Hugo, 1865.

Exercice 3

La césure, coupe obligatoire à la sixième syllabe d'un alexandrin, délimite deux hémistiches.

1. Repérez ces deux hémistiches.

2. Quels effets sont ainsi soulignés ?

Que j'aime ces forêts ! que j'y vis doucement !
Qu'en un siècle troublé, j'y dors en assurance !
Qu'au déclin de mes ans j'y rêve heureusement !
Et que j'y fais des vers qui plairont à la France !

Maynard.

Quand je veux, j'épouvante et quand je veux je [charme ;
Et selon qu'il me plaît, je remplis tour à tour
Les hommes de terreur et les femmes d'amour.

Pierre Corneille.

Exercice 4

La rime signale la fin du vers. Après l'avoir repérée, recopiez le texte en lui restituant sa forme originale.

Je ne suis pas de ceux qui disent : « Ce n'est rien, c'est une femme qui se noie. » Je dis que c'est beaucoup ; et ce sexe vaut bien que nous le regrettions puisqu'il fait notre joie.

Jean de La Fontaine.

Exercice 5

Relevez les procédés qui permettent à Verlaine de briser la cadence régulière des vers.

– L'abbé divague. – Et toi, marquis,
Tu mets de travers ta perruque.
– Ce vieux vin de Chypre est exquis
Moins, Camargo, que votre nuque.

– Ma flamme… – Do, mi, sol, la, si.
L'abbé, ta noirceur se dévoile !
– Que je meure, mesdames, si
Je ne vous décroche une étoile !

– Je voudrais être petit chien !
– Embrassons nos bergères, l'une
Après l'autre. – Messieurs, eh bien ?
– Do, mi, sol. – Hé ! bonsoir la Lune !

Paul Verlaine, « Sur l'herbe », *Fêtes galantes*, 1869.

Exercice 6

1. Identifiez le mètre utilisé.

2. Analysez la construction de la phrase. En quoi cette construction contribue-t-elle au rythme de la strophe ?

Les cris aigus des filles chatouillées,
Les yeux, les dents, les paupières mouillées,
Le sein charmant qui joue avec le feu,
Le sang qui brille aux lèvres qui se rendent,
Les derniers dons, les doigts qui les défendent,
Tout va sous terre et rentre dans le jeu !

Paul Valéry, « Le Cimetière marin », *Charmes*, 1922, Éd. Gallimard.

LES GENRES THÉÂTRAUX

La notion de genre au théâtre n'a de sens que dans certains pays et à certaines époques. D'une manière générale, le genre apparaît si l'on fixe une norme : norme de la tragédie qui s'oppose ainsi à la comédie ; norme du drame qui refuse la séparation du tragique et du comique ; norme du vaudeville qui adapte le rire aux réalités du temps et de la société.

▶ LA TRAGÉDIE

La tragédie décrit une crise grave où les personnages, en proie à de fortes passions, s'affrontent sans pouvoir éviter un dénouement malheureux.

La scène est à Buthrote, ville d'Épire,
dans une salle du palais de Pyrrhus.

Jean Racine, *Andromaque*, 1667.

Le lieu est unique. La pièce prend pour cadre l'Antiquité. Les personnages appartiennent à l'aristocratie.

▶ LA COMÉDIE ET LA FARCE

La comédie cherche à divertir, à faire rire, par une intrigue légère ou en peignant les caractères de certains personnages. Le dénouement est heureux. La farce est une courte comédie fondée sur les jeux de scène. Le niveau de langue est familier.

ALCESTE, amant de Célimène.
PHILINTE, ami d'Alceste.
ORONTE, amant de Célimène.
CÉLIMÈNE, amante d'Alceste.
BASQUE, valet de Célimène.
UN GARDE de la maréchaussée de France.
DU BOIS, valet d'Alceste.
La scène est à Paris.

Molière, *Le Misanthrope*, 1666.

Les personnages sont d'origines sociales diverses. L'intrigue est une intrigue amoureuse. L'unité de lieu est respectée.

▶ LE DRAME

Le drame est apparu dans la première moitié du XIXe siècle. C'est une pièce qui conserve un ton tragique mais ne respecte pas les règles de la tragédie classique. L'histoire se situe à une époque récente, est centrée sur un héros passionné et son dénouement est malheureux.

DONA LUCREZIA BORGIA, DON ALPHONSE D'ESTE, GENNARO, GUBETTA, MAFFIO ORSINI, JEPPO LIVERETTO, DON APOSTOLO GAZELLA, ASCANIO PETRUCCI, OLOFERNO VITELLOZZO, RUSTHIGHELLO, ASTOLPHO, LA PRINCESSE NEGRONI, UN HUISSIER, DES MOINES, SEIGNEURS, PAGES, GARDE. *La scène est à Venise et à Ferrare.*

Victor Hugo, *Lucrèce Borgia*, 1833.

Les personnages sont nombreux et l'unité de lieu n'est pas respectée.

▶ LE VAUDEVILLE ET LE THÉÂTRE DE BOULEVARD

Le vaudeville est un type de comédie en vogue au XIXe siècle. Basé sur une intrigue amoureuse, il se présente comme une suite de rebondissements et de quiproquos. Il est une forme de théâtre de boulevard qui met en scène le monde de la bourgeoisie.

DE VANCOUVER, DARDENBŒUF prétendu d'Isménie, GALATHÉE, sœur de Vancouver…
La scène est à Châteauroux, chez Vancouver.

Eugène Labiche, Marc-Michel, *Mon Isménie*, 1855.

Les noms comiques soulignent l'origine sociale et le caractère amoureux de l'intrigue.

Exercice 1

Examinez attentivement ces listes de personnages et déterminez le genre dans lequel s'inscrit la pièce.

TITUS, empereur de Rome.
BÉRÉNICE, reine de Palestine.
ANTIOCHUS, roi de Comagène.
PAULIN, confident de Titus.
ARSACE, confident d'Antiochus.
PHÉNICE, confidente de Bérénice.
RUTILE, Romain.
Suite de Titus.
La scène est à Rome, dans un cabinet qui est entre l'appartement de Titus et celui de Bérénice.

Jean Racine, *Bérénice*, 1671.

FRANÇOIS PREMIER
TRIBOULET
BLANCHE
M. DE SAINT-VALLIER
SALTABADIL
MAGUELONNE
CLÉMENT MAROT
La scène est à Paris (au Louvre et dans les rues de la ville).

Victor Hugo, *Le Roi s'amuse*, 1832.

GÉRONTE, père de Dorante.
DORANTE, fils de Géronte.
ALCIPPE, ami de Dorante et amant de Clarice.
PHILISTE, ami de Dorante et d'Alcippe.
CLITON, valet de Dorante.
LYCAS, valet d'Alcippe.
La scène est à Paris.

Pierre Corneille, *Le Menteur*, 1644.

Exercice 2

Classez les répliques suivantes en fonction du genre théâtral auquel elles appartiennent.

HARPAGON. – Je veux renfermer ce que bon me semble et faire sentinelle comme il me plaît. Ne voilà pas de mes mouchards qui prennent garde à ce qu'on fait ! *(Bas, à part.)* Je tremble qu'il n'ait soupçonné quelque chose de mon argent. *(Haut.)* Ne serais-tu point homme à aller faire courir le bruit que j'ai chez moi de l'argent caché ?

Molière, *L'Avare*, 1688.

LE BARON. – J'achetai donc une laisse de vingt sous et j'y attachai Anatole. Il en parut surpris, disons plus… *(Il hésite.)*
BOISSONADE. – Mortifié ?
LE BARON. – Je cherchais le mot ! Mortifié…

Georges Courteline, *Le Gendarme est sans pitié*, 1899.

RUY BLAS

Si ! C'est du poison. Mais j'ai la joie au cœur.
(Tenant la reine embrassée et levant les yeux au ciel.)
Permettez, ô mon Dieu, justice souveraine,
Que ce pauvre laquais bénisse cette reine,
Car elle a consolé mon cœur crucifié,
Vivant, par son amour, mourant, par sa pitié !

Victor Hugo, *Ruy Blas*, 1838.

Exercice 3

Lisez attentivement l'extrait suivant. À quel genre théâtral appartient-il ? Relevez les champs lexicaux de la mort et de l'horreur. Quels sentiments ce dénouement veut-il inspirer au spectateur ?

THÉRAMÈNE

J'ai vu, Seigneur, j'ai vu votre malheureux fils
Traîné par les chevaux que sa main a nourris.
Il veut les rappeler, et sa voix les effraie ;
Ils courent ; tout son corps n'est bientôt qu'une plaie.
De nos cris douloureux la plaine retentit.
Leur fougue impétueuse enfin se ralentit ;
Ils s'arrêtent non loin de ces tombeaux antiques
Où des rois ses aïeux sont les froides reliques.
J'y cours en soupirant, et sa garde me suit.
De son généreux sang la trace nous conduit,
Les rochers en sont teints, les ronces dégouttantes
Portent de ses cheveux les dépouilles sanglantes.
J'arrive, je l'appelle, et me tendant la main,
Il ouvre un œil mourant qu'il referme soudain :
« Le ciel, dit-il, m'arrache une innocente vie.
« Prends soin après ma mort de la triste Aricie.
« Cher ami, si mon père un jour désabusé
« Plaint le malheur d'un fils faussement accusé,
« Pour apaiser mon sang et mon ombre plaintive,
« Dis-lui qu'avec douceur il traite sa captive.
« Qu'il lui rende… » À ce mot, ce héros expiré
N'a laissé dans mes bras qu'un corps défiguré,
Triste objet, où des dieux triomphe la colère,
Et que méconnaîtrait l'œil même de son père.

Jean Racine, *Phèdre*, Acte V, scène 6, 1677.

LES PROCÉDÉS DU COMIQUE

« C'est une étrange entreprise, disait Molière, de faire rire les honnêtes gens », ceux « qui ne rient que quand ils veulent ». Pour faire rire on peut jouer sur le geste, la situation, les mots, le caractère ou les mœurs.

▶ LE COMIQUE DE GESTE

Le théâtre joue de la présence physique des interprètes : l'acteur comique multiplie les mimiques, parfois les grimaces ; les habits ridicules, les accessoires extravagants surprennent ; les coups de bâton et les gifles pleuvent en cadence.

▶ LE COMIQUE DE SITUATION

Toute comédie raconte une histoire par une série de scènes qui ménagent d'amusantes surprises : rebondissements, coïncidences, retournements, tous les moyens sont bons pour mettre en difficulté le personnage dont on veut rire.

> HARPAGON *(à son fils)*. – Comment ! pendard, c'est toi qui t'abandonnes à ces coupables extrémités !
> CLÉANTE. – Comment ! mon père c'est vous qui vous portez à ces honteuses actions !
>
> Molière, *L'Avare*, Acte II, scène 2, 1668.

L'avare découvre que son fils est un horrible dépensier, le fils que son père est un usurier.

▶LE COMIQUE DE MOT

La comédie met la langue française dans tous ses états, déformations, jargons en tous genres, prononciations qui sentent le villageois ou la précieuse ; les façons de parler outrées font toujours rire. Parfois c'est la communication elle-même qui ne se fait plus.

> BÉLISE *(à la bonne)*. – Veux-tu toute ta vie offenser la grammaire ?
> MARTINE. – Qui parle d'offenser grand-mère ni grand-père ?
>
> Molière, *Les Femmes savantes*, Acte II, scène 6, 1672.

Les deux mots de prononciation presque identique créent un malentendu, un quiproquo, qui ridiculise les prétentions pédagogiques de Bélise.

▶ LE COMIQUE DE CARACTÈRE

La comédie met en scène des personnages, peint leur caractère, leurs vices, leurs idées fixes. Pour faire rire, il faut, comme dans une caricature, forcer le trait dont on veut se moquer.

> ALCESTE. – Et c'est pour mes péchés que je vous aime ainsi.
>
> Molière, *Le Misanthrope*, Acte II, scène 1, 1666.

On sourit d'un « amour si grondeur », d'un séducteur si maladroit.

▶ LE COMIQUE DE MŒURS

La comédie place les personnages dans leur milieu et l'auteur comique veut peindre les mœurs de son temps. En se moquant des snobs, des médecins, des faux poètes, des arrivistes, des hypocrites, le poète comique brosse un tableau de la société de son temps. Il veut, comme Molière, « corriger les vices des hommes » en les exposant « à la risée de tout le monde ».

Exercice 1

1. En précisant quel accessoire est essentiel, indiquez quel type de comique est mis en jeu.

2. La répétition du jeu de scène est-elle comique ou angoissante ?

3. Quel trait de caractère du personnage est accentué de façon caricaturale ?

ARGAN *(Il sonne une sonnette pour faire venir sa domestique)*. – Toinette ! Drelin, drelin, drelin : tout comme si je ne sonnais point. Chienne, coquine ! Drelin, drelin, drelin : j'enrage. *(Il ne sonne plus mais il crie.)* Drelin, drelin, drelin : carogne à tous les diables ! Est-il possible qu'on laisse comme cela un pauvre malade tout seul ? Drelin, drelin, drelin : voilà qui est pitoyable ! Drelin, drelin, drelin : ah, mon Dieu ! ils me laisseront ici mourir. Drelin, drelin, drelin !

Molière, *Le Malade imaginaire*, Acte I, scène 1, 1673.

Exercice 2

Dans le comique de mots, l'auteur utilise plusieurs procédés de création de néologismes.

Métaplasme : modification des lettres dans un mot. par addition : prire pour pire par suppression : b'jour pour bonjour par déplacement : trésenper pour présenter
Mot-valise : fusion de deux mots en un seul. époufrayé pour épou|vanté et ef|frayé
Mot-forgé : mot totalement neuf. entritaler ne ressemble à aucun mot existant

Relevez et expliquez six néologismes (métaplasme, mot-valise ou mot forgé) dans le texte suivant.

APOSTASIE *(au Saperleau)*. – Ah crudel barbaguinaire ! la monstracité affrovantable me féroce la palpitérine, je sens que je défanouille. *(elle s'évanouit)*

LE SAPERLEAU. – La v'la qui s'évamolle, que faire-je ! que faire-je ! Une ambuliere ! Un doctérapeute ! A l'essoscousse, hol'un quelqu'aide ! Ah la paupite ! A l'helpe, à l'helpe ! Morvianne, concourrez me de la décrustasser parafine qu'elle respoumone.

Gildas Bourdet, *Le Saperleau*, 1982, Éd. Solin/Bourdet.

Exercice 3

Dans *Dom Juan*, Pierrot, un paysan, adresse des reproches à sa fiancée Charlotte.

1. Classez les déformations : déformations orthographiques, déformations de prononciation, déformations lexicales. Pourquoi font-elles rire ?

2. En quoi la scène évoquée par Pierrot est-elle amusante ?

3. Sur quel ton Pierrot parle-t-il de cette scène ?

PIERROT. – Regarde la grosse Thomasse, comme elle est assotée[1] du jeune Robain : alle est toujou autour de li a lagacer, et ne le laisse jamais en repos ; toujou al li fait queuque niche ou li baille queuque taloche en passant ; et l'autre jour qu'il était assis sur un escabiau, al fut le tirer de dessous li, et le fit choir tout de son long par tarre. Jarni ! vlà où len voit les gens qui aimont ; mais toi tu ne ne dis jamais mot, t'es toujou là comme eune vraie souche de bois.

Molière, *Dom Juan*, Acte II, scène 1, 1665.

1. *assotée* : amoureuse jusqu'à en être sotte

Exercice 4

1. Classez les divers effets comiques. Analysez chaque procédé utilisé.

2. Quels conseils donneriez-vous aux acteurs pour amplifier l'effet de chaque procédé ?

LA SERVEUSE, *sortant avec un plateau et des verres.* – Qu'est-ce que c'est ? Oh, un rhinocéros ! *Elle laisse tomber le plateau ; les verres se brisent.*

LE PATRON, *sortant de la boutique.* – Qu'est-ce que c'est ?

LA SERVEUSE, *au patron.* – Un rhinocéros !

LE LOGICIEN. – Un rhinocéros, à toute allure sur le trottoir d'en face !

L'ÉPICIER, *sortant de la boutique.* – Oh, un rhinocéros !

JEAN. – Oh, un rhinocéros !

LE PATRON, *à la serveuse.* – Ce n'est pas une raison pour casser les verres.

JEAN. – Il fonce droit devant lui, frôle les étalages.

DAISY, *venant de la gauche.* – Oh, un rhinocéros !

BÉRENGER, *apercevant Daisy.* – Oh, Daisy !

Eugène Ionesco, *Rhinocéros*, Acte I, 1959, Éd. Gallimard.

LES MODES DE RAISONNEMENT

Le raisonnement est l'ensemble des arguments mis en œuvre pour convaincre quelqu'un, pour prouver, démontrer quelque chose. Le raisonnement enchaîne ainsi une suite de propositions liées les unes aux autres et aboutissant à une conclusion. Plusieurs modes de raisonnement sont possibles.

▸ LE RAISONNEMENT DÉDUCTIF

Le raisonnement déductif part d'un principe pour aboutir à sa conséquence logique. Il applique une règle à un cas particulier pour en déduire les conséquences. Il passe du général au particulier.

▸ LE RAISONNEMENT INDUCTIF

Le raisonnement inductif part de données particulières (un fait, une expérience) pour aboutir à des propositions plus générales. Il tire d'un cas particulier une règle générale.

> Sous le règne de Philippe le Long, les juifs furent chassés de France, accusés d'avoir empoisonné les fontaines par le moyen des lépreux. Cette absurde accusation doit bien faire douter de toutes celles qui sont fondées sur la haine publique.
>
> Montesquieu, *De l'Esprit des lois,* XXI, 1748.

Le raisonnement passe du particulier au général.

▸ LE RAISONNEMENT CONCESSIF

Le raisonnement concessif commence par accorder quelque crédit aux arguments adverses, pour défendre ensuite plus librement ses propres arguments.

▸ LE RAISONNEMENT CAUSAL

Le raisonnement causal établit des liens de cause à effet entre différents actes, phénomènes ou situations. Il peut partir de la cause et évaluer les conséquences. Il peut analyser les conséquences pour en trouver la cause.

▸ LE RAISONNEMENT PAR ANALOGIE

Le raisonnement par analogie rapproche de manière inattendue deux domaines séparés pour faire admettre une conception nouvelle. Il fait appel aux images, à la comparaison.

> Les langues sont comme la mer, elles vacillent sans cesse.
>
> Victor Hugo, *Préface de Cromwell,* 1827.

L'analogie dynamise la vision de la réalité.

▸ LE RAISONNEMENT PAR OPPOSITION

Le raisonnement par opposition met en valeur une thèse en lui opposant une situation contraire. Il repose sur la confrontation des différences, des opposés, des contraires.

> Si le romancier d'hier choisissait les crises de la vie, les états aigus de l'âme et du cœur, le romancier d'aujourd'hui écrit l'histoire du cœur, de l'âme et de l'intelligence à l'état normal.
>
> Guy de Maupassant, préface de *Pierre et Jean,* 1887.

Les deux situations s'éclairent mutuellement.

Exercice 1

Diderot, admirateur de Richardson, dit toute l'estime qu'il éprouve pour l'écrivain anglais. Quel est le mode de raisonnement adopté ?

Cet auteur ne fait point couler le sang le long des lambris ; il ne vous transporte point dans des contrées éloignées ; il ne vous expose point à être dévoré par des sauvages ; il ne se renferme point dans des lieux clandestins de débauche ; il ne se perd jamais dans les régions de la féerie. Le monde où nous vivons est le lieu de la scène ; le fond de son drame est vrai ; ses personnages ont toute la réalité possible ; ses caractères sont pris du milieu de la société ; ses incidents sont dans les mœurs de toutes les nations policées ; les passions qu'il peint sont telles que je les éprouve en moi ; ce sont les mêmes objets qui les émeuvent, elles ont l'énergie que je leur connais ; les traverses et les afflictions de ces personnages sont de la nature de celles qui me menacent sans cesse.

Denis Diderot, *Éloge de Richardson,* 1761.

Exercice 2

Indiquez le mode de raisonnement utilisé par Balzac.

Pénétré de ce système bien avant les débats auxquels il a donné lieu, je vis que, sous ce rapport, la Société ressemblait à la Nature. La Société ne fait-elle pas de l'homme, suivant les milieux où son action se déploie, autant d'hommes différents qu'il y a de variétés en zoologie ? Les différences entre un soldat, un ouvrier, un administrateur, un avocat, un oisif, un savant, un homme d'État, un commerçant, un marin, un poète, un pauvre, un prêtre, sont, quoique plus difficiles à saisir, aussi considérables que celles qui distinguent le loup, le lion, l'âne, le corbeau, le requin, le veau marin, la brebis, etc. Il a donc existé, il existera donc de tout temps des espèces sociales comme il y a des espèces zoologiques. Si Buffon a fait un magnifique ouvrage en essayant de représenter dans un livre l'ensemble de la zoologie, n'y avait-il pas une œuvre de ce genre à faire pour la Société ?

Honoré de Balzac, Avant-Propos de *La Comédie humaine,* 1842.

Exercice 3

Quels sont les modes de raisonnement auxquels Damilaville a recours ?

La guerre est un fruit de la dépravation des hommes ; c'est une maladie convulsive et violente du corps politique ; il n'est en santé, c'est-à-dire de son état naturel, que lorsqu'il jouit de la paix ; c'est elle qui donne de la vigueur aux empires ; elle maintient l'ordre parmi les citoyens ; elle laisse aux lois la force qui leur est nécessaire ; elle favorise la population, l'agriculture et le commerce ; en un mot, elle procure au peuple le bonheur qui est le but de toute société. La guerre, au contraire, dépeuple les États ; elle y fait régner le désordre ; les lois sont forcées de se taire à la vue de la licence qu'elle introduit.

Damilaville, article « Paix », l'*Encyclopédie,* 1751-1772.

Exercice 4

Alfred de Vigny a publié son roman historique *Cinq-Mars* en 1826. Il y revient dans son *Journal*.
Quel est le raisonnement suivi par l'écrivain ?

J'ai tenté de déterminer ici les limites de l'histoire et du *roman historique* qui, selon ma pensée, doit être son supplément. L'histoire présente aux hommes le sens philosophique et le spectacle *extérieur* des faits vus dans leur ensemble, le roman historique donne l'*intérieur* de ces mêmes faits examinés dans leur détail.

Alfred de Vigny, *Le Journal d'un poète,* 1828.

Exercice 5

Quel est le mode de raisonnement privilégié par Voltaire dans ce conte ?

Le Saturnien et le Sirien s'épuisèrent alors en conjectures ; mais, après beaucoup de raisonnements, fort ingénieux et fort incertains, il fallut en revenir aux faits. « Combien de temps vivez-vous ? dit le Sirien.
– Ah ! bien peu, répliqua le petit homme de Saturne. – C'est tout comme chez nous, dit le Sirien : nous nous plaignons toujours du peu. Il faut que ce soit une loi universelle de la nature. »

Voltaire, *Micromégas,* 1752.

1700
1750

L'exercice de l'esprit critique

LA TRANSITION POLITIQUE

Louis XIV meurt en 1715 dans le soulagement général. Au despotisme du Roi-Soleil succède la souplesse politique de Philippe d'Orléans. Inspiré par l'abbé Dubois, le Régent s'allie avec l'Angleterre et la Hollande dont, par ailleurs, les écrivains comme Voltaire ou Montesquieu admirent le système parlementaire. La persécution religieuse se relâche. La relance économique est facilitée par le système de Law fondé sur la circulation du papier-monnaie. Fortunes rapides, richesses nouvelles ! la cour et la ville sont saisies par la fièvre des affaires – jusqu'à la chute du système. En 1723, âgé de treize ans, Louis XV est sacré roi. Très vite le Bien-Aimé déçoit tous les espoirs. On ressent du moins, à partir de 1745, l'influence libérale de la maîtresse du roi, la marquise de Pompadour, qui soutient les écrivains et les artistes.

LA DIVERSITÉ DE LA LANGUE

L'amélioration à travers la France du réseau routier par le corps des Ponts et Chaussées favorise la circulation de la langue. L'accélération de l'instruction permet à un nombre de plus en plus grand de Français d'apprendre à lire et à écrire, et à signer de leur nom. Les romans de Lesage, de Crébillon se moquent du langage maniéré qu'utilisent petits-maîtres et marquises à la cour, à l'opéra, dans les lieux à la mode. On aime aussi à entendre « parler peuple » au Théâtre de la Foire, on prend plaisir à lire des œuvres dans le langage poissard des vendeuses de la Halle. Surtout, le vocabulaire scientifique se répand. La physique expérimentale, l'économie politique, la finance introduisent dans la langue mille mots nouveaux : le langage de la séduction amoureuse parle de « hausse » et de « baisse », d'« actions » et de « banqueroute ».

LA PASSION DE L'ANALYSE

Dans les salons, les cafés, savants, écrivains et artistes exercent leur esprit critique à l'encontre du dogmatisme religieux et politique. Ils célèbrent les progrès de la science et de la civilisation. Contre l'autorité de l'âme, l'expérience et l'imagination sont désormais valorisées. Si les comédiens sont toujours condamnés par l'Église, la passion du théâtre conduit des grands seigneurs, des financiers, à créer leur théâtre privé. Le commerce de la librairie se développe, surveillé par la censure royale : les imprimeurs et les auteurs séditieux sont enfermés à la Bastille, les colporteurs de « mauvais livres » envoyés aux galères. *Manon Lescaut* ou les *Lettres philosophiques* sont ainsi condamnés à être brûlés publiquement. Mais rien ne peut arrêter l'immense appétit de connaissances et la passion de l'analyse. C'est en vain qu'au café Procope à Paris, les « mouches » – les espions de police – rôdent autour des tables où fusent les idées nouvelles.

LE TEMPS DES COURBES, DU JOLI ET DU BRILLANT

À la rigueur géométrique du jardin « à la française » succède le jardin « anglais », touffu, irrégulier. L'architecture solennelle s'efface devant des constructions souriantes où l'on ménage l'intimité de petits appartements. Musiques de Couperin, opéras de Rameau. Le style rococo multiplie les courbes sinueuses. Le joli, le brillant sont à la mode dans les arts décoratifs, l'ameublement ou la toilette. Le théâtre de Marivaux, les écrits de Voltaire témoignent de ce plaisir du luxe et du raffinement. On aime les robes de satin, les porcelaines tendres, les magots de Chine. La peinture de Watteau représente les élégances mélancoliques du théâtre et ses fêtes galantes. Les belles marquises de Lancret, les divinités mythologiques de Boucher prennent place dans le boudoir. Maurice Quentin La Tour saisit dans ses portraits au pastel la physionomie vive, pétillante, d'un siècle infatigable.

Grands arbres, frondaisons et jets d'eau sont les décors des scènes galantes du rococo.

Le buste couronné de lauriers domine la scène, placé dans une coquille chère au style de la Régence.

Architecture gris-clair et ardoise inspirée des colonnes du palais du Luxembourg.

Watteau mêle le présent au passé, la réalité et la fantaisie, le monde naturel et l'architecture. Il conduit l'ensemble comme une scène de théâtre pour nous charmer et nous surprendre.

L'homme est vêtu d'une fraise, à l'ancienne mode, à l'imitation des peintres hollandais du XVIIe siècle.

Le petit chien, symbole de frivolité, de galanterie : il est souvent présent dans les tableaux et les romans de la Régence.

Antoine Watteau, *Les Plaisirs du bal*, vers 1716-1717.

Les parures, le mélange d'artifice et d'abandon, le caractère intemporel de la scène développent une fête galante donnée sur un théâtre.

Au centre de l'œuvre, les danseurs en costume de théâtre commencent le menuet.

On reconnaît des personnages de comédie : ici celui de Pierrot.

Le serviteur noir au centre de la composition dérive de l'italien Véronèse.

Alain-René Lesage

Nom : Lesage
Prénom : Alain-René
Naissance : le 8 mai 1668, à Sarzeau, dans le Morbihan
Décès : le 17 novembre 1747, à Boulogne-sur-Mer, chez son fils
Lieux : la Bretagne, Paris, Boulogne-sur-Mer
Situation familiale : marié (1694), père de quatre enfants
Professions : avocat, traducteur, auteur dramatique et romancier
Amitiés : Favart, l'abbé de Voisenon, qui écrivent pour le Théâtre de la Foire

Il a écrit

de très nombreuses pièces de théâtre, parmi lesquelles : *Crispin rival de son maître* (1707), *Turcaret* (1709) ;

de nombreux romans, parmi lesquels : *Le Diable boîteux* (1707), *Gil Blas de Santillane* (1715, 1724, 1735), *Les Aventures de Robert Chevalier, dit de Beauchêne* (1732), *Le Bachelier de Salamanque* (1734).

LE BAS-BRETON À PARIS

Son père est notaire royal, sa mère appartient à la bourgeoisie provinciale : c'est en Bretagne que Lesage passe ses premières années. Orphelin à l'âge de quatorze ans, dépouillé de l'héritage familial par son oncle, il s'installe à Paris, où il fait des études de droit, et tombe amoureux d'une jeune et jolie parisienne sans fortune, Marie-Élisabeth Huyard, qu'il épouse en 1694. Mais le nouvel avocat veut être écrivain. Et puisque l'Espagne est à la mode, le jeune auteur commence par traduire des romans, des pièces du théâtre espagnol, dont il propose à la scène française de libres adaptations. Sans grand succès pourtant.

L'AUTEUR CHARGÉ DE FAMILLE

Pour que Lesage se fasse connaître au théâtre, il faut attendre *Crispin rival de son maître*, puis *Turcaret*, qui dénonce les financiers corrompus. Les banquiers ont proposé de l'argent pour qu'il retire sa pièce ; la cour doit intervenir pour contraindre les comédiens du Théâtre-Français à jouer : Lesage a compris. Pour subvenir aux besoins de sa famille, il donnera au Théâtre de la Foire plus de cent pièces comiques, livrets de vaudevilles, parodies pour le théâtre de marionnettes. Malgré ses efforts pour l'en dissuader, son fils aîné se fait comédien. Mais si le théâtre a une grande importance dans sa vie, c'est à la publication de ses romans que Lesage donne tous ses soins.

LE ROMANCIER

Le succès du *Diable boîteux*, en 1707, est immédiat. « Tout le monde court après lui. » Le roman est traduit en anglais, en italien ; des imitateurs publient *Le Diable borgne*, *Le Diable bossu*, *Le Diable aveugle*. Alors que Lesage ne s'est jamais rendu en Espagne, c'est à nouveau un roman « imité de l'espagnol », *Gil Blas de Santillane*, qu'il fait paraître en 1715, auquel il donne une suite en 1724, et une fin en 1735. Après la mort de son fils aîné, ayant trouvé refuge chez un autre de ses enfants, chanoine de la cathédrale de Boulogne-sur-Mer, Lesage travaille encore à corriger son cher *Gil Blas* dans les dernières années de sa vie.

Le Diable boîteux

1707

Pour remercier don Cleofas qui l'a délivré, le démon Asmodée, surnommé le Diable boîteux, ouvre les toits de Madrid et révèle au jeune homme l'intérieur des maisons, les pensées et les rêves qui occupent leurs habitants. Le roman satirique découvre ainsi aux yeux du lecteur les ridicules et les vices cachés des hommes.

« Commençons par ce bel hôtel[1] à main droite. Le maître du logis, que vous voyez couché dans ce riche appartement, est un comte libéral[2] et galant. Il rêve qu'il est à un spectacle où il entend chanter une jeune actrice, et qu'il se rend à la voix de cette sirène.

« Dans l'appartement parallèle repose la comtesse, sa femme, qui aime le jeu à la fureur. Elle rêve qu'elle n'a point d'argent, et qu'elle met en gage des pierreries chez un joaillier qui lui prête trois cents pistoles moyennant un très honnête profit.

« Dans l'hôtel le plus proche, du même côté, demeure un marquis du même caractère que le comte, et qui est amoureux d'une fameuse coquette. Il rêve qu'il emprunte une somme considérable pour lui en faire présent, et son intendant, couché tout au haut de l'hôtel, songe qu'il s'enrichit à mesure que son maître se ruine. Hé bien ! que pensez-vous de ces songes-là ? Vous paraissent-ils extravagants ? – Non, ma foi, répondit don Cleofas, je vois bien qu'Ovide[3] a raison. Mais je suis curieux de savoir qui est cet homme que je remarque. Il a la moustache en papillotes, et conserve en dormant un air de gravité qui me fait juger que ce ne doit pas être un cavalier du commun. – C'est un gentilhomme de province, répondit le démon, un vicomte aragonais, un esprit vain et fier. Son âme, en ce moment, nage dans la joie. Il rêve qu'il est avec un grand qui lui cède le pas dans une cérémonie publique. »

Alain-René Lesage, *Le Diable boîteux*, 1707.

1. *hôtel :* riche demeure d'un grand seigneur à la ville
2. *libéral :* qui donne facilement, généreux
3. Ovide, le poète latin, insiste sur l'importance, la vérité des rêves

QUESTIONS

La satire sociale

1. Tout au long de son roman, Lesage se moque de différents milieux sociaux. À quels milieux les personnages appartiennent-ils ?

2. Lesage est aussi un grand auteur de comédies. En quoi est-il ici l'héritier de Molière ?

3. Lesage construit son roman à la manière d'un moraliste, entre « caractère » et « anecdote ». Dégagez, d'après ce passage, la structure générale du récit.

La peinture des mœurs

4. Satirique, moraliste, Lesage fait le tableau des mœurs du temps, s'attaque aux ridicules des hommes. Quels travers dénonce-t-il ? Selon Asmodée, quels sentiments mènent le monde ?

5. Un « vice » n'existe jamais seul, il entre toujours dans une série où plusieurs « vices » s'enchaînent. Indiquez précisément comment s'effectue ce passage d'un « vice » à l'autre.

La vivacité du récit

6. Les petits tableaux qui se suivent de la ligne 1 à 13 sont tous construits de la même manière. Relevez tous les effets de symétrie sur le plan thématique (structure de l'espace, relation des personnages…), sur le plan lexical (retour des mêmes mots), sur le plan grammatical (à travers la structure des phrases qui composent chaque portrait).

Gil Blas de Santillane

Arrivé au terme de ses aventures, ayant traversé les milieux les plus divers, le héros raconte les étapes de son ascension, livre son itinéraire social et sentimental. Roman de formation, roman d'apprentissage, le récit montre Gil Blas lancé sur les chemins à l'âge de dix-sept ans, enrôlé de force dans une bande de voleurs.

▶ L'attaque des voyageurs est un thème littéraire que met aussi en scène la peinture, dès le XVIIe siècle, à travers ce tableau de Van der Meulen, *Attaque d'un convoi*, 1660.

Nous découvrîmes de loin un carrosse à quatre mules. Il venait à nous au grand trot, et il était accompagné de trois hommes à cheval qui nous parurent bien armés. Rolando[1] fit faire halte à la troupe, pour tenir conseil là-dessus, et le résultat fut qu'on attaquerait. Aussitôt, il nous rangea de la manière qu'il voulut, et nous marchâmes en bataille au-devant du carrosse. Malgré les applaudissements[2] que j'avais reçus dans le bois, je me sentis saisi d'un grand tremblement et bientôt il sortit de tout mon corps une sueur froide qui ne me présageait rien de bon. Pour surcroît de bonheur, j'étais au front[3] de la bataille, entre le capitaine et le lieutenant, qui m'avaient placé là pour m'accoutumer au feu tout d'un coup. Rolando, remarquant jusqu'à quel point la nature pâtissait[4] chez moi, me regarda de travers, et me dit d'un air brusque : « Écoute, Gil Blas, songe à faire ton devoir. Je t'avertis que, si tu recules, je te casserai la tête d'un coup de pistolet. » J'étais trop persuadé qu'il le ferait comme il le disait, pour négliger l'avertissement. C'est pourquoi je ne pensais plus qu'à recommander mon âme à Dieu.

Pendant ce temps-là, le carrosse et les cavaliers s'approchaient. Ils connurent quelle sorte de gens nous étions, et, devinant notre dessein à notre contenance[5], ils s'arrêtèrent à la portée d'une escopette[6]. Ils avaient, aussi bien que nous, des carabines et des pistolets. Tandis qu'ils se préparaient à nous recevoir, il sortit du carrosse un homme

1. *Rolando :* **le chef des brigands**
2. *applaudissements :* **félicitations reçues après une attaque précédente**
3. *au front :* **en première ligne**
4. *la nature pâtissait :* **l'inquiétude apparaissait**
5. *notre contenance :* **notre attitude, notre apparence**
6. *escopette :* **arme à feu**

bien fait et richement vêtu. Il monta sur un cheval de main, dont un des cavaliers tenait la bride, et il se mit à la tête des autres. Il n'avait pour armes que son épée et deux pistolets. Encore qu'ils ne fussent que quatre contre neuf, car le cocher demeura sur son siège, ils s'avancèrent vers nous avec une audace qui redoubla mon effroi. Je ne laissai pas pourtant, bien que tremblant de tous mes membres, de me tenir prêt à tirer mon coup ; mais, pour dire les choses comme elles sont, je fermai les yeux et tournai la tête en déchargeant ma carabine ; et, de la manière que je tirai, je ne dois point avoir ce coup-là sur la conscience.

Je ne ferai point un détail de l'action. Quoique présent, je ne voyais rien ; et ma peur, en me troublant l'imagination, me cachait l'horreur du spectacle même qui m'effrayait. Tout ce que je sais, c'est qu'après un grand bruit de mousquetades[7], j'entendis mes compagnons crier à pleine tête : *Victoire ! victoire !* À cette acclamation, la terreur qui s'était emparée de mes sens se dissipa, et j'aperçus sur le champ de bataille les quatre cavaliers étendus sans vie. De notre côté, nous n'eûmes qu'un homme de tué. Ce fut l'apostat[8], qui n'eut, en cette occasion, que ce qu'il méritait pour son apostasie, et pour ses mauvaises plaisanteries sur les scapulaires[9]. Le lieutenant reçut au bras une blessure, mais elle se trouva très légère, le coup n'ayant fait qu'effleurer la peau.

Le seigneur Rolando courut d'abord à la portière du carrosse. Il y avait dedans une dame de vingt-quatre à vingt-cinq ans, qui lui parut très belle malgré le triste état où il la voyait. Elle s'était évanouie pendant le combat, et son évanouissement durait encore. Tandis qu'il s'occupait à la regarder, nous songeâmes, nous autres, au butin.

Alain-René Lesage, *Gil Blas de Santillane*, 1715.

7. *mousquetades* : **fusillades**
8. *apostat* : **qui a renié sa religion**
9. *scapulaires* : **objets de dévotion**

QUESTIONS

Le héros picaresque

1. Le « picaro » est un pauvre hère partagé entre fatalisme et générosité, abandon aux événements et naïveté. Relevez dans l'attitude de Gil Blas ce mélange de faiblesse et de bons sentiments.

2. Quel est le sentiment dominant éprouvé par Gil Blas au long de l'aventure ? Repérez les termes qui appartiennent au champ lexical correspondant.

3. Le héros est passif, soumis aux événements. Quels sont les moments où il est également « trahi » par son corps ?

Le feu de l'action

4. Gil Blas fait ici ses premières armes, il est confronté au feu du combat. Dégagez les différentes étapes de l'affrontement en vous appuyant sur tous les verbes de mouvement.

5. Relevez ce qui appartient au champ lexical de la guerre de la ligne 4 à 14. Montrez que c'est à une véritable bataille que se préparent les voleurs.

6. Quelles sont les armes principalement mentionnées dans le texte ? Pourquoi le romancier les a-t-il privilégiées ?

L'humour de la narration

7. En revenant sur les aventures de sa jeunesse, Gil Blas sait prendre ses distances avec elles. Donnez quelques exemples de l'humour que montre le narrateur dans le récit, dans le regard qu'il porte sur lui-même.

Repérez en particulier :

– les effets de contraste et d'opposition,

– l'utilisation de l'antiphrase qui consiste à dire le contraire de ce que l'on veut faire comprendre.

Montesquieu

Nom : de Secondat, baron de Montesquieu
Prénom : Charles-Louis
Naissance : le 18 janvier 1689, au château de la Brède, près de Bordeaux
Décès : le 10 février 1755, à Paris
Lieux : la Brède, Bordeaux et sa région, Paris, l'Europe
Situation familiale : marié, père de trois enfants
Professions : magistrat, propriétaire terrien, académicien
Amitiés : Fontenelle, d'Alembert, Diderot

LE PARLEMENTAIRE

Né au château de la Brède, dans une puissante famille de parlementaires, Montesquieu passe sa jeunesse au milieu des vignes. Ses études de droit le destinent au Parlement de Bordeaux, où il est avocat, conseiller, puis président à mortier, héritant cette dernière charge de son oncle, qui lui lègue aussi sa fortune et son nom. Mais depuis 1709, Montesquieu séjourne souvent à Paris. Il aime les plaisirs du monde autant que la retraite. La publication des *Lettres persanes* lui ouvre les salons. Déjà élu à l'Académie de Bordeaux, il entre à l'Académie française en 1727, malgré les résistances du pouvoir. Ici et là, à Bordeaux comme à Paris, il s'agit d'« être vrai partout ».

LE VOYAGEUR

Ce magistrat sait négocier son vin, gérer ses terres et ses biens. Marié à une riche protestante en 1715, il mène à la Brède une vie sans faste, sans dépense. Son seul luxe est l'immense bibliothèque du château : « N'ayant jamais eu de chagrin qu'une heure de lecture ne m'ait ôté. » Après avoir vendu sa charge de président, Montesquieu entreprend un voyage à travers l'Europe : l'Autriche, la Hongrie, l'Italie, l'Allemagne, la Hollande, l'Angleterre. Il multiplie les rencontres, visite les mines du Harz où « les enfants commencent à travailler dès l'âge de neuf, dix à onze ans », s'informe partout sur les mœurs, la religion, l'économie, les différents systèmes politiques. L'« esprit rebelle » accumule les matériaux de son grand œuvre.

L'AUTEUR DE *L'ESPRIT DES LOIS*

À son retour, c'est à son grand ouvrage sur la nature des lois que Montesquieu consacre bientôt toutes ses forces. L'académicien brillant, le gentilhomme terrien s'effacent devant l'écrivain porté par l'urgence de sa tâche. Montesquieu veut servir la raison, et mettre la raison au service de la liberté. Presque aveugle, animé par l'horreur des abus, il s'use au travail. Enfin, « la mort, redoutée tant que l'ouvrage n'était pas terminé, peut venir ». Après la publication de *L'Esprit des lois*, la bataille est violente. Le livre est mis à l'index, et Montesquieu s'engage auprès des philosophes. Entouré de ses amis, il meurt à Paris d'une fluxion de poitrine. Diderot suit le convoi funèbre.

Il a écrit

de nombreux *Mémoires, Considérations, Réflexions* sur des matières scientifiques ou historiques ;

des romans, parmi lesquels : *Lettres persanes* (1721) ;

des ouvrages d'analyse, parmi lesquels : *De l'Esprit des lois* (1748) ;

des *Pensées,* écrites pour lui-même sans souci de publication.

Lettres persanes

1721

Usbek et Rica visitent la France, échangent des lettres, reçoivent des nouvelles de Perse. Au-delà de l'exotisme oriental, les *Lettres persanes* sont une critique des mœurs et des institutions françaises. À travers le regard étonné de Rica, Montesquieu renouvelle la satire des embarras de Paris.

RICA À IBBEN, À SMYRNE

Nous sommes à Paris depuis un mois, et nous avons toujours été dans un mouvement continuel. Il faut bien des affaires avant qu'on soit logé, qu'on ait trouvé les gens à qui on est adressé, et qu'on se soit pourvu des choses nécessaires, qui manquent toutes à la fois.

Paris est aussi grand qu'Ispahan. Les maisons y sont si hautes qu'on jugerait qu'elles ne sont habitées que par des astrologues. Tu juges bien qu'une ville bâtie en l'air, qui a six ou sept maisons les unes sur les autres, est extrêmement peuplée, et que, quand tout le monde est descendu dans la rue, il s'y fait un bel embarras.

Tu ne le croirais pas peut-être : depuis un mois que je suis ici, je n'y ai encore vu marcher personne. Il n'y a point de gens au monde qui tirent mieux parti de leur machine[1] que les Français : ils courent ; ils volent. Les voitures lentes d'Asie, le pas réglé de nos chameaux, les feraient tomber en syncope. Pour moi, qui ne suis point fait à ce train, et qui vais souvent à pied sans changer d'allure, j'enrage quelquefois comme un Chrétien : car encore passe qu'on m'éclabousse depuis les pieds jusqu'à la tête ; mais je ne puis pardonner les coups de coude que je reçois régulièrement et périodiquement. Un homme qui vient après moi, et qui me passe[2] me fait faire un demi-tour, et un autre, qui me croise de l'autre côté, me remet soudain où le premier m'avait pris ; et je n'ai pas fait cent pas, que je suis plus brisé que si j'avais fait dix lieues.

De Paris, le 4 de la lune de Rebiab[3], 1712.

Montesquieu, *Lettres persanes*, Lettre 24, 1721.

1. *leur machine* : **leur corps**
2. *me passe* : **me dépasse**
3. *la lune de Rebiab* : **le mois de juin**

QUESTIONS

Une série d'arguments

1. Rica met son expérience personnelle au service d'une démonstration générale concernant Paris et ses habitants. Il développe son opinion, son « point de vue », à travers une série d'arguments et d'illustrations. Repérez tout au long de la lettre la thèse affirmée, les arguments et les illustrations.

Le point de vue du Persan

2. En faisant parler un Persan, Montesquieu renverse nos habitudes de voir et de penser : à la ligne 5, Paris n'est plus le centre du monde, c'est Ispahan qui sert de référence. Retrouvez dans le troisième paragraphe deux autres exemples de ce renversement.

Les formes du comique

3. Repérez les différentes formes du comique satirique :
- l'expression pittoresque qui exprime la naïveté du regard ;
- la formulation paradoxale qui suscite la curiosité du lecteur ;
- la gradation rapide ;
- l'évocation souriante ;
- le burlesque de la farce.

Lettres persanes

À travers toutes ses rencontres, Rica poursuit ses réflexions. Dénonçant absurdités et extravagances, les *Lettres persanes* amènent le lecteur à s'interroger sur lui-même. Comment peut-on être Français ?

RICA AU MÊME, À SMYRNE

Les habitants de Paris sont d'une curiosité qui va jusqu'à l'extravagance. Lorsque j'arrivai, je fus regardé comme si j'avais été envoyé du Ciel : vieillards, hommes, femmes, enfants, tous voulaient me voir. Si je sortais, tout le monde se mettait aux fenêtres ; si j'étais aux Tuileries, je voyais aussitôt un cercle se former autour de moi : les femmes mêmes faisaient un arc-en-ciel, nuancé de mille couleurs, qui m'entourait ; si j'étais aux spectacles, je trouvais d'abord[1] cent lorgnettes[2] dressées contre ma figure[3] : enfin jamais homme n'a tant été vu que moi. Je souriais quelquefois d'entendre des gens qui n'étaient presque jamais sortis de leur chambre, qui disaient entre eux : « Il faut avouer qu'il a l'air bien persan. » Chose admirable ! je trouvais de mes portraits partout ; je me voyais multiplié dans toutes les boutiques, sur toutes les cheminées : tant on craignait de ne m'avoir pas assez vu.

Tant d'honneurs ne laissent pas d'être à charge[4] : je ne me croyais pas un homme si curieux et si rare ; et, quoique j'aie très bonne opinion de moi, je ne me serais jamais imaginé que je dusse troubler le repos d'une grande ville où je n'étais point connu. Cela me fit résoudre à quitter l'habit persan et à en endosser un à l'européenne, pour voir s'il resterait encore dans ma physionomie quelque chose d'admirable. Cet essai me fit connaître ce que je valais réellement : libre de tous les ornements étrangers, je me vis apprécié au plus juste. J'eus sujet de me plaindre de mon tailleur, qui m'avait fait perdre en un instant l'attention et l'estime publique : car j'entrai tout à coup dans un néant affreux. Je demeurais quelquefois une heure dans une compagnie sans qu'on m'eût regardé, et qu'on m'eût mis en occasion d'ouvrir la bouche. Mais, si quelqu'un, par hasard, apprenait à la compagnie que j'étais Persan, j'entendais aussitôt autour de moi un bourdonnement : « Ah ! ah ! Monsieur est Persan ? c'est une chose bien extraordinaire ! Comment peut-on être Persan ? »

De Paris, le 6 de la lune de Chalval[5], 1712.

Montesquieu, *Lettres persanes,* Lettre 30, 1721.

1. *d'abord :* **immédiatement**
2. *lorgnettes :* **jumelles**
3. *dressées contre ma figure :* **dirigées vers mon visage**
4. *d'être à charge :* **de devenir pénibles**
5. *la lune de Chalval :* **le mois de décembre**

QUESTIONS

Voir et être vu

1. Rica, qui d'ordinaire observe, est ici l'objet du spectacle. Recherchez tous les termes qui appartiennent au champ lexical du regard dans le premier paragraphe.

Le goût du spectacle

2. Toutes les apparitions de Rica recréent les conditions d'une scène de théâtre. Expliquez de quelle façon cette théâtralité se retrouve de la ligne 3 à la ligne 8.

L'humour et l'autoportrait

3. Quels principaux traits de caractère de Rica apparaissent à travers le portrait qu'il donne de lui-même ?

4. En quoi les deux paragraphes de la lettre s'opposent-ils ?

S'il réclame plus de justice, plus de tolérance, Rica se moque également de la société de la Régence. Le goût du luxe, le rayonnement des actrices, les caprices de la mode : rien n'échappe au regard des Persans.

RICA À RHÉDI, À VENISE

Je trouve les caprices de la mode, chez les Français, étonnants. Ils ont oublié comment ils étaient habillés cet été ; ils ignorent encore plus comment ils le seront cet hiver. Mais, surtout, on ne saurait croire combien il en coûte à un mari pour mettre sa femme à la mode.

Que me servirait de te faire une description exacte de leur habillement et de leurs parures ? Une mode nouvelle viendrait détruire tout mon ouvrage, comme celui de leurs ouvriers, et, avant que tu eusses reçu ma lettre, tout serait changé.

Une femme qui quitte Paris pour aller passer six mois à la campagne en revient aussi antique que si elle s'y était oubliée trente ans. Le fils méconnaît[1] le portrait de sa mère, tant l'habit avec lequel elle est peinte lui paraît étranger ; il s'imagine que c'est quelque Américaine qui y est représentée, ou que le peintre a voulu exprimer quelqu'une de ses fantaisies.

Quelquefois, les coiffures montent insensiblement, et une révolution[2] les fait descendre tout à coup. Il a été un temps que leur hauteur immense mettait le visage d'une femme au milieu d'elle-même. Dans un autre, c'étaient les pieds qui occupaient cette place : les talons faisaient un piédestal qui les tenait en l'air. Qui pourrait le croire ? Les architectes ont été souvent obligés de hausser, de baisser et d'élargir leurs portes, selon que les parures des femmes exigeaient d'eux ce changement, et les règles de leur art ont été asservies à ces caprices.

De Paris, le 8 de la lune de Saphar[3]*, 1717.*

Montesquieu, *Lettres persanes*, Lettre 99, 1721.

1. *méconnaît :* **ne reconnaît pas**
2. *une révolution :* **un brusque changement**
3. *la lune de Saphar :* **le mois d'avril**

▲ Détail d'un tableau de Peter Bout, peintre du XVIIIe siècle.

QUESTIONS

Le despotisme de la mode

1. Rica insiste sur la vitesse du changement. Relevez ce qui, de la ligne 3 à 14, souligne la rapidité et l'ampleur du changement à travers toute une série d'oppositions.

L'art de la caricature

2. Repérez, de la ligne 15 à 22, les indicateurs de temps qui rythment et accentuent le changement.

3. Relevez quelques exemples d'exagérations expressives, caricaturales.

MONTESQUIEU

De l'Esprit des lois

Écrivain et philosophe, Montesquieu s'interroge sur la diversité des régimes politiques tout au long de l'Histoire. Il dégage l'existence de trois types de gouvernements : républicain, monarchique, despotique.

L'amour de la république, dans une démocratie, est celui de la démocratie ; l'amour de la démocratie est celui de l'égalité.

L'amour de la démocratie est encore l'amour de la frugalité[1]. Chacun devant y avoir le même bonheur et les mêmes avantages, y doit goûter les mêmes plaisirs, et former les mêmes espérances ; chose qu'on ne peut attendre que de la frugalité générale.

Montesquieu, *De l'Esprit des lois*, Livre V, chapitre 3, 1748.

De tous les gouvernements despotiques, il n'y en a point qui s'accable plus lui-même, que celui où le prince se déclare propriétaire de tous les fonds de terre, et l'héritier de tous ses sujets. Il en résulte toujours l'abandon de la culture des terres ; et, si d'ailleurs[2] le prince est marchand, toute espèce d'industrie est ruinée.

Dans ces États, on ne répare, on n'améliore rien. On ne bâtit de maisons que pour la vie, on ne fait point de fossés, on ne plante point d'arbres ; on tire tout de la terre, on ne lui rend rien.

Montesquieu, *De l'Esprit des lois*, Livre V, chapitre 14, 1748.

Dans une monarchie où l'honneur règne seul, le prince ne récompenserait que par des distinctions, si les distinctions que l'honneur établit n'étaient jointes à un luxe qui donne nécessairement des besoins : le prince y récompense donc par des honneurs qui mènent à la fortune. Mais, dans une république où la vertu règne, motif qui se suffit à lui-même et qui exclut tous les autres, l'État ne récompense que par des témoignages de cette vertu.

C'est une règle générale, que les grandes récompenses dans une monarchie et dans une république sont un signe de leur décadence, parce qu'elles prouvent que leurs principes sont corrompus.

Montesquieu, *De l'Esprit des lois*, Livre V, chapitre 18, 1748.

1. *la frugalité :* **la simplicité, la modestie des besoins**
2. *si d'ailleurs :* **dans l'hypothèse où**

QUESTIONS

La motivation des hommes

1. La théorie des trois gouvernements, élaborée par Montesquieu, met en évidence ce qui, dans chaque État, motive les hommes. Quels principes conduisent les hommes sous la république, la monarchie, le despotisme ?

Les risques et les menaces

2. Quels sont les différents risques de déviation, de corruption, de décadence qui, de la ligne 7 à 24, menacent les trois régimes ?

3. Comment ces régimes, la république, la monarchie et le despotisme, peuvent-ils tomber en décadence ?

L'autorité du raisonnement

4. Quels passages sont des définitions simples ?

5. Repérez les formes de l'assertion, de l'insistance de la ligne 1 à 6.

6. Dans le deuxième extrait, Montesquieu utilise plusieurs tournures dévalorisantes. Relevez-les.

Montesquieu défend avec vigueur le principe de la tolérance, fondé sur la raison et l'amour de l'humanité, et combat l'esclavage des Noirs en utilisant l'arme favorite des philosophes du XVIIIe siècle : l'ironie et la pitié.

Si j'avais à soutenir le droit que nous avons eu de rendre les nègres esclaves[1], voici ce que je dirais :

Les peuples d'Europe ayant exterminé ceux de l'Amérique, ils ont dû mettre en esclavage ceux de l'Afrique, pour s'en servir à défricher tant de terres.

Le sucre serait trop cher, si l'on ne faisait travailler la plante qui le produit par des esclaves.

Ceux dont il s'agit sont noirs depuis les pieds jusqu'à la tête ; et ils ont le nez si écrasé qu'il est presque impossible de les plaindre.

On ne peut se mettre dans l'esprit que Dieu, qui est un être très sage, ait mis une âme, surtout une âme bonne, dans un corps tout noir.

Il est si naturel de penser que c'est la couleur qui constitue l'essence de l'humanité, que les peuples d'Asie, qui font des eunuques, privent toujours les Noirs du rapport qu'ils ont avec nous d'une façon plus marquée.

On peut juger de la couleur de la peau par celle des cheveux, qui, chez les Égyptiens, les meilleurs philosophes du monde, étaient d'une si grande conséquence[2], qu'ils faisaient mourir tous les hommes roux qui leur tombaient entre les mains.

Une preuve que les nègres n'ont pas le sens commun, c'est qu'ils font plus de cas d'un collier de verre que de l'or, qui, chez des nations policées[3], est d'une si grande conséquence.

Il est impossible que nous supposions que ces gens-là soient des hommes ; parce que, si nous les supposions des hommes, on commencerait à croire que nous ne sommes pas nous-mêmes chrétiens.

De petits esprits exagèrent trop l'injustice que l'on fait aux Africains. Car, si elle était telle qu'ils le disent, ne serait-il pas venu dans la tête des princes d'Europe, qui font entre eux tant de conventions inutiles, d'en faire une générale en faveur de la miséricorde et de la pitié.

Montesquieu, *De l'Esprit des lois*, Livre XV, chapitre 5, 1748.

1. rendre les nègres esclaves : **référence à la traite, au commerce des Noirs**
2. conséquence : **importance**
3. policées : **civilisées**

QUESTIONS

L'ironie et l'antiphrase

1. Le principal procédé de l'ironie est l'antiphrase qui consiste à dire le contraire de ce que l'on veut faire comprendre au lecteur. C'est ainsi que Montesquieu feint de défendre l'esclavage. Repérez quelques antiphrases.

Le plaidoyer et le réquisitoire

2. Le plaidoyer en faveur de la liberté des nègres prend la forme d'un vigoureux réquisitoire contre les pays d'Europe. Relevez les exemples d'égoïsme et de mauvaise foi, les exemples de contradiction du point de vue religieux.

La raison et l'humanité

3. Comment, de la ligne 15 à 21, les « preuves » se détruisent-elles elles-mêmes au regard de la raison ?

4. Repérez la montée de l'indignation dans le texte, l'appel au cœur, à l'humanité du lecteur.

Marivaux

Nom : Carlet de Chamblain de Marivaux
Prénom : Pierre
Naissance : le 4 février 1688, à Paris
Décès : le 12 février 1763, à Paris, à trois heures du matin
Lieux : l'Auvergne dans sa jeunesse, Paris à partir du moment où il y est étudiant
Situation familiale : marié, une fille
Professions : avocat, journaliste, auteur dramatique, romancier, académicien
Amitiés : Fontenelle, la comédienne Silvia, Mlle de Saint-Jean

Il a écrit

- des journaux ;
- des écrits satiriques ;
- des pièces de théâtre, parmi lesquelles : *Arlequin poli par l'amour* (1720), *La Surprise de l'amour* (1723), *La Double Inconstance* (1723), *L'Île des esclaves* (1725), *Le Jeu de l'amour et du hasard* (1730), *Les Fausses Confidences* (1737) ;
- des romans : *La Vie de Marianne* (1731-1741), *Le Paysan parvenu* (1735).

L'AVOCAT DES MODERNES

Issu d'une famille de la petite noblesse de robe, Marivaux passe sa jeunesse en Auvergne, à Riom, où son père est directeur des Monnaies, puis à Limoges où il écrit, à dix-huit ans, sa première comédie. À Paris, étudiant en droit, avocat, il se lie avec les Modernes qui veulent rompre avec le langage et les règles classiques, qui réclament pour le siècle qui commence une littérature nouvelle. Marié avec Colombe Bologne en 1717, il est père d'une fille, Colombe-Prospère, deux ans plus tard. À travers romans, articles de journaux, écrits satiriques, il révèle un ton très original, une personnalité subtile et brillante.

LE MAÎTRE DE LA COMÉDIE

À partir de 1720, ruiné par la banqueroute de Law, Marivaux s'impose au théâtre comme le maître d'une comédie nouvelle, consacrée aux surprises de l'amour. Il destine ses pièces, *Arlequin poli par l'amour* et *La Surprise de l'amour*, à la Comédie-Italienne : Gianetta Benozzi, surnommée Silvia, en tient le rôle principal. Après la mort de sa femme, qui le laisse longtemps inconsolable, Marivaux fréquente les salons mondains et littéraires, que surprennent et séduisent Marianne et Jacob, les deux héros des romans d'apprentissage *La Vie de Marianne* et *Le Paysan parvenu* qu'il publie alors. En 1742, arrivé à Paris avec en poche quinze louis d'argent et une pièce de théâtre, Jean-Jacques Rousseau se présente chez Marivaux, qui le reçoit et retouche sa comédie.

L'ACADÉMICIEN SAISI PAR LA MÉLANCOLIE

Élu à l'Académie française à cinquante-cinq ans, Marivaux écrit encore quelques pièces, quelques *Réflexions* sur l'histoire et la littérature, sur l'esprit humain. Sa fille prend le voile en 1746. De nouvelles comédiennes triomphent aux Italiens. Le goût change. Marivaux s'installe avec Angélique-Gabrielle de Saint-Jean, rue de Richelieu, où les deux amis vivent de leurs rentes viagères. Son influence décroît. Silvia, qui fut l'interprète idéale de ses pièces, meurt en 1758. Il meurt lui-même en 1763, le 12 février à trois heures du matin, après une longue maladie. On ignore où son corps est enterré.

La Surprise de l'amour

1723

Marivaux confronte maîtres et maîtresses, servantes et valets aux « surprises de l'amour ». Ainsi Lélio et la Comtesse, Colombine et Arlequin ont décidé de ne plus aimer. Mais l'amour triomphe de l'amour-propre dans cette comédie pleine de grâce et de légèreté.

ARLEQUIN. – Laissez-moi en repos, mademoiselle Colombine ; promenez-vous d'un côté, et moi d'un autre ; sinon, je m'enfuirai, car je réponds tout de travers.

COLOMBINE. – Puisqu'on ne peut avoir l'honneur de ta compagnie qu'à ce prix-là, je le veux bien, promenons-nous. *(Et puis à part en se promenant, comme Arlequin fait de son côté.)* Tout en badinant[1] cependant, me voilà dans la fantaisie d'être aimée de ce petit corps-là.

ARLEQUIN, *déconcerté, et se promenant de son côté.* – C'est une malédiction que cet amour : il m'a tourmenté quand j'en avais, et il me fait encore du mal à cette heure que je n'en veux point. Il faut prendre patience et faire bonne mine. *(Il chante.)* Turlu, turluton.

COLOMBINE, *le rencontrant sur le théâtre, et s'arrêtant.* – Mais vraiment, tu as la voix belle : sais-tu la musique ?

ARLEQUIN, *s'arrêtant aussi.* – Oui, je commence à lire les paroles. *(Il chante.)* Tourleroutouton.

COLOMBINE, *continuant de se promener.* – Peste soit du petit coquin ! Sérieusement je crois qu'il me pique[2].

ARLEQUIN, *de son côté.* – Elle me regarde, elle voit bien que je fais semblant de ne pas songer à elle.

COLOMBINE. – Arlequin ?

ARLEQUIN. – Hum.

COLOMBINE. – Je commence à me lasser de la promenade.

ARLEQUIN. – Cela se peut bien.

COLOMBINE. – Comment te va le cœur ?

ARLEQUIN. – Ah ! je ne prends pas garde à cela.

COLOMBINE. – Gageons[3] que tu m'aimes ?

ARLEQUIN. – Je ne gage jamais, je suis trop malheureux, je perds toujours.

Marivaux, *La Surprise de l'amour*, Acte II, scène 3, 1723.

1. *badiner :* **plaisanter avec légèreté**
2. *piquer :* **irriter, blesser l'amour-propre**
3. *gageons :* **parions**

QUESTIONS

La distance

1. Indiquez ce qui, dans ses paroles, dans ses gestes, exprime le refus d'Arlequin de tomber amoureux.

2. Repérez les moments où Colombine, pour s'en défendre, traite l'amour qu'elle éprouve comme un jeu.

Les blessures de l'amour

3. Retrouvez tout ce qui montre chez Arlequin le souvenir d'un amour malheureux, la volonté de ne plus tomber amoureux. Analysez les didascalies et le lexique de chacune de ses répliques.

4. À quel moment peut-on voir en lui de la mélancolie ?

Le triomphe du cœur

5. À travers les répliques d'Arlequin et les didascalies, indiquez les signes de son désarroi, puis la manifestation progressive de son intérêt pour Colombine.

6. Comment Colombine reprend-elle, chaque fois, l'initiative ?

Le Jeu de l'amour et du hasard

Les alliances d'intérêt s'opposent au bonheur. Mais l'obstacle est aussi intérieur quand le cœur craint de se dévoiler… Silvia échange ses vêtements avec sa servante, Lisette, pour connaître les sentiments de Dorante qu'elle devrait épouser. Mais celui-ci fait de même avec son valet. Bientôt Dorante, amoureux de la fausse Lisette, lui découvre sa véritable identité. Silvia hésite alors à avouer son amour.

SILVIA, *en habit de servante.* – Eh, monsieur, de quelle conséquence[1] est-il de vous justifier auprès de moi ? Ce n'est pas la peine, je ne suis qu'une suivante[2], et vous me le faites bien sentir.

DORANTE. – Moi, Lisette[3] ! est-ce à vous à vous plaindre, vous qui me voyez prendre mon parti[4] sans me rien dire ?

SILVIA. – Hum, si je voulais, je vous répondrais bien là-dessus.

DORANTE. – Répondez donc, je ne demande pas mieux que de me tromper. Mais que dis-je ! Mario[5] vous aime.

SILVIA. – Cela est vrai.

DORANTE. – Vous êtes sensible à son amour, je l'ai vu par l'extrême envie que vous aviez tantôt que je m'en allasse ; ainsi, vous ne sauriez m'aimer.

SILVIA. – Je suis sensible à son amour ! qui est-ce qui vous l'a dit ? Je ne saurais vous aimer ! qu'en savez-vous ? Vous décidez bien vite.

DORANTE. – Eh bien, Lisette, par tout ce que vous avez de plus cher au monde, instruisez-moi[6] de ce qui en est, je vous en conjure.

SILVIA. – Instruire un homme qui part !

DORANTE. – Je ne partirai point.

SILVIA. – Laissez-moi, tenez, si vous m'aimez, ne m'interrogez point. Vous ne craignez que mon indifférence, et vous êtes trop heureux que je me taise. Que vous importent mes sentiments ?

DORANTE. – Ce qu'ils m'importent, Lisette ? peux-tu douter encore que je ne t'adore ?

SILVIA. – Non, et vous me le répétez si souvent que je vous crois, mais pourquoi m'en persuadez-vous, que voulez-vous que je fasse de cette pensée-là, monsieur ? Je vais vous parler à cœur ouvert. Vous m'aimez, mais votre amour n'est pas une chose bien sérieuse pour vous ; que de ressources n'avez-vous pas, pour vous en défaire ! La distance[7] qu'il y a de vous à moi, mille objets que vous allez trouver sur votre chemin, l'envie qu'on aura de vous rendre sensible[8], les amusements d'un homme de votre condition, tout va vous ôter cet amour dont vous m'entretenez impitoyablement ; vous en rirez peut-être au sortir[9] d'ici, et vous aurez raison. Mais moi, monsieur, si je m'en ressouviens, comme j'en ai peur, s'il m'a frappée, quel secours aurai-je contre l'impression qu'il m'aura faite ? Qui est-ce qui me dédommagera de votre perte ? Qui voulez-vous que mon cœur mette à votre place ? Savez-vous bien que si je vous aimais, tout ce qu'il y a de plus grand dans le monde ne me toucherait plus ? Jugez donc de l'état où je resterais, ayez la générosité de me cacher votre amour : moi qui vous parle, je me ferais un scrupule de vous dire que je vous aime, dans les dispositions où vous êtes.

1. *conséquence :* utilité
2. *suivante :* servante
3. *Lisette :* nom sous lequel se déguise Silvia
4. *parti :* décision, ici de partir
5. Mario, frère de Silvia, devait provoquer la jalousie de Dorante en affirmant être amoureux de sa sœur déguisée en servante
6. *instruisez-moi :* expliquez-moi
7. *distance :* différence sociale
8. *rendre sensible :* séduire
9. *au sortir :* en sortant

L'aveu de mes sentiments pourrait exposer[10] votre raison, et vous voyez bien aussi que je vous les cache.

DORANTE. – Ah ! ma chère Lisette, que viens-je d'entendre : tes paroles ont un feu qui me pénètre, je t'adore, je te respecte ; il n'est ni rang, ni naissance, ni fortune qui ne disparaisse devant une âme comme la tienne. J'aurais honte que mon orgueil tînt encore contre toi, et mon cœur et ma main t'appartiennent.

Marivaux, *Le Jeu de l'amour et du hasard*, Acte III, scène 8, 1730.

10. *exposer :* **mettre en danger**

▶ Silvia, jouée par Isabelle Janier, tournant le dos à Dorante, joué par Frédéric Rose, dans la mise en scène de Jacques Kraemer, en 1993.

QUESTIONS

La fausse identité

1. Les personnages de Marivaux modifient souvent leur identité pour parvenir à leurs fins. En complétant le tableau suivant, relevez les indices de la fausse identité de Silvia, déguisée en servante.

Types d'indices	Repérage
Habit	....
Nom donné à Silvia	....
Tutoiement de Dorante	....
Évocation de la différence sociale	....

L'argumentation amoureuse

2. Les dialogues de Marivaux contiennent de subtiles démonstrations sur l'amour. Analysez l'argumentation de Silvia aux lignes 26-40 en complétant et en poursuivant le schéma suivant :

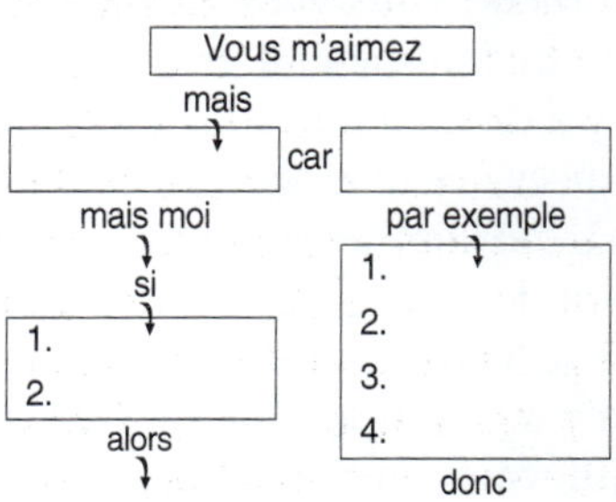

Le marivaudage

3. On appelle marivaudage les discours et les situations qui s'inspirent des comédies et de l'écriture de Marivaux. Celles-ci se traduisent souvent par une volonté de dire les sentiments sans vraiment les avouer. Dès lors, le lexique de la parole est extrêmement varié.

Relevez les verbes appartenant au lexique de la parole en complétant le tableau suivant :

Dire / ne pas dire	....
Persuader	....
Questionner / répondre	....

Les Fausses Confidences

Dorante, sans fortune, est amoureux d'Araminte, une veuve jeune et fort riche. Dubois, ancien valet de Dorante, mène le jeu et fait engager Dorante comme intendant d'Araminte… Les ruses du valet, jusqu'au triomphe de l'amour, sont au cœur de la dernière grande comédie en trois actes de Marivaux, qui achève avec *Les Fausses Confidences* ses fêtes galantes du cœur et de l'esprit.

DORANTE. – Ah ! te voilà ?

DUBOIS. – Oui, je vous guettais.

DORANTE. – J'ai cru que je ne pourrais me débarrasser d'un domestique qui m'a introduit ici, et qui voulait absolument me désennuyer en restant. Dis-moi, Monsieur Remy[1] n'est donc pas encore venu ?

DUBOIS. – Non ; mais voici l'heure à peu près qu'il vous a dit qu'il arriverait. (*Il cherche et regarde.*) N'y a-t-il là personne qui nous voie ensemble ? Il est essentiel que les domestiques ici ne sachent pas que je vous connaisse.

DORANTE. – Je ne vois personne.

DUBOIS. – Vous n'avez rien dit de notre projet à monsieur Remy, votre parent ?

DORANTE. – Pas le moindre mot. Il me présente de la meilleure foi du monde, en qualité d'intendant, à cette dame-ci, dont je lui ai parlé, et dont il se trouve le procureur ; il ne sait point du tout que c'est toi qui m'as adressé à lui. Il la prévint hier ; il m'a dit que je me rendisse ce matin ici, qu'il me présenterait à elle, qu'il y serait avant moi, ou que, s'il n'y était pas encore, je demandasse une mademoiselle Marton[2]. Voilà tout, et je n'aurais garde de lui confier notre projet, non plus qu'à personne : il me paraît extravagant à moi qui m'y prête. Je n'en suis pourtant pas moins sensible à ta bonne volonté. Dubois, tu m'as servi, je n'ai pu te garder, je n'ai pu même te bien récompenser de ton zèle ; malgré cela, il t'est venu dans l'esprit de faire ma fortune[3] : en vérité, il n'est point de reconnaissance que je ne te doive.

DUBOIS. – Laissons cela, Monsieur ; tenez, en un mot, je suis content de vous, vous m'avez toujours plu ! vous êtes un excellent homme, un homme que j'aime ; et, si j'avais bien de l'argent, il serait encore à votre service.

DORANTE. – Quand pourrai-je reconnaître[4] tes sentiments pour moi ? Ma fortune serait la tienne. Mais je n'attends rien de notre entreprise, que la honte d'être renvoyé demain.

DUBOIS. – Eh bien ! vous vous en retournerez.

DORANTE. – Cette femme-ci a un rang dans le monde ; elle est liée avec tout ce qu'il y a de mieux : veuve d'un mari qui avait une grande charge dans les finances ; et tu crois qu'elle fera quelque attention à moi, que je l'épouserai, moi qui ne suis rien, moi qui n'ai point de bien ?

DUBOIS. – Point de bien ! Votre bonne mine est un Pérou[5]. Tournez-vous un peu, que je vous considère encore. Allons, Monsieur, vous vous moquez, il n'y a point de plus grand seigneur que vous à Paris. Voilà une taille qui vaut toutes les dignités possibles, et notre affaire est

1. Monsieur Remy est le procureur, l'avoué chargé des affaires d'Araminte
2. Marton est la suivante d'Araminte
3. *ma fortune* : mon bonheur
4. *reconnaître* : récompenser
5. *Pérou* : jeu de mots sur les mines d'or du Pérou

▶ Timide, maladroit et amoureux, Dorante, joué par Bruno Choël.

infaillible, absolument infaillible ; il me semble que je vous vois déjà en déshabillé dans l'appartement de Madame.

DORANTE. – Quelle chimère !

DUBOIS. – Oui, je le soutiens ; vous êtes actuellement dans votre salle, et vos équipages sont sous la remise.

DORANTE. – Elle a plus de cinquante mille livres de rente, Dubois.

DUBOIS. – Ah ! vous en avez bien soixante pour le moins.

DORANTE. – Et tu me dis qu'elle est extrêmement raisonnable ?

DUBOIS. – Tant mieux pour vous, et tant pis pour elle. Si vous lui plaisez, elle en sera si honteuse, elle se débattra tant, elle deviendra si faible, qu'elle ne pourra se soutenir qu'en épousant ; vous m'en direz des nouvelles. Vous l'avez vue, et vous l'aimez.

DORANTE. – Je l'aime avec passion, et c'est ce qui fait que je tremble.

Marivaux, *Les Fausses Confidences*, Acte I, scène 2, 1737.

QUESTIONS

Une scène d'exposition

1. Marivaux expose la situation à travers le dialogue de deux personnages. Repérez les passages où se trouve exposé le projet de Dorante et de Dubois.

2. L'exposition évoque un passé, un présent, et un futur sous la forme d'un problème qui est la base de l'intrigue.
En quoi consiste ici l'intrigue de la pièce ? Expliquez quels sont le passé, le présent, et le futur prévisible de l'action.

Maître et valet

3. Dorante est amoureux, mais il est timide, maladroit, plein d'inquiétude. Retrouvez les réticences de Dorante qui montrent ses remords de se prêter au jeu et son refus de croire à la réussite du projet.

4. Tout au long de la pièce, Dubois est maître du jeu à travers ses ruses, ses fausses confidences au service de Dorante et de son amour. Indiquez les moments qui témoignent que c'est bien Dubois qui prend toujours l'initiative.

Une scène comique

5. La scène se présente comme une scène de comédie qui renouvelle les rapports, très anciens au théâtre, de maître et valet. Repérez tout ce qui, à travers le « renversement des rôles », relève du comique de situation et du comique de caractère.

6. Dubois utilise toutes les ressources de son esprit afin d'inspirer du courage à son maître. Montrez comment, à partir de la ligne 37.

Saint-Simon

Nom : de Rouvroy, duc de Saint-Simon
Prénom : Louis
Naissance : dans la nuit du 15 au 16 janvier 1675, à Paris
Décès : le 2 mars 1755, à Paris
Lieux : le château familial de la Ferté-Vidame et plusieurs hôtels particuliers à Paris ; Madrid où il conduisit une ambassade éblouissante
Situation familiale : marié, trois enfants
Profession : duc et pair de France
Amitiés : des grands de la cour, le Régent, Philippe d'Orléans, le duc de Beauvillier, le duc de Chevreuse

Il a écrit

Mémoires (écrits entre 1739 et 1750).

LE JEUNE DUC

Louis XIII fait de Claude de Rouvroy le premier duc de Saint-Simon. N'ayant eu qu'une fille d'un premier mariage, le vieux duc se remarie en 1672, et Louis de Saint-Simon naît trois ans plus tard d'un père âgé de soixante-neuf ans. Chétif, mais doué d'une grande énergie, l'enfant est élevé dans le culte de Louis XIII, de la noblesse et de la cour. Rapidement saisi par la passion de l'histoire, dès l'âge de dix-neuf ans il a l'idée de ses *Mémoires* au cours d'une des campagnes militaires effectuées dans le corps des mousquetaires du roi. Après avoir servi Louis XIV aux armées, Saint-Simon abandonne le métier des armes et s'établit à Versailles.

L'HOMME DE COUR

À la cour de Louis XIV, Saint-Simon se cherche des alliés, à travers son mariage avec la fille aînée du duc de Lorge en 1695, à travers des amitiés fidèles au milieu des clans et des cabales de Versailles. Tout y est bon pour obtenir la faveur du roi, pour éviter la disgrâce. Après la mort du duc de Bourgogne, le Grand Dauphin, Saint-Simon s'attache à Philippe d'Orléans. Une profonde amitié unit les deux hommes, si différents pourtant. Bientôt, Saint-Simon fait entendre sa voix au Conseil de la Régence. Il est dans le secret des intrigues et des machinations du pouvoir, conduit une ambassade importante en Espagne. À la mort du Régent, en 1723, il se retire de la vie politique.

LE MÉMORIALISTE

Dès lors, dans son château de la Ferté-Vidame, dans l'Eure, ou à Paris, Saint-Simon se consacre à la rédaction de ses *Mémoires*, monument exceptionnel qui fait revivre la fin du règne de Louis XIV et la Régence. Couvrant une période qui s'étend de 1691 à 1723, à travers récits, analyses, portraits ou « crayons » qui mettent en scène plus de huit mille personnes, Saint-Simon restitue avec une précision presque hallucinante la cour de France. Maîtresses et confesseurs du roi, ministres et courtisans : « J'examinais tous les personnages des yeux et des oreilles. » À la fois témoin, acteur de l'Histoire, et, lui qui dédaignait les poètes, écrivain.

Mémoires

1739-1750

À partir de 1702, Saint-Simon fréquente la cour de Louis XIV. Après la mort du Roi-Soleil, ami de Philippe d'Orléans, il est évincé par l'abbé Dubois qui conduit la politique du royaume… Saint-Simon fait ainsi le portrait de l'abbé Dubois en qui il voit « l'âme damnée » de la Régence.

L'abbé Dubois était un petit homme maigre, effilé[1], chafouin[2], à perruque blonde, à mine de fouine, à physionomie d'esprit, qui était en plein ce qu'un mauvais français appelle un sacre[3], mais qui ne se peut guère exprimer autrement. Tous les vices combattaient en lui à qui en demeurerait le maître. Ils y faisaient un bruit et un combat continuel entre eux. L'avarice, la débauche, l'ambition étaient ses dieux ; la perfidie, la flatterie, les servages ses moyens ; l'impiété parfaite son repos, et l'opinion que la probité et l'honnêteté sont des chimères dont on se pare, et qui n'ont de réalité dans personne, son principe, en conséquence duquel tous moyens lui étaient bons. Il excellait en basses intrigues, il en vivait, il ne pouvait s'en passer, mais toujours avec un but où toutes ses démarches tendaient, avec une patience qui n'avait de terme que le succès ou la démonstration réitérée de n'y pouvoir arriver, à moins que, cheminant ainsi dans la profondeur et les ténèbres, il ne vît jour à mieux en ouvrant un autre boyau. Il passait ainsi sa vie dans les sapes. Le mensonge le plus hardi lui était tourné en nature avec un air simple, droit, sincère, souvent honteux. Il aurait parlé avec grâce et facilité, si le dessein de pénétrer les autres en parlant, et la crainte de s'avancer plus qu'il ne voulait, ne l'avait accoutumé à un bégaiement factice qui le déparait, et qui, redoublé quand il fut arrivé à se mêler de choses importantes, devint insupportable et quelquefois inintelligible. Sans ses contours et le peu de naturel qui perçait malgré ses soins, sa conversation aurait été aimable. Il avait de l'esprit, assez de lettres, d'histoire et de lecture, beaucoup de monde[4], force envie de plaire et de s'insinuer, mais tout cela gâté par une fumée de fausseté qui sortait malgré lui de tous ses pores, et jusque de sa gaieté qui attristait par là. Méchant d'ailleurs avec réflexion et par nature et par raisonnement, traître et ingrat, maître expert aux compositions des plus grandes noirceurs, effronté à faire peur étant pris sur le fait, désirant tout, enviant tout, et voulant toutes les dépouilles.

Saint-Simon, *Mémoires*, écrits entre 1739 et 1750.

1. *effilé* : mince, menu, grêle
2. *chafouin* : le chat-fouin, le putois dans les campagnes ; plus largement, personne maigre, de petite taille, à la mine basse
3. *un sacre* : espèce d'oiseau de proie, d'où un scélérat avide de richesse
4. *monde* : expérience du monde

QUESTIONS

L'homme et l'animal

1. Au portrait physique se mêlent des indications portant sur le caractère. Repérez les animaux présents de la ligne 1 à 4. Dites quelles sont les connotations habituellement attachées à ces animaux.

Le tumulte des vices

2. Le moraliste désigne les vices, décrit les comportements. Repérez les passages qui indiquent les vices de l'abbé.
Repérez ensuite les passages qui montrent l'influence de ces vices dans le comportement.

Les manœuvres secrètes

3. Saint-Simon souligne les « basses intrigues ». À travers quelle métaphore filée ce thème se développe-t-il de la ligne 10 à 16 ?

4. Retrouvez les différentes accumulations et répétitions qui rythment la phrase.

Voltaire

Nom : Arouet
Prénom : François-Marie
Pseudonyme : Voltaire, anagramme de *Arouet le jeune* ; le u et le v, le j et le i se confondent
Naissance : le 21 novembre 1694, à Paris
Décès : le 30 mai 1778, à Paris
Lieux : Paris, La Haye, Londres, Cirey
Situation familiale : célibataire, une longue liaison avec Émilie du Châtelet
Professions : il est, à la fin de la première moitié du siècle, historiographe du roi, académicien, homme de lettres mais aussi spéculateur

Il a écrit

pendant la première moitié du siècle

des tragédies parmi lesquelles : *Œdipe* (1718), *Zaïre* (1732) ;

un poème épique : *La Henriade* (1728) ;

Les Lettres philosophiques (1734) ;

un poème satirique : *Le Mondain* (1736) ;

des contes comme *Zadig* (1747).

LE JEUNE FRONDEUR

Notaire prospère, François Arouet perd sa femme alors que le jeune François-Marie a sept ans. L'abbé de Châteauneuf, son oncle, esprit « libertin », l'envoie au collège Louis-le-Grand où les jésuites lui donnent une formation solide. L'enfant est vif, pétillant de malice. Le jeune homme est frondeur, habité de sa gloire. Révolté à l'idée d'être avocat, il part en Hollande où il tombe amoureux. Il revient à Paris et compose contre le Régent des écrits satiriques qui le conduisent à la Bastille. L'année suivante, *Œdipe* connaît un grand succès. Mais Voltaire se prend de querelle avec le chevalier de Rohan, qui le fait bâtonner. Un duel est prévu. À nouveau incarcéré, il obtient de s'exiler en Angleterre. Départ au mois de mai 1726.

L'EXILÉ

Le séjour à Londres confirme Voltaire dans ses convictions. Il fréquente des écrivains et des philosophes, qui, libres de s'exprimer, étudient la nature en s'appuyant sur la science et l'expérience. Au-delà des misères du peuple qui ne lui échappent pas, l'Angleterre donne une leçon de tolérance religieuse et de liberté politique : le régime parlementaire protège les droits de l'individu ; l'utilité sociale des hommes de lettres est reconnue. Voltaire apprend la langue, publie des livres en anglais, avant de revenir à Paris à la fin de l'année 1728, bien décidé à répandre en France les fruits de l'expérience anglaise.

L'HOMME DE LETTRES

Voltaire réussit des spéculations financières qui lui assurent l'indépendance matérielle. Il publie de nombreux ouvrages, toujours menacé par la censure avec laquelle il joue comme le chat avec la souris. Tout de même, il doit souvent chercher refuge en Lorraine, à Cirey, chez sa maîtresse Émilie du Châtelet, avec laquelle il se passionne pour des études scientifiques. En 1745, cependant, la gloire officielle lui est donnée : nommé historiographe du roi, il est élu à l'Académie française un an plus tard. Mais les relations avec Louis XV se détériorent. Profondément affecté par la mort de Mme du Châtelet, en 1749, Voltaire songe à se rendre à Berlin à l'invitation de Frédéric II, en qui il espère trouver enfin un monarque éclairé.

Lettre à la marquise de Bernières

1722

À travers plus de vingt mille lettres, c'est la vie intellectuelle et sociale du XVIIIe siècle, c'est le véritable roman de sa vie que livre Voltaire. Il communique ses idées, ses indignations ou, comme ici, le plaisir de retrouver les Pays-Bas, dans cette lettre à son amie la marquise de Bernières restée en France.

Votre lettre a mis un nouvel agrément dans la vie que je mène à La Haye. De tous les plaisirs du monde je n'en connais point de plus flatteur que de pouvoir compter sur l'amitié d'une dame aussi estimable que vous[1]. Je resterai encore quelques jours à La Haye pour y prendre toutes les mesures nécessaires sur l'impression de mon poème[2], et je partirai lorsque les beaux jours finiront. Il n'y a rien de plus agréable que La Haye quand le soleil daigne s'y montrer. On ne voit ici que des prairies, des canaux, et des arbres verts ; c'est un paradis terrestre depuis La Haye à Amsterdam ; j'ai vu avec respect cette ville qui est le magasin de l'univers. Il y avait plus de mille vaisseaux dans le port. De cinq cent mille hommes qui habitent Amsterdam, il n'y en a pas un d'oisif, pas un pauvre, pas un petit-maître, pas un homme insolent. Nous rencontrâmes le pensionnaire à pied sans laquais au milieu de la populace. On ne voit là personne qui ait de cour à faire, on ne se met point en haie pour voir passer un prince, on ne connaît que le travail et la modestie. Il y a à La Haye plus de magnificence et plus de société par le concours des ambassadeurs. J'y passe ma vie entre le travail et le plaisir et je vis ainsi à la hollandaise et à la française. Nous avons ici un opéra détestable mais en revanche je vois des ministres calvinistes, des arminiens, des sociniens, des rabbins, des anabaptistes[3] qui parlent tous à merveille et qui en vérité ont tous raison. Je m'accoutume tout à fait à me passer de Paris, mais non pas à me passer de vous.

À La Haye, ce 7 octobre 1722.

Voltaire, *Lettre à Marguerite-Madeleine du Moutier, marquise de Bernières.*

1. la marquise de Bernières est la femme d'un président du parlement de Rouen
2. La Henriade, poème épique que Voltaire souhaite publier aux Pays-Bas
3. différentes sectes religieuses

QUESTIONS

Les séductions de l'étranger

1. Complétez le tableau suivant qui éclaire les qualités de la Hollande :

	l. 6 à 9	l. 9 à 10	l. 11 à 15	l. 15 à 21
Qualité développée	le cadre naturel	....	....	....
Champ lexical correspondant	soleil, prairies, canaux, arbres…	....	....	....
Formules de mise en valeur	le superlatif, le restrictif, l'énumération	....	....	....
Images valorisantes	« un paradis terrestre »	....	....	....

Le plaisir de la correspondance

2. Voltaire sait trouver le ton adapté à chacun de ses correspondants. À quels moments de la lettre, par quelles expressions parvient-il à créer un lien privilégié avec sa correspondante ?

3. À travers le tableau que Voltaire donne de La Haye, quelle image peut-on se faire de la marquise de Bernières ?

Lettres philosophiques

En Angleterre, Voltaire découvre un régime parlementaire qui protège les droits de l'individu, limite le pouvoir royal. De retour en France, il répand cet exemple de tolérance et de dynamisme économique. Chacune de ses *Lettres philosophiques* fait la satire des mœurs et des institutions françaises confrontées à une question sociale : la religion, la politique, la place de la littérature, ou celle du commerce dont Voltaire défend le rôle civilisateur.

Sur le commerce

Le Commerce, qui a enrichi les Citoyens en Angleterre, a contribué à les rendre libres, et cette liberté a étendu le Commerce à son tour ; de là s'est formée la grandeur de l'État. C'est le Commerce qui a établi peu à peu les forces navales par qui les Anglais sont les maîtres des mers. Ils ont à présent près de deux cents vaisseaux de guerre. La postérité apprendra peut-être avec surprise qu'une petite Île, qui n'a de soi-même qu'un peu de plomb, de l'étain, de la terre à foulon[1] et de la laine grossière, est devenue par son Commerce assez puissante pour envoyer, en 1723, trois Flottes à la fois en trois extrémités du monde, l'une devant Gibraltar, conquise et conservée par ses armes, l'autre à Porto-Bello[2], pour ôter au Roi d'Espagne la jouissance des trésors des Indes, et la troisième dans la mer Baltique, pour empêcher les Puissances du Nord de se battre.

▲ Tels que Voltaire a pu les observer, les négociants et artisans, sur le quai de la douane, à Londres, peints par Scott au XVIIIe siècle (détail).

Quand Louis XIV faisait trembler l'Italie, et que ses armées déjà maîtresses de la Savoie et du Piémont, étaient prêtes de prendre Turin, il fallut que le Prince Eugène marchât du fond de l'Allemagne au secours du Duc de Savoie ; il n'avait point d'argent, sans quoi on ne prend ni ne défend les Villes ; il eut recours à des Marchands Anglais ; en une demi-heure de temps, on lui prêta cinquante millions. Avec cela il délivra Turin, battit les Français, et écrivit à ceux qui avaient prêté cette somme ce petit billet : « Messieurs, j'ai reçu votre argent, et je me flatte de l'avoir employé à votre satisfaction. »

Tout cela donne un juste orgueil à un Marchand Anglais, et fait qu'il ose se comparer, non sans quelque raison, à un Citoyen Romain. Aussi le Cadet d'un Pair du Royame ne dédaigne point le Négoce. Milord Townshend, Ministre d'État, a un frère qui se contente d'être Marchand dans la Cité. Dans le temps que Milord Oxford gouvernait l'Angleterre, son cadet était Facteur[3] à Alep[4], d'où il ne voulut pas revenir, et où il est mort.

Cette coutume, qui pourtant commence trop à se passer, paraît monstrueuse à des Allemands entêtés de leurs *quartiers*[5] : ils ne sauraient concevoir que le fils d'un Pair d'Angleterre ne soit qu'un riche et puissant Bourgeois, au lieu qu'en Allemagne tout est Prince ; on a vu jusqu'à trente Altesses du même nom n'ayant pour tout bien que des armoiries et de l'orgueil.

En France est Marquis qui veut ; et quiconque arrive à Paris du fond d'une Province avec de l'argent à dépenser et un nom en *Ac* ou en *Ille*, peut dire « un homme comme moi, un homme de ma qualité », et mépriser souverainement un Négociant ; le Négociant entend lui-même parler si souvent avec mépris de sa profession, qu'il est assez sot pour en rougir. Je ne sais pourtant lequel est le plus utile à un État, ou un Seigneur bien poudré qui sait précisément à quelle heure le Roi se lève, à quelle heure il se couche, et qui se donne des airs de Grandeur en jouant le rôle d'esclave dans l'antichambre d'un Ministre, ou un Négociant qui enrichit son Pays, donne de son Cabinet des ordres à Surate[6] et au Caire, et contribue au bonheur du monde.

Voltaire, *Lettres philosophiques*, Lettre 10, 1734.

1. *la terre à foulon :* **l'argile pour le dégraissage des tissus**
2. *Porto-Bello :* **port de l'Amérique centrale**
3. *Facteur :* **agent commercial**
4. *Alep :* **ville de Syrie**
5. *quartiers :* **les quartiers de noblesse qui mesurent l'ancienneté du nom**
6. *Surate :* **ville de l'Inde**

QUESTIONS

Une thèse argumentée

1. Chaque *Lettre* est pour Voltaire l'occasion d'affirmer, de développer une thèse. Repérez dans le premier paragraphe : la thèse affirmée, l'argument qui vient à l'appui de la thèse, l'illustration précise qui accompagne l'argument.

2. De la ligne 5 à 16, Voltaire crée un effet de contraste en opposant une réalité d'abord médiocre à la puissance de l'Angleterre. Quels éléments s'opposent alors ?

3. Le second paragraphe développe à son tour un contraste, un effet de surprise. Dégagez précisément sur quelles oppositions repose ce nouveau contraste.

Les préjugés tournés en ridicule

4. Voltaire multiplie les confrontations, les comparaisons de comportement pour mettre en valeur celui de la noblesse anglaise, pour se moquer des préjugés, de la vanité nobiliaires qui règnent ailleurs.
Retrouvez toutes les confrontations présentes dans les trois derniers paragraphes.

5. À qui le marchand anglais est-il lui-même comparé ? Dites ce que cette comparaison a de particulièrement valorisant pour un philosophe du XVIIIe siècle.

L'ironie et l'épopée

6. L'ironie de Voltaire ne tourne pas seulement en dérision la noblesse allemande ; que dénonce-t-il dans la noblesse française au dernier paragraphe ?

7. C'est avec les procédés de l'épopée que Voltaire souligne la puissance de l'Angleterre (de la ligne 5 à 16) et le rôle civilisateur du Négociant (de la ligne 52 à la fin).
Retrouvez dans ces passages :
– la multiplication exaltante des nombres et des noms de lieux,
– l'usage du rythme ternaire,
– la progression croissante, aussi bien dans les termes utilisés que dans les réalités évoquées.

Zadig

VOLTAIRE

Reprenant la mode lancée par la traduction des *Mille et Une Nuits* en 1704, Voltaire adopte le conte oriental pour dénoncer la sottise et l'ignorance, l'intolérance, le fanatisme… Zadig, jeune babylonien paré de toutes les qualités, ne demande qu'à être heureux. Favori du roi, ministre, il est l'objet de l'envie et de la méchanceté des puissants et des prêtres qui le condamnent au bûcher. Forgé par toutes ses mésaventures, il devient roi de Babylone à la fin du récit.

Un jour, se promenant auprès d'un petit bois, il vit accourir à lui un eunuque de la reine, suivi de plusieurs officiers qui paraissaient dans la plus grande inquiétude, et qui couraient çà et là comme des hommes égarés qui cherchent ce qu'ils ont perdu de plus précieux. « Jeune homme, lui dit le premier eunuque, n'avez-vous point vu le chien de la reine ? » Zadig répondit modestement : « C'est une chienne, et non pas un chien. – Vous avez raison, reprit le premier eunuque. – C'est une épagneule très petite, ajouta Zadig ; elle a fait depuis peu des chiens ; elle boite du pied gauche de devant, et elle a les oreilles très longues. – Vous l'avez donc vue, dit le premier eunuque tout essoufflé. – Non, répondit Zadig, je ne l'ai jamais vue, et je n'ai jamais su si la reine avait une chienne. »

Précisément dans le même temps, par une bizarrerie ordinaire de la fortune, le plus beau cheval de l'écurie du roi s'était échappé des mains d'un palefrenier dans les plaines de Babylone. Le grand veneur[1] et tous les autres officiers couraient après lui avec autant d'inquiétude que le premier eunuque après la chienne. Le grand veneur s'adressa à Zadig, et lui demanda s'il n'avait point vu passer le cheval du roi. « C'est, répondit Zadig, le cheval qui galope le mieux ; il a cinq pieds de haut, le sabot fort petit ; il porte une queue de trois pieds et demi de long ; les bossettes[2] de son mors[3] sont d'or à vingt-trois carats ; ses fers sont d'argent à onze deniers. – Quel chemin a-t-il pris ? Où est-il ? demanda le grand veneur. – Je ne l'ai point vu, répondit Zadig, et je n'en ai jamais entendu parler. »

Le grand veneur et le premier eunuque ne doutèrent pas que Zadig n'eût volé le cheval du roi et la chienne de la reine ; ils le firent conduire devant l'assemblée du grand Desterham[4], qui le condamna au knout[5], et à passer le reste de ses jours en Sibérie. À peine le jugement fut-il rendu qu'on retrouva le cheval et la chienne. Les juges furent dans la douloureuse nécessité de réformer leur arrêt ; mais ils condamnèrent Zadig à payer quatre cents onces d'or pour avoir dit qu'il n'avait point vu ce qu'il avait vu.

Il fallut d'abord payer cette amende ; après quoi il fut permis à Zadig de plaider sa cause au conseil du grand Desterham ; il parla en ces termes :

« Étoiles de justice, abîmes de science, miroirs de vérité, qui avez la pesanteur du plomb, la dureté du fer, l'éclat du diamant, et beaucoup d'affinité avec l'or, puisqu'il m'est permis de parler devant cette auguste assemblée, je vous jure par Orosmade[6] que je n'ai jamais vu la chienne respectable de la reine, ni le cheval sacré du roi des rois. Voici

1. le veneur : **celui qui dirige les chiens de chasse**
2. les bossettes : **ornements en saillie des deux côtés du mors**
3. le mors : **pièce du harnais qui passe dans la bouche du cheval**
4. le Desterham ou le Defterdar : **sorte de gouverneur chez les Perses**
5. le knout : **sorte de fouet qui servait de supplice dans l'ancienne Russie**
6. Orosmade ou Ormuzd : **le principe du bien**

« ... le plus beau cheval de l'écurie du roi s'était échappé... ». Gouache sur papier du XVIIIe siècle.

ce qui m'est arrivé. Je me promenais vers le petit bois où j'ai rencontré depuis le vénérable eunuque et le très illustre grand veneur. J'ai vu sur le sable les traces d'un animal, et j'ai jugé aisément que c'étaient celles d'un petit chien. Des sillons légers et longs, imprimés sur de petites éminences de sable entre les traces des pattes, m'ont fait connaître que c'était une chienne dont les mamelles étaient pendantes, et qu'ainsi elle avait [fait] des petits et il y a peu de jours. D'autres traces en un sens différent, qui paraissaient toujours avoir rasé la surface du sable à côté des pattes de devant, m'ont appris qu'elle avait les oreilles très longues ; et, comme j'ai remarqué que le sable était toujours moins creusé par une patte que par les trois autres, j'ai compris que la chienne de notre auguste reine était un peu boiteuse, si je l'ose dire[7].

Voltaire, *Zadig ou la Destinée, histoire orientale*, 1747.

7. de la même manière, c'est en se fondant sur l'observation et le raisonnement que Zadig avait identifié le cheval du roi

QUESTIONS

Le conte oriental

1. Retrouvez les caractéristiques du conte : formule d'ouverture, enchaînement des événements, coïncidences, isolement du héros, situations qui se répètent.

2. Voltaire mêle étroitement la société européenne et le monde oriental. Ainsi, le premier eunuque (Orient) cherche un épagneul (France). Repérez de la ligne 13 à 35 ce qui relève de l'Orient ; ce qui renvoie à l'Europe.

La satire de la justice

3. Indiquez comment Voltaire, en reprenant une fausse grandiloquence, se moque, parodie le style oriental de la ligne 36 à 40.

4. Toute sa vie, Voltaire dénonce l'aveuglement de la justice qui condamne des innocents.
Montrez tout ce qu'il y a de ridicule et de cruel dans le comportement des juges, dans l'organisation de la justice, de la ligne 25 à 35.

L'esprit scientifique

5. Zadig a étudié la nature. À l'obscurantisme, il veut opposer l'usage méthodique de la raison. Dans l'explication qu'il fournit aux juges, de la ligne 40 à 52, repérez :
– tout ce qui relève de l'observation, du constat ;
– tout ce qui relève de la conclusion qu'en tire Zadig.

6. Retrouvez les verbes qui, dans le texte, indiquent le passage du fait à la déduction.

Antoine-François Prévost

Nom : Prévost
Prénom : Antoine-François
Pseudonyme : Prévost d'Exiles
Naissance : le 1er avril 1697, à Hesdin, en Artois
Décès : le 25 novembre 1763, près de Chantilly
Lieux : la Picardie, Paris, La Haye, Londres et Bruxelles où il cherche refuge, Chaillot et Chantilly
Situation familiale : moine, prêtre, célibataire mais des liaisons tumultueuses
Professions : militaire, romancier, éditeur, aumonier

Il a écrit

de nombreux romans, parmi lesquels : *Mémoires et Aventures d'un homme de qualité*, dont le tome VII est constitué par l'*Histoire du chevalier Des Grieux et de Manon Lescaut* (1728-1731), *Histoire de M. Cleveland* (1731-1739), *Histoire d'une Grecque moderne* (1740) ;

un périodique : le *Pour et Contre* (1733) ;

une volumineuse *Histoire générale des voyages* (1746-1759).

LE JEUNE HOMME PARTAGÉ

Profondément affecté, alors qu'il a quatorze ans, par la mort de sa mère, puis par celle de sa sœur, le jeune Prévost quitte bientôt le collège de la Flèche pour s'engager dans l'armée. Mais il revient chez les jésuites, pour repartir à nouveau. Violentes passions, amours tumultueuses, sa jeunesse est « un tissu d'inconstances ». Le voici entre Paris, la Hollande et l'Angleterre, ici chassé pour inconduite, là expulsé pour cause de scandale. Comme si Prévost ne pouvait se résigner à choisir : moine ou soldat, jésuite ou janséniste, débauché ou cœur sensible. Il prononce toutefois ses vœux à l'abbaye de Jumièges en 1721, où il prêche et enseigne parmi les bénédictins.

LA FORCE DES PASSIONS

La vie monacale lui pèse. Prévost écrit un roman, abandonne le couvent en 1728 et se réfugie à Londres. Puis il rejoint à nouveau la Hollande où il poursuit son œuvre de romancier, multiplie les travaux de librairie. Le pseudonyme choisi, Prévost d'Exiles, convient à merveille : cruellement endetté, Prévost s'installe à Londres, accompagné d'une belle aventurière. Il y fonde un journal. Il ne cesse d'éprouver par lui-même, tout au long de ses tribulations, la force des passions, l'alternance d'angoisses et de désirs qu'éprouvent ses personnages. Puis, en 1734, il regagne enfin la France et devient l'aumônier du prince de Conti, son protecteur.

LE PREMIER ROMANCIER DE SON TEMPS

Aux longs romans qu'il va publier alors s'ajoutent des biographies historiques, une histoire des voyages, la traduction de l'écrivain anglais Richardson. L'œuvre romanesque surtout est considérable, une des plus importantes du XVIIIe siècle, et Prévost commence à être célèbre. Son influence est évidente, reconnue. L'homme, cependant, ne s'est pas assagi : menacé de la Bastille pour dettes, il gagne Bruxelles en 1740, et rentre en France deux ans plus tard. Il finit par s'installer à Chaillot d'abord avec « une gentille veuve, sa gouvernante Loulou, une cuisinière et un laquais », puis à Chantilly dans sa maison de campagne. Il meurt non loin de là, d'une soudaine attaque d'apoplexie au cours d'une promenade.

Manon Lescaut

Romancier de l'amour fou, Prévost écrit l'histoire du jeune Des Grieux qui sacrifie tout, honneur, famille, au vertige de la passion amoureuse. L'instant de la première rencontre, raconté par Des Grieux lui-même, décide de la naissance d'un amour fatal pour la belle Manon.

J'avais marqué[1] le temps de mon départ d'Amiens. Hélas ! que ne le marquai-je un jour plus tôt ! j'aurais porté chez mon père toute mon innocence[2]. La veille même de celui que je devais quitter cette ville, étant à me promener avec mon ami, qui s'appelait Tiberge, nous vîmes arriver le coche[3] d'Arras, et nous le suivîmes jusqu'à l'hôtellerie où ces voitures descendent. Nous n'avions pas d'autre motif que la curiosité. Il en sortit quelques femmes, qui se retirèrent aussitôt. Mais il en resta une fort jeune, qui s'arrêta seule dans la cour, pendant qu'un homme d'un âge avancé, qui paraissait lui servir de conducteur, s'empressait pour faire tirer son équipage[4] des paniers[5]. Elle me parut si charmante que moi, qui n'avais jamais pensé à la différence des sexes, ni regardé une fille avec un peu d'attention, moi, dis-je, dont tout le monde admirait la sagesse et la retenue, je me trouvai enflammé tout d'un coup jusqu'au transport. J'avais le défaut d'être excessivement timide et facile à déconcerter ; mais, loin d'être arrêté alors par cette faiblesse, je m'avançai vers la maîtresse de mon cœur. Quoiqu'elle fût encore moins âgée que moi, elle reçut mes politesses sans paraître embarrassée. Je lui demandai ce qui l'amenait à Amiens et si elle y avait quelques personnes de connaissance. Elle me répondit ingénument qu'elle y était envoyée par ses parents pour être religieuse. L'amour me rendait déjà si éclairé, depuis un moment qu'il était dans mon cœur, que je regardai ce dessein[6] comme un coup mortel pour mes désirs. Je lui parlai d'une manière qui lui fit comprendre mes sentiments, car elle était bien plus expérimentée que moi. C'était malgré elle qu'on l'envoyait au couvent.

Antoine-François Prévost, *Histoire du chevalier Des Grieux et de Manon Lescaut*, 1731.

1. *j'avais marqué :* j'avais fixé
2. *mon innocence :* ma candeur
3. *le coche :* grande voiture tirée par des chevaux, pour le transport des voyageurs
4. *son équipage :* son bagage
5. *paniers :* grandes caisses d'osier pour les bagages
6. *ce dessein :* ce projet

QUESTIONS

La rencontre de Manon

1. Repérez les circonstances dans lesquelles Des Grieux rencontre Manon : où, avec qui, dans quel état d'esprit se trouve le jeune homme ?

2. Dressez le portrait de Manon telle qu'elle apparaît dans la première rencontre : traits physiques, traits de caractère, attitude et comportement, situation sociale.

La fatalité de la passion

3. C'est l'histoire d'un amour fou, d'un amour fatal que raconte Des Grieux. Indiquez tout ce qui, dans les circonstances de la rencontre, dans l'attitude de Des Grieux, souligne le caractère irrésistible d'une passion devant laquelle la volonté est impuissante.

4. Relevez tout ce qui indique déjà que cet amour sera malheureux.

Le coup de foudre amoureux

5. En racontant sa rencontre avec Manon, Des Grieux montre qu'elle opère en lui une profonde métamorphose. Dégagez les deux portraits du jeune homme qui s'opposent : avant/après la rencontre.

6. Analysez les phrases de la ligne 10 à 14 et de la ligne 20 à 22 en relevant les procédés de style utilisés par le narrateur pour rendre sensible l'émotion qui est la sienne.

ANTOINE-FRANÇOIS PRÉVOST

Manon Lescaut

Pour Manon, fille volage et avide de luxe, Des Grieux devient tricheur, escroc. Incarcéré, il parvient à s'évader et libère Manon. Mais où se réfugier ? où trouver de l'argent ?

Quel parti prendre ? Je me souvins heureusement de l'auberge de Chaillot, où j'avais passé quelques jours avec Manon, lorsque nous étions allés dans ce village pour y demeurer. J'espérai non seulement d'y être en sûreté, mais d'y pouvoir vivre quelque temps sans être pressé de payer.

« Mène-nous à Chaillot », dis-je au cocher.

Il refusa d'y aller si tard, à moins d'une pistole[1] : autre sujet d'embarras. Enfin nous convînmes de six francs ; c'était toute la somme qui restait dans ma bourse.

Je consolais Manon, en avançant ; mais, au fond, j'avais le désespoir dans le cœur. Je me serais donné mille fois la mort, si je n'eusse pas eu, dans mes bras, le seul bien qui m'attachait à la vie. Cette seule pensée me remettait[2]. « Je la tiens du moins, disais-je ; elle m'aime, elle est à moi. Tiberge[3] a beau dire, ce n'est pas là un fantôme de bonheur. Je verrais périr tout l'univers sans y prendre intérêt. Pourquoi ? Parce que je n'ai plus d'affection de reste. »

Ce sentiment était vrai ; cependant, dans le temps que je faisais si peu de cas des biens du monde, je sentais que j'aurais eu besoin d'en avoir du moins une petite partie, pour mépriser encore plus souverainement tout le reste. L'amour est plus fort que l'abondance, plus fort que les trésors et les richesses, mais il a besoin de leurs secours ; et rien n'est plus désespérant, pour un amant délicat, que de se voir ramené par là, malgré lui, à la grossièreté des âmes les plus basses.

Il était onze heures quand nous arrivâmes à Chaillot. Nous fûmes reçus à l'auberge comme des personnes de connaissance ; on ne fut pas surpris de voir Manon en habit d'homme[4], parce qu'on est accoutumé, à Paris, et aux environs, de voir prendre aux femmes toutes sortes de formes. Je la fis servir aussi proprement que si j'eusse été dans la meilleure fortune. Elle ignorait que je fusse mal en argent. Je me gardai bien de lui en rien apprendre, étant résolu de retourner seul à Paris, le lendemain, pour chercher quelque remède à cette fâcheuse espèce de maladie.

Antoine-François Prévost, *Histoire du chevalier Des Grieux et de Manon Lescaut*, 1731.

1. *pistole* : monnaie
2. *me remettait* : me remettait les idées en place, me réconfortait
3. *Tiberge* : confident et ami de Des Grieux
4. *en habit d'homme* : Manon s'est déguisée au moment de son évasion

QUESTIONS

L'angoisse et le bonheur

1. Des Grieux passe du désespoir au bonheur fou. Repérez, de la ligne 10 à 16, tous les termes qui expriment l'angoisse de Des Grieux ; les termes et les figures de style qui expriment le bonheur de la possession.

Paris, capitale de la Régence

2. La ville de Paris occupe une place importante dans la littérature romanesque du XVIIIe siècle. Quelle image le texte nous donne-t-il de Paris ? Que représente la capitale aux yeux des deux amants ?

L'importance de l'argent

3. Des Grieux reconnaît l'obligation de se procurer de l'argent. De la ligne 17 à 23, relevez tout ce qui affirme le mépris des richesses ; tout ce qui reconnaît la nécessité des biens matériels.

En Amérique où Manon a été déportée, où Des Grieux l'a suivie, il a fallu de nouveau fuir. La mort pathétique de Manon dans la solitude de la campagne purifie, transfigure l'image de la fille volage. Le mythe de Manon Lescaut peut prendre son essor.

Je passai la nuit entière à veiller près d'elle et à prier le Ciel de lui accorder un sommeil doux et paisible. Ô Dieu ! que mes vœux étaient vifs et sincères ! et par quel rigoureux jugement aviez-vous résolu de ne les pas exaucer !

Pardonnez, si j'achève en peu de mots un récit qui me tue. Je vous raconte un malheur qui n'eut jamais d'exemple. Toute ma vie est destinée à le pleurer. Mais, quoique je le porte sans cesse dans ma mémoire, mon âme semble reculer d'horreur, chaque fois que j'entreprends de l'exprimer.

Nous avions passé tranquillement une partie de la nuit. Je croyais ma chère maîtresse endormie et je n'osais pousser le moindre souffle, dans la crainte de troubler son sommeil. Je m'aperçus dès le point du jour, en touchant ses mains, qu'elle les avait froides et tremblantes. Je les approchai de mon sein, pour les échauffer. Elle sentit ce mouvement, et, faisant un effort pour saisir les miennes, elle me dit, d'une voix faible, qu'elle se croyait à sa dernière heure. Je ne pris d'abord ce discours[1] que pour un langage ordinaire dans l'infortune, et je n'y répondis que par les tendres consolations de l'amour. Mais, ses soupirs fréquents, son silence à mes interrogations, le serrement de ses mains, dans lesquelles elle continuait de tenir les miennes, me firent connaître que la fin de ses malheurs approchait.

Antoine-François Prévost, *Histoire du chevalier Des Grieux et de Manon Lescaut*, 1731.

1. *ce discours* : ces quelques mots

▲ La mort attend Manon au terme de ses aventures. Cette gravure de l'époque contribue à l'essor du mythe de Manon Lescaut.

QUESTIONS

L'émotion du narrateur

1. Des Grieux, ému, éprouve des difficultés à raconter la mort de Manon. Repérez les passages où le narrateur interrompt son récit pour exprimer ses sentiments.
2. De la ligne 2 à 5, relevez les indices du ton pathétique.

Une mort douce et recueillie

3. Des Grieux se refuse à adopter un ton tragique. Il met en évidence une intimité nouvelle faite de douceur et de recueillement à l'instant de la mort. Relevez tous les termes qui expriment le caractère paisible et recueilli de cette mort.

La courtisane transfigurée

4. À travers sa mort, Manon fait oublier toutes ses infidélités, toute l'agitation des années passées à Paris. Comment les circonstances de la mort et l'attitude de Manon permettent-elles cette transformation du personnage ?

Les manœuvres de la séduction

La Régence précipite la noblesse dans la recherche du luxe et du plaisir. La littérature décrit les manœuvres des séducteurs qui, par vanité, par goût du plaisir, multiplient les conquêtes. Crébillon et Duclos sont alors les grands romanciers du libertinage.

▶ LE SÉDUCTEUR

Le petit-maître. Il cherche à briller, à se faire connaître. C'est l'homme à la mode, qui séduit les femmes par vanité, en tenant la liste de ses conquêtes.

Le roué. Les compagnons du Régent s'appellent eux-mêmes « roués » : dignes du supplice de la roue. Bientôt le mot désigne le séducteur cynique, cruel, qui forme des disciples.

La fausse dévote. Discrète, très médisante à l'égard des autres femmes, elle cache ses liaisons derrière l'observation apparente des pratiques religieuses.

> L'office fini, mon aimable dévote vint me rejoindre ; et par un air presque étourdi, elle semblait me dire que pour être une sainte elle n'en était pas moins charmante.
>
> Claude Godard d'Aucour, *Thémidore*, 1745.

La coquette. Désireuse de plaire, habillée avec recherche, elle s'entoure d'admirateurs, fréquente les lieux brillants, fuyant avant tout l'ennui ou le chagrin.

La comtesse philosophe. Férue de sciences, s'affirmant au-dessus des préjugés, elle réduit l'amour au désir et ne craint pas d'être vue en public avec ses amants.

> Madame de Senanges à qui, comme on le verra dans la suite, j'ai eu le malheur de devoir mon éducation, était une de ces femmes philosophes, pour qui le public n'a jamais rien été.
>
> Claude Prosper Crébillon, *Les Égarements du cœur et de l'esprit*, 1736-1738.

▶ LES LIEUX DE LA SÉDUCTION

L'opéra. Lieu prestigieux du spectacle, du paraître, c'est dans sa loge à l'opéra que le séducteur affiche ses conquêtes nouvelles.

Les salons. Les familles nobles se reçoivent, dînent et jouent dans leurs salons, lieux de rencontre où le séducteur fait briller son art de la conversation.

La petite maison. Alors que la femme reçoit ses intimes au boudoir, le séducteur utilise sa petite maison, située dans un quartier discret, pour ses rendez-vous galants.

▶ LES RUSES DE LA SÉDUCTION

Le raffinement du décor et des parures. Le séducteur sait tirer parti du luxe et du confort des intérieurs, de la beauté des toilettes.

L'appel à la vanité. En jouant sur l'amour-propre de sa future conquête, le séducteur fait valoir le prestige d'une liaison qui rendrait ses rivales jalouses.

> Comme elle avait remarqué que presque toutes les femmes du monde avaient des amants, elle en voulut avoir aussi.
>
> Charles Pinot-Duclos, *Les Confessions du comte de* ***, 1741.

L'incitation au plaisir. En affirmant la priorité du goût et du désir au détriment de l'amour, le séducteur invite à profiter de l'instant sans souci du lendemain.

EXERCICE 1

Duclos écrit des contes dans lesquels on retrouve l'univers de la séduction. Quelle est la principale préoccupation d'Acajou ? Quel type de séducteur incarne-t-il ?

Acajou dédaigna de la fixer, et lui donna bientôt plusieurs rivales. Il n'était occupé que d'en étendre la liste, toutes s'empressaient de s'y faire inscrire, et ne le trouvaient aimable que depuis qu'il était incapable d'aimer.

Après avoir eu un assez grand nombre de femmes célèbres pour se mettre en crédit, il résolut d'en séduire quelques-unes, uniquement pour leur faire perdre la réputation de vertu qu'elles avaient. S'il apprenait qu'il y eût une femme tendrement aimée d'un époux chéri, elle devenait aussitôt l'objet de ses soins, et tel était le travers qu'inspire le titre d'homme à la mode, qu'il réussissait par tout ce qui aurait dû le faire échouer.

Charles Pinot-Duclos, *Acajou et Zirphile*, 1744.

EXERCICE 2

Marivaux aime décrire les plaisirs et les tourments de la coquetterie. Par quels sentiments successifs passe la jeune femme abandonnée par un soupirant ? Repérez les différents champs lexicaux.

Je te l'avoue, ma chère, le jour où l'on m'en confirma la nouvelle, je fus bien une bonne heure où il me sembla que tout était désert dans le monde, et que tout m'avait abandonnée. Dans cette détresse, il me vint compagnie ; le monde à mes yeux se repeupla ; mon chagrin s'affaiblit ; je me crus moins délaissée ; deux jeunes gens me firent des mines que je trouvai sincères ; je me sentis réconfortée, et je pris tant de courage dans cette soirée, que lorsque la compagnie sortit, je me félicitai de mes nouvelles conquêtes, sans me ressouvenir que trois heures avant, je regrettais la perte d'une…

Marivaux, *Lettre de M. de M** contenant une aventure*, 1719-1720.

EXERCICE 3

Dans *Les Égarements du cœur et de l'esprit*, Versac sert de modèle à Meilcour, le narrateur.

1. Sur quoi repose, à travers cet extrait, la fascination exercée par Versac ?

2. Quel est le rôle des adjectifs ?

Adoré de toutes les femmes qu'il trompait et déchirait sans cesse, vain, impérieux, étourdi : le plus audacieux petit-maître qu'on eût jamais vu et plus cher peut-être à leurs yeux par ces mêmes défauts, quelque contraires qu'ils leur soient. Quoi qu'il puisse être, elles l'avaient mis à la mode dès l'instant qu'il était entré dans le monde, et il était depuis dix ans en possession de vaincre les plus insensibles, de fixer les plus coquettes et de déplacer les amants les plus accrédités.

Claude Prosper Crébillon, *Les Égarements du cœur et de l'esprit*, 1736-1738.

EXERCICE 4

À partir du texte de l'exercice 3, rédigez un paragraphe dans lequel vous dégagerez :

– les principales caractéristiques du séducteur incarné par Versac ;

– les procédés par lesquels le narrateur exprime, et communique au lecteur, son admiration.

► À travers Pomone, nymphe des jardins, célèbre pour ses nombreuses aventures, c'est toute la séduction des belles marquises que révèle Jean Ranc dans ce détail de *Vertume et Pomone*, peint au début du XVIIIe siècle.

Le rococo

Le rococo désigne un vaste mouvement artistique et une forme de sensibilité qui caractérisent la plus grande partie du XVIIIe siècle, en France et en Europe. Il affirme ainsi, au-delà d'un choix esthétique, une attitude devant la vie et la société inséparable du siècle des Lumières.

▶ L'HISTOIRE DU MOT

Le style rocaille désigne, pendant la Régence, sous Louis XV, un style ornemental à la mode, caractérisé par la ligne courbe rappelant les volutes des coquillages. On a parfois utilisé le mot rococo, créé au XIXe siècle, dans un sens péjoratif pour qualifier un style maniéré ou vieilli. Mais le style rococo désigne avant tout la virtuosité des formes dans l'art du XVIIIe siècle.

▶ L'ORIGINE DU MOUVEMENT

C'est dans les arts décoratifs, le mobilier ou la peinture que le style rococo s'affirme d'abord. À la rigueur et à la symétrie classiques, les artistes préfèrent l'entrelacement des lignes sinueuses, la profusion des motifs décoratifs, les fêtes galantes où se mêlent volupté, raffinement et inquiétude. De même qu'on multiplie les petits appartements à la place de l'enfilade des grandes pièces du XVIIe siècle, la littérature développe les genres mineurs : la comédie italienne, le conte et le roman.

▶ LES THÈMES ESSENTIELS

L'exaltation de la volupté. Les fêtes, les boudoirs et les jardins invitent à la joie des sens, à l'abandon au plaisir. La galanterie célèbre les grâces du corps féminin.

La célébration du petit. Contre la tragédie, les grandes scènes d'Histoire, les genres mineurs diffusent, naïvement ou avec malice, le charme des bagatelles et des petits riens.

Les jeux de miroir. Il faut regarder le monde comme un spectacle et être son propre spectateur. La confrontation de l'illusion avec la réalité, le jeu avec la fiction permettent de découvrir la vérité à travers l'éclat et la séduction des artifices.

▶ LES PROCÉDÉS PRIVILÉGIÉS

La légèreté et la vivacité du langage	Le rococo aime aussi bien les digressions légères et subtiles que les effets de vitesse et de précipitation obtenus par l'abandon des marques de causalité et de temps.	Celui-là porte cent coups précipités ; celui-ci les pare avec adresse. La dame, assise sur un gazon, rajuste sa coiffure, et les regarde. Voltaire, *Zadig*, 1747.
Les effets de contraste	Le rococo oppose le grand et le petit, phrases longues et phrases courtes, volupté et ironie, au moyen des antithèses.	*Le Blanc et le Noir*, *Micromégas* (oxymore formé sur *micro*, petit, et *méga*, grand) : titres de contes de Voltaire.

AUJOURD'HUI *Le mot rococo prend parfois la nuance péjorative de maniéré, confus. Mais il désigne une œuvre, un style qui unit l'artifice, la fantaisie et la grâce.*

Exercice 1

Dans *Le Crocheteur borgne*, Voltaire raconte les aventures de Mesrow, pauvre porteur, et de la princesse Mélinade. On apprend à la fin du conte qu'il s'agit d'un rêve. Relevez dans cet extrait toutes les caractéristiques du style rococo.

Elle avait de fort petits pieds, et des souliers encore plus petits que ses pieds, en sorte qu'elle n'était ni faite ni chaussée de manière à soutenir une longue marche. De jolis pieds consolent d'avoir de mauvaises jambes, lorsqu'on passe sa vie sur sa chaise longue au milieu d'une foule de petits-maîtres ; mais à quoi servent des souliers brodés en paillettes dans un chemin pierreux, où ils ne peuvent être vus que par un crocheteur, et encore par un crocheteur qui n'a qu'un œil ?

Voltaire, *Le Crocheteur borgne*, vers 1715.

Exercice 2

Par inquiétude, par amour propre, les personnages de Marivaux n'expriment pas directement leurs sentiments. Cette volonté de « laisser deviner » est un des traits du rococo. Alors que le marquis parle de santé, de quoi est-il question en réalité ? Comment les mots importants sont-ils pourtant prononcés ?

Le Marquis. – Vous avez la plus belle santé !

La Comtesse, *à part.* – Il est bien question de ma santé ! *(Haut.)* C'est l'air de la campagne.

Le Marquis. – L'air de la ville vous fait de même l'œil le plus vif, le teint le plus frais !

La Comtesse. – Je me porte assez bien. Mais savez-vous bien que vous me dites des douceurs sans y penser ?

Le Marquis. – Pourquoi sans y penser ? Moi, j'y pense.

La Comtesse. – Gardez-les pour la personne que vous aimez.

Le Marquis. – Eh !... Si c'était vous, il n'y aurait que faire de les garder.

La Comtesse. – Comment ! si c'était moi ? Est-ce moi dont il s'agit ? Est-ce une déclaration d'amour que vous me faites ?

Le Marquis. – Oh ! point du tout.

Marivaux, *Le Legs*, 1736.

Exercice 3

Le prestige du rococo s'exerce au-delà de la première moitié du XVIIIe siècle. Dégagez dans cet extrait toutes les qualités que l'auteur admire dans le rococo.

Figurez-vous le spectacle enchanteur des ornements les plus légers, alliés avec les peintures les plus galantes, des Bouchers et des Natoires, entremêlés avec des bas-reliefs, des trophées, des dragons volants, et les plus jolis sapajous[1] du monde. Partout on remarque des fleurs, des guirlandes, des palmettes, des rocailles, des pagodes ; enfin, des riens charmants assortis aux cadres chantournés[2], aux moulures des panneaux, qui, dissimulant avec un art infini leur origine et leur sommet, se perdent, par des contours pittoresques, sous la sculpture aussi admirable qu'intéressante.

J.-F. Blondel, *L'Homme du monde éclairé par les arts*, 1774.

1. *sapajou :* petit singe
2. *chantourné :* découpé, évidé

Exercice 4

Analysez le tableau de Boucher. Quels thèmes essentiels du Rococo contient-il ? Comment sont-ils mis en valeur ?

▲ François Boucher, *Apollon révélant sa divinité*, 1750.

LA COMPARAISON ET LA MÉTAPHORE

La métaphore et la comparaison rapprochent un comparé et un comparant qui appartiennent à deux univers différents. Elles attirent l'attention du lecteur sur le point qui les réunit. Elles l'émeuvent par la création d'images.

▶ LA CONSTRUCTION DE LA COMPARAISON

Le procédé de la comparaison met en relation deux éléments liés par un mot outil (comme, tel, pareil à). L'ordre habituel des éléments (comparé + outil + comparant) peut être modifié (outil + comparant + comparé) et créer un effet d'attente.

Mais le plaisir s'envole et passe comme une ombre.

Voltaire, *Poème sur le désastre de Lisbonne,* 1756.

Le comparé : « le plaisir » ; l'outil de comparaison : « comme » ; le comparant : « une ombre ».

▶ LA CONSTRUCTION DE LA MÉTAPHORE

Le procédé de la métaphore associe deux éléments entre lesquels le lecteur perçoit une ressemblance grâce à l'effort d'interprétation. L'absence d'outil de comparaison accentue l'unité du comparant et du comparé et provoque un effet de surprise.

Je suis un cimetière abhorré de la lune

Charles Baudelaire, « Spleen », *Les Fleurs du mal,* 1857.

Le comparé : « je » (le poète) ; le comparant : le « cimetière » ; le point commun entre le « je » et le « cimetière » : la mélancolie.

▶ LA MÉTAPHORE FILÉE

Une métaphore est filée lorsque le champ associatif qu'elle introduit est exploré dans la totalité du texte. La continuité du développement souligne alors l'effet créateur du langage.

▶ LES FONCTIONS DE LA COMPARAISON ET DE LA MÉTAPHORE

La fonction explicative. Les deux figures de style décrivent en donnant une impression de taille, de couleur, de mouvement. La comparaison rend concrète une idée abstraite et la métaphore peut aboutir à une véritable métamorphose de l'objet décrit.

La rivière
Comme un serpent boa, sur la vallée entière

Gérard de Nerval, *Petits Châteaux de Bohème,* 1853.

La fonction évaluative. La métaphore et la comparaison peuvent valoriser ou dévaloriser le comparé par le choix du comparant.

Hélas ! ces innocents aux regards de colombe
Trouvent en arrivant sur la terre une tombe
En place d'un berceau !

Victor Hugo, *Les Châtiments,* 1853.

La fonction émotive. La métaphore et la comparaison touchent et mobilisent la sensibilité du lecteur. Celui-ci enrichit ou renouvelle sa vision du monde grâce à l'intensité de l'émotion ressentie.

Je vis, je meurs ; je me brûle et me noie.

Louise Labé, *Sonnets,* 1555.

Les variations de l'émotion amoureuse bouleversent le lecteur.

DE POÉSIE

Exercice 1

D'Aubigné exprime sa passion amoureuse par des comparaisons. Relevez-les.

Plus dure que les rocs, les côtes et la mer,
Plus altière que l'air, que les cieux et les anges,
Plus cruelle que tout ce que je puis nommer,
Tigres, ours et lions, serpents, monstres étranges,
Tu ris en me tuant et je meurs pour aimer.

Agrippa d'Aubigné, *Le Printemps*, 1572.

Exercice 2

Relevez une comparaison et une métaphore.

Comme le feu cruel qui a mis en ruine
Un palais, forcenant léger de lieu en lieu
Le malheur me dévore, et ainsi m'extermine
Le brandon de l'amour, l'impitoyable dieu.

Agrippa d'Aubigné, *Le Printemps*, 1572.

Exercice 3

Sous forme de schéma, analysez chacune des métaphores suivantes.

Des troupeaux d'autobus mugissants roulent près de moi.

Guillaume Apollinaire.

Tout à coup, avec la nuit, la citadelle éteint ses soixante bouches à feu.

Aloysius Bertrand.

Les cheminées des maisons sans âme
Pleurent les soirs d'hiver.

Pierre Reverdy.

Exercice 4

1. Dans son roman, *Le Dernier Jour d'un condamné*, Victor Hugo imagine le journal d'un condamné à mort. Quelle comparaison permet de personnifier l'idée de la mort ?

2. Quels verbes possèdent une valeur métaphorique et décrivent la permanence de l'idée de la mort ?

Maintenant je suis captif. Mon corps est aux fers dans un cachot, mon esprit est en prison dans une idée. Une horrible, une sanglante, une implacable idée ! Je n'ai plus qu'une pensée, qu'une conviction, qu'une certitude : condamné à mort !

Quoi que je fasse, elle est toujours là, cette pensée infernale, comme un spectre de plomb à mes côtés, seule et jalouse, chassant toute distraction, face à face avec moi misérable, et me secouant de ses deux mains de glace quand je veux détourner la tête ou fermer les yeux. Elle se glisse sous toutes les formes où mon esprit voudrait la fuir, se mêle comme un refrain horrible à toutes les paroles qu'on m'adresse, se colle avec moi aux grilles hideuses de mon cachot ; m'obsède éveillé, épie mon sommeil convulsif, et reparaît dans mes rêves sous la forme d'un couteau.

Victor Hugo, *Le Dernier Jour d'un condamné*, 1829.

Exercice 5

1. *La Curée* d'Émile Zola évoque Paris au début du Second Empire. Relevez les comparaisons présentes dans cet extrait.

2. Relevez une métaphore filée qui valorise le paysage urbain.

On était à l'automne ; la ville, sous le grand ciel pâle, s'alanguissait, d'un gris doux et tendre, piqué çà et là de verdures sombres, qui ressemblaient à de larges feuilles de nénuphars nageant sur un lac ; le soleil se couchait dans un nuage rouge, et tandis que les fonds s'emplissaient d'une brume légère, une poussière d'or, une rosée d'or tombait sur la rive droite de la ville, du côté de la Madeleine et des Tuileries. C'était comme le coin enchanté d'une cité des *Mille et Une Nuits*, aux arbres d'émeraude, aux toits de saphir, aux girouettes de rubis. Il vint un moment où le rayon qui glissait entre deux nuages, fut si resplendissant, que les maisons semblèrent flamber et se fondre comme un lingot d'or dans un creuset. « Oh ! vois, dit Saccard, avec un rire d'enfant, il pleut des pièces de vingt francs dans Paris ! » Angèle se mit à rire à son tour, en accusant ces pièces-là de n'être pas faciles à ramasser. Mais son mari s'était levé, et s'accoudant sur la rampe de la fenêtre : « C'est la colonne Vendôme, n'est-ce pas, qui brille là-bas ?... »

Émile Zola, *La Curée*, 1872.

LES TYPES D'EXPOSITION

La scène d'exposition, très souvent la première scène, apporte les informations indispensables pour situer l'action, identifier les personnages, reconnaître le conflit. On distingue quatre types d'exposition.

▶ LE MONOLOGUE DU HÉROS

Malgré la critique du siècle classique qui condamne ce procédé, la tragédie utilise souvent le monologue du héros dans la scène d'exposition. En revanche, la farce et la comédie y ont recours sans difficulté, le monologue étant source de rire.

> ARGAN. – Ah ! monsieur Fleurant, tout doux, s'il vous plaît ; si vous en usez comme cela, on ne voudra plus être malade, contentez-vous de quatre francs.
>
> Molière, *Le Malade imaginaire*, Acte I, scène 1, 1673.

Le monologue de la première scène présente le caractère du héros, les scènes suivantes exposent le conflit : le mariage imposé par Argan à sa fille.

▶ LE DIALOGUE ENTRE UN HÉROS ET UN CONFIDENT

Un des personnages principaux expose la situation à un personnage secondaire, d'un rang social inférieur, avec qui il entretient des relations d'amitié. Dans la comédie, servante ou valet jouent ce rôle de confident.

> ORESTE
>
> Oui, puisque je retrouve un ami si fidèle
> Ma fortune va prendre une face nouvelle.
>
> Jean Racine, *Andromaque*, Acte I, scène 1, 1667.

« Oui », premier mot de la pièce, témoigne d'une conversation engagée, exprime une énergie qui va se confronter au conflit tragique.

▶ LE DIALOGUE ENTRE DEUX PERSONNAGES SECONDAIRES

Deux confidents, deux domestiques, servante et valet, présentent la situation de leurs maîtres. Plus vraisemblable, cette exposition permet de nouer une intrigue entre les personnages secondaires, en contrepoint de l'action principale.

> SGANARELLE. – Eh ! mon pauvre Gusman, mon ami, tu ne sais pas encore, crois-moi, quel homme est Dom Juan.
>
> Molière, *Dom Juan*, Acte I, scène 1, 1665.

Loin de s'en tenir à un rôle fonctionnel, l'importance de Sganarelle s'affirmera cependant de plus en plus tout au long de la pièce.

▶ LE DIALOGUE ENTRE DEUX HÉROS

Qu'ils s'affrontent ou se déclarent leur amour, les deux héros, à travers leur dialogue, instruisent le spectateur de la situation, se communiquent l'un à l'autre des informations nouvelles.

> PULCHÉRIE
>
> Je vous aime, Léon, et n'en fais point mystère ;
> Des feux tels que les miens n'ont rien qu'il faille taire.
>
> Pierre Corneille, *Pulchérie*, Acte I, scène 1, 1672.

Dès lors que Pulchérie, impératrice d'Orient, déclare son amour, le conflit résidera dans l'opposition entre ses sentiments et ses devoirs politiques.

Exercice 1

Vancouver, Isménie, sa fille, et Dardenbœuf, son prétendant, sont les héros de la pièce d'Eugène Labiche. Quel est ici le type d'exposition ? Quel sera le sujet de la pièce ?

VANCOUVER *(au public)*. – Pardon... avez-vous vu jouer *Geneviève ou la Jalousie paternelle ?...* Non ?... Eh bien ! voilà mon ver !... la jalousie ... Je suis père... j'ai une fille âgée de vingt-quatre printemps à peine... et ils prétendent que c'est l'âge de la marier ! à vingt-quatre ans ! Mais je ne me suis conjoint qu'à trente-huit, moi !... et j'étais précoce !... Alors ma maison est assaillie par un tas de petits gredins en bottes vernies... qu'on intitule des prétendus, et que j'appelle, moi, la bande des habits noirs !... car, enfin, ce sont des escrocs... je ne leur demande rien, je ne vais pas les chercher... qu'ils me laissent tranquille... avec mon Isménie !...

Eugène Labiche, *Mon Isménie*, Acte I, scène 2, 1852.

Exercice 2

La pièce commence par une discussion entre Silvia et sa femme de chambre, Lisette.

1. Par quels moyens Marivaux fait-il entrer le spectateur dans la pièce ?

2. Quel sera le sujet de la pièce ?

SILVIA. – Mais, encore une fois, de quoi vous mêlez-vous ? Pourquoi répondre de mes sentiments ?
LISETTE. – C'est que j'ai cru que, dans cette occasion-là, vos sentiments ressembleraient à ceux de tout le monde. Monsieur votre père me demande si vous êtes bien aise qu'il vous marie, si vous en avez quelque joie : moi, je lui réponds que oui ; cela va tout de suite ; et il n'y a peut-être que vous de fille au monde, pour qui ce *oui*-là ne soit pas vrai ; le *non* n'est pas naturel.
SILVIA. – Le *non* n'est pas naturel ! quelle sotte naïveté ! Le mariage aurait donc de grands charmes pour vous ?
LISETTE. – Eh bien, c'est encore *oui*, par exemple !

Marivaux, *Le Jeu de l'amour et du hasard*, Acte I, scène 1, 1730.

Exercice 3

Agrippine, mère de Néron, est, par son remariage, veuve de l'empereur Claudius, père de Britannicus écarté du pouvoir au bénéfice de Néron. Quel est le type d'exposition ? Qu'apprend-on sur le conflit qui menace ?

ALBINE

Quoi ! tandis que Néron s'abandonne au sommeil,
Faut-il que vous veniez attendre son réveil ?
Qu'errant dans le palais, sans suite et sans escorte,
La mère de César veille seule à sa porte ?
Madame, retournez dans votre appartement.

AGRIPPINE

Albine, il ne faut pas s'éloigner un moment.
Je veux l'attendre ici : les chagrins qu'il me cause
M'occuperont assez tout le temps qu'il repose.
Tout ce que j'ai prédit n'est que trop assuré :
Contre Britannicus Néron s'est déclaré.
L'impatient Néron cesse de se contraindre ;
Las de se faire aimer, il veut se faire craindre.
Britannicus le gêne, Albine ; et chaque jour
Je sens que je deviens importune à mon tour.

Jean Racine, *Britannicus*, Acte I, scène 1, 1669.

Exercice 4

Le barbier Figaro rencontre son ancien maître déguisé dans les rues de Séville. Sur quoi reposera désormais l'intrigue de la pièce ?

LE COMTE. – Apprends donc que le hasard m'a fait rencontrer au Prado, il y a six moi, une jeune personne d'une beauté... ! Tu viens de la voir. Je l'ai fait chercher en vain par tout Madrid. Ce n'est que depuis peu de jours que j'ai découvert qu'elle s'appelle Rosine, est d'un sang noble, orpheline, et mariée à un vieux médecin de cette ville, nommé Bartholo.
FIGARO. – Joli oiseau, ma foi ! difficile à dénicher ! Mais qui vous a dit qu'elle était femme du docteur ?
LE COMTE. – Tout le monde.
FIGARO. – C'est une histoire qu'il a forgée en arrivant de Madrid, pour donner le change aux galants et les écarter ; elle n'est encore que sa pupille, mais bientôt...

Pierre Augustin Caron de Beaumarchais, *Le Barbier de Séville*, Acte I, scène 4, 1775.

LES TYPES D'ARGUMENTS

Pour développer une thèse, pour réfuter une thèse adverse, l'argumentateur a recours à des arguments de natures diverses, selon les circonstances de l'argumentation.

▶ L'ARGUMENT D'AUTORITÉ

L'argumentateur fait référence à un ouvrage célèbre, un auteur, un spécialiste reconnu, dont le rayonnement, la compétence sont ainsi mis au service de la thèse développée.

▶ LE RECOURS AUX FAITS

L'argumentateur rassemble des faits, cite un témoignage, un cas particulier, il communique une donnée chiffrée, un constat scientifique, pour qu'ils servent de preuves.

▶ L'ARGUMENT PAR LES VALEURS

L'argumentateur invoque des valeurs qui correspondent à ce qui est beau ou bien pour une société donnée, par exemple : le Vrai, la Justice, la Liberté, la Solidarité, l'Honnêteté.

> Ils changent très fréquemment de femmes, ce qui est un signe très vrai de sauvagerie. Ils ignorent de toute évidence la noblesse et l'élévation du beau sacrement de mariage.
>
> Jean-Claude Carrière, *La Controverse de Valladolid,* 1992, Éd. Presses Pocket.

Le comportement des Indiens illustre, pour l'Inquisition, l'argumentation sur les valeurs.

▶ LE RECOURS À L'ANALOGIE

L'argumentateur, pour faciliter rapidement la compréhension, met en relation deux domaines différents, fait appel à une image (c'est comme…), à un récit ou à une fable.

> Si ce Dieu visible [le Soleil] éclaire l'homme, c'est par accident, comme le flambeau du roi éclaire par accident le crocheteur qui passe par la rue.
>
> Cyrano de Bergerac, *L'Autre Monde,* 1657.

Il y a analogie entre le soleil et le flambeau du roi.

▶ LE RECOURS À LA DISTINCTION

L'argumentateur introduit une distinction de point de vue dans la thèse adverse : apparence/réalité, théorie/pratique, etc. Il concède l'intérêt partiel de la thèse adverse pour mieux nier cette thèse sur un autre plan.

▶ L'ARGUMENT PAR L'ABSURDE

Devant un adversaire qui pratique l'amalgame, le mélange de notions qui ne devraient pas être confondues, l'argumentateur pousse les conséquences de l'amalgame vers l'absurde.

▶ LE RECOURS AU BON SENS, À LA NORME

L'argumentateur s'appuie sur le bon sens pour faire admettre la thèse qu'il défend. Il cite un proverbe, une maxime, une idée partagée unanimement.

> ISMÈNE. – Il est le roi. Et ils pensent tous comme lui dans la ville.
>
> Jean Anouilh, *Antigone,* 1946, Éd. de La Table Ronde.

« Ils pensent tous comme lui » vient appuyer l'argumentation.

Exercice 1

Les *Lettres persanes* développent les thèses politiques de Montesquieu. Dégagez dans l'extrait la thèse, l'argument, l'illustration. De quel type d'argument s'agit-il ?

La douceur du gouvernement contribue merveilleusement à la propagation de l'Espèce. Toutes les républiques en sont une preuve constante, et, plus que toutes, la Suisse et la Hollande, qui sont les deux plus mauvais pays de l'Europe, si l'on considère la nature du terrain, et qui cependant sont les plus peuplés.

Montesquieu, *Lettres persanes*, 1721.

Exercice 2

Devant la confusion, Théophile Gautier oppose un effort de distinction logique.

1. Contre quel amalgame s'insurge-t-il ?

2. Quelle distinction Gautier affirme-t-il ? Quel type d'argument achève le développement ?

Il est aussi absurde de dire qu'un homme est un ivrogne parce qu'il décrit une orgie, un débauché parce qu'il raconte une débauche que de prétendre qu'un homme est vertueux parce qu'il a fait un livre de morale ; tous les jours on voit le contraire. – C'est le personnage qui parle et non l'auteur ; son héros est athée, cela ne veut pas dire qu'il soit athée ; il fait agir et parler les brigands en brigands, il n'est pas pour cela un brigand. À ce compte, il faudrait guillotiner Shakespeare, Corneille et tous les tragiques ; ils ont plus commis de meurtres que Mandrin et Cartouche.

Théophile Gautier, Préface à *Mademoiselle de Maupin*, 1835.

Exercice 3

Précurseur des Lumières, Pierre Bayle réfléchit sur les faiblesses de la tradition. De quel type d'argument, trop souvent mal utilisé, fait-il ici la critique ?

Il paraît de là que les savants font quelquefois une aussi méchante caution que le peuple, et qu'une tradition fortifiée de leur témoignage n'est pas pour cela exempte de fausseté. Il ne faut donc pas que le nom et le titre de savant nous en imposent.

Pierre Bayle, *Pensées diverses sur la comète*, 1682.

Exercice 4

Face aux partisans des Anciens, qui suivent ce que l'Antiquité a légué, Saint-Évremond, partisan des Modernes, opère une distinction.

1. En quoi consiste-t-elle ?

2. À quel autre argument a-t-il recours ensuite ?

Je sais qu'il y a de certaines règles éternelles, pour être fondées sur un bon sens, sur une raison ferme et solide, qui subsistera toujours ; mais il en est peu qui portent le caractère de cette raison incorruptible. Celles qui regardaient les mœurs, les affaires, les coutumes des vieux Grecs, ne nous touchent guère aujourd'hui.

Saint-Évremond, *Sur les poèmes des Anciens*, 1686.

Exercice 5

Avant de présenter sa philosophie, Descartes affirme la nécessité de penser par soi-même.

1. Dites à quoi correspondent les deux paragraphes suivants sur le plan de l'argumentation.

2. Rédigez vous-même un court texte développant la thèse contraire : a) en affirmant la thèse ; b) en utilisant un exemple ; c) en ayant recours à la distinction.

L'une des premières [pensées] fut que je m'avisai de considérer que souvent il n'y a pas tant de perfection dans les ouvrages composés de plusieurs pièces, et faits de la main de divers maîtres, qu'en ceux auxquels un seul a travaillé.

Ainsi voit-on que les bâtiments qu'un seul architecte a entrepris et achevés ont coutume d'être plus beaux et mieux ordonnés que ceux que plusieurs ont tâché de raccommoder, en faisant servir de vieilles murailles qui avaient été bâties à d'autres fins.

René Descartes, *Discours de la méthode*, 1637.

1750
1800

L'âge des Lumières

LA MARCHE VERS LA RÉVOLUTION

Louis XV déçoit : à l'extérieur, la France perd le Canada ; à l'intérieur, le mouvement philosophique est de nouveau étroitement surveillé après l'attentat de Damiens contre le roi. Louis XVI, qui lui succède en 1774, fait appel à des ministres réformateurs. Mais l'aristocratie fait échouer les tentatives de réforme et conserve ses privilèges. La monarchie qui se voulait éclairée perd son crédit. La bourgeoisie éclairée, consciente de ses pouvoirs, profite de la réunion des états généraux pour faire valoir ses revendications, et celles de l'ensemble du tiers état exprimées dans les cahiers de doléances. La Révolution est en marche. Les privilèges, puis la royauté sont abolis. L'égalité des droits, chère aux philosophes, s'inscrit dans les lois. À peine établie, la République cède le pas au Consulat.

L'UNIFICATION DE LA LANGUE

Le français, utilisé par tous les diplomates européens, est loué pour son élégance. La langue des écrivains classiques demeure la norme du beau langage : Voltaire considère « coursier » plus poétique que cheval. En dépit de ce purisme, la langue évolue. Le vocabulaire continue de s'enrichir. L'*Encyclopédie* vulgarise les termes techniques des arts et des métiers. La description des paysages exotiques impose le recours à des images originales. Le vocabulaire musical emprunte des mots à l'italien. Surtout, la phrase se clarifie. Les nécessités de la polémique imposent une phrase brève et légère que l'on retrouve dans les contes de Voltaire. La langue française s'unifie. Des manuels aident les provinciaux à corriger leurs particularismes régionaux. Soucieuse d'unité nationale, la Révolution cherche même le moyen d'étouffer les patois.

LE GOÛT POUR LA LIBRE DISCUSSION

À travers les dix-sept volumes de l'*Encyclopédie*, l'esprit critique se diffuse largement. Discours, traités, dialogues, multiplient les appels à la lutte contre l'intolérance et la superstition. Les tragédies de Voltaire et les comédies de Beaumarchais dénoncent la morgue des grands et les abus du pouvoir. Les salons et les académies donnent à leurs participants le goût de la libre discussion. Les individus qui partagent le même idéal de liberté constituent progressivement une opinion publique influente. Les écrivains deviennent les interprètes et les guides de la conscience collective : Voltaire reçoit des visiteurs venus de toute l'Europe pour le consulter. Diderot et Rousseau donnent à la sensibilité et à l'imagination une force nouvelle : le cœur et le goût sont objets de discussion. Peu à peu, les lecteurs ne sont plus les sujets de Louis XVI : ils deviennent des citoyens.

LA SENSUALITÉ ET LA VERTU

La musique délaisse le religieux et devient un art de salon et de salle de concert. Haydn écrit six symphonies pour sa tournée parisienne. L'Opéra italien s'impose et provoque une polémique qui oppose ses fervents partisans aux tenants de la tradition française. Fragonard perpétue la tradition du tableau délicatement sensuel tandis que la morale trouve en Greuze son peintre : la vertu devient pathétique. Chardin domine en maître la nature morte, la nature sauvage surgit dans les marines de Vernet et envahit les ruines peintes par Hubert Robert. David consacre le retour à l'inspiration antique mise au goût du jour par les fouilles d'Herculanum. Le néo-classicisme devient le goût de la fin du siècle : la ligne sobre supplante la courbe du rococo. La Révolution emprunte à l'Antiquité les images emblématiques de son pouvoir. Symbole du temps, l'église Sainte-Geneviève, construite par Soufflot, devient le Panthéon.

Le fond sombre crée un climat de clandestinité, un effet de théâtre. L'ensemble forme une scène familière de la vie bourgeoise comme les aime Diderot.

Nature morte à la Chardin, avec les rubans qui sortent du tiroir.

Éclairage voilé qui signale la distance et la proximité, la menace maternelle.

Le rideau rouge comme un rideau de théâtre adoucit la rigueur des verticales.

Le regard oblique dynamise toute la scène, crée une tension entre le plaisir et la crainte d'être surpris.

La tension du corps qui s'incline, se penche, sans s'abandonner totalement, exprime le conflit entre le désir et la vertu.

La robe satinée éclaire toute la scène, de même que les visages lumineux.

Le spectateur surprend un geste amoureux entre l'ombre et la lumière, entre les deux portes.

Jean-Honoré Fragonard, *Le Baiser à la dérobée*, 1788.

Voltaire

Nom : Arouet
Prénom : François-Marie
Pseudonyme : Voltaire, le docteur Ralph, Démad, Soranus, Scarmentado
Naissance : le 21 novembre 1694, à Paris
Décès : le 30 mai 1778, à Paris
Lieux : Berlin, Ferney, Paris
Situation familiale : célibataire, il vit une longue liaison avec Mme Denis
Professions : homme de lettres, propriétaire terrien à Ferney
Amitiés : Frédéric II de Prusse, Diderot, Turgot, d'Alembert, Condorcet, le médecin Tronchin

Il a écrit

pendant la seconde moitié du siècle

des contes, parmi lesquels : *Micromégas* (1752), *Candide* (1759), *L'Ingénu* (1767), *La Princesse de Babylone* (1768) ;

des essais : *Poème sur le désastre de Lisbonne* (1756), *Essai sur les mœurs* (1756), *Traité sur la Tolérance* (1763), *Dictionnaire philosophique* (1764).

LE COURTISAN DÉÇU

En 1750, hôte de Frédéric II de Prusse, Voltaire proclame avec enthousiasme les mérites de ce souverain qui protège les écrivains. Lors de fastueux soupers, il anime avec esprit la conversation avec de nombreux savants invités au château de Sans-Souci. Dans un conte, *Micromégas*, il défend l'utilité des sciences et condamne les vains discours sur l'homme et sur Dieu. Mais à la cour de Frédéric II, l'atmosphère s'assombrit. « On presse l'orange et on jette l'écorce », aurait dit le souverain à propos de l'écrivain qui comprend alors que Frédéric II n'est pas le roi éclairé qu'il imaginait. Désabusé, il quitte la cour après un séjour de trois années.

L'HÔTE INDÉSIRABLE

En 1755, indésirable à Paris et à Berlin, Voltaire achète Les Délices, une propriété située près de Genève. Il achève l'*Essai sur les mœurs*. Il décrit, dans cette histoire de la civilisation, le combat permanent de la raison contre la superstition. Après le tremblement de terre de Lisbonne, il s'interroge dans un long poème sur le sens de l'existence humaine. Il poursuit sa réflexion dans un conte, *Candide*. En 1759, la publication de l'*Encyclopédie* est suspendue. Voltaire est inquiet. Afin d'échapper à tout pouvoir, il s'installe en 1760 à Ferney, à deux pas de la frontière suisse.

L'HOMME CÉLÈBRE

À soixante-dix ans, Voltaire est un propriétaire actif. Il met en valeur ses terres de Ferney, il accueille d'innombrables visiteurs qui admirent son œuvre. En dix ans, il expédie plus de six mille lettres à de multiples correspondants qui l'aident à lutter contre toute forme d'oppression : « Écrasons l'infâme ! », voilà le mot d'ordre. Dans son *Traité sur la tolérance*, il dénonce les insuffisances de la justice. Il obtient, après trois ans d'efforts, la réhabilitation de Jean Calas, un protestant injustement accusé de meurtre. En 1778, il est acclamé à Paris après le succès de sa dernière tragédie. Il meurt à quatre-vingt-quatre ans. Ses cendres sont transférées au Panthéon en 1791.

Micromégas

1752

En s'amusant à raconter les voyages interplanétaires de Micromégas, Voltaire veut donner à ses lecteurs une leçon de relativisme. Habitant de Sirius, Micromégas entre en contact avec les hommes.

« Savez-vous bien, par exemple, qu'à l'heure que je vous parle[1], il y a cent mille fous de notre espèce, couverts de chapeaux, qui tuent cent mille autres animaux couverts d'un turban, ou qui sont massacrés par eux, et que, presque par toute la terre, c'est ainsi qu'on en use de temps immémorial[2] ? » Le Sirien[3] frémit, et demanda quel pouvait être le sujet de ces horribles querelles entre de si chétifs animaux. « Il s'agit, dit le philosophe, de quelque tas de boue grand comme votre talon. Ce n'est pas qu'aucun de ces millions d'hommes qui se font égorger prétende un fétu[4] sur ce tas de boue. Il ne s'agit que de savoir s'il appartiendra à un certain homme qu'on nomme *Sultan*, ou à un autre qu'on nomme, je ne sais pourquoi, *César*. Ni l'un ni l'autre n'a jamais vu ni ne verra jamais le petit coin de terre dont il s'agit ; et presque aucun de ces animaux, qui s'égorgent mutuellement, n'a jamais vu l'animal pour lequel ils s'égorgent.

– Ah ! malheureux ! s'écria le Sirien avec indignation, peut-on concevoir cet excès de rage forcenée ! Il me prend envie de faire trois pas, et d'écraser de trois coups de pied toute cette fourmilière d'assassins ridicules. – Ne vous en donnez pas la peine, lui répondit-on ; ils travaillent assez à leur ruine. Sachez qu'au bout de dix ans, il ne reste jamais la centième partie de ces misérables ; sachez que, quand même ils n'auraient pas tiré l'épée, la faim, la fatigue ou l'intempérance[5], les emportent presque tous. D'ailleurs, ce n'est pas eux qu'il faut punir, ce sont ces barbares sédentaires qui du fond de leur cabinet ordonnent, dans le temps de leur digestion, le massacre d'un million d'hommes, et qui ensuite en font remercier Dieu solennellement. »

Le voyageur se sentait ému de pitié pour la petite race humaine, dans laquelle il découvrait de si étonnants contrastes.

Voltaire, *Micromégas*, 1752.

1. c'est un humain qui parle, un savant
2. *immémorial :* ancien
3. *Sirien :* habitant de Sirius, géant
4. *fétu :* brin de paille
5. *intempérance :* abus des plaisirs

QUESTIONS

La dénonciation de la guerre

1. Pour décrire la guerre à un voyageur qui ignore tout de la vie sur terre, le savant recourt à des périphrases descriptives et à des hyperboles. Relevez-les. Quelle vision de la guerre offrent-elles ?

2. Le motif de la guerre est précisé. Identifiez-le. Relevez les termes qui rendent ce motif absurde.

L'indignation du voyageur

3. Le voyageur réagit vivement. Quels sont les termes qui manifestent son indignation ?

4. La guerre n'est pas le seul malheur qui accable les hommes. Relevez les autres calamités.

5. Le Sirien écoute attentivement le discours du savant. Quelle image peut-il avoir de la vie sur terre ?

La force du dialogue

6. Le dialogue est animé. Repérez les marques du dialogue.

7. Les répliques s'enchaînent clairement. Repérez les mots qui permettent de relier les répliques.

8. Le dialogue traite de la guerre de manière générale. Recherchez les marques de généralisation du discours (temps utilisé, articles).

Candide

Candide est élevé par son maître Pangloss dans l'illusion que tout est pour le mieux dans le meilleur des mondes. Il découvre les terribles réalités de la planète qu'il parcourt au gré de ses mésaventures. Après s'être enrichi dans le légendaire pays de l'Eldorado, il arrive à Surinam (en Guyane hollandaise).

En approchant de la ville, ils rencontrèrent un nègre étendu par terre, n'ayant plus que la moitié de son habit, c'est-à-dire d'un caleçon de toile bleue ; il manquait à ce pauvre homme la jambe gauche et la main droite. « Eh ! mon Dieu ! lui dit Candide en hollandais, que fais-tu là, mon ami, dans l'état horrible où je te vois ? – J'attends mon maître, M. Vanderdendur[1], le fameux négociant, répondit le nègre. – Est-ce M. Vanderdendur, dit Candide, qui t'a traité ainsi ? – Oui, monsieur, dit le nègre, c'est l'usage. On nous donne un caleçon de toile pour tout vêtement deux fois l'année. Quand nous travaillons aux sucreries, et que la meule nous attrape le doigt, on nous coupe la main ; quand nous voulons nous enfuir, on nous coupe la jambe : je me suis trouvé dans les deux cas. C'est à ce prix que vous mangez du sucre en Europe. Cependant, lorsque ma mère me vendit dix écus patagons[2] sur la côte de Guinée, elle me disait : « Mon cher enfant, bénis nos fétiches, adore-les toujours, ils te feront vivre heureux ; tu as l'honneur d'être esclave de nos seigneurs les blancs, et tu fais par là la fortune de ton père et de ta mère. » Hélas ! je ne sais pas si j'ai fait leur fortune, mais ils n'ont pas fait la mienne. Les chiens, les singes et les perroquets sont mille fois moins malheureux que nous ; les fétiches hollandais qui m'ont converti me disent tous les dimanches que nous sommes tous enfants d'Adam[3], blancs et noirs. Je ne suis pas généalogiste ; mais si ces prêcheurs disent vrai, nous sommes tous cousins issus de germains. Or vous m'avouerez qu'on ne peut pas en user avec ses parents d'une manière plus horrible.

– Ô Pangloss ! s'écria Candide, tu n'avais pas deviné cette abomination ; c'en est fait, il faudra qu'à la fin je renonce à ton optimisme. – Qu'est-ce qu'optimisme ? disait Cacambo[4]. – Hélas ! dit Candide, c'est la rage de soutenir que tout est bien quand on est mal » ; et il versait des larmes en regardant son nègre ; et en pleurant, il entra dans Surinam.

Voltaire, *Candide*, chapitre 19, 1759.

1. Vanderdendur : **inventé par Voltaire, ce nom est riche de sens**
2. écus patagons : **monnaie d'argent**
3. Adam : **dans la Bible, le premier homme**
4. Cacambo : **serviteur de Candide**

QUESTIONS

Un spectacle

1. Devant le spectacle d'un corps mutilé, Candide réagit avec vivacité. Relevez les marques de sa surprise (lexique, forme des phrases).

Un témoignage

2. L'esclave rapporte les discours de ses parents et des hollandais. Relevez les termes qui définissent leur contenu.

Une dénonciation

3. Qui, d'après le texte, est responsable de la condition d'esclave ?
4. Pourquoi Candide se révolte-t-il contre les idées de Pangloss ?

Voltaire achève son œuvre par une leçon de sagesse. Revenu d'Amérique en compagnie de Martin, un vieux savant, Candide a retrouvé Pangloss. Il a acheté une modeste propriété près de Constantinople et s'ennuie. Une conversation avec un derviche ne lui a pas permis de donner un sens à sa vie.

Pendant cette conversation, la nouvelle s'était répandue qu'on venait d'étrangler à Constantinople deux vizirs[1] du banc et le muphti[2], et qu'on avait empalé plusieurs de leurs amis. Cette catastrophe faisait partout un grand bruit pendant quelques heures. Pangloss, Candide et Martin, en retournant à la petite métairie, rencontrèrent un bon vieillard qui prenait le frais à sa porte sous un berceau d'orangers. Pangloss, qui était aussi curieux que raisonneur, lui demanda comment se nommait le muphti qu'on venait d'étrangler. « Je n'en sais rien, répondit le bonhomme ; et je n'ai jamais su le nom d'aucun muphti ni d'aucun vizir. J'ignore absolument l'aventure dont vous me parlez ; je présume qu'en général ceux qui se mêlent des affaires publiques périssent quelquefois misérablement, et qu'ils le méritent ; mais je ne m'informe jamais de ce qu'on fait à Constantinople ; je me contente d'y envoyer vendre les fruits du jardin que je cultive. » Ayant dit ces mots, il fit entrer les étrangers dans sa maison ; ses deux filles et ses deux fils leur présentèrent plusieurs sortes de sorbets qu'ils faisaient eux-mêmes, du kaïmak[3] piqué d'écorces de cédrat[4] confit, des oranges, des citrons, des limons, des ananas, des pistaches, du café de Moka qui n'était point mêlé avec le mauvais café de Batavia et des îles. Après quoi les deux filles de ce bon musulman parfumèrent les barbes de Candide, de Pangloss et de Martin.

« Vous devez avoir, dit Candide au Turc, une vaste et magnifique terre ? – Je n'ai que vingt arpents[5], répondit le Turc ; je les cultive avec mes enfants ; le travail éloigne de nous trois grands maux, l'ennui[6], le vice, et le besoin. »

Candide, en retournant dans sa métairie, fit de profondes réflexions sur le discours du Turc. Il dit à Pangloss et à Martin : « Ce bon vieillard me paraît s'être fait un sort bien préférable à celui des six rois avec qui nous avons eu l'honneur de souper. – Les grandeurs, dit Pangloss, sont fort dangereuses, selon le rapport de tous les philosophes. »

Voltaire, *Candide*, chapitre 30, 1759.

1. *vizir :* conseiller du sultan
2. *muphti :* chef religieux
3. *kaïmak :* friandise
4. *cédrat, limon :* citrons
5. *vingt arpents :* trente-cinq ares
6. *l'ennui :* l'inquiétude

QUESTIONS

La folie des hommes

1. Une information politique se répand. Pourquoi la nouvelle se présente-t-elle sous la forme d'une rumeur ?

La sagesse

2. Le vieillard répond à Pangloss et utilise de nombreux verbes pour préciser sa pensée. Quel est leur point commun ?

Un idéal de vie

3. Le vieillard justifie son mode de vie. En quoi ses déclarations définissent-elles un idéal positif ?

Traité sur la tolérance

Le 10 mars 1672, le protestant Jean Calas, accusé d'avoir tué son fils Marc-Antoine parce qu'il voulait se convertir au catholicisme, meurt sur la roue, sous les coups du bourreau. Il avait jusqu'au dernier moment clamé son innocence. Ému, Voltaire enquête. Dans un traité qui appelle à la tolérance, il démontre l'innocence de Calas. Il reconstitue d'abord les faits.

Jean Calas, âgé de soixante et huit ans, exerçait la profession de négociant à Toulouse depuis plus de quarante années, et était reconnu de tous ceux qui ont vécu avec lui pour un bon père. Il était protestant, ainsi que sa femme et tous ses enfants, excepté un, qui avait abjuré l'hérésie[1], et à qui le père faisait une petite pension. Il paraissait si éloigné de cet absurde fanatisme qui rompt tous les liens de la société qu'il approuva la conversion de son fils Louis Calas, et qu'il avait depuis trente ans chez lui une servante zélée catholique, laquelle avait élevé tous ses enfants.

Un des fils de Jean Calas, nommé Marc-Antoine, était un homme de lettres : il passait pour un esprit inquiet, sombre et violent. Ce jeune homme, ne pouvant réussir ni à entrer dans le négoce, auquel il n'était pas propre, ni à être reçu avocat, parce qu'il fallait des certificats de catholicité qu'il ne put obtenir, résolut de finir sa vie, et fit pressentir ce dessein à un de ses amis ; il se confirma dans sa résolution par la lecture de tout ce qu'on a jamais écrit sur le suicide.

▼ Jean Calas en prison. Gravure du XVIIIe siècle.

Enfin, un jour, ayant perdu son argent au jeu, il choisit ce jour-là pour exécuter son dessein. Un ami de sa famille et le sien, nommé Lavaysse, jeune homme de dix-neuf ans, connu par la candeur et la douceur de ses mœurs, fils d'un avocat célèbre de Toulouse, était arrivé de Bordeaux la veille ; il soupa par hasard chez les Calas. Le père, la mère, Marc-Antoine leur fils aîné, Pierre leur second fils, mangèrent ensemble. Après le souper on se retira dans un petit salon : Marc-Antoine disparut ; enfin, lorsque le jeune Lavaysse voulut partir, Pierre Calas et lui étant descendus trouvèrent en bas, auprès du magasin, Marc-Antoine en chemise, pendu à une porte, et son habit plié sur le comptoir ; sa chemise n'était pas seulement dérangée ; ses cheveux étaient bien peignés : il n'avait sur le corps aucune plaie, aucune meurtrissure.

On passe ici tous les détails dont les avocats ont rendu compte : on ne décrira point la douleur et le désespoir du père et de la mère ; leurs cris furent entendus des voisins. Lavaysse et Pierre Calas, hors d'eux-mêmes, coururent chercher des chirurgiens et la justice.

Pendant qu'ils s'acquittaient de ce devoir, pendant que le père et la mère étaient dans les sanglots et dans les larmes, le peuple de Toulouse s'attroupa autour de la maison. Ce peuple est superstitieux et emporté ; il regarde comme des monstres ses frères qui ne sont pas de la même religion que lui. C'est à Toulouse qu'on remercia Dieu solennellement de la mort de Henri III[2], et qu'on fit serment d'égorger le premier qui parlerait de reconnaître le grand, le bon Henri IV. Cette ville solennise[3] encore tous les ans, par une procession et par des feux de joie, le jour où elle massacra quatre mille citoyens hérétiques, il y a deux siècles. En vain six arrêts du conseil ont défendu cette odieuse fête, les Toulousains l'ont toujours célébrée comme les jeux floraux.

Quelque fanatique de la populace s'écria que Jean Calas avait pendu son propre fils Marc-Antoine. Ce cri, répété, fut unanime en un moment ; d'autres ajoutèrent que le mort devait le lendemain faire abjuration ; que sa famille et le jeune Lavaysse l'avaient étranglé par haine contre la religion catholique : le moment d'après on n'en douta plus ; toute la ville fut persuadée que c'est un point de religion chez les protestants qu'un père et une mère doivent assassiner leur fils dès qu'il veut se convertir.

Les esprits une fois émus ne s'arrêtent point. On imagina que les protestants du Languedoc s'étaient assemblés la veille ; qu'ils avaient choisi, à la pluralité des voix, un bourreau de la secte ; que le choix était tombé sur le jeune Lavaysse ; que ce jeune homme, en vingt-quatre heures, avait reçu la nouvelle de son élection, et était arrivé de Bordeaux pour aider Jean Calas, sa femme et leur fils Pierre, à étrangler un ami, un fils, un frère.

Voltaire, *Traité sur la tolérance,* 1763.

1. *abjuré l'hérésie :* **rejeté la religion protestante**
2. *Henri III et Henri IV :* **rois de France pendant les guerres de religion**
3. *solennise :* **fête**

QUESTIONS

Le portrait d'une famille

1. Voltaire reprend l'enquête. Quels traits familiaux, sociaux et religieux caractérisent Jean Calas ?

2. Voltaire décrit l'évolution du fils. Énumérez les causes qui rendent le suicide vraisemblable.

3. Voltaire rapporte les circonstances du suicide. En quoi chaque détail permet-il d'innocenter la famille Calas ?

Le portrait d'une foule

4. La foule s'empare de l'événement. Précisez la manière dont la rumeur s'amplifie progressivement.

5. Le peuple de Toulouse est caractérisé par deux traits. Définissez-les.

6. Voltaire met en parallèle l'attitude religieuse des Calas et celle du peuple toulousain. Déterminez ce qui les oppose.

L'enquête d'un citoyen

7. Voltaire construit son enquête de manière à convaincre son lecteur. Quel rôle jouent les portraits par rapport au récit des faits ?

8. Voltaire donne à son enquête une grande vivacité. Analysez les procédés qui différencient les portraits et le récit des faits (temps des verbes, forme des phrases).

Dictionnaire philosophique

Le *Dictionnaire philosophique* est une œuvre de combat qui attaque toutes les formes d'oppression. Voltaire utilise une grande variété de genres littéraires. Dans l'article « Dogmes », il assiste au jugement des morts. Il exprime ainsi, sous la forme d'une fiction, son idéal de tolérance. Dans la rubrique consacrée aux gens de lettres, il mobilise des exemples qui illustrent la difficulté d'être un écrivain libre. Pour définir la liberté de penser, il fait dialoguer un Anglais à l'esprit hardi avec un Espagnol qui n'ose contredire les opinions de l'Église.

Dogmes

Je voyais arriver à droite et à gauche des troupes de fakirs, de talapoins[1], de bonzes, de moines blancs, noirs, et gris, qui s'étaient tous imaginé que, pour faire leur cour à l'Être suprême[2], il fallait ou chanter, ou se fouetter, ou marcher tout nus. J'entendis une voix terrible qui leur demanda : « Quel bien avez-vous fait aux hommes ? » À cette voix succéda un morne silence ; aucun n'osa répondre, et ils furent tous conduits aux Petites-Maisons[3] de l'univers : c'est un des plus grands bâtiments qu'on puisse imaginer.

L'un criait : « C'est aux métamorphoses de Xaca[4] qu'il faut croire » ; l'autre : « C'est à celles de Sammonocodom. – Bacchus arrêta le soleil et la lune, disait celui-ci. – Les dieux ressuscitèrent Pélops, disait celui-là. Voici la bulle[5] *in Cœna Domini* », disait un nouveau venu ; et l'huissier des juges criait : « Aux Petites-Maisons, aux Petites-Maisons ! »

Quand tous ces procès furent vidés, j'entendis alors promulguer cet arrêt : « De par l'éternel créateur, conservateur, rémunérateur, vengeur, pardonneur, etc., soit notoire à tous les habitants des cent mille millions de milliards de mondes qu'il nous a plu de former, que nous ne jugerons jamais aucun desdits habitants sur leurs idées creuses, mais uniquement sur leurs actions ; car telle est notre justice. »

J'avoue que ce fut la première fois que j'entendis un tel édit : tous ceux que j'avais lus sur le petit grain de sable où je suis né finissant par ces mots : *Car tel est notre plaisir.*

Lettres, gens de lettres ou lettrés

Les gens de lettres[6] qui ont rendu le plus de services au petit nombre d'êtres pensants répandus dans le monde sont les lettrés isolés ; les vrais savants renfermés dans leur cabinet, qui n'ont ni argumenté sur les bancs des universités, ni dit les choses à moitié dans les académies[7] ; et ceux-là ont presque tous été persécutés. Notre misérable espèce est tellement faite que ceux qui marchent dans le chemin battu jettent toujours des pierres à ceux qui enseignent un chemin nouveau.

Montesquieu dit que les Scythes[8] crevaient les yeux à leurs esclaves, afin qu'ils fussent moins distraits en battant leur beurre ; c'est ainsi que l'inquisition[9] en use, et presque tout le monde est aveugle dans les pays où ce monstre règne. On a deux yeux depuis plus de cent ans en Angleterre[10] ; les Français commencent à ouvrir un œil ; mais quelque-

1. *talapoins :* prêtres chinois
2. *l'Être suprême :* Dieu
3. *les Petites-Maisons :* hôpital réservé aux fous
4. *Xaca :* nom de divinité, comme les noms qui suivent
5. *la bulle :* un édit du pape qui exclut le pardon des fautes pour les excommuniés
6. *gens de lettres :* les écrivains, les philosophes
7. *académies :* assemblées de notables amateurs de science et de littérature
8. *Scythes :* peuple sauvage redouté
9. *inquisition :* tribunal de l'Église catholique qui juge les hérétiques
10. *Angleterre :* pays de la tolérance

▲ La popularité de Voltaire est immense après sa lutte pour la défense des Calas. Son retour à Paris sous le règne de Louis XVI provoque même une véritable manifestation populaire. Gravure anonyme.

fois il se trouve des hommes en place qui ne veulent pas même permettre qu'on soit borgne.

Ces pauvres gens en place sont comme le docteur Balouard[11] de la comédie italienne, qui ne veut être servi que par le balourd Arlequin, et qui craint d'avoir un valet trop pénétrant.

Liberté (de la)

Celui qui ne sait pas la géométrie peut l'apprendre ; tout homme peut s'instruire : il est honteux de mettre son âme entre les mains de ceux à qui vous ne confieriez pas votre argent ; osez penser par vous-même.

MÉDROSO

On dit que si tout le monde pensait par soi-même ce serait une étrange confusion.

BOLDMIND

C'est tout le contraire. Quand on assiste à un spectacle, chacun en dit librement son avis, et la paix n'est point troublée ; mais si quelque protecteur insolent d'un mauvais poète voulait forcer tous les gens de goût à trouver bon ce qui leur paraît mauvais, alors les sifflets se feraient entendre, et les deux partis pourraient se jeter des pommes à la tête, comme il arriva une fois à Londres. Ce sont ces tyrans des esprits qui ont causé une partie des malheurs du monde. Nous ne sommes heureux en Angleterre que depuis que chacun jouit librement du droit de dire son avis.

MÉDROSO

Nous sommes aussi fort tranquilles à Lisbonne, où personne ne peut dire le sien.

BOLDMIND

Vous êtes tranquilles, mais vous n'êtes pas heureux ; c'est la tranquillité des galériens, qui rament en cadence et en silence.

Voltaire, *Dictionnaire philosophique portatif ou la raison par alphabet*, 1764.

11. le docteur Balouard : **vieillard prétentieux**

QUESTIONS

Une morale sans dogme

1. L'attachement fanatique à un rituel religieux s'exerce au détriment de l'action morale. Relevez, dans l'article « Dogmes », les termes qui décrivent la crédulité.

2. Lors de son voyage céleste, à deux reprises, Voltaire entend une voix. Dégagez les points communs entre les deux messages.

La liberté d'écrire

3. La lutte contre l'obscurantisme paraît perpétuelle. Relevez, dans l'article sur les gens de lettres, les antithèses qui formulent cette lutte.

4. Voltaire illustre sa thèse par des exemples. Analysez le lexique de la vue qui unifie ces exemples.

5. Les exemples mettent en jeu des rapports de force. Précisez-les.

La liberté de penser

6. Médroso, dans l'article sur la liberté, pense que la liberté de penser conduit au désordre. Comment Boldmind réfute-t-il cette thèse ?

7. Medroso n'est pas convaincu. Par quelle image Boldmind cherche-t-il à éclairer son attitude ?

8. Relevez une pointe satirique et une marque d'indignation.

Denis Diderot

Nom : Diderot
Prénom : Denis
Naissance : le 5 octobre 1713, à Langres
Décès : le 31 juillet 1784, à Paris
Lieux : Paris, Saint-Pétersbourg, à la cour de Catherine II
Situation familiale : marié à Anne Antoinette Campion ; il s'occupe de l'éducation de sa fille Angélique
Professions : traducteur puis directeur de l'*Encyclopédie*
Amitiés : Sophie Volland, Rousseau, Voltaire, d'Alembert, Grimm, d'Holbach

Il a écrit

des romans, dont : *La Religieuse* (1760), *Jacques le Fataliste* (1765) ;

des essais, dont : *Lettre sur les aveugles* (1749), des articles dans l'*Encyclopédie* (1751-1772) ;

des dialogues philosophiques, dont : *Le Neveu de Rameau* (publication posthume), *Le Rêve de d'Alembert* (1769), *Supplément au voyage de Bougainville* (1772), *Paradoxe sur le comédien* (1773).

LE JEUNE HOMME TURBULENT

Né à Langres dans une famille d'artisans aisés, Diderot est un brillant élève que son oncle, chanoine, pousse vers la carrière ecclésiastique. Après avoir fréquenté le collège des jésuites de sa ville, il préfère achever ses études à Paris. Indépendant et bohème, il vit au Quartier latin en donnant des leçons. À trente ans, contre l'avis de son père, il épouse une marchande de lingerie. Ses pensées philosophiques lui valent une condamnation du Parlement pour impiété. À trente-six ans, il affiche son matérialisme dans la *Lettre sur les aveugles* : « Il est important de ne pas prendre de la ciguë pour du persil, mais nullement de croire ou de ne pas croire en Dieu. » Le 24 juillet 1749, il est arrêté.

LE DIRECTEUR DE L'*ENCYCLOPÉDIE*

Incarcéré au château de Vincennes, Diderot est libéré le 3 novembre 1749. Il doit sa libération aux influents libraires qui lui ont confié la direction de l'*Encyclopédie*. Pendant vingt ans, Diderot recrute des collaborateurs, élargit ses compétences, rédige des centaines d'articles, ruse avec la censure. Doué d'une énergie peu commune, il élabore en même temps un nouveau genre théâtral, le drame. Il souhaite que le théâtre représente les difficultés de la vie professionnelle et familiale et qu'il propose des exemples vertueux. Diderot oublie ses soucis dans les conversations avec les amis du baron d'Holbach ou auprès de Sophie Volland, correspondante tendre et intelligente.

L'ÉCRIVAIN INFATIGABLE

À partir de 1759, Diderot fournit à la *Correspondance littéraire* de Grimm de riches comptes rendus des Salons de l'Académie de Paris. S'il garde, par prudence, de nombreux manuscrits dans ses tiroirs, il affirme son matérialisme et son goût de la liberté à travers des fictions et des dialogues. À soixante ans, il se rend auprès de Catherine II de Russie, qui lui demande un projet de réforme pour son pays. À son retour à Paris, Diderot n'a guère d'illusion sur l'avenir de ses projets. Il meurt à soixante et onze ans, quelques mois après la disparition de son ami d'Alembert et de Sophie Volland.

Le Neveu de Rameau

1762

Le Neveu de Rameau se présente comme un dialogue entre Diderot et le neveu du célèbre compositeur d'opéras. Jean-François Rameau mène une vie de parasite auprès des grands bourgeois de la capitale.

Quelquefois, il est maigre et hâve[1], comme un malade au dernier degré de la consomption[2], on compterait ses dents à travers ses joues. On dirait qu'il a passé plusieurs jours sans manger, ou qu'il sort de la Trappe[3]. Le mois suivant, il est gras et replet[4], comme s'il n'avait pas quitté la table d'un financier, ou qu'il eût été renfermé dans un couvent de bernardins[5]. Aujourd'hui, en linge sale, en culotte déchirée, couvert de lambeaux, presque sans souliers, il va la tête basse, il se dérobe, on serait tenté de l'appeler, pour lui donner l'aumône. Demain, poudré, chaussé, frisé, bien vêtu, il marche la tête haute, il se montre, et vous le prendriez au peu près pour un honnête homme. Il vit au jour la journée. Triste ou gai selon les circonstances. Son premier soin, le matin, quand il est levé, est de savoir où il dînera ; après dîner, il pense où il ira souper. La nuit amène aussi son inquiétude. Ou il regagne, à pied, un petit grenier qu'il habite, à moins que l'hôtesse ennuyée d'attendre son loyer, ne lui en ait redemandé la clef ; ou il se rabat dans une taverne du faubourg où il attend le jour, entre un morceau de pain et un pot de bière. Quand il n'a pas six sols dans sa poche, ce qui lui arrive quelquefois, il a recours soit à un fiacre de ses amis, soit au cocher d'un grand seigneur qui lui donne un lit sur de la paille, à côté de ses chevaux. Le matin, il a encore une partie de son matelas dans ses cheveux. Si la saison est douce, il arpente toute la nuit le Cours[6] ou les Champs-Élysées. Il reparaît avec le jour, à la ville, habillé de la veille pour le lendemain, et du lendemain quelquefois pour le reste de la semaine. Je n'estime pas ces originaux-là. D'autres en font leurs connaissances familières, même leurs amis. Ils m'arrêtent une fois l'an, quand je les rencontre, parce que leur caractère tranche avec celui des autres, et qu'ils rompent cette fastidieuse uniformité que notre éducation, nos conventions de société, nos bienséances d'usage ont introduite.

Diderot, *Le Neveu de Rameau*, texte commencé en 1762, achevé en 1777.

1. *hâve :* pâle
2. *consomption :* épuisement
3. *la Trappe :* monastère de trappistes, ordre très austère
4. *replet :* bien en chair
5. *bernardins :* moines qui passent pour de bons vivants
6. *le Cours :* le Cours-la-Reine

QUESTIONS

Un personnage surprenant

1. La silhouette du Neveu se transforme au gré des circonstances. Relevez les variations de son apparence.

2. L'aspect physique et moral du personnage sont liés. Analysez les comparaisons qui soulignent ce lien.

Un personnage pittoresque

3. La description des activités quotidiennes du Neveu complète son portrait. Relevez les différents lieux d'hébergement qu'il peut occuper. En quoi ces lieux indiquent-ils l'état de sa fortune ? (Relevez un détail à la fois réaliste et comique.)

Une individualité naturelle

4. Diderot connaît bien le Neveu. Relevez les termes qui signalent l'attitude ambivalente de l'écrivain à son égard.

5. Diderot décrit les effets de la présence du Neveu en société. Quelle est l'image utilisée pour expliquer ces effets ?

L'Encyclopédie

La publication de l'*Encyclopédie* a mobilisé pendant vingt ans le travail de mille ouvriers. L'*Encyclopédie*, en dix-sept volumes d'articles et dix volumes de planches, présente un inventaire raisonné des arts et des sciences. La science est présentée comme la plus belle conquête de la raison. À travers soixante mille articles, toutes les formes du savoir sont examinées, toutes les croyances sont analysées.

▶ Claire, universelle et pédagogique, l'*Encyclopédie* ne se limite pas à expliquer, les ouvrages veulent aussi montrer les outils et les mettre en situation à travers des planches. Celle-ci illustre le salon du perruquier-barbier et ses instruments.

AUTORITÉ POLITIQUE

Aucun homme n'a reçu de la nature le droit de commander aux autres. La liberté est un présent du Ciel, et chaque individu de la même espèce a le droit d'en jouir aussitôt qu'il jouit de la raison. Si la nature a établi quelque *autorité*, c'est la puissance[1] paternelle : mais la puissance paternelle a ses bornes[2], et dans l'état de nature, elle finirait aussitôt que les enfants seraient en état de se conduire. Toute autre *autorité* vient d'une autre origine que la nature. Qu'on examine bien et on la fera toujours remonter à l'une de ces deux sources : ou la force et la violence de celui qui s'en est emparé ; ou le consentement de ceux qui s'y sont soumis par un contrat fait ou supposé entre eux et celui à qui ils ont déféré l'*autorité*.

La puissance qui s'acquiert par la violence n'est qu'une usurpation[3] et ne dure qu'autant que la force de celui qui commande l'emporte sur celle de ceux qui obéissent ; en sorte que, si ces derniers deviennent à leur tour les plus forts, et qu'ils secouent le joug[4], ils le font avec autant de droit et de justice que l'autre qui le leur avait imposé. La même loi qui a fait l'*autorité* la défait alors : c'est la loi du plus fort.

Quelquefois l'*autorité* qui s'établit par la violence change de nature ; c'est lorsqu'elle continue et se maintient du consentement exprès de ceux qu'on a soumis : mais elle rentre par là dans la seconde espèce dont je vais parler et celui qui se l'était arrogée devenant alors prince cesse d'être tyran.

La puissance qui vient du consentement des peuples suppose nécessairement des conditions qui en rendent l'usage légitime, utile à la société, avantageux à la république, et qui la fixent et la restreignent entre des limites ; car l'homme ne doit ni ne peut se donner entièrement et sans réserve à un autre homme.

Denis Diderot, article de l'*Encyclopédie*, premier tome, 1751.

1. *puissance :* **pouvoir**
2. *bornes :* **limites**
3. *usurpation :* **pouvoir non légitime**
4. *secouer le joug :* **se libérer**

QUESTIONS

Le refus de l'arbitraire

1. Le début de l'article combat ouvertement l'absolutisme. Relevez toutes les expressions qui défendent l'idée de liberté.

2. Diderot examine les sources de l'autorité. Relevez les deux raisons qui justifient la mise à l'écart de l'autorité naturelle.

3. La violence ne fonde pas l'autorité. Relevez les termes qui rendent absurde la prétention de la violence à être à l'origine du pouvoir.

Le fondement du pouvoir

4. Diderot aborde la question du pouvoir. Le tyran n'est pas le prince. Quel terme permet de différencier ces deux figures du pouvoir ?

5. La seule source du pouvoir est le consentement du peuple. Relevez les expressions qui explicitent les raisons d'un tel principe.

6. La thèse de Diderot se fonde sur une définition de la nature humaine. Laquelle ?

Un article rigoureux

7. L'esprit critique qui inspire le projet de l'*Encyclopédie* anime Diderot lorsqu'il rédige les pages consacrées à des questions politiques. Pour convaincre, Diderot alterne les longues phrases démonstratives et les formules percutantes. Repérez des formules brèves. Précisez les oppositions lexicales qui leur donnent leur force.

8. Des liens logiques explicites soutiennent le raisonnement. Repérez-les.

DENIS DIDEROT

Jacques le Fataliste

Dans ce roman, Diderot s'interroge sur la liberté des hommes. Un valet bavard raconte ses amours à son maître et cherche le sens de sa destinée. Le lecteur, interpellé par le narrateur, est surpris dès les premières lignes.

Comment s'étaient-ils rencontrés ? Par hasard, comme tout le monde. Comment s'appelaient-ils ? Que vous importe ? D'où venaient-ils ? Du lieu le plus prochain[1]. Où allaient-ils ? Est-ce que l'on sait où l'on va ? Que disaient-ils ? Le maître ne disait rien ; et Jacques disait que son capitaine disait que tout ce qui nous arrive de bien et de mal ici-bas était écrit là-haut.

LE MAÎTRE

C'est un grand mot que cela.

JACQUES

Mon capitaine ajoutait que chaque balle qui partait d'un fusil avait son billet[2].

LE MAÎTRE

Et il avait raison…

Après une courte pause, Jacques s'écria : Que le diable emporte le cabaretier et son cabaret !

LE MAÎTRE

Pourquoi donner au diable son prochain ? Cela n'est pas chrétien.

JACQUES

C'est que, tandis que je m'enivre de son mauvais vin, j'oublie de mener nos chevaux à l'abreuvoir. Mon père s'en aperçoit ; il se fâche. Je hoche de la tête ; il prend un bâton et m'en frotte un peu durement les épaules. Un régiment passait pour aller au camp devant Fontenoy[3], de dépit je m'enrôle. Nous arrivons ; la bataille se donne.

LE MAÎTRE

Et tu reçois la balle à ton adresse.

JACQUES

Vous l'avez deviné ; un coup de feu au genou ; et Dieu sait les bonnes et mauvaises aventures amenées par ce coup de feu. Elles se tiennent ni plus ni moins que les chaînons d'une gourmette[4]. Sans ce coup de feu, par exemple, je crois que je n'aurais été amoureux de ma vie, ni boiteux.

LE MAÎTRE

Tu as donc été amoureux ?

JACQUES

Si je l'ai été !

LE MAÎTRE

Et cela par un coup de feu ?

JACQUES

Par un coup de feu.

◂ Ainsi Jacques et son maître cheminent tout au long du roman de Diderot…

LE MAÎTRE

Tu ne m'en as jamais dit un mot.

JACQUES

Je le crois bien.

LE MAÎTRE

Et pourquoi cela ?

JACQUES

C'est que cela ne pouvait être dit ni plus tôt ni plus tard.

LE MAÎTRE

Et le moment d'apprendre ces amours est-il venu ?

JACQUES

Qui le sait ?

LE MAÎTRE

À tout hasard, commence toujours...

Jacques commença l'histoire de ses amours. C'était l'après-dînée : il faisait un temps lourd ; son maître s'endormit. La nuit les surprit au milieu des champs ; les voilà fourvoyés. Voilà le maître dans une colère terrible et tombant à grands coups de fouet sur son valet, et le pauvre diable disant à chaque coup : « Celui-là était apparemment encore écrit là-haut... »

Vous voyez, lecteur, que je suis en beau chemin, et qu'il ne tiendrait qu'à moi de vous faire attendre un an, deux ans, trois ans, le récit des amours de Jacques, en le séparant de son maître et en leur faisant courir à chacun tous les hasards qu'il me plairait. Qu'est-ce qui m'empêcherait de marier le maître et de le faire cocu ? d'embarquer Jacques pour les îles ? d'y conduire son maître ? de les ramener tous les deux en France sur le même vaisseau ? Qu'il est facile de faire des contes !

Denis Diderot, *Jacques le Fataliste et son maître*, 1765.

1. *prochain :* proche
2. *son billet :* son destinataire
3. *Fontenoy :* lieu de bataille (en 1745)
4. *gourmette :* chaînette à mailles serrées

QUESTIONS

Un narrateur omniprésent

1. Avec malice, Diderot déroute le lecteur qui a l'habitude de recevoir des informations essentielles et vraisemblables au début d'un roman. Quels procédés Diderot utilise-t-il pour dérouter le lecteur ?
2. Avec vivacité, Diderot intervient. À quelles marques reconnaît-on son intervention ?

Un personnage bavard

3. Jacques raconte plusieurs anecdotes. Identifiez les éléments qui relèvent du récit de jeunesse et ceux qui se rattachent à un épisode militaire.
4. Jacques est fataliste. Relevez les témoignages de son attitude (propos théoriques, images).

Un roman philosophique

5. Le narrateur contraint le lecteur à réfléchir par des interpellations directes. Quelles sont les habitudes du lecteur qui sont bousculées par ces questions ?
6. L'homme est souvent comparé à un voyageur. Repérez les mots du texte qui rappellent ce thème.

Supplément au voyage de Bougainville

Grand navigateur, Bougainville a raconté son voyage à Tahiti. Les mœurs libres des Tahitiens sont pour Diderot l'occasion de réfléchir sur la colonisation. Le philosophe rédige un supplément fictif au *Voyage* de Bougainville et donne la parole à un vieillard qui se fait l'écho de son idéal de liberté.

▼ Louis Antoine de Bougainville, grand navigateur, franchit le détroit de Magellan, traverse l'océan Pacifique, atteint Tahiti en avril 1768, puis les Samoa et les Nouvelles-Hébrides. Après un périple de trois ans, il publie *Voyage autour du monde*.

C'est un vieillard qui parle. Il était père d'une famille nombreuse. À l'arrivée des Européens, il laissa tomber des regards de dédain sur eux, sans marquer ni étonnement, ni frayeur, ni curiosité. Ils l'abordèrent ; il leur tourna le dos et se retira dans sa cabane. Son silence et son souci ne décelaient que trop sa pensée : il gémissait en lui-même sur les beaux jours de son pays éclipsés. Au départ de Bougainville, lorsque les habitants accouraient en foule sur le rivage, s'attachaient à ses vêtements, serraient ses camarades entre leurs bras, et pleuraient, ce vieillard s'avança d'un air sévère, et dit :

« Pleurez, malheureux Tahitiens ! pleurez ; mais que ce soit de l'arrivée, et non du départ de ces hommes ambitieux et méchants : un jour, vous les connaîtrez mieux. Un jour, ils reviendront, le morceau de bois[1] que vous voyez attaché à la ceinture de celui-ci, dans une main, et le fer[2] qui pend au côté de celui-là, dans l'autre, vous enchaîner, vous égorger, ou vous assujettir à leurs extravagances[3] et à leurs vices ; un jour vous servirez sous eux, aussi corrompus, aussi vils, aussi malheureux qu'eux. Mais je me console ; je touche à la fin de ma carrière[4], et la calamité que je vous annonce, je ne la verrai point. Ô Tahitiens ! ô mes amis ! vous auriez un moyen d'échapper à un funeste avenir ; mais j'aimerais mieux mourir que de vous en donner le conseil. Qu'ils s'éloignent, et qu'ils vivent. »

Puis s'adressant à Bougainville, il ajouta : « Et toi, chef des brigands qui t'obéissent, écarte promptement ton vaisseau de notre rive : nous sommes innocents, nous sommes heureux ; et tu ne peux que nuire à notre bonheur. Nous suivons le pur instinct de la nature : et tu as tenté d'effacer de nos âmes son caractère. Ici tout est à tous ; et tu nous a prêché je ne sais quelle distinction du *tien* et du *mien*. Nos filles et nos femmes nous sont communes ; tu as partagé ce privilège avec nous ; et tu es venu allumer en elles des fureurs inconnues. Elles sont devenues folles dans tes bras ; tu es devenu féroce entre les leurs. Elles ont commencé à se haïr ; vous vous êtes égorgés pour elles ; et elles nous sont revenues teintes de votre sang. Nous sommes libres ; et voilà que tu as enfoui dans notre terre le titre de notre futur esclavage. Tu n'es ni un dieu, ni un démon : qui es-tu donc, pour faire des esclaves ? Orou ! toi qui entends la langue de ces hommes-là, dis-nous à tous, comme tu me l'as dit à moi, ce qu'ils ont écrit sur cette lame de métal : *Ce pays est à nous*. Ce pays est à toi ! et pourquoi ? parce que tu y as mis le pied ? Si un Tahitien débarquait un jour sur vos côtes, et qu'il gravât sur une de vos pierres ou sur l'écorce d'un de vos arbres : *Ce pays appartient aux habitants de Tahiti,* qu'en penserais-tu ? Tu es le plus fort ! Et qu'est-ce que cela fait ? Lorsqu'on t'a enlevé une des méprisables bagatelles[5] dont ton bâtiment est rempli, tu t'es récrié, tu t'es vengé ; et dans le même instant tu as projeté au fond de ton cœur le vol de toute une contrée ! Tu n'es pas esclave : tu souffrirais la mort plutôt que de l'être, et tu veux nous asservir ! Tu crois donc que le Tahitien ne sait pas défendre sa liberté et mourir ? Celui dont tu veux t'emparer comme de la brute, le Tahitien est ton frère. Vous êtes deux enfants de la nature ; quel droit as-tu sur lui qu'il n'ait pas sur toi ? Tu es venu ; nous sommes-nous jetés sur ta personne ? avons-nous pillé ton vaisseau ? t'avons-nous saisi et exposé aux flèches de nos ennemis ? t'avons-nous associé dans nos champs au travail de nos animaux ? Nous avons respecté notre image en toi. Laisse-nous nos mœurs ; elles sont plus sages et plus honnêtes que les tiennes ; nous ne voulons point troquer ce que tu appelles notre ignorance, contre tes inutiles lumières. Tout ce qui nous est nécessaire et bon, nous le possédons. Sommes-nous dignes de mépris, parce que nous n'avons pas su nous faire des besoins superflus ? Lorsque nous avons faim, nous avons de quoi manger ; lorsque nous avons froid, nous avons de quoi nous vêtir. Tu es entré dans nos cabanes, qu'y manque-t-il, à ton avis ? Poursuis jusqu'où tu voudras ce que tu appelles commodités de la vie ; mais permets à des êtres sensés de s'arrêter, lorsqu'ils n'auraient à obtenir, de la continuité de leurs pénibles efforts, que des biens imaginaires. »

Denis Diderot, *Supplément au voyage de Bougainville*, 1772.

1. *morceau de bois :* **crucifix**
2. *le fer :* **l'épée**
3. *extravagances :* **folies**
4. *carrière :* **existence**
5. *bagatelles :* **objets sans valeur**

QUESTIONS

Un vieillard sage

1. Le vieillard se distingue de la communauté tahitienne. Relevez les sentiments et les attitudes qui le caractérisent.

2. Le discours qu'il adresse aux Tahitiens se veut prophétique. Relevez les termes qui décrivent le malheur qu'il annonce. Relevez les traits qui définissent le ton prophétique (temps des verbes).

3. Le discours du vieillard est chargé d'émotion.
Relevez les marques de cette émotion (lexique, ponctuation).

Un discours pour la liberté

4. Le discours du vieillard s'adresse d'abord à sa communauté. Il argumente ensuite en direction de Bougainville. Son argumentation repose sur l'opposition entre la vie naturelle et la civilisation. Relevez les expressions qui dénoncent la civilisation.

5. Relevez les termes qui font l'éloge de la vie naturelle.

6. Précisez l'opposition entre les deux conceptions de la société sur les points suivants : la justice, la morale, la sagesse.

L'art du plaidoyer

7. Le vieillard dialogue avec Bougainville. Repérez les pronoms qui mettent en relief leurs antagonismes. Trouvez plusieurs interrogations ; quel rôle jouent-elles ?

8. La compétence logique de l'auditeur est sans cesse mise à contribution. Relevez plusieurs manières (explicites et implicites) d'exprimer les rapports de causalité.

9. Le vieillard fait aussi appel à l'imagination. Repérez une hypothèse qui surprend.

Jean-Jacques Rousseau

Nom : Rousseau
Prénom : Jean-Jacques
Naissance : le 28 juin 1712, à Genève
Décès : le 2 juillet 1778, à Ermenonville
Lieux : Genève, Annecy, Chambéry, Paris, Ermenonville
Situation familiale : vit avec Thérèse Levasseur
Profession : tire ses revenus de la copie de partitions de musique
Amitiés : Mme de Warens, Diderot, Mme d'Épinay, Bernardin de Saint-Pierre

Il a écrit

des essais, dont : *Discours sur les sciences et les arts* (1750), *Discours sur l'origine de l'inégalité* (1755), *Lettre à d'Alembert sur les spectacles* (1758), *Le Contrat social* (1762), *Émile ou de l'Éducation* (1762),

un roman : *La Nouvelle Héloïse* (1761) ;

des récits autobiographiques, dont : *Les Confessions* (1765-1770), *Les Rêveries du promeneur solitaire* (1776).

LE VOYAGEUR VAGABOND

Rousseau perd sa mère en naissant, si bien qu'il est élevé par son père puis par un pasteur genevois. Mis en apprentissage à douze ans, il préfère partir à l'aventure. À Annecy, Mme de Warens le recueille et l'envoie à Turin, à l'Hospice des catéchumènes pour qu'il devienne catholique. Après avoir été laquais, musicien, secrétaire, il retrouve avec bonheur sa bienfaitrice à Chambéry. Une brève idylle se noue. En 1742, il part à Paris pour présenter à l'Académie son projet de notation musicale. Il échoue. Il se lie avec une servante d'auberge : les cinq enfants du ménage seront placés à l'Hospice des enfants trouvés. Il compose un opéra qui est joué avec succès. Il fréquente alors le salon de Mme d'Épinay et devient l'ami de Diderot.

L'ÉCRIVAIN ORIGINAL

En 1749, en rendant visite à Diderot, enfermé au château de Vincennes, il se sent inspiré par le thème du concours de l'académie de Dijon : si le rétablissement des Sciences et des Arts a contribué à épurer les mœurs. Il remporte le prix en dénonçant les corruptions apportées par la civilisation. À trente-huit ans, célèbre, il se détourne des mondanités pour vivre en accord avec ses idées. Il rédige trois ouvrages qui marquent l'époque : *La Nouvelle Héloïse*, un roman d'amour, bouleverse jusqu'aux larmes ses lecteurs ; *Le Contrat social*, un traité politique, annonce l'idéal de liberté des temps nouveaux ; l'*Émile*, un traité de pédagogie, renouvelle la vision de l'enfance.

LE FUGITIF

Le 9 juin 1762, le Parlement condamne l'*Émile* pour ses idées religieuses originales et décrète l'arrestation de Rousseau. À cinquante ans, il fuit à Genève : ses ouvrages sont brûlés sur la place publique. Il fuit à Motiers ; sa maison est lapidée. Pendant dix ans, il mène une vie errante, obsédé jusqu'au délire par ces marques d'hostilité. Il entreprend d'expliquer son originalité dans une autobiographie, *Les Confessions*. Retiré à Paris, il vit modestement. Il meurt à soixante-six ans, quelques mois après son installation à Ermenonville. Il est inhumé dans l'île des Peupliers. Sous la Révolution, ses cendres sont transférées au Panthéon.

Discours sur l'origine de l'inégalité

1755

En 1753, l'académie de Dijon met au concours le problème suivant : quelle est l'origine de l'inégalité des conditions parmi les hommes ? En reconstituant l'histoire humaine, Rousseau évoque le regroupement des hommes devenus sédentaires.

Tout commence à changer de face. Les hommes errant jusqu'ici dans les bois, ayant pris une assiette[1] plus fixe, se rapprochent lentement, se réunissent en diverses troupes, et forment enfin dans chaque contrée une nation particulière, unie de mœurs et de caractères, non par des règlements et des lois, mais par le même genre de vie et d'aliments, et par l'influence commune du climat. Un voisinage permanent ne peut manquer d'engendrer enfin quelque liaison entre diverses familles. De jeunes gens de différents sexes habitent des cabanes voisines, le commerce passager que demande la nature en amène bientôt un autre non moins doux et plus permanent par la fréquentation mutuelle. On s'accoutume à considérer différents objets et à faire des comparaisons ; on acquiert insensiblement des idées de mérite et de beauté qui produisent des sentiments de préférence. À force de se voir, on ne peut plus se passer de se voir encore. Un sentiment tendre et doux s'insinue[2] dans l'âme, et par la moindre opposition devient une fureur[3] impétueuse : la jalousie s'éveille avec l'amour ; la discorde triomphe et la plus douce des passions reçoit des sacrifices de sang humain.

À mesure que les idées et les sentiments se succèdent, que l'esprit et le cœur s'exercent, le genre humain continue à s'apprivoiser, les liaisons s'étendent et les liens se resserrent. On s'accoutuma à s'assembler devant les cabanes ou autour d'un grand arbre : le chant et la danse, vrais enfants de l'amour et du loisir, devinrent l'amusement ou plutôt l'occupation des hommes et des femmes oisifs et attroupés. Chacun commença à regarder les autres et à vouloir être regardé soi-même, et l'estime publique eut un prix. Celui qui chantait ou dansait le mieux ; le plus beau, le plus fort, le plus adroit ou le plus éloquent devint le plus considéré[4], et ce fut là le premier pas vers l'inégalité.

Jean-Jacques Rousseau, *Discours sur l'origine de l'inégalité*, 1755.

1. *une assiette :* **un lieu de séjour**
2. *s'insinue :* **se glisse**
3. *fureur :* **folie**
4. *considéré :* **estimé**

QUESTIONS

La naissance des peuples

1. Les hommes ne vivent plus dispersés. Relevez le lexique qui précise leur rapprochement.

2. L'amour se transforme : il devient complexe. Analysez les étapes de sa formation.

Les débuts de l'inégalité

3. Avec le resserrement des liens, apparaissent les premiers loisirs. Quels sont les trois aspects de la vie primitive qui expliquent l'origine du chant ?

La reconstitution de l'histoire

4. Rousseau cherche à retracer l'histoire humaine. Relevez les nombreuses marques temporelles et logiques qui soulignent l'enchaînement des événements.

La Nouvelle Héloïse

Dans ce roman épistolaire, Rousseau décrit la passion de Saint-Preux, un précepteur, et de Julie, son élève. Ils se sont avoué leur amour, mais à la mort de sa mère, Julie d'Estanges accepte le mari que son père lui propose. Après une longue absence, Saint-Preux revoit Julie à qui son mari accorde une confiance absolue. Toujours amoureux, il raconte une promenade avec celle qui est devenue Mme de Wolmar.

Après le souper, nous fûmes nous asseoir sur la grève en attendant le moment du départ. Insensiblement la lune se leva, l'eau devint plus calme, et Julie me proposa de partir. Je lui donnai la main pour entrer dans le bateau ; et, en m'asseyant à côté d'elle, je ne songeai plus à quitter sa main. Nous gardions un profond silence. Le bruit égal et mesuré des rames m'excitait à rêver. Le chant assez gai des bécassines, me retraçant les plaisirs d'un autre âge, au lieu de m'égayer, m'attristait. Peu à peu je sentis augmenter la mélancolie dont j'étais accablé. Un ciel serein, les doux rayons de la lune, le frémissement argenté dont l'eau brillait autour de nous, le concours[1] des plus agréables sensations, la présence même de cet objet chéri, rien ne put détourner de mon cœur mille réflexions douloureuses.

Je commençai par me rappeler une promenade semblable faite autrefois avec elle durant le charme de nos premières amours. Tous les sentiments délicieux qui remplissaient alors mon âme s'y retracèrent pour l'affliger ; tous les événements de notre jeunesse, nos études, nos entretiens, nos lettres, nos rendez-vous, nos plaisirs,

E tanta fede, e si dolci memorie,
E si lungo costume[2] *!*

ces foules de petits objets qui m'offraient l'image de mon bonheur passé, tout revenait, pour augmenter ma misère présente, prendre place en mon souvenir. C'en est fait, disais-je en moi-même ; ces temps, ces temps heureux ne sont plus ; ils ont disparu pour jamais. Hélas ! ils ne reviendront plus ; et nous vivons, et nous sommes ensemble, et nos cœurs sont toujours unis ! Il me semblait que j'aurais porté[3] plus patiemment sa mort ou son absence, et que j'avais moins souffert tout le temps que j'avais passé loin d'elle. Quand je gémissais dans l'éloignement, l'espoir de la revoir soulageait mon cœur ; je me flattais[4] qu'un instant de sa présence effacerait toutes mes peines ; j'envisageais au moins dans les possibles un état moins cruel que le mien. Mais se trouver auprès d'elle, mais la voir, la toucher, lui parler, l'aimer, l'adorer, et, presque en la possédant encore, la sentir perdue à jamais pour moi ; voilà ce qui me jetait dans des accès de fureur[5] et de rage qui m'agitèrent par degrés jusqu'au désespoir. Bientôt je commençai de rouler dans mon esprit des projets funestes[6], et, dans un transport[7] dont je frémis en y pensant, je fus violemment tenté de la précipiter avec moi dans les flots, et d'y finir dans ses bras ma vie et mes longs tourments. Cette horrible tentation devint à la fin si forte, que je fus obligé de quitter brusquement sa main pour passer à la pointe du bateau.

Là, mes vives agitations commencèrent à prendre un autre cours ; un

1. *le concours :* la présence, la participation
2. *E tanta fede... :* « Et cette fois si pure, et ces doux souvenirs, et cette longue familiarité »
3. *porté :* supporté
4. *flattais :* imaginais
5. *fureur :* folie
6. *funeste :* de mort
7. *transport :* moment d'émotion

▲ « Je commençai par me rappeler une promenade semblable faite autrefois avec elle durant le charme de nos premières amours. » Gravure du XVIIIe siècle, pour *La Nouvelle Héloïse.*

sentiment plus doux s'insinua peu à peu dans mon âme, l'attendrissement surmonta le désespoir, je me mis à verser des torrents de larmes ; et cet état, comparé à celui dont je sortais, n'était pas sans quelque plaisir ; je pleurai fortement, longtemps, et fus soulagé. Quand je me trouvai bien remis, je revins auprès de Julie, je repris sa main. Elle tenait son mouchoir ; je le sentis fort mouillé. « Ah ! lui dis-je tout bas, je vois que nos cœurs n'ont jamais cessé de s'entendre ! – Il est vrai, dit-elle d'une voix altérée, mais que ce soit la dernière fois qu'ils auront parlé sur ce ton. » Nous recommençâmes alors à causer tranquillement, et au bout d'une heure de navigation nous arrivâmes sans autre accident. Quand nous fûmes rentrés, j'aperçus à la lumière qu'elle avait les yeux rouges et fort gonflés ; elle ne dut pas trouver les miens en meilleur état. Après les fatigues de cette journée, elle avait grand besoin de repos ; elle se retira, et je fus me coucher.

Voilà, mon ami, le détail du jour de ma vie où, sans exception, j'ai senti les émotions les plus vives. J'espère qu'elles seront la crise qui me rendra tout à fait à moi. Au reste, je vous dirai que cette aventure m'a plus convaincu que tous les arguments de la liberté de l'homme et du mérite de la vertu.

Jean-Jacques Rousseau, *La Nouvelle Héloïse*,
quatrième partie, Lettre XVII, 1761.

QUESTIONS

Le cadre de la rêverie

1. La promenade en bateau favorise la rêverie. Relevez les éléments de la situation affective et du paysage qui provoquent la rêverie.

2. La rêverie de Saint-Preux suit une pente mélancolique. Relevez les termes qui marquent la progression de ce sentiment. Quel contraste s'établit entre la douceur du paysage et les sentiments de Saint-Preux ?

Une scène de désespoir

3. La mélancolie provient de l'impossible oubli du bonheur passé. Relevez les souvenirs qui envahissent progressivement l'esprit de Saint-Preux. Quels termes soulignent leur retentissement psychologique dans la situation présente ?

4. La contradiction entre le passé et la situation présente mène au désespoir. Étudiez le champ lexical de la mort.

Un aveu épistolaire

5. Saint-Preux adresse cette lettre à un ami. Justifiez le choix du destinataire par le contenu de la lettre. Quels sont les motifs qui amènent Saint-Preux à écrire ?

6. Saint-Preux explique la complexité de ses sentiments. Analysez la mise en relief de l'ambivalence des sentiments par la construction des phrases : accumulation et opposition d'éléments dans une même phrase.

JEAN-JACQUES ROUSSEAU

Le Contrat social

176

« L'homme est né libre, déclare Rousseau, et partout il est dans les fers. » L'écrivain veut rétablir cette liberté confisquée en réfutant les théories qui cherchent à légitimer le pouvoir abusif des rois.

La plus ancienne de toutes les sociétés et la seule naturelle est celle de la famille. Encore les enfants ne restent-ils liés au père qu'aussi longtemps qu'ils ont besoin de lui pour se conserver. Sitôt que ce besoin cesse, le lien naturel se dissout. Les enfants, exempts de l'obéissance qu'ils devaient au père, le père, exempt des soins qu'il devait aux enfants, rentrent tous également dans l'indépendance. S'ils continuent de rester unis ce n'est plus naturellement c'est volontairement, et la famille elle-même ne se maintient que par convention.

Cette liberté commune est une conséquence de la nature de l'homme. Sa première loi est de veiller à sa propre conservation, ses premiers soins sont ceux qu'il se doit à lui-même, et, sitôt qu'il est en âge de raison, lui seul étant juge des moyens propres à le conserver devient par là son propre maître.

La famille est donc si l'on veut le premier modèle des sociétés politiques : le chef est l'image du père, le peuple est l'image des enfants, et tous, étant nés égaux et libres, n'aliènent leur liberté que pour leur utilité. Toute la différence est que dans la famille l'amour du père pour ses enfants le paye des soins qu'il leur rend, et que dans l'État le plaisir de commander supplée à cet amour que le chef n'a pas pour ses peuples.

Grotius[1] nie que tout pouvoir humain soit établi en faveur de ceux qui sont gouvernés ! Il cite l'esclavage en exemple. Sa plus constante manière de raisonner est d'établir toujours le droit par le fait. On pourrait employer une méthode plus conséquente, mais non plus favorable aux Tyrans.

Il est donc douteux, selon Grotius, si le genre humain appartient à une centaine d'hommes, ou si cette centaine d'hommes appartient au genre humain, et il paraît dans tout son livre pencher pour le premier avis.

Jean-Jacques Rousseau, *Le Contrat social*, Livre I, 1762.

1. *Grotius* : **philosophe du XVIIe siècle**

QUESTIONS

Les liens naturels

1. La famille est une forme de société. Relevez les trois traits qui la définissent.

2. L'homme se caractérise par l'usage de la liberté. À quelles conséquences son usage conduit-il ?

L'ordre politique

3. La famille offre un modèle. Relevez les ressemblances entre l'ordre familial et l'ordre politique.

4. Rousseau réfute Grotius. Comment l'exemple de l'esclavage permet-il cette réfutation ?

Une argumentation

5. Rousseau explicite le lien entre ses idées. Relevez les termes qui soulignent les liens logiques.

6. En quoi la phrase finale est-elle une caricature de la monarchie absolue ?

Émile ou de l'Éducation

1762

Dans son traité d'éducation, Rousseau devient le précepteur d'un élève imaginaire, Émile, qu'il éduque à la campagne, loin de l'influence néfaste de la civilisation. À quinze ans, la sensibilité d'Émile s'épanouit naturellement.

▶ Rousseau, songeur, observe son élève vainqueur à la course. Aquarelle de Shall, réalisée au XVIIIe siècle pour l'*Émile*.

Émile, ayant peu réfléchi sur les êtres sensibles, saura tard ce que c'est que souffrir et mourir. Les plaintes et les cris commenceront d'agiter ses entrailles[1] ; l'aspect du sang qui coule lui fera détourner les yeux ; les convulsions[2] d'un animal expirant lui donneront je ne sais quelle angoisse avant qu'il sache d'où lui viennent ces nouveaux mouvements. S'il était resté stupide et barbare[3], il ne les aurait pas ; s'il était plus instruit, il en connaîtrait la source : il a déjà trop comparé d'idées pour ne rien sentir, et pas assez pour concevoir ce qu'il sent.

Ainsi naît la pitié, premier sentiment relatif qui touche le cœur humain selon l'ordre de la nature. Pour devenir sensible et pitoyable, il faut que l'enfant sache qu'il y a des êtres semblables à lui qui souffrent ce qu'il a souffert, qui sentent les douleurs qu'il a senties, et d'autres dont il doit avoir l'idée comme pouvant les sentir aussi. En effet, comment nous laissons-nous émouvoir à la pitié, si ce n'est en nous transportant hors de nous et nous identifiant avec l'animal souffrant, en quittant, pour ainsi dire, notre être pour prendre le sien ? Nous ne souffrons qu'autant que nous jugeons qu'il souffre ; ce n'est pas dans nous, c'est dans lui que nous souffrons. Ainsi nul ne devient sensible que quand son imagination s'anime et commence à le transporter hors de lui.

Jean-Jacques Rousseau, *Émile ou de l'Éducation*, 1762.

1. *entrailles* : le siège de ses émotions
2. *convulsions* : mouvements saccadés
3. *barbare* : insensible

QUESTIONS

La naissance de la pitié

1. L'apparition de la pitié est liée au développement affectif d'Émile. Définissez les conditions nécessaires à cette apparition.

2. Analysez le rôle actif de l'imagination dans l'apparition de la pitié.

La formation de la pitié

3. L'éducation doit développer la pitié. Repérez les contraintes qui dirigent l'action du pédagogue.

4. La pitié est un sentiment de base. Comment Rousseau justifie-t-il la nécessité d'une formation ?

Une démonstration

5. Rousseau propose une théorie du développement de l'enfant. Relevez les éléments qui soulignent l'aspect démonstratif du texte (liens logiques, précision du lexique, temps des verbes).

Les Confessions

Rousseau a décidé de tout dire : de « confesser » ses fautes, de faire l'aveu public de ses faiblesses. Mais l'instant autobiographique est aussi l'occasion de revivre les moments heureux d'une vie, quand l'ordre naturel renverse l'ordre social, quand la vraie valeur de l'individu est reconnue aux yeux de tous.

Mlle de Breil était une jeune personne à peu près de mon âge, bien faite, assez belle, très blanche, avec des cheveux très noirs, et, quoique brune, portant sur son visage cet air de douceur des blondes auquel mon cœur n'a jamais résisté. L'habit de cour, si favorable aux jeunes personnes, marquait sa jolie taille, dégageait sa poitrine et ses épaules, et rendait son teint encore plus éblouissant par le deuil qu'on portait alors. On dira que ce n'est pas à un domestique de s'apercevoir de ces choses-là. J'avais tort, sans doute ; mais je m'en apercevais toutefois, et même je n'étais pas le seul. Le maître d'hôtel et les valets de chambre en parlaient quelquefois à table avec une grossièreté qui me faisait cruellement souffrir. La tête ne me tournait pourtant pas au point d'être amoureux tout de bon. Je ne m'oubliais point ; je me tenais à ma place, et mes désirs même ne s'émancipaient pas. J'aimais à voir Mlle de Breil, à lui entendre dire quelques mots qui marquaient de l'esprit, du sens, de l'honnêteté : mon ambition, bornée au plaisir de la servir, n'allait point au-delà de mes droits. À table j'étais attentif à chercher l'occasion de les faire valoir. Si son laquais quittait un moment sa chaise, à l'instant on m'y voyait établi : hors de là je me tenais vis-à-vis d'elle ; je cherchais dans ses yeux ce qu'elle allait demander, j'épiais le moment de changer son assiette. Que n'aurais-je point fait pour qu'elle daignât m'ordonner quelque chose, me regarder, me dire un seul mot ; mais point ; j'avais la mortification[1] d'être nul pour elle ; elle ne s'apercevait pas même que j'étais là. Cependant, son frère, qui m'adressait quelquefois la parole à table, m'ayant dit je ne sais quoi de peu obligeant[2], je lui fis une réponse si fine et si bien tournée, qu'elle y fit attention, et jeta les yeux sur moi. Ce coup d'œil, qui fut court, ne laissa pas de me transporter. Le lendemain, l'occasion se présenta d'en obtenir un second, et j'en profitai. On donnait ce jour-là un grand dîner, où, pour la première fois, je vis avec beaucoup d'étonnement le maître

1. *la mortification :* la souffrance, l'humiliation
2. *de peu obligeant :* de peu agréable

d'hôtel servir l'épée au côté et le chapeau sur la tête. Par hasard on vint à parler de la devise de la maison de Solar, qui était sur la tapisserie avec les armoiries : *Tel fiert qui ne tue pas*. Comme les Piémontais[3] ne sont pas pour l'ordinaire consommés dans la langue française, quelqu'un trouva dans cette devise une faute d'orthographe, et dit qu'au mot *fiert* il ne fallait point de *t*.

Le vieux comte de Gouvon allait répondre ; mais ayant jeté les yeux sur moi, il vit que je souriais sans oser rien dire : il m'ordonna de parler. Alors je dis que je ne croyais pas que le *t* fût de trop, que *fiert* était un vieux mot français qui ne venait pas du nom *ferus*, fier, menaçant, mais du verbe *ferit*, il frappe, il blesse ; qu'ainsi la devise ne me paraissait pas dire : Tel menace, mais *tel frappe qui ne tue pas*.

Tout le monde me regardait et se regardait sans rien dire. On ne vit de la vie un pareil étonnement. Mais ce qui me flatta davantage fut de voir clairement sur le visage de Mlle de Breil un air de satisfaction. Cette personne si dédaigneuse daigna me jeter un second regard qui valait tout au moins le premier ; puis, tournant les yeux vers son grand-papa, elle semblait attendre avec une sorte d'impatience la louange qu'il me devait, et qu'il me donna en effet si pleine et entière et d'un air si content, que toute la table s'empressa de faire chorus[4]. Ce moment fut court, mais délicieux à tous égards. Ce fut un de ces moments trop rares qui replacent les choses dans leur ordre naturel, et vengent le mérite avili[5] des outrages de la fortune. Quelques minutes après, Mlle de Breil, levant derechef[6] les yeux sur moi, pria, d'un ton de voix aussi timide qu'affable, de lui donner à boire. On juge que je ne la fis pas attendre ; mais en approchant je fus saisi d'un tel tremblement, qu'ayant trop rempli le verre, je répandis une partie de l'eau sur l'assiette et même sur elle. Son frère me demanda étourdiment pourquoi je tremblais si fort. Cette question ne servit pas à me rassurer, et Mlle de Breil rougit jusqu'au blanc des yeux.

Jean-Jacques Rousseau, *Les Confessions*, écrites en 1765-1770 (publiées en 1782-1789).

3. *les Piémontais* : **les habitants du Piémont, région du nord de l'Italie, dont la capitale est Turin (où habite le comte de Gouvon)**
4. *faire chorus* : **reprendre en chœur, se joindre à quelqu'un pour manifester son approbation**
5. *le mérite avili* : **le mérite déprécié, dont la valeur a été (injustement) abaissée**
6. *derechef* : **de nouveau**

QUESTIONS

L'ordre social

1. Rousseau est entré comme domestique au service du comte de Gouvon. En quoi consiste son travail ?

2. Relevez, dans le portrait de la petite-fille du comte, les procédés de valorisation.

3. Rousseau a pu vérifier combien l'ordre social déterminait les rapports entre individus. Montrez l'influence de l'ordre social dans les sentiments que Rousseau éprouve.

L'ordre naturel

4. Simple domestique, Rousseau cherche à se faire « reconnaître ». Par quels moyens attire-t-il l'attention de Mlle de Breil, de son frère puis de l'assemblée tout entière ?

5. Un de ces « moments trop rares qui replacent les choses dans leur ordre naturel ». Comment comprenez-vous cette expression ? Quelles conséquences Rousseau a-t-il pu tirer de cette situation ?

Le jeu des regards

6. C'est par le regard que Rousseau entre en contact avec les autres.
Comment la situation de Rousseau justifie-t-elle l'importance du regard ?

7. Relevez, d'un bout à l'autre du texte, tous les termes qui appartiennent au champ lexical de la vue. Montrez que le jeu des regards exprime l'évolution des rapports entre les personnages.

Bernardin de Saint-Pierre

Nom : Bernardin de Saint-Pierre
Prénom : Jacques Henri
Naissance : le 19 janvier 1737, au Havre
Décès : le 21 janvier 1814, à Paris
Lieux : Rouen, Moscou, Paris, île de France
Situation familiale : marié à Félicité Didot ; veuf, il se remarie à soixante-trois ans avec Désirée de Pelleporc, elle-même âgée de vingt ans
Profession : intendant du Jardin des plantes à Paris
Amitiés : Jean-Jacques Rousseau

Il a écrit

des essais, dont : *Études de la nature* (1784) ;

un roman : *Paul et Virginie* (1788).

LE RÊVEUR

Bernardin de Saint-Pierre perd très jeune son père. Lecteur enthousiaste de romans, il se passionne pour le *Robinson Crusoé* de Defoe. Esprit religieux exalté, il rêve de devenir missionnaire. À douze ans, un voyage en Martinique déçoit son imagination : ce n'est pas l'île de Robinson. À Caen, puis à Rouen, il fait ses études chez les jésuites mais n'apprécie guère les contraintes de la vie collective. À dix-huit ans, à la mort de sa mère, il entre à l'école des Ponts et Chaussées. L'école est fermée par décret royal : il n'obtient pas son diplôme. Il rêve alors d'un avenir brillant.

L'INFORTUNÉ VOYAGEUR

Pendant douze ans, il tente diverses carrières. En 1760, ingénieur militaire, il est renvoyé pour indiscipline. À Malte, sa mission d'ingénieur géographe tourne court. Il est ensuite professeur de mathématiques à Paris, journaliste en Hollande, sous-lieutenant à Moscou. Il fréquente la haute société mais les projets qu'il présente ne se réalisent pas. Il rentre en France. À quarante ans, muni d'un brevet de capitaine ingénieur du roi, il obtient, grâce à l'appui de l'ambassadeur de France à Moscou, une mission à Madagascar puis à l'île de France. En 1772, de retour à Paris, il rencontre Rousseau. Il partage son goût de la nature et ses idées morales. Il devient son disciple.

L'ÉCRIVAIN RECONNU

En 1780, à Paris, dans un grenier du faubourg Saint-Victor, il rédige les *Études de la nature*. Les riches descriptions exotiques enthousiasment le public. En 1788, l'idylle tragique de *Paul et Virginie* fait verser des larmes aux nombreux lecteurs de ce bref roman. Le succès est considérable : les peintres s'inspirent du livre, les femmes se coiffent à la Virginie. Sous la Révolution, Bernardin de Saint-Pierre est nommé intendant du Jardin des plantes. Il épouse la fille de son imprimeur et donne à ses enfants le nom de Paul et Virginie. Plus tard, il enseigne la morale à l'École normale supérieure. Sous l'Empire, il préside l'Académie française. Couvert de gloire et d'honneur, il meurt à soixante-dix-sept ans.

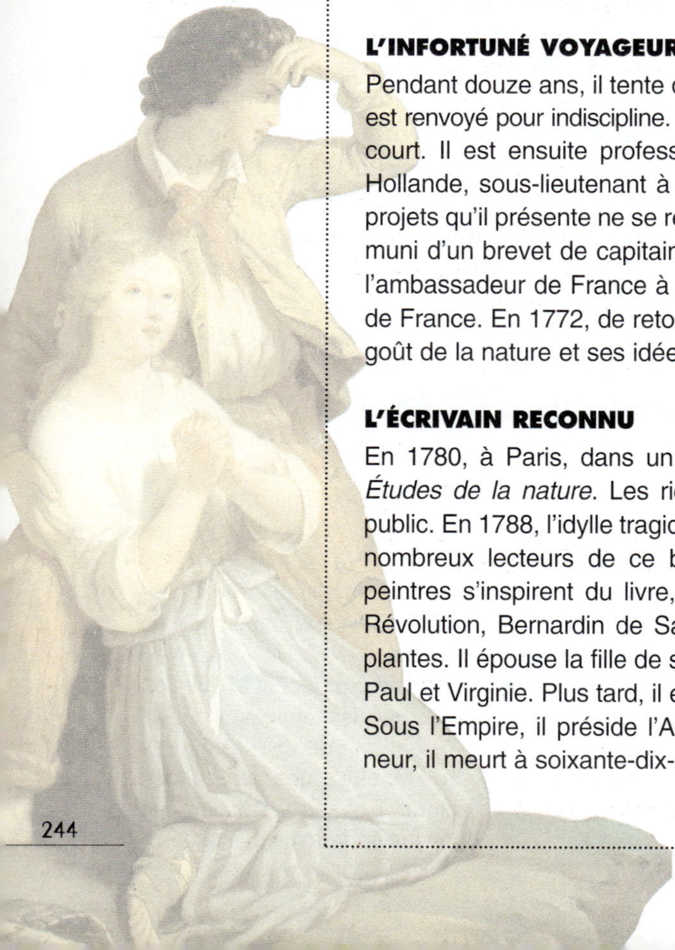

Paul et Virginie

1788

Parmi les splendeurs tropicales de l'île de France (l'île Maurice), l'auteur se fait le témoin d'une histoire du pays. Ce récit décrit la vie de Paul, fils d'une bretonne abandonnée, et de Virginie, fille d'une aristocrate. Les deux enfants grandissent unis par une innocente tendresse. Un été, Virginie est troublée par un sentiment nouveau.

La nuit même n'apportait aucun rafraîchissement à l'atmosphère embrasée. L'orbe[1] de la lune, tout rouge, se levait, dans un horizon embrumé, d'une grandeur démesurée. Les troupeaux abattus sur les flancs des collines, le cou tendu vers le ciel, aspirant l'air, faisaient retentir les vallons de tristes mugissements. Le Cafre[2] même qui les conduisait se couchait sur la terre pour y trouver de la fraîcheur ; mais partout le sol était brûlant, et l'air étouffant retentissait du bourdonnement des insectes qui cherchaient à se désaltérer dans le sang des hommes et des animaux.

Dans une de ces nuits ardentes, Virginie sentit redoubler tous les symptômes de son mal. Elle se levait, elle s'asseyait, elle se recouchait, et ne trouvait dans aucune attitude ni le sommeil ni le repos. Elle s'achemine, à la clarté de la lune, vers sa fontaine ; elle en aperçoit la source qui, malgré la sécheresse, coulait encore en filets d'argent sur les flancs bruns du rocher. Elle se plonge dans son bassin. D'abord la fraîcheur ranime ses sens, et mille souvenirs agréables se présentent à son esprit. Elle se rappelle que dans son enfance sa mère et Marguerite[3] s'amusaient à la baigner avec Paul dans ce même lieu ; que Paul ensuite, réservant ce bain pour elle seule, en avait creusé le lit, couvert le fond de sable, et semé sur ses bords des herbes aromatiques. Elle entrevoit dans l'eau, sur ses bras nus et sur son sein, les reflets des deux palmiers plantés à la naissance de son frère et à la sienne, qui entrelaçaient au-dessus de sa tête leurs rameaux verts et leurs jeunes cocos[4]. Elle pense à l'amitié de Paul, plus douce que les parfums, plus pure que l'eau des fontaines, plus forte que les palmiers unis ; et elle soupire. Elle songe à la nuit, à la solitude, et un feu dévorant la saisit. Aussitôt elle sort, effrayée de ces dangereux ombrages et de ces eaux plus brûlantes que les soleils de la zone torride.

Bernardin de Saint-Pierre, *Paul et Virginie*, 1788.

1. *l'orbe :* **le globe**
2. *le Cafre :* **un berger africain**
3. *Marguerite :* **la mère de Paul**
4. *cocos :* **noix de coco**

QUESTIONS

Une atmosphère accablante

1. L'atmosphère est torride. Analysez la manière dont chaque détail contribue à rendre perceptible la chaleur intense.

2. L'ensemble des détails constitue un tableau. Relevez les plans de la composition d'ensemble.

Un sentiment inexprimable

3. La souffrance de Virginie est suggérée par des manifestations physiques. Relevez les verbes de mouvement qui les décrivent.

4. La baignade apparaît comme un remède. Relevez les verbes qui soulignent cet aspect.

Un paysage de rêve

5. Le paysage facilite la rêverie. L'eau éveille la mémoire. Relevez les verbes qui évoquent Paul.

6. Les souvenirs évoquent l'enfance et l'adolescence de Paul et Virginie. Repérez les termes qui soulignent l'ordre chronologique.

Paul et Virginie

La fin tragique de l'idylle des deux jeunes gens est rapportée par un témoin de leur vie. Virginie a juré à Paul un amour éternel mais doit se rendre en France pour s'assurer un héritage, selon le souhait de sa mère. À son retour, alors qu'elle est à bord du *Saint-Géran*, un ouragan se déchaîne sur les côtes de l'île de France où l'attend Paul.

La mer, soulevée par le vent, grossissait à chaque instant, et tout le canal compris entre cette île et l'île d'Ambre n'était qu'une vaste nappe d'écumes blanches, creusée de vagues noires et profondes. Ces écumes s'amassaient dans le fond des anses à plus de six pieds de hauteur, et le vent, qui en balayait la surface, les portait par-dessus l'escarpement du rivage à plus d'une demi-lieue dans les terres. À leurs flocons blancs et innombrables qui étaient chassés horizontalement jusqu'au pied des montagnes, on eût dit d'une neige qui sortait de la mer. L'horizon offrait tous les signes d'une longue tempête ; la mer y paraissait confondue avec le ciel. Il s'en détachait sans cesse des nuages d'une forme horrible qui traversaient le zénith avec la vitesse des oiseaux, tandis que d'autres y paraissaient immobiles comme de grands rochers. On n'apercevait aucune partie azurée du firmament ; une lueur olivâtre et blafarde éclairait seule tous les objets de la terre, de la mer, et des cieux.

Dans les balancements du vaisseau, ce qu'on craignait arriva. Les câbles de son avant rompirent ; et comme il n'était plus retenu que par une seule aussière[1] il fut jeté sur les rochers à une demi-encâblure[2] du rivage. Ce ne fut qu'un cri de douleur parmi nous. Paul allait s'élancer à la mer, lorsque je le saisis par le bras : « Mon fils, lui dis-je, voulez-vous périr ? – Que j'aille à son secours, s'écria-t-il, ou que je meure ! » Comme le désespoir lui ôtait la raison, pour prévenir sa perte, Domingue[3] et moi lui attachâmes à la ceinture une longue corde dont nous saisîmes l'une des extrémités. Paul alors s'avança vers le *Saint-Géran*, tantôt nageant, tantôt marchant sur les récifs. Quelquefois il avait l'espoir de l'aborder, car la mer, dans ses mouvements irréguliers, laissait le vaisseau presque à sec, de manière qu'on en eût pu faire le tour à pied ; mais bientôt après, revenant sur ses pas avec une nouvelle furie, elle le couvrait d'énormes voûtes d'eau qui soulevaient tout l'avant de sa carène, et rejetaient bien loin sur le rivage le malheureux Paul, les jambes en sang, la poitrine meurtrie, et à demi noyé. À peine ce jeune homme avait-il repris l'usage de ses sens qu'il se relevait et retournait avec une nouvelle ardeur vers le vaisseau, que la mer cependant entrouvrait par d'horribles secousses. Tout l'équipage, désespérant alors de son salut, se précipitait en foule à la mer, sur des vergues[4], des planches, des cages à poules, des tables, et des tonneaux.

▼ « Virginie, voyant la mort inévitable, posa une main sur ses habits, l'autre sur son cœur... ». Gravure de Prudhon, à la fin du XVIIIe siècle.

On vit alors un objet digne d'une éternelle pitié : une jeune demoiselle parut dans la galerie de la poupe du *Saint-Géran*, tendant les bras vers celui qui faisait tant d'efforts pour la joindre. C'était Virginie. Elle avait reconnu son amant à son intrépidité. La vue de cette aimable personne, exposée à un si terrible danger, nous remplit de douleur et de désespoir. Pour Virginie, d'un port noble et assuré, elle nous faisait signe de la main, comme nous disant un éternel adieu. Tous les matelots s'étaient jetés à la mer. Il n'en restait plus qu'un sur le pont, qui était tout nu et nerveux comme Hercule. Il s'approcha de Virginie avec respect : nous le vîmes se jeter à ses genoux, et s'efforcer même de lui ôter ses habits ; mais elle, le repoussant avec dignité, détourna de lui sa vue. On entendit aussitôt ces cris redoublés des spectateurs : « Sauvez-la, sauvez-la ; ne la quittez pas ! » Mais dans ce moment une montagne d'eau d'une effroyable grandeur s'engouffra entre l'île d'Ambre et la côte, et s'avança en rugissant vers le vaisseau, qu'elle menaçait de ses flancs noirs et de ses sommets écumants. À cette terrible vue le matelot s'élança seul à la mer ; et Virginie, voyant la mort inévitable, posa une main sur ses habits, l'autre sur son cœur, et levant en haut des yeux sereins, parut un ange qui prend son vol vers les cieux.

Ô jour affreux ! hélas ! tout fut englouti. La lame jeta bien avant dans les terres une partie des spectateurs qu'un mouvement d'humanité avait portés à s'avancer vers Virginie, ainsi que le matelot qui l'avait voulu sauver à la nage. Cet homme, échappé à une mort presque certaine, s'agenouilla sur le sable, en disant : « Ô mon Dieu ! vous m'avez sauvé la vie : mais je l'aurais donnée de bon cœur pour cette digne demoiselle qui n'a jamais voulu se déshabiller comme moi. » Domingue et moi nous retirâmes des flots le malheureux Paul sans connaissance.

Bernardin de Saint-Pierre, *Paul et Virginie*, 1788.

1. *aussière :* **gros câble**
2. *une demi-encâblure :* **environ cent mètres**
3. *Domingue :* **un serviteur**
4. *vergue :* **partie d'un mât qui porte la voile**

QUESTIONS

Un paysage d'apocalypse

1. La tempête fait rage. Relevez les termes qui décrivent la violence de la tempête. Justifiez l'emploi de l'imparfait.

2. Le navire est le jouet des flots. Relevez les termes qui décrivent la lutte entre les vagues et le navire. Repérez deux expressions métaphoriques et justifiez leur emploi.

3. Relevez les termes maritimes techniques qui fournissent au drame sa dimension concrète.

Une scène pathétique

4. Face aux forces de la nature, les hommes déploient de vains efforts. Paul agit de manière désespérée. Relevez les paroles et les actions qui manifestent son désespoir.

5. Paul est entouré de spectateurs. Repérez et justifiez leurs interventions. Comment leurs commentaires rythment-ils le récit ?

6. Les réactions de l'équipage donnent au récit un aspect réaliste. Relevez-les et expliquez-les.

Une mort tragique

7. Au milieu du naufrage, Virginie apparaît. Relevez les différents termes qui la désignent. Évaluez leur valeur affective.

8. Les gestes de Virginie sont riches de signification. Relevez-les et montrez la résignation progressive dont ils témoignent.

9. Virginie est transfigurée par la comparaison finale. Expliquez comment cette comparaison éclaire le personnage de Virginie.

Pierre Choderlos de Laclos

Nom : Choderlos de Laclos
Prénom : Pierre
Naissance : le 18 octobre 1747, à Amiens
Décès : le 5 septembre 1803, à Tarente, en Italie
Lieux : Toul, Grenoble, Valmy
Situation familiale : marié à Marie-Solange Duperré, avec qui il a trois enfants
Profession : officier d'artillerie
Amitiés : Philippe d'Orléans, les jacobins

Il a écrit des essais et un roman : *Les Liaisons dangereuses* (1782).

L'OFFICIER DÉÇU

Né dans une famille récemment anoblie, Laclos entre à dix-huit ans à l'école d'artillerie de La Fère. Il y développe son goût pour les mathématiques. Lorsqu'il commence sa carrière, la France est en paix : son avancement est lent. Il voyage au gré de ses affectations : La Rochelle, Toul, Grenoble, Besançon, Valence. À trente-sept ans, bien noté par ses supérieurs, il n'est pourtant que capitaine. Le ministère refuse de lui confier un contingent pour aider les insurgés d'Amérique : son nom n'est pas assez illustre. Il est chargé de fortifier l'île de Ré. Toutes ses ambitions militaires sont déçues.

L'ÉCRIVAIN SCANDALEUX

À quarante ans, Laclos veut se faire un nom. Il obtient un congé et rédige un roman qui décrit les mœurs d'aristocrates libertins. Publiées en 1782, *Les Liaisons dangereuses* remportent un vif succès. Il doit expliquer le sens de son œuvre auprès des autorités militaires : son ouvrage dépeint les libertins, pour avertir les âmes vertueuses du danger qu'ils représentent. À quarante-cinq ans, il épouse la jeune Marie-Solange Duperré. En 1787, Laclos provoque un nouveau scandale. Il critique ouvertement l'illustre théoricien de l'art des fortifications, Vauban. Blâmé par le ministère, il quitte l'armée et devient le secrétaire de Philippe d'Orléans, qui intrigue contre Louis XVI.

LE RÉVOLUTIONNAIRE ACTIF

Lorsque la Révolution éclate, il devient membre du Club des jacobins dont il dirige le journal. Devenu commissaire au ministère de la Guerre, il joue un rôle important lors de la victoire de Valmy. Suspecté de trahison à cause de ses liens avec Philippe d'Orléans, il est arrêté. De sa prison, il envoie à sa femme une mèche de cheveux en signe d'adieu. Il obtient sa libération en proposant plusieurs moyens d'améliorer l'efficacité de l'artillerie. En 1800, Bonaparte fait appel à ses compétences et l'envoie sur le Rhin, puis en Italie. Épuisé par la dysenterie, il meurt à Tarente, en refusant les secours de la religion. Lors du retour des Bourbons en 1815, ses cendres sont dispersées au vent.

Les Liaisons dangereuses

1782

L'œuvre se présente comme un recueil de lettres que Laclos feint d'avoir trouvé et mis en ordre. Le vicomte de Valmont et la marquise de Merteuil sont d'anciens amants. Tous deux libertins, ils se confient leurs stratégies de séduction. Valmont veut conquérir une jeune dévote, Mme de Tourvel. Il raconte à la marquise, peu favorable à ce projet, ses premières manœuvres.

J'ai dirigé sa promenade de manière qu'il s'est trouvé un fossé à franchir ; et, quoique fort leste, elle est encore plus timide : vous jugez bien qu'une prude[1] craint de sauter le fossé. Il a fallu se confier à moi. J'ai tenu dans mes bras cette femme modeste[2]. Nos préparatifs et le passage de ma vieille tante avaient fait rire aux éclats la folâtre[3] dévote : mais, dès que je me fus emparé d'elle, par une adroite gaucherie, nos bras s'enlacèrent mutuellement. Je pressai son sein contre le mien ; et, dans ce court intervalle, je sentis son cœur battre plus vite. L'aimable rougeur vint colorer son visage, et son modeste embarras m'apprit assez *que son cœur avait palpité d'amour et non de crainte*. Ma tante cependant s'y trompa comme vous, et se mit à dire : « L'enfant a eu peur » ; mais la charmante candeur[4] de *l'enfant* ne lui permit pas le mensonge, et elle répondit naïvement : « Oh non, mais... » Ce seul mot m'a éclairé. Dès ce moment, le doux espoir a remplacé la cruelle inquiétude. J'aurai cette femme ; je l'enlèverai au mari qui la profane[5] : j'oserai la ravir au dieu même qu'elle adore. Quel délice d'être tour à tour l'objet et le vainqueur de ses remords ! Loin de moi l'idée de détruire les préjugés[6] qui l'assiègent ! ils ajouteront à mon bonheur et à ma gloire. Qu'elle croie à la vertu, mais qu'elle me la sacrifie ; que ses fautes[7] l'épouvantent sans pouvoir l'arrêter ; et qu'agitée de mille terreurs, elle ne puisse les oublier, les vaincre que dans mes bras. Qu'alors j'y consens, elle me dise : « Je t'adore » ; elle seule, entre toutes les femmes, sera digne de prononcer ce mot. Je serai vraiment le Dieu qu'elle aura préféré.

Pierre Choderlos de Laclos, *Les Liaisons dangereuses*, Lettre VI, 1782.

1. *prude :* **femme vertueuse**
2. *modeste :* **simple**
3. *folâtre :* **gaie**
4. *candeur :* **naïveté**
5. *profane :* **qui ne respecte pas**
6. *préjugés :* **idées religieuses**
7. *fautes :* **amour coupable**

QUESTIONS

Un épisode révélateur

1. L'épisode est simplement construit à partir d'un obstacle à franchir. Dégagez les trois étapes du récit en mettant en évidence les actions de Valmont. Justifiez l'emploi du passé simple.

2. Mme de Tourvel et Valmont sont deux figures opposées. Relevez les traits caractéristiques qui les opposent.

L'annonce d'une victoire

3. Au moment où il rédige sa lettre, Valmont formule les conséquences de sa première victoire. Relevez le lexique guerrier.

4. L'attachement de Mme de Tourvel aux principes religieux donne du prix à sa conquête. Relevez les expressions morales et religieuses à travers lesquelles Valmont exprime sa volonté.

Une complicité épistolaire

5. Mme de Merteuil, dans la lettre précédente, avait affirmé que Mme de Tourvel n'était qu'une enfant dont le cœur palpitait de crainte et non d'amour. Comment Valmont réfute-t-il ces idées ?

6. Un libertin n'est pas amoureux. Relevez cependant les expressions qui laissent supposer que Valmont éprouve une passion.

Les Liaisons dangereuses

Les lettres de ce roman dévoilent des comportements qui bravent les interdits sociaux. Valmont informe la marquise de Merteuil qu'il est parvenu à séduire Mme de Tourvel. Il lui décrit, dans la lettre CXXV, la scène qui lui a permis de vaincre les dernières résistances de sa vertueuse victime. Valmont est en fait amoureux. Il n'ose pas reconnaître ses sentiments. Mme de Merteuil n'est pas dupe et le lui fait savoir dans la lettre CXXXIV.

J'ai donc repris du ton le plus tendre : « Il est donc vrai que c'est moi que vous avez fui ? – Ce départ était nécessaire. – Et que vous m'éloignez de vous ? – Il le faut – Et pour toujours ? – Je le dois. » Je n'ai pas besoin de vous dire que pendant ce court dialogue, la voix de la tendre prude[1] était oppressée, et que ses yeux ne s'élevaient pas jusqu'à moi.

Je jugeai devoir animer un peu cette scène languissante[2] ; ainsi, me levant avec l'air du dépit[3] : « Votre fermeté, dis-je alors, me rend toute la mienne. Hé bien ! oui, Madame, nous serons séparés, séparés même plus que vous ne pensez : et vous vous féliciterez à loisir de votre ouvrage. » Un peu surprise de ce ton de reproche, elle voulut répliquer. « La résolution que vous avez prise... dit-elle. – N'est que l'effet de mon désespoir, repris-je avec emportement. Vous avez voulu que je sois malheureux ; je vous prouverai que vous avez réussi au-delà de vos souhaits. – Je désire votre bonheur », répondit-elle. Et le son de sa voix commençait à annoncer une émotion assez forte. Aussi me précipitant à ses genoux, et du ton dramatique que vous me connaissez : « Ah ! cruelle, me suis-je écrié, peut-il exister pour moi un bonheur que vous ne partagiez pas ? Où donc le trouver loin de vous ? Ah ! jamais ! jamais ! » J'avoue qu'en me livrant à ce point j'avais beaucoup compté sur le secours des larmes : mais soit mauvaise disposition, soit peut-être seulement l'effet de l'attention pénible et continuelle que je mettais à tout, il me fut impossible de pleurer.

Par bonheur je me ressouvins que pour subjuguer[4] une femme tout moyen était également bon ; et qu'il suffisait de l'étonner par un grand mouvement, pour que l'impression en restât profonde et favorable. Je suppléai[5] donc, par la terreur, à la sensibilité qui se trouvait en défaut[6], et pour cela, changeant seulement l'inflexion de ma voix, et gardant la même posture : « Oui, continuai-je, j'en fais le serment à vos pieds, vous posséder ou mourir. » En prononçant ces dernières paroles, nos regards se rencontrèrent. Je ne sais ce que la timide personne vit ou crut voir dans les miens, mais elle se leva d'un air effrayé, et s'échappa de mes bras dont je l'avais entourée. Il est vrai que je ne fis rien pour la retenir : car j'avais remarqué plusieurs fois que les scènes de désespoir menées trop vivement, tombaient dans le ridicule dès qu'elles devenaient longues, ou ne laissaient que des ressources vraiment tragiques et que j'étais fort éloigné de vouloir prendre. Cependant, tandis qu'elle se dérobait à moi, j'ajoutai d'un ton bas et sinistre, mais de façon qu'elle pût m'entendre : « Hé bien ! la mort ! »

Je me relevai alors ; et gardant un moment le silence, je jetais sur elle, comme au hasard, des regards farouches qui, pour avoir l'air d'être

1. *prude* : femme vertueuse
2. *languissante* : peu animée
3. *l'air du dépit* : l'air contrarié
4. *subjuguer* : séduire, dominer
5. *je suppléai* : je remplaçai
6. *en défaut* : qui manquait

◄ Dans les regards, les gestes et les attitudes, le jeu de la séduction et du *Serment à l'amour*, peint par Trinquesse en 1786 (détail).

égarés, n'en étaient pas moins clairvoyants et observateurs. Le maintien mal assuré, la respiration haute, la contraction de tous les muscles, les bras tremblants, et à demi élevés, tout me prouvait assez que l'effet était tel que j'avais voulu le produire…

LETTRE CXXV

Or, est-il vrai, Vicomte, que vous vous faites illusion sur le sentiment qui vous attache à Mme de Tourvel ? C'est de l'amour, ou il n'en exista jamais : vous le niez bien de cent façons ; mais vous le prouvez de mille. Qu'est-ce, par exemple, que ce subterfuge[7] dont vous vous servez vis-à-vis de vous-même (car je vous crois sincère avec moi), qui vous fait rapporter à l'envie d'observer le désir que vous ne pouvez ni cacher ni combattre, de garder cette femme ? Ne dirait-on pas que jamais vous n'en avez rendu une autre heureuse, parfaitement heureuse ? Ah ! si vous en doutez, vous avez bien peu de mémoire !

LETTRE CXXXIV

Pierre Choderlos de Laclos, *Les Liaisons dangereuses*, 1782.

7. *subterfuge* : ruse, prétexte

QUESTIONS

Un épisode agité

1. Le dialogue inital rappelle les positions des interlocuteurs. Identifiez-les et repérez les contradictions de Mme de Tourvel en vous appuyant sur les observations de Valmont.

2. Tout au long de cet épisode, Valmont exploite le trouble de Mme de Tourvel. Repérez les signes de ce trouble grandissant.

3. Quelle image Valmont donne-t-il de lui-même à Mme de Tourvel ?

L'approche de la victoire

4. Dans son récit, Valmont rapporte ses propres paroles. Relevez les hyperboles qu'il utilise. Quel rôle jouent-elles ?

5. Valmont dévoile son jeu d'acteur et le justifie par son projet de séduction. Relevez les termes qui décrivent ce jeu. Précisez ces justifications.

6. Ce projet de séduction se déroule en plusieurs étapes. Précisez-les.

La rivalité épistolaire

7. Dans sa lettre, Mme de Merteuil affiche une clairvoyance supérieure en dévoilant la réalité des sentiments de Valmont. Comment procède-t-elle pour mettre à jour les sentiments de Valmont ?

8. Elle rappelle discrètement un ancien souvenir. Identifiez-le et expliquez en quoi il a permis à la marquise d'être si clairvoyante.

9. Quelle image de Valmont donne-t-elle ?

Beaumarchais

Nom : Caron de Beaumarchais
Prénom : Pierre Augustin
Naissance : le 24 janvier 1732, à Paris
Décès : le 18 mai 1798, à Paris
Lieux : Paris, Madrid, Londres
Situation familiale : un premier mariage en 1756, un second en 1768, un troisième en 1775
Professions : horloger, financier, agent secret, homme de lettres, commissaire de la République
Amitiés : Pâris-Duverney, les filles de Louis XV, le comte d'Artois

Il a écrit

des comédies, dont : *Le Barbier de Séville* (1775), *Le Mariage de Figaro* (1784) ;

un drame : *La Mère coupable* (1792).

LE JEUNE AMBITIEUX

Pierre Augustin Caron est le fils d'un horloger parisien. Il apprend le métier de son père. À vingt ans, il invente un procédé qui augmente la précision des montres. Il est présenté au roi et prend des commandes à la cour. Homme d'esprit, il est très en faveur dans l'entourage de Louis XV. À vingt-six ans, grâce à un premier mariage, il prend le nom de Beaumarchais. Il collabore activement aux affaires du financier Pâris-Duverney. En 1763, il occupe la charge de lieutenant général de la capitainerie de la Varenne du Louvre : il juge les délits de chasse. Il compose alors avec succès des parades.

L'HOMME D'ESPRIT

En 1770, à la mort de Pâris-Duverney, Beaumarchais a des difficultés pour obtenir sa part de succession : il est accusé d'avoir rédigé un faux testament par le comte de La Blache. Sous sa pression, le juge Goëzman, chargé de l'affaire, rend un rapport défavorable à l'écrivain. Beaumarchais expose les manœuvres de ses adversaires au public dans des mémoires pleins d'esprit. Familier de la cour, il est chargé de missions secrètes à Londres et à Vienne. À la demande du gouvernement français, il fait parvenir clandestinement des armes aux insurgés qui combattent pour l'indépendance américaine. À quarante-trois ans, il triomphe sur la scène parisienne avec *Le Barbier de Séville*.

LE DRAMATURGE AUDACIEUX

Dramaturge conscient de ses intérêts, Beaumarchais fonde la Société des auteurs dramatiques. À quarante-huit ans, il consacre son énergie à faire jouer sa nouvelle comédie, *Le Mariage de Figaro*. Louis XVI a interdit la représentation de la pièce, irrité par les répliques qui fustigent les excès du pouvoir. Après deux années de polémique, le roi cède : Paris applaudit la pièce. Sous la Révolution, Beaumarchais est élu député mais, accusé de trafic d'armes, il échappe de peu à la guillotine. Exilé pendant quatre ans, il revient en 1796 à Paris pour assister au succès de son drame, *La Mère coupable*. Il meurt deux ans plus tard.

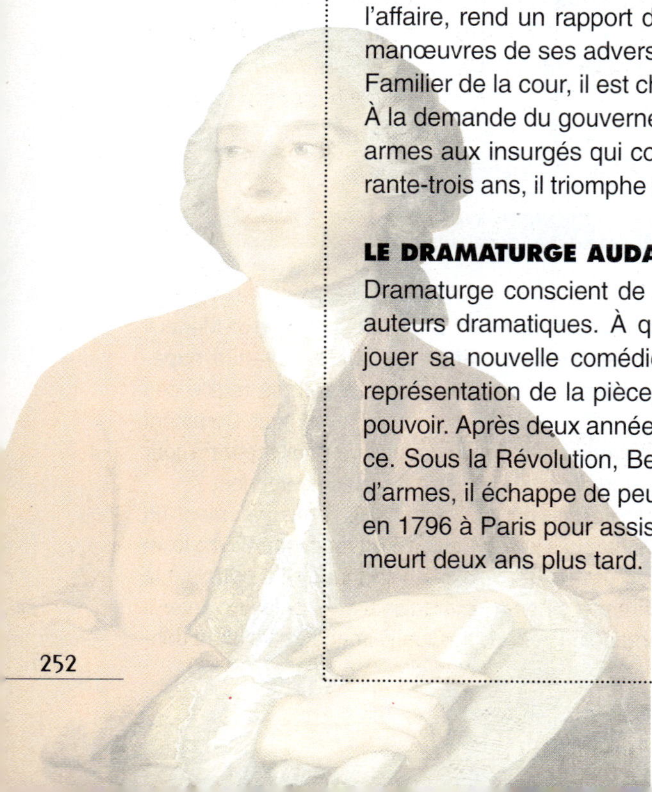

Le Barbier de Séville

1775

Le *Barbier de Séville* est une comédie. Figaro est barbier, à Séville, où il retrouve son ancien maître, le comte Almaviva. Amoureux de Rosine, le comte s'étonne qu'elle soit mariée à un vieux médecin de la ville, Bartholo.

FIGARO. – Joli oiseau, ma foi ! difficile à dénicher[1] ! Mais qui vous a dit qu'elle était femme du Docteur ?

LE COMTE. – Tout le monde.

FIGARO. – C'est une histoire qu'il a forgée[2] en arrivant de Madrid, pour donner le change aux galants[3] et les écarter ; elle n'est encore que sa pupille, mais bientôt…

LE COMTE, *vivement*. – Jamais. Ah, quelle nouvelle ! j'étais résolu de tout oser pour lui présenter mes regrets, et je la trouve libre ! Il n'y a pas un moment à perdre, il faut m'en faire aimer, et l'arracher à l'indigne engagement qu'on lui destine. Tu connais donc ce tuteur ?

FIGARO. – Comme ma mère.

LE COMTE. – Quel homme est-ce ?

FIGARO, *vivement*. – C'est un beau, gros, court, jeune vieillard, gris pommelé, rusé, rasé, blasé, qui guette et furète et gronde et geint tout à la fois.

LE COMTE, *impatienté*. – Eh ! je l'ai vu. Son caractère ?

FIGARO. – Brutal, avare, amoureux et jaloux à l'excès de sa pupille, qui le hait à la mort.

LE COMTE. – Ainsi, ses moyens de plaire sont…

FIGARO. – Nuls.

LE COMTE. – Tant mieux. Sa probité ?

FIGARO. – Tout juste autant qu'il en faut pour n'être point pendu.

LE COMTE. – Tant mieux. Punir un fripon en se rendant heureux…

FIGARO. – C'est faire à la fois le bien public et particulier : chef-d'œuvre de morale, en vérité, Monseigneur !

LE COMTE. – Tu dis que la crainte des galants lui fait fermer sa porte ?

FIGARO. – À tout le monde : s'il pouvait la calfeutrer[4]…

LE COMTE. – Ah ! diable ! tant pis. Aurais-tu de l'accès chez lui ?

FIGARO. – Si j'en ai ! *Primo*[5], la maison que j'occupe appartient au Docteur, qui m'y loge *gratis*[6].

Pierre Augustin Caron de Beaumarchais, *Le Barbier de Séville*, Acte I, scène 4, 1775.

1. *dénicher* : **déloger**
2. *forgée* : **inventée**
3. *donner le change aux galants* : **écarter les séducteurs**
4. *calfeutrer* : **empêcher l'air de pénétrer**
5. *Primo* : **premièrement**
6. *gratis* : **gratuitement**

QUESTIONS

Une exposition rapide

1. Figaro et le comte échangent des renseignements sur Bartholo et Rosine. Relevez les informations qui définissent les relations entre ces quatre personnages.

Une écriture dynamique

2. La rapidité des répliques est facilitée par la forme même des questions et des réponses. Analysez leur enchaînement (ellipses, interruptions).

Une scène de comédie

3. Une comédie met souvent en scène un vieillard amoureux qui fait obstacle aux amours d'un jeune couple. Relevez les traits de caricature.

Le Mariage de Figaro

L'esprit de l'auteur donne à cette comédie d'intrigue toute sa vivacité. Beaumarchais reprend les personnages du *Barbier de Séville*. Le comte Almaviva a épousé Rosine et pris à son service Figaro. L'ingénieux valet s'apprête à épouser Suzanne, la camériste de la comtesse, mais un obstacle inattendu va surgir. Une folle journée commence.

FIGARO. – Dix-neuf pieds sur vingt-six[1].

SUZANNE. – Tiens, Figaro, voilà mon petit chapeau : le trouves-tu mieux ainsi ?

FIGARO *lui prend les mains*. – Sans comparaison, ma charmante. Oh ! que ce joli bouquet virginal, élevé sur la tête d'une belle fille, est doux, le matin des noces, à l'œil amoureux d'un époux !...

SUZANNE *se retire*. – Que mesures-tu donc là, mon fils[2] ?

FIGARO. – Je regarde, ma petite Suzanne, si ce beau lit que Monseigneur nous donne aura bonne grâce ici.

SUZANNE. – Dans cette chambre ?

FIGARO. – Il nous la cède.

SUZANNE. – Et moi, je n'en veux point.

FIGARO. – Pourquoi ?

SUZANNE. – Je n'en veux point.

FIGARO. – Mais encore ?

SUZANNE. – Elle me déplaît.

FIGARO. – On dit une raison.

SUZANNE. – Si je n'en veux pas dire ?

FIGARO. – Oh ! quand elles sont sûres de nous !

SUZANNE. – Prouver que j'ai raison serait accorder que je puis avoir tort. Es-tu mon serviteur, ou non ?

▲ Le rideau s'ouvre sur l'espiègle Suzanne, jouée en 1987 par Dominique Blanc, dans une mise en scène de Jean-Pierre Vincent.

FIGARO. – Tu prends de l'humeur contre la chambre du château la plus commode, et qui tient le milieu des deux appartements. La nuit, si Madame est incommodée, elle sonnera de son côté ; zeste[3] ! en deux pas tu es chez elle. Monseigneur veut-il quelque chose ? il n'a qu'à tinter du sien ; crac ! en trois sauts me voilà rendu.

SUZANNE. – Fort bien ! mais quand il aura *tinté* le matin pour te donner quelque bonne et longue commission, zeste ! en deux pas, il est à ma porte, et crac ! en trois sauts...

FIGARO. – Qu'entendez-vous par ces paroles ?

SUZANNE. – Il faudrait m'écouter tranquillement.

FIGARO. – Eh, qu'est-ce qu'il y a ? bon Dieu !

SUZANNE. – Il y a, mon ami, que, las de courtiser les beautés des environs, Monsieur le Comte Almaviva veut rentrer au château, mais non

1. Figaro est en train de mesurer le plancher
2. *mon fils :* appellation affectueuse
3. *zeste :* interjection qui souligne la rapidité d'une action

pas chez sa femme ; c'est sur la tienne, entends-tu, qu'il a jeté ses vues, auxquelles il espère que ce logement ne nuira pas. Et c'est ce que le loyal Bazile, honnête agent de ses plaisirs et mon noble maître à chanter, me répète chaque jour, en me donnant leçon.

FIGARO. – Bazile ! ô mon mignon ! si jamais volée de bois vert, appliquée sur une échine, a dûment redressé la moelle épinière à quelqu'un…

SUZANNE. – Tu croyais, bon garçon ! que cette dot qu'on me donne était pour les beaux yeux de ton mérite ?

FIGARO. – J'avais assez fait pour l'espérer.

SUZANNE. – Que les gens d'esprit sont bêtes !

FIGARO. – On le dit.

SUZANNE. – Mais c'est qu'on ne veut pas le croire !

FIGARO. – On a tort.

SUZANNE. – Apprends qu'il la destine à obtenir de moi, secrètement, certain quart d'heure, seul à seule, qu'un ancien droit du seigneur[4]… Tu sais s'il était triste !

FIGARO. – Je le sais tellement que, si Monsieur le Comte, en se mariant, n'eût pas aboli ce droit honteux, jamais je ne t'eusse épousée dans ses domaines.

SUZANNE. – Hé bien ! s'il l'a détruit, il s'en repent ; et c'est de ta fiancée qu'il veut le racheter en secret aujourd'hui.

FIGARO, *se frottant la tête*. – Ma tête s'amollit de surprise, et mon front fertilisé[5]…

SUZANNE. – Ne le frotte donc pas !

FIGARO. – Quel danger ?

SUZANNE, *riant*. – S'il y venait un petit bouton, des gens superstitieux…

FIGARO. – Tu ris, friponne ! Ah ! s'il y avait moyen d'attraper ce grand trompeur, de le faire donner dans un bon piège, et d'empocher son or !

SUZANNE. – De l'intrigue et de l'argent ; te voilà dans ta sphère.

Pierre Augustin Caron de Beaumarchais, *Le Mariage de Figaro*, Acte I, scène 1, 1784.

4. *droit du seigneur :* droit féodal archaïque selon lequel le seigneur a des droits sur le corps de la jeune mariée

5. *front fertilisé :* front sur lequel poussent les cornes qui sont le symbole du mari trompé

QUESTIONS

Une scène d'exposition

1. L'exposition fournit des informations indispensables au spectateur. Relevez les informations qui sont fournies par Suzanne. Quel est l'enjeu de la pièce ?

2. La scène se déroule dans une chambre. Comment cet espace apparaît-il aux yeux de Figaro ? Et aux yeux de Suzanne ? En quoi cet espace est-il double ?

Une scène d'intrigue

3. Le comte est un personnage double. Relevez sa duplicité.

4. L'intrigue oppose un jeune couple de serviteurs à un aristocrate. Quelle est la critique de la noblesse qui apparaît ?

5. Les répliques s'enchaînent rapidement. Relevez les procédés qui facilitent cette rapidité.

Une scène de comédie

6. Le comique de la scène repose sur le dévoilement d'un secret. Analysez la manière dont Suzanne mène la scène (refus de parler, parodie du discours de Figaro).

7. Le ton de la scène est varié. Repérez ces variations de ton en les rapportant à la nature de l'information mise en jeu.

Le Mariage de Figaro

L'intrigue de la pièce a une portée satirique qui n'a pas échappé aux contemporains de Beaumarchais. À force de ruse, Figaro a déjoué les projets de son maître, le comte Almaviva, qui voulait séduire Suzanne, sa future épouse. À la fin de la pièce, Figaro se croit trahi par sa fiancée. Accablé de douleur, il médite sur son sort.

FIGARO, *seul, se promenant dans l'obscurité, dit du ton le plus sombre.* – Ô femme ! femme ! femme ! créature faible et décevante !... nul animal créé ne peut manquer à son instinct ; le tien est-il donc de tromper ? ... Après m'avoir obstinément refusé quand je l'en pressais devant sa maîtresse[1], à l'instant qu'elle me donne sa parole, au milieu même de la cérémonie[2]... Il riait en lisant, le perfide ! et moi comme un benêt[3]... ! non, Monsieur le Comte, vous ne l'aurez pas... vous ne l'aurez pas. Parce que vous êtes un grand seigneur, vous vous croyez un grand génie !... noblesse, fortune, un rang, des places ; tout cela rend si fier ! Qu'avez-vous fait pour tant de biens ! vous vous êtes donné la peine de naître, et rien de plus. Du reste homme assez ordinaire ! tandis que moi, morbleu[4] ! perdu dans la foule obscure, il m'a fallu déployer plus de science et de calculs pour subsister seulement, qu'on n'en a mis depuis cent ans à gouverner toutes les Espagnes ; et vous voulez jouter[5]... On vient... c'est elle... ce n'est personne. – La nuit est noire en diable, et me voilà faisant le sot métier de mari, quoique je ne le sois qu'à moitié ! *(Il s'assied sur un banc.)* Est-il rien de plus bizarre que ma destinée ! fils de je ne sais pas qui ; volé par des bandits, élevé dans leurs mœurs, je m'en dégoûte et veux courir une carrière honnête ; et partout je suis repoussé ! J'apprends la chimie, la pharmacie, la chirurgie, et tout le crédit[6] d'un grand seigneur peut à peine me mettre à la main une lancette vétérinaire ! – Las d'attrister des bêtes malades, et pour faire un métier contraire, je me jette à corps perdu dans le théâtre ; me fussé-je mis une pierre au cou ! Je broche[7] une comédie dans les mœurs du sérail ; auteur espagnol, je crois pouvoir y fronder[8] Mahomet sans scrupule : à l'instant un envoyé... de je ne sais où se plaint que j'offense dans mes vers la Sublime Porte, la Perse, une partie de la presqu'île de l'Inde, toute l'Égypte, les royaumes de Barca, de Tripoli, de Tunis, d'Alger et de Maroc : et voilà ma comédie flambée[9] pour plaire aux princes mahométans, dont pas un, je crois, ne sait lire, et qui nous meurtrissent l'omoplate, en nous disant : *Chiens de chrétiens !* – Ne pouvant avilir l'esprit, on se venge en le maltraitant. – Mes joues creusaient ; mon terme[10] était échu ; je voyais de loin arriver l'affreux recors[11], la plume fichée dans sa perruque ; en frémissant je m'évertue. Il s'élève une question sur la nature des richesses ; et comme il n'est pas nécessaire de tenir les choses pour en raisonner, n'ayant pas un sol, j'écris sur la valeur de l'argent et sur son produit net ; sitôt je vois, du fond d'un fiacre, baisser pour moi le pont d'un château fort, à l'entrée duquel je laissai l'espérance et la liberté. *(Il se lève.)* Que je voudrais bien tenir un de ces puissants de quatre jours, si légers sur le mal qu'ils ordonnent, quand une bonne disgrâce a cuvé[12] son orgueil ! je lui

1. *devant sa maîtresse :* Figaro avait demandé à Suzanne de donner au comte un faux rendez-vous
2. *la cérémonie :* pendant la fête en l'honneur de son mariage, Suzanne a glissé au comte le billet du faux rendez-vous, mais sans prévenir Figaro
3. *un benêt :* un idiot
4. *morbleu :* juron
5. *jouter :* lutter
6. *le crédit :* l'influence
7. *je broche :* je rédige à la hâte
8. *fronder :* se moquer
9. *flambée :* perdue, ruinée
10. *mon terme :* date de paiement d'un loyer
11. *recors :* huissier
12. *a cuvé :* a vidé

dirais… que les sottises imprimées n'ont d'importance qu'aux lieux où l'on en gêne le cours ; que sans la liberté de blâmer, il n'est point d'éloge flatteur ; et qu'il n'y a que les petits hommes qui redoutent les petits écrits. *(Il se rassied.)*

Pierre Augustin Caron de Beaumarchais, *Le Mariage de Figaro*, Acte V, scène 3, 1784.

▶ Seul en scène, Figaro, joué en 1987 par André Marcon, déclame l'une des plus célèbres tirades du théâtre français.

QUESTIONS

Une liberté menacée

1. La situation d'attente solitaire favorise le retour sur soi-même. Quels sont les signes du trouble de Figaro ? Quel élément déclenche sa réflexion ?

2. Le récit de Figaro met en jeu de multiples obstacles qui font échec à son désir de réussite. Relevez les différentes carrières qu'il a choisies et les obstacles qui ont empêché sa réussite.

3. Quels sont les effets produits par cette accumulation de malheurs ?

Une satire du pouvoir

4. Au fil du récit, la critique du pouvoir est constante. Relevez les formes du pouvoir, citées tout au long de la tirade, qui censurent les activités de Figaro.

5. Figaro conclut son récit par une satire globale et directe du pouvoir. Relevez les termes qui caricaturent le pouvoir.

6. La censure est l'objet de propos ironiques. Relevez ces différentes marques de l'ironie pour les analyser. Quel est le procédé utilisé pour marquer l'ironie ?

Une écriture dynamique

7. Les protestations de Figaro sont vives et s'enchaînent dans une organisation dynamique. Une série de procédés donnent de la vivacité à ses propos : les temps employés, le rythme de la ponctuation. Relevez plusieurs exemples de ces procédés. Analysez-les.

8. Figaro dialogue avec lui-même. Quelles sont les marques du dialogue dans son discours ?

9. La didascalie initiale indique le ton du texte. Quelles sont les diverses tonalités du texte ?

La nature

Au XVIIIe siècle, la nature ne cesse d'être invoquée dans les œuvres de Diderot, de Rousseau, de Bernardin de Saint-Pierre, de Buffon. La référence à la nature possède de multiples sens : le bonheur authentique, l'origine de l'homme, l'ordre du monde.

▸ LE LIEU DU BONHEUR

Un lieu de vie authentique. La vie à la campagne est une vie paisible et authentique. Elle s'oppose à la vie mondaine, frivole, agitée, mensongère : Rousseau élève Émile loin de la ville.

Un lieu de refuge. L'individu s'abandonne à l'influence apaisante du paysage. Le cadre naturel restitue à l'individu son unité intérieure et fait vibrer le simple sentiment de l'existence. C'est au cours de longues promenades au bord de l'eau que Rousseau oublie l'hostilité du monde.

Un lieu de rêverie. La nature éveille l'imagination. Le peintre, le poète trouvent dans la nature une source infinie de rêverie.

> (Saint-Preux parcourt les Alpes.)
> Il semble qu'en s'élevant au-dessus du séjour des hommes, on y laisse tous les sentiments bas et terrestres... on y est grave sans mélancolie, paisible sans indolence, content d'être et de penser.
>
> Jean-Jacques Rousseau, *La Nouvelle Héloïse*, 1761.

▸ LA QUÊTE DES ORIGINES

Le bon sauvage. Les récits de voyage offrent une vision positive du sauvage. Celui-ci constitue un exemple de vie naturelle que la civilisation n'a pas dégradée. Ainsi l'homme civilisé s'interroge sur la valeur de sa propre culture. Diderot, par exemple, estime que les Tahitiens, décrits par Bougainville, offrent une leçon de tolérance.

L'homme primitif. Rousseau retrace l'histoire de l'humanité : l'homme primitif ignore la propriété et l'inégalité des conditions sociales qu'elle entraîne. Il est étranger à l'ambition et aux désirs superflus. Incarnation du bonheur, il inspire à l'homme moderne une profonde nostalgie.

L'homme naturel. Le bon sauvage et l'homme primitif dessinent ensemble l'image de l'homme naturel. Cette figure idéalisée autorise une critique sévère de la civilisation. L'individu n'a pas besoin de la religion chrétienne pour mener une vie vertueuse. La liberté fondamentale de l'homme rend insupportables l'esclavage et l'esprit de conquête des rois.

> Le Tahitien est ton frère. Vous êtes deux enfants de la nature ; quel droit as-tu sur lui qu'il n'ait pas sur toi ?
>
> Denis Diderot, *Supplément au voyage de Bougainville*, 1772.

▸ L'ORDRE DU MONDE

Un objet de savoir. L'étude de la nature aboutit à la découverte d'un ordre. Linné présente une classification presque aboutie du monde végétal. Buffon recherche les lois qui règlent la marche de la nature : l'homme participe à l'histoire générale de la vie, il se distingue des autres règnes de la nature par une forme supérieure d'organisation.

Un objet de polémique. La signification de l'ordre du monde divise les savants. Les déistes voient dans le spectacle ordonné du monde la marque d'un créateur divin. Les matérialistes considèrent la nature comme un processus actif, une évolution organisée de la matière.

> À quels yeux non prévenus l'ordre sensible de l'univers n'annonce-t-il pas une suprême intelligence ?
>
> Jean-Jacques Rousseau, *Émile ou de l'Éducation*, 1762.

Exercice 1

Diderot écrit à son amie Sophie Volland une lettre où il parle de son goût pour la nature. Relevez dans les deux extraits de cette lettre les expressions qui précisent l'influence de la nature sur le comportement de Diderot.

On ne se défend pas de cette paix de la nature qui règne sans cesse autour de soi. On s'en défend d'autant moins qu'elle agit imperceptiblement. Ce n'est point une éloquence qu'on entende, c'est une persuasion qu'on respire ; c'est un exemple auquel on se conforme par une pente naturelle à se mettre à l'unisson avec tout ce qu'on voit. L'immobilité des arbres nous arrête ; l'étendue des plaines égare nos yeux et notre âme ; le bruit égal et monotone des eaux nous endort.

Denis Diderot, *Lettre à Sophie Volland*, 1760.

Exercice 2

Paul et Virginie vivent à l'écart de la civilisation. Bernardin de Saint-Pierre les compare à Adam et Ève, les premiers êtres humains, selon le récit de la Bible. Relevez les termes qui précisent ce rapprochement.

Leurs besoins et leur ignorance ajoutaient encore à leur félicité. Il n'y avait point de jour qu'ils ne se communiquassent quelques secours ou quelques lumières ; oui, des lumières ; et quand il s'y serait mêlé quelques erreurs, l'homme pur n'en a point de dangereuses à craindre. Ainsi croissaient ces deux enfants de la nature. Aucun souci n'avait ridé leur front, aucune intempérance n'avait corrompu leur sang, aucune passion malheureuse n'avait dépravé leur cœur : l'amour, l'innocence, la piété, développaient chaque jour la beauté de leur âme en grâces ineffables, dans leurs traits, leurs attitudes et leurs mouvements. Au matin de la vie, ils en avaient toute la fraîcheur : tels dans le jardin d'Éden parurent nos premiers parents lorsque, sortant des mains de Dieu, ils se virent, s'approchèrent, et conversèrent d'abord comme frère et comme sœur. Virginie, douce, modeste, confiante comme Ève ; et Paul, semblable à Adam, ayant la taille d'un homme avec la simplicité d'un enfant.

Bernardin de Saint-Pierre, *Paul et Virginie*, 1788.

Exercice 3

1. Rousseau aime la nature. Quels sont les aspects de la nature qui l'attirent ?

2. Rédigez une brève analyse de ce qui fait le charme de la nature pour Rousseau.

Quand le lac agité ne me permettait pas la navigation, je passais mon après-midi à parcourir l'île, en herborisant à droite et à gauche, m'asseyant tantôt dans les réduits les plus riants et les plus solitaires pour y rêver à mon aise, tantôt sur les terrasses et les tertres, pour parcourir des yeux le superbe et ravissant coup d'œil du lac et de ses rivages, couronnés d'un côté par des montagnes prochaines, et de l'autre élargis en riches et fertiles plaines, dans lesquelles la vue s'étendait jusqu'aux montagnes bleuâtres, plus éloignées, qui la bornaient.

Quand le soir approchait, je descendais des cimes de l'île, et j'allais volontiers m'asseoir au bord du lac, sur la grève, dans quelque asile caché, là, le bruit des vagues et l'agitation de l'eau, fixant mes sens et chassant de mon âme toute autre agitation, la plongeaient dans une rêverie délicieuse, où la nuit me surprenait souvent sans que je m'en fusse aperçu.

Jean-Jacques Rousseau, *Les Rêveries du promeneur solitaire*, Ve promenade, 1776.

▲ À travers ce détail, c'est la douceur de la nature, celle des îles de Tahiti que peint William Hodges. Il accompagne le grand navigateur anglais James Cook lors d'une expédition qui, pendant plus d'un an, en 1772 et 1773, explore le Pacifique, visite les Marquises, les Nouvelles-Hébrides et la Nouvelle-Calédonie.

La philosophie des Lumières

La philosophie des Lumières désigne les valeurs idéales qui donnent un sens au combat des écrivains du XVIIIe siècle. Ils mènent le combat de la raison contre la superstition, de la liberté contre l'intolérance. Ils veulent assurer le bonheur de leurs concitoyens.

▶ L'HISTOIRE DU MOT

Étymologiquement, philosophie signifie amour de la sagesse. Au XVIIIe siècle, deux traits caractérisent celui qui recherche la sagesse. Le philosophe est un rationaliste : il n'accepte que ce que la raison lui démontre. Il refuse toute vérité imposée par l'autorité, qu'elle soit religieuse ou politique. Le philosophe est un homme engagé dans son temps : il se bat contre l'ignorance et l'injustice. Il veut le bonheur de l'humanité. Les Lumières désignent la raison qui guide l'homme.

▶ L'ORIGINE DU MOUVEMENT

L'essor des sciences est à l'origine du mouvement des Lumières. Les savants, tel Newton, accèdent à la vérité par le raisonnement et l'expérience. Ils n'acceptent que ce qu'ils reconnaissent comme rationnel. Le prestige de la science remplace celui de la religion fondée sur des croyances. Riches de prolongements techniques, les sciences sont un instrument de mieux-être pour l'humanité. Les connaissances sont vulgarisées, l'esprit d'examen se répand.

▶ LES THÈMES DES LUMIÈRES

La critique religieuse. Les Églises officielles sont dénoncées pour leur intolérance. Les déistes refusent les dogmes sans fondement et les rituels institutionnels jugés superstitieux. Les athées fondent la morale sur la responsabilité sociale de l'individu.

La critique politique. La monarchie absolue est mise en cause : le roi doit être conseillé par des représentants de la nation, compétents et consciencieux. Progressivement, le consentement populaire apparaît comme la source unique de la légitimité du pouvoir.

La critique sociale. Les privilèges de la noblesse et du clergé sont contestés. L'affirmation de la liberté et de l'égalité des individus s'inscrit dans la proclamation des Droits de l'homme.

▶ LES ARMES DE LA CRITIQUE PHILOSOPHIQUE

Le dictionnaire et le traité	Des analyses, pleines d'ironie, contestent les valeurs établies. Le lecteur forme son esprit critique.	« Les hommes et leur liberté ne sont point un objet de commerce. » Article « Traité des Nègres » de l'*Encyclopédie*.
La lettre et le dialogue	Un étranger regarde avec étonnement les habitudes européennes. Le lecteur découvre ses préjugés.	Aux yeux d'un Tahitien, les lois de l'Europe sont « un monstrueux tissu d'extravagances ». Diderot, *Supplément au voyage de Bougainville*.
Le conte philosophique	Un héros découvre la réalité du monde à travers de multiples épreuves. Le lecteur reçoit une leçon de sagesse.	« L'optimisme, c'est la rage de soutenir que tout est bien quand on est mal. » Voltaire, *Candide*.

AUJOURD'HUI *L'idéal des Lumières guide encore actuellement les hommes qui se battent pour que soit respecté le droit de s'exprimer librement.*

Exercice 1

À travers l'extrait suivant, relevez les thèmes qui définissent le philosophe des Lumières.

Le vrai *philosophe* est un honnête homme qui agit en tout par raison, et qui joint à un esprit de réflexion et de justesse les mœurs et les qualités sociales. Entez[1] un souverain sur un *philosophe* d'une telle trempe, et vous aurez un parfait souverain.

Dumarsais, article « Philosophe », l'*Encyclopédie*, 1751-1772.

1. *entez :* greffez

Exercice 2

1. Voltaire adresse une prière à Dieu. Repérez dans cette prière les thèmes de la philosophie des Lumières.

2. Formulez en quelques lignes les principes que Voltaire propose pour que la vie des hommes soit plus humaine.

Tu ne nous as point donné un cœur pour nous haïr, et des mains pour nous égorger ; fais que nous nous aidions mutuellement à supporter le fardeau d'une vie pénible et passagère ; que les petites différences entre les vêtements qui couvrent nos débiles corps, entre tous nos langages insuffisants, entre tous nos usages ridicules, entre toutes nos lois imparfaites, entre toutes nos opinions insensées, entre toutes nos conditions si disproportionnées à nos yeux, et si égales devant toi ; que toutes ces petites nuances qui distinguent les atomes appelés *hommes* ne soient pas des signaux de haine et de persécution ; que ceux qui allument des cierges en plein midi pour te célébrèr supportent ceux qui se contentent de la lumière de ton soleil.

Voltaire, *Traité sur la tolérance*, 1763.

Exercice 3

Les trois extraits qui suivent présentent trois armes différentes utilisées par les écrivains des Lumières. Identifiez-les et expliquez l'intérêt de leur utilisation.

La vie sauvage est si simple, et nos sociétés sont des machines si compliquées ! Le Tahitien touche à l'origine du monde, et l'Européen touche à sa vieillesse. L'intervalle qui le sépare de nous est plus grand que la distance de l'enfant qui naît à l'homme décrépit.

Diderot, *Supplément au voyage de Bougainville*, 1772.

Quand le *Traité* aussi utile qu'humain *de la tolérance* a paru en France, on n'a pas osé en permettre le débit publiquement. Ce traité a fait à la vérité quelque bien ; il a dissipé quelques préjugés ; il a inspiré de l'horreur pour les persécutions et pour le fanatisme.

Voltaire, *Avis au public sur les parricides imputés aux Calas et aux Sirven*, 1766.

Le but d'une *Encyclopédie* est de rassembler les connaissances éparses sur la surface de la terre ; d'en exposer le système général aux hommes avec qui nous vivons, et de le transmettre aux hommes qui viendront après nous.

Diderot, présentation de l'*Encyclopédie*, 1751.

◄ Gabriel Lemonnier, *Salon de Madame Geoffrin*, 1755.

L'ÉTUDE D'UNE SCÈNE DE THÉÂTRE

Le texte de théâtre est avant tout destiné à être joué sur scène. Analyser une pièce de théâtre nécessite donc de prêter attention à la fois aux dialogues et aux indications scéniques de l'auteur, les didascalies, afin de comprendre les enjeux du passage.

▶ LA SITUATION DE LA SCÈNE

L'exposition, au début d'une pièce, apporte les informations qui permettent de comprendre l'intrigue : le lieu, l'époque, le rappel du passé, les objectifs des personnages.

Le nœud dramatique regroupe les obstacles qui, tout au long de la pièce, s'opposent à la volonté des personnages.

Le dénouement élimine le nœud dramatique. Il est souvent provoqué par un événement inattendu (coup de théâtre).

▶ L'EXAMEN DE L'ESPACE ET DU TEMPS

Étudier les didascalies apporte des renseignements sur le décor, l'époque et la fonction sociale des personnages. Analyser les indices de temps, dans les répliques et les didascalies, permet de préciser le rythme de l'action.

> *Une salle du palais ducal de Ferrare. Tentures de cuir de Hongrie frappées d'arabesques d'or. Ameublement magnifique dans le goût de la fin du quinzième siècle en Italie. – Le fauteuil ducal en velours rouge, brodé aux armes de la maison d'Este. À côté, une table couverte de velours rouge. – Au fond, une grande porte. À droite, une petite porte. À gauche, une autre petite porte masquée.*
>
> Victor Hugo, *Lucrèce Borgia*, 1833.

La didascalie souligne la richesse du lieu et le cadre historique de l'intrigue. Les issues suggèrent une atmosphère de secret.

▶ L'ÉTUDE DES PERSONNAGES

L'analyse des champs lexicaux permet de comprendre le caractère d'un personnage, de repérer son statut social et ses préoccupations. Le caractère du personnage peut se retrouver dans quelques traits particuliers (personnage type) ou être plus complexe.

> HARPAGON. – Approchez, dame Claude. Commençons par vous. *(Elle tient un balai.)* Bon, vous voilà les armes à la main. Je vous commets au soin de nettoyer partout, et surtout prenez garde de ne point frotter les meubles trop fort, de peur de les user.
>
> Molière, *L'Avare*, Acte III, scène 1, 1668.

Les paroles d'Harpagon révèlent ses préoccupations et soulignent son avarice. C'est un personnage type.

▶ L'ANALYSE DES PAROLES

Le dialogue est un échange entre plusieurs personnages. Comparer la longueur des répliques, la fréquence des formes interrogatives et impératives permet d'étudier les rapports de force. La tirade est une longue réplique qui cherche à convaincre ou à écraser l'adversaire. Le monologue est le discours d'un personnage seul sur scène qui exprime un conflit intérieur. L'aparté est une parole prononcée, en présence d'un autre personnage et à son insu.

Exercice 1

Repérez, dans la didascalie suivante, les indications portant sur le lieu de l'action.

Salle du trône, vaguement délabrée, vaguement gothique. Au milieu du plateau, contre le mur du fond, quelques marches menant au trône du Roi. De part et d'autre de la scène, sur le devant, deux trônes plus petits qui sont ceux des deux Reines, ses épouses.

Eugène Ionesco, *Le Roi se meurt*, 1962, Éd. Gallimard.

Exercice 2

Repérez, dans les didascalies, les indications de lieu. Quelles autres indications l'auteur fournit-il ?

La sœur Gabrielle, voilée, debout contre la grille du parloir, dont le rideau est ouvert, parle à un visiteur qui est de l'autre côté de la grille. À côté d'elle (à sa main gauche) se tient une sœur, la tierce, que le spectateur ne voit que de dos.

Henri de Montherlant, *Port-Royal*, 1954, Éd. Gallimard.

Un chemin de ronde sur les remparts de Thèbes. Hautes murailles. Nuit d'orage. Éclairs de chaleur. On entend le tam-tam et les musiques du quartier populaire.

Jean Cocteau, *La Machine infernale*, 1934, Éd. Grasset.

Le théâtre représente une cuisine : deux portes de chaque côté, une porte au fond ; table de cuisine au milieu, fourneau, cheminée, planches, batterie de cuisine, fontaine, billot, chaises de paille, etc.

Eugène Labiche, *Voyage autour de ma marmite*, 1859.

Exercice 3

Analysez les répliques suivantes pour dégager le caractère de chaque personnage.

La voix de Théodore *(à la cantonade)*. – Ah çà ; mais quel étage que je suis ?... Bon sang de sort, en v'la une affaire !... j'sais pus quel étage que je suis !... Va falloir que je redescende !... Soupé... Je vas demander au concierge !!! *(Hurlant.)* Concierge !!! Concierge !!!

Georges Courteline, *Théodore cherche des allumettes*, 1897.

Jane. – La première fois que je l'ai vu, c'était... Mais à quoi bon tout cela ? Une malheureuse fille du peuple, pauvre et vaine, folle et coquette, amoureuse de parures et de beaux dehors, qui se laisse éblouir par la belle mine d'un grand seigneur. Voilà tout. Je suis séduite, je suis déshonorée, je suis perdue.

Victor Hugo, *Marie Tudor*, 1833.

La Duchesse *tire à son tour et ravie.* – Raté ! Quel bonheur ! Je suis toujours contente quand je rate un oiseau. C'est si joli un oiseau qui vole, si confiant, si heureux. Je me demande bien pourquoi on s'évertue à jeter, à dates fixes, des boulettes de plomb à ces malheureuses petites bêtes.

Jean Anouilh, *Léocadia*, 1939, Éd. La Table Ronde, 1984.

Exercice 4

1. Quelles informations l'exposition apporte-t-elle sur la pièce ?

2. Quels sont les rapports de force existant entre les personnages ?

3. Dressez la liste des personnages et de leur rôle.

4. Qui domine l'échange ? Appuyez votre réponse sur des indices précis.

Lucidor. – Tu sais que je suis venu ici il y a près de deux mois pour y voir la terre que mon homme d'affaires m'a achetée ; j'ai trouvé dans le château une Madame Argante qui en était comme la concierge, et qui est une petite bourgeoise de ce pays-ci. Cette bonne dame a une fille qui m'a charmé, et c'est pour elle que je veux te proposer.

Frontin, *riant.* – Pour cette fille que vous aimez ? la confidence est gaillarde, nous serons donc trois ; vous traitez cette affaire-ci comme une partie de piquet.

Lucidor. – Écoute-moi donc, j'ai dessein de l'épouser moi-même.

Frontin. – Je vous entends bien, quand je l'aurai épousée.

Lucidor. – Me laisseras-tu dire ? Je te présenterai sur le pied d'un homme riche et mon ami, afin de voir si elle m'aimera assez pour le refuser.

Marivaux, *L'Épreuve*, Acte I, scène 1, 1740.

LES FIGURES DE L'IRONIE

Un écrivain qui conteste une opinion peut exposer ses objections au lecteur. Mieux, il peut amener le lecteur à découvrir lui-même l'absurdité de cette opinion. L'écrivain feint alors de suivre l'opinion de son adversaire bien qu'il la désapprouve. Il pratique l'ironie.

▶ LE PRINCIPE DE L'IRONIE

L'écrivain, en utilisant l'ironie, dit le contraire de ce qu'il pense pour se moquer de quelqu'un ou de quelque chose. Un décalage existe entre l'énoncé, que découvre le lecteur, et la pensée réelle de l'auteur. Pour comprendre le propos ironique, le lecteur doit identifier l'opinion dont l'auteur se moque. Il doit aussi identifier la pensée véritable de l'auteur.

> Pendant une bataille, Candide « se cacha du mieux qu'il put pendant cette boucherie héroïque ».
>
> Voltaire, *Candide*, chapitre 5, 1759.

Le terme de boucherie détruit la conception héroïque de la guerre.

▶ LA CONSTRUCTION DE L'IRONIE

L'antiphrase. L'antiphrase consiste à dire exactement le contraire de ce que l'on veut faire comprendre.

> La guerre : « C'est sans doute un très bel art que celui qui désole les campagnes. »
>
> Voltaire, article « Guerre », *Dictionnaire philosophique*, 1764.

La périphrase. La périphrase satirique consiste à remplacer un mot précis par une expression équivalente, mais dévalorisante.

> Pour former une armée, « un général trouve un grand nombre d'hommes qui n'ont rien à faire ni à perdre ».
>
> Voltaire, article « Guerre », *Dictionnaire philosophique*, 1764.

Les soldats ne sont pas des héros mais des vauriens.

Le rapprochement de mots. Le rapprochement de mots, ou l'accumulation de mots, consiste à relier des expressions qui appartiennent à des domaines tout à fait différents.

> Une armée en marche : « chacun marche gaiement au crime sous la bannière de son saint. »
>
> Voltaire, article « Guerre », *Dictionnaire philosophique*, 1764.

Le faux rapport logique. Un mot de liaison établit une relation de cause à effet entre deux notions qui n'ont pas de liens véritables entre elles.

> Monsieur le baron était un des plus puissants seigneurs de la Vestphalie, car son château avait une porte et des fenêtres.
>
> Voltaire, *Candide*, chapitre 1, 1759.

« Car » introduit une relation entre la puissance et le nombre des ouvertures du château.

▶ LES FONCTIONS DE L'IRONIE

L'attaque. L'ironie affaiblit, détruit une opinion en la présentant comme dérisoire ou absurde.

La déstabilisation. L'ironie déstabilise le lecteur. Elle le contraint à s'interroger sur la valeur d'une opinion ou d'une certitude.

L'adhésion. L'ironie impose une nouvelle vision de la réalité. Le lecteur se désolidarise de l'opinion réduite à l'absurde. Il adopte les opinions implicitement défendues par l'auteur.

EXERCICE 1

Pour condamner l'esclavage, Montesquieu fait preuve d'ironie : il utilise l'antiphrase. Dans ces quelques phrases, expliquez le procédé utilisé.

On ne peut se mettre dans l'esprit que Dieu, qui est un être très sage, ait mis une âme, surtout une âme bonne, dans un corps tout noir. [...] Une preuve que les nègres n'ont pas le sens commun, c'est qu'ils font plus de cas d'un collier de verre, que de l'or, qui, chez des nations policées, est d'une si grande conséquence.

Montesquieu, *De l'Esprit des lois*, 1748.

EXERCICE 2

Une périphrase ironique exige un effort de réflexion de la part du lecteur. De quels lieux Voltaire parle-t-il dans les deux extraits qui suivent ?

Tous deux [Candide et Pangloss] furent menés séparément dans des appartements d'une extrême fraîcheur, dans lesquels on n'était jamais incommodé du soleil.

Voltaire, *Candide*, chapitre 6, 1759.

On avait banni dans tous ces États [la Prusse] un usage insensé, qui dépeuplait plusieurs pays méridionaux : cette coutume était d'enterrer tout vivants, dans de vastes cachots, un nombre infini des deux sexes éternellement séparés l'un de l'autre, et de leur faire jurer de n'avoir jamais de communication ensemble.

Voltaire, *La Princesse de Babylone*, chapitre 6, 1768.

EXERCICE 3

En Angleterre, Voltaire a rencontré un quaker. Ces croyants préfèrent la politesse du cœur, sincère et profonde, à celle des courtisans, hypocrite et superficielle. Analysez les périphrases présentes dans ce passage.

Il me reçut avec son chapeau sur la tête, et s'avança vers moi sans faire la moindre inclination de corps ; mais il y avait plus de politesse dans l'air ouvert et humain de son visage qu'il y en a dans l'usage de tirer une jambe derrière l'autre et de porter à la main ce qui est fait pour couvrir la tête.

Voltaire, *Lettres philosophiques*, 1734.

EXERCICE 4

Pour décrire la guerre, Voltaire utilise l'ironie : il surprend le lecteur par des rapprochements de mots. Relevez ces rapprochements.

Le merveilleux de cette entreprise infernale, c'est que chaque chef des meurtriers fait bénir ses drapeaux et invoque Dieu solennellement avant d'aller exterminer son prochain.

Voltaire, *Dictionnaire philosophique*, 1764.

EXERCICE 5

Dans le monologue final du *Mariage de Figaro*, le héros raconte plusieurs péripéties de sa vie. Dans cet extrait, relevez les constructions de l'ironie et expliquez leur fonction.

... pourvu que je ne parle en mes écrits, ni de l'autorité, ni du culte, ni de la politique, ni de la morale, ni des gens en place, ni des corps en crédit, ni de l'opéra, ni des autres spectacles, ni de personne qui tienne à quelque chose ; je puis tout imprimer librement, sous l'inspection de deux ou trois censeurs.

Pierre Augustin Caron de Beaumarchais,
Le Mariage de Figaro, Acte V, scène 3, 1784.

EXERCICE 6

En décrivant des situations banales, Vialatte se moque de ses contemporains. Relevez les procédés ironiques. Puis, par écrit, répondez à la question suivante : Vialatte utilise l'ironie pour railler ses compatriotes. Comment procède-t-il ?

Les vacances se composent d'une succession de pluies fines coupées d'orages plus importants. Il peut même arriver qu'il ne pleuve pas du tout. C'est ce qu'on appelle une éclaircie. C'est pourquoi l'homme part en vacances. Il est heureux et a beaucoup d'enfants. Il les assied sur la banquette de façon à coincer les paquets.

Le lendemain, les plages sont noires de monde. La mer se couvre de canards en plastique jaune que chevauchent des hommes intrépides.

Alexandre Vialatte, *Almanach des quatre saisons*,
1981, Éd. Julliard.

LES FIGURES DE L'ÉLOQUENCE

Pour convaincre son interlocuteur ou son auditoire, il ne suffit pas de proposer des arguments logiques, il faut susciter le désir d'écouter, retenir l'attention, frapper le cœur et la mémoire.

▶ LA MARQUE DES PERSONNES

L'usage des pronoms personnels permet à l'orateur d'intervenir en personne et d'interpeller directement l'auditoire, ou le lecteur.

Je. L'argument semble le fruit d'une expérience personnelle.

Je suis plus sûr de mon jugement que de mes yeux. (Diderot)

Vous. L'orateur s'en prend directement à l'auditeur, ou au lecteur.

Nous. L'auteur (ou le personnage) unit les spectateurs à son combat.

Un grand nous fait assez de bien quand il ne nous fait pas de mal.
(Beaumarchais)

L'auteur associe sa condition à celle des autres hommes.

▶ LA VARIÉTÉ DES PHRASES

En variant les types de phrases, l'auteur ou l'orateur marque des émotions, en suscite d'autres.

La modalité impérative. L'affirmation prend la force d'un conseil pressant, voire impérieux.

Poète, parlez sans cesse d'éternité (...) ; soyez ténébreux. (Diderot)

La modalité interrogative. La question oratoire rend évidente la réponse.

Tout métier utile au public n'est-il pas honnête ? (Rousseau)

La modalité exclamative. L'exclamation fait sentir l'émotion de celui qui parle.

Puissent tous les hommes se souvenir qu'ils sont frères ! (Voltaire)

L'émotion renforce l'idée de communauté du genre humain.

▶ LA FORCE DES IMAGES

L'orateur s'efforce de faire voir, d'animer l'argument en sollicitant l'imagination et la sensibilité de l'auditeur. Il utilise la métaphore, la métonymie et la synecdoque, pour faire voir de manière saisissante la réalité, pour imposer sa vision du réel.

▶ LES EFFETS DE CONSTRUCTION

Pour se faire entendre, l'orateur joue sur la construction des phrases en ménageant des effets de répétition, de progression et de rupture.

L'anaphore. La répétition du verbe crée un rythme insistant.

Fripons, allez aux ateliers, allez sur les navires, allez labourer la terre. (Saint-Just)

La gradation. La progression dans l'intensité des termes renforce l'idée évoquée.

Il nous faut de l'audace, encore de l'audace, toujours de l'audace et la France est sauvée. (Mirabeau)

L'antithèse. Le conflit des idées est clairement affirmé.

On cherche à consommer la Révolution par la terreur ; j'aurais voulu la consommer par l'amour. (Vergniaud)

L'opposition de « terreur » et « amour » accentue l'écart entre « je » et « on ».

Exercice 1

Indiquez la personne et la modalité choisies et expliquez l'effet produit.

Ah ! ne prostituez pas les mots de patrie et de patriotisme. Mirabeau.

L'intérêt que j'ai à croire à une chose n'est pas une preuve de l'existence de cette chose. Voltaire.

Où donc est la cité ? Elle est presque usurpée par les fonctionnaires. Saint-Just.

Exercice 2

Quelle est la personne choisie ? Expliquez l'effet produit.

Riches, portez le fardeau du pauvre ; soulagez sa nécessité ; aidez-le à soutenir les afflictions sous le poids desquelles il gémit. Bossuet.

Laissons-nous aller de bonne foi aux choses qui nous prennent les entrailles et ne cherchons point de raisonnement pour nous empêcher d'avoir du plaisir. Molière.

Mais quelle est mon erreur et que de soins perdus ! Racine.

Exercice 3

Repérez les étapes de chaque gradation. Quels autres procédés en accentuent l'effet ?

Tout s'émeut, tout s'ébranle, tout brûle de combattre. Danton.

La liberté (...), c'est votre sublime Constitution ! Voulez-vous que je la reconnaisse, que je tombe à ses pieds, que je verse tout mon sang pour elle ? Desmoulins.

Un souffle, une ombre, un rien, tout lui donnait la fièvre. La Fontaine.

Exercice 4

Repérez les antithèses. Quels effets de construction les renforcent ?

Les tyrans peuvent m'opprimer, mais m'avilir ? jamais, jamais ! Madame Roland.

On est rarement maître de se faire aimer, on l'est toujours de se faire estimer. Fontenelle.

Exercice 5

Relevez et classez les procédés que Victor Hugo met en œuvre pour dénoncer l'argument de l'exemplarité de la peine de mort.

Reste la troisième et dernière raison, la théorie de l'exemple. – Il faut faire des exemples ! il faut épouvanter par le spectacle du sort réservé aux criminels ceux qui seraient tentés de les imiter ! – Voilà bien à peu près textuellement la phrase éternelle dont tous les réquisitoires des cinq cents parquets de France ne sont que des variations plus ou moins sonores. Eh bien ! nous nions d'abord qu'il y ait exemple. Nous nions que le spectacle des supplices produise l'effet qu'on en attend. Loin d'édifier le peuple, il le démoralise, et ruine en lui toute sensibilité, partant toute vertu.

Victor Hugo, Préface pour *Le Dernier Jour d'un condamné,* 15 mars 1832.

Exercice 6

Distinguez les arguments de ce réquisitoire. Comment l'auteur les impose-t-il au lecteur ?

Ce qui me dégoûte dans la guerre, c'est son imbécillité. J'aime la vie. Je n'aime même que la vie. C'est beaucoup, mais je comprends qu'on la sacrifie à une cause juste et belle. J'ai soigné des maladies contagieuses et mortelles sans jamais ménager mon don total. À la guerre j'ai peur, j'ai toujours peur, je tremble, je fais dans ma culotte. Parce que c'est bête, parce que c'est inutile. Inutile pour moi. Inutile pour le camarade qui est avec moi sur la ligne de tirailleurs. Inutile pour le camarade en face. Inutile pour le camarade qui est à côté du camarade en face dans la ligne de tirailleurs qui s'avance vers moi. Inutile pour le fantassin, pour le cavalier, pour l'artilleur, pour l'aviateur, pour le soldat, le sergent, le lieutenant, le capitaine, le commandant. Attention, j'allais dire : le colonel ! Oui peut-être le colonel, mais arrêtons-nous. Inutile pour tous ceux qui sont sous la meule, pour la farine humaine. Utile pour qui alors ?

Jean Giono, « Je ne peux pas oublier », 15 novembre 1934, *Refus d'obéissance,* Éd. Gallimard.

1800
1850

L'âge des romantismes

LA FIN DE L'ORDRE NAPOLÉONIEN

Jusqu'en 1815 l'ordre napoléonien, bien qu'il interdise toute opposition, renforce certains acquis de la Révolution : le code régit les droits des individus ; une administration centrale organise la gestion du pays. Grande bénéficiaire de la Révolution, la bourgeoisie commence à imposer son autorité et ses mœurs. Mais les réactions sont nombreuses. La noblesse revient au pouvoir pendant la Restauration et la Monarchie de Juillet. Le peuple, plongé dans la misère au début de l'industrialisation, se révolte. En 1848, pendant l'embrasement d'une nouvelle révolution, les écrivains romantiques se lancent dans la bataille. Ils ne se contentent pas d'écrire pour dénoncer, ils s'engagent. Hugo est élu député et Lamartine devient chef du gouvernement provisoire.

L'UNIFICATION DE LA LANGUE

À la veille de la Révolution, si l'on en croit les actes de mariage, seul un Français sur deux sait signer son nom. Le recul de l'analphabétisme commence au XIXe siècle : des écoles de plus en plus nombreuses se chargent de l'enseignement du français. En 1832, Louis-Philippe crée un enseignement primaire public ; l'orthographe devient orthographe d'État. À travers la lecture individuelle et collective, le français s'impose comme la langue unique d'un pays désormais centralisé. Le français doit être pour tous la langue du commerce, des échanges et des affaires, au moment où s'étendent les chemins de fer, la navigation à vapeur et le télégraphe. Tandis que l'Empire colonial introduit des mots nouveaux, zouave, toubib, Victor Hugo dans la *Préface de Cromwell* affirme que tous les mots sont égaux en droit, les mots du peuple comme ceux des langues techniques ; que l'autorité doit cesser d'appartenir aux grammairiens pour être rendue aux écrivains.

LES CERCLES ROMANTIQUES

La longue tradition des salons se poursuit sous l'Empire et la Restauration. Dans les cénacles romantiques, on prépare les combats pour une nouvelle littérature. Le scandale, les affrontements de la première représentation d'*Hernani* manifestent le désir d'une littérature ouverte, libérée des contraintes et des conventions. Les mots « liberté » et « engagement » servent de ralliement aux nouvelles générations. Les lecteurs modestes peuvent désormais lire dans leur journal les romans de Balzac publiés en feuilleton. Émile de Girardin lance le journal à un sou. Et c'est pendant ce demi-siècle que naissent, surtout à Paris, les cabinets de lecture qui préfigurent les bibliothèques publiques, puisqu'ils proposent à la fois la lecture sur place et un système de prêt. Ouverts de huit heures du matin à onze heures du soir, accueillant les usagers pour des sommes modiques, ils attirent un public populaire.

LE SACRE DU ROMANTISME

En 1807, David peint *Le Sacre de l'Empereur.* Mais à travers l'explosion du romantisme, deux noms dominent la peinture : Géricault et Delacroix. Dans *Le Radeau de la Méduse,* en 1819, Géricault peint la souffrance des naufragés dans une nature déchaînée à laquelle l'homme appartient pourtant. Delacroix montre le destin et l'histoire des hommes. En 1824, il peint *Les Massacres de Scio*, hommage au peuple grec victime de l'oppression turque. En 1831, il réalise *La Liberté guidant le peuple* qui exprime la révolte contre l'ordre établi, l'accès à la liberté. Son tableau transcrit l'énergie, la violence et la passion du peuple que mène une femme, allégorie de la liberté, qui brandit le drapeau tricolore. En musique, le romantisme fait exploser les formes classiques : Beethoven, en Allemagne, bouleverse le public avec ses grandes symphonies ; Berlioz et Chopin expriment avec fougue et intensité le monde des passions, le désir de liberté.

Les personnages sont représentés en contre-plongée, ce qui accentue leur caractère héroïque.

Les révolutions ont construit l'unité de la France. Le drapeau flotte en position centrale, au-dessus de tous.

À la scène réaliste, le peintre mêle l'allégorie de la liberté : la femme guide le peuple.

Eugène Delacroix,
La Liberté guidant le peuple, 1831.

Le décor succinct suggère la ville et la fumée traduit la violence des combats.

Personnage que Hugo reprend dans *Les Misérables* : Gavroche.

Le combattant se redresse vers la liberté : les couleurs de son vêtement sont celles du drapeau.

Le sens de la bataille héroïque pour la liberté : les vivants risquent la mort et les morts sont vengés par les vivants.

Ce personnage inspiré du *Radeau de la Méduse* de Géricault traduit un souci de vérité.

Certains croient reconnaître Delacroix dans ce personnage.

Dans ce tableau, Delacroix célèbre le soulèvement de juillet 1830.

Madame de Staël

Nom : Necker, baronne de Staël
Prénom : Anne-Louise
Naissance : le 22 avril 1766, à Paris
Décès : le 13 juillet 1817, à Paris
Lieux : Paris ; Coppet, le domaine paternel en Suisse
Situation familiale : mariée à l'ambassadeur de Suède à Paris
Profession : sa fortune la dispense d'exercer un métier
Amitiés : Chateaubriand, Mme de Récamier, et une grande passion pour l'écrivain Benjamin Constant

Elle a écrit

des romans : *Delphine* (1802), *Corinne* (1807) ;

des essais parmi lesquels : *De l'influence des passions* (1796), *De la littérature* (1800), *De l'Allemagne* (1810).

LA JEUNE MONDAINE

Fille du banquier genevois Jacques Necker, qui deviendra ministre de Louis XVI, Anne-Louise est très vite remarquée dans le salon de sa mère que fréquentent écrivains et savants. À vingt ans elle écrit une nouvelle et un drame, et publie, en 1796, un essai, *De l'influence des passions*. Elle se marie avec l'ambassadeur de Suède à Paris et ouvre un salon. La Révolution de 1789 lui permet de jouer un rôle politique : elle imagine un plan pour l'évasion de Louis XVI, utilise son influence pour aider ses amis. Mais le durcissement de la Révolution l'inquiète, et elle quitte Paris pour la Suède puis pour la Suisse, pays de son père. Elle y rencontre un écrivain, Benjamin Constant. Leur liaison, passionnée et orageuse, durera près de quinze ans.

L'OPPOSANTE POLITIQUE

À son retour à Paris, en 1797, elle cherche vainement à entrer dans l'entourage de Bonaparte. Bientôt, le salon de Mme de Staël devient un lieu de rendez-vous des opposants au régime. Les difficultés commencent alors. Le pouvoir organise une campagne de dénigrement lorsque paraît son premier roman, *Delphine*. Interdite de séjour dans la capitale, elle n'obtiendra jamais, du vivant de Napoléon, le droit de revenir à Paris. Lors d'un passage clandestin, les épreuves du livre *De l'Allemagne*, qu'elle s'apprêtait à faire publier, sont saisies et détruites par le pouvoir. L'ouvrage paraîtra plus tard, en 1810.

L'EXILÉE

Mme de Staël devient alors, par la force des choses autant que par goût, une grande voyageuse. Deux séjours en Allemagne, en 1803 et en 1807, lui permettent de rencontrer les écrivains Goethe et Schiller. L'Italie lui inspire un nouveau roman, *Corinne*. Elle part en Russie, voyage en Suède, puis revient se réfugier en Suisse dans le domaine de son père, où elle reconstitue une vie de salon. La Restauration lui permet enfin de rentrer en France, en 1815. Mais sa santé est devenue précaire, et elle meurt d'une attaque d'apoplexie. Un an après sa mort paraît son étude consacrée à l'éveil de l'âme russe, de même qu'elle avait étudié l'esprit allemand.

De l'Allemagne

1810

Dans son ouvrage, *De l'Allemagne*, Mme de Staël s'appuie sur l'étude des mœurs du pays de Goethe pour exprimer ses propres idées. Un chapitre est consacré à l'éloge de la femme.

La nature et la société donnent aux femmes une grande habitude de souffrir, et l'on ne saurait nier, ce me semble, que de nos jours elles valent, en général, mieux que les hommes. Dans une époque où le mal universel est l'égoïsme, les hommes, auxquels tous les intérêts positifs se rapportent, doivent avoir moins de générosité, moins de sensibilité que les femmes ; elles ne tiennent à la vie que par les liens du cœur, et lorsqu'elles s'égarent, c'est encore par un sentiment qu'elles sont entraînées : leur personnalité est toujours à deux, tandis que celle de l'homme n'a que lui-même pour but. On leur rend hommage par les affections qu'elles inspirent, mais celles qu'elles accordent sont presque toujours des sacrifices. La plus belle des vertus, le dévouement, est leur jouissance et leur destinée ; nul bonheur ne peut exister pour elles que par le reflet de la gloire et des prospérités[1] d'un autre, enfin, vivre hors de soi-même, soit par les idées, soit par les sentiments, soit surtout par les vertus, donne à l'âme un sentiment habituel d'élévation[2].

Dans les pays où les hommes sont appelés par les institutions politiques à exercer toutes les vertus militaires et civiles qu'inspire l'amour de la patrie, ils reprennent la supériorité qui leur appartient ; ils rentrent avec éclat[3] dans leurs droits de maîtres du monde : mais lorsqu'ils sont condamnés de quelque manière à l'oisiveté, ou à la servitude, ils tombent d'autant plus bas qu'ils devaient s'élever plus haut. La destinée des femmes reste toujours la même, c'est leur âme seule qui la fait, les circonstances politiques n'y influent en rien.

Madame de Staël, *De l'Allemagne*, 1810.

1. *prospérités :* **richesse et succès**
2. *élévation :* **noblesse**
3. *éclat :* **gloire**

QUESTIONS

L'argumentation

1. Dans un texte argumentatif existe une thèse soutenue par des arguments. Où se trouve la thèse ?

2. Par quels mots commencent les deux arguments successifs ? Analysez ces deux membres de phrase en étudiant leur point commun et leur différence.

La comparaison

3. Quand une argumentation repose sur une opposition, les relations de comparaison contribuent à la force de persuasion. Quelles sont les deux faiblesses de l'homme ?

4. Quelle est à chaque fois la différence entre l'homme et la femme ?

5. Quelle est la différence de structure entre les deux comparaisons ?

Les précautions du discours

6. La prise de position doit être présentée avec précaution pour que le lecteur ne soit pas d'emblée hostile aux arguments présentés. Dans la première phrase, relevez et expliquez tous les termes qui atténuent l'affirmation.

7. L'auteur continue-t-il ensuite à atténuer son discours ? À votre avis, pourquoi ?

François-René de Chateaubriand

Nom : Chateaubriand
Prénom : François-René
Naissance : le 4 septembre 1768, à Saint-Malo
Décès : le 4 juillet 1848, à Paris
Lieux : Saint-Malo ; Combourg, le château familial ; l'Amérique ; son ermitage de La Vallée-aux-Loups, à Chatenay
Situation familiale : marié à Céleste Buisson de La Vigne
Professions : diplomate, ministre
Amitiés : sa sœur Lucile, Mme Récamier et de nombreuses liaisons

Il a écrit

des essais parmi lesquels : *Essai sur les révolutions* (1797), *Essais sur la littérature anglaise* (1836) ;

un grand ouvrage de réflexion : *Le Génie du christianisme* (1802) ;

des récits de fiction : *Atala* (1801), *René* (1802), *Les Natchez* (1826) ;

des récits de voyage, dont : *Itinéraire de Paris à Jérusalem* (1811) ;

des mémoires : *Mémoires d'outre-tombe* (début de la publication posthume en 1848).

LE JEUNE NOBLE

François-René de Chateaubriand abandonne très jeune l'idée de devenir officier de marine parce qu'il ressent en lui « l'impossibilité d'obéir ». Dans le château familial, à Combourg, auprès d'un père silencieux, d'une mère mélancolique et de sa jeune sœur Lucile qui l'encourage à écrire, il connaît l'exaltation du rêve et de l'imagination. Mais la Révolution de 1789 plonge le jeune noble dans l'exil. Après un voyage en Amérique, il rejoint les nobles, émigrés à Bruxelles. Blessé, obligé de traverser à pied le Luxembourg et la Belgique, Chateaubriand gagne Londres, où il vit des temps difficiles. La mort de sa mère et de sa sœur, l'accumulation des malheurs sont à l'origine des sentiments religieux qu'il exprime dans son livre *Le Génie du christianisme*.

L'ÉCRIVAIN DIPLOMATE

La fin de la Révolution permet son retour, en 1800. À trente-deux ans, il connaît le succès. Il entre dans la carrière diplomatique et obtient le poste de secrétaire d'ambassade à Rome. Mais Chateaubriand ne sert pas longtemps Napoléon. Il démissionne et entreprend un grand voyage de Paris à Jérusalem. À la chute de l'Empire en 1815, son loyalisme monarchiste lui permet de devenir ministre d'État, ambassadeur à Londres puis à Rome, et enfin ministre des Affaires étrangères. Mais en 1830, Chateaubriand se retire de la vie publique.

LE MÉMORIALISTE

Chateaubriand peut désormais se consacrer à l'ouvrage commencé vingt ans plus tôt : les *Mémoires d'outre-tombe*. Il y fait le récit de sa vie, rapporte les événements historiques dont il a été le témoin et l'acteur, dresse le portrait des grands personnages de son temps. Il termine son œuvre le 16 novembre 1841 : « Il est six heures du matin ; j'aperçois la lune pâle et élargie. » « On dirait que l'ancien monde finit et que le nouveau commence. » Son monument est désormais achevé, dit-il à propos de son œuvre, serein et apaisé. Lorsqu'il meurt octogénaire, il est enterré, au large de Saint-Malo, face à l'océan.

René

R*ené* se veut un roman chrétien. Mais plus que le message religieux, les lecteurs du XIXe siècle voient dans le malaise de René une peinture du « mal du siècle ». René devient le symbole de toute une génération.

Souvent assis dans une église peu fréquentée, je passais des heures entières en méditation. Je voyais de pauvres femmes venir se prosterner devant le Très-Haut, ou des pécheurs s'agenouiller au tribunal de la pénitence[1]. Nul ne sortait de ces lieux sans un visage plus serein, et les sourdes clameurs qu'on entendait au-dehors semblaient être les flots des passions et les orages du monde qui venaient expirer au pied du temple du Seigneur. Grand Dieu, qui vis en secret couler mes larmes dans ces retraites sacrées, tu sais combien de fois je me jetai à tes pieds, pour te supplier de me décharger du poids de l'existence, ou de changer en moi le vieil homme ! Ah ! qui n'a senti quelquefois le besoin de se régénérer, de se rajeunir aux eaux du torrent, de retremper son âme à la fontaine de vie ? Qui ne se trouve quelquefois accablé du fardeau de sa propre corruption, et incapable de rien faire de grand, de noble, de juste ?

Quand le soir était venu, reprenant le chemin de ma retraite, je m'arrêtais sur les ponts, pour voir se coucher le soleil. L'astre, enflammant les vapeurs de la cité, semblait osciller lentement dans un fluide d'or, comme le pendule de l'horloge des siècles. Je me retirais ensuite avec la nuit, à travers un labyrinthe de rues solitaires. En regardant les lumières qui brillaient dans les demeures des hommes, je me transportais par la pensée au milieu des scènes de douleur et de joie qu'elles éclairaient ; et je songeais que sous tant de toits habités, je n'avais pas un ami. Au milieu de mes réflexions, l'heure venait frapper à coups mesurés dans la tour de la cathédrale gothique ; elle allait se répétant sur tous les tons et à toutes les distances d'église en église. Hélas ! chaque heure dans la société ouvre un tombeau, et fait couler des larmes.

François-René de Chateaubriand, *René*, 1802.

1. *tribunal de la pénitence :* **périphrase désignant le confessionnal**

QUESTIONS

Les abîmes de la solitude

1. Le héros romantique se sent seul et cultive cette solitude. Dans les deux paragraphes, quels mots et expressions contribuent à transmettre l'idée de la solitude ?

2. Comment expliquer l'emploi de l'adjectif « solitaire » (ligne 18) ? Quelle figure de style le met en valeur ?

3. Quels indices montrent que René cherche lui-même à s'isoler ?

La communion avec la nature

4. Pour l'homme romantique, la nature accompagne les états d'âme de celui qui la contemple. Quel symbole René découvre-t-il dans le coucher de soleil ?

5. En analysant le rythme des phrases et le lexique, expliquez pourquoi René éprouve un sentiment apaisant.

Le recours à la religion

6. L'âme romantique est à la recherche d'une exaltation. René a été croyant, l'est-il encore ? Quels indices dans le texte permettent de répondre à cette question ?

7. À quel moment dans l'extrait le narrateur change-t-il de système d'énonciation ? De quel type de texte s'agit-il alors ? Qu'en déduire sur les sentiments religieux de René ?

Le Génie du christianisme

Dans *Le Génie du christianisme*, Chateaubriand veut montrer que la religion est le fondement essentiel de notre civilisation. Le livre V de la première partie traite de « l'existence de Dieu prouvée par les merveilles de la nature ». Le caractère poétique de la description doit faire prendre conscience de ces merveilles.

Deux Perspectives de la nature

Le vaisseau sur lequel nous passions en Amérique, s'étant élevé au-dessus du gisement des terres, bientôt l'espace ne fut plus tendu que du double azur de la mer et du ciel, comme une toile préparée pour recevoir les futures créations de quelque grand peintre. La couleur des eaux devint semblable à celle du verre liquide. Une grosse houle venait du couchant, bien que le vent soufflât de l'est ; d'énormes ondulations s'étendaient du nord au midi, et ouvraient dans leurs vallées de longues échappées de vue sur les déserts de l'Océan. Ces mobiles paysages changeaient d'aspect à toute minute : tantôt une multitude de tertres verdoyants représentaient des sillons de tombeaux dans un cimetière immense ; tantôt les lames, en faisant moutonner leurs cimes, imitaient des troupeaux blancs répandus sur des bruyères : souvent l'espace semblait borné, faute de point de comparaison : mais si une vague venait à se lever, un flot à se courber comme une côte lointaine, un escadron de chiens de mer à passer à l'horizon, l'espace s'ouvrait subitement devant nous. On avait surtout l'idée de l'étendue, lorsqu'une brume légère rampait à la surface de la mer, et semblait accroître l'immensité même.

[...]

Un soir je m'étais égaré dans une forêt, à quelque distance de la cataracte[1] du Niagara ; bientôt je vis le jour s'éteindre autour de moi, et je goûtai, dans toute sa solitude, le beau spectacle d'une nuit dans les déserts du Nouveau-Monde.

Une heure après le coucher du soleil, la lune se montra au-dessus des arbres, à l'horizon opposé. Une brise embaumée, que cette reine des nuits amenait de l'orient avec elle, semblait la précéder dans les forêts comme sa fraîche haleine. L'astre solitaire monta peu à peu dans le ciel : tantôt il suivait paisiblement sa course azurée, tantôt il reposait sur des groupes de nues qui ressemblaient à la cime des hautes montagnes couronnées de neige. Ces nues, ployant et déployant leurs voiles, se déroulaient en zones diaphanes de satin blanc, se dispersaient en légers flocons d'écume, ou formaient dans les cieux des bancs d'une ouate éblouissante, si doux à l'œil, qu'on croyait ressentir leur mollesse et leur élasticité.

La scène sur la terre n'était pas moins ravissante : le jour bleuâtre et velouté de la lune descendait dans les intervalles des arbres, et poussait des gerbes de lumière jusque dans l'épaisseur des plus profondes ténèbres. La rivière qui coulait à mes pieds tour à tour se perdait dans le bois, tour à tour reparaissait brillante des constellations de la nuit,

1. *cataracte* : grande chute d'eau

qu'elle répétait dans son sein. Dans une savane, de l'autre côté de la rivière, la clarté de la lune dormait sans mouvement sur les gazons ; des bouleaux agités par les brises et dispersés çà et là formaient des îles d'ombres flottantes sur cette mer immobile de lumière. Auprès tout aurait été silence et repos, sans la chute de quelques feuilles, le passage d'un vent subit, le gémissement de la hulotte ; au loin, par intervalles, on entendait les sourds mugissements de la cataracte du Niagara, qui, dans le calme de la nuit, se prolongeaient de désert en désert et expiraient à travers les forêts solitaires.

La grandeur, l'étonnante mélancolie de ce tableau ne sauraient s'exprimer dans les langues humaines ; les plus belles nuits en Europe ne peuvent en donner une idée. En vain dans nos champs cultivés l'imagination cherche à s'étendre ; elle rencontre de toutes parts les habitations des hommes ; mais dans ces régions sauvages l'âme se plaît à s'enfoncer dans un océan de forêts, à planer sur le gouffre des cataractes, à méditer au bord des lacs et des fleuves, et, pour ainsi dire, à se trouver seule devant Dieu.

François-René de Chateaubriand, *Le Génie du christianisme*, 1802.

▶ *Les Chutes du Niagara*, peintes par Frédéric Church, en 1857.

QUESTIONS

Les sensations

1. La description fait d'abord appel à la vue. Mais la présence des autres sens montre à quel point un paysage s'impose au spectateur. La vue, l'ouïe, l'odorat, le toucher : relevez pour chaque sens une citation révélant sa présence.
2. Analysez, dans le deuxième extrait, comment est réalisé un lien entre deux sensations dans les expressions suivantes : « satin blanc », « ouate éblouissante », « jour bleuâtre et velouté ».

La vie du monde

3. En entrant dans la contemplation du monde, le spectateur sent que la vie traverse toute la création de Dieu. Relevez, dans le deuxième extrait, quelques exemples de personnification d'éléments du paysage.
4. Relevez les verbes d'action dans le deuxième paragraphe, et expliquez quel rôle ils jouent.
5. Les contrastes entre l'ombre et la lumière contribuent à faire vivre le paysage. Montrez-le.

La présence de Dieu

6. Dieu se définit dans les prières comme « le créateur du Ciel et de la Terre ». La description de la nature rappelle implicitement cette définition : comment ?
7. Dans le dernier paragraphe du deuxième extrait, la nature ne révèle Dieu que lorsque les humains en sont absents. Relevez les expressions qui en témoignent.
8. Pourquoi Chateaubriand attend-il le dernier mot de cette description pour prononcer le nom de Dieu ?

Mémoires d'outre-tombe

À plusieurs reprises, Chateaubriand fait une pause dans le déroulement des souvenirs. Il s'interroge sur son entreprise, sur la capacité de l'écrivain, à travers ses mémoires, à arrêter la fuite du temps.

Hier au soir je me promenais seul ; le ciel ressemblait à un ciel d'automne ; un vent froid soufflait par intervalles. À la percée d'un fourré, je m'arrêtai pour regarder le soleil : il s'enfonçait dans des nuages au-dessus de la tour d'Alluye[1], d'où Gabrielle, habitante de cette tour, avait vu comme moi le soleil se coucher il y a deux cents ans. Que sont devenus Henri et Gabrielle ? Ce que je serai devenu quand ces *Mémoires* seront publiés. Je fus tiré de mes réflexions par le gazouillement d'une grive perchée sur la plus haute branche d'un bouleau. À l'instant, ce son magique fit reparaître à mes yeux le domaine paternel[2] ; j'oubliai les catastrophes dont je venais d'être le témoin, et, transporté subitement dans le passé, je revis ces campagnes où j'entendis si souvent siffler la grive. Quand je l'écoutais alors, j'étais triste de même qu'aujourd'hui ; mais cette première tristesse était celle qui naît d'un désir vague de bonheur, lorsqu'on est sans expérience ; la tristesse que j'éprouve actuellement vient de la connaissance des choses appréciées et jugées. Le chant de l'oiseau dans les bois de Combourg m'entretenait d'une félicité que je croyais atteindre ; le même chant dans le parc de Montboissier me rappelait des jours perdus à la poursuite de cette félicité insaisissable. Je n'ai plus rien à apprendre ; j'ai marché plus vite qu'un autre, et j'ai fait le tour de la vie. Les heures fuient et m'entraînent ; je n'ai pas même la certitude de pouvoir achever ces Mémoires. Dans combien de lieux ai-je déjà commencé à les écrire, et dans quel lieu les finirai-je ? Combien de temps me promènerai-je au bord des bois ? Mettons à profit le peu d'instants qui me restent ; hâtons-nous de peindre ma jeunesse, tandis que j'y touche encore : le navigateur, abandonnant pour jamais un rivage enchanté, écrit son journal à la vue de la terre qui s'éloigne, et qui va bientôt disparaître.

François-René de Chateaubriand, *Mémoires d'outre-tombe*, 1848.

1. *La tour d'Alluye* : **château où vivait une tante de Gabrielle d'Estrée, favorite de Henri IV**
2. *le domaine paternel* : **le château de Combourg**

QUESTIONS

Le temps

1. Les mémoires instaurent une distinction entre le passé vécu par l'auteur, et le présent de l'auteur en train d'écrire. Toutefois, dans les *Mémoires*, le temps n'est pas divisé en deux moments, mais en quatre moments : lesquels ?

Le souvenir

2. Le souvenir est à la fois rappel conscient et surgissement involontaire. Complétez le tableau suivant :

Relevé	L'auteur agit-il ou subit-il ?
« je fus tiré »	
« transporté »	
« j'oubliai »	

La méditation

3. Les *Mémoires d'outre-tombe* sont propices à la réflexion sur la condition humaine : le bonheur, l'écoulement du temps, la mort. À quels moments ces trois grands thèmes apparaissent-ils dans le texte ?

4. Expliquez le « on » de la ligne 14 et la métaphore finale.

Les mémoires, comme l'autobiographie, racontent la vie de l'auteur. Ils répondent également à une autre intention : replacer cette vie dans l'Histoire qui devient la toile de fond des événements privés.

Le 18 juin 1815, vers midi, je sortis de Gand[1] par la porte de Bruxelles ; j'allai seul achever ma promenade sur la grande route. J'avais emporté les *Commentaires de César*[2] et je cheminais lentement, plongé dans ma lecture. J'étais déjà à plus d'une lieue de la ville, lorsque je crus ouïr un roulement sourd : je m'arrêtai, regardai le ciel assez chargé de nuées, délibérant en moi-même si je continuerais d'aller en avant, ou si je me rapprocherais de Gand, dans la crainte d'un orage. Je prêtai l'oreille ; je n'entendis plus que le cri d'une poule d'eau dans des joncs et le son d'une horloge de village. Je poursuivis ma route : je n'avais pas fait trente pas que le roulement recommença, tantôt bref, tantôt long et à intervalles inégaux ; quelquefois il n'était sensible que par une trépidation de l'air, laquelle se communiquait à la terre sur ces plaines immenses, tant il était éloigné. Ces détonations moins vastes, moins onduleuses, moins liées ensemble que celles de la foudre, firent naître dans mon esprit l'idée d'un combat. Je me trouvais devant un peuplier planté à l'angle d'un champ de houblon. Je traversai le chemin et je m'appuyai debout contre le tronc de l'arbre, le visage tourné du côté de Bruxelles. Un vent du sud s'étant levé m'apporta plus distinctement le bruit de l'artillerie. Cette grande bataille, encore sans nom, dont j'écoutais les échos au pied d'un peuplier, et dont une horloge de village venait de sonner les funérailles inconnues, était la bataille de Waterloo !

Auditeur silencieux et solitaire du formidable arrêt des destinées, j'aurais été moins ému si je m'étais trouvé dans la mêlée : le péril, le feu, la cohue de la mort ne m'eussent pas laissé le temps de méditer ; mais seul sous un arbre, dans la campagne de Gand, comme le berger des troupeaux qui paissaient autour de moi, le poids des réflexions m'accablait : Quel était ce combat ? Était-il définitif ? Napoléon était-il là en personne ? Le monde, comme la robe du Christ, était-il jeté au sort[3] ?

François-René de Chateaubriand, *Mémoires d'outre-tombe*, 1848.

1. *Gand* : ville de Belgique, à soixante kilomètres environ de Waterloo. Chateaubriand vient d'y accompagner le futur Louis XVIII
2. *Commentaires de César* : récit qu'avait fait Jules César de ses propres exploits
3. lorsque le Christ a été crucifié, les soldats se sont partagés sa tunique, jouée aux dés

QUESTIONS

L'organisation du récit

1. Les mémoires opèrent un va-et-vient entre des événements privés et des événements historiques. Quelles sont les deux hypothèses successives sur le bruit ?

2. Quand apprend-on de quel événement historique il s'agit ? Pourquoi l'apprend-on si tard ?

L'auteur et l'Histoire

3. Les mémoires ont pour but d'évoquer la vie de l'auteur dans le cadre de l'Histoire. Mais Chateaubriand n'était pas à Waterloo. Comment Chateaubriand, dans les *Mémoires d'outre-tombe*, résout-il le problème ?

Le lecteur et l'Histoire

4. Le lecteur découvre les événements historiques à travers le narrateur. Dans le premier paragraphe, il suit son cheminement mental. De quelle manière ?

5. Pourquoi Chateaubriand multiplie-t-il les interrogations dans le deuxième paragraphe ?

Stendhal

Nom : Beyle
Prénom : Henri
Pseudonyme : Stendhal
Naissance : le 23 janvier 1783, à Grenoble
Décès : le 22 mars 1842, à Paris
Lieux : l'Italie, sa seconde patrie, surtout Milan et Rome
Situation familiale : célibataire
Professions : militaire, commissaire des guerres, auditeur au Conseil d'État, courrier auprès de l'Empereur, consul en Italie
Amitié : Mérimée

Il a écrit

des essais parmi lesquels : *De l'amour* (1822), *Racine et Shakespeare* (1823) ;

des récits de voyage parmi lesquels : *Promenades dans Rome* (1829) ;

des romans parmi lesquels : *Le Rouge et le Noir* (1830), *La Chartreuse de Parme* (1839), *Lucien Leuwen* (inachevé).

LE SOUS-LIEUTENANT

Henri Beyle perd à six ans la mère qu'il adore. Le père est trop distant, c'est le grand-père Gagnon qui offre au petit-fils éducation et affection. Au lycée, il est brillant en mathématiques, mais « oublie » de se présenter au concours de l'École polytechnique à Paris. Il s'engage dans l'armée à dix-sept ans. La vie militaire l'ennuie, mais elle lui fait découvrir l'Italie, la musique d'opéra, les salons de Rome et de Naples où brillent le charme et la beauté. Après sa démission, il cultive à Paris les plaisirs de la vie mondaine et s'éprend d'une comédienne, Mélanie. Il reprend du service en 1806, participe à la bataille de Wagram. À trente et un ans, le voilà courrier de l'Empereur. Il regarde brûler le Kremlin et franchit la Bérésina avec l'armée en déroute. En 1815, la chute de Napoléon interrompt sa carrière alors qu'il devait être nommé préfet.

LE MILANAIS

Désespéré, Stendhal est tenté par le suicide. Mais Milan lui offre à nouveau ses plaisirs : il court au théâtre et au concert, hante les musées, fréquente les salons, écrit des ouvrages sur l'art. Il s'enflamme pour Métilde Dembowska. En apprenant qu'elle en aime un autre, il sombre dans le désespoir, quitte Milan et rentre à Grenoble. Il se plonge dans ses manuscrits, voyage en Angleterre. À son retour, il tient la chronique musicale du *Journal de Paris*. En 1830, Stendhal est nommé consul à Trieste ; la même année paraît *Le Rouge et le Noir*.

LE CONSUL

Ses fonctions de consul lui permettent de mener une vie culturelle et mondaine. Il entreprend la rédaction de *Lucien Leuwen* qu'il abandonne pour écrire *La vie de Henri Brulard*, qu'il ne termine pas non plus. Après un long congé de trois ans, il voyage à Naples avec Mérimée, alors que paraît en France *La Chartreuse de Parme*. À cinquante-huit ans, une attaque lui ôte partiellement la parole. Il sent qu'il va mourir, et rentre à Paris. Quelques mois plus tard, il s'effondre dans la rue, terrassé par une nouvelle attaque. Le succès vient après sa mort, lui qui avait écrit qu'il ne serait pas compris avant 1880.

Le Rouge et le Noir

1830

Le roman *Le Rouge et le Noir* met en scène deux aspirations, la réussite sociale et l'amour. Au début du roman, Mme de Rênal engage Julien Sorel, fils du menuisier de la petite ville de Verrières, en qualité de précepteur. Il deviendra et restera l'unique amour de sa vie.

Avec la vivacité et la grâce qui lui étaient naturelles quand elle était loin des regards des hommes, Mme de Rênal sortait par la porte-fenêtre du salon qui donnait sur le jardin, quand elle aperçut près de la porte d'entrée la figure d'un jeune paysan presque encore enfant, extrêmement pâle et qui venait de pleurer. Il était en chemise bien blanche, et avait sous le bras une veste fort propre en ratine[1] violette.

Le teint de ce petit paysan était si blanc, ses yeux si doux, que l'esprit un peu romanesque de Mme de Rênal eut d'abord l'idée que ce pouvait être une jeune fille déguisée, qui venait demander quelque grâce à M. le maire[2]. Elle eut pitié de cette pauvre créature, arrêtée à la porte d'entrée, et qui évidemment n'osait pas lever la main jusqu'à la sonnette. Mme de Rênal s'approcha, distraite un instant de l'amer chagrin que lui donnait l'arrivée du précepteur. Julien, tourné vers la porte, ne la voyait pas s'avancer. Il tressaillit quand une voix douce dit tout près de son oreille :

– Que voulez-vous ici, mon enfant ?

Julien se tourna vivement, et, frappé du regard si rempli de grâce de Mme de Rênal, il oublia une partie de sa timidité. Bientôt, étonné de sa beauté, il oublia tout, même ce qu'il venait faire. Mme de Rênal avait répété sa question.

– Je viens pour être précepteur, madame, lui dit-il enfin, tout honteux de ses larmes qu'il essuyait de son mieux.

Mme de Rênal resta interdite[3], ils étaient fort près l'un de l'autre à se regarder. Julien n'avait jamais vu un être aussi bien vêtu et surtout une femme avec un teint si éblouissant, lui parler d'un air doux. Mme de Rênal regardait les grosses larmes qui s'étaient arrêtées sur les joues si pâles d'abord et maintenant si roses de ce jeune paysan. Bientôt elle se mit à rire, avec toute la gaieté folle d'une jeune fille, elle se moquait d'elle-même, et ne pouvait se figurer tout son bonheur. Quoi, c'était là ce précepteur qu'elle s'était figuré comme un prêtre sale et mal vêtu, qui viendrait gronder et fouetter ses enfants !

Stendhal, *Le Rouge et le Noir*, 1830.

1. *ratine :* **étoffe de laine**
2. *M. le maire :* **M. de Rênal est également maire de la petite ville**
3. *resta interdite :* **resta surprise**

QUESTIONS

Le jeu des regards

1. Dans la rencontre amoureuse, le premier contact se fait à travers le regard. Relevez les verbes évoquant le regard. Quelle progression constatez-vous dans leur choix ?

Le portrait

2. Le portrait annonce déjà l'intrigue. Femme de vertu, Mme de Rênal ne peut tomber amoureuse. Mais sa perception de Julien endort sa méfiance. Pourquoi ?

Les sentiments

3. L'intensité et la mobilité des sentiments sont l'indice de la passion naissante. Quelles sont les trois réactions successives de Mme de Rênal ? Analysez-les.

La Chartreuse de Parme

Stendhal, dans *La Chartreuse de Parme*, offre une histoire d'amour et d'aventure. Il traite son sujet avec humour et légèreté, rend son héros humain et attachant… Alors qu'il est emprisonné, Fabrice del Dongo décide de s'évader.

Vers le minuit un de ces brouillards épais et blancs que le Pô jette quelquefois sur ses rives s'étendit d'abord sur la ville, et ensuite gagna l'esplanade et les bastions au milieu desquels s'élève la grosse tour de la citadelle[1]. Fabrice crut voir que, du parapet de la plate-forme, on n'apercevait plus les petits acacias qui environnaient les jardins établis par les soldats au pied du mur de cent quatre-vingts pieds. Voilà qui est excellent, pensa-t-il.

Un peu après que minuit et demi eut sonné, le signal de la petite lampe[2] parut à la fenêtre de la volière. Fabrice était prêt à agir ; il fit un signe de croix, puis attacha à son lit la petite corde destinée à lui faire descendre les trente-cinq pieds qui le séparaient de la plate-forme où était le palais. Il arriva sans encombre sur le toit du corps de garde occupé depuis la veille par les deux cents hommes de renfort dont nous avons parlé. Par malheur les soldats, à minuit trois quarts qu'il était alors, n'étaient pas encore endormis ; pendant qu'il marchait à pas de loup sur le toit de grosses tuiles creuses, Fabrice les entendait qui disaient que le diable était sur le toit, et qu'il fallait essayer de le tuer d'un coup de fusil. Quelques voix prétendaient que ce souhait était d'une grande impiété, d'autres disaient que si l'on tirait un coup de fusil sans tuer quelque chose, le gouverneur les mettrait tous en prison pour avoir alarmé la garnison inutilement. Toute cette belle discussion faisait que Fabrice se hâtait le plus possible en marchant sur le toit et qu'il faisait beaucoup plus de bruit. Le fait est qu'au moment où, pendu à sa corde, il passa devant les fenêtres, par bonheur à quatre ou cinq pieds de distance à cause de l'avance du toit, elles étaient hérissées de baïonnettes. Quelques-uns ont prétendu que Fabrice toujours fou eut l'idée de jouer le rôle du diable, et qu'il jeta à ces soldats une poignée de sequins[3]. Ce qui est sûr, c'est qu'il avait semé des sequins sur le plancher de sa chambre, et il en sema aussi sur la plate-forme dans son trajet de la tour Farnèse au parapet, afin de se donner la chance de distraire les soldats qui auraient pu se mettre à le poursuivre.

Arrivé sur la plate-forme et entouré de sentinelles qui ordinairement criaient tous les quarts d'heure une phrase entière : *Tout est bien autour de mon poste*, il dirigea ses pas vers le parapet du couchant et chercha la pierre neuve.

Ce qui paraît incroyable et pourrait faire douter du fait si le résultat n'avait eu pour témoin une ville entière, c'est que les sentinelles placées le long du parapet n'aient pas vu et arrêté Fabrice ; à la vérité, le brouillard dont nous avons parlé commençait à monter, et Fabrice a dit que lorsqu'il était sur la plate-forme, le brouillard lui semblait arrivé déjà jusqu'à moitié de la tour Farnèse. Mais ce brouillard n'était point

1. *la citadelle :* prison dans laquelle Fabrice est enfermé
2. signal de sa chère Clélia, fille du gouverneur de la prison, qui par amour se fait complice de son évasion
3. *sequins :* pièces de monnaie

« Florence d'aujourd'hui est un port ouvert aux gens ruinés », écrit Stendhal le 2 mai 1818 dans son journal intime.
Peinture de Corot, 1835.

épais, et il apercevait fort bien les sentinelles dont quelques-unes se promenaient. Il ajoutait que, poussé comme par une force surnaturelle, il alla se placer hardiment entre deux sentinelles assez voisines. Il défit tranquillement la grande corde qu'il avait autour du corps et qui s'embrouilla deux fois ; il lui fallut beaucoup de temps pour la débrouiller et l'étendre sur le parapet. Il entendait les soldats parler de tous les côtés, bien résolu à poignarder le premier qui s'avancerait vers lui. Je n'étais nullement troublé, ajoutait-il, il me semblait que j'accomplissais une cérémonie.

Il attacha sa corde enfin débrouillée à une ouverture pratiquée dans le parapet pour l'écoulement des eaux, il monta sur ce même parapet, et pria Dieu avec ferveur ; puis, comme un héros des temps de chevalerie, il pensa un instant à Clélia. Combien je suis différent, se dit-il, du Fabrice léger et libertin[4] qui entra ici il y a neuf mois !

Stendhal, *La Chartreuse de Parme*, 1839.

4. *libertin* : **qui délaisse tout devoir envers Dieu ; plus largement, qui cultive les plaisirs de la vie**

QUESTIONS

La mise à distance

1. Le narrateur est relayé par deux « témoins » : l'opinion publique et Fabrice. Retrouvez dans le texte tous les termes indiquant ce relais. Dans quel ordre de succession apparaissent-ils ? À quels moments du récit ?

2. Aucun de ces deux témoins, pour des raisons différentes, n'est très fiable. Pourquoi ?
Quel effet produisent ces intrusions dans le déroulement du récit ?

Les invraisemblances

3. Stendhal écrit, intentionnellement, des aventures dont la vraisemblance n'est pas rigoureuse. Quel mot, dans la première phrase, présente la montée du brouillard comme une coïncidence qui avait peu de chance de survenir ?

4. Quel est le moment le plus invraisemblable de l'évasion de Fabrice ? Comment Stendhal insiste-t-il sur cette invraisemblance ?

Les personnages

5. Stendhal n'épargne jamais le ridicule à ses personnages. Relevez toutes les maladresses de Fabrice. Le mettent-elles en péril ?

6. Fabrice trouve qu'il n'est plus « léger ». Pourquoi ?

7. Fabrice affirme qu'il n'est plus « libertin ». Repérez dans le texte tous les passages faisant allusion à la religion. Que penser du comportement religieux de Fabrice ?

Lucien Leuwen

STENDHAL

Roman inachevé, *Lucien Leuwen* met en scène un sous-lieutenant. Fils d'un riche banquier, Lucien Leuwen achève ses études à l'École polytechnique. Nommé à Nancy, il découvrira le caractère étriqué de l'existence provinciale. Mais son entrée dans la ville ouvre un roman d'amour.

Ce fut sur les huit heures et demie du matin, le 24 de mars 183..., et par un temps sombre et froid, que le 27e régiment de lanciers entra dans Nancy. Il était précédé par un corps de musique magnifique et qui eut le plus grand succès auprès des bourgeois et des grisettes de l'endroit : trente-deux trompettes, vêtus de rouge et montés sur des chevaux blancs, sonnaient à tout rompre. Bien plus, les six trompettes formant le premier rang étaient des nègres, et le trompette-major avait près de sept pieds.

Les beautés de la ville et particulièrement les jeunes ouvrières en dentelle se montrèrent à toutes les fenêtres et furent fort sensibles à cette harmonie perçante ; il est vrai qu'elle était relevée par des habits rouges chamarrés de galons d'or superbes, que portaient les trompettes.

Nancy, cette ville si forte, chef-d'œuvre de Vauban[1], parut abominable à Lucien. La saleté, la pauvreté semblaient s'en disputer tous les aspects et les physionomies des habitants répondaient parfaitement à la tristesse des bâtiments. Lucien ne vit partout que des figures d'usuriers[2], des physionomies mesquines[3], pointues, hargneuses. « Ces gens ne pensent qu'à l'argent et aux moyens d'en amasser, se dit-il avec dégoût. Tel est, sans doute, le caractère de cette Amérique que les libéraux nous vantent si fort. »

Ce jeune Parisien, accoutumé aux figures polies de son pays, était navré. Les rues étroites, mal pavées, remplies d'angles et de recoins, n'avaient rien de remarquable qu'une malpropreté abominable ; au milieu coulait un ruisseau d'eau boueuse, qui lui parut une décoction[4] d'ardoise.

Le cheval du lancier[5] qui marchait à la droite de Lucien fit un écart qui couvrit de cette eau noire et puante la rosse[6] que le lieutenant-colonel lui avait fait donner. Notre héros remarqua que ce petit accident était un grand sujet de joie pour ceux de ses nouveaux camarades qui avaient été à portée de le voir. La vue de ces sourires qui voulaient être malins coupa les ailes à l'imagination de Lucien : il devint méchant.

« Avant tout, se dit-il, je dois me souvenir que ceci n'est pas le bivouac[7], il n'y a point d'ennemi à un quart de lieue[8] d'ici ; et, d'ailleurs, tout ce qui a moins de quarante ans, parmi ces messieurs, n'a pas vu l'ennemi plus que moi. Donc, des habitudes mesquines, filles de l'ennui. Ce ne sont plus ici les jeunes officiers pleins de bravoure, d'étourderie et de gaieté, que l'on voit au Gymnase ; ce sont de pauvres ennuyés qui ne seraient pas fâchés de s'égayer à mes dépens ; ils seront mal pour moi, jusqu'à ce que j'aie eu quelque duel, et il vaut mieux l'engager tout de suite, pour arriver plus tôt à la paix. Mais ce gros

lieutenant-colonel pourra-t-il être mon témoin ? J'en doute, son grade s'y oppose ; il doit l'exemple de l'ordre… Où trouver un témoin ? »

Lucien leva les yeux et vit une grande maison, moins mesquine que celles devant lesquelles le régiment avait passé jusque-là ; au milieu d'un grand mur blanc, il y avait une persienne peinte en vert perroquet. « Quel choix de couleurs voyantes ont ces marauds de provinciaux ! »

Lucien se complaisait dans cette idée peu polie lorsqu'il vit la persienne vert perroquet s'entrouvrir un peu ; c'était une jeune femme blonde qui avait des cheveux magnifiques et l'air dédaigneux : elle venait voir défiler le régiment. Toutes les idées tristes de Lucien s'envolèrent à l'aspect de cette jolie figure ; son âme en fut ranimée. Les murs écorchés et sales des maisons de Nancy, la boue noire, l'esprit envieux et jaloux de ses camarades, les duels nécessaires, le méchant pavé sur lequel glissait la rosse qu'on lui avait donnée, peut-être exprès, tout disparut. Un embarras sous une voûte, au bout de la rue, avait forcé le régiment à s'arrêter. La jeune femme ferma sa croisée et regarda, à demi cachée par le rideau de mousseline brodée de sa fenêtre. Elle pouvait avoir vingt-quatre ou vingt-cinq ans. Lucien trouva dans ses yeux une expression singulière ; était-ce de l'ironie, de la haine, ou tout simplement de la jeunesse et une certaine disposition à s'amuser de tout ?

Le second escadron, dont Lucien faisait partie, se remit en mouvement tout à coup ; Lucien, les yeux fixés sur la fenêtre vert perroquet, donna un coup d'éperon à son cheval, qui glissa, tomba et le jeta par terre.

Se relever, appliquer un grand coup de fourreau[9] de son sabre à la rosse, sauter en selle fut, à la vérité, l'affaire d'un instant ; mais l'éclat de rire fut général et bruyant. Lucien remarqua que la dame aux cheveux d'un blond cendré souriait encore, que déjà il était remonté.

Stendhal, *Lucien Leuwen*, écrit avant 1836, édition posthume en 1855.

1. *Vauban :* **maréchal de France, architecte militaire**
2. *usuriers :* **personnes prêtant de l'argent à un taux d'intérêt très élevé**
3. *mesquines :* **qui manquent de grandeur, basses**
4. *décoction :* **long trempage dans un liquide que l'on fait bouillir**
5. *lancier :* **soldat d'un corps de cavalerie**
6. *rosse :* **mauvais cheval**
7. *bivouac :* **campement provisoire**
8. *lieue :* **ancienne mesure, de valeur variable (environ 4 kilomètres)**
9. *fourreau :* **gaine qui enveloppe le sabre**

QUESTIONS

Le personnage principal

1. Le propos s'organise en fonction du personnage principal. Le lecteur connaît ses pensées. Quelles sont les trois étapes de sa réflexion ?

2. La description des rues prépare les deux incidents dont Lucien est victime. Quels indices annoncent les deux incidents ?

3. Lucien oppose Paris et la province. Analysez dans le texte tous les aspects de cette opposition.

Le personnage féminin

4. En début de roman, l'apparition d'une jeune femme laisse prévoir qu'elle jouera un rôle dans la vie du héros. Pourquoi Lucien tombe-t-il de cheval ? Que peut-on déjà soupçonner à propos de Lucien ?

5. Que suggèrent les détails de la description physique de la jeune femme ?

6. Relevez ce qui fait de la jeune femme une énigme. Pourquoi ce mystère ?

Le personnage-groupe

7. Le roman est aussi une étude sociale. De quels groupes sociaux est-il question ? Quelles sont leurs caractéristiques ?

8. Quels sont leurs points communs ?

9. Relevez tous les passages qui décrivent la ville. Puis analysez la relation établie entre la description des lieux et la description des groupes sociaux.

Alphonse de Lamartine

Nom : Lamartine
Prénom : Alphonse
Naissance : le 21 octobre 1790, à Mâcon
Décès : le 28 février 1869, à Paris
Lieux : l'Italie, surtout Naples et Florence, Milly
Situation familiale : marié avec une anglaise, Mariane-Élisa Birch
Professions : militaire, attaché d'ambassade, député, ministre des Affaires étrangères et chef du gouvernement provisoire
Amitiés : Aymon de Virieu, Victor Hugo, Alfred de Vigny

Il a écrit

des recueils de poèmes, dont : *Méditations poétiques* (1820), *Harmonies poétiques et religieuses* (1830), *Jocelyn* (1836), *La Vigne et la Maison* (1857) ;

un récit de voyage : *Voyage en Orient* (1835) ;

des essais, dont : *Histoire des Girondins* (1847) ;

des romans autobiographiques : *Raphaël* (1849), *Grazziella* (1851).

LE POÈTE ROMANTIQUE

Lamartine passe son enfance dans le village de Milly, près de Mâcon, au cœur de la nature. Il souffre d'être mis en pension et fait une fugue. Après ses années d'études, aucune carrière ne s'ouvre : il refuse en effet de servir Napoléon, qu'il considère comme un usurpateur. Il mène alors une vie frivole et oisive. Il lit, écrit des vers. Un long voyage en Italie lui laisse le souvenir de paysages colorés et d'un tendre amour avec « Graziella ». Une autre rencontre bouleverse sa vie : Julie Charles. Mais celle-ci, qui se soignait à Aix-les-Bains, s'éteint doucement. Bientôt Lamartine épouse une riche anglaise, a des enfants, occupe différents postes diplomatiques en Italie.

LE CHEF DU GOUVERNEMENT

Lamartine a quarante ans, l'âge requis pour devenir député, et la politique l'attire. Après un échec dont il se console par un long voyage en Orient, il est élu en 1833. Ses nouvelles fonctions commandent désormais sa vie et son œuvre. Ses écrits se diversifient et accompagnent ses activités publiques : essais, discours, ouvrages historiques se succèdent. Sa popularité est immense. Il joue un rôle de premier plan au début de la révolution de 1848, et devient ministre des Affaires étrangères, chef du gouvernement provisoire. Mais, candidat à l'élection présidentielle, il est battu. Cet échec, puis le coup d'État de Napoléon III, le poussent à se retirer de la vie publique.

L'ÉCRIVAIN ET SES SOUVENIRS

Lamartine a accumulé une dette énorme : cinq millions de francs. Sa maladresse dans la gestion de ses affaires, mais aussi sa générosité le condamnent aux « travaux forcés littéraires ». Publiant sans cesse, sur de nombreux sujets, il se tourne aussi vers son passé. Il écrit, à soixante-six ans, *La Vigne et la Maison* qui évoque avec nostalgie le temps lointain du bonheur à Milly, les années d'enfance passées dans la nature. En 1867, une attaque lui enlève toute lucidité. Il meurt deux ans plus tard. Sa famille refuse les funérailles nationales : le poète repose dans le modeste caveau familial de Saint-Point.

Méditations poétiques

1820

Lamartine affirme avoir été le premier à jouer la musique de la poésie sur « les fibres même du cœur de l'homme, touchées et émues par les innombrables frissons de l'âme ». Lorsqu'il ne reste plus rien, la nature est encore là, qui peut le mener à Dieu.

Le Vallon

Tes jours[1], sombres et courts comme des jours d'automne,
Déclinent comme l'ombre au penchant des coteaux ;
L'amitié te trahit, la pitié t'abandonne,
Et, seule, tu descends le sentier des tombeaux.

Mais la nature est là qui t'invite et qui t'aime ;
Plonge-toi dans son sein qu'elle t'ouvre toujours ;
Quand tout change pour toi, la nature est la même,
Et le même soleil se lève sur tes jours.

De lumière et d'ombrage elle t'entoure encore ;
Détache ton amour des faux biens que tu perds ;
Adore ici l'écho qu'adorait Pythagore[2],
Prête avec lui l'oreille aux célestes concerts.

Suis le jour dans le ciel, suis l'ombre sur la terre,
Dans les plaines de l'air vole avec l'aquilon[3],
Avec les doux rayons de l'astre du mystère
Glisse à travers les bois dans l'ombre du vallon.

Dieu, pour le concevoir, a fait l'intelligence :
Sous la nature enfin découvre son auteur !
Une voix à l'esprit parle dans son silence.
Qui n'a pas entendu cette voix dans son cœur ?

Alphonse de Lamartine, *Méditations poétiques*, 1820.

1. Lamartine s'adresse à son âme
2. *Pythagore* : philosophe grec pour lequel l'harmonie du monde se réalisait grâce à la musique des sphères célestes
3. *aquilon* : vent du nord

QUESTIONS

La construction du poème

1. Le poème reproduit l'harmonie de l'univers. Quel rapport y a-t-il entre les phrases et les strophes du poème ?
2. Résumez, en quelques mots, l'idée spécifique à chaque strophe.
3. Le poète emploie la deuxième personne. À quel moment abandonne-t-il ce système d'énonciation ? Pourquoi ?

Les sonorités

4. Les sons contribuent à la construction du sens. Quelle est l'allitération essentielle dans l'avant-dernière strophe ? Quel effet produit-elle ?
5. Dans les trois dernières strophes, quels mots comportent le son « ou » ? Quel est leur point commun ?

Le lexique

6. Le poème évoque l'immensité de la nature et du temps. Dans les deux premières strophes, relevez le champ lexical du temps.
7. Dans l'avant-dernière strophe, trouvez trois mots évoquant trois des quatre éléments constitutifs de l'univers. Comment le quatrième élément est-il évoqué ?

La Vigne et la Maison

À la fin de sa vie, Lamartine publie *La Vigne et la Maison*. Dans ce long poème, que l'on peut considérer comme son testament littéraire, il évoque le temps de sa jeunesse à Milly, dans la propriété familiale.

L'ÂME

Que me fait le coteau, le toit, la vigne aride ?
Que me ferait le ciel, si le ciel était vide ?
Je ne vois en ces lieux que ceux qui n'y sont pas !
Pourquoi ramènes-tu mes regrets sur leur trace ?
Des bonheurs disparus se rappeler la place,
C'est ouvrir des cercueils pour revoir des trépas[1] !

[I]

Le mur est gris, la tuile est rousse,
L'hiver a rongé le ciment ;
Des pierres disjointes la mousse
Verdit l'humide fondement ;
Les gouttières, que rien n'essuie,
Laissent, en rigoles de suie[2],
S'égoutter le ciel pluvieux,
Traçant sur la vide demeure
Ces noirs sillons par où l'on pleure,
Que les veuves ont sous les yeux.

La porte où file l'araignée,
Qui[3] n'entend plus le doux accueil,
Reste immobile et dédaignée
Et ne tourne plus sur son seuil ;
Les volets que le moineau souille,
Détachés de leurs gonds de rouille,
Battent nuit et jour le granit ;
Les vitraux brisés par les grêles
Livrent aux vieilles hirondelles
Un libre passage à leur nid.

Leur gazouillement sur les dalles
Couvertes de duvets flottants
Est la seule voix de ces salles
Pleines des silences du temps.
De la solitaire demeure
Une ombre lourde d'heure en heure
Se détache sur le gazon :
Et cette ombre, couchée et morte,
Est la seule chose qui sorte
Tout le jour de cette maison !

1. *trépas :* décès
2. les rigoles ont la couleur de la suie
3. *qui :* c'est la porte qui « n'entend plus », et non pas l'araignée qui n'était pas là quand la maison était habitée
4. *pampres :* rameau de vigne avec ses feuilles et ses fruits
5. *exhalaison :* parfum qui s'échappe d'un corps

▲ Peinture de Decamps (1803-1860). Détail.

[II]

Efface ce séjour, ô Dieu ! de ma paupière,
Ou rends-le moi semblable à celui d'autrefois,
Quand la maison vibrait comme un grand cœur de pierre
De tous ces cœurs joyeux qui battaient sous ses toits !

À l'heure où la rosée au soleil s'évapore
Tous ces volets fermés s'ouvraient à sa chaleur,
Pour y laisser entrer, avec la tiède aurore,
Les nocturnes parfums de nos vignes en fleur.

On eût dit que ces murs respiraient comme un être
Des pampres[4] réjouis la jeune exhalaison[5] ;
La vie apparaissait rose, à chaque fenêtre,
Sous les beaux traits d'enfants nichés dans la maison.

QUESTIONS

La situation d'énonciation

1. Le poème s'ouvrant comme un dialogue, la situation d'énonciation est présente. Dans la première strophe, relevez tout ce qui renvoie à l'âge du poète.

2. L'ensemble des trois dizains correspond à une progression spatiale. Laquelle ?

3. Analysez les temps employés dans le poème.

La structure du poème

4. L'« harmonie poétique » que cherche Lamartine s'appuie sur une rigueur de la construction. La deuxième strophe est en trois étapes. Relevez cette progression en trois temps. Sur quel champ lexical chacune de ces étapes s'appuie-t-elle ?

L'opposition

5. Le souvenir instaure une opposition entre la vie d'hier et la mort qui menace. Dans la première strophe, relevez et opposez les allusions à hier et à aujourd'hui.

6. Dans les dizains, étudiez tout ce qui renvoie à la mort. Puis, dans les quatrains, retrouvez ce qui s'oppose à chacune des caractéristiques de la mort.

Alfred de Vigny

Nom : Vigny
Prénom : Alfred
Naissance : le 27 mars 1797, à Loches
Décès : le 17 septembre 1863, à Paris
Lieu : le Maine-Giraud en Charente, le manoir des ancêtres
Situation familiale : marié à une anglaise Lydia Bunbury, une liaison orageuse avec la tragédienne Marie Dorval
Professions : militaire puis rentier
Amitié : Hector Berlioz

Il a écrit

des romans parmi lesquels : *Cinq-Mars* (1826), *Servitude et Grandeur militaires* (1835) ;

des recueils de poèmes parmi lesquels : *Poèmes antiques et modernes* (1822-1826), *Les Destinées* (1864) ;

des pièces de théâtre parmi lesquelles : *Chatterton* (1835) ;

un journal : *Journal d'un poète* (1867, posthume).

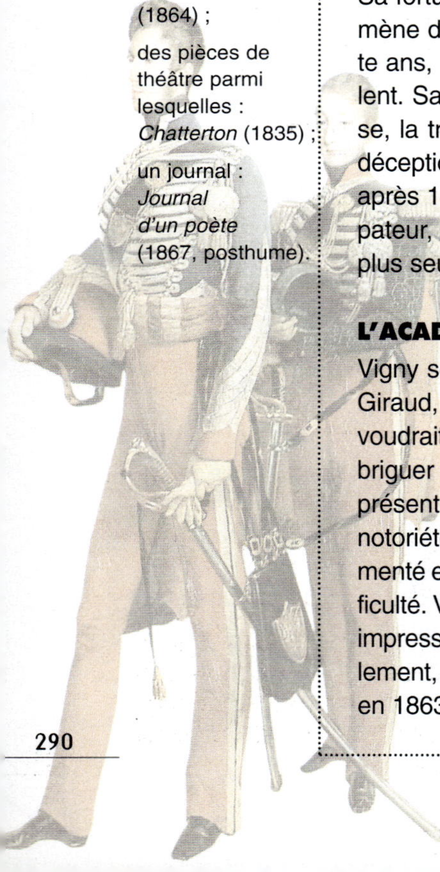

LE JEUNE MOUSQUETAIRE

Fils unique, porteur de tous les espoirs familiaux, le jeune Vigny est élevé dans le culte de l'ancienne noblesse. Pour suivre la tradition, il devient militaire. Admis au corps des Mousquetaires rouges de Louis XVIII dès dix-sept ans, il connaît sa première déception : lui qui rêvait de gloire, le voilà confiné dans une morne vie de garnison. Sa passion pour l'écriture le conduit à publier à vingt-cinq ans un premier recueil de poèmes. Il prend congé sur congé pour échapper à l'ennui, trouver le temps d'écrire et rejoindre Paris. En 1827, il démissionne de l'armée.

L'ÉCRIVAIN SOLITAIRE

Sa fortune permet à Vigny de se consacrer à son œuvre. Dans les salons, il mène des discussions passionnées sur la littérature. Entre trente et quarante ans, il écrit la majeure partie de son œuvre. Mais les difficultés s'accumulent. Sa femme est de santé fragile ; il se sent incompris. Seule sa maîtresse, la tragédienne Marie Dorval, semble l'encourager dans son travail. Aux déceptions familiales et sentimentales s'ajoutent les désillusions politiques : après 1830, sous le règne de Louis-Philippe qu'il considère comme un usurpateur, il s'éloigne de la vie publique. À quarante ans, Vigny se sent d'autant plus seul que sa mère tendrement chérie vient de mourir.

L'ACADÉMICIEN

Vigny se réfugie de plus en plus dans le manoir de ses ancêtres au Maine-Giraud, où il mène une vie de gentilhomme campagnard. Mais ce solitaire voudrait aussi être un homme public et il revient périodiquement à Paris, pour briguer l'Académie française où il est admis après plusieurs tentatives. Il se présente en vain aux élections législatives de 1848 et 1849. Apaisé par la notoriété, académicien assidu, présent à chaque séance, écrivain expérimenté et fortuné, il aide financièrement et moralement de jeunes poètes en difficulté. Vigny continue à écrire des poèmes, il rédige ses pensées, transcrit ses impressions qui seront recueillies dans le *Journal d'un poète*. Il souffre cruellement, pendant les deux dernières années de sa vie, du cancer qui l'emporte en 1863.

Poèmes antiques et modernes 1822-1826

Dans la Bible, Moïse, après avoir dirigé le peuple hébreu, meurt enlevé par un nuage au sommet de la montagne. Aux yeux de Vigny, le prophète solitaire représente « l'homme de génie, las de son éternel veuvage et désespéré de voir sa solitude plus vaste et plus aride à mesure qu'il grandit ».

« Vos anges sont jaloux et m'admirent entre eux.
Et cependant, Seigneur[1], je ne suis pas heureux ;
Vous m'avez fait vieillir puissant et solitaire,
Laissez-moi m'endormir du sommeil de la terre !

Sitôt que votre souffle a rempli le berger[2],
Les hommes se sont dit : « Il nous est étranger » ;
Et leurs yeux se baissaient devant mes yeux de flamme,
Car ils venaient, hélas ! d'y voir plus que mon âme.
J'ai vu l'amour s'éteindre et l'amitié tarir[3],
Les vierges se voilaient et craignaient de mourir.
M'enveloppant alors de la colonne noire[4],
J'ai marché devant tous, triste et seul dans ma gloire,
Et j'ai dit dans mon cœur : Que vouloir à présent ?
Pour dormir sur un sein mon front est trop pesant,
Ma main laisse l'effroi sur la main qu'elle touche,
L'orage est dans ma voix, l'éclair est sur ma bouche ;
Aussi, loin de m'aimer, voilà qu'ils tremblent tous,
Et, quand j'ouvre les bras, on tombe à mes genoux.
Ô Seigneur ! j'ai vécu puissant et solitaire,
Laissez-moi m'endormir du sommeil de la terre ! »

Or, le peuple attendait, et, craignant son courroux[5],
Priait sans regarder le mont[6] du Dieu jaloux ;
Car s'il levait les yeux, les flancs noirs du nuage
Roulaient et redoublaient les foudres de l'orage,
Et le feu des éclairs, aveuglant les regards,
Enchaînait tous les fronts courbés de toutes parts.

Bientôt le haut du mont reparut sans Moïse.
Il fut pleuré. – Marchant vers la terre promise,
Josué[7] s'avançait pensif et pâlissant,
Car il était déjà l'élu du Tout-Puissant.

Alfred de Vigny, « Moïse », *Poèmes antiques et modernes*, 1822-1826.

1. *Seigneur :* Dieu
2. *le berger :* le prophète
3. *tarir :* se dit d'un point d'eau qui s'assèche
4. *colonne noire :* nuage qui entoure le prophète
5. *courroux :* colère
6. *le mont :* le mont Mébo, d'où Moïse aperçoit la terre promise
7. *Josué :* successeur de Moïse à la tête du peuple hébreu

QUESTIONS

La colère du prophète

1. S'adressant à Dieu, Moïse lui fait part de ses tourments. Quelles attitudes reproche-t-il aux hommes ?
2. Quel est le sentiment dominant de son discours ?

Le solitaire

3. Relevez les diverses formes de solitude vécues par Moïse.
4. Quelle prière adresse-t-il à Dieu par deux fois ? Est-elle exaucée ? Justifiez votre réponse.

La colère divine

5. Le narrateur reprend la parole une fois Moïse disparu. Sur quel champ lexical ce passage s'appuie-t-il (vers 21 à 30) ? Quel est l'effet produit ?

Honoré de Balzac

Nom : Balzac
Prénom : Honoré
Naissance : le 20 mai 1799, à Tours
Décès : le 19 août 1850, à Paris
Lieux : Paris ; l'actuelle Ukraine, alors polonaise
Situation familiale : il se marie à la fin de sa vie avec Mme Hanska
Professions : directeur de journal, journaliste, imprimeur
Amitiés : sa sœur Laure, Mme de Berny qui le conseille et le guide

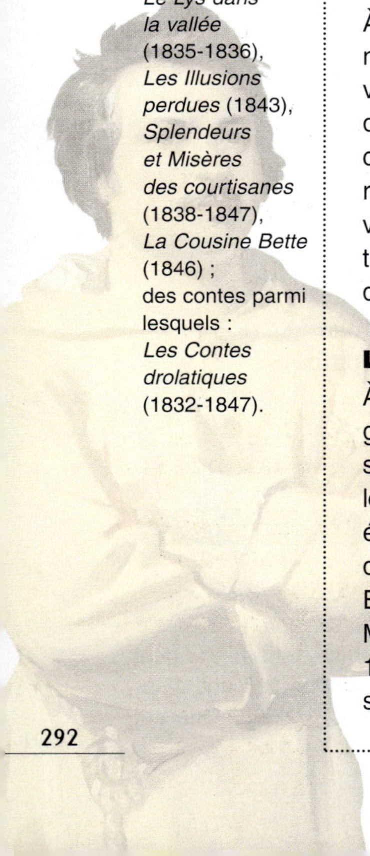

Il a écrit

des romans regroupés en 1842 sous le titre *La Comédie humaine*, parmi lesquels : *Les Chouans* (1829), *La Peau de chagrin* (1831), *Eugénie Grandet* (1833), *Le Père Goriot* (1835), *Le Lys dans la vallée* (1835-1836), *Les Illusions perdues* (1843), *Splendeurs et Misères des courtisanes* (1838-1847), *La Cousine Bette* (1846) ; des contes parmi lesquels : *Les Contes drolatiques* (1832-1847).

L'ÉCRIVAIN EN FORMATION

Balzac se sent mal aimé dans sa famille : sa mère le laisse en nourrice, puis en pension de nombreuses années. Après son baccalauréat, désirant avec force devenir écrivain, il obtient de ses parents un an de liberté, qu'il passe dans une mansarde à Paris. Pour gagner sa vie, il compose plusieurs dizaines de romans populaires sous des pseudonymes. L'argent reste rare. Il achète alors une imprimerie. Mais Balzac n'est pas un homme d'affaires et son entreprise fait faillite. À vingt-quatre ans, il est endetté pour toute sa vie ! Il rencontre alors Mme de Berny, de vingt-deux ans son aînée, qui l'encourage affectivement et financièrement.

LE TRAVAILLEUR INFATIGABLE

À trente ans, Balzac publie son premier roman, *Les Chouans*, sous son vrai nom. Commence alors une période d'activité prodigieuse : il écrit quatre-vingt-cinq romans en dix-huit ans ; *La Comédie humaine* met en scène plus de huit mille personnages ! Habité par la fièvre de la création il écrit sans cesse. Il échafaude d'invraisemblables projets pour faire fortune, fonde des revues éphémères et ruineuses, rêve d'une carrière politique, fait des voyages. À la fin de l'année 1832, il reçoit une lettre anonyme d'une admiratrice, qu'il baptise l'Étrangère. C'est une Polonaise, Eveline Hanska, qui devient bientôt l'amour de sa vie.

LE GÉANT ÉPUISÉ

À quarante-huit ans, Balzac est épuisé. Alliant le génie de l'observation à l'imagination créatrice, l'analyse méthodique de la société à la peinture des passions, il a créé un univers romanesque qui fait concurrence à l'état civil. Depuis longtemps il dort peu. La nuit, sa cafetière de porcelaine à portée de main, il écrit plusieurs romans en même temps. Usé par ses années d'intense production, il achète une maison qu'il aménage à grands frais, pour y accueillir Eveline Hanska qui consent enfin à le rejoindre après la mort de son mari. Mais sa santé est désastreuse, il décline rapidement. Balzac meurt en août 1850, l'année même de son mariage. Pendant son agonie, il avait appelé à son chevet Horace Bianchon, l'illustre médecin de *La Comédie humaine*.

Les Chouans

1829

Les *Chouans* retrace la lutte des royalistes contre les troupes révolutionnaires en Bretagne. C'est aussi un roman d'amour : Marie de Verneuil, engagée aux côtés des révolutionnaires, est amoureuse de Gars, chef local des chouans : la nuit la surprend, alors qu'elle est à sa recherche.

Mademoiselle de Verneuil s'élança dans les petits sentiers tracés par les chèvres et leurs pâtres sur le versant de la Promenade, gagna l'Escalier de la Reine, arriva au fond du précipice, passa le Nançon, traversa le faubourg, devina, comme l'oiseau dans le désert, sa route au milieu des dangereux escarpements des roches de Saint-Sulpice, atteignit bientôt une route glissante tracée sur des blocs de granit, et, malgré les genêts, les ajoncs piquants, les rocailles qui la hérissaient, elle se mit à la gravir avec ce degré d'énergie inconnu peut-être à l'homme, mais que la femme entraînée par la passion possède momentanément.

La nuit surprit Marie à l'instant où, parvenue sur les sommets, elle tâchait de reconnaître, à la faveur des pâles rayons de la lune, le chemin qu'avait dû prendre le marquis ; une recherche obstinée faite sans aucun succès, et le silence qui régnait dans la campagne, lui apprirent la retraite des Chouans et de leur chef.

Cet effort de passion tomba tout à coup avec l'espoir qui l'avait inspiré. En se trouvant seule, pendant la nuit, au milieu d'un pays inconnu, en proie à la guerre, elle se mit à réfléchir, et les recommandations de Hulot[1], le coup de feu de madame du Gua[2], la firent frissonner de peur.

Le calme de la nuit, si profond sur les montagnes, lui permit d'entendre la moindre feuille errante, même à de grandes distances, et ces bruits légers vibraient dans les airs comme pour donner une triste mesure de la solitude ou du silence. Le vent agissait sur la haute région et emportait les nuages avec violence, en produisant des alternatives d'ombre et de lumière dont les effets augmentèrent sa terreur, en donnant des apparences fantastiques et terribles aux objets les plus inoffensifs.

Honoré de Balzac, *Les Chouans*, 1829.

1. *Hulot :* **officier des soldats de la République**
2. *madame du Gua :* **rivale de Marie, qui fait partie de la troupe de Gars**

QUESTIONS

Les étapes du récit

1. Dans le roman historique les actions suivent une chronologie rigoureuse. Quelles sont les trois étapes de l'action de Marie ?

2. Le récit est au passé. Un seul verbe est conjugué au présent. Lequel ? Quelle nouvelle dimension prend alors le récit ?

Les rythmes du récit

3. À l'activité intense succèdent des instants plus calmes. Pour comparer ces deux types de moments, confrontez le premier et le deuxième paragraphe. Étudiez la longueur des propositions, la longueur des mots et le temps des verbes.

Le point de vue

4. En adoptant le point de vue d'un personnage, le narrateur rend l'aventure plus saisissante. Quel verbe montre que le point de vue est celui de Marie ?

5. Dans le deuxième paragraphe, de quelle façon le lecteur apprend-il que les Chouans ont fait retraite ?

La Peau de chagrin

18

La Peau de chagrin est un roman à la fois fantastique et philosophique. Véritable talisman, la peau qu'un antiquaire a offerte à Raphaël réalise tous ses souhaits, mais se rétrécit à chaque vœu : quand elle disparaîtra, il mourra. Dans l'univers balzacien, les désirs et les passions usent la vie. Dans cet extrait, Raphaël souhaite devenir riche. Au cours d'un banquet, un notaire lui annonce qu'il hérite une immense fortune.

En ce moment, Raphaël se leva soudain en laissant échapper le mouvement brusque d'un homme qui reçoit une blessure. Il se fit comme une acclamation silencieuse, le premier sentiment des convives fut dicté par une sourde envie, tous les yeux se tournèrent vers lui comme autant de flammes. Puis, un murmure, semblable à celui d'un parterre qui se courrouce[1], une rumeur d'émeute commença, grossit, et chacun dit un mot pour saluer cette fortune immense apportée par le notaire. Rendu à toute sa raison par la brusque obéissance du sort, Raphaël étendit promptement sur la table la serviette avec laquelle il avait mesuré naguère la Peau de chagrin. Sans rien écouter, il y superposa le talisman[2], et frissonna violemment en voyant une petite distance entre le contour tracé sur le linge et celui de la Peau.

– Hé bien ! qu'a-t-il donc ? s'écria Taillefer[3], il a sa fortune à bon compte.

– *Soutiens-le, Châtillon*[4], dit Bixiou à Émile[5], la joie va le tuer.

Une horrible pâleur dessina tous les muscles de la figure flétrie de cet héritier, ses traits se contractèrent, les saillies de son visage blanchirent, les creux devinrent sombres, le masque fut livide, et les yeux se fixèrent. Il voyait la MORT. Ce banquier splendide entouré de courtisanes fanées, de visages rassasiés, cette agonie de la joie, était une vivante image de sa vie. Raphaël regarda trois fois le talisman qui jouait à l'aise dans les impitoyables lignes imprimées sur la serviette, il essayait de douter ; mais un clair pressentiment anéantissait son incrédulité. Le monde lui appartenait, il pouvait tout et ne voulait plus rien. Comme un voyageur au milieu du désert, il avait un peu d'eau pour la soif et devait mesurer sa vie au nombre des gorgées. Il voyait ce que chaque désir devait lui coûter de jours.

Honoré de Balzac, *La Peau de chagrin*, 1831.

1. *se courrouce* : se met en colère
2. *talisman* : objet qui possède des pouvoirs magiques
3. *Taillefer* : le banquier chez qui se déroule le banquet
4. citation d'une tragédie de Voltaire, *Zaïre*, que les gens cultivés de l'époque connaissaient bien
5. *Émile* : ami de Raphaël

QUESTIONS

La progression du récit

1. Les réactions des personnages devant un événement permettent de comprendre l'importance de cet événement. Dans le dernier paragraphe, relevez les trois sentiments successifs de Raphaël.

Le rôle des témoins

2. Les réactions d'autres personnages suggèrent indirectement l'émotion du héros. Les réactions des convives donnent d'abord l'impression d'une menace. Montrez-le en analysant le lexique.

La menace

3. L'histoire est une tragédie. Pourquoi Raphaël voit-il une « agonie de la joie » dans l'image du banquier entouré de courtisanes ?

4. Quelle menace contient l'image des dernières lignes ?

Le Lys dans la vallée

1835-1836

Le *Lys dans la vallée* décrit l'amour passionné du jeune Félix de Vandenesse pour la belle Mme de Mortsauf. Il la rencontre à Tours, à l'occasion d'un bal. Ébloui par sa beauté, il ose l'embrasser.

▲ *Couple à la fenêtre*, peinture de Friedrich Kersting, en 1817.

Mes yeux furent tout à coup frappés par de blanches épaules rebondies sur lesquelles j'aurais voulu pouvoir me rouler, des épaules légèrement rosées qui semblaient rougir comme si elles se trouvaient nues pour la première fois, de pudiques épaules qui avaient une âme, et dont la peau satinée[1] éclatait à la lumière comme un tissu de soie. Ces épaules étaient partagées par une raie, le long de laquelle coula mon regard, plus hardi que ma main. Je me haussai tout palpitant pour voir le corsage et fus complètement fasciné par une gorge[2] chastement couverte d'une gaze[3], mais dont les globes azurés et d'une rondeur parfaite étaient douillettement couchés dans des flots de dentelle. Les plus légers détails de cette tête furent des amorces qui réveillèrent en moi des jouissances infinies : le brillant des cheveux lissés au-dessus d'un cou velouté comme celui d'une petite fille, les lignes blanches que le peigne y avait dessinées et où mon imagination courut comme en de frais sentiers, tout me fit perdre l'esprit. Après m'être assuré que personne ne me voyait, je me plongeai dans ce dos comme un enfant qui se jette dans le sein de sa mère, et je baisai toutes ces épaules en y roulant ma tête. Cette femme poussa un cri perçant, que la musique[4] empêcha d'entendre ; elle se retourna, me vit et me dit : « Monsieur ? » Ah ! si elle avait dit : « Mon petit bonhomme qu'est-ce qui vous prend donc ? » je l'aurais tuée, peut-être ; mais à ce *monsieur* ! des larmes chaudes jaillirent de mes yeux. Je fus pétrifié par un regard animé d'une sainte colère, par une tête sublime couronnée d'un diadème[5] de cheveux cendrés, en harmonie avec ce dos d'amour. La pourpre de la pudeur offensée étincela sur son visage, que désarmait déjà le pardon de la femme qui comprend une frénésie quand elle en est le principe, et devine des adorations infinies dans les larmes du repentir. Elle s'en alla par un mouvement de reine.

Honoré de Balzac, *Le Lys dans la vallée*, 1835-1836.

1. *satinée* : douce comme du satin
2. *une gorge* : une poitrine
3. *une gaze* : une dentelle légère
4. *la musique* : la scène a lieu pendant un bal
5. *diadème* : bandeau royal

QUESTIONS

La rencontre amoureuse

1. La rencontre amoureuse est à la fois mystère et évidence. Relevez l'ensemble des sensations exprimant l'émotion amoureuse. A-t-on les moyens de savoir si l'émotion est réciproque ?

L'aventure intérieure

2. L'aventure peut être une suite d'événements comme elle peut être un bouleversement intérieur. Relevez les marques du discours qui expriment ce bouleversement.

La découverte de la femme

3. La description de la femme suit un parcours inhabituel. Relevez les étapes de ce portrait.

4. Quelles réactions ce face à face provoque-t-il chez chacun des deux personnages ?

Le Père Goriot

À travers *La Comédie humaine,* qui rassemble quatre-vingt-quinze romans, Balzac peint la société de son époque. Certains personnages réapparaissent dans plusieurs romans. C'est le cas de Vautrin. Ce personnage agit dans l'ombre, nouant et dénouant les destinées. Ses pouvoirs semblent surnaturels et diaboliques. Dans *Le Père Goriot,* l'ancien bagnard, qui habite dans une pension, est recherché par la police.

En ce moment, l'on entendit le pas de plusieurs hommes, et le bruit de quelques fusils que des soldats firent sonner sur le pavé de la rue. Au moment où Collin[1] cherchait machinalement une issue en regardant les fenêtres et les murs, quatre hommes se montrèrent à la porte du salon. Le premier était le chef de la police de sûreté, les trois autres étaient des officiers de paix.

– Au nom de la loi et du roi, dit un des officiers dont le discours fut couvert par un murmure d'étonnement.

Bientôt le silence régna dans la salle à manger, les pensionnaires se séparèrent pour livrer passage à trois de ces hommes, qui tous avaient la main dans leur poche de côté et y tenaient un pistolet armé. Deux gendarmes qui suivaient les agents occupèrent la porte du salon, et deux autres se montrèrent à celle qui sortait par l'escalier. Le pas et les fusils de plusieurs soldats retentirent sur le pavé caillouteux qui longeait la façade. Tout espoir de fuite fut donc interdit à Trompe-la-Mort[2], sur qui tous les regards s'arrêtèrent irrésistiblement. Le chef alla droit à lui, commença par lui donner sur la tête une tape si violemment appliquée qu'il fit sauter la perruque et rendit à la tête de Collin toute son horreur. Accompagnées de cheveux rouge-brique et courts qui leur donnaient un épouvantable caractère de force mêlée de ruse, cette tête et cette face, en harmonie avec le buste, furent intelligemment illuminées comme si les feux de l'enfer les eussent éclairées. Chacun comprit tout Vautrin, son passé, son présent, son avenir, ses doctrines implacables, la religion de son bon plaisir, la royauté que lui donnaient le cynisme de ses pensées, de ses actes, et la force d'une organisation faite à tout. Le sang lui monta au visage, et ses yeux brillèrent comme ceux d'un chat sauvage. Il bondit sur lui-même par un mouvement empreint d'une si féroce énergie, il rugit si bien qu'il arracha des cris de terreur à tous les pensionnaires. À ce geste de lion, et s'appuyant de la clameur générale, les agents tirèrent leurs pistolets. Collin comprit son danger en voyant briller le chien[3] de chaque arme, et donna tout à coup la preuve de la plus haute puissance humaine. Horrible et majestueux spectacle ! sa physionomie présenta un phénomène qui ne peut être comparé qu'à celui de la chaudière pleine de cette vapeur fumeuse qui soulèverait des montagnes, et que dissout en un clin d'œil une goutte d'eau froide. La goutte d'eau qui froidit sa rage fut une réflexion rapide comme un éclair. Il se mit à sourire et regarda sa perruque.

▲ Vautrin, dit « Trompe-la-Mort ».

– Tu n'es pas dans tes jours de politesse, dit-il au chef de la police de sûreté. Et il tendit ses mains aux gendarmes en les appelant par un signe de tête. Messieurs les gendarmes, mettez-moi les menottes ou les poucettes[4]. Je prends à témoin les personnes présentes que je ne résiste pas.

Un murmure admiratif, arraché par la promptitude[5] avec laquelle la lave et le feu sortirent et rentrèrent dans ce volcan humain, retentit dans la salle.

– Ça te la coupe, monsieur l'enfonceur, reprit le forçat en regardant le célèbre directeur de la police judiciaire.

– Allons, qu'on se déshabille, lui dit l'homme de la petite rue Sainte-Anne d'un air plein de mépris.

– Pourquoi ? dit Collin, il y a des dames. Je ne nie rien, et je me rends.

Il fit une pause, et regarda l'assemblée comme un orateur qui va dire des choses surprenantes.

– Écrivez, papa Lachapelle, dit-il en s'adressant à un petit vieillard en cheveux blancs qui s'était assis au bout de la table après avoir tiré d'un portefeuille le procès-verbal de l'arrestation. Je reconnais être Jacques Collin, dit Trompe-la-Mort, condamné à vingt ans de fers ; et je viens de prouver que je n'ai pas volé mon surnom. Si j'avais seulement levé la main, dit-il aux pensionnaires, ces trois mouchards-là répandaient tout mon *raisiné* sur le *trimar*[6] domestique de maman Vauquer. Ces drôles se mêlent de combiner des guets-apens !

Honoré de Balzac, *Le Père Goriot*, 1835.

1. Collin : le vrai nom de Vautrin
2. Trompe-la-Mort : surnom de Vautrin quand il était au bagne
3. chien : partie du fusil qui, en se rabattant, provoque la mise à feu
4. poucettes : chaînette pour attacher les pouces d'un prisonnier
5. promptitude : rapidité
6. mon raisiné sur le *trimar :* mon sang sur le sol

QUESTIONS

La succession des événements

1. Un récit s'organise en phases successives. Quelles sont les étapes de cette arrestation ?

2. Le récit ménage plusieurs effets de surprise. Lesquels ?

3. Analysez la stratégie d'encerclement. Sous forme de tableau, associez les actions, les bruits, les silences.

Le maître du jeu

4. Vautrin devrait être vaincu, il est le maître du jeu. Analysez son portrait en relevant les comparaisons et les métaphores (lignes 15 à 37).

5. Repérez le temps de parole de chaque personnage. Qu'en concluez-vous ?

6. Étudiez les trois moments où Vautrin redresse manifestement la situation à son avantage.

Les figurants

7. La multiplication des figurants, acteurs ou témoins, est un moyen pour mettre en valeur le personnage principal. Combien de représentants de l'ordre font irruption dans la scène ?

8. Repérez les remarques concernant le comportement des témoins de la scène. Quel rôle joue chacun par rapport à Vautrin ?

Splendeurs et Misères des courtisanes

Dans *Splendeurs et Misères des courtisanes*, Lucien de Rubempré affronte un dilemme fréquent chez les héros de Balzac : conserver ses valeurs, ou les trahir pour satisfaire ses ambitions. Lucien choisit l'ambition, conseillé par Vautrin qui impose à Esther, amoureuse de Lucien, d'être la maîtresse du riche baron de Nucingen pour favoriser l'ascension sociale de celui qu'elle aime.

À cinq heures du soir, Esther fit une toilette de mariée. Elle mit sa robe de dentelle sur une jupe de satin blanc, elle eut une ceinture blanche, des souliers de satin blanc, et sur ses belles épaules une écharpe en point d'Angleterre[1]. Elle se coiffa en camélias[2] blancs naturels, en imitant une coiffure de jeune vierge. Elle montrait sur sa poitrine un collier de perles de trente mille francs donné par Nucingen. Quoique sa toilette fût finie à six heures, elle ferma sa porte à tout le monde, même à Nucingen. Europe[3] savait que Lucien devait être introduit dans la chambre à coucher. Lucien arriva sur les sept heures, Europe trouva moyen de le faire entrer chez madame sans que personne s'aperçût de son arrivée.

Lucien, à l'aspect d'Esther, se dit : « Pourquoi ne pas aller vivre avec elle à Rubempré[4], loin du monde, sans jamais revenir à Paris ?... J'ai cinq ans d'arrhes sur cette vie, et la chère créature est de caractère à ne jamais se démentir !... Et où trouver un pareil chef-d'œuvre ? »

« Mon ami, vous de qui j'ai fait mon dieu, dit Esther en pliant un genou sur un coussin devant Lucien, bénissez-moi... »

Lucien voulut relever Esther et l'embrasser en lui disant : « Qu'est-ce que c'est que cette plaisanterie, mon cher amour ? » Et il essaya de prendre Esther par la taille ; mais elle se dégagea par un mouvement qui peignait autant de respect que d'horreur.

« Je ne suis plus digne de toi, Lucien, dit-elle en laissant rouler des larmes dans ses yeux, je t'en supplie, bénis-moi et jure-moi d'établir à l'Hôtel-Dieu une fondation de deux lits... Car, pour des prières à l'église, Dieu ne me pardonnera jamais qu'à moi-même... Je t'ai trop aimé, mon ami. Enfin, dis-moi que je t'ai rendu heureux, et que tu penseras quelquefois à moi... dis ? » Lucien aperçut tant de solennelle bonne foi chez Esther qu'il resta pensif.

« Tu veux te tuer ! dit-il enfin d'un son de voix qui dénotait une profonde méditation.

– Non, mon ami, mais aujourd'hui, vois-tu, c'est la mort de la femme pure, chaste, aimante que tu as eue... Et j'ai bien peur que le chagrin ne me tue.

– Pauvre enfant, attends ! dit Lucien, j'ai fait depuis deux jours bien des efforts, j'ai pu parvenir jusqu'à Clotilde[5].

– Toujours Clotilde !... dit Esther avec un accent de rage concentrée.

– Oui, reprit-il, nous nous sommes écrit... Mardi matin, elle part, mais j'aurai sur la route d'Italie une entrevue avec elle, à Fontainebleau...

1. *écharpe en point d'Angleterre :* sorte de dentelle sur un fond de tulle
2. *camélias :* fleurs belles et précieuses d'un arbuste originaire d'Asie
3. *Europe :* la domestique
4. *Rubempré :* c'est le nom de Lucien, mais c'est aussi le nom du domaine familial en province, à l'abri des tentations parisiennes
5. *Clotilde :* Clotilde de Grandlieu, que Vautrin veut faire épouser par Lucien

▲ « Quand la mourante parut dans le salon, il se fit un cri d'admiration. Les yeux d'Esther renvoyaient à l'infini… ». Peinture de Chasseriau (1819-1856).

– Ah ! çà, que voulez-vous donc, vous autres, pour femmes ?… des voliges[6] !… cria la pauvre Esther. Voyons, si j'avais sept ou huit millions, ne m'épouserais-tu pas ?…

– Enfant ! j'allais te dire que si tout est fini pour moi, je ne veux pas d'autre femme que toi… »

Esther baissa la tête pour ne pas montrer sa soudaine pâleur et les larmes qu'elle essuya.

« Tu m'aimes ?… dit-elle en regardant Lucien avec une douleur profonde. Eh bien, voilà ma bénédiction. Ne te compromets pas, va par la porte dérobée et fais comme si tu venais de l'antichambre au salon. Baise-moi au front », dit-elle. Elle prit Lucien, le serra sur son cœur avec rage et lui dit : « Sors !… sors ou je vis. »

Quand la mourante parut dans le salon, il se fit un cri d'admiration. Les yeux d'Esther renvoyaient l'infini dans lequel l'âme se perdait en les voyant. Le noir bleu de sa chevelure fine faisait valoir les camélias. Enfin tous les effets que cette fille sublime avait cherchés furent obtenus. Elle n'eut pas de rivales. Elle parut comme la suprême expression du luxe effréné dont les créations l'entouraient. Elle fut d'ailleurs étincelante d'esprit. Elle commanda l'orgie avec la puissance froide et calme que déploie Habeneck au Conservatoire dans ces concerts où les premiers musiciens de l'Europe atteignent au sublime de l'exécution en interprétant Mozart et Beethoven. Elle observait cependant avec effroi que Nucingen mangeait peu, ne buvait pas, et faisait le maître de la maison. À minuit, personne n'avait sa raison. On cassa les verres pour qu'ils ne servissent plus jamais. Deux rideaux de pékin peint furent déchirés. Bixiou se grisa pour la seule fois de sa vie.

Honoré de Balzac, *Splendeurs et Misères des courtisanes*, 1838-1847.

6. *voliges* : planches minces qui ne retiennent rien ; ici femmes volages

QUESTIONS

Les séquences

1. Le récit peut se découper en plusieurs séquences. Il y a changement de séquence lorsqu'il y a changement de lieu ou de personnages : retrouvez les trois séquences de ce récit. Quelle évolution remarquez-vous ?

Les jalons prémonitoires

2. Un événement peut être suggéré par allusions pour créer un effet d'attente. Que suggère Balzac à propos d'Esther ? Relevez dans le texte les indices qui font allusion à une issue tragique.

Le jeu des contrastes

3. Pour compléter le portrait d'un personnage, le narrateur joue sur l'opposition des comportements. Quel adjectif est répété plusieurs fois (lignes 1 à 12) ? Que symbolise-t-il ?

Alexandre Dumas

Nom : Dumas Davy de la Pailleterie
Prénom : Alexandre
Naissance : le 24 juillet 1802, à Villers-Cotterêts, dans l'Aisne
Décès : le 5 décembre 1870, à Puys, près de Dieppe
Lieu : Paris
Situation familiale : marié, puis séparé, de nombreuses maîtresses et des enfants naturels
Professions : clerc d'avoué, bibliothécaire, directeur de son propre théâtre, directeur de son propre journal, romancier à succès
Amitiés : Gérard de Nerval, le révolutionnaire italien Garibaldi

Il a écrit

des pièces de théâtre parmi lesquelles :
Henri III et sa cour (1829),
Antony (1831) ;

des romans parmi lesquels :
Les Trois Mousquetaires (1844),
Le Comte de Monte-Cristo (1844),
Vingt ans après (1845),
La Reine Margot (1845),
Le Chevalier de Maison-Rouge (1845),
Le Vicomte de Bragelonne (1848),
La Tulipe noire (1850).

L'HOMME DE THÉÂTRE

Le général Dumas, père d'Alexandre, meurt en 1806 en laissant sa famille sans ressources. Alexandre est contraint de gagner sa vie, comme clerc d'avoué. Devenu employé de bureau à Paris, il s'absente souvent pour se consacrer aux études et à l'écriture, car il a décidé de devenir un grand écrivain. À vingt-deux ans, il publie quelques poèmes et des nouvelles. Mais c'est du théâtre qu'il attend la gloire et la richesse. Il écrit des vaudevilles, puis compose un drame historique : *Henri III et sa cour*. La pièce connaît un réel succès, un an avant le premier drame de Victor Hugo. Dès lors, et pour plusieurs années, Dumas apparaît comme un des chefs de file du théâtre romantique. Il multiplie les succès et jouit de la liberté que lui procure l'argent.

LE ROMANCIER À SUCCÈS

Auteur sollicité, fêté dans Paris, Dumas remplit les théâtres. Gérard de Nerval lui présente Auguste Maquet, un jeune professeur qui souhaite écrire les mémoires de d'Artagnan. Dumas mesure tout de suite l'intérêt de cette rencontre. Il propose une association à son interlocuteur. Leur collaboration permet de rédiger, en quelques années, les romans les plus célèbres, tous signés Alexandre Dumas. Car Dumas signe seul. Maquet s'accommode de cette situation pendant plus de quinze ans. La collaboration s'achève par un procès.

L'HOMME D'AFFAIRES

Ses réceptions fastueuses entament à peine sa fortune. Dumas fait construire le Théâtre Historique, pour représenter ses pièces et les transpositions de ses romans. Il fonde deux journaux, qui font faillite, tout comme son théâtre. Ruiné, poursuivi par ses créanciers, il doit quitter Paris. En 1858, à cinquante-six ans, il entreprend un voyage en Russie. L'année suivante, il rejoint le révolutionnaire Garibaldi en Italie. Il revient en France, quatre ans plus tard, après avoir été bibliothécaire et marchand d'armes. Alexandre Dumas meurt en 1870, à la charge de son fils et de sa fille, après avoir lancé en vain un nouveau journal.

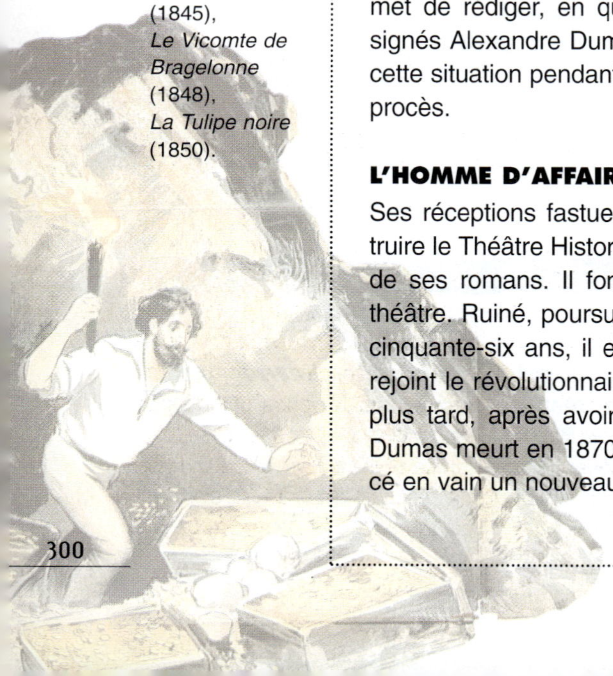

Le Comte de Monte-Cristo

1844

Edmond Dantès, injustement emprisonné de longues années, rompt avec la solitude. Son voisin de cellule vient de creuser un trou, lui parle à travers l'ouverture. De même que le héros, le lecteur s'interroge : qui est-il ?

Le soir le geôlier vint ; Dantès[1] était sur son lit ; de là il lui semblait qu'il gardait mieux l'ouverture inachevée ; sans doute il regarda le visiteur importun[2] d'un œil étrange, car celui-ci lui dit :

« Voyons, allez-vous redevenir encore fou ? »

Dantès ne répondit rien, il craignait que l'émotion de sa voix ne le trahît.

Le geôlier se retira en secouant la tête.

La nuit arrivée, Dantès crut que son voisin profiterait du silence de l'obscurité pour renouer la conversation avec lui, mais il se trompait ; la nuit s'écoula sans qu'aucun bruit répondît à sa fiévreuse attente. Mais le lendemain, après la visite du matin et comme il venait d'écarter son lit de la muraille, il entendit frapper trois coups à intervalles égaux ; il se précipita à genoux.

« Est-ce vous ? dit-il, me voilà !

– Votre geôlier est-il parti ? demanda la voix.

– Oui, répondit Dantès, il ne reviendra que ce soir ; nous avons douze heures de liberté.

– Je puis donc agir ? dit la voix.

– Oh ! oui, oui, sans retard, à l'instant même, je vous en supplie ! »

Aussitôt la portion de terre sur laquelle Dantès, à moitié perdu dans l'ouverture, appuyait ses deux mains, sembla céder sous lui ; il se rejeta en arrière, tandis qu'une masse de terre et de pierres détachées se précipitait dans un trou qui venait de s'ouvrir au-dessous de l'ouverture que lui-même avait faite ; alors, au fond de ce trou sombre et dont il ne pouvait mesurer la profondeur, il vit paraître une tête, des épaules et enfin un homme tout entier qui sortit avec assez d'agilité de l'excavation[3] pratiquée.

Alexandre Dumas, *Le Comte de Monte-Cristo*, 1844.

1. *Dantès :* nom du héros, qui devient Monte-Cristo après son évasion quand il se venge cruellement des ennemis qui l'ont fait emprisonner
2. *importun :* dérangeant
3. *excavation :* trou creusé dans la terre

QUESTIONS

Le point de vue

1. En découvrant la scène par l'intermédiaire du héros, le lecteur est sensible à ses états d'âme et à ses réactions. Pourquoi le narrateur dit-il « sans doute » quand il est question de « l'œil étrange » de Dantès ?

2. Dans le dernier paragraphe, retrouvez les étapes successives de l'apparition. Pourquoi cette précision dans le déroulement ?

Le cadre temporel

3. Les ralentissements et les accélérations, d'une séquence à l'autre, contribuent à exprimer la tension de l'attente. Quelles sont, dans ce passage, les trois séquences ?

4. À quelle durée correspond approximativement chaque séquence ?

5. Pour chaque séquence, comparez la durée et le nombre de lignes. Qu'en concluez-vous ?

La rencontre des personnages

6. Une rencontre différée crée une attente. Pourquoi la première remarque sur le voisin de cellule suscite-t-elle déjà la curiosité du lecteur ? Que connaît-on d'abord du nouveau personnage ?

7. Quelles différences de comportement perçoit-on, dans le dialogue, entre Dantès et son voisin ?

Les Trois Mousquetaires

ALEXANDRE DUMAS

Athos, Porthos et Aramis, mousquetaires du roi, ont provoqué d'Artagnan en duel. Les voilà tous réunis sur le lieu de rendez-vous. C'est alors que surgissent les gardes du cardinal, ennemis des mousquetaires.

Ce seul moment suffit à d'Artagnan pour prendre son parti : c'était là un de ces événements qui décident de la vie d'un homme, c'était un choix à faire entre le roi et le cardinal ; ce choix fait, il fallait y persévérer. Se battre, c'est-à-dire désobéir à la loi, c'est-à-dire risquer sa tête, c'est-à-dire se faire d'un seul coup l'ennemi d'un ministre plus puissant que le roi lui-même : voilà ce qu'entrevit le jeune homme, et, disons-le à sa louange, il n'hésita point une seconde. Se tournant donc vers Athos et ses amis :

– Messieurs, dit-il, je reprendrai, s'il vous plaît, quelque chose à vos paroles. Vous avez dit que vous n'étiez que trois, mais il me semble, à moi, que nous sommes quatre.

– Mais vous n'êtes pas des nôtres, dit Porthos.

– C'est vrai, répondit d'Artagnan ; je n'ai pas l'habit, mais j'ai l'âme. Mon cœur est mousquetaire, je le sens bien, Monsieur, et cela m'entraîne.

– Écartez-vous, jeune homme, cria Jussac[1], qui sans doute à ses gestes et à l'expression de son visage avait deviné le dessein de d'Artagnan. Vous pouvez vous retirer, nous y consentons. Sauvez votre peau ; allez vite.

D'Artagnan ne bougea point.

– Décidément vous êtes un joli garçon, dit Athos en serrant la main du jeune homme.

– Allons ! allons ! prenons un parti, reprit Jussac.

– Voyons, dirent Porthos et Aramis, faisons quelque chose.

– Monsieur est plein de générosité, dit Athos.

Mais tous trois pensaient à la jeunesse de d'Artagnan et redoutaient son inexpérience.

– Nous ne serons que trois, dont un blessé, plus un enfant, reprit Athos, et l'on n'en dira pas moins que nous étions quatre hommes.

– Oui, mais reculer ! dit Porthos.

– C'est difficile, reprit Athos.

D'Artagnan comprit leur irrésolution.

– Messieurs, essayez-moi toujours, dit-il, et je vous jure sur l'honneur que je ne veux pas m'en aller d'ici si nous sommes vaincus.

– Comment vous appelle-t-on, mon brave ? dit Athos.

– D'Artagnan, Monsieur.

– Eh bien ! Athos, Porthos, Aramis et d'Artagnan, en avant ! cria Athos.

– Eh bien ! voyons, Messieurs, vous décidez-vous à vous décider ? cria pour la troisième fois Jussac.

– C'est fait, Messieurs, dit Athos.

– Et quel parti prenez-vous ? demanda Jussac.

– Nous allons avoir l'honneur de vous charger, répondit Aramis en levant son chapeau d'une main et tirant son épée de l'autre.

– Ah ! vous résistez ! s'écria Jussac.

1. *Jussac* : commandant des gardes du cardinal de Richelieu
2. *Biscarat* : capitaine des mousquetaires du roi

– Sangdieu ! cela vous étonne ?

Et les neuf combattants se précipitèrent les uns sur les autres avec une furie qui n'excluait pas une certaine méthode.

Athos prit un certain Cahusac, favori du cardinal ; Porthos eut Biscarat[2] et Aramis se vit en face de deux adversaires.

Quant à d'Artagnan, il se trouva lancé contre Jussac lui-même.

Le cœur du jeune Gascon battait à lui briser la poitrine, non pas de peur, Dieu merci ! il n'en avait pas l'ombre, mais d'émulation ; il se battait comme un tigre en fureur, tournant dix fois autour de son adversaire, changeant vingt fois ses gardes et son terrain. Jussac était, comme on le disait alors, friand de la lame, et avait fort pratiqué ; cependant il avait toutes les peines du monde à se défendre contre un adversaire qui, agile et bondissant, s'écartait à tout moment des règles reçues, attaquant de tous côtés à la fois, et tout cela en parant en homme qui a le plus grand respect pour son épiderme.

Enfin cette lutte finit par faire perdre patience à Jussac. Furieux d'être tenu en échec par celui qu'il avait regardé comme un enfant, il s'échauffa et commença à faire des fautes. D'Artagnan, qui, à défaut de la pratique, avait une profonde théorie, redoubla d'agilité. Jussac, voulant en finir, porta un coup terrible à son adversaire en se fendant à fond ; mais celui-ci para prime, et tandis que Jussac se relevait, se glissant comme un serpent sous son fer, il lui passa son épée au travers du corps. Jussac tomba comme une masse.

Alexandre Dumas,
Les Trois Mousquetaires, 1844.

▲ « Mon cœur est mousquetaire, je le sens bien, Monsieur, et cela m'entraîne. »

QUESTIONS

Le déroulement de l'action

1. Le livre *Les Trois Mousquetaires* est un roman d'aventure. Le narrateur semble prendre fait et cause pour un personnage. Lequel ? Appuyez votre réponse sur des indices précis.

Le dialogue

2. Analysez le jeu des pronoms personnels dans la première intervention de d'Artagnan.

3. Relisez les lignes 27 et 28 : sont-ils trois ou quatre ? Pourquoi cette réplique est-elle importante ?

La construction du héros

4. Quels traits de caractère du héros révèlent les lignes 1 à 7 ?

5. Les paroles des autres personnages contiennent aussi des indices sur le héros. Que disent les mousquetaires sur d'Artagnan ?

Victor Hugo

Nom : Hugo
Prénom : Victor
Naissance : le 26 février 1802, à Besançon
Décès : le 22 mai 1885, à Paris
Lieux : Thionville, la place Royale à Paris
Situation familiale : marié avec Adèle Foucher, père de quatre enfants, une longue liaison avec la comédienne Juliette Drouet
Professions : pair de France, député, sénateur
Amitiés : Charles Nodier, Théophile Gautier, les écrivains romantiques et le critique Sainte-Beuve

LE CHEF DE FILE

Fils du général Léopold Hugo, à quatorze ans Victor Hugo écrit : « Je veux être Chateaubriand ou rien. » À vingt ans il publie un premier recueil de poèmes, bientôt suivi de deux autres. Mais c'est au théâtre qu'il connaît la gloire. S'opposant aux règles de la tragédie et de la comédie classiques, Hugo publie en 1827 la *Préface de Cromwell*. La pièce ne sera jamais représentée. Mais en appelant à la liberté du langage et de la création littéraire, en affirmant l'engagement de l'écrivain et la volonté de faire monter sur scène le monde contemporain et l'Histoire, la *Préface* s'impose comme le manifeste du théâtre romantique. Devenu chef de file des jeunes romantiques, Hugo triomphe sur la scène de la Comédie-Française avec *Hernani*.

L'HOMME ÉPROUVÉ

Hugo épouse à vingt ans Adèle Foucher, avec laquelle il a quatre enfants. Une longue liaison l'attache à Juliette Drouet. En septembre 1843, alors qu'il est en voyage avec elle, il apprend par le journal la mort de sa fille Léopoldine, noyée avec son mari dans la Seine, à Villequier. Son chagrin est immense. Hugo l'exprime dans de nombreux poèmes consacrés au souvenir de sa fille. En 1846, sensible au malheur et à la détresse des plus démunis, il commence à écrire *Les Misères*, première version de son roman *Les Misérables*.

LE PERSONNAGE POLITIQUE

Hugo participe de plus en plus activement à la vie politique. Élu à l'Académie française en 1841, nommé pair de France en 1845, il rencontre le roi Louis-Philippe à plusieurs reprises, monte à la tribune pour y prononcer des discours libéraux et humanistes. Au moment de la révolution de 1848, élu député de Paris à la Constituante, il refuse le ministère de l'Instruction publique que lui propose Lamartine. Hugo soutient la candidature du prince Louis-Napoléon à la présidence de la République. Mais le président déçoit ses attentes. Victor Hugo prend ses distances et dénonce farouchement l'ambition autoritaire du nouvel élu. Lorsque le prince Napoléon établit le Second Empire par un coup d'État, le 2 décembre 1851, Victor Hugo quitte Paris sous un faux nom.

Il a écrit avant 1850

des recueils de poèmes parmi lesquels : *Odes et Ballades* (1826), *Les Feuilles d'automne* (1831), *Les Chants du crépuscule* (1835), *Les Voix intérieures* (1837), *Les Rayons et les Ombres* (1840) ;

des pièces de théâtre parmi lesquelles : *Cromwell* (1827), *Hernani* (1830), *Le Roi s'amuse* (1832), *Lucrèce Borgia* (1833), *Marie Tudor* (1833), *Ruy Blas* (1838) ;

un roman : *Notre-Dame de Paris* (1831).

Hernani

1830

La pièce se déroule en 1519, en Espagne. L'action dure six mois et multiplie les changements de lieux. Ces entorses aux règles classiques provoquent une violente polémique. Mais Hernani est aussi un drame de l'amour ; si Dona Sol et Hernani s'aiment, un monde les sépare.

DONA SOL

Je vous suivrai.

HERNANI

Parmi mes rudes compagnons,
Proscrits[1] dont le bourreau sait d'avance les noms,
Gens dont jamais le fer ni le cœur ne s'émousse,
Ayant tous quelque sang à venger qui les pousse ?
Vous viendrez commander ma bande, comme on dit ?
Car, vous ne savez pas, moi, je suis un bandit !
Quand tout me poursuivait dans toutes les Espagnes,
Seule, dans ses forêts, dans ses hautes montagnes,
Dans ses rocs, où l'on n'est que de l'aigle aperçu,
La vieille Catalogne[2] en mère m'a reçu.
Parmi ses montagnards, libres, pauvres et graves,
Je grandis, et demain, trois mille de ses braves,
Si ma voix dans leurs monts fait résonner ce cor,
Viendront… – Vous frissonnez ! réfléchissez encor.
Me suivre dans les bois, dans les monts, sur les grèves,
Chez des hommes pareils aux démons de vos rêves,
Soupçonner tout, les yeux, les voix, les pas, le bruit,
Dormir sur l'herbe, boire au torrent, et la nuit
Entendre, en allaitant quelque enfant qui s'éveille,
Les balles des mousquets[3] siffler à votre oreille,
Être errante avec moi, proscrite, et s'il le faut
Me suivre où je suivrai mon père, – à l'échafaud.

DONA SOL

Je vous suivrai.

Victor Hugo, *Hernani*, Acte I, scène 2, 1830.

1. proscrit : personne frappée d'un décret de mort ou de bannissement, qui doit donc vivre cachée pour ne pas être arrêtée
2. Catalogne : province d'Espagne
3. mousquet : arme à feu portative qu'on appuyait sur une fourche pour tirer

QUESTIONS

Une scène d'exposition

1. La première scène permet de découvrir les personnages principaux et les éléments essentiels de l'intrigue. Dans les quatre premiers vers, Hernani présente ses partisans. Relevez les termes définissant successivement :
– leur statut social ;
– leur valeur personnelle ;
– leur but.

La construction du dialogue

2. Les tirades sont condamnées par le théâtre romantique, mais Hugo s'applique à les intégrer judicieusement au dialogue. Comment les deux répliques identiques de Dona Sol sont-elles stylistiquement reliées à la tirade ?

3. Un détail montre que le héros est attentif aux réactions de son interlocutrice. Lequel ?

Le héros romantique

4. Hernani est héros romantique : tourmenté, homme de la nuit, hantant des lieux et des climats sauvages. Retrouvez ces traits dans la description de sa vie.

5. Le héros romantique est un révolté. Relevez tous les éléments de révolte dans la description que Hernani fait de lui-même.

Notre-Dame de Paris

Au Moyen Âge, la cathédrale, au cœur de la ville, rassemble les foules. À la suite du personnage de Quasimodo, le bossu sonneur de cloches, le lecteur découvre le monde mystérieux de Notre-Dame de Paris.

Notre-Dame avait été successivement pour lui[1] selon qu'il grandissait et se développait, l'œuf, le nid, la maison, la patrie, l'univers.

Et il est sûr qu'il y avait une sorte d'harmonie mystérieuse et préexistante entre cette créature et cet édifice. Lorsque, tout petit encore, il se traînait tortueusement et par soubresauts sous les ténèbres de ses voûtes, il semblait, avec sa face humaine et sa membrure bestiale, le reptile naturel de cette dalle humide et sombre sur laquelle l'ombre des chapiteaux romans projetait tant de formes bizarres.

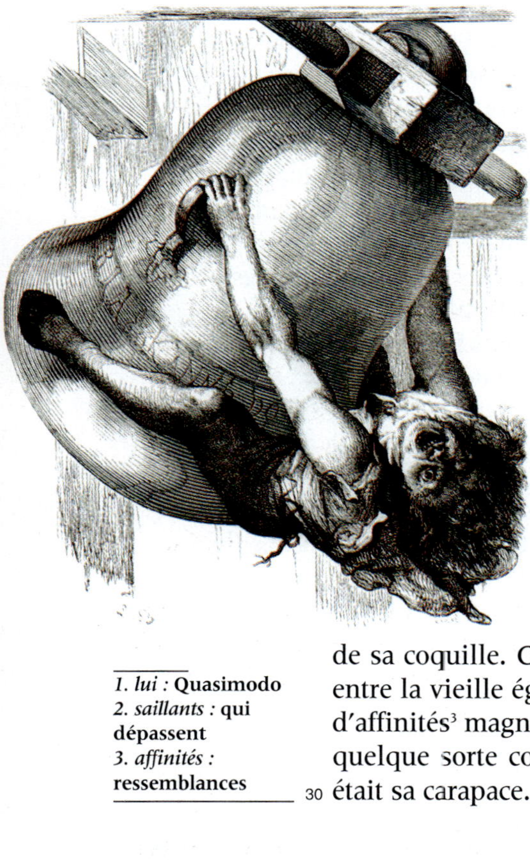

Plus tard, la première fois qu'il s'accrocha machinalement à la corde des tours, et qu'il s'y pendit, et qu'il mit la cloche en branle, cela fit à Claude, son père adoptif, l'effet d'un enfant dont la langue se délie et qui commence à parler.

C'est ainsi que peu à peu, se développant toujours dans le sens de la cathédrale, y vivant, y dormant, n'en sortant presque jamais, en subissant à toute heure la pression mystérieuse, il arriva à lui ressembler, à s'y incruster, pour ainsi dire, à en faire partie intégrante. Ses angles saillants[2] s'emboîtaient, qu'on nous passe cette figure, aux angles rentrants de l'édifice, et il en semblait, non seulement l'habitant, mais encore le contenu naturel. On pourrait presque dire qu'il en avait pris la forme, comme le colimaçon prend la forme de sa coquille. C'était sa demeure, son trou, son enveloppe. Il y avait entre la vieille église et lui une sympathie instinctive si profonde, tant d'affinités[3] magnétiques, tant d'affinités matérielles, qu'il y adhérait en quelque sorte comme la tortue à son écaille. La rugueuse cathédrale était sa carapace.

Victor Hugo, *Notre-Dame de Paris*, 1831.

1. *lui :* **Quasimodo**
2. *saillants :* **qui dépassent**
3. *affinités :* **ressemblances**

QUESTIONS

Le portrait

1. Le portrait de Quasimodo est développé de manière temporelle. Relevez les indicateurs de temps qui ponctuent le portrait.

2. À chaque indication de temps, associez un épisode ou un trait descriptif.

Les images du texte

3. Les images s'enchaînent. Analysez la progression : « l'œuf, le nid, la maison, la patrie, l'univers ».

4. Dans le dernier paragraphe, repérez toutes les expressions qui entretiennent l'image d'un animal réfugié dans « son trou ».

L'effet des images

5. Le sort de Quasimodo est lié à celui de la cathédrale. Relevez l'expression qui transforme Quasimodo en personnage de pierre.

6. Relevez et analysez tous les termes et expressions qui contribuent à personnifier la cathédrale.

Quasimodo est amoureux de la belle bohémienne Esméralda qui danse sur la place, devant la cathédrale. Après avoir tenté de l'enlever, il est condamné au pilori et la foule s'amuse à le voir attaché et prisonnier.

– À boire ! répéta pour la troisième fois Quasimodo pantelant[1].

En ce moment, il vit s'écarter la populace. Une jeune fille bizarrement vêtue sortit de la foule. Elle était accompagnée d'une petite chèvre blanche à cornes dorées et portait un tambour de basque à la main.

L'œil de Quasimodo étincela. C'était la bohémienne qu'il avait essayé d'enlever la nuit précédente, algarade[2] pour laquelle il sentait confusément qu'on le châtiait en cet instant même ; ce qui du reste n'était pas le moins du monde, puisqu'il n'était puni que du malheur d'être sourd et d'avoir été jugé par un sourd. Il ne douta pas qu'elle ne vînt se venger aussi, et lui donner son coup comme tous les autres.

Il la vit en effet monter rapidement l'échelle. La colère et le dépit le suffoquaient. Il eût voulu pouvoir faire crouler le pilori, et si l'éclair de son œil eût pu foudroyer, l'Égyptienne eût été mise en poudre avant d'arriver sur la plate-forme.

Elle s'approcha, sans dire une parole, du patient qui se tordait vainement pour lui échapper, et, détachant une gourde de sa ceinture, elle la porta doucement aux lèvres arides du misérable.

Alors, dans cet œil jusque-là si sec et si brûlé, on vit rouler une grosse larme qui tomba lentement le long de ce visage difforme et longtemps contracté par le désespoir. C'était la première peut-être que l'infortuné eût jamais versée.

Cependant il oubliait de boire. L'Égyptienne fit sa petite moue avec impatience, et appuya en souriant le goulot à la bouche dentue de Quasimodo. Il but à longs traits. Sa soif était ardente.

Quand il eut fini, le misérable allongea ses lèvres noires, sans doute pour baiser la belle main qui venait de l'assister. Mais la jeune fille, qui n'était pas sans défiance peut-être et se souvenait de la violente tentative de la nuit, retira sa main avec le geste effrayé d'un enfant qui craint d'être mordu par une bête.

Alors le pauvre sourd fixa sur elle un regard plein de reproche et d'une tristesse inexprimable.

Victor Hugo, *Notre-Dame de Paris*, 1831.

1. *pantelant :* qui respire avec peine, haletant
2. *algarade :* au sens classique et littéraire, attaque, assaut subit

QUESTIONS

Le point de vue

1. Victor Hugo cherche à rendre sensibles plusieurs points de vue. Quels sont les points de vue adoptés successivement ?

2. Quel est l'intérêt pour le lecteur de voir les points de vue se succéder ainsi ?

Le mystère

3. Esméralda fascine par son mystère. Le narrateur provoque deux effets de surprise à propos d'elle. Lesquels ?

4. Pourquoi l'auteur évite-t-il toute précision qui permettrait d'interpréter le comportement d'Esméralda ?

Le pathétique

5. Quasimodo ne s'exprime pas oralement mais on peut interpréter ses sentiments en analysant les gestes et les expressions du visage. Relevez et analysez ceux-ci.

6. En quoi peut-on qualifier cette scène de pathétique ?

Lucrèce Borgia

VICTOR HUGO

Victor Hugo établit les bases d'un théâtre à l'image de la vie. Au XVIe siècle, Lucrèce Borgia, cruelle princesse italienne, rencontre son fils Gennaro sans lui dire qui elle est. Don Alphonse, son mari, est persuadé que Gennaro est son amant. Haïssant la princesse pour ses nombreux méfaits, Gennaro commet le crime de retirer le B du nom Borgia gravé sur le mur du palais.

DON ALPHONSE[1]. – Le criminel est découvert.

DONA LUCREZIA[2]. – Vive Dieu ! s'il est découvert, comment se fait-il qu'il ne soit pas arrêté ?

DON ALPHONSE. – Il est arrêté, madame.

DONA LUCREZIA. – Sur mon âme, s'il est arrêté, d'où vient qu'il n'est pas encore puni ?

DON ALPHONSE. – Il va l'être. J'ai voulu d'abord avoir votre avis sur le châtiment.

DONA LUCREZIA. – Et vous avez bien fait, monseigneur ! – Où est-il ?

DON ALPHONSE. – Ici.

DONA LUCREZIA. – Ah, ici ! – Il me faut un exemple, entendez-vous, monsieur ? C'est un crime de lèse-majesté[3]. Ces crimes-là font toujours tomber la tête qui les conçoit et la main qui les exécute. – Ah ! il est ici ! Je veux le voir.

DON ALPHONSE. – C'est facile.

Appelant.

– Bautista !

L'huissier reparaît.

DONA LUCREZIA. – Encore un mot, monsieur, avant que le coupable soit introduit. – Quel que soit cet homme, fût-il de votre ville, fût-il de votre maison[4], don Alphonse, donnez-moi votre parole de duc couronné qu'il ne sortira pas d'ici vivant.

DON ALPHONSE. – Je vous la donne. – Je vous la donne, entendez-vous bien, madame ?

DONA LUCREZIA. – C'est bien. Eh ! sans doute, j'entends. Amenez-le maintenant. Que je l'interroge moi-même ! – Mon Dieu ! qu'est-ce que je leur ai donc fait à ces gens de Ferrare pour me persécuter ainsi ?

DON ALPHONSE, *à l'huissier*. – Faites entrer le prisonnier.

La porte du fond s'ouvre. On voit paraître Gennaro désarmé entre deux pertuisaniers[5]. [...]

DONA LUCREZIA, *à part*. – Gennaro !

DON ALPHONSE, *s'approchant d'elle, bas et avec un sourire.* – Est-ce que vous connaissez cet homme ?

DONA LUCREZIA, *à part*. – C'est Gennaro ! – Quelle fatalité, mon Dieu !

Elle le regarde avec angoisse. Il détourne les yeux.

GENNARO. – Monseigneur le duc, je suis un simple capitaine et je vous parle avec le respect qui convient. Votre Altesse m'a fait saisir dans mon logis ce matin. Que me veut-elle ?

DON ALPHONSE. – Seigneur capitaine, un crime de lèse-majesté humaine a été commis ce matin vis-à-vis la maison que vous habitez. Le nom de notre bien-aimée épouse et cousine dona Lucrezia Borgia a été inso-

◀ Gennaro.

1. *Don Alphonse :* **Alphonse Ier d'Este, duc régnant sur la ville de Ferrare de 1505 à 1534**
2. *Dona Lucrezia :* **Lucrèce Borgia, fille du pape Alexandre VI**
3. *crime de lèse-majesté :* **atteinte grave à la dignité du souverain**
4. *maison :* **personnes au service d'un maître**
5. *pertuisaniers :* **soldats portant une pertuisane, une arme des XVIe-XVIIe siècles**

lemment balafré[6], sur la face de notre palais ducal. Nous cherchons le coupable.

DONA LUCREZIA. – Ce n'est pas lui ! il y a méprise, don Alphonse. Ce n'est pas ce jeune homme !

DON ALPHONSE. – D'où le savez-vous ?

DONA LUCREZIA. – J'en suis sûre. Ce jeune homme est de Venise et non de Ferrare. Ainsi…

DON ALPHONSE. – Qu'est-ce que cela prouve ?

DONA LUCREZIA. – Le fait a eu lieu ce matin, et je sais qu'il a passé la matinée chez une nommée Fiametta[7].

GENNARO. – Non, madame.

DON ALPHONSE. – Vous voyez bien que Votre Altesse est mal renseignée. Laissez-moi l'interroger. – Capitaine Gennaro, êtes-vous celui qui a commis le crime ?

DONA LUCREZIA, *éperdue*. – On étouffe ici ! De l'air ! de l'air ! J'ai besoin de respirer un peu !

Elle va à la fenêtre, et, en passant à côté de Gennaro, elle lui dit bas et rapidement :

– Dis que ce n'est pas toi !

DON ALPHONSE, *à part*. – Elle lui a parlé bas.

GENNARO. – Duc Alphonse, les pêcheurs de Calabre[8] qui m'ont élevé, et qui m'ont trempé tout jeune dans la mer pour me rendre fort et hardi, m'ont enseigné cette maxime, avec laquelle on peut risquer souvent sa vie, jamais son honneur : – Fais ce que tu dis, dis ce que tu fais. – Duc Alphonse, je suis l'homme que vous cherchez.

DON ALPHONSE, *se tournant vers dona Lucrezia*. – Vous avez ma parole de duc couronné, madame…

Victor Hugo, *Lucrèce Borgia*, Acte II, scènes 2 et 3, 1833.

▲ Dona Lucrezia Borgia.

► Don Alphonse d'Este.

6. *balafré* : abîmé. Gennaro a retiré le « B » de Borgia, on peut donc lire le mot orgie

7. *Fiametta* : jeune fille aimée de Gennaro

8. *Calabre* : région du sud de l'Italie

QUESTIONS

La scène et l'Histoire

1. Les drames de Victor Hugo montrent une intrigue historique récente, par opposition aux thèmes antiques des tragédies classiques. Quels indices montrent que l'auteur respecte le contexte historique ?

2. Pour Hugo, le peuple est aussi digne de l'Histoire que le prince. Montrez-le en analysant les allusions à l'origine de Gennaro.

Le coup de théâtre

3. Les drames de Hugo contiennent de nombreux coups de théâtre qui modifient la situation. Le coup de théâtre est préparé par le dialogue qui précède. En étudiant les demandes successives de Lucrèce des lignes 2 à 22, expliquez comment elle s'enferme peu à peu dans une situation qui rend le coup de théâtre plus dramatique.

L'espace romantique

4. La scène est le lieu où se noue le drame. En analysant l'opposition entre l'intérieur et l'extérieur (lignes 19 et 59), expliquez comment l'auteur insiste sur l'idée que le drame se déroule sur la scène.

5. En étudiant l'entrée de Gennaro, à la didascalie des lignes 29-30, expliquez comment l'auteur dramatise le coup de théâtre aux yeux du public.

Prosper Mérimée

Nom : Mérimée
Prénom : Prosper
Naissance : le 27 septembre 1803, à Paris
Décès : le 23 septembre 1870, à Cannes
Lieux : la Corse, l'Espagne, la Grèce et le Moyen-Orient
Situation familiale : célibataire
Professions : chef de bureau, puis chef de cabinet ministériel, maître des requêtes au Conseil d'État, inspecteur général des monuments historiques, sénateur
Amitiés : Stendhal, Tourgueniev, Eugénie de Montijo, l'impératrice

Il a écrit

des nouvelles parmi lesquelles : *L'Enlèvement de la redoute* (1829), *Mateo Falcone* (1830), *Les Âmes du Purgatoire* (1834), *La Vénus d'Ille* (1837), *Colomba* (1840), *Carmen* (1845) ;

des récits documentaires parmi lesquels : *Notes de voyages* (de 1835 à 1840).

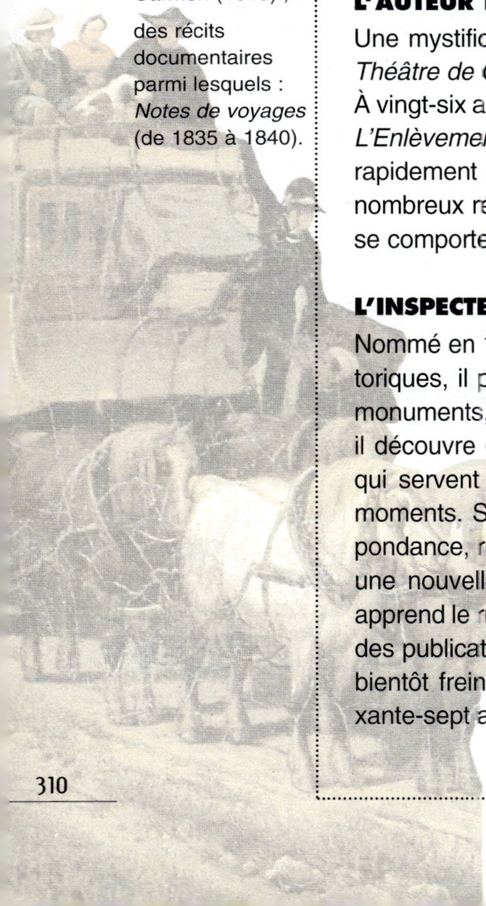

LE RÊVEUR

Tout jeune, à Paris, Mérimée laisse son imagination vagabonder sous les voûtes mystérieuses de l'école des Beaux-Arts où habite sa famille. Sa rêverie se nourrit des récits fantastiques que raconte son père. Sa mère montre un caractère austère. Stendhal dit à son sujet qu'elle est « susceptible d'attendrissement une fois par an ». Lycéen, Mérimée se passionne aussi bien pour les philosophes rationalistes du XVIIIe siècle que pour les sciences occultes. Après le baccalauréat, il entreprend des études de droit pour lesquelles il montre peu d'intérêt. Mérimée préfère écrire.

L'AUTEUR DE NOUVELLES

Une mystification lui assure un premier succès : il est lui-même l'auteur du *Théâtre de Clara Gazul*, qu'il affirme avoir découvert et traduit de l'espagnol. À vingt-six ans il commence à publier des nouvelles dans *La Revue de Paris* : *L'Enlèvement de la redoute, Mateo Falcone, Tamango...* Mérimée s'impose rapidement comme un maître du genre et, en quelques années, publie de nombreux récits. Il mène cependant une vie agitée, se bat en duel et avoue se comporter comme un « vaurien ».

L'INSPECTEUR DES MONUMENTS HISTORIQUES

Nommé en 1834, à trente et un ans, inspecteur général des monuments historiques, il prend sa tâche au sérieux et commence un tour de France des monuments, tout en continuant à écrire. Il va d'étonnement en étonnement : il découvre d'anciennes basiliques enfouies sous les ronces, des châteaux qui servent parfois de poulailler ou d'écurie. Il goûte ainsi de merveilleux moments. Son activité le conduit à multiplier les formes d'écriture : correspondance, récits de voyage, écrits érudits. Il voyage à l'étranger et se donne une nouvelle mission : faire découvrir aux Français la littérature russe. Il apprend le russe, traduit Pouchkine, devient l'ami de Tourgueniev, entreprend des publications sur la littérature et l'histoire russes. Cette effervescence est bientôt freinée par la maladie. Mérimée décède à Cannes, à l'âge de soixante-sept ans.

Carmen

1845

La nouvelle *Carmen* se développe comme une tragédie. On comprend dès le début que la passion amoureuse va conduire à la mort. Le narrateur, don José, supplie Carmen de l'aimer encore. Il ne peut maîtriser sa jalousie.

« Tu aimes donc Lucas[1] ? lui demandai-je.

– Oui, je l'ai aimé, comme toi, un instant, moins que toi peut-être. À présent, je n'aime plus rien, et je me hais pour t'avoir aimé.

Je me jetai à ses pieds, je lui pris les mains, je les arrosai de mes larmes. Je lui rappelai tous les moments de bonheur que nous avions passés ensemble. Je lui offris de rester brigand pour lui plaire. Tout, monsieur, tout ! je lui offris tout, pourvu qu'elle voulût m'aimer encore !

– Elle me dit : – T'aimer encore, c'est impossible. Vivre avec toi, je ne le veux pas. – La fureur me possédait. Je tirai mon couteau. J'aurais voulu qu'elle eût peur et me demandât grâce, mais, cette femme était un démon.

– Pour la dernière fois, m'écriai-je, veux-tu rester avec moi ?

– Non ! non ! non ! dit-elle en frappant du pied, et elle tira de son doigt une bague que je lui avais donnée, et la jeta dans les broussailles.

Je la frappai deux fois. C'était le couteau du Borgne[2] que j'avais pris, ayant cassé le mien. Elle tomba au second coup sans crier. Je crois encore voir son grand œil noir me regarder fixement ; puis il devint trouble et se ferma. Je restai anéanti une bonne heure devant ce cadavre. Puis, je me rappelai que Carmen m'avait dit souvent qu'elle aimerait à être enterrée dans un bois. Je lui creusai une fosse avec mon couteau, et je l'y déposai. Je cherchai longtemps sa bague, et je la trouvai à la fin. Je la mis dans la fosse auprès d'elle, avec une petite croix. Peut-être ai-je eu tort. Ensuite je montai sur mon cheval, je galopai jusqu'à Cordoue[3], et au premier corps de garde je me fis connaître. J'ai dit que j'avais tué Carmen ; mais je n'ai pas voulu dire où était son corps. L'ermite était un saint homme. Il a prié pour elle ! Il a dit une messe pour son âme... Pauvre enfant ! Ce sont les *Calé*[4] qui sont coupables pour l'avoir élevée ainsi. »

Prosper Mérimée, *Carmen*, 1845.

1. *Lucas* : un picador qui est devenu l'amant de Carmen.
2. *Le Borgne* : mari de Carmen que José a tué par jalousie
3. *Cordoue* : ville d'Andalousie
4. *Calé* : pluriel de calo, le noir ; nom des gitans

QUESTIONS

L'opposition

1. Les deux héros ont des conceptions de l'amour qui s'opposent. Pour Carmen, l'amour est éphémère. Expliquez les sens du verbe aimer chaque fois qu'il est prononcé par Carmen.

2. Des lignes 4 à 9, analysez l'opposition entre le comportement de José et la réponse de Carmen.

Le défi

3. Carmen préfère la mort à la perte de sa liberté. Elle défie José en connaissance de cause. Repérez, dans sa première réplique, les expressions les plus dures.

4. Que signifie « pour la dernière fois » (ligne 12) ? Comment expliquer la répétition du « non » dans la réponse de Carmen ?

Le dénouement

5. Le dénouement, c'est d'abord la mort. Quel sens donner au mot démon (ligne 11) ?

6. Pourquoi José n'a-t-il pas voulu dire où était le corps de Carmen ? Pourquoi a-t-il jeté la bague ?

7. Pourquoi dit-il « peut-être ai-je eu tort » ?

Gérard de Nerval

Nom : Labrunie
Prénom : Gérard
Pseudonyme : de Nerval
Naissance : le 22 mai 1808, à Paris
Décès : le 26 janvier 1855, à Paris
Lieux : Paris, la campagne du Valois, l'Allemagne
Situation familiale : célibataire
Profession : collabore à de nombreuses revues
Amitiés : Théophile Gautier, une grande passion pour l'actrice Jenny Colon

Il a écrit

des récits divers : *Voyage en Orient* (1851), *Sylvie* (1853), *Les Filles du feu* (1853), *Petits Châteaux de Bohème* (1853), *Aurélia* (1855) ;

un recueil de poèmes : *Les Chimères* (1854).

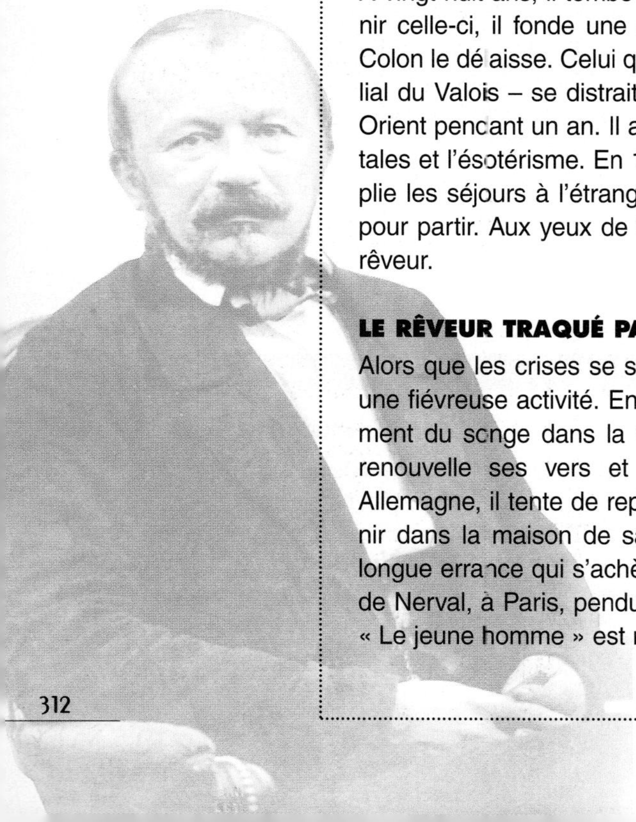

LE JEUNE ROMANTIQUE

Fils d'un médecin de la Grande Armée, Nerval passe les premières années de sa vie chez son oncle dans le Valois, « dans une campagne isolée au milieu des bois ». Après la mort de sa mère en Silésie, alors qu'elle rejoignait son mari, le jeune Gérard Labrunie s'installe à Paris au retour de son père. Il se lance alors furieusement dans la lecture et dans l'écriture, encouragé par son camarade Théophile Gautier. Il rencontre Victor Hugo et fréquente les romantiques. Contre l'avis de son père qui veut faire de lui un médecin, il publie ses poèmes et s'adonne à la traduction d'œuvres allemandes. Il écrit des critiques d'œuvres dramatiques dans des revues.

L'AMOUREUX MÉLANCOLIQUE

À vingt-huit ans, il tombe amoureux d'une actrice, Jenny Colon. Pour soutenir celle-ci, il fonde une revue et dilapide rapidement son héritage. Jenny Colon le délaisse. Celui qui signe désormais Nerval – du nom d'un clos familial du Valois – se distrait en voyageant, à travers l'Europe d'abord, puis en Orient pendant un an. Il avoue alors une fascination pour les religions orientales et l'ésotérisme. En 1841, il connaît une première crise de folie. Il multiplie les séjours à l'étranger : ses amis l'aident à trouver argent et missions pour partir. Aux yeux de tous, il reste « le jeune homme », mélancolique et rêveur.

LE RÊVEUR TRAQUÉ PAR LA FOLIE

Alors que les crises se succèdent, Nerval multiplie les publications, montre une fiévreuse activité. En lui le rêve et la vie se confondent, « cet épanchement du songe dans la vie réelle » est aussi une source d'inspiration qui renouvelle ses vers et ses récits. Au retour d'un pénible voyage en Allemagne, il tente de reprendre une existence autonome et refuse de revenir dans la maison de santé du docteur Blanche. Il commence alors une longue errance qui s'achève un matin de janvier 1855 : on découvre Gérard de Nerval, à Paris, pendu à la grille d'un escalier rue de la Vieille Lanterne. « Le jeune homme » est mort.

Odelettes

Les odelettes de Nerval sont des œuvres de jeunesse publiées dans différentes revues. Sur des sujets divers, ces poèmes annoncent les œuvres plus complexes de la maturité.

LE POINT NOIR

Quiconque a regardé le soleil fixement
Croit voir devant ses yeux voler obstinément
Autour de lui, dans l'air, une tache livide.

Ainsi, tout jeune encore et plus audacieux,
Sur la gloire un instant j'osai fixer les yeux :
Un point noir est resté dans mon regard avide.

Depuis, mêlée à tout comme un signe de deuil,
Partout, sur quelque endroit que s'arrête mon œil,
Je la vois se poser aussi, la tache noire !

Quoi, toujours ? Entre moi sans cesse et le bonheur !
Oh ! c'est que l'aigle seul – malheur à nous, malheur ! –
Contemple impunément le Soleil et la Gloire.

Gérard de Nerval, *Odelettes*, 1833.

QUESTIONS

Le jeu des rimes

1. La rime permet de donner du sens à la rencontre des mots. Retrouvez le schéma des rimes dans ce poème. Sur quelle progression s'appuie-t-il ?

2. À « audacieux »/« yeux » répond un peu plus loin « deuil »/« œil » : analysez l'évolution d'un couple de mots à l'autre.

3. Entre « gloire » et « noire », la rime crée une relation de sonorité. Analysez le symbole que recouvre ce rapprochement.

Le symbole

4. Le symbole, même annoncé, reste souvent mystérieux chez Nerval. La menace peut être celle de la mort. Quels termes font penser à la mort dans ce poème ?

5. Qu'est-ce que la Gloire dont il est question dans le poème, à votre avis ?

6. Que peut représenter l'aigle évoqué au vers 11 ?

7. Pourquoi « Soleil » et « Gloire » commencent-ils par une majuscule au dernier vers ?

Le lyrisme

8. Il s'agit d'un lyrisme universel. Pourquoi est-il absent au début et à la fin du poème ?

9. Complétez et poursuivez le tableau suivant pour analyser l'expérience du poète et sa généralisation.

Verbes	Valeur du temps
« a regardé »	....
« croit »	....
« j'osai »	....
« est resté »	....

Sylvie

185

Le narrateur apprend qu'une fête a lieu à Loisy, dans le Valois. Il se souvient y avoir vécu des heures féeriques. Chemin faisant, il rêve au passé : chez une tante, le narrateur et Sylvie avaient pour jouer revêtu les vêtements de son mariage.

Un instant après, nous déroulions des bas de soie rose tendre à coins verts ; mais la voix de la tante, accompagnée du frémissement de la poêle, nous rappela soudain à la réalité. « Descendez vite ! » dit Sylvie, et quoi que je pusse dire, elle ne me permit pas de l'aider à se chausser. Cependant la tante venait de verser dans un plat le contenu de la poêle, une tranche de lard frite avec des œufs. La voix de Sylvie me rappela bientôt. « Habillez-vous vite ! » dit-elle, et entièrement vêtue elle-même, elle me montra les habits de noces du garde-chasse[1] réunis sur la commode. En un instant, je me transformai en marié de l'autre siècle. Sylvie m'attendait sur l'escalier, et nous descendîmes tous deux en nous tenant par la main. La tante poussa un cri en se retournant : « Ô mes enfants ! » dit-elle, et elle se mit à pleurer, puis sourit à travers ses larmes. – C'était l'image de sa jeunesse, – cruelle et charmante apparition ! Nous nous assîmes auprès d'elle, attendris et presque graves, puis la gaieté nous revint bientôt, car, le premier moment passé, la bonne vieille ne songea plus qu'à se rappeler les fêtes pompeuses de sa noce. Elle retrouva même dans sa mémoire les chants alternés, d'usage alors, qui se répondaient d'un bout à l'autre de la table nuptiale, et le naïf épithalame[2] qui accompagnait les mariés rentrant après la danse. Nous répétions ces strophes si simplement rythmées, avec les hiatus et les assonances du temps ; amoureuses et fleuries comme le cantique de l'Ecclésiaste[3] ; – nous étions l'époux et l'épouse pour tout un beau matin d'été.

Gérard de Nerval, *Sylvie*, 1853.

1. *garde-chasse :* le mari de la tante
2. *épithalame :* chez les Grecs anciens, chant de mariage
3. *cantique de l'Ecclésiaste :* texte de la Bible, appelé « le cantique des cantiques », poème d'amour recouvrant de nombreux symboles

QUESTIONS

La relation au réel

1. Le narrateur hésite entre le monde du rêve et le monde réel. Des personnages simples, quotidiens, l'aident à reprendre contact avec la réalité. Que fait la tante pendant qu'ils se déguisent ? Pourquoi le narrateur choisit-il d'évoquer son activité ?

2. Quel rapprochement peut-on faire entre « la voix de la tante » et « le frémissement de la poêle » ?

Le rituel

3. Le déguisement contribue à la magie : il transforme le jeu en rituel et crée une métamorphose. Analysez en quoi les termes suivants contribuent à l'impression de magie : « je me transformai » (l. 9) ; « charmante » (l. 13) ; « apparition » (l. 13).

4. Repérez dans le comportement de Sylvie et du narrateur les indices d'un rituel.

La relation au passé

5. Le narrateur commence par superposer deux strates du passé. Expliquez la phrase : « C'était l'image de sa jeunesse ».

6. Puis d'autres strates du passé s'ajoutent à celui des personnages. Pourquoi le narrateur évoque-t-il les chants traditionnels ? Pourquoi utilise-t-il le terme « épithalame » ?

Les Chimères

1854

Les poèmes des *Chimères* baignent dans une lumière étrange, mystérieuse. El Desdichado, qui signifie le déshérité, c'est-à-dire celui qui n'a rien, représente la figure symbolique du poète.

El Desdichado

Je suis le ténébreux, – le veuf, – l'inconsolé,
Le Prince d'Aquitaine à la tour abolie :
Ma seule *étoile* est morte, – et mon luth[1] constellé
Porte le *soleil noir* de la *Mélancolie.*

Dans la nuit du tombeau, toi qui m'as consolé,
Rends-moi le Pausilippe[2] et la mer d'Italie,
La *fleur* qui plaisait tant à mon cœur désolé,
Et la treille où le pampre à la rose s'allie.

Suis-je Amour ou Phœbus[3] ?... Lusignan[4] ou Biron[5] ?
Mon front est rouge encor du baiser de la reine ;
J'ai rêvé dans la grotte où nage la sirène...

Et j'ai deux fois vainqueur traversé l'Achéron[6] :
Modulant tour à tour sur la lyre d'Orphée
Les soupirs de la sainte et les cris de la fée.

Gérard de Nerval, *Les Chimères*, 1854.

1. *luth :* instrument de musique
2. *Pausilippe :* promontoire près de Naples, et souvenir d'une rencontre féminine
3. *Phœbus :* Apollon
4. *Lusignan :* roi de Chypre qui aurait épousé la fée Mélusine
5. *Biron :* ancienne famille dont Nerval imaginait être le descendant
6. *Achéron :* fleuve des enfers qu'Orphée a traversé deux fois pour ramener son amour Eurydice, au son de sa lyre

QUESTIONS

Le « déshérité »

1. Le « déshérité », c'est celui qui a tout perdu. De quelles pertes est-il successivement question dans le premier, le deuxième et le quatrième vers ?

2. Au début du poème, la mort l'environne. Retrouvez tout ce qui peut faire allusion à la mort dans la première strophe.

3. À votre avis, retrouve-t-il l'amour perdu ?

Le parcours initiatique

4. Le poème veut traduire une expérience mystique. Le déshérité accède à ses propres souvenirs. Ensuite, le rêve le conduit au souvenir universel, et il sort vainqueur de la mort. Retrouvez dans le poème les étapes de ce parcours initiatique.

5. On ne peut pas savoir à qui il s'adresse dans la deuxième strophe. Quel effet cela produit-il ?

Du souvenir au rêve

6. La perte d'identité permet au poète de rejoindre le passé et les mythes. En vous aidant des notes, retrouvez à quelles traditions successives appartiennent :
– le thème de l'Amour et Phébus, celui de Lusignan, celui de Biron ;
– le thème de la reine et le thème de la sirène ;
– le thème de la sainte et le thème de la fée.

Alfred de Musset

Nom : Musset
Prénom : Alfred
Naissance : le 11 décembre 1810, à Paris
Décès : le 2 mai 1857, à Paris
Lieux : Paris, Venise
Situation familiale : célibataire, une liaison tumultueuse avec George Sand
Professions : vit de la fortune familiale et de ses travaux d'écriture, bibliothécaire
Amitiés : le duc de Chartres, fils du futur Louis-Philippe ; Alfred de Vigny

Il a écrit

des pièces de théâtre : *La Nuit vénitienne* (1830), *Les Caprices de Marianne* (1833), *Fantasio* (1834), *Lorenzaccio* (1834), *On ne badine pas avec l'amour* (1834) ;

des poèmes : *Rolla* (1833), *La Nuit de mai*, *La Nuit de décembre* (1835) ;

un récit autobiographique : *Les Confessions d'un enfant du siècle* (1836).

LE DANDY

Alfred de Musset passe une enfance heureuse sur laquelle veillent des parents attentifs. Mais les projets de ses parents ne l'intéressent pas : il ne veut être ni avocat, ni avoué, ni médecin. Il mène une vie insouciante aux côtés de compagnons fortunés et oisifs. Il apparaît comme un dandy brillant qui court les cafés à la mode, se précipite vers les plaisirs de la vie mondaine. Musset adhère alors au mouvement romantique et observe d'un œil amusé ses batailles.

LE POÈTE AMOUREUX

En 1830, sa première pièce, *La Nuit vénitienne*, est sifflée par le public. Profondément blessé par cet échec, Musset destine désormais son théâtre à être lu : il publie ainsi *Spectacle dans un fauteuil* dans *La Revue des deux mondes*. À la même époque, l'écrivain rencontre George Sand et ils partent tous les deux à Venise. Arrivé dans la cité des Doges, Musset tombe malade. Alité, le jeune écrivain voit avec désespoir sa compagne se détacher de lui. Il revient seul à Paris. George Sand le rejoint, et les tourments de leur liaison orageuse se poursuivent pendant deux ans, jusqu'en 1835. L'expérience intense et douloureuse de cette violente passion amoureuse nourrira toute son œuvre.

L'HOMME EXTÉNUÉ

À trente ans, Musset intitule une nouvelle autobiographique *Le Poète déchu*. Sa santé se dégrade en effet ; exténué par l'alcool, les plaisirs et les abus, il tombe gravement malade. Il écrit peu, glisse désormais dans une indifférence lasse. Son entrée à l'Académie française, sa nomination comme bibliothécaire au ministère de l'Instruction publique, ne suffisent pas à lui redonner le goût du travail. L'effervescence politique de 1848 ne le concerne guère. Son théâtre, cependant, commence à être représenté. Alfred de Musset meurt durant son sommeil, à quarante-sept ans, le 2 mai 1857. Une trentaine de personnes seulement suivent son convoi funèbre.

Les Caprices de Marianne 1833

Dans *Les Caprices de Marianne*, l'opposition entre Cœlio et Octave est un ressort essentiel de l'intrigue. Ils incarnent respectivement l'amoureux romantique exalté par la passion, et l'insouciant qui s'adonne à la débauche.

CŒLIO, *rentrant*. – Malheur à celui qui, au milieu de la jeunesse, s'abandonne à un amour sans espoir ! Malheur à celui qui se livre à une douce rêverie, avant de savoir où sa chimère[1] le mène, et s'il peut être payé de retour ! Mollement couché dans une barque, il s'éloigne peu à peu de la rive ; il aperçoit au loin des plaines enchantées, de vertes prairies et le mirage léger de son Eldorado[2]. Les vents l'entraînent en silence, et quand la réalité le réveille, il est aussi loin du but où il aspire que du rivage qu'il a quitté ; il ne peut plus ni poursuivre sa route ni revenir sur ses pas. *(On entend un bruit d'instruments.)* Quelle est cette mascarade ? N'est-ce pas Octave que j'aperçois ? *(Entre Octave.)*

OCTAVE. – Comment se porte, mon bon monsieur, cette gracieuse mélancolie ?

CŒLIO. – Octave ! ô fou que tu es ! tu as un pied de rouge[3] sur les joues ! – D'où te vient cet accoutrement ? N'as-tu pas de honte en plein jour ?

OCTAVE. – Ô Cœlio ! fou que tu es ! tu as un pied de blanc sur les joues ! – D'où te vient ce large habit noir ? N'as-tu pas de honte en plein carnaval[4] ?

CŒLIO. – Quelle vie que la tienne ! Ou tu es gris ou je le suis moi-même.

OCTAVE. – Ou tu es amoureux, ou je le suis moi-même.

CŒLIO. – Plus que jamais de la belle Marianne.

OCTAVE. – Plus que jamais de vin de Chypre.

CŒLIO. – J'allais chez toi quand je t'ai rencontré.

OCTAVE. – Et moi aussi j'allais chez moi. Comment se porte ma maison ? Il y a huit jours que je ne l'ai vue.

CŒLIO. – J'ai un service à te demander.

OCTAVE. – Parle, Cœlio, mon cher enfant. Veux-tu de l'argent ? Je n'en ai plus. Veux-tu des conseils ? Je suis ivre. Veux-tu mon épée, voilà une botte d'arlequin. Parle, parle, dispose de moi.

Alfred de Musset, *Les Caprices de Marianne*, 1833.

1. *chimère* : projet irréalisable
2. *Eldorado* : « le doré », en espagnol, désigne un pays de rêve
3. *un pied de rouge* : une couche épaisse de maquillage
4. *carnaval* : carnaval de Venise

QUESTIONS

La scène d'exposition

1. L'opposition entre les personnages est un ressort de l'intrigue. Dans chaque réplique d'Octave, isolez ce qui change par rapport à la réplique de Cœlio.

2. Quelles informations cette technique apporte au spectateur ?

Le comique de répétition

3. Musset utilise le procédé comique de la répétition. Repérez les répétitions. Quelle est la fonction d'Octave dans cette scène ?

4. Quelle influence la répétition a-t-elle sur le sens que le spectateur attribue aux propos de Cœlio ?

L'exaltation romantique

5. Quel pronom personnel sujet Cœlio emploie-t-il dans son monologue ? Quel effet cette utilisation produit-elle ?

6. Expliquez le sens de la métaphore de Cœlio. Que penser de sa présence dans un monologue ?

On ne badine pas avec l'amour

Perdican et Camille tardent à découvrir et à s'avouer leur amour. Le drame s'inscrit dans ce retard. Pour Camille, qui a étudié dans un couvent, les hommes sont fourbes et infidèles.

PERDICAN. – Sais-tu ce que c'est que ces nonnes, malheureuse fille ? Elles qui te représentent l'amour des hommes comme un mensonge, savent-elles qu'il y a pis encore, le mensonge de l'amour divin ? Savent-elle que c'est un crime qu'elles font, de venir chuchoter à une vierge des paroles de femme ? Ah ! comme elles t'ont fait la leçon ! Comme j'avais prévu tout cela quand tu t'es arrêtée devant le portrait de notre vieille tante[1] ! Tu voulais partir sans me serrer la main ; tu ne voulais revoir ni ce bois ni cette pauvre petite fontaine qui nous regarde tout en larmes ; tu reniais les jours de ton enfance, et le masque de plâtre que les nonnes t'ont plaqué sur les joues me refusait un baiser de frère ; mais ton cœur a battu ; il a oublié sa leçon, lui qui ne sait pas lire, et tu es revenue t'asseoir sur l'herbe où nous voilà. Eh bien ! Camille, ces femmes ont bien parlé ; elles t'ont mise dans le vrai chemin ; il pourra m'en coûter le bonheur de ma vie ; mais dis-leur cela de ma part : le ciel n'est pas pour elles.

CAMILLE. – Ni pour moi, n'est-ce pas ?

PERDICAN. – Adieu, Camille, retourne à ton couvent, et lorsqu'on te fera de ces récits hideux qui t'ont empoisonnée, réponds ce que je vais te dire : « Tous les hommes sont menteurs, inconstants, faux, bavards, hypocrites, orgueilleux et lâches, méprisables et sensuels ; toutes les femmes sont perfides, artificieuses, vaniteuses, curieuses et dépravées ; le monde n'est qu'un égout sans fond où les phoques les plus informes rampent et se tordent sur des montagnes de fange[2] mais il y a au monde une chose sainte et sublime, c'est l'union de deux de ces êtres si imparfaits et si affreux. On est souvent trompé en amour, souvent blessé et souvent malheureux ; mais on aime, et quand on est sur le bord de sa tombe, on se retourne pour regarder en arrière, et on se dit : – J'ai souffert souvent, je me suis trompé quelquefois, mais j'ai aimé. C'est moi qui ai vécu, et non pas un être factice créé par mon orgueil et mon ennui. » *(Il sort.)*

Alfred de Musset, *On ne badine pas avec l'amour*, 1834.

▲ Le costume de Camille, dessiné par la styliste Françoise Chevalier.

1. Camille et Perdican sont cousins
2. *fange* : boue

QUESTIONS

La fausseté

1. Pour Musset, les êtres humains peinent à être authentiques et Perdican est son porte-parole. Relevez dans le texte tous les termes évoquant une forme de fausseté, en notant, chaque fois, qui est accusé.

Le conflit

2. Le personnage use de tous les moyens de persuasion. Relevez et analysez les termes à connotations négatives dans les propos de Perdican sur les « nonnes ».

3. À la ligne 13, quel ton Perdican emploie-t-il ?

La rupture du dialogue

4. Le conflit non résolu culmine dans la rupture du dialogue. À votre avis, pourquoi Perdican ne répond-il pas à Camille (ligne 17) ?

5. Pourquoi la scène se termine-t-elle ainsi ?

Lorenzaccio

Lorenzo a tué le tyran Alexandre. Mais cette action se révèle un échec : le peuple ne s'est pas insurgé, le tyran va être remplacé par un autre, et la tête de Lorenzo est mise à prix. Il ne lui reste plus qu'à mourir à son tour.

PHILIPPE. – N'avez-vous pas été heureux autrement que par ce meurtre ? Quand vous ne devriez faire désormais qu'un honnête homme, pourquoi voudriez-vous mourir ?

LORENZO. – Je ne puis que vous répéter mes propres paroles : Philippe, j'ai été honnête. Peut-être le redeviendrais-je sans l'ennui qui me prend. J'aime encore le vin et les femmes ; c'est assez, il est vrai, pour faire de moi un débauché, mais ce n'est pas assez pour me donner envie de l'être. Sortons, je vous en prie.

PHILIPPE. – Tu te feras tuer dans toutes ces promenades.

LORENZO. – Cela m'amuse de les voir. La récompense est si grosse qu'elle les rend presque courageux. Hier, un grand gaillard à jambes nues m'a suivi un gros quart d'heure au bord de l'eau, sans pouvoir se déterminer à m'assommer. Le pauvre homme portait une espèce de couteau long comme une broche ; il le regardait d'un air si penaud qu'il me faisait pitié ; c'était peut-être un père de famille qui mourait de faim.

PHILIPPE. – Ô Lorenzo, Lorenzo ! ton cœur est très malade. C'était sans doute un honnête homme : pourquoi attribuer à la lâcheté du peuple le respect pour les malheureux ?

LORENZO. – Attribuez cela à ce que vous voudrez. Je vais faire un tour au Rialto[1]. *(Il sort.)*

PHILIPPE, *seul.* – Il faut que je le fasse suivre par quelqu'un de mes gens. Holà ! Jean ! Pippo ! holà ! *(Entre un domestique.)* Prenez une épée, vous et un autre de vos camarades, et tenez-vous à distance convenable du seigneur Lorenzo, de manière à pouvoir le secourir si on l'attaque.

JEAN. – Oui, monseigneur. *(Entre Pippo.)*

PIPPO. – Monseigneur, Lorenzo est mort. Un homme était caché derrière la porte, qui l'a frappé par-derrière comme il sortait.

PHILIPPE. – Courons vite ; il n'est peut-être que blessé.

PIPPO. – Ne voyez-vous pas tout ce monde ? Le peuple s'est jeté sur lui. Dieu de miséricorde ! on le pousse dans la lagune.

PHILIPPE. – Quelle horreur ! quelle horreur ! Eh quoi ! pas même un tombeau ? *(Il sort.)*

Alfred de Musset, *Lorenzaccio*, Acte V, scène 6, 1834.

1. *Rialto* : pont de marbre qui enjambe le Canal-Grande à Venise, ville où Lorenzo s'est réfugié après le meurtre

QUESTIONS

L'ultime instant

1. La dernière apparition du héros fixe définitivement son image. Quelle impression donne l'emploi du passé composé aux lignes 1 et 5 ?

2. Quel est l'obstacle fondamental à tout avenir heureux ?

Le dialogue inutile

3. Rien ne peut s'opposer au dénouement tragique. Quel rôle Philippe cherche-t-il à jouer dans la première réplique ? Lorenzo refuse de lui laisser jouer ce rôle : à quoi le voit-on ?

Le dénouement

4. Il s'inscrit résolument en rupture avec le dénouement grandiose des tragédies : la mort du héros est dérisoire. Relevez dans le récit du meurtre tous les détails qui en font une mort sans gloire.

La Nuit de décembre

Musset éprouve douloureusement l'expérience du double : il a alors l'impression qu'un autre lui-même se tient auprès de lui. Le double, tel que l'imagine le poète, donne à la vie la dimension d'un destin tragique.

Du temps que j'étais écolier,
Je restais un soir à veiller
Dans notre salle solitaire.
Devant ma table vint s'asseoir
Un pauvre enfant vêtu de noir,
Qui me ressemblait comme un frère.

Son visage était triste et beau.
À la lueur de mon flambeau,
Dans mon livre ouvert il vint lire.
Il pencha son front sur ma main,
Et resta jusqu'au lendemain,
Pensif, avec un doux sourire.

Comme j'allais avoir quinze ans,
Je marchais un jour, à pas lents,
Dans un bois, sur une bruyère.
Au pied d'un arbre vint s'asseoir
Un jeune homme vêtu de noir,
Qui me ressemblait comme un frère.

Je lui demandai mon chemin ;
Il tenait un luth[1] d'une main,
De l'autre un bouquet d'églantine[2].
Il me fit un salut d'ami,
Et, se détournant à demi,
Me montra du doigt la colline.

À l'âge où l'on croit à l'amour,
J'étais seul dans ma chambre un jour,
Pleurant ma première misère.
Au coin de mon feu vint s'asseoir
Un étranger vêtu de noir,
Qui me ressemblait comme un frère.

Il était morne et soucieux ;
D'une main il montrait les cieux,
Et de l'autre il tenait un glaive.
De ma peine il semblait souffrir,
Mais il ne poussa qu'un soupir,
Et s'évanouit comme un rêve.

À l'âge où l'on est libertin,
Pour boire un toast en un festin,
Un jour je soulevai mon verre.

1. *luth* : instrument de musique symbolisant la poésie
2. *églantine* : ce qu'on offre au poète vainqueur
3. *myrte* : plante de Vénus, la déesse de l'amour
4. *débile* : faible

En face de moi vint s'asseoir
Un convive vêtu de noir,
Qui me ressemblait comme un frère.

Il secouait sous son manteau
Un haillon de pourpre en lambeau,
Sur sa tête un myrte[3] stérile.
Son bras maigre cherchait le mien,
Et mon verre, en touchant le sien,
Se brisa dans ma main débile[4].

Un an après, il était nuit,
J'étais à genoux près du lit
Où venait de mourir mon père.
Au chevet du lit vint s'asseoir
Un orphelin vêtu de noir,
Qui me ressemblait comme un frère.

Ses yeux étaient noyés de pleurs ;
Comme les anges de douleurs,
Il était couronné d'épine ;
Son luth à terre était gisant,
Sa pourpre de couleur de sang,
Et son glaive dans sa poitrine.

Je m'en suis si bien souvenu,
Que je l'ai toujours reconnu
À tous les instants de ma vie.
C'est une étrange vision,
Et cependant, ange ou démon,
J'ai vu partout cette ombre amie.

Alfred de Musset, *La Nuit de décembre*, 1835.

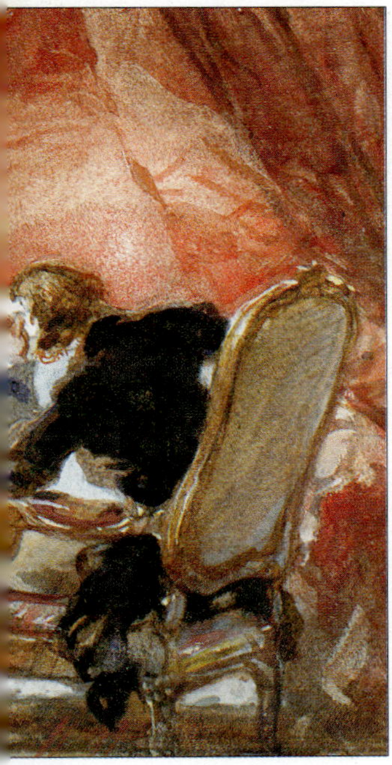

▲ *La Nuit de décembre*, aquarelle d'Eugène Lamy. Milieu du XIXe siècle.

QUESTIONS

Le retour périodique

1. Le retour périodique s'exprime par des répétitions qui rapprochent le poème d'un chant incantatoire. Chaque étape du poème correspond à une étape dans la vie du poète. Opérez le découpage.

2. Certains vers, bien que répétés, contiennent une nuance nouvelle : laquelle ? Quelles évolutions ces différences suggèrent-elles ?

La fonction du double

3. Le double est un messager qui remplit une mission auprès du poète. Avant chaque visite du double, comment est suggérée la solitude du poète ? Quel est donc le premier rôle du « frère » ?

4. Le double lui « montra la colline du doigt » : quel rôle joue-t-il alors ? Trouvez un autre vers évoquant ce même rôle.

Les attributs du double

5. À chaque visite, le double est accompagné d'objets différents, qui symbolisent la vie de Musset à ce moment-là. Repérez tous ces objets.

6. Étudiez la signification de chacun de ces objets par rapport à la vie du poète. Quelle évolution constatez-vous ?

L'ambitieux

Au XIXe siècle, l'ambition sociale devient un thème littéraire important pour des écrivains observateurs de la société comme Stendhal, Balzac, ou Victor Hugo. On voit ainsi apparaître des personnages animés par la volonté de réussir.

▸ LES CARACTÉRISTIQUES DE L'AMBITIEUX

Son origine. L'ambitieux peut être un noble ruiné qui cherche à reconstituer sa fortune. La plupart du temps il s'agit d'un homme de condition modeste qui se venge des humiliations sociales.

Sa morale. Même s'il a été honnête, naïf, l'ambitieux abandonne peu à peu ses scrupules. Il n'hésite pas à se montrer dur et insensible pour parvenir à ses fins.

Sa psychologie. Les choix, les passions, les actions de l'ambitieux sont exclusivement soumis à sa volonté de réussir.

> Son amour était encore de l'ambition ; c'était de la joie de posséder, lui pauvre être malheureux et si méprisé, une femme aussi noble et aussi belle.
>
> Stendhal, *Le Rouge et le Noir,* 1830.

▸ LES OBJETS DE L'AMBITION

Le nom. L'ambitieux essaie de devenir noble s'il est bourgeois, ou, s'il est déjà noble, de rajouter des noms de terres à son propre nom.

La célébrité. L'ambitieux en tire une grande satisfaction d'amour-propre, puisqu'il est alors connu et reconnu par de nombreuses personnes.

Le pouvoir. Il est la forme politique de la réussite : il donne des moyens de décision. Il est l'expression de la volonté de puissance.

La richesse. L'ambitieux la convoite pour les possibilités qu'elle offre : confort, luxe, plaisir, pouvoir. Elle ouvre toutes les portes.

> « Je suis assez riche pour acheter les consciences de ceux qui font mouvoir les ministres, depuis leurs garçons de bureau jusqu'à leurs maîtresses : n'est-ce pas le Pouvoir ? »
>
> Honoré de Balzac, *Gobseck,* 1830.

▸ LES STRATÉGIES DE L'AMBITION

Le mariage. Il permet à celui qui a déjà un nom d'obtenir l'argent, et à celui qui n'a que la fortune d'obtenir un nom.

> [Charles Grandet] se voyait ancré tout à coup dans le faubourg Saint-Germain, où tout le monde voulait alors entrer, et où, à l'ombre du nez bleu de Mademoiselle Mathilde, il reparaissait en comte d'Aubrion.
>
> Honoré de Balzac, *Eugénie Grandet,* 1833.

L'intrigue politique. Elle permet de conquérir le pouvoir politique à travers les ruses et les manœuvres, la connaissance des secrets et la pénétration des caractères.

Le voyage. Lorsqu'il s'agit de conquête, il offre la renommée militaire. Lorsqu'il s'agit du commerce, il permet de construire une fortune.

Exercice 1

1. Relevez et expliquez les allusions qui vous renseignent sur l'origine sociale de Rastignac.

2. Que symbolisent les divers lieux dont il est question dans cet extrait ?

Rastignac, resté seul, fit quelques pas vers le haut du cimetière et vit Paris tortueusement couché le long des deux rives de la Seine, où commençaient à briller les lumières. Ses yeux s'attachèrent presque avidement entre la colonne Vendôme et le dôme des Invalides, là où vivait ce beau monde dans lequel il avait voulu pénétrer. Il lança sur cette ruche bourdonnante un regard qui semblait par avance en pomper le miel, et dit ces mots grandioses : « À nous deux maintenant ! »
Et pour premier acte de défi qu'il portait à la société, Rastignac alla dîner chez Madame de Nucingen.

Honoré de Balzac, *Le Père Goriot*, 1835.

Exercice 2

Comparez systématiquement ces deux portraits d'ambitieux, en relevant :
– les points communs,
– les oppositions.

Ces deux jeunes gens jugeaient la société d'autant plus souverainement qu'ils s'y trouvaient placés plus bas, car les hommes méconnus se vengent de l'humilité de leur position par la hauteur de leur coup d'œil. Mais aussi leur désespoir était d'autant plus amer qu'ils allaient ainsi plus rapidement là où les portait leur véritable destinée. Lucien avait beaucoup lu, beaucoup comparé ; David avait beaucoup pensé, beaucoup médité. Malgré les apparences d'une santé vigoureuse et rustique, l'imprimeur était un génie mélancolique et maladif, il doutait de lui-même. Tandis que Lucien, doué d'un esprit entreprenant, mais mobile, avait une audace en désaccord avec sa tournure molle, presque débile, mais pleine de grâces féminines. Lucien avait au plus haut degré le caractère gascon, hardi, brave, aventureux, qui s'exagère le bien et amoindrit le mal, qui ne recule point devant une faute s'il y a profit, et qui se moque du vice s'il s'en fait un marchepied. Ces dispositions d'ambitieux étaient alors comprimées par les belles illusions de la jeunesse, par l'ardeur qui le portait vers les nobles moyens que les hommes amoureux de gloire emploient avant tous les autres. Il n'était encore aux prises qu'avec ses désirs et non avec les difficultés de la vie, avec sa propre puissance et non avec la lâcheté des hommes, qui est d'un fatal exemple pour les esprits mobiles. Vivement séduit par le brillant de l'esprit de Lucien, David l'admirait tout en rectifiant les erreurs dans lesquelles le jetait la furie française. Cet homme juste avait un caractère timide en désaccord avec sa forte constitution, mais il ne manquait point de la persistance des hommes du Nord.

Balzac, *Les Illusions perdues*, 1837-1843.

Exercice 3

1. Relevez dans le texte tous les indicateurs de temps. Qu'en déduire sur l'ambition de Julien ?

2. Relevez tous les termes révélant la grande valeur que Julien donne à ce qu'il cherche. Que cherche-t-il exactement ?

Dès sa première enfance, il avait eu des moments d'exaltation. Alors il songeait avec délices qu'un jour il serait présenté aux jolies femmes de Paris, il saurait attirer leur attention par quelque action d'éclat. Pourquoi ne serait-il pas aimé de l'une d'elles, comme Bonaparte, pauvre encore, avait été aimé de la brillante Madame de Beauharnais ? Depuis bien des années, Julien ne passait peut-être pas une heure de sa vie sans se dire que Bonaparte, lieutenant obscur et sans fortune, s'était fait le maître du monde avec son épée. Cette idée le consolait de ses malheurs qu'il croyait grands, et redoublait sa joie quand il en avait.

Stendhal, *Le Rouge et le Noir*, 1830.

▶ Habit de drap, gilet garni de boutons d'or, pantalon cosaque et cravate à côte... L'ambitieux affiche sa réussite.

Le romantisme

Le romantisme instaure une nouvelle vision du monde, qui exalte la nature, donne la préférence à la passion sur la raison, et à l'individu sur la société. Il triomphe en poésie, s'impose au théâtre et influence le roman.

▶ L'HISTOIRE DU MOT

Le terme romantique apparaît à la fin du XVIIe siècle : il désigne la sentimentalité et la fantaisie des récits fictifs. Au XVIIIe siècle, il qualifie ce qui rappelle l'atmosphère étrange des vieux romans du Moyen Âge. Au XIXe siècle, il se place sous le signe de la révolte : l'étendard du romantisme rassemble les modernes résolus à s'écarter des normes classiques de raison, modération, tradition.

▶ L'ORIGINE DU MOUVEMENT

Au XVIIIe siècle, la sensibilité « préromantique » réagit contre le rationalisme des philosophes. Avec l'abbé Prévost, Jean-Jacques Rousseau et Bernardin de Saint-Pierre, elle en appelle à la communion avec la nature. Mais au début du XIXe siècle, le romantisme s'identifie au mal de vivre, dans le vide qui succède aux enthousiasmes de la Révolution et de l'épopée napoléonienne.

▶ LES THÈMES ESSENTIELS

Le moi souffrant. Les romantiques perçoivent le moi comme mystérieux, inquiétant, seul.

La violence des passions. Elle anime constamment l'âme romantique, que ce soit la passion amoureuse, l'exaltation d'un idéal, l'obsession de la pureté…

La souffrance du peuple. Les romantiques jugent la misère du peuple injuste et honteuse.

La nature. Pour le romantique, l'homme est lié à la nature, dans une communion qui unit toute la création dans un même tout.

La recherche du divin. Elle accompagne le sentiment pour la nature, considérée comme le lieu où souffle l'Esprit, avec, selon les auteurs, respect ou rejet des religions révélées.

▶ LES PROCÉDÉS PRIVILÉGIÉS

Le mélange des lexiques	Le refus de la hiérarchie classique conduit à associer le langage soutenu et le langage familier.	« J'ai le parlement dans mon sac et le Roi dans ma poche. » Victor Hugo, *Préface de Cromwell*, 1827.
Les audaces de versification	Elles sont surtout métriques et rythmiques. Ainsi, le rythme ternaire devient fréquent dans les alexandrins, et les enjambements se multiplient.	
Le langage hyperbolique	Les termes employés, les tournures syntaxiques, les images doivent communiquer des impressions d'extraordinaire, d'inconcevable.	« Cette nuit fut peut-être la plus heureuse de toutes les nuits que la Providence eût destinées à cette maison depuis qu'elle est sortie du rocher et jusqu'à ce qu'elle retourne en poussière. » Lamartine, *Graziella*, 1851.
Le rapprochement de termes opposés	Souvent, deux réseaux lexicaux opposés sont réunis et mêlent leurs termes, d'où la profusion de l'oxymore et de l'antithèse.	« Sombre comme la nuit, pure comme la lumière, / Sur l'émail de ses yeux brille un noir diamant » Alfred de Musset, *Idylle*.

AUJOURD'HUI *Le terme est toujours employé. Mais alors qu'au XIXe siècle il désignait la révolte, la violence des passions, l'angoisse existentielle et métaphysique, il évoque surtout désormais le confort des tendres sentiments et les lieux propices aux calmes épanchements.*

Exercice 1

Le malaise de Fantasio recouvre toutes les sphères de la vie quotidienne, d'où sa gravité. De quel thème romantique s'agit-il ?

FANTASIO. – Oh, s'il y avait un diable dans le ciel ! s'il y avait un enfer, comme je me brûlerais la cervelle pour aller voir tout ça ! Quelle misérable chose que l'homme ! ne pas pouvoir seulement sauter par sa fenêtre sans se casser les jambes ! être obligé de jouer du violon dix ans pour devenir un musicien passable ! Apprendre pour être peintre, pour être palefrenier ! Apprendre pour faire une omelette !

Alfred de Musset, *Fantasio,* 1834.

Exercice 2

1. Relevez tous les termes et expressions évoquant un temps très long, voire l'éternité.

2. Relevez les deux termes évoquant un temps court. À quels termes sont-ils opposés ? Quel est le sens de cette opposition ?

3. Quelle relation le narrateur instaure-t-il entre le temps et son amour ? Qu'en penser ?

Je sentais qu'il n'y aurait plus ni nuit ni froideur dans mon cœur, dussé-je vivre un millier d'années, car elle y luirait toujours comme elle y luisait dans ce moment. Cette conviction donnait à mon amour la sécurité de l'immuable, le calme de la certitude, la plénitude de l'infini, l'ivresse débordante d'une joie qui ne s'apaiserait plus jamais. Je laissais passer les heures sans les compter, certain que j'avais devant moi des heures sans fin. Chacune me rendrait éternellement cette présence intérieure. Je pouvais me séparer un siècle de cet être sans que ce siècle pût diminuer d'un jour l'éternité de mon amour !

Alphonse de Lamartine, *Raphaël,* 1849.

Exercice 3

Relevez dans l'extrait les termes évoquant l'ombre, et les termes évoquant la lumière. Que qualifie constamment chacune de ces deux séries ? Que met en évidence le contraste ?

MÉNALQUE

Un jour, jour de Bacchus, loin des yeux égaré,
Seul je la surpris au fond du bois sacré ;
Le soleil et les vents, dans ces bocages sombres,
Des feuilles sur ses traits faisaient flotter les ombres ;
Lascive, elle dormait sur le thyrse brisé ;
Une molle sueur, sur son front épuisé,
Brillait comme la perle en gouttes transparentes…

Alfred de Vigny, « La Dryade »,
Poèmes antiques et modernes, 1822-1826.

Exercice 4

Quels thèmes du romantisme ce tableau contient-il ? Expliquez comment, à travers son sujet et la construction du tableau, le peintre exalte ces thèmes.

◄ Caspar David Friedrich, *Lever de lune sur la mer,* 1821.

LA DESCRIPTION

Certains textes sont résolument descriptifs, et remplissent une fonction dans le récit. Si les portraits contribuent à la construction du personnage, la description des lieux peut situer et révéler un milieu social.

▶ L'INSERTION DE LA DESCRIPTION DANS LE RÉCIT

Tout passage descriptif étant une pause dans la narration, cette pause doit être justifiée pour que le récit reste crédible. On décrit le lieu au moment où le héros y parvient ou va s'y rendre, et dans le roman réaliste on entre beaucoup plus avant dans la justification : c'est le héros qui voit, il a une raison de s'arrêter pour contempler, il est souvent sur une hauteur d'où il perçoit bien ce qui est décrit, et la description s'organise en fonction de son regard.

> Ils se mirent sur leur balcon à contempler ce spectacle, cherchant sans se le dire à deviner, parmi toutes ces voiles pliées, la voile qui se déplierait pour eux.
>
> Gustave Flaubert, *L'Éducation sentimentale*, version de 1845.

La motivation des personnages et la place qu'ils occupent dans la scène justifient la description du port qui s'ouvre ensuite.

▶ L'ORGANISATION DU PASSAGE DESCRIPTIF

L'organisation est le plus souvent spatiale : de droite à gauche, de bas en haut, d'avant en arrière. Lorsque la narration est en focalisation interne, le paysage apparaît dans l'ordre où il est supposé être découvert par le personnage et les indices spatiaux sont nombreux.

Si le personnage se déplace, la description peut devenir chronologique : les éléments sont perçus les uns après les autres au fur et à mesure de la progression du personnage. Les indices temporels remplacent alors les indices spatiaux.

> De mes fenêtres, je vois la Seine qui coule, le long de mon jardin, derrière la route... À gauche, là-bas, Rouen...
>
> Guy de Maupassant, *Le Horla*, 1887.

Tous les éléments du paysage sont situés par rapport à celui qui les perçoit, narrateur ou personnage.

▶ LES FONCTIONS DU PASSAGE DESCRIPTIF

La fonction ornementale ou esthétique. Il s'agit, en montrant la beauté ou l'originalité du décor, de réaliser une page qui, par son style même, célèbre cette beauté.

La fonction didactique. Il s'agit de donner des informations qui rendent la description instructive, soit parce que le lecteur a besoin de posséder ces informations pour que le récit continue à lui paraître réaliste, soit parce que l'écrivain veut donner à son récit un aspect documentaire, comme le font par exemple Émile Zola ou Jules Verne.

La fonction symbolique. Il s'agit de faire en sorte que ce qui est décrit représente symboliquement une action ou un personnage du roman.

La fonction de création d'atmosphère. Il s'agit de donner à la description, par le choix des détails décrits et par les connotations de certains termes, une orientation générale : le fantastique, l'horreur, la douceur paradisiaque, etc.

L'effet de réel. Il s'agit de donner dans la description des détails tellement précis et vraisemblables que le paysage semble réellement exister.

Exercice 1

Deux détails montrent que Michu va pouvoir observer le château facilement : quels sont ces deux détails ? Pourquoi la précision : « pendant un moment » ? Pourquoi le narrateur précise-t-il : « sans avoir dévié... » ?

Michu, sans avoir dévié de la route la plus courte, se trouva sur un point de la lisière d'où les cimes du château de Cinq-Cygne apparaissaient éclairées par la lune. Il lia son cheval à un arbre et gagna lentement le monticule d'où l'on dominait la vallée de Cinq-Cygne. Le château, que Marthe et Michu regardèrent ensemble pendant un moment, fait un effet charmant dans le paysage...

Honoré de Balzac, *Une ténébreuse affaire*, 1841.

Exercice 2

Relevez les indices temporels et les verbes indiquant la progression et les arrêts du personnage.

D'énormes quartiers de roches nues étaient tombés jadis au milieu de la forêt du côté de la montagne. De grands hêtres s'élevaient presque aussi haut que ces rochers dont l'ombre donnait une fraîcheur délicieuse à trois pas des endroits où la chaleur des rayons du soleil eût rendu impossible de s'arrêter. Julien prenait haleine un instant à l'ombre de ces grands roches, et puis se remettait à monter. Bientôt par un étroit sentier à peine marqué et qui sert seulement aux gardiens des chèvres, il se trouva debout sur un roc immense.

Stendhal, *Le Rouge et le Noir*, 1830.

Exercice 3

1. Comment cette description est-elle organisée ?

2. Quelles sont ses deux fonctions ?

La lumière, qui éclairait le sol jusqu'à trente pieds au-dessous de la surface de l'océan, m'étonna par sa puissance. Les rayons solaires traversaient aisément cette masse aqueuse et en dissipaient la coloration. Je distinguais nettement les objets à une distance de cent mètres. Au-delà, les fonds se nuançaient des fines dégradations de l'outremer, puis ils bleuissaient dans les lointains, et s'effaçaient au milieu d'une vague obscurité.

Jules Verne, *Vingt mille lieues sous les mers*, 1870.

Exercice 4

1. Dans ce bois la petite Roque a été assassinée, et la description dit symboliquement le deuil. Relevez et analysez les termes qui, employés pour décrire la nature, disent en fait la tristesse de cette mort.

2. Toujours en décrivant la nature, quels termes évoquent la vie que le meurtre a anéantie ? Peut-on parler d'un symbolisme des saisons ?

Quelquefois, quand un coup de vent passait sur les cimes, la pluie lente et continue s'épaississait brusquement, devenait une averse vaguement bruissante qui couvrait la mousse d'un épais tapis jaune, criant un peu sous les pas. Et le murmure presque insaisissable, le murmure flottant, incessant, doux et triste de cette chute, semblait une plainte, et ces feuilles tombant toujours, semblaient des larmes, de grandes larmes versées par les grands arbres tristes qui pleuraient jour et nuit sur la fin de l'année, sur la fin des aurores tièdes et des doux crépuscules, sur la fin des brises chaudes et des doux soleils, et aussi peut-être sur le crime qu'ils avaient vu commettre sous leur ombre, sur l'enfant violée et tuée à leur pied.

Guy de Maupassant, *La Petite Roque*, 1885.

Exercice 5

1. Dans ce lieu Milady va subir son châtiment. Quels termes l'annoncent dans la description du paysage ?

2. Quelle atmosphère se dégage de la description ?

Il était minuit à peu près ; la lune, échancrée par sa décroissance et ensanglantée par les dernières traces de l'orage, se levait derrière la petite ville d'Armentières, qui découpait sur sa lueur blafarde la silhouette sombre de ses maisons et le squelette de son haut clocher à jour.

Alexandre Dumas, *Les Trois Mousquetaires*, 1844.

LES GENRES POÉTIQUES

Dans l'Antiquité, la distinction entre les genres reposait sur les différences de forme. Mais dans la poésie française, la distinction s'appuie essentiellement sur le contenu, le ton, le style.

▶ LA POÉSIE LYRIQUE

Elle traite des émotions et des sentiments éprouvés dans les grands moments de l'existence humaine : l'amour, la mort, la communion avec la nature, l'élan vers le sacré… Il s'agit de ce que ressent personnellement le poète, mais aussi de ce que peuvent ressentir tous les hommes.

La poésie lyrique possède un sous-genre important, l'élégie : il s'agit de la plainte pathétique du malheur, que ce soit l'amour déçu ou plus souvent le chagrin du deuil.

Le ton et le style. La poésie lyrique joue beaucoup dans le registre du pathétique, pour transmettre l'émotion au lecteur. Les mots employés sont à fortes connotations émotionnelles.

▶ LA POÉSIE ÉPIQUE

Elle traite d'événements historiques, grandis et embellis par la légende. Il s'agit de magnifier les actes de groupes humains, ou de héros. Ils apparaissent comme les porteurs d'une force surnaturelle qui fait avancer l'humanité.

Le ton et le style. Les actions représentées étant extraordinaires, l'hyperbole y est fréquente, ainsi que les comparaisons grandioses qui mettent l'homme à égalité avec des forces et des êtres supérieurs à l'humain.

Si je ne puis les Gaules conquérir,
Sans plus errer puissé-je ici mourir
D'un trait de feu vêtu d'une tempête

Pierre de Ronsard, *La Franciade*, 1572.

« Trait de feu » et « tempête » montrent l'homme aux prises avec les éléments.

▶ LA POÉSIE DIDACTIQUE

Le poème vise toujours un enseignement, mais il peut être de types divers : moral (les fables par exemple), philosophique ou religieux, scientifique.

Le ton et le style. En jouant sur les rythmes et les sonorités, la versification aide à comprendre et mémoriser. Le lexique et les comparaisons mêlent souvent l'abstrait et le concret.

Le pur enthousiasme est craint des faibles âmes
Qui ne sauraient porter son ardeur et son poids.
Pourquoi le fuir ? La vie est double dans les flammes.

Alfred de Vigny, « La Maison du berger », 1844.

L'image finale donne du relief à la pensée. L'allitération en « p » rythme ces vers.

▶ LA POÉSIE SATIRIQUE

Le poème satirique dénonce les vices et les ridicules des hommes. Il peut s'agir d'individus, mais aussi de groupes sociaux, ou même des travers de toute une société.

Le ton et le style. L'humour existe, souvent relayé par les formes plus grinçantes de l'ironie. Le langage parlé ou même familier permet souvent à la satire d'être plus vivante.

EXERCICE 1

Quels sont les deux thèmes croisés ? S'agit-il de thèmes traditionnels de la poésie lyrique ?

J'ai cueilli ce brin de bruyère
L'automne est morte souviens-t'en
Nous ne nous verrons plus sur terre
Odeur du temps brin de bruyère
Et souviens-toi que je t'attends

Guillaume Apollinaire, *Alcools,* 1913, Éd. Gallimard.

EXERCICE 2

Né et élevé à Quimper, Max Jacob est très attaché à son pays natal.

Montrez la tristesse du ton en analysant successivement le système d'énonciation et les répétitions.

Adieu vergers, les caveaux et les planches
Et sur l'étang notre bateau voilier
Notre servante avec sa coiffe blanche
Adieu vergers.

Adieu aussi mon fleuve clair ovale,
Adieu montagne ! Adieu arbres chéris !
C'est vous qui êtes ma capitale
Et non Paris.

Max Jacob, « Le Départ » (extrait), *Le Laboratoire central,* Éd. Gallimard.

EXERCICE 3

Dans la description des ennemis, faites la distinction entre les aspects réels et les aspects mythiques. Quel détail montre que la force des soldats est extraordinaire ?

Ô soldats de l'an deux ! ô guerres ! épopées !
Contre les rois tirant ensemble leurs épées,
Prussiens, Autrichiens,
Contre toutes les Tyrs et toutes les Sodomes,
Contre le Tsar du Nord, contre ce chasseur d'hommes,
Suivi de tous ses chiens,

Contre toute l'Europe avec ses capitaines,
Avec ses fantassins couvrant au loin les plaines,
Avec ses cavaliers,
Tout entière debout comme une hydre vivante,
Ils chantaient, ils allaient, l'âme sans épouvante
Et les pieds sans souliers !

Victor Hugo, *Les Châtiments,* 1853.

EXERCICE 4

1. La Muse parle au poète, elle lui apporte un enseignement. À quoi voit-on qu'elle lui transmet une vérité d'ordre général, valable pour tous les hommes ?

2. La comparaison aide à la compréhension dans la poésie didactique. Relevez les comparaisons présentes dans cet extrait, et analysez en quoi elles rendent l'idée plus facile à saisir.

L'homme est un apprenti, la douleur est son maître,
Et nul ne se connaît tant qu'il n'a pas souffert.
C'est une dure loi, mais une loi suprême,
Vieille comme le monde et la fatalité,
Qu'il nous faut du malheur recevoir le baptême,
Et qu'à ce triste prix tout doit être acheté.
Les moissons, pour mûrir, ont besoin de rosée ;
Pour vivre et pour sentir, l'homme a besoin des [pleurs.
La joie a pour symbole une plante brisée,
Humide encor de pluie et couverte de fleurs.

Alfred de Musset, *Nuit d'octobre,* 1837.

EXERCICE 5

1. Le premier vers de ce poème satirique commence la moquerie par un jeu de mots, lequel ?

2. Que reproche cette satire au bourgeois ?

Il est grave : il est maire et père de famille.
Son faux-col engloutit son oreille. Ses yeux
Dans un rêve sans fin flottent insoucieux,
Et le printemps en fleurs sur ses pantoufles brille.

Que lui fait l'astre d'or, que lui fait la charmille
Où l'oiseau chante à l'ombre, et que lui font les cieux,
Et les prés verts et les gazons silencieux ?
Monsieur Prudhomme songe à marier sa fille

Avec monsieur Machin, un jeune homme cossu.
Il est juste-milieu, botaniste et pansu.
Quant aux faiseurs de vers, ces vauriens, ces maroufles,

Ces fainéants barbus, mal peignés, il les a
Plus en horreur que son éternel coryza,
Et le printemps en fleurs brille sur ses pantoufles.

Paul Verlaine, *Poèmes saturniens,* 1866.

LA PAROLE SUR SCÈNE

Au théâtre, le texte écrit par l'auteur est constitué principalement des dialogues prononcés par les personnages. Indispensable à la compréhension de l'intrigue, la parole est au centre de l'action théâtrale.

▶ LA PAROLE ET L'ACTION

Au théâtre, la fonction de la parole est double :

La parole-récit. Comme la scène est une contrainte matérielle à la représentation de certaines actions (une bataille de plusieurs milliers de personnes n'est pas représentable), celles-ci sont rapportées par des personnages. Elles sont l'objet d'un récit. La beauté du récit est d'ailleurs une valeur esthétique à l'époque classique.

La parole-action. Le personnage peut questionner, refuser, mentir, ironiser, ordonner... et cela fait avancer l'intrigue, oriente l'action dramatique dans une direction particulière.

> MARIANNE. – Que me voulez-vous ?
>
> CIUTA. – Un jeune homme de cette ville est éperdument amoureux de vous : depuis un mois entier, il cherche vainement l'occasion de vous l'apprendre.
>
> Alfred de Musset, *Les Caprices de Marianne*, 1833.

La question modifie la situation de Marianne qui apprend l'amour qu'on lui porte (parole-action). La parole-récit de Ciuta permet de résumer l'action d'un mois en quelques instants.

▶ LA DOUBLE ÉNONCIATION

Sur scène, un personnage parle à un autre personnage. Mais il s'adresse aussi indirectement au public. On parle alors d'une double énonciation. Par conséquent, une réplique possède un sens pour le personnage qui l'entend, mais la signification peut être différente pour le spectateur qui en sait souvent plus que chaque personnage.

▶ LES TYPES DE PAROLES

Le dialogue. C'est un échange entre deux ou plusieurs personnages.

La comparaison de la longueur des répliques, le repérage des formes interrogatives ou impératives... permettent de saisir des rapports de force entre les personnages.

> DONA LUCRÉZIA. – Ainsi tu ne sais rien de ta famille ?
>
> GENNARO. – Je sais que j'ai une mère, qu'elle est malheureuse, et que je donnerais ma vie dans ce monde pour la voir pleurer, et ma vie dans l'autre pour la voir sourire. Voilà tout.
>
> DONA LUCRÉZIA. – Que fais-tu de ses lettres ?
>
> Victor Hugo, *Lucrèce Borgia*, 1833.

Dona Lucrézia est en situation de demande. Cela indique ici une position de faiblesse.

Le monologue. C'est le discours d'un personnage seul (ou qui se croit seul) sur scène. En exprimant l'intériorité du personnage, il souligne souvent un conflit ou une tension.

L'aparté. C'est une parole prononcée en présence d'un autre personnage et à son insu. Il peut introduire une complicité avec le spectateur (fréquent dans le théâtre de boulevard).

La tirade. C'est une longue réplique d'un dialogue qui cherche souvent à convaincre ou à écraser l'adversaire (la tirade du nez dans *Cyrano de Bergerac*, d'Edmond Rostand).

La stichomythie. C'est une succession rapide de courtes répliques (affrontement...).

Exercice 1

À partir de l'analyse de l'aparté dans le texte suivant, décrivez la position de Candida par rapport à Évaristo. Expliquez que la réplique soulignée n'a pas la même signification pour Susanna et pour le public.

CANDIDA. – Vous croyez, vous, que le Signor Évaristo pourrait avoir de l'attachement pour Giannina ?
SUSANNA. – Moi, je ne sais rien, je ne m'occupe pas des affaires des autres, et je ne pense du mal de personne, mais l'hôtelier et le cordonnier, s'ils sont jaloux de lui, ils doivent bien avoir leurs raisons.
CANDIDA *(à part)*. – Pauvre fille que je suis ! Ce qu'elle dit n'est que trop vrai, pour mon malheur !
SUSANNA. – Pardonnez-moi, je ne voudrais pas avoir commis un impair.
CANDIDA. – À propos de quoi ?
SUSANNA. – Je ne voudrais pas que vous, vous ayez un faible pour le Signor Évaristo...
CANDIDA. – Oh moi ! pas le moins du monde.

Carlo Goldoni, *L'Éventail*, 1763.

Exercice 2

Dans ce texte de Michel Vinaver, trois dialogues se superposent : celui de Fage avec son épouse, celui de Fage avec un directeur du recrutement, celui de la fille de Fage qui tente de lui parler. Reconstituez les différents dialogues dans leur continuité. Analysez-les.

LOUISE. – Tu aurais dû me réveiller
FAGE. – J'allais le faire et puis tu dormais avec tant d'abandon
WALLACE. – Que faisaient vos parents en 1927 à Madagascar ?
FAGE. – Avec ton bras replié c'était joli à regarder
NATHALIE. – Papa si tu me fais ça
LOUISE. – Je n'ai pas ciré tes souliers
FAGE. – Mon père était médecin militaire
LOUISE. – Tu es parti tout crotté
NATHALIE. – Papa réponds-moi
FAGE. – En garnison à l'époque à Tananarive
WALLACE. – Dans notre société
FAGE. – Mais je ne garde aucun souvenir
WALLACE. - Nous attachons beaucoup d'importance à l'homme
LOUISE. – J'entendais aussi donner un coup au pli de ton pantalon
FAGE. – C'est une des raisons pour lesquelles j'ai répondu à votre annonce.

Michel Vinaver, *La Demande d'emploi*, 1973, Éd. L'Arche.

Exercice 3

Après avoir replacé les apartés aux bons endroits dans le texte suivant, analysez leurs significations par rapport au texte de départ.

ZÉNAÏDE. – Qui est là ? *(À part)* ....
OSWALD *(au-dehors)*. – C'est moi, Oswald !
ZÉNAÏDE *(à part)*. – .... *(Haut.)* Entrez, Oswald ! *(À part)* ....

Jean Tardieu, « Oswald et Zénaïde », *La Comédie de la comédie*, 1990, Éd. Gallimard.

Apartés :

– Hélas, c'est lui, c'est bien Oswald !
– Pourvu que ce ne soit pas Oswald, mon fiancé ! Je n'ai pas mis la robe qu'il préfère ! Et d'ailleurs, à quoi bon ? Après tout ce qui s'est passé !
– Voilà bien ma chance ! Que pourrai-je lui dire ? Jamais je n'aurai le courage de lui apprendre la triste vérité !

Exercice 4

Dans le texte suivant, soulignez les parties qui sont des moments de récit. Quels sont leurs rôles ? En étudiant le sens des verbes utilisés, expliquez que ces dernières constituent l'action dramatique en indiquant les sentiments des personnages.

GALEHAUT. – Nos pertes ont été grandes et la mort a moissonné durement parmi nous. Je ne sais qui est ce champion qui combattit pour Artus ; ses armes étaient vermeilles à l'aube, et ce soir elles sont noires du sang de nos compagnons...
KIRILLIACAC. – Sire Galehaut, le jour est tombé, ne croyez-vous pas que le temps est venu de vous reposer ?
GALEHAUT. – Je ne sais... j'aurais voulu, je te l'avoue, voir ce brave et lui parler.

Boris Vian, *Le Chevalier de neige*, 1953, Éd. 10.18.

LES CONNECTEURS LOGIQUES

La cohésion du texte argumentatif est le plus souvent assurée par des connecteurs logiques. Ils précisent les liens qui unissent les idées. En leur absence, le lecteur doit les restituer de lui-même.

▶ LES BASES DE L'ARGUMENTATION

La cause : parce que, puisque, étant donné que, comme, pour la raison que, sous prétexte que, attendu que, du fait que, du moment que, non que… mais par ce que, ce n'est pas que, car, sous l'effet de, à cause de, grâce à, à force de, faute de.

La conséquence : de sorte que, si bien que, de manière que, de façon que, au point que, tellement que, si (+ adjectif) que, tant (+ verbe) que, donc, par conséquent, de façon à, de manière à, par conséquent, aussi, d'où, de ce fait, dès lors.

> Je pense donc je suis.
>
> René Descartes, *Les Méditations*, 1637.

La conséquence est clairement formulée.

▶ L'ENRICHISSEMENT DE L'ARGUMENTATION

La comparaison : comme, de même que, ainsi que, tel que, à mesure que, moins que, plus que, d'autant plus que, au fur et à mesure que, dans la mesure où, par rapport à.

L'opposition : quoique, bien que, alors que, tandis que, même si, quand bien même, malgré, en dépit de, certes, mais, cependant, pourtant, néanmoins, en revanche, au contraire, or, à l'inverse, toutefois.

> Les mines d'or ne sont plus au Mexique mais place de la Bourse.
>
> Honoré de Balzac, *Le Faiseur*, 1848.

Le connecteur donne de la vigueur à l'opposition.

▶ L'ÉLARGISSEMENT DE L'ARGUMENTATION

Le but : afin que, pour que, de crainte que, de peur que, afin de, en vue de, pour.

L'hypothèse : si, au cas où, selon que, suivant que, à supposer que, pourvu que, en admettant que, soit que… soit que, à moins que, pour peu que, à condition de, ou, moyennant.

> Le bonheur consiste ou en émotions fortes qui usent la vie ou en occupations réglées qui en font une mécanique anglaise.
>
> Honoré de Balzac, *Gobseck*, 1830.

Les connecteurs soulignent l'alternative.

▶ LA MISE EN ORDRE DE L'ARGUMENTATION

L'addition et le classement : et, puis, en outre, d'ailleurs, ensuite, non seulement, non seulement… mais encore, d'une part, d'autre part, de surcroît, d'abord, en premier lieu, au premier chef, avant tout, en somme, enfin, en bref, en définitive, en général.

L'illustration et la nuance : par exemple, c'est le cas de, en d'autres termes, c'est-à-dire, à ce propos, à cet égard, voire, en réalité, en vérité, pour ainsi dire, précisément, en particulier.

> Enfin, on ne s'élève contre les progrès de la civilisation que par l'obsession des préjugés.
>
> François-René de Chateaubriand, *Voyage en Amérique*, 1827.

« Enfin » précise que l'auteur avance son dernier argument.

Exercice 1

1. Relevez un terme qui marque l'opposition.
2. Explicitez par des connecteurs logiques les liens entre les idées de la seconde phrase.

Quels que soient, du reste, les efforts des Américains du Sud pour conserver l'esclavage, ils n'y réussiront pas toujours. L'esclavage, resserré sur un seul point du globe, attaqué par le christianisme comme injuste, par l'économie politique comme funeste ; l'esclavage, au milieu de la liberté démocratique et des lumières de notre âge, n'est point une institution qui puisse durer.

Alexis de Tocqueville, *De la démocratie en Amérique*, II, chapitre 10, 1840.

Exercice 2

Proposez un connecteur logique qui puisse expliciter le lien marqué par les deux points (:).

Les Mémoires ne sont jamais qu'à demi sincères, si grand que soit le souci de vérité : tout est toujours plus compliqué qu'on ne le dit.

André Gide, *Si le grain ne meurt*, 1926, Éd. Gallimard.

Je ne me querelle plus avec les médecins ; leurs sots remèdes m'ont tué ; mais leur présomption, leur pédantisme hypocrite est notre œuvre : ils mentiraient moins si nous n'avions pas si peur de souffrir.

Marguerite Yourcenar, *Les Mémoires d'Hadrien*, 1958, Éd. Gallimard.

Exercice 3

L'usurier Gobseck explique sa conception de la vie. Identifiez les liens logiques qui unissent les phrases et proposez des connecteurs logiques qui les explicitent.

Mes principes ont varié comme ceux des hommes, j'en ai dû changer à chaque latitude. Ce que l'Europe admire, l'Asie le punit. Ce qui est un vice à Paris, est une nécessité quand on a passé les Açores. Rien n'est fixe ici-bas, il n'y existe que des conventions qui se modifient suivant les climats. Pour qui s'est jeté forcément dans tous les moules sociaux, les convictions et les morales ne sont plus que des mots sans valeur.

Honoré de Balzac, *Gobseck*, 1830.

Exercice 4

Relevez les connecteurs logiques et remplacez-les par des termes de valeur équivalente.

Il professait que la femme est sans force contre la réclame, qu'elle finit fatalement par aller au bruit. Du reste, il lui tendait des pièges plus savants, il l'analysait en grand moraliste. Ainsi, il avait découvert qu'elle ne résistait pas au bon marché, qu'elle achetait sans besoin, quand elle croyait conclure une affaire avantageuse ; et, sur cette observation, il basait son système des diminutions de prix.

Émile Zola, *Au Bonheur des Dames*, 1888.

Exercice 5

Relevez deux connecteurs logiques et remplacez-les par des termes équivalents.

« Monsieur, reprit Monsieur Caignet, parce que vous êtes un maître dans l'art de la viole, j'ai reçu l'ordre de vous inviter à vous produire à la cour. Sa Majesté a marqué le désir de vous entendre et, dans le cas où elle serait satisfaite, elle vous accueillerait parmi les musiciens de la chambre. »

Pascal Quignard, *Tous les matins du monde*, 1991, Éd. Gallimard.

Exercice 6

Dans cet extrait du journal de Robinson, retrouvez les connecteurs logiques qui ont été supprimés.

La solitude n'est pas une situation immuable où je me trouverais plongé depuis le naufrage de la *Virginie*. C'est un milieu corrosif qui agit sur moi lentement, ☐ sans relâche ☐ dans un sens purement destructif. Le premier jour, je transitais entre deux sociétés humaines également imaginaires : l'équipage disparu et les habitants de l'île, ☐ je la croyais peuplée. J'étais encore tout chaud de mes contacts avec mes compagnons de bord. Je poursuivais imaginairement le dialogue interrompu par la catastrophe. ☐ l'île s'est révélée déserte.

Michel Tournier, *Vendredi ou les limbes du Pacifique*, 1972, Éd. Gallimard.

VOIE 13
ASNIERES
BOIS-COLOMBES
COLOMBES

1850
1900

La marche du progrès

LA CHUTE DU SECOND EMPIRE

En 1851, le coup d'État de Louis-Napoléon Bonaparte met fin à la IIe République, et instaure le Second Empire. Napoléon III commence par gouverner avec autorité puis libéralise le régime dans la deuxième décennie de son règne. C'est l'époque des grands travaux : transformation de Paris par Haussmann, construction de la première ligne de métro, développement des voies ferrées. La défaite de Sedan provoque la révolte populaire de la Commune, écrasée dans le sang. La République bourgeoise peut alors définitivement s'installer en 1871. Le capitalisme moderne poursuit son essor : triomphe de l'argent, emprise des banques, développement des colonies dont l'exploitation contribue à l'enrichissement de la métropole. L'accumulation des richesses commence à améliorer, inégalement et lentement, le sort de tous.

LE DÉBUT DES SCIENCES DU LANGAGE

La distinction entre ceux qui parlent français et ceux qui parlent une langue régionale s'estompe pour être remplacée par celle des registres de langue à l'intérieur du français. Des écrivains, comme Zola ou Labiche, sont sensibles aux particularités de langage des classes sociales. Cette reconnaissance des diversités, ainsi que les premiers balbutiements des sciences du langage, font émerger l'idée que la langue est vivante et évolutive. À partir de 1880, on supprime progressivement les exercices latins jusqu'alors imposés dans l'enseignement secondaire. Un an plus tard, la loi Ferry établit l'école laïque, gratuite et obligatoire : le français est désormais enseigné dans tous les villages par des instituteurs formés par la République. Simultanément, l'empire colonial diffuse l'usage de la langue française en Afrique, en Asie, au Moyen-Orient. En 1900 est fondée, à l'université de la Sorbonne, une chaire d'Histoire de la langue française.

LE MONDE DES LETTRES

Incapable de reconnaître les véritables créateurs, menacée par les écrivains qui contestent ses valeurs, la bourgeoisie du Second Empire contraint de nombreux artistes et poètes « maudits » à la marginalité. En 1857, *Madame Bovary* et *Les Fleurs du mal* font l'objet de poursuites judiciaires. C'est le temps du succès du vaudeville, du théâtre de boulevard, des opérettes d'Offenbach. En réaction à cette société de l'argent et du plaisir facile, les écrivains recréent entre eux des liens de sociabilité : ils se réunissent régulièrement dans des restaurants parisiens, organisent des banquets. Le colportage, qui assurait la diffusion de la lecture dans les milieux populaires, disparaît peu à peu, remplacé par des collections romanesques soutenues par la publicité : en 1880, *Nana* est édité à 50 000 exemplaires, alors qu'un tirage habituel de roman est d'environ 2 000 exemplaires. L'expansion de la presse offre aux lecteurs du journal, de plus en plus nombreux, des pages de lecture-loisir, des romans-feuilletons.

L'ÉVOLUTION DES ARTS

En 1850, le réalisme de Courbet fait scandale avec *Un enterrement à Ornans* qui saisit, avec objectivité, la vie quotidienne dans sa simplicité. Heurtant le conformisme académique, le « bon goût » de la société bourgeoise, la plupart des chefs-d'œuvre déclenchent des réactions violentes, hostiles. Autant de ruptures déterminantes dans l'histoire de l'art : les impressionnistes, Monet, Renoir, qui peignent par touches sensibles les effets fugitifs de la lumière et de l'eau ; Cézanne qui développe la géométrisation des formes. Le rapprochement entre les arts est de plus en plus marqué : Debussy, d'abord admirateur de Wagner, s'inspire de l'impressionnisme et met en musique les poèmes symbolistes de Verlaine et de Mallarmé. Tandis que les peintres comme Gauguin ou Gustave Moreau s'évadent dans des univers symboliques ou oniriques, Degas recrée la vie et l'animation des scènes familières par des effets de cadrages surprenants.

Les lignes et la masse verticale de la colonne du marbre assurent la rigueur de la composition.

Ernest May, riche financier, amateur de peinture qui possède déjà des tableaux de Degas.

Pilier du capitalisme, la Bourse, au XIXe, facilite la mobilisation rapide des capitaux. C'est autour du pilier que s'organisent les transactions.

La vision presque caricaturale des personnages au second plan s'oppose à celle des banquiers.

La scène au bord du tableau crée un hors-champ : quelle histoire se déroule en dehors de l'image ?

Chapeau haut de forme, vêtements noirs, le peintre n'hésite pas à représenter l'uniformité des vêtements.

Le personnage n'est vu qu'à moitié. Cet effet de coupe donne l'impression d'un instantané photographique.

À travers un geste, une attitude, Degas définit le caractère d'un personnage.

Edgar Degas, *À la Bourse, vers* 1878-1879.

La Bourse s'est installée dans ses nouveaux locaux au XIXe siècle. C'est donc un édifice moderne que peint Degas.

Victor Hugo

Nom : Hugo
Prénom : Victor
Naissance : le 26 février 1802, à Besançon
Décès : le 22 mai 1885, à Paris
Lieux : à partir de 1851, Jersey et Guernesey ; puis, après vingt ans d'exil, Paris
Situation familiale : marié, père de quatre enfants
Professions : pair de France, député, sénateur
Amitié : un long attachement à Juliette Drouet

Il a écrit à partir de 1850

des recueils de poèmes, dont : *Les Châtiments* (1853), *Les Contemplations* (1856), *La Légende des siècles* (1859), *La Fin de Satan* et *Dieu* (publication posthume) ;

des romans : *Les Misérables* (1862), *Les Travailleurs de la mer* (1866), *L'Homme qui rit* (1869), *Quatre-Vingt-Treize* (1874) ;

des essais.

LE PROSCRIT

Opposant à Napoléon III, qui vient d'accomplir son coup d'État en décembre 1851, Victor Hugo doit s'exiler. Il passe d'abord par Bruxelles, puis gagne l'Angleterre avec sa famille. Il séjourne quelques années à Jersey, qu'il quitte ensuite, sur ordre du gouvernement anglais, pour se réfugier à Guernesey. L'exil est le temps d'un labeur acharné : Hugo se lève à l'aube, écrit toute la journée, devant une fenêtre à travers laquelle, par beau temps, il distingue les côtes de France. Sa production littéraire est immense : poèmes lyriques, poèmes engagés, romans. Il est internationalement connu, à la fois comme écrivain et comme proscrit.

LE RÉPUBLICAIN

En 1859, résolument républicain, Hugo refuse l'amnistie que lui propose Napoléon III. Il ne revient en France qu'à la chute de l'Empire en 1870. Il est alors élu député, devient sénateur quelques années plus tard. Mais, déçu par le nouveau gouvernement, auquel il reproche de ne pas accorder l'amnistie aux communards, Victor Hugo se réclame de la gauche républicaine. Le pouvoir ne lui paraît pas assez attentif au peuple. Il se retire peu à peu de la vie publique, tout en devenant le grand écrivain populaire de son époque.

L'ÉCRIVAIN TRIOMPHANT

Après la période féconde de l'exil pendant laquelle il a écrit la plus grande partie de son œuvre, à Paris, Victor Hugo poursuit ses publications. Il écrit un grand roman historique, *Quatre-Vingt-Treize*, une suite à *La Légende des siècles : Dieu* et *La Fin de Satan*. Et il cultive *L'Art d'être grand-père*, publiant sous ce titre des poèmes inspirés par ses deux petits-enfants auxquels il accorde beaucoup de temps. Le vieux lutteur accueille les témoignages d'admiration et de reconnaissance : il est souvent applaudi lors de ses apparitions publiques ; un banquet fête le cinquantenaire d'*Hernani* ; on l'acclame le jour de ses quatre-vingts ans. À la mort de Victor Hugo, le gouvernement décrète des funérailles nationales suivies par des milliers de personnes. Le poète est enterré au Panthéon.

Les Châtiments

1853

De son exil anglais, Victor Hugo veut faire de son recueil une arme de guerre contre l'usurpateur, qu'il appelle par dérision « Napoléon le Petit ».

Chanson

Sa grandeur éblouit l'histoire.
Quinze ans, il fut
Le dieu que traînait la victoire
Sur un affût[1] ;
L'Europe sous la loi guerrière
Se débattit. –
Toi, son singe, marche derrière,
Petit, petit.

Napoléon dans la bataille,
Grave et serein,
Guidait à travers la mitraille
L'aigle[2] d'airain[3].
Il entra sur le pont d'Arcole[4],
Il en sortit. –
Voici de l'or, viens, pille et vole,
Petit, petit.

Berlin, Vienne, étaient ses maîtresses ;
Il les forçait,
Leste, et prenant les forteresses
Par le corset ;
Il triompha de cent bastilles
Qu'il investit. –
Voici pour toi, voici des filles[5],
Petit, petit.

Il passait les monts et les plaines,
Tenant en main
La palme, la foudre et les rênes
Du genre humain ;
Il était ivre de sa gloire
Qui retentit. –
Voici du sang, accours, viens boire,
Petit, petit.

Quand il tomba, lâchant le monde,
L'immense mer
Ouvrit à sa chute profonde
Son gouffre amer ;
Il y plongea, sinistre archange[6],
Et s'engloutit. –
Toi, tu te noieras dans la fange[7],
Petit, petit.

Jersey, septembre 1853.

Victor Hugo, *Les Châtiments,* 1853.

1. *affût :* bâti qui permet de loger un canon
2. *l'aigle :* emblème de l'Empereur
3. *airain :* bronze, en langage littéraire ou poétique
4. lors de la bataille d'Arcole, en 1876, Bonaparte passa le premier sur le pont pour entraîner ses soldats
5. *filles :* prostituées
6. *archange :* dans la hiérarchie céleste, être qui est au-dessus des anges
7. *fange :* boue très sale

QUESTIONS

Le jeu des rimes

1. La rime permet de mettre des mots en relation. Observez les mots placés à la rime des octosyllabes. Classez ces mots en fonction de leurs connotations (positives ou négatives) et du personnage qu'ils désignent.

2. Expliquez en quoi les deux derniers vers s'opposent au reste de la strophe.

Le jeu des rythmes

3. L'opposition entre les deux personnages est soutenue par le rythme. Analysez les différences de coupe entre les vers consacrés à Napoléon Ier, et ceux consacrés à Napoléon III. Comment interprétez-vous cette différence ?

4. Quel effet produit la répétition insistante de l'expression « petit, petit » ?

Les choix lexicaux

5. Napoléon Ier est avant tout considéré comme un grand conquérant. Relevez le champ lexical de la guerre dans l'ensemble du poème. Est-il utilisé pour Napoléon III ? Pourquoi ?

6. Relevez les termes qui opposent dans chaque strophe les deux Napoléon (exemple : « le dieu » / « le singe »).

Les Contemplations

Le recueil des *Contemplations* évoque vingt-cinq années de la vie de Hugo. Les poèmes rapportent le souvenir de moments d'allégresse et d'insouciance, de fêtes de famille et de jeux d'enfants. Les émotions simples de la vie, les engagements, les combats de l'homme politique.

Chanson

Si vous n'avez rien à me dire,
Pourquoi venir auprès de moi ?
Pourquoi me faire ce sourire
Qui tournerait la tête au roi ?
Si vous n'avez rien à me dire,
Pourquoi venir auprès de moi ?

Si vous n'avez rien à m'apprendre,
Pourquoi me pressez-vous la main ?
Sur le rêve angélique et tendre,
Auquel vous songez en chemin,
Si vous n'avez rien à m'apprendre,
Pourquoi me pressez-vous la main ?

Si vous voulez que je m'en aille,
Pourquoi passez-vous par ici ?
Lorsque je vous vois, je tressaille :
C'est ma joie et c'est mon souci.
Si vous voulez que je m'en aille,
Pourquoi passez-vous par ici ?

Victor Hugo, *Les Contemplations*, 1856.

QUESTIONS

Le jeu des pronoms

1. Les jeux de l'écriture permettent de réunir symboliquement les amoureux. Relevez tous les pronoms personnels et adjectifs possessifs de la première et de la deuxième personne. Que déduisez-vous de leur répartition ?

Le jeu des répétitions

2. Les répétitions sont un trait de la chanson. Où sont situées les répétitions de distiques ?

3. Quelle est la progression entre le premier distique répété et le deuxième distique répété ? Entre le second et le troisième ?

Le jeu de la naïveté

4. L'amoureux joue au naïf tout en révélant à la fois qu'il se sait aimé et qu'il aime. Pour le dire, toutes les phrases sont composées sur le même modèle, lequel ? Que met en évidence cette construction ? Rédigez votre réponse.

La mort de Léopoldine, la fille de Hugo, noyée en 1843, divise *Les Contemplations* en deux grandes parties : « Autrefois » et « Aujourd'hui ». Écrit en 1847, ce poème permet à Hugo de partir à la rencontre de son enfant disparue, éternellement présente dans sa mémoire.

◄ Léopoldine, fille de Victor Hugo. Tableau de Châtillon.

Demain, dès l'aube, à l'heure où blanchit la campagne,
Je partirai – Vois-tu, je sais que tu m'attends –
J'irai par la forêt, j'irai par la montagne,
Je ne puis demeurer loin de toi plus longtemps.

Je marcherai les yeux fixés sur mes pensées,
Sans rien voir au dehors, sans entendre aucun bruit,
Seul, inconnu, le dos courbé, les mains croisées,
Triste, et le jour pour moi sera comme la nuit.

Je ne regarderai ni l'or du soir qui tombe,
Ni les voiles au loin descendant vers Harfleur[1],
Et quand j'arriverai, je mettrai sur ta tombe
Un bouquet de houx vert et de bruyère en fleur.

Victor Hugo, *Les Contemplations*, 1856.

1. *Harfleur* : ville des environs du Havre

QUESTIONS

La présence de la disparue

1. Soulignez tous les pronoms personnels et adjectifs possessifs de la première et de la deuxième personnes. Quel pronom domine ? En quoi cela souligne-t-il la solitude du poète ? Pourquoi cette répartition ?

L'absence au monde

2. Le poète ne participe à rien de ce qu'il rencontre. Avant de déposer le bouquet, quelle est son unique activité ? Montrez-le en relevant les verbes conjugués dont « je » est le sujet.

La tristesse intérieure

3. Rien ne peut distraire le poète de sa tristesse. En quoi les vers 1 et 8 s'opposent-ils ? Que semble montrer cette opposition ?

4. Notez les coupes du vers 7. Que mettent-elles en évidence ?

La Légende des siècles

Pour écrire l'histoire de l'humanité, des origines jusqu'au bonheur futur, Victor Hugo emprunte les récits et les légendes de toutes les traditions. La Bible raconte que, par jalousie, Caïn, fils d'Adam et Ève, a tué son frère Abel. Il s'enfuit mais le remords le poursuit : l'œil de Dieu, qui est l'œil de la conscience, reste toujours fixé sur lui.

La Conscience

Lorsque avec ses enfants vêtus de peaux de bêtes,
Échevelé, livide au milieu des tempêtes,
Caïn se fut enfui de devant Jéhovah[1],
Comme le soir tombait, l'homme sombre arriva
Au bas d'une montagne en une grande plaine ;
Sa femme fatiguée et ses fils hors d'haleine
Lui dirent : « Couchons-nous sur la terre, et dormons. »
Caïn, ne dormant pas, songeait au pied des monts.
Ayant levé la tête, au fond des cieux funèbres,
Il vit un œil, tout grand ouvert dans les ténèbres,
Et qui le regardait dans l'ombre fixement.
« Je suis trop près », dit-il avec un tremblement.
Il réveilla ses fils dormant, sa femme lasse,
Et se remit à fuir sinistre dans l'espace.
Il marcha trente jours, il marcha trente nuits.
Il allait, muet, pâle et frémissant aux bruits,
Furtif, sans regarder derrière lui, sans trêve,
Sans repos, sans sommeil ; il atteignit la grève
Des mers dans le pays qui fut depuis Assur[2].
« Arrêtons-nous, dit-il, car cet asile est sûr.
Restons-y. Nous avons du monde atteint les bornes. »
Et, comme il s'asseyait, il vit dans les cieux mornes
L'œil à la même place au fond de l'horizon.
Alors il tressaillit en proie au noir frisson.
« Cachez-moi ! » cria-t-il ; et, le doigt sur la bouche,
Tous ses fils regardaient trembler l'aïeul farouche.
Caïn dit à Jabel[3], père de ceux qui vont
Sous des tentes de poil dans le désert profond :
« Étends de ce côté la toile de la tente. »
Et l'on développa la muraille flottante ;
Et, quand on l'eut fixée avec des poids de plomb,
« Vous ne voyez plus rien ? » dit Tsilla[3], l'enfant blond,
La fille de ses fils, douce comme l'aurore ;
Et Caïn répondit : « Je vois cet œil encore ! »
Jubal[3], père de ceux qui passent dans les bourgs
Soufflant dans des clairons et frappant des tambours,
Cria : « Je saurai bien construire une barrière. »
Il fit un mur de bronze et mit Caïn derrière.
Et Caïn dit : « Cet œil me regarde toujours ! »

1. *Jéhovah :* un des noms de Dieu dans la Bible
2. *Assur :* aujourd'hui al-Charqât : cité de Mésopotamie, fondée au XXVIe siècle avant J.-C. et à partir de laquelle s'est ensuite créé le royaume d'Assyrie
3. *Jabel, Tsilla, Jubal :* descendants de Caïn

▲ Comme Victor Hugo le fera plus tard, Pierre Prudhon représente *La Justice et la Vengeance divine poursuivant le crime*. Peinture de 1803.

Hénoch[4] dit : « Il faut faire une enceinte de tours
Si terrible, que rien ne puisse approcher d'elle.
Bâtissons une ville avec sa citadelle,
Bâtissons une ville, et nous la fermerons. »
Alors Tubalcaïn[5], père des forgerons,
Construisit une ville énorme et surhumaine.
Pendant qu'il travaillait, ses frères, dans la plaine,
Chassaient les fils d'Énos[6] et les enfants de Seth[7],
Et l'on crevait les yeux à quiconque passait ;
Et, le soir, on lançait des flèches aux étoiles.
Le granit remplaça la tente aux murs de toiles,
On lia chaque bloc avec des nœuds de fer,
Et la ville semblait une ville d'enfer ;
L'ombre des tours faisait la nuit dans les campagnes ;
Ils donnèrent aux murs l'épaisseur des montagnes ;
Sur la porte on grava : « Défense à Dieu d'entrer. »
Quand ils eurent fini de clore et de murer,
On mit l'aïeul au centre en une tour de pierre ;
Et lui restait lugubre et hagard. « Ô mon père !
L'œil a-t-il disparu ? » dit en tremblant Tsilla.
Et Caïn répondit : « Non, il est toujours là. »
Alors il dit : « Je veux habiter sous la terre
Comme dans son sépulcre un homme solitaire ;
Rien ne me verra plus, je ne verrai plus rien. »
On fit donc une fosse, et Caïn dit « C'est bien ! »
Puis il descendit seul sous cette voûte sombre ;
Quand il se fut assis sur sa chaise dans l'ombre
Et qu'on eut sur son front fermé le souterrain,
L'œil était dans la tombe et regardait Caïn.

Victor Hugo, *La Légende des siècles*, 1859.

4. *Hénoch* : fils de Caïn
5. *Tubalcaïn* : descendant de Caïn
6. *Énos* : fils de Seth, donc petit-fils d'Adam
7. *Seth* : troisième fils d'Adam, raison pour laquelle il est chassé par la famille de Caïn

QUESTIONS

La fuite

1. La répétition de la même chute à chaque épisode crée la thématique : on ne peut échapper à la conscience. Combien le poème comporte-t-il d'épisodes ?

2. Dans le dernier vers, quels mots les rimes intérieures et finales rapprochent-elles ? Pourquoi ?

La nuit

3. Hugo utilise souvent la thématique des ténèbres et de la lumière.

Ici, dans ce texte, l'obscurité l'emporte, relevez son champ lexical. Que remarquez-vous sur la répartition des termes qui le composent ?

La solitude

4. Être entouré ne permet pas au meurtrier d'échapper à la solitude. D'où vient sa solitude au premier et au dernier épisode ? Quelle est l'évolution ?

5. À quoi voit-on que ce groupe humain autour de Caïn est lui-même isolé des autres ?

Les Misérables

Poussé par la misère, Jean Valjean a dérobé un pain. Pour ce vol, il a été condamné au bagne. Libéré, il erre dans la campagne. Alors qu'il se repose au bord d'un sentier, il voit arriver un petit Savoyard jouant avec les pièces de monnaie qu'il a gagnées.

Cette fois la pièce de quarante sous lui échappa, et vint rouler vers la broussaille jusqu'à Jean Valjean.

Jean Valjean posa le pied dessus.

Cependant l'enfant avait suivi sa pièce du regard, et l'avait vu.

Il ne s'étonna point et marcha droit à l'homme.

C'était un lieu absolument solitaire. Aussi loin que le regard pouvait s'étendre, il n'y avait personne dans la plaine ni dans le sentier. On n'entendait que les petits cris faibles d'une nuée d'oiseaux de passage qui traversaient le ciel à une hauteur immense. L'enfant tournait le dos au soleil qui lui mettait des fils d'or dans les cheveux et qui empourprait[1] d'une lueur sanglante la face sauvage de Jean Valjean.

– Monsieur, dit le petit savoyard, avec cette confiance de l'enfance qui se compose d'ignorance et d'innocence, – ma pièce ?

– Comment t'appelles-tu ? dit Jean Valjean.

– Petit-Gervais, monsieur.

– Va-t'en, dit Jean Valjean.

– Monsieur, reprit l'enfant, rendez-moi ma pièce.

▲ L'homme accablé assis, comme Jean Valjean, au bord du chemin. Peinture de Jean-François Millet (1814-1875).

Jean Valjean baissa la tête et ne répondit pas.

L'enfant recommença :

– Ma pièce, monsieur !

L'œil de Jean Valjean resta fixé à terre.

– Ma pièce ! cria l'enfant, ma pièce blanche ! mon argent !

Il semblait que Jean Valjean n'entendît point. L'enfant le prit au collet de sa blouse et le secoua. Et en même temps il faisait effort pour déranger le gros soulier ferré posé sur son trésor.

– Je veux ma pièce ! ma pièce de quarante sous !

L'enfant pleurait. La tête de Jean Valjean se releva. Il était toujours assis. Ses yeux étaient troubles. Il considéra l'enfant avec une sorte d'étonnement, puis il étendit la main vers son bâton et cria d'une voix terrible : – Qui est là ?

– Moi, monsieur, répondit l'enfant. Petit-Gervais ! moi ! moi ! Rendez-moi mes quarante sous, s'il vous plaît ! Otez votre pied, monsieur, s'il vous plaît !

Puis irrité, quoique tout petit, et devenant presque menaçant :

– Ah çà, ôterez-vous votre pied ? Ôtez donc votre pied, voyons.

– Ah ! c'est encore toi ! dit Jean Valjean, et se dressant brusquement tout debout, le pied toujours sur la pièce d'argent, il ajouta : – Veux-tu bien te sauver !

L'enfant effaré le regarda, puis commença à trembler de la tête aux pieds, et, après quelques secondes de stupeur[2], se mit à s'enfuir en courant de toutes ses forces sans oser tourner le cou ni jeter un cri.

Cependant à une certaine distance l'essoufflement le força de s'arrêter, et Jean Valjean, à travers sa rêverie, l'entendit qui sanglotait.

Au bout de quelques instants l'enfant avait disparu.

Le soleil s'était couché.

L'ombre se faisait autour de Jean Valjean. Il n'avait pas mangé de la journée ; il est probable qu'il avait la fièvre.

Il était resté debout, et n'avait pas changé d'attitude depuis que l'enfant s'était enfui. Son souffle soulevait sa poitrine à des intervalles longs et inégaux. Son regard, arrêté à dix ou douze pas devant lui, semblait étudier avec une attention profonde la forme d'un vieux tesson[3] de faïence bleue tombé dans l'herbe. Tout à coup il tressaillit ; il venait de sentir le froid du soir.

Il raffermit sa casquette sur son front, chercha machinalement à croiser et à boutonner sa blouse, fit un pas, et se baissa pour reprendre à terre son bâton.

En ce moment il aperçut la pièce de quarante sous que son pied avait à demi enfoncée dans la terre et qui brillait parmi les cailloux.

Ce fut comme une commotion galvanique[4]. – Qu'est-ce que c'est que ça ? dit-il entre ses dents. Il recula de trois pas, puis s'arrêta, sans pouvoir détacher son regard de ce point que son pied avait foulé l'instant d'auparavant, comme si cette chose qui luisait là dans l'obscurité eût été un œil ouvert fixé sur lui.

Au bout de quelques minutes, il s'élança convulsivement[5] vers la pièce d'argent, la saisit, et, se redressant, se mit à regarder au loin dans la plaine, jetant à la fois ses yeux vers tous les points de l'horizon, debout et frissonnant comme une bête fauve effarée qui cherche un asile.

Il ne vit rien. La nuit tombait, la plaine était froide et vague, de grandes brumes violettes montaient dans la clarté crépusculaire.

Victor Hugo, *Les Misérables,* 1862.

1. *empourprait :* **donnait la couleur rouge**
2. *stupeur :* **étonnement violent qui immobilise**
3. *tesson :* **débris de verre ou de poterie**
4. *commotion galvanique :* **violente secousse ; ici, elle ressemble aux secousses du courant**
5. *convulsivement :* **avec des secousses violentes**

QUESTIONS

Le décor

1. Le décor accompagne l'action et les réactions des personnages. Relevez dans les lignes 6 à 11 tout ce qui pourrait contribuer à la peur de l'enfant. Pourquoi n'a-t-il pas peur à ce moment-là ?

2. Quelle est la portée des précisions apportées aux lignes 48-49 ?

Le personnage de l'enfant

3. Petit-Gervais, personnage secondaire, n'apparaît qu'une fois dans le roman, mais sa rencontre détermine l'évolution de Jean Valjean. Montrez en quoi les deux personnages s'opposent en tout point (lignes 9 à 11).

4. Quelles sont les qualités de l'enfant ? Pourquoi insiste-t-on sur ces qualités ?

Le personnage principal

5. L'épisode est essentiel : il détermine l'évolution de Jean Valjean qui va devenir un homme de valeur. Or Jean Valjean est dans un état second et semble absent. Relevez les termes et expressions qui le montrent. Jean Valjean est-il responsable de son acte ?

6. Pourquoi le dépeindre ainsi au moment de son dernier vol ?

Jules Barbey d'Aurevilly

Nom : Barbey d'Aurevilly
Prénom : Jules
Naissance : le 2 novembre 1808, à Saint-Sauveur-le-Vicomte, en Normandie
Décès : le 23 avril 1889, à la suite d'une hémorragie, à Paris
Lieux : Paris, Valognes, le Cotentin
Situation familiale : célibataire, une longue liaison avec la baronne de Bouglon qu'il surnomme l'Ange blanc
Professions : rentier et journaliste
Amitiés : l'éditeur Trébutien, Baudelaire, Léon Bloy

Il a écrit

des romans parmi lesquels : *L'Ensorcelée* (1852), *Le Chevalier Des Touches* (1864) ;

un recueil de nouvelles : *Les Diaboliques* (1874).

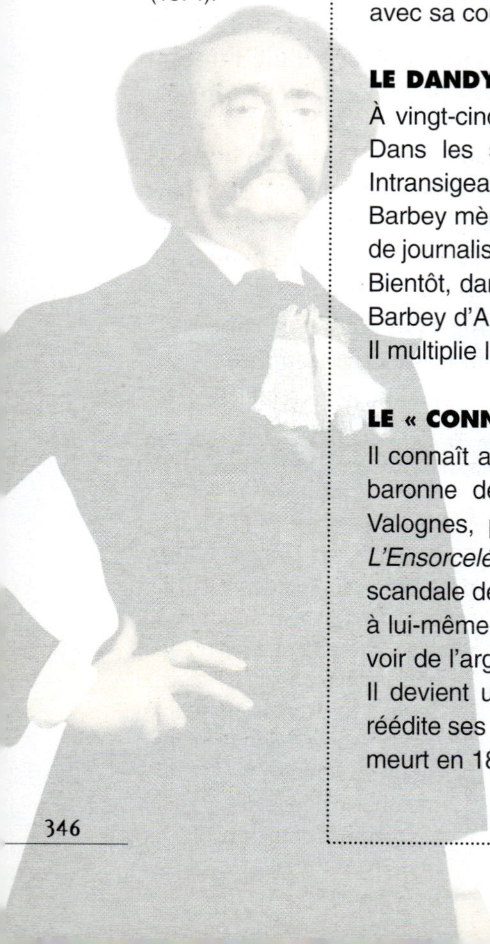

LE JEUNE HOMME RÉVOLTÉ

Barbey vit son enfance dans la petite noblesse du Cotentin, attachée à la tradition, à la monarchie, au souvenir du passé. Dans les vieilles rues de Valognes battues par la pluie, son imagination s'ouvre aux récits violents de la chouannerie, aux légendes normandes. Des discussions passionnées avec son oncle, médecin et athée, bousculent cet ordre étouffant : Barbey se révolte contre le milieu familial. À deux reprises il fonde à Caen une revue éphémère dont le projet est de « réveiller la Normandie » en répandant les idées libérales. Sa famille lui reproche ses activités d'écriture et sa liaison avec sa cousine, Louise du Méril. La rupture est consommée.

LE DANDY FAROUCHE

À vingt-cinq ans, un héritage lui donne enfin les moyens de gagner Paris. Dans les salons, les femmes s'empressent autour du brillant causeur. Intransigeant, orgueilleux, violemment hostile à la civilisation industrielle, Barbey mène une existence tapageuse de dandy. Il commence une carrière de journaliste, publie des nouvelles, ajoute à son nom celui de « d'Aurevilly ». Bientôt, dans sa longue cape de berger normand doublée de soie écarlate, Barbey d'Aurevilly s'impose comme un personnage familier des boulevards. Il multiplie les liaisons, s'adonne à l'alcool, sa « maîtresse rousse ».

LE « CONNÉTABLE »

Il connaît alors une grande passion avec celle qu'il appelle l'Ange blanc, la baronne de Bouglon. Barbey se réconcilie avec sa famille, retourne à Valognes, publie une série de romans inspirés par la Normandie. Mais *L'Ensorcelée* et *Le Chevalier Des Touches* sont peu remarqués. C'est le scandale des *Diaboliques* qui lui assure le succès, à soixante-six ans. Fidèle à lui-même, décochant ses flèches à ceux qui sacrifient à la facilité, au pouvoir de l'argent, il est surnommé « le Connétable des lettres » par ses amis. Il devient un maître pour une nouvelle génération de jeunes écrivains ; il réédite ses romans et ses essais, regroupe ses articles. Le vieux Connétable meurt en 1889, entouré d'un cercle d'admirateurs fervents.

Les Diaboliques

1874

Les nouvelles qui constituent *Les Diaboliques* racontent des histoires d'amour et de mort, expriment toute la violence du désir, la puissance de la passion amoureuse. Dans cette nouvelle, la première du recueil, l'héroïne réserve au narrateur, alors adolescent, une troublante surprise.

Un soir, il y avait à peu près un mois que Mlle Alberte était revenue à la maison, et nous nous mettions à table pour souper. Je l'avais à côté de moi, et je faisais si peu d'attention à elle que je n'avais pas encore pris garde à ce détail de tous les jours qui aurait dû me frapper : qu'elle fût à table auprès de moi au lieu d'être entre sa mère et son père, quand, au moment où je dépliais ma serviette sur mes genoux… non, jamais je ne pourrai vous donner l'idée de cette sensation et de cet étonnement ! je sentis une main qui prenait hardiment la mienne par-dessous la table. Je crus rêver… ou plutôt je ne crus rien du tout… Je n'eus que l'incroyable sensation de cette main audacieuse, qui venait chercher la mienne jusque sous ma serviette ! Et ce fut inouï autant qu'inattendu ! Tout mon sang, allumé sous cette prise, se précipita de mon cœur dans cette main, comme soutiré par elle, puis remonta furieusement, comme chassé par une pompe, dans mon cœur ! Je vis bleu… mes oreilles tintèrent. Je dus devenir d'une pâleur affreuse. Je crus que j'allais m'évanouir… que j'allais me dissoudre dans l'indicible[1] volupté causée par la chair tassée de cette main, un peu grande, et forte comme celle d'un jeune garçon, qui s'était fermée sur la mienne. – Et comme, vous le savez, dans ce premier âge de la vie, la volupté a son épouvante, je fis un mouvement pour retirer ma main de cette folle main qui l'avait saisie, mais qui, me la serrant alors avec l'ascendant[2] du plaisir qu'elle avait conscience de me verser, la garda d'autorité, vaincue comme ma volonté, et dans l'enveloppement le plus chaud, délicieusement étouffée… Il y a trente-cinq ans de cela, et vous me ferez bien l'honneur de croire que ma main s'est un peu blasée sur l'étreinte de la main des femmes ; mais j'ai encore là, quand j'y pense, l'impression de celle-ci étreignant la mienne avec un despotisme si insensément passionné !

Jules Barbey d'Aurevilly, « Le Rideau cramoisi », *Les Diaboliques*, 1874.

1. *indicible* : **qu'on ne peut pas dire, qu'on ne peut pas exprimer**
2. *ascendant* : **pouvoir, influence**

QUESTIONS

La description de l'émotion

1. Une émotion très forte anéantit la pensée et les réactions deviennent purement physiques. Quelles sont les manifestations physiques de l'émotion du jeune homme ?

2. Relevez tous les adjectifs qui décrivent l'émotion du narrateur. Quelle est leur caractéristique commune ?

La description du personnage

3. Un personnage peut être décrit par une seule partie de son corps. La jeune fille n'est évoquée que par sa main : vérifiez-le en relevant les termes qui désignent la jeune fille.

4. Recherchez les adjectifs et les expressions qui qualifient la main. Qu'en déduire sur le caractère de la jeune fille ?

Le narrateur-personnage

5. Lorsqu'un narrateur raconte sa propre histoire, les émotions lointaines sont réactivées. Repérez tous les points de suspension, et analysez en quoi ils révèlent la présence d'une réaction émotionnelle. Quelle autre remarque pouvez-vous faire sur l'expression de l'émotion par la ponctuation ?

Eugène Labiche

Nom : Labiche
Prénom : Eugène
Naissance : le 5 mai 1815, à Paris
Décès : le 22 janvier 1888, à Paris
Lieux : Paris, la Sologne
Situation familiale : marié, père de famille
Professions : journaliste, auteur de théâtre, maire de Souvigny-en-Sologne
Amitiés : Nadar le photographe ; Émile Augier et Ernest Legouvé, auteurs de pièces de théâtre

Il a écrit de nombreuses pièces de théâtre parmi lesquelles : *Un chapeau de paille d'Italie* (1851), *La Perle de la Canebière* (1855), *L'Affaire de la rue de Lourcine* (1857), *Le Voyage de Monsieur Perrichon* (1860), *La Station Champbaudet* (1862), *La Cagnotte* (1864), *Le plus heureux des trois* (1870).

LE DILETTANTE

Après une enfance facile, dans une famille aisée, Eugène Labiche décroche le baccalauréat en se fiant à sa mémoire : il apprend par cœur ses manuels. Aux cercles romantiques en pleine effervescence, il préfère les grands restaurants, les cafés à la mode, les théâtres parisiens. Il écrit en 1838 un unique roman, *La Clef des champs*, et se consacre alors aux vaudevilles : de petites pièces faciles mêlées de chansons que lui commandent les directeurs de théâtre. La société du Second Empire raffole de ces comédies légères, de ces refrains amusants qui restent dans la mémoire.

L'AUTEUR À SUCCÈS

En 1860, le succès du *Voyage de Monsieur Perrichon* assure la réputation de Labiche. Le dilettante aimable devient un travailleur acharné. Année après année, il triomphe sur les scènes parisiennes. Sans prétendre au moraliste, il met en évidence les conformismes, les ridicules de la société bourgeoise. Ses vaudevilles rivalisent de succès avec les mélodrames populaires, avec les opérettes d'Offenbach. *La Cagnotte* surtout remporte un succès prodigieux et les directeurs de théâtre se bousculent pour avoir l'exclusivité de ses pièces en un acte, amusantes et enlevées. Labiche, qui se considère lui-même comme auteur de pièces légères, auteur de boulevard, reste modeste malgré son succès.

LE MAIRE ET L'ACADÉMICIEN

De plus en plus souvent, il se réfugie en Sologne où il possède des terres. Il devient maire de son village, Souvigny-en-Sologne. Quand la guerre est déclarée avec la Prusse, en 1870, il envoie sa femme et son fils dans le Midi et reste lui-même sur place pour remplir ses fonctions. Il revient peu à Paris, écrit de moins en moins, s'occupe de ses propriétés. « Je suis en Sologne, fort occupé à faire sécher mes foins. » L'édition de ses œuvres complètes, en 1879, est un succès, les lecteurs s'arrachent les volumes qui paraissent successivement. Labiche est élu membre de l'Académie française en 1880. Huit ans plus tard, la maladie le ramène à Paris pour y mourir.

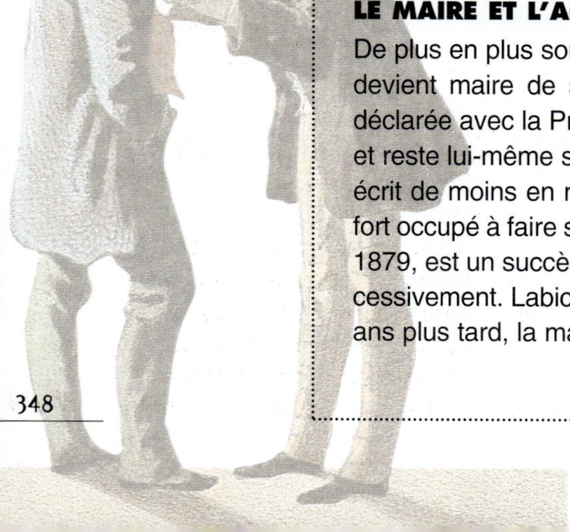

La Perle de la Canebière

1855

Dans *La Perle de la Canebière*, le comique est assuré par la pittoresque Théréson Marcasse. Cette veuve marseillaise a logé chez elle le timide Godefroid Beautendon, qui s'est enfui dès ses premières avances. Le père de Godefroid, pour excuser son fils, a prétendu que celui-ci s'était sauvé par amour. Il invite Théréson.

THÉRÉSON. – Beautendon, je suis de Marseille… et les gens de Marseille, ils s'expliquent toujours avec une grosse franchise.

BEAUTENDON. – C'est un des traits caractéristiques de cette estimable population.

THÉRÉSON. – Beautendon, j'ai percé vos projets… si vous m'avez fait quitter mes savons, mes bassines, mes cuites[1] et tout… ce n'est pas uniquement pour venir voir l'éléphant de la Bastille[2].

BEAUTENDON. – D'autant qu'il n'existe plus.

THÉRÉSON. – Il est mort !… Pauvre bête !… Après ça, Marcasse aussi !… Ce qui m'a fait partir, Beautendon, c'est votre amicale[3] du mois dernier.

BEAUTENDON. – Combien je m'en félicite !

THÉRÉSON. – Vous m'y marquez de venir vous voir… et que le petit il m'aime d'un amour insensé !

BEAUTENDON, *embarrassé*. – Oh ! belle dame !

THÉRÉSON. – Ne dites pas non ! vous me l'avez écrit !

BEAUTENDON, *à part*. – Maudite lettre !

THÉRÉSON, *se levant*. – Beautendon, Marcasse il a été mangé[4]…

BEAUTENDON. – Ah oui ! je connais l'anecdote…

THÉRÉSON. – Le petit, il m'aime… De mon côté, je le trouve joli… il me fait l'effet d'une petite caille grasse.

BEAUTENDON, *à part, très alarmé*. – Où veut-elle en venir ?

THÉRÉSON. – Et, ma foi, si vous voulez, je ne serai pas cruelle… Eh bien, allez !… faites-moi votre demande.

BEAUTENDON, *à part*. – Sac à papier ! et la Sainte-Poule[5] ?

THÉRÉSON. – Eh bien, je vous attends.

BEAUTENDON, *feignant la joie la plus vive*. – Comment donc, belle dame… un tel honneur !… mais…

THÉRÉSON, *l'interrompant*. – Alors, touchez là, papa Beautendon… et embrassez votre belle-fille.

BEAUTENDON, *à part*. – Que devenir ? *Ils s'embrassent.*

Eugène Labiche, *La Perle de la Canebière*, 1855.

1. *cuites :* préparations chauffées
2. *l'éléphant de la Bastille :* statue au centre de la place, détruite depuis
3. *votre amicale :* votre lettre amicale
4. *il a été mangé :* il a été mangé par les cannibales
5. *la Sainte-Poule :* la jeune fille que le fils doit épouser

QUESTIONS

Les mœurs bourgeoises

1. Le bourgeois cherche à cacher ses faiblesses et ses mauvaises actions, et pour y parvenir n'hésite pas à tromper son interlocuteur. Quel est ici le malentendu ? Qui en est responsable ?

Le comique

2. Le comique de langage est constamment présent chez Labiche. Analysez trois expressions comiques de Théréson.

3. Étudiez les connotations comiques des noms des personnages.

La dynamique de l'action

4. Les malentendus successifs entre les personnages permettent à l'intrigue d'avancer. Quel événement marque la fin de la scène ? Quel est désormais le problème ?

5. Imaginez les suites possibles.

La Station Champbaudet

Tout le monde croit à tort Paul Tacarel amoureux de Mme Champbaudet, elle aussi d'ailleurs. Cette rumeur parvient aux oreilles du père de la jeune fille que doit épouser Tacarel. Le futur beau-père exige alors de Tacarel qu'il organise d'abord le mariage de Mme Champbaudet avec un certain Monsieur Durozoir.

TACAREL. – Eh bien, oui ! je ne le cache pas... subjugué[1], vaincu par la puissance de vos charmes, de votre esprit, oui, je vous ai aimée !...

MADAME CHAMBAUDET. – Ah ! merci !

TACAREL, *avec passion*. – Je vous ai aimée !... *(Changeant de ton.)* Pendant trois jours !

MADAME CHAMPBAUDET. – Ah ! pas plus ?

TACAREL. – Dieu m'est témoin que je voulais vous offrir mon nom... Je suis même allé à la mairie... faire lever votre extrait de naissance...

MADAME CHAMPBAUDET, *effrayée*. – Ah ! mon Dieu !

TACAREL, *d'une voix lente et grave*. – On m'a livré cette pièce... moyennant quarante sous... et j'y ai lu une date... *(À part.)* Quel âge peut-elle bien avoir ?... *(Haut.)* Une date à jamais célèbre pour ceux qui estiment le vin de la comète... 1811 !

MADAME CHAMPBAUDET, *vivement*. – C'est faux !... Je suis de 1814 !... je n'ai que quarante-sept ans !

TACAREL. – Tiens ! l'âge de maman !

MADAME CHAMPBAUDET, *désespérée*. – Ah !

TACAREL. – Ce doux rapprochement... ouvrit à mon cœur des horizons nouveaux... Mon amour s'épura... et je me pris à vous aimer... comme un fils aime sa mère !

MADAME CHAMPBAUDET, *protestant*. – Sa mère ?... Ah ! non !

TACAREL, *à part*. – Ça ne prend pas ! *(Haut.)* Comme un frère aime sa sœur !

MADAME CHAMPBAUDET. – J'aime mieux ça !

TACAREL, *à part*. – Chauffons cette corde ! *(Haut, avec feu.)* Savez-vous ce que c'est qu'une sœur ?... cet ange... dont on ne demande jamais l'âge !

MADAME CHAMPBAUDET, *froidement*. – Sans doute, sans doute !...

TACAREL, *à part*. – Elle est froide ! *(Haut.)*. Voilà ce que j'espérais trouver en vous... Mais non ! je n'ai rencontré qu'une femme implacable !

MADAME CHAMPBAUDET. – Comment ?

TACAREL. – Qui se fait un plaisir cruel de s'asseoir sur ma destinée.

MADAME CHAMPBAUDET. – Moi ? Paul !

TACAREL. – Allez ! continuez votre œuvre de destruction !... Ma fiancée en mourra, la pauvre créature !

MADAME CHAMPBAUDET. – Ah ! mon Dieu !...

TACAREL. – Quant à son père... le noble vieillard !... il en deviendra fou... Il n'était qu'idiot !

MADAME CHAMPBAUDET. – Assez !

TACAREL. – Et moi... moi, je pars ! je quitte cette plage inhospitalière...

MADAME CHAMPBAUDET. – Où vas-tu ?

TACAREL. – En Amérique... Je m'engage... avec le Nord ou avec le

Sud… ça m'est parfaitement égal… Je vais chercher une autre fiancée… la fièvre jaune !

(Il remonte.)

MADAME CHAMPBAUDET, *l'arrêtant.* – Paul… mon enfant… *(Se reprenant.)* Mon frère ! tu ne feras pas cela !

(Le ramenant en lui jetant les bras autour du cou.)

TACAREL. – Si !…

MADAME CHAMPBAUDET. – Non !…

TACAREL. – Si !…

MADAME CHAMPBAUDET. – Non !… parle !… que veux-tu ? quel sacrifice exiges-tu de moi ?

TACAREL. – Le sacrifice Durozoir[2]…

MADAME CHAMPBAUDET. – Ah ! jamais !

TACAREL. – Vous avez entendu ce père… irréfragable[3] !

MADAME CHAMPBAUDET. – Oui, mais Durozoir…

TACAREL. – Alors adieu ! vous m'écrirez sur les bords du Potomac[4] !… poste restante.

MADAME CHAMPBAUDET, *avec un effort douloureux.* – Paul, je consens… Ne me laissez pas réfléchir ! allez me chercher cet homme !…

Eugène Labiche, *La Station Champbaudet*, Acte III, scène 9, 1862.

1. *subjugué :* charmé
2. *le sacrifice Durozoir :* le sacrifice, c'est épouser Durozoir
3. *irréfragable :* qu'on ne peut briser, qu'on ne peut faire plier
4. *Potomac :* fleuve des États-Unis

QUESTIONS

La progression dramatique

1. Quels sont les deux moyens successifs de persuasion employés par Tacarel pour que Mme Champbaudet renonce à son amour pour lui ?

2. Les trois premières répliques de Mme Champbaudet sont bâties sur le même modèle syntaxique. Lequel ? Relevez ce qui change d'une réplique à la suivante. En quoi consiste la progression ? et le comique ?

Le rôle de l'aparté

3. L'aparté chez Labiche sert souvent à accentuer le comique, par contraste entre ce qui est pensé et ce qui est dit explicitement. Repérez les apartés successifs. Qui les prononce toujours ? À votre avis, pourquoi ?

4. Les apartés accentuent tout le ridicule de Mme Champbaudet. Analysez chaque aparté pour mettre en évidence cette source constante de comique.

Les effets de surprise

5. Pour rendre le dialogue amusant et faire progresser l'action, Labiche a très souvent recours aux effets de surprise. Expliquez ce qui fait le comique de « pendant trois jours » (l. 4) en le mettant en relation avec ce qui précède.

6. Pourquoi chacune des deux chutes successives « la fièvre jaune » et « poste restante » produit-elle tant d'effet sur Mme Champbaudet ?

Leconte de Lisle

Nom : Leconte de Lisle
Prénom : Charles Marie
Naissance : le 22 octobre 1818, à Saint-Paul, dans l'île de la Réunion
Décès : le 18 juillet 1894, au hameau de Voisins, près de Louveciennes
Lieu : l'île de la Réunion
Professions : journaliste, traducteur de textes grecs
Amitié : Louis Ménard, helléniste

Il a écrit des recueils de poèmes parmi lesquels : *Poèmes antiques* (1852), *Poèmes barbares* (1862).

L'ENFANT DES ÎLES

Fils d'un chirurgien de l'armée impériale devenu planteur de canne à sucre, le jeune Charles Marie passe une partie de son enfance à Nantes. Né dans l'île de la Réunion, il y retourne à l'âge de dix ans. Il apprécie peu l'atmosphère familiale et l'éducation sévère qu'il reçoit. Son père voit d'abord en lui un futur commerçant puis, lorsqu'il atteint dix-huit ans, il l'envoie en France pour étudier le droit, pour être magistrat. Sur le continent, Leconte de Lisle pense trouver sa voie dans le journalisme. Mais c'est l'échec et il retourne, pour quelques mois, dans son île natale. Elle lui offre, une dernière fois, la luxuriance et l'envoûtement de ses paysages. Il en garde toute sa vie le souvenir nostalgique.

L'ARDENT RÉVOLUTIONNAIRE

Leconte de Lisle revient définitivement en France en 1845. Il s'engage alors dans le combat social : les théories du socialiste utopiste Fourier l'enthousiasment, lui font imaginer un monde plus juste où chacun aurait sa place. Très actif pendant la révolution de 1848, il publie un manifeste réclamant l'abolition de l'esclavage. Cet acte généreux accélère les ruptures : sa famille se fâche, lui coupe les vivres, et il se retrouve sans aucun moyen de subsistance. Connaissant de nombreuses difficultés matérielles, il perd peu à peu l'ardeur sociale qui l'animait. À l'idéalisme révolutionnaire succède le temps de la littérature.

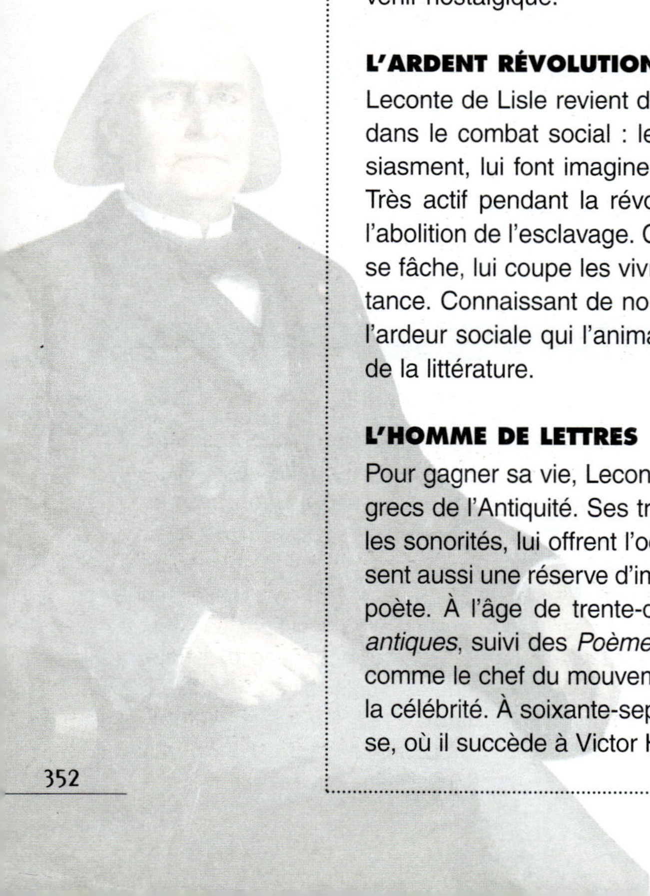

L'HOMME DE LETTRES

Pour gagner sa vie, Leconte de Lisle se lance dans la traduction des auteurs grecs de l'Antiquité. Ses traductions originales, qui jouent avec les images et les sonorités, lui offrent l'occasion d'une réflexion sur la langue, et lui fournissent aussi une réserve d'images et de mythes. Elles achèvent sa formation de poète. À l'âge de trente-quatre ans, il publie son premier recueil, *Poèmes antiques*, suivi des *Poèmes barbares*, dix ans plus tard, en 1862. Il s'impose comme le chef du mouvement parnassien. Mais il lui faut attendre longtemps la célébrité. À soixante-sept ans, Leconte de Lisle entre à l'Académie française, où il succède à Victor Hugo, dont il fut le protégé.

Poèmes barbares

1862

En réaction contre le lyrisme du « moi » romantique, Leconte de Lisle cherche la perfection de la forme à travers l'évocation des civilisations violentes et farouches, que dominent les figures d'animaux symboliques.

Le Sommeil du Condor

Par-delà l'escalier des roides Cordillères[1],
Par-delà les brouillards hantés des aigles noirs,
Plus haut que les sommets creusés en entonnoirs
Où bout le flux sanglant des laves familières,
L'envergure pendante et rouge par endroits,
Le vaste Oiseau, tout plein d'une morne indolence[2],
Regarde l'Amérique et l'espace en silence,
Et le sombre soleil qui meurt dans ses yeux froids.
La nuit roule de l'Est, où les pampas[3] sauvages
Sous les monts étagés s'élargissent sans fin ;
Elle endort le Chili, les villes, les rivages,
Et la Mer Pacifique et l'horizon divin ;
Du continent muet elle s'est emparée :
Des sables aux coteaux, des gorges aux versants,
De cime en cime, elle enfle, en tourbillons croissants,
Le lourd débordement de sa haute marée.
Lui, comme un spectre, seul, au front du pic altier[4],
Baigné d'une lueur qui saigne sur la neige,
Il attend cette mer sinistre qui l'assiège :
Elle arrive, déferle, et le couvre en entier.
Dans l'abîme sans fond la Croix australe[5] allume
Sur les côtes du ciel son phare constellé.
Il râle de plaisir, il agite sa plume,
Il érige son cou musculeux et pelé,
Il s'enlève en fouettant l'âpre neige des Andes,
Dans un cri rauque il monte où n'atteint pas le vent,
Et, loin du globe noir, loin de l'astre vivant,
Il dort dans l'air glacé, les ailes toutes grandes.

Leconte de Lisle, *Poèmes barbares*, 1862.

1. *Cordillères :* **la Cordillère des Andes, en Amérique du Sud**
2. *indolence :* **lenteur, paresse**
3. *pampas :* **vastes plaines d'Amérique du Sud**
4. *altier :* **très fier, hautain**
5. *la Croix australe :* **constellation**

QUESTIONS

L'invasion de la nuit

1. Relevez les termes qui évoquent les ténèbres et ceux qui évoquent la lumière.

2. La nuit est sans cesse comparée à la mer. Relevez les termes qui participent à cette métaphore filée.

La mort symbolique

3. Symbole de la mort, le condor semble attendre son heure. Relevez et classez l'ensemble des termes évoquant le silence, le froid et l'obscurité.

4. De quel autre champ lexical l'ensemble de ces termes peut-il être rapproché ?

Un poème descriptif

5. L'atmosphère du poème repose aussi sur la description d'un continent. Lequel ? Relevez les indicateurs de lieu dans le poème.

6. À l'étendue du paysage, le condor donne une dimension verticale. Relevez les termes qui y participent.

Poèmes barbares

Les *Poèmes barbares* offrent l'exotisme discret d'une vie quotidienne orientale, source d'images colorées. Dans « Le Sommeil de Leïlah », la description devient célébration du bonheur.

▶ « Elle rit et sommeille et songe au bien-aimé, Telle qu'un fruit de pourpre, ardent et parfumé ». Tableau anonyme du XIXe siècle.

Le Sommeil de Leïlah

Ni bruits d'aile, ni sons d'eau vive, ni murmures ;
La cendre du soleil nage sur l'herbe en fleur,
Et de son bec furtif le bengali[1] siffleur
Boit, comme un sang doré, le jus des mangues[2] mûres.

Dans le verger royal où rougissent les mûres,
Sous le ciel clair qui brûle et n'a plus de couleur,
Leïlah, languissante et rose de chaleur,
Clôt ses yeux aux longs cils à l'ombre des ramures[3].

Son front ceint de rubis[4] presse son bras charmant ;
L'ambre[5] de son pied nu colore doucement
Le treillis emperlé de l'étroite babouche[6].

Elle rit et sommeille et songe au bien-aimé,
Telle qu'un fruit de pourpre[7], ardent et parfumé,
Qui rafraîchit le cœur en altérant la bouche.

Leconte de Lisle, *Poèmes barbares*, 1862.

1. *bengali :* tout petit oiseau de couleur rouge
2. *mangue :* fruit exotique
3. *ramures :* branches et rameaux
4. *rubis :* pierre de couleur rouge
5. *ambre :* pierre de couleur ocre
6. *babouche :* chaussure légère
7. *pourpre :* rouge foncé

QUESTIONS

La vie

1. La description peut transmettre des impressions en cultivant connotations et détails allusifs. Dans les deux premières strophes, des allusions constantes évoquent la coexistence de la vie et de la mort. Relevez-les.

2. Expliquez comment chaque verbe indique une action en train de se faire.

Les sens

3. Le poème fait successivement appel à l'ouïe et à la vue, puis simultanément au goût, au toucher, à l'odorat. Retrouvez ces différentes étapes dans le poème.

4. Quelle est la couleur dominante ? Quelles sont ses connotations ?

5. Quelle atmosphère le soleil et la chaleur donnent-ils au poème ?

L'amour

6. Célébrer la vie et les sens, c'est ouvrir la voie à la célébration de l'amour. À quel moment apprend-on que Leïlah est amoureuse ?

7. Cette information permet d'interpréter ce qui précède : quel sens prend alors l'image du bengali, et l'adjectif « languissante » ?

8. Repérez l'antithèse du dernier vers. Comment l'interprétez-vous ?

La fin des *Poèmes barbares* offre une méditation sur la mort. Après avoir exploré le monde, c'est maintenant le soir de la vie. *Requies*, en latin, signifie « repos » : le moment est venu du repos éternel.

REQUIES

Comme un morne exilé, loin de ceux que j'aimais,
Je m'éloigne à pas lents des beaux jours de ma vie,
Du pays enchanté qu'on ne revoit jamais.
Sur la haute colline où la route dévie
Je m'arrête, et vois fuir à l'horizon dormant
Ma dernière espérance, et pleure amèrement.

Ô malheureux ! crois-en ta muette détresse :
Rien ne refleurira, ton cœur ni ta jeunesse,
Au souvenir cruel de tes félicités.
Tourne plutôt les yeux vers l'angoisse nouvelle,
Et laisse retomber dans leur nuit éternelle
L'amour et le bonheur que tu n'as point goûtés.

Le temps n'a pas tenu ses promesses divines.
Tes yeux ne verront point reverdir tes ruines ;
Livre leur cendre morte au souffle de l'oubli.
Endors-toi sans tarder en ton repos suprême,
Et souviens-toi, vivant dans l'ombre enseveli,
Qu'il n'est plus dans ce monde un seul être qui t'aime.

La vie est ainsi faite, il nous la faut subir.
Le faible souffre et pleure, et l'insensé s'irrite ;
Mais le plus sage en rit, sachant qu'il doit mourir.
Rentre au tombeau muet où l'homme enfin s'abrite,
Et là, sans nul souci de la terre et du ciel,
Repose, ô malheureux, pour le temps éternel !

Leconte de Lisle, *Poèmes barbares*, 1862.

QUESTIONS

L'énonciation

1. Le lyrisme peut être indirect si le poète est représenté symboliquement, il peut être direct lorsqu'il recourt à la première personne. Où trouve-t-on la première personne du singulier dans le poème ?

2. Par quelles autres personnes le « je » est-il ensuite relayé ? Quel est le sens de chacun de ces changements ?

L'évocation du passé

3. Leconte de Lisle affirme qu'il « n'est pire misère… qu'un souvenir heureux dans les jours de douleur ». Quand on perd l'espoir, il faut donc que tout le passé disparaisse. À quoi renonce-t-il successivement au vers 9 et au vers 12 ?

4. Quelles images successives évoquent le passé disparu ? Quelle évolution remarquez-vous ?

La mort à venir

5. Puisque le passé est définitivement hors de portée, et que le présent est inexistant, il ne reste qu'à accueillir la mort. Quels termes indiquent que la mort est assimilée à un repos ?

6. Relevez les termes à connotations positives dans cette description du repos et expliquez ces connotations.

Charles Baudelaire

Nom : Baudelaire
Prénom : Charles
Naissance : le 9 avril 1821, à Paris
Décès : le 31 août 1867, à Paris
Lieux : Paris, l'île Bourbon, la Belgique
Situation familiale : célibataire, une longue liaison avec Jeanne Duval
Profession : aucune autre que celle d'écrivain
Amitiés : le photographe Nadar, Théophile Gautier, Barbey d'Aurevilly, l'éditeur Poulet-Malassis, le peintre Delacroix

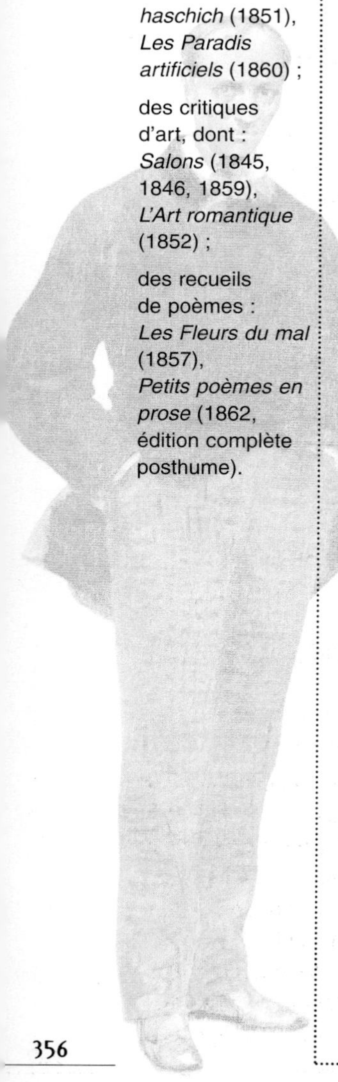

Il a écrit

des essais, dont : *Du vin et du haschich* (1851), *Les Paradis artificiels* (1860) ;

des critiques d'art, dont : *Salons* (1845, 1846, 1859), *L'Art romantique* (1852) ;

des recueils de poèmes : *Les Fleurs du mal* (1857), *Petits poèmes en prose* (1862, édition complète posthume).

LE DANDY PRODIGUE

Charles perd son père lorsqu'il a six ans. Sa mère se remarie l'année suivante avec un militaire, le commandant Aupick. Le beau-père et l'enfant ne peuvent se comprendre. Charles est envoyé en pension où les jours s'écoulent solitaires et mélancoliques. Après le baccalauréat, sa vie d'étudiant parisien, sa bohème littéraire, effraient ses parents. Ils décident de lui faire faire un long voyage jusqu'en Orient pour l'arracher à ses habitudes, à ses fréquentations. Charles fausse compagnie au capitaine du navire pour un séjour à l'île Bourbon. De retour à Paris, en 1842, il dilapide l'argent de son héritage en menant la vie d'un dandy élégant et raffiné. Sa famille lui impose alors un conseil judiciaire : Baudelaire perçoit désormais une modeste rente mensuelle.

LE CRITIQUE D'ART

Amoureux de la peinture, habité par la passion des images, ami des peintres Courbet et Delacroix, Baudelaire écrit des critiques d'art. Il fait le compte rendu des salons, porte sur la peinture un regard neuf, résolument moderne. Il publie des essais, traduit les œuvres d'Edgar Poe. Souvent en proie à la mélancolie, accablé par le spleen, il retrouve auprès de Jeanne Duval, une mulâtresse, le souvenir sensuel, ébloui, du voyage exotique.

LE POÈTE DE LA MODERNITÉ

À trente-six ans, Baudelaire publie *Les Fleurs du mal*. Partagé entre le spleen et l'idéal, le gouffre de la mélancolie et l'exaltation de la beauté, l'amertume et la sensualité, le recueil fait scandale : le tribunal condamne six pièces pour immoralité. Profondément affecté par cette condamnation hypocrite, tourmenté par ses dettes, affaibli par la maladie, Baudelaire rêve de tout quitter pour une vie nouvelle. Lorsqu'il publie les *Petits Poèmes en prose*, il s'impose comme le poète de la modernité. Mais rien ne peut distraire son anxiété. Il décide en 1864 de s'exiler en Belgique et s'installe à Bruxelles, hôtel du Grand Miroir. Souffrant de la syphilis, il y est victime d'un grave malaise. Paralysé, aphasique, Baudelaire est ramené à Paris où il meurt quelques mois plus tard.

Les Fleurs du mal

1857

Les premiers poèmes des *Fleurs du mal* parlent du poète, de sa condition et de son rôle. « Correspondances » pose le principe des relations mystérieuses qui unissent les éléments du monde : correspondances verticales entre le monde sensible et le monde invisible, correspondances horizontales entre les sensations. Le poète est chargé de les révéler.

Correspondances

La Nature est un temple où de vivants piliers
Laissent parfois sortir de confuses paroles :
L'homme y passe à travers des forêts de symboles
Qui l'observent avec des regards familiers.

Comme de longs échos qui de loin se confondent
Dans une ténébreuse et profonde unité
Vaste comme la nuit et comme la clarté,
Les parfums, les couleurs et les sons se répondent.

Il est des parfums frais comme des chairs d'enfants,
Doux comme les hautbois, verts comme les prairies,
– Et d'autres, corrompus, riches et triomphants,

Ayant l'expansion des choses infinies,
Comme l'ambre, le musc, le benjoin et l'encens[1],
Qui chantent les transports de l'esprit et des sens.

Charles Baudelaire, *Les Fleurs du mal*, 1857.

1. *l'ambre, le musc, le benjoin et l'encens :* **parfums**

QUESTIONS

La construction des correspondances

1. Les correspondances tissent des liens entre les éléments du monde. La présentation de la théorie des correspondances s'appuie sur la construction du sonnet. Montrez comment les quatrains proposent une formulation générale de cette théorie et comment les deux tercets proposent une illustration de la théorie.

L'unité dans la diversité

2. Les correspondances permettent de rassembler ce que la perception commune sépare. Relevez dans la deuxième strophe tous les termes qui évoquent cette unité.

3. Relevez dans la première strophe l'expression qui évoque l'unité entre le concret et l'abstraction.

4. Quelle assonance crée l'unité de la deuxième strophe ?

La découverte des correspondances

5. Réservée aux seuls poètes, elle est inaccessible au commun des mortels. Étudiez dans la première strophe tous les éléments montrant la supériorité de la nature qui sait sur l'homme qui ne sait pas.

6. Recherchez dans le texte tous les éléments montrant qu'il s'agit en fait d'une quête de type religieux et mystique.

Les Fleurs du mal

« Parfum exotique » ouvre la série des poèmes inspirés par Jeanne Duval, la sensuelle compagne de Baudelaire. Dans ce poème, la présence physique de la femme conduit sur le chemin du rêve.

PARFUM EXOTIQUE

Quand, les deux yeux fermés, en un soir chaud d'automne,
Je respire l'odeur de ton sein chaleureux,
Je vois se dérouler des rivages heureux
Qu'éblouissent les feux d'un soleil monotone :

Une île paresseuse où la nature donne
Des arbres singuliers et des fruits savoureux ;
Des hommes dont le corps est mince et vigoureux,
Et des femmes dont l'œil par sa franchise étonne.

Guidé par ton odeur vers de charmants climats,
Je vois un port rempli de voiles et de mâts
Encor tout fatigués par la vague marine,

Pendant que le parfum des verts tamariniers[1],
Qui circule dans l'air et m'enfle la narine,
Se mêle dans mon âme au chant des mariniers.

Charles Baudelaire, *Les Fleurs du mal,* 1857.

1. *tamarinier :* **grand arbre exotique, très décoratif, aux feuilles et aux fruits comestibles**

QUESTIONS

Une construction harmonieuse

1. L'harmonie de l'univers paradisiaque peut s'exprimer par l'harmonieuse architecture du poème. Le premier quatrain et le premier tercet sont construits en parallèle. Choisissez dans ce quatrain et dans ce tercet des éléments qui se correspondent.

2. En comparant ces éléments, analysez la progression du poème.

L'univers des sensations

3. L'univers rêvé est un univers de sensations, perçu par les cinq sens. Relevez les notations qui font appel à l'odorat, mais aussi à la vue, à l'ouïe, au goût, et même au toucher.

4. Dans « Correspondances », Baudelaire écrit : « les parfums, les couleurs et les sons se répondent ». Ce principe poétique se retrouve-t-il ici ?

Le monde rêvé

5. Le monde rêvé offre ce que n'offre pas le monde réel. Quand il décrit le monde moderne, Baudelaire parle de « pauvres corps tordus, maigres, ventrus ou flasques », et de femmes « que ronge et que nourrit la débauche ». Faites la différence avec le paradis de « Parfum exotique » en relevant les termes qui désignent les humains.

Pour Baudelaire, l'automne est la saison du spleen, qui accable le poète. Il éprouve alors l'oppression épouvantable de l'ennui, le sentiment du désespoir, et l'angoisse devant la mort.

CHANT D'AUTOMNE

Bientôt nous plongerons dans les froides ténèbres ;
Adieu, vive clarté de nos étés trop courts !
J'entends déjà tomber avec des chocs funèbres
Le bois[1] retentissant sur le pavé des cours.

Tout l'hiver va rentrer dans mon être : colère,
Haine, frissons, horreur, labeur dur et forcé,
Et, comme le soleil dans son enfer polaire,
Mon cœur ne sera plus qu'un bloc rouge et glacé.

J'écoute en frémissant chaque bûche qui tombe ;
L'échafaud qu'on bâtit n'a pas d'écho plus sourd.
Mon esprit est pareil à la tour qui succombe
Sous les coups du bélier[2] infatigable et lourd.

Il me semble, bercé par ce choc monotone,
Qu'on cloue en grande hâte un cercueil quelque part.
Pour qui ? – C'était hier l'été ; voici l'automne !
Ce bruit mystérieux sonne comme un départ.

Charles Baudelaire, *Les Fleurs du mal,* 1857.

1. *Le bois :* bûches que l'on prépare pour se chauffer en hiver
2. *bélier :* machine de guerre qui sert à enfoncer les murailles et les portes des villes assiégées

QUESTIONS

Le symbolisme des saisons

1. Chaque saison est investie par le poète d'un pouvoir évocateur, qui correspond à trois époques de sa vie : l'été passé, l'automne présent, et l'avenir. Remplissez le tableau.

Saisons	Termes	Impression
Hiver	froides	....
....	....	....

L'image auditive

2. Une image auditive peut être plus frappante que la description visuelle de la réalité. Dans la première strophe, une expression fait la relation entre le bruit et l'idée de la mort : laquelle ? Quelles images successives cette relation fait-elle naître ensuite ?

3. À quelle saison sont réservées toutes les images auditives ? Pourquoi ?

La condition humaine

4. Le lyrisme poétique est d'autant plus puissant qu'il n'est pas uniquement personnel.
Quels sont le pronom personnel et l'adjectif possessif utilisés dans les deux premiers vers ? Pourquoi les avoir choisis ?

5. Analysez le dernier vers en mettant en relation le « bruit mystérieux » avec le reste du poème.

Les Fleurs du mal

« La Mort des amants » inaugure le dernier cycle des *Fleurs du mal* : la Mort. La mort, ultime voyage, permet peut-être d'atteindre le bonheur définitivement absent ici-bas.

La Mort des amants

Nous aurons des lits pleins d'odeurs légères,
Des divans profonds comme des tombeaux,
Et d'étranges fleurs sur des étagères,
Écloses pour nous sous des cieux plus beaux.

Usant à l'envi[1] leurs chaleurs dernières,
Nos deux cœurs seront deux vastes flambeaux,
Qui réfléchiront leurs doubles lumières
Dans nos deux esprits, ces miroirs jumeaux.

Un soir fait de rose et de bleu[2] mystique,
Nous échangerons un éclair unique,
Comme un long sanglot, tout chargé d'adieux ;

Et bientôt un Ange, entr'ouvrant les portes,
Viendra ranimer, fidèle et joyeux,
Les miroirs ternis et les flammes mortes.

Charles Baudelaire, *Les Fleurs du mal*, 1857.

1. *Usant à l'envi :* **en rivalisant, avec émulation**
2. *de rose et de bleu :* **couleurs des anges et de la Vierge**

QUESTIONS

L'union harmonieuse

1. L'union longuement goûtée s'exprime dans une douce musique, et les rythmes contribuent alors à l'harmonie. Comment caractériser les coupes des vers dans l'ensemble du poème ?

2. Les sonorités évitent tout heurt. Analysez :
– les sons dans l'expression « comme un long sanglot » ;
– l'allitération du dernier vers.

L'union amoureuse

3. Une histoire est racontée. Chaque strophe constitue un épisode : quelle est cette histoire ?

4. Dans le deuxième quatrain et le premier tercet, recherchez tous les termes indiquant l'union entre les amants et dites pourquoi ils expriment cette union.

5. Relevez le champ lexical de la mort dans le poème. En quoi symbolise-t-elle l'union des amants ?

L'union mystique

6. Le monde matériel et le monde spirituel s'interpénètrent constamment. Dans le deuxième quatrain, expliquez le passage de « nos deux cœurs » à « nos deux esprits », et de « flambeaux » à « lumières ».

7. Que signifie « mystique » et « éclair unique » ? Comment la versification unit-t-elle ces termes ?

Petits Poèmes en prose

1862

Après Aloysius Bertrand, Baudelaire cherche dans le poème en prose une forme spécifique qui libère des contraintes de la métrique et de la prosodie. Premier poème du recueil, « L'Étranger » joue sur la densité de l'implicite.

L'Étranger

– Qui aimes-tu le mieux, homme énigmatique[1], dis ? Ton père, ta mère, ta sœur ou ton frère ?

– Je n'ai ni père, ni mère, ni sœur, ni frère.

– Tes amis ?

– Vous vous servez là d'une parole dont le sens m'est resté jusqu'à ce jour inconnu.

– Ta patrie ?

– J'ignore sous quelle latitude elle est située.

– La beauté ?

– Je l'aimerais volontiers, déesse et immortelle.

– L'or ?

– Je le hais comme vous haïssez Dieu.

– Eh ! Qu'aimes-tu donc, extraordinaire étranger ?

– J'aime les nuages… les nuages qui passent… là-bas… là-bas… les merveilleux nuages !

Charles Baudelaire, *Petits Poèmes en prose,* 1862.

1. *énigmatique :* chez lequel on devine un secret (une énigme) que l'on n'arrive pas à percer

► « J'aime les nuages… les nuages qui passent… là-bas… là-bas… »
Les Falaises à Dieppe,
Jacques-Émile Blanche (1861-1942).

QUESTIONS

L'énonciation

1. Elle contribue à épaissir le mystère de « l'homme énigmatique ». Qui l'étranger peut-il être ? Appuyez votre réponse sur des indices précis.

2. Analysez la comparaison des vers 11 et 12. En quoi « l'or » peut-il être l'ennemi de la beauté ?

Le jeu des réponses

3. Alors que la forme est chaque fois différente, le contenu des réponses reste fondamentalement le même, sauf dans la dernière réplique. Quelle idée unique toutes ces répliques recouvrent-elles ?

4. On remarque une progression dans le degré d'affirmation. Analysez cette progression.

Le message du poème

5. Le message est à la fois esthétique et existentiel. Baudelaire remplace les répétitions des rimes et des rythmes par des répétitions syntaxiques et lexicales. Repérez celles-ci.

6. Comment comprendre la dernière réplique ? Que signifie le titre du poème ?

Gustave Flaubert

Nom : Flaubert
Prénom : Gustave
Naissance : le 12 décembre 1821, à Rouen
Décès : le 8 mai 1880, à Croisset, près de Rouen
Lieux : Rouen ; l'Égypte et la Tunisie ; Croisset, la propriété familiale
Situation familiale : célibataire, une longue liaison avec Louise Colet
Profession : il vit de ses rentes et des revenus de ses écrits
Amitiés : le poète Louis Bouilhet, Maxime du Camp, l'écrivain russe Tourgueniev,
Élisa Schlesinger le grand amour de sa vie

Il a écrit

Mémoires d'un fou (1838),
Madame Bovary (1857),
Salammbô (1862),
L'Éducation sentimentale (1869),
La Tentation de saint Antoine (1874),
Trois contes (1877),
Bouvard et Pécuchet (inachevé, édition posthume).

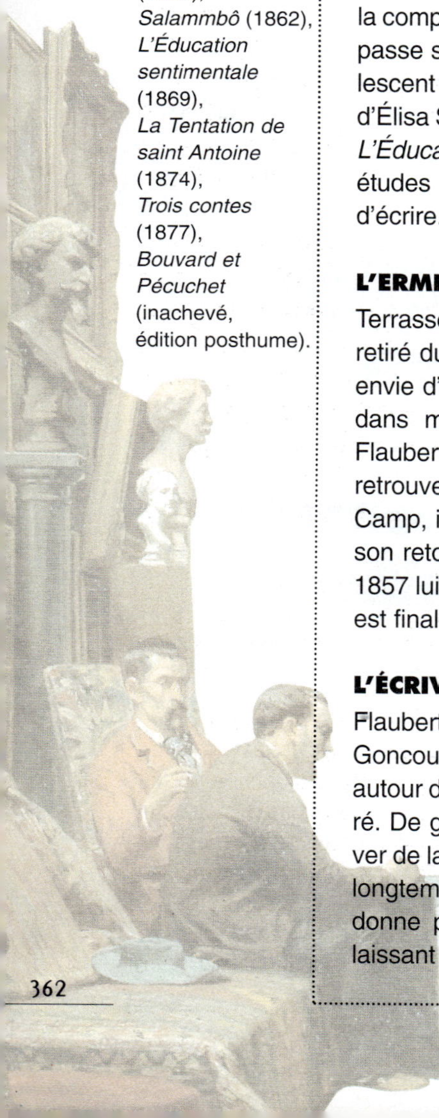

LE FILS DU CHIRURGIEN-CHEF

Fils du chirurgien-chef de l'Hôtel-Dieu de Rouen, le jeune Gustave Flaubert passe son enfance dans l'atmosphère de l'hôpital. Il y découvre très tôt la souffrance et la mort. Mais il vit dans un foyer tranquille et chaleureux. Il aime la compagnie de sa sœur Caroline et de son ami Alfred Le Poitevin. La famille passe ses vacances d'été à Trouville, au bord de la mer. À quinze ans, adolescent sensible et romantique, Flaubert tombe éperdument amoureux d'Élisa Schlesinger, de onze ans son aînée. Elle deviendra Mme Arnoux dans *L'Éducation sentimentale*. Après le baccalauréat, Gustave entreprend des études de droit qui l'ennuient : il sait depuis le lycée que sa vocation est d'écrire.

L'ERMITE DE CROISSET

Terrassé par une maladie nerveuse, il décide, en 1846, de vivre à Croisset, retiré du monde, avec sa mère, et de se consacrer à l'écriture. « J'ai même envie d'acheter un bel ours (en peinture), de le faire encadrer et suspendre dans ma chambre après avoir écrit en-dessous : Portrait de Gustave Flaubert, pour indiquer mes dispositions morales et mon humeur sociale. » Il retrouve souvent à Paris Louise Colet. En 1849, avec son ami Maxime du Camp, il accomplit un voyage en Orient au cours duquel il remonte le Nil. À son retour, il travaille à son grand roman : *Madame Bovary*. La parution en 1857 lui vaut un procès : poursuivi pour atteinte aux bonnes mœurs, Flaubert est finalement acquitté.

L'ÉCRIVAIN RECONNU

Flaubert devient le modèle d'une école d'écrivains réalistes : Edmond de Goncourt, Émile Zola, Alphonse Daudet et Guy de Maupassant se retrouvent autour de lui. Mais *L'Éducation sentimentale* ne remporte pas le succès espéré. De graves ennuis financiers le préoccupent, il essaie vainement de sauver de la ruine le mari de sa nièce. La maladie nerveuse dont il souffre depuis longtemps l'épuise. Épris de perfection, Flaubert continue d'écrire, il n'abandonne pas une page avant qu'elle ne lui donne satisfaction. Il meurt en laissant inachevé un ultime roman, *Bouvard et Pécuchet*.

Madame Bovary

1857

Emma Bovary, personnage principal du roman, n'apparaît pas immédiatement. Il est d'abord question de Charles, son futur mari, et c'est par les yeux de Charles que le lecteur découvre l'héroïne.

Il arriva un jour vers trois heures ; tout le monde était aux champs ; il entra dans la cuisine, mais n'aperçut point d'abord Emma ; les auvents[1] étaient fermés. Par les fentes du bois, le soleil allongeait sur les pavés de grandes raies minces, qui se brisaient à l'angle des meubles et tremblaient au plafond. Des mouches, sur la table, montaient le long des verres qui avaient servi, et bourdonnaient en se noyant au fond, dans le cidre resté. Le jour qui descendait par la cheminée, veloutant la suie de la plaque, bleuissait un peu les cendres froides. Entre la fenêtre et le foyer, Emma cousait ; elle n'avait point de fichu, on voyait sur ses épaules nues de petites gouttes de sueur.

Selon la mode de la campagne, elle lui proposa de boire quelque chose. Il refusa, elle insista, et enfin lui offrit, en riant, de prendre un verre de liqueur avec elle. Elle alla donc chercher dans l'armoire une bouteille de curaçao[2], atteignit deux petits verres, emplit l'un jusqu'au bord, versa à peine dans l'autre et, après avoir trinqué, le porta à sa bouche. Comme il était presque vide, elle se renversait pour boire ; et la tête en arrière, les lèvres avancées, le cou tendu, elle riait de ne rien sentir, tandis que le bout de sa langue, passant entre ses dents fines, léchait à petits coups le fond du verre.

Elle se rassit et elle reprit son ouvrage, qui était un bas de coton blanc où elle faisait des reprises ; elle travaillait le front baissé ; elle ne parlait pas. Charles non plus. L'air, passant par le dessous de la porte, poussait un peu de poussière sur les dalles ; il la regardait se traîner, et il entendait seulement le battement intérieur de sa tête, avec le cri d'une poule, au loin, qui pondait dans les cours. Emma, de temps à autre, se rafraîchissait les joues en y appliquant la paume de ses mains, qu'elle refroidissait après cela sur la pomme de fer des grands chenets[3].

Gustave Flaubert, *Madame Bovary*, 1857.

1. *auvents* : les persiennes
2. *curaçao* : liqueur composée avec de l'écorce d'orange
3. *chenets* : barres métalliques servant à supporter le bois dans une cheminée

QUESTIONS

La narration et la description

1. L'alternance narration-description est constante chez Flaubert. Quelles sont les valeurs du passé simple et de l'imparfait ?

2. Comment le passé simple et l'imparfait se répartissent-ils dans chaque paragraphe ?

3. Montrez que les verbes de perception organisent les passages descriptifs.

Le regard amoureux

4. La description adopte le point de vue d'un personnage afin d'exprimer ses sentiments.
Quel personnage prend en charge les descriptions des trois paragraphes ? Quel est l'effet produit ?

5. Analysez comment le regard de Charles traduit, dans la description, l'émotion sensuelle que lui procure la vue d'Emma.

Une description signifiante

6. Cette première rencontre évoque déjà les difficultés qui surgiront entre les deux personnages.
En quoi le premier paragraphe est-il chargé de signes aux connotations négatives ?

7. Qu'est-ce qui, dans les attitudes des deux personnages, souligne déjà l'opposition de leur caractère ?

Madame Bovary

GUSTAVE FLAUBERT

Charles imagine son avenir avec Emma quand il rentre tard dans la nuit, après ses dernières visites aux malades.

Quand il rentrait au milieu de la nuit, il n'osait pas la[1] réveiller. La veilleuse de porcelaine arrondissait au plafond une clarté tremblante et les rideaux fermés du petit berceau faisaient comme une hutte blanche qui se bombait dans l'ombre, au bord du lit. Charles les regardait. Il croyait entendre l'haleine légère de son enfant. Elle allait grandir maintenant ; chaque saison, vite, amènerait un progrès. Il la voyait déjà revenant de l'école à la tombée du jour, toute rieuse, avec sa brassière tachée d'encre, et portant au bras son panier ; puis il faudrait la mettre en pension, cela coûterait beaucoup ; comment faire ? Alors il réfléchissait. Il pensait à louer une petite ferme aux environs, et qu'il surveillerait lui-même, tous les matins, en allant voir ses malades. Il en économiserait le revenu, il le placerait à la caisse d'épargne ; ensuite, il achèterait des actions[2], quelque part, n'importe où ; d'ailleurs la clientèle augmenterait ; il y comptait, car il voulait que Berthe fût bien élevée, qu'elle eût des talents, qu'elle apprît le piano. Ah ! qu'elle serait jolie, plus tard, à quinze ans, quand, ressemblant à sa mère, elle porterait comme elle, dans l'été, de grands chapeaux de paille ! on les prendrait de loin pour les deux sœurs. Il se la figurait travaillant le soir auprès d'eux, sous la lumière de la lampe ; elle lui broderait des pantoufles ; elle s'occuperait du ménage ; elle emplirait toute la maison de sa gentillesse et de sa gaieté. Enfin, ils songeraient à son établissement[3] : on lui trouverait quelque brave garçon ayant un état[4] solide ; il la rendrait heureuse ; cela durerait toujours.

Gustave Flaubert, *Madame Bovary*, 1857.

1. *Emma,* **sa femme**
2. *actions :* **titres de Bourse**
3. *établissement :* **installation**
4. *état :* **situation**

QUESTIONS

La progression du rêve

1. Le personnage qui poursuit son rêve s'y investit de plus en plus. Qui parle aux lignes 8-9 ? Relevez d'autres passages au discours indirect libre. Quel est l'intérêt de ce procédé ?

2. En cultivant son rêve, Charles devient de plus en plus actif. Justifiez l'emploi du mode conditionnel dans le texte.

La prédominance du regard

3. Le rêve peut faire intervenir diverses sensations. Celui de Charles est tout entier visuel. Relevez tous les termes appartenant au registre de la vue.

4. Deux images successives de l'avenir de sa fille s'imposent au regard de Charles. Lesquelles ?

5. L'enchaînement des prévisions est souligné par des repères temporels. Relevez-les. Quel est l'effet produit ?

Un rêve de tendresse

6. Toute sa vie, Charles, à la différence d'Emma, rêve modestement de bonheur familial. Notez tout ce qui, dans le rêve de Charles, concerne la famille.

7. Analysez les pronoms personnels des lignes 15 à 23. Montrez que dans l'esprit de Charles, Emma et sa fille se confondent.

8. Comparez les rêves de Charles avec ceux d'Emma (p. 365) et indiquez en quoi ils sont opposés.

Emma ne peut supporter la médiocrité de l'existence avec un homme sans relief. Elle voudrait persuader Rodolphe, son amant, de s'enfuir avec elle.

Emma ne dormait pas, elle faisait semblant d'être endormie ; et, tandis qu'il s'assoupissait à ses côtés, elle se réveillait en d'autres rêves.

Au galop de quatre chevaux, elle était emportée depuis huit jours vers un pays nouveau, d'où ils[1] ne reviendraient plus. Ils allaient, ils allaient, les bras enlacés, sans parler. Souvent, du haut d'une montagne, ils apercevaient tout à coup quelque cité splendide avec des dômes, des ponts, des navires, des forêts de citronniers et des cathédrales de marbre blanc, dont les clochers aigus portaient des nids de cigognes. On marchait au pas, à cause des grandes dalles, et il y avait par terre des bouquets de fleurs que vous offraient des femmes habillées en corset rouge. On entendait sonner des cloches, hennir les mulets, avec le murmure des guitares et le bruit des fontaines, dont la vapeur s'envolant rafraîchissait des tas de fruits, disposés en pyramides au pied des statues pâles, qui souriaient sous les jets d'eau. Et puis ils arrivaient, un soir, dans un village de pêcheurs, où des filets bruns séchaient au vent, le long de la falaise et des cabanes. C'est là qu'ils s'arrêteraient pour vivre : ils habiteraient une maison basse, à toit plat, ombragée d'un palmier, au fond d'un golfe, au bord de la mer. Ils se promèneraient en gondole, ils se balanceraient en hamac ; et leur existence serait facile et large comme leurs vêtements de soie, toute chaude et étoilée comme les nuits douces qu'ils contempleraient. Cependant, sur l'immensité de cet avenir qu'elle se faisait apparaître, rien de particulier ne surgissait ; les jours, tous magnifiques, se ressemblaient comme des flots ; et cela se balançait à l'horizon, infini, harmonieux, bleuâtre et couvert de soleil. Mais l'enfant se mettait à tousser dans son berceau, ou bien Bovary ronflait plus fort, et Emma ne s'endormait que le matin, quand l'aube blanchissait les carreaux et que déjà le petit Justin, sur la place, ouvrait les auvents[2] de la pharmacie.

Gustave Flaubert, *Madame Bovary*, 1857.

1. **Emma s'imagine avec Rodolphe**
2. auvents : **les persiennes**

QUESTIONS

Le rêve et la vie

1. Emma lutte contre la médiocrité de sa vie en se réfugiant dans le rêve. Analysez le sens de : « elle se réveillait en d'autres rêves ».

2. Divisez le passage en trois étapes. Expliquez où est situé le rêve dans cette construction. De quel type de discours s'agit-il ? Pourquoi ?

Le lieu idéal

3. Le lieu idéal obéit à la logique interne du personnage.
Relevez les indices qui révèlent la platitude, le manque de relief, la banalité du rêve d'Emma.
Que révèlent ces indices sur son caractère ?

Le couple

4. Le couple se construit par opposition au couple réel. Quel est le sujet de la majorité des verbes dans le récit du rêve, et que se passe-t-il au début et à la fin quand il s'agit des sujets du couple réel ?

5. Que penser de la remarque : « Bovary ronflait plus fort » ? Analysez les contrastes entre vie réelle et vie rêvée.

L'Éducation sentimentale

L'*Éducation sentimentale* est le roman d'un grand amour. À dix-huit ans, Frédéric Moreau vient de passer son baccalauréat à Paris et rentre en Normandie en descendant la Seine. Parmi les passagers du bateau, il aperçoit une femme, Marie Arnoux ; c'est le coup de foudre.

Frédéric, pour rejoindre sa place, poussa la grille des Premières[1], dérangea deux chasseurs avec leurs chiens.

Ce fut comme une apparition :

Elle était assise, au milieu du banc, toute seule ; ou du moins il ne distingua personne, dans l'éblouissement que lui envoyèrent ses yeux. En même temps qu'il passait, elle leva la tête ; il fléchit involontairement les épaules ; et, quand il se fut mis plus loin, du même côté, il la regarda.

▼ « Elle était assise, au milieu du banc, toute seule... » *Profil de jeune fille*, peint par Aristide Maillol en 1896.

Elle avait un large chapeau de paille, avec des rubans roses qui palpitaient au vent derrière elle. Ses bandeaux noirs, contournant la pointe de ses grands sourcils, descendaient très bas et semblaient presser amoureusement l'ovale de sa figure. Sa robe de mousseline claire, tachetée de petits pois, se répandait à plis nombreux. Elle était en train de broder quelque chose ; et son nez droit, son menton, toute sa personne se découpait sur le fond de l'air bleu.

Comme elle gardait la même attitude, il fit plusieurs tours de droite et de gauche pour dissimuler sa manœuvre ; puis il se planta tout près de son ombrelle, posée contre le banc, et il affectait d'observer une chaloupe[2] sur la rivière.

Jamais il n'avait vu cette splendeur de sa peau brune, la séduction de sa taille, ni cette finesse des doigts que la lumière traversait. Il considérait son panier à ouvrage avec ébahissement, comme une chose extraordinaire. Quels étaient son nom, sa demeure, sa vie, son passé ? Il souhaitait connaître les meubles de sa chambre, toutes les robes qu'elle avait portées, les gens qu'elle fréquentait ; et le désir de la possession physique même disparaissait sous une envie plus profonde, dans une curiosité douloureuse qui n'avait pas de limites.

Gustave Flaubert, *L'Éducation sentimentale*, 1869.

1. *Premières* : première classe
2. *chaloupe* : petit bateau capable de naviguer par tous les temps et dans toutes les eaux

Vingt-sept ans se sont écoulés depuis la première rencontre. Mme Arnoux n'a jamais cédé à Frédéric, malgré son amour pour lui. Frédéric a connu d'autres femmes. Ils se retrouvent une dernière fois.

Il était repris par une convoitise plus forte que jamais, furieuse, enragée. Cependant, il sentait quelque chose d'inexprimable, une répulsion, et comme l'effroi d'un inceste. Une autre crainte l'arrêta, celle d'en avoir dégoût plus tard. D'ailleurs, quel embarras ce serait ! – et tout à la fois par prudence et pour ne pas dégrader son idéal, il tourna sur ses talons et se mit à faire une cigarette.

Elle le contemplait, tout émerveillée.

– Comme vous êtes délicat ! Il n'y a que vous ! Il n'y a que vous !

Onze heures sonnèrent.

– Déjà ! dit-elle ; au quart, je m'en irai.

Elle se rassit ; mais elle observait la pendule, et il continuait à marcher en fumant. Tous les deux ne trouvaient plus rien à se dire. Il y a un moment, dans les séparations, où la personne aimée n'est déjà plus avec nous.

Enfin, l'aiguille ayant dépassé les vingt-cinq minutes, elle prit son chapeau par les brides, lentement.

– Adieu, mon ami, mon cher ami. Je ne vous reverrai jamais ! C'était ma dernière démarche de femme. Mon âme ne vous quittera pas. Que toutes les bénédictions du ciel soient sur vous !

Et elle le baisa au front comme une mère.

Mais elle parut chercher quelque chose, et lui demanda des ciseaux.

Elle défit son peigne ; tous ses cheveux blancs tombèrent.

Elle s'en coupa, brutalement, à la racine, une longue mèche.

– Gardez-les ! adieu !

Quand elle fut sortie, Frédéric ouvrit sa fenêtre. Mme Arnoux, sur le trottoir, fit signe d'avancer à un fiacre[1] qui passait. Elle monta dedans. La voiture disparut.

Et ce fut tout.

Gustave Flaubert, *L'Éducation sentimentale*, 1869.

1. *fiacre* : voiture de louage à chevaux, sorte de « taxi »

QUESTIONS

La première rencontre

1. La focalisation interne permet de faire vivre la scène à travers le regard d'un personnage. À quel moment précis le passage adopte-t-il le point de vue de Frédéric ? Relevez les verbes de perception.

2. Analysez les déplacements de Frédéric. Montrez qu'une stratégie succède aux gestes instinctifs.

Le portrait de Mme Arnoux

3. Frédéric semble frappé par un « coup de foudre » devant la jeune femme. Dans le premier extrait, relevez les différentes étapes du portrait.

4. Relevez le champ lexical de la lumière dans la première partie du texte. En quoi explique-t-il la phrase : « Ce fut comme une apparition » ?

L'ultime rencontre

5. La scène d'adieu est un des thèmes traditionnels des romans d'amour. Montrez que les deux personnages s'opposent par leurs attitudes respectives. Quel est le point de vue adopté pour décrire chaque personnage ?

6. Analysez les dernières lignes. Quel est l'effet produit par la brièveté des dernières phrases ?

Émile Zola

Nom : Zola
Prénom : Émile
Naissance : le 12 avril 1840, à Paris
Décès : dans la nuit du 29 au 30 septembre 1902, à Paris, d'une asphyxie due à un système de chauffage
Lieux : Aix, Paris, Médan
Situation familiale : marié, sans enfants ; deux enfants de sa maîtresse
Professions : commis, puis directeur de publicité chez Hachette, journaliste, écrivain
Amitiés : le peintre Paul Cézanne, Alphonse Daudet, Edmond de Goncourt, Maupassant

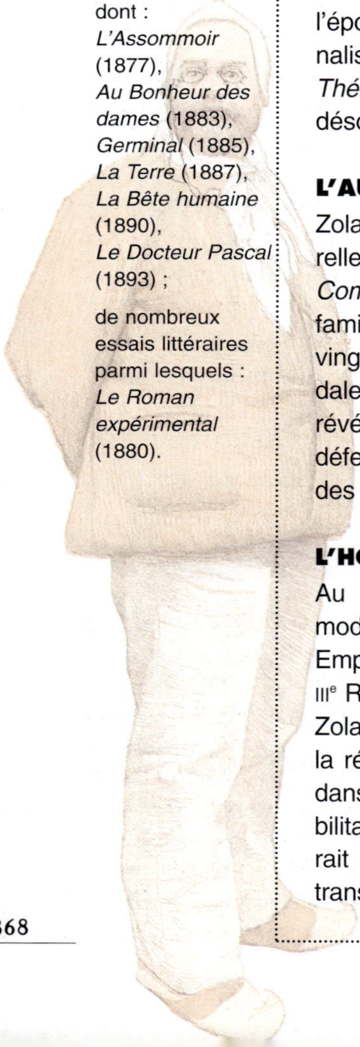

Il a écrit

des romans parmi lesquels vingt romans regroupés dans la série des *Rougon-Macquart*, dont : *L'Assommoir* (1877), *Au Bonheur des dames* (1883), *Germinal* (1885), *La Terre* (1887), *La Bête humaine* (1890), *Le Docteur Pascal* (1893) ;

de nombreux essais littéraires parmi lesquels : *Le Roman expérimental* (1880).

LE JEUNE COMMIS

Zola n'a que sept ans quand son père meurt. Connaissant de graves difficultés financières, la famille mène une vie modeste à Aix-en-Provence où Zola est l'ami du jeune Cézanne. À Paris, après avoir échoué au baccalauréat, il entre comme commis dans la maison Hachette. Remarqué, il y devient rapidement directeur de la publicité. Il rencontre les écrivains célèbres de l'époque. À vingt-quatre ans, il publie *Les Contes à Ninon*, s'exerce au journalisme, rédige des articles de critique d'art. Puis il écrit un premier roman, *Thérèse Raquin*. Insatisfait pourtant de ce qu'il a publié, Zola veut s'atteler désormais à une grande œuvre à laquelle il consacrera sa vie.

L'AUTEUR DES ROUGON-MACQUART

Zola imagine alors la vaste fresque des Rougon-Macquart, l'« histoire naturelle et sociale d'une famille sous le Second Empire ». Rivalisant avec *La Comédie humaine* de Balzac, ayant sous les yeux l'arbre généalogique de la famille qu'il a créée, Zola publie chaque année, pendant vingt ans, un des vingt romans de la série. Le succès est considérable, accompagné d'un scandale en 1877 avec *L'Assommoir* : la bourgeoisie ne supporte pas que soit révélée, avec autant de force, la misère des milieux populaires. Mais Zola défend le droit de l'écrivain de dire la vérité. Sa célébrité en fait le chef de file des écrivains naturalistes qui se réunissent dans sa propriété de Médan.

L'HOMME DE CONVICTION

Au début de sa carrière, Zola défendait vigoureusement les peintres modernes incompris et calomniés. Opposant à Napoléon III sous le Second Empire, il reste le défenseur des valeurs de justice et de liberté pendant la IIIe République. En 1897, alors que l'affaire Dreyfus divise l'opinion publique, Zola est persuadé que Dreyfus est innocent. Il se lance dans la bataille pour la réhabilitation de l'officier envoyé au bagne, publie un article retentissant dans *L'Aurore* : « J'accuse ». Zola meurt en 1902, quatre ans avant la réhabilitation de Dreyfus, d'une asphyxie, due à un système d'aération, qui pourrait être d'origine criminelle. En 1908, les cendres de l'écrivain sont transférées au Panthéon.

L'Assommoir

1877

Fidèle à sa volonté de décrire les milieux sociaux et leur influence sur le destin des individus, Zola aborde dans *L'Assommoir* le problème de l'alcoolisme dans la classe ouvrière.

Elle[1] eut la curiosité d'aller regarder, au fond, derrière la barrière de chêne, le grand alambic[2] de cuivre rouge, qui fonctionnait sous le vitrage clair de la petite cour ; et le zingueur[3] qui l'avait suivie, lui expliqua comment ça marchait, indiquant du doigt les différentes pièces de l'appareil, montrant l'énorme cornue[4] d'où tombait un filet limpide d'alcool. L'alambic, avec ses récipients de forme étrange, ses enroulements sans fin de tuyaux, gardait une mine sombre ; pas une fumée ne s'échappait ; à peine entendait-on un souffle intérieur, un ronflement souterrain ; c'était comme une besogne de nuit faite en plein jour, par un travailleur morne, puissant et muet. Cependant, Mes-Bottes[5], accompagné de ses deux camarades, était venu s'accouder sur la barrière, en attendant qu'un coin du comptoir fût libre. Il avait un rire de poulie mal graissée, hochant la tête, les yeux attendris, fixés sur la machine à soûler. Tonnerre de Dieu ! elle était bien gentille ! Il y avait, dans ce gros bedon de cuivre, de quoi se tenir le gosier au frais pendant huit jours. Lui, aurait voulu qu'on lui soudât le bout du serpentin entre les dents, pour sentir le vitriol[6] encore chaud, l'emplir, lui descendre jusqu'aux talons, toujours, toujours, comme un petit ruisseau. Dame ! il ne se serait plus dérangé, ça aurait joliment remplacé les dés à coudre de ce roussin[7] de père Colombe[8] ! Et les camarades ricanaient, disaient que cet animal de Mes-Bottes avait un fichu grelot, tout de même. L'alambic, sourdement, sans une flamme, sans une gaieté dans les reflets éteints de ses cuivres, continuait, laissait couler sa sueur d'alcool, pareil à une source lente et entêtée, qui à la longue devait envahir la salle, se répandre sur les boulevards extérieurs, inonder le trou immense de Paris. Alors, Gervaise, prise d'un frisson, recula ; et elle tâchait de sourire, en murmurant :

– C'est bête, ça me fait froid, cette machine... la boisson me fait froid...

Émile Zola, *L'Assommoir*, 1877.

1. *Elle :* Gervaise
2. *alambic :* appareil pour distiller
3. *le zingueur :* Coupeau, son futur compagnon
4. *cornue :* partie de l'alambic constituée d'un récipient à col étroit et courbé
5. *Mes-Bottes :* un camarade de Coupeau
6. *le vitriol :* l'alcool
7. *roussin :* en argot, le roussin est le policier. Les cabaretiers étaient réputés servir d'indicateurs à la police
8. *père Colombe :* le patron de l'estaminet

QUESTIONS

Le personnage principal

1. Montrez que c'est le regard de Gervaise qui organise la description (lignes 1 à 13).

2. Sachant que Gervaise comme Coupeau sombreront dans l'alcool, quelle valeur prennent les paroles de Gervaise (ligne 28) ?

Le personnage secondaire

3. Le personnage secondaire met en relief le personnage principal. Quel passage adopte le point de vue de Mes-Bottes ?

4. Son attirance pour l'alcool le ravale au rang de l'animal et même de la machine. Relevez les termes qui le montrent.

La personnification

5. L'alambic est progressivement personnifié. Recherchez dans le texte tous les indices de la personnification de l'alambic.

6. Quand commence cette personnification ? Comment était-il décrit auparavant ?

Germinal

ÉMILE ZOLA

Événement essentiel du roman, la longue grève des mineurs ne donne aucun résultat : la révolte éclate, les grévistes se dirigent vers la maison du directeur. La femme de celui-ci, en promenade avec ses invités, se réfugie dans une grange. Inquiet, le groupe observe la manifestation.

▶ *Au Pays noir*, peinture de Constantin Meunier, 1890.

Les femmes avaient paru, près d'un millier de femmes, aux cheveux épars, dépeignés par la course, aux guenilles montrant la peau nue, des nudités de femelles lasses d'enfanter des meurt-de-faim. Quelques-unes tenaient leur petit entre les bras, le soulevaient, l'agitaient, ainsi qu'un drapeau de deuil et de vengeance. D'autres, plus jeunes, avec des gorges gonflées de guerrières, brandissaient des bâtons ; tandis que les vieilles, affreuses, hurlaient si fort, que les cordes de leurs cous décharnés semblaient se rompre. Et les hommes déboulèrent ensuite, deux mille furieux, des galibots[1], des haveurs[2], des raccommodeurs[3], une masse compacte qui roulait d'un seul bloc, serrée, confondue, au point qu'on ne distinguait ni les culottes déteintes, ni les tricots de laine en loques, effacés dans la même uniformité terreuse. Les yeux brûlaient, on voyait seulement les trous des bouches noires, chantant *La Marseillaise*, dont les strophes se perdaient en un mugissement confus, accompagné par le claquement des sabots sur la terre dure. Au-dessus des têtes, parmi le hérissement des barres de fer, une hache passa, portée toute droite ; et cette hache unique, qui était comme l'étendard de la bande, avait, dans le ciel clair, le profil aigu d'un couperet de guillotine.

– Quels visages atroces ! balbutia Mme Hennebeau[4].

Négrel[5] dit entre ses dents :

– Le diable m'emporte si j'en reconnais un seul ! D'où sortent-ils donc, ces bandits-là ?

Et, en effet, la colère, la faim, ces deux mois de souffrance et cette débandade enragée au travers des fosses avaient allongé en mâchoires de bêtes fauves les faces placides des houilleurs de Montsou. À ce moment, le soleil se couchait, les derniers rayons, d'un pourpre sombre, ensanglantaient la plaine. Alors, la route sembla charrier du sang, les femmes, les hommes continuaient à galoper, saignants comme des bouchers en pleine tuerie.

1. *galibots :* enfants qui travaillent au fond
2. *haveurs :* ouvriers qui entaillent les galeries
3. *raccommodeurs :* ouvriers qui maintiennent en état les bois et les voies
4. *Mme Hennebeau :* femme du directeur de la mine
5. *Négrel :* ingénieur à la mine
6. *Lucie et Jeanne :* filles de Deneulin, petit propriétaire de mine
7. *Cécile :* fille des Grégoire, actionnaires des mines
8. *ripaille :* repas copieux, au sens familier
9. *efflanqueraient :* mettraient sur le flanc

– Oh ! superbe ! dirent à demi-voix Lucie et Jeanne[6], remuées dans leur goût d'artistes par cette belle horreur.

Elles s'effrayaient pourtant, elles reculèrent près de Mme Hennebeau, qui s'était appuyée sur une auge. L'idée qu'il suffisait d'un regard, entre les planches de cette porte disjointe, pour qu'on les massacrât, la glaçait. Négrel se sentait blêmir, lui aussi, très brave d'ordinaire, saisi là d'une épouvante supérieure à sa volonté, une de ces épouvantes qui soufflent de l'inconnu. Dans le foin, Cécile[7] ne bougeait plus. Et les autres, malgré leur désir de détourner les yeux, ne le pouvaient pas, regardaient quand même.

C'était la vision rouge de la révolution qui les emporterait tous, fatalement, par une soirée sanglante de cette fin de siècle. Oui, un soir, le peuple lâché, débridé, galoperait ainsi sur les chemins ; et il ruissellerait du sang des bourgeois, il promènerait des têtes, il sèmerait l'or des coffres éventrés. Les femmes hurleraient, les hommes auraient ces mâchoires de loups, ouvertes pour mordre. Oui, ce seraient les mêmes guenilles, le même tonnerre de gros sabots, la même cohue effroyable, de peau sale, d'haleine empestée, balayant le vieux monde, sous leur poussée débordante de barbares. Des incendies flamberaient, on ne laisserait pas debout une pierre des villes, on retournerait à la vie sauvage dans les bois, après le grand rut, la grande ripaille[8], où les pauvres, en une nuit, efflanqueraient[9] les femmes et videraient les caves des riches. Il n'y aurait plus rien, plus un sou des fortunes, plus un titre des situations acquises, jusqu'au jour où une nouvelle terre repousserait peut-être. Oui, c'étaient ces choses qui passaient sur la route, comme une force de la nature, et ils en recevaient le vent terrible au visage.

Un grand cri s'éleva, domina *La Marseillaise* :

– Du pain ! du pain ! du pain !

Émile Zola, *Germinal*, 1885.

◄ *Le Mineur*, Constantin Meunier.

QUESTIONS

La description de la foule

1. La foule forme une masse. Que révèlent les remarques des témoins ?

2. Dans le premier paragraphe, relevez toutes les expressions montrant que les grévistes se fondent en un tout indistinct.

3. Dans les lignes 15 à 19, Zola use d'un procédé qui lui permet de ne pas décrire des individus. Quel est ce procédé ?

De la réalité à la vision

4. Le passage de la réalité à la vision se fait progressivement. Analysez le rôle de la couleur rouge dans ce passage (l. 41 à 56). Qui a cette vision ?

5. Justifiez l'emploi du conditionnel dans le dernier paragraphe.

6. Comparez les descriptions des lignes 1 à 19 et des lignes 41 à 56. Montrez que les points de vue diffèrent.

Les images de la violence

7. Les images peuvent atteindre la dimension de symboles. À deux reprises, des éléments du décor se transforment en symboles. Repérez ces deux moments.

8. Cette violence est animale. Montrez que pour Zola, la foule transforme les êtres humains en bêtes féroces.

La Terre

La Terre raconte la vie des paysans français dans les années 1860, à travers l'histoire de Jean Macquart, ancien soldat et ancien menuisier.

Des pluies battantes, après de grands soleils, avaient durci l'argile du sol, si profondément, que le soc et le coutre[1] détachaient avec peine la bande qu'ils tranchaient dans ce labour à plein fer. On entendait la motte épaisse grincer contre le versoir qui la retournait, enfouissant au fond le fumier, dont une couche étalée couvrait le champ. Parfois, un obstacle, une pierre, donnait une secousse.

« Dia, hue ! hep ! »

Et Jean, de ses bras tendus, veillait à la rectitude parfaite du sillon, si droit, qu'on l'aurait dit tracé au cordeau ; tandis que son cheval, la tête basse, les pieds enfoncés dans la raie, tirait d'un train uniforme et continu. Lorsque la charrue s'empâtait, il en détachait la boue et les herbes, d'un branle de ses deux poings ; puis, elle glissait de nouveau, en laissant derrière elle la terre mouvante et comme vivante, soulevée, grasse, à nu jusqu'aux entrailles.

Quand il fut au bout du sillon, il tourna, en commença un autre. Bientôt, une sorte de griserie lui vint de toute cette terre remuée, qui exhalait une odeur forte, l'odeur des coins humides où fermentent les germes. Sa marche lourde, la fixité de son regard, achevaient de l'étourdir. Jamais il ne devait devenir un vrai paysan.

Émile Zola, *La Terre*, 1887.

1. *coutre* : fer tranchant de la charrue, coupant la terre verticalement

▶ *Labourage nivernais*, peint par Rosa Bonheur, en 1849.

QUESTIONS

L'exactitude documentaire

1. Le roman réaliste se doit de donner une image fidèle de la réalité. Par quelles remarques, Zola rend-il sa description réaliste ?

2. L'écrivain naturaliste emploie les mots en vigueur dans le milieu décrit. Relevez les mots appartenant au lexique du travail de la terre.

La construction du personnage

3. Un personnage peut être décrit de l'extérieur par son activité, et de l'intérieur par ce qu'il ressent. À quel moment passe-t-on de l'un à l'autre dans le texte ?

4. Pourquoi l'auteur a-t-il choisi de le décrire d'abord de l'extérieur ?

La métamorphose de la terre

5. Le travail mécanique des champs n'est pas possible pour Jean. Sur quelle sensation le dernier paragraphe est-il construit ? Quel effet cela a-t-il sur le récit ?

6. Quel type d'image surgit dans la fin du texte ? Est-on encore dans le réalisme ?

La Bête humaine

1890

Le chemin de fer fascine. Il est présent dans tout le roman. Entre Paris et Le Havre, Pecqueux le chauffeur et Jacques Lantier le mécanicien, par rivalité amoureuse, se battent dans leur locomotive.

La machine[1] roulait, roulait, le train venait de sortir du tunnel à grand fracas, et il continuait sa course, au travers de la campagne vide et sombre. La station de Malaunay fut franchie, dans un tel coup de vent, que le sous-chef, debout sur le quai, ne vit même pas ces deux hommes, en train de se dévorer, pendant que la foudre les emportait.

Mais Pecqueux, d'un dernier élan, précipita Jacques ; et celui-ci, sentant le vide, éperdu, se cramponna à son cou, si étroitement, qu'il l'entraîna. Il y eut deux cris terribles, qui se confondirent, qui se perdirent. Les deux hommes, tombés ensemble, entraînés sous les roues par la réaction de la vitesse, furent coupés, hachés, dans leur étreinte, dans cette effroyable embrassade, eux qui avaient si longtemps vécu en frères. On les retrouva sans tête, sans pieds, deux troncs sanglants qui se serraient encore, comme pour s'étouffer.

Et la machine, libre de toute direction, roulait, roulait toujours. Enfin, la rétive[2], la fantasque[3], pouvait céder à la fougue de sa jeunesse, ainsi qu'une cavale[4] indomptée encore, échappée des mains du gardien, galopant par la campagne rase. La chaudière était pourvue d'eau, le charbon, dont le foyer venait d'être rempli, s'embrasait ; et, pendant la première demi-heure, la pression monta follement, la vitesse devint effrayante. Sans doute, le conducteur-chef, cédant à la fatigue, s'était endormi. Les soldats, dont l'ivresse augmentait, à être ainsi entassés, subitement s'égayèrent de cette course violente, chantèrent plus fort. On traversa Maromme en coup de foudre. Il n'y avait plus de sifflet, à l'approche des signaux, au passage des gares. C'était le galop tout droit, la bête qui fonçait tête basse et muette, parmi les obstacles. Elle roulait, roulait sans fin, comme affolée de plus en plus par le bruit strident de son haleine.

Émile Zola, *La Bête humaine*, 1890.

1. *la machine :* **la locomotive**
2. *rétive :* **peu docile**
3. *fantasque :* **capricieuse, qui n'en fait qu'à sa tête**
4. *cavale :* **jument pour la course**

QUESTIONS

Le drame

1. Le drame est construit autour de la lutte fatale de deux hommes. Repérez les étapes de cette lutte.

2. En quoi la construction de la phrase souligne-t-elle son contenu (syntaxe-sonorités) ?

3. Au-delà de la mort des deux hommes, quelle menace pèse sur la suite du récit ?

La machine

4. Par la métaphore, la machine rejoint le monde des vivants. Relevez dans le troisième paragraphe le champ lexical de l'animal. De quel animal s'agit-il, et pourquoi l'avoir choisi ?

5. Quel est le champ lexical dominant au milieu du même paragraphe ? Quel effet produit sa rencontre avec celui de l'animal ?

Le reste du monde

6. Face au drame, le décor et ses figurants peut devenir un arrière-fond lointain. Relevez la succession des lieux qui défilent autour de la locomotive.

7. Montrez comment Zola souligne le drame en opposant l'attitude des voyageurs à la gravité de leur situation.

Stéphane Mallarmé

Nom : Mallarmé
Prénom : Stéphane
Naissance : le 18 mars 1842, à Paris
Décès : le 9 septembre 1898, à Valvins, en Seine-et-Marne
Lieux : Tournon, Avignon, Paris, Valvins
Situation familiale : marié, père d'une fille, Geneviève, et d'un fils, Anatole, décédé à l'âge de neuf ans
Professions : d'abord employé de bureau, puis professeur d'anglais
Amitiés : Villiers de l'Isle Adam, Leconte de Lisle, Verlaine, Manet, Debussy, Paul Valéry

Il a écrit

des poèmes, parus dans des revues, dont : *L'Après-Midi d'un faune* (1876), *Hommages et Tombeaux* (1877), *Un coup de dés* (1897) ;

un recueil de poèmes : *Poésies* (1887) ;

une traduction des poèmes d'Edgar Poe (1888) ;

des textes en prose, dont : *Divagations* (1897).

L'ADOLESCENT ÉPRIS D'IDÉAL

Après la mort accidentelle de sa mère et le remariage de son père, Mallarmé est mis en pension, à dix ans, dans un établissement religieux. Solitaire, rejeté par ses camarades qui appartiennent à la haute société aristocratique, il écrit des poèmes avec ferveur et sa quête poétique se confond avec la recherche d'un idéal de beauté. Il détruira plus tard ses vers d'adolescent, mais gardera toujours cette conception exigeante et quasi mystique de la poésie. Pour gagner sa vie, après son baccalauréat, en 1861, il devient employé de bureau.

LE POÈTE ARDENT

Après un séjour en Angleterre, il se marie et devient professeur d'anglais à Tournon. Mallarmé mènera toute sa vie une carrière de fonctionnaire. Après ses cours, dans le silence, dans l'intimité de la lampe, il passe ses nuits à ciseler ses poèmes. À la recherche de l'expression parfaite, il est souvent torturé par le doute, l'incertitude, devant la page blanche. Il publie quelques sonnets dans des revues, traduit les poèmes d'Edgar Poe. En 1871, il est nommé à Paris. Mallarmé rencontre alors des écrivains, sort de son isolement.

LE MAÎTRE

À quarante-deux ans, Mallarmé est encore peu connu. Mais Verlaine le célèbre comme un maître dans *Les Poètes maudits* et Huysmans publie en 1884 un roman, *À Rebours*, dans lequel il parle de Mallarmé en termes enthousiastes. La célébrité l'installe dans un rôle nouveau : inspirateur du mouvement symboliste, chaque mardi, Mallarmé reçoit dans sa petite salle à manger de la rue de Rome de jeunes écrivains, Valéry, Gide, Claudel, sur qui il exerce une influence considérable. Claude Debussy met ses poèmes en musique. Mallarmé travaille alors à son grand œuvre, *Un coup de dés*, qu'il voudrait comme un livre total dans une mise en espace absolument originale : les phrases, les mots sont éclatés, distribués dans la page comme dans une partition musicale. En 1898, Mallarmé meurt à sa table de travail, devant le poème *Hérodiade* inachevé.

Apparition

1863

Il est difficile de savoir quand le poème *Apparition* a été écrit. Mallarmé, de plus en plus convaincu que le langage poétique doit se libérer pour cultiver sa spécificité, donne la préférence à la suggestion sur l'expression directe, et privilégie musique et harmonie.

La lune s'attristait. Des séraphins[1] en pleurs
Rêvant, l'archet[2] aux doigts, dans le calme des fleurs
Vaporeuses, tiraient de mourantes violes[3]
De blancs sanglots glissant sur l'azur des corolles[4].
– C'était le jour béni de ton premier baiser.
Ma songerie aimant à me martyriser
S'enivrait savamment du parfum de tristesse
Que même sans regret et sans déboire laisse
La cueillaison d'un Rêve au cœur qui l'a cueilli.
J'errais donc, l'œil rivé sur le pavé vieilli
Quand avec du soleil aux cheveux, dans la rue
Et dans le soir, tu m'es en riant apparue
Et j'ai cru voir la fée au chapeau de clarté
Qui jadis sur mes beaux sommeils d'enfant gâté
Passait, laissant toujours de ses mains mal fermées
Neiger de blancs bouquets d'étoiles parfumées.

Stéphane Mallarmé, « Apparition », 1863.

1. *séraphins* : anges
2. *archet* : baguette servant à jouer du violon
3. *violes* : instrument ancien rappelant le violon
4. *corolles* : ensemble des pétales d'une fleur

QUESTIONS

La tonalité des sentiments

1. Le symbolisme s'intéresse aux impressions de flou, de douceur. Repérez dans les vers 1 à 9 les principaux champs lexicaux. Quelle est l'atmosphère de ce passage ?

2. Recherchez les principaux champs lexicaux à partir du vers 11. Que constatez-vous en les confrontant à la première partie du poème ?

L'univers musical

3. La poésie symboliste préfère suggérer plutôt que décrire. Dans les vers 1 à 9, Mallarmé évoque la douceur mélancolique autant par les images que par les sonorités : allitérations (répétition de voyelles), assonances (répétition de consonnes), rimes féminines (rimes en *e* muet). Recherchez des illustrations de ces procédés.

La suggestion

4. Pour créer le mystère, le poète symboliste renonce à nommer les objets et entreprend de les suggérer. Mallarmé, au moyen de correspondances, cherche à suggérer la rêverie du poète. Exemple : un son (« des séraphins en pleurs ») peut suggérer un état d'âme. Recherchez d'autres exemples de correspondances dans le poème. Expliquez leur construction.

Brise marine

Fatigué par la monotonie quotidienne, tourmenté par la perfection poétique, Mallarmé, à vingt-trois ans, éprouve la tentation de s'évader de cette vie où il semble si difficile d'atteindre l'idéal qu'il s'est fixé.

La chair est triste, hélas ! et j'ai lu tous les livres.
Fuir ! là-bas fuir ! Je sens que des oiseaux sont ivres
D'être parmi l'écume inconnue et les cieux !
Rien, ni les vieux jardins reflétés par les yeux,
Ne retiendra ce cœur qui dans la mer se trempe,
Ô nuits ! ni la clarté déserte de ma lampe
Sur le vide papier que la blancheur défend,
Et ni la jeune femme allaitant son enfant[1].
Je partirai ! Steamer[2] balançant ta mâture,
Lèvre l'ancre pour une exotique nature !
Un Ennui, désolé par les cruels espoirs,
Croit encore à l'adieu suprême des mouchoirs !
Et, peut-être, les mâts, invitant les orages,
Sont-ils de ceux qu'un vent penche sur les naufrages
Perdus, sans mâts, sans mâts, ni fertiles îlots...
Mais, ô mon cœur, entends le chant des matelots !

Stéphane Mallarmé, « Brise marine », 1865.

▲ *Nuages*, Lévy-Dhurmer (1865-1953).

1. **Mallarmé, depuis quelques mois, est père d'une petite fille**
2. steamer : **mot anglais qui désigne le navire à vapeur**

QUESTIONS

Le titre

1. Un titre peut à la fois créer une attente et réserver des surprises. Les deux termes du titre correspondent à deux lieux de l'univers, à deux éléments : l'air et la mer. Classez tous les termes du poème se référant à l'un et l'autre lieux.

2. Relevez les raisons qui fondent, aux yeux du poète, l'appel pressant du grand large.

3. En quoi le dernier vers du poème fait-il écho au titre ?

Le propos allusif

4. Le poète laisse une part d'ambiguïté, une marge d'interprétation, il ne dit pas clairement ce dont il s'agit. Aux vers 5 à 8, Mallarmé parle-t-il de lui-même ? Pourquoi ?

5. Au vers 11, il est question de « cruels espoirs » ? Que représentent à votre avis ces cruels espoirs ?

6. Au « là-bas » du vers 2, s'oppose un « ici » implicite. De quoi ce réel quotidien est-il constitué ?

Le symbolisme des lieux

7. Les lieux familiers, ce sont les espaces clos et connus. Partir, c'est entrer dans des espaces immenses et inconnus. Que représentent les « vieux jardins », par opposition à ce qu'offrent « les écumes inconnues et les cieux » ?

8. Trouvez d'autres exemples du caractère fermé et trop familier de ce que le poète veut quitter.

9. Être « perdus, sans mâts », est-ce un malheur dans ce contexte ?

Mallarmé vit souvent l'angoisse de la feuille blanche : il décrit à plusieurs reprises ces états dépressifs, dominés par l'ennui, où il ne croit ni en la vie, ni en ses propres capacités d'écriture.

Renouveau

Le printemps maladif a chassé tristement
L'hiver, saison de l'art serein, l'hiver lucide,
Et, dans mon être à qui le sang morne préside
L'impuissance s'étire en un long bâillement.

Des crépuscules blancs tiédissent sous mon crâne
Qu'un cercle de fer serre ainsi qu'un vieux tombeau
Et triste, j'erre après un rêve vague et beau,
Par les champs où la sève immense se pavane[1].

Puis je tombe énervé[2] de parfums d'arbres, las,
Et creusant de ma face une fosse à mon rêve,
Mordant la terre chaude où poussent les lilas,

J'attends, en m'abîmant[3] que mon ennui s'élève...
– Cependant l'Azur rit sur la haie et l'éveil
De tant d'oiseaux en fleur gazouillant au soleil.

Stéphane Mallarmé, *Poésies*, 1862-1870.

1. *se pavane :* se promène fièrement
2. *énervé* a deux sens : excité, et sans nerf donc amorphe. Le deuxième sens l'emporte ici
3. *s'abîmer :* plonger profondément (abîme = gouffre)

QUESTIONS

Le symbolisme des saisons

1. La poésie symboliste décrit pour exprimer un état d'âme. Quels adjectifs Mallarmé choisit-il pour qualifier le printemps et l'hiver ?

2. Dégagez les connotations positives de l'hiver présentes dans la première strophe.

3. Le poète est paradoxalement déprimé au printemps. Repérez les indices de cette dépression. Par quel procédé le poète met-il en valeur sa saison préférée (vers 2) ?

La promenade symbolique

4. Les sensations sont entretenues à la fois par le monde intérieur et par le monde extérieur. Dans le poème, à quel moment passe-t-on du paysage intérieur au paysage extérieur ?

5. Étudiez les sonorités du second quatrain. Comment le poète traduit-il sa tristesse ?

6. En quoi les images s'opposent-elles dans ce quatrain ? Montrez que deux univers s'affrontent.

L'opposition fondamentale

7. Jusqu'aux deux derniers vers domine l'opposition entre le désir de mort de l'homme et le désir de vie de la nature. Relevez les deux termes évoquant directement la mort.

8. La vie de la nature s'exprime dans la verticalité. Étudiez la verticalité et l'horizontalité dans la dernière strophe. À votre avis, y a-t-il un espoir final ?

Paul Verlaine

Nom : Verlaine
Prénom : Paul
Naissance : le 30 mars 1844, à Metz
Décès : le 8 janvier 1896, à Paris
Lieux : Paris, Bruxelles, Londres
Situation familiale : marié avec Mathilde Mauté
Professions : commis dans une compagnie d'assurances, expéditionnaire à l'Hôtel de ville de Paris, professeur de français et de dessin en Angleterre
Amitiés : Arthur Rimbaud, Lucien Létinois, Stéphane Mallarmé

Il a écrit

des recueils de poèmes parmi lesquels : *Poèmes saturniens* (1866), *Fêtes galantes* (1869), *La Bonne Chanson* (1870), *Romances sans paroles* (1874), *Sagesse* (1880), *Jadis et Naguère* (1884), *Amour* (1888), *Parallèlement* (1889) ;

des essais : *Les Poètes maudits* (1883)...

LE POÈTE SATURNIEN

Lorsque sa famille quitte Metz pour Paris, Verlaine n'a que sept ans. Fasciné par les lumières et les mystères de la grande ville, il découvre la modernité de Baudelaire et de Leconte de Lisle, et décide d'être poète. À quatorze ans, il envoie des vers à Victor Hugo. Après son baccalauréat il s'inscrit en droit, mais préfère lire et fréquenter les cafés. Cette vie de bohème inquiète ses parents qui lui trouvent un emploi. Les heures de bureau lui laissent le temps d'écrire, et à vingt-deux ans, Verlaine publie à compte d'auteur son premier recueil, les *Poèmes saturniens*, suivi trois ans plus tard des *Fêtes galantes*.

LE POÈTE TOURMENTÉ

Verlaine a vingt-cinq ans lorsqu'il rencontre Mathilde Mauté de Fleurville qui devient son épouse en 1870. Sous son influence il écrit *La Bonne Chanson*. Mais la révolte de la Commune – pendant laquelle il est nommé chef de bureau de la presse à l'Hôtel de Ville – et la rencontre de Rimbaud bouleversent son existence. Les deux poètes partent sur les routes d'Angleterre et de Belgique. Leur relation passionnée les mène, de disputes en réconciliations, jusqu'au soir où Verlaine blesse Rimbaud de deux coups de feu. Il écrit *Romances sans paroles,* des poèmes de *Sagesse*. Emprisonné en Belgique, habité par le remords, Verlaine se convertit. Quand il sort de prison, il est seul : Mathilde a obtenu la séparation.

LE POÈTE DÉCHU

Déchiré entre la tentation et les impossibles résolutions, Verlaine recommence à boire, repart en Angleterre avec Lucien Létinois. Entraîné par le vertige de la déchéance, il est de nouveau condamné à la prison pour avoir battu sa mère. « Lamentable épave éparse à tous les flots », il est pourtant connu et admiré par la jeune génération. En 1894, il est sacré « prince des poètes ». Ses séjours dans les hôpitaux sont de plus en plus fréquents. Toujours divisé entre la sensualité et le mysticisme, Verlaine partage la vie de prostituées, donne des conférences en Belgique et en Angleterre. La santé ruinée par l'alcool, il meurt pendant l'hiver 1896 dans la misère. Un long cortège d'admirateurs suit le convoi funèbre.

Poèmes saturniens

1866

Les *Poèmes saturniens* affirment l'inaptitude à vivre le bonheur. Saturne est le signe de la mélancolie qui renvoie toute joie dans le passé et qui plonge le présent dans une souffrance sans cause bien définie. Le poète meurtri promène sa peine.

Promenade sentimentale

Le couchant dardait[1] ses rayons suprêmes
Et le vent berçait les nénuphars blêmes ;
Les grands nénuphars entre les roseaux
Tristement luisaient sur les calmes eaux.
Moi j'errais tout seul, promenant ma plaie
Au long de l'étang, parmi la saulaie[2]
Où la brume vague évoquait un grand
Fantôme laiteux se désespérant
Et pleurant avec la voix des sarcelles[3]
Qui se rappelaient en battant des ailes
Parmi la saulaie où j'errais tout seul
Promenant ma plaie ; et l'épais linceul
Des ténèbres vint noyer les suprêmes
Rayons du couchant dans ses ondes blêmes
Et les nénuphars, parmi les roseaux,
Les grands nénuphars sur les calmes eaux.

Paul Verlaine, *Poèmes saturniens*, 1866.

1. *dardait :* lançait (quand il s'agit de rayons ou de regards)
2. *saulaie :* lieu planté de saules
3. *sarcelle :* canard sauvage de petite taille

QUESTIONS

Un paysage de prédilection

1. Certains lieux et certains moments sont imprégnés de mélancolie : l'automne, le soir, le bord de l'eau. Quels termes du premier vers indiquent le moment de la journée ? Repérez le retour de ces termes dans le poème.

2. Le poème rappelle sans cesse la présence de l'eau. Quelle est la sonorité dominante ? Pourquoi ?

L'homme mélancolique

3. La description cherche à suggérer, à communiquer un état d'âme. En quoi le coucher du soleil vient-il souligner l'état d'âme du poète ?

4. Quelle est donc cette « plaie » que le poète « promène » ?

5. Repérez les mots qui font écho à la « plaie » du poète. Quel est l'effet produit par ce jeu sonore ?

La mort en filigrane

6. La mélancolie peut aussi se définir comme une attirance pour le repos définitif de la mort. Relevez tous les termes qui, à votre avis, évoquent la mort. Justifiez votre choix.

7. Qui peut-on voir derrière le « Fantôme laiteux » du vers 8 ?

8. Comment peut-on interpréter le « couchant » qui ouvre le poème ?

Romances sans paroles

Derrière la simplicité apparente de la syntaxe et du lexique, dans l'espace très court de quatre quatrains composés d'hexasyllabes, Verlaine multiplie les hardiesses d'écriture.

Il pleure dans mon cœur
Comme il pleut sur la ville ;
Quelle est cette langueur[1]
Qui pénètre mon cœur ?

Ô bruit doux de la pluie
Par terre et sur les toits !
Pour un cœur qui s'ennuie
Ô le chant de la pluie !

Il pleure sans raison
Dans ce cœur qui s'écœure[2].
Quoi ! nulle trahison ?...
Ce deuil est sans raison.

C'est bien la pire peine
De ne savoir pourquoi
Sans amour et sans haine
Mon cœur a tant de peine !

Paul Verlaine, « Ariettes oubliées »,
Romances sans paroles, 1874.

1. *langueur :* abattement physique ou moral, qui se manifeste par l'absence d'activité, de dynamisme
2. *s'écœure :* inspire du dégoût ; l'emploi en pronominal n'est pas habituel

QUESTIONS

Les distorsions de la syntaxe

1. Verlaine est un des premiers à libérer la poésie des contraintes de la syntaxe. Il la perturbe pour en tirer des effets. Que représente le pronom « il » dans le premier vers ? Comment appelle-t-on ce type de sujet ? Le trouve-t-on habituellement avec le verbe pleurer ? Quel est l'effet produit ?

2. La deuxième strophe possède-t-elle un verbe principal ? Pourquoi ?

Les répétitions lexicales

3. Alors que la répétition du même mot est habituellement considérée comme une maladresse, la multiplication de ces répétitions contribue à créer la musique et le sens du poème. Combien de fois le mot cœur est-il répété ? Quels déterminants l'accompagnent successivement ? Quelle évolution cela révèle-t-il dans la relation du poète à son cœur ?

Les hardiesses de la rime

4. En versification classique, il est interdit de bâtir une rime en utilisant le même mot. À quels moments Verlaine ne respecte-t-il pas cette règle ? À votre avis, quel effet veut-il produire ?

5. Quels sont les vers sans rime ? Quelles diverses correspondances sonores Verlaine a-t-il alors prévu pour créer une nouvelle musicalité du vers ?

Sagesse

1880

Après l'emprisonnement, après l'éloignement de Mathilde, *Sagesse* exprime le regret du passé et l'incertitude de l'avenir. Le poète dit l'aspiration à la paix de l'âme et décrit un paysage qui symbolise le climat mental de cette paix retrouvée.

L'échelonnement[1] des haies
Moutonne[2] à l'infini, mer
Claire dans le brouillard clair
Qui sent bon les jeunes baies.

Des arbres et des moulins
Sont légers sur le vert tendre
Où vient s'ébattre et s'étendre
L'agilité des poulains.

Dans ce vague d'un dimanche
Voici se jouer aussi
De grandes brebis aussi
Douces que leur laine blanche.

Tout à l'heure déferlait
L'onde, roulée en volutes[3],
De cloches comme des flûtes
Dans le ciel comme du lait.

Paul Verlaine, *Sagesse*, 1880.

1. *l'échelonnement :* fait d'être disposé de distance à distance
2. *moutonne :* s'agite en petites vagues blanches ou se recouvre de petits nuages blancs, comme les flocons de la laine
3. *volute :* enroulement en spirale

QUESTIONS

La clarté du paysage

1. Le lexique employé pour une description insiste directement et indirectement sur certaines caractéristiques. Expliquez comment est mis en valeur l'adjectif « clair ».

2. Relevez tous les termes qui évoquent la clarté, en expliquant leurs connotations.

3. Analysez le rôle joué par le son *« è »* pour propager l'impression de clarté.

La liquidité du paysage

4. Pour marquer cette autre caractéristique du paysage, on retrouve à la fois le lexique et les sonorités. Relevez tous les termes qui évoquent l'eau.

5. Étudiez la métamorphose des éléments dans la première et la dernière strophe.

6. Quelle allitération entretient l'impression de liquidité ? Où est-elle la plus présente, et pourquoi ?

Le symbolisme du paysage

7. La clarté évoque immédiatement le rêve de pureté. L'eau évoque le retour à la fusion originelle avec la mère. Dans le poème, quelles sont les allusions à la relation mère-enfant ?

8. La liquidité crée aussi une fusion de tous les éléments. C'est le rêve de l'unité première du monde. Que symbolise le son des cloches entendu à la fin du poème ?

Lautréamont

Nom : Ducasse
Prénom : Isidore
Pseudonyme : Lautréamont
Naissance : le 4 avril 1846, à Montevidéo, en Uruguay
Décès : le 24 novembre 1870, à Paris
Lieux : Montevidéo et Paris
Situation familiale : célibataire
Profession : aucun métier connu
Amitié : il vit solitaire

Il a écrit

Les Chants de Maldoror (1869), *Poésies* (1870).

L'ENFANT REPLIÉ SUR LUI-MÊME

Fils de diplomate français en Uruguay, gouverné alors par un tyran fantasque, le jeune Isidore reste enfermé dans la demeure paternelle, loin de l'agitation des rues, dans une ville en état de siège. Il s'isole profondément, refusant tout contact avec les familiers de la maison. Son père lui reproche ce manque de sociabilité et ses accès de colère. Père et fils se supportent difficilement. À quatorze ans, Isidore est envoyé en France pour y poursuivre ses études. Interne au lycée de Tarbes, il travaille beaucoup, et montre un comportement sauvage. « Tout mince, le teint pâle, les cheveux longs tombant en travers sur le front, d'ordinaire triste et silencieux et comme replié sur lui-même. »

L'ÉTUDIANT SOLITAIRE

Une fois délivré du lycée et de l'internat, il mène à Paris la vie solitaire qui lui convient. Il s'enferme dans une modeste chambre et se plonge dans la lecture et l'écriture. « Je suis chez moi à toute heure du jour. » Il lit Dante et Rabelais, les poètes romantiques, les romans noirs anglais pleins d'angoisse et de violence. On ne le voit pas dans les cafés, sa lumière reste allumée des nuits entières, les voisins subissent les accords de son piano sur lequel il cherche le rythme de ses phrases. Il travaille avec acharnement. Isidore Ducasse achève en 1868 *Les Chants de Maldoror*, qu'il signe « comte de Lautréamont », et se met en quête d'un éditeur qui accepte de publier ce texte de passion et de protestation.

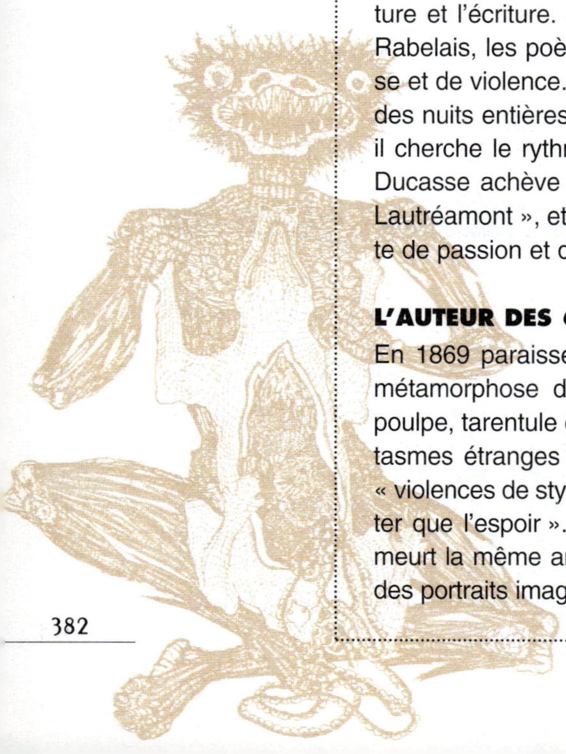

L'AUTEUR DES *CHANTS DE MALDOROR*

En 1869 paraissent *Les Chants de Maldoror* qui racontent l'extraordinaire métamorphose de Maldoror, l'ange déchu qui devient tour à tour aigle, poulpe, tarentule et requin. Le public est choqué par les invectives et les fantasmes étranges de Lautréamont. Son éditeur lui demande d'atténuer ses « violences de style ». L'écrivain accepte et annonce qu'il « ne veut plus chanter que l'espoir ». Il écrit ainsi *Poésies*, qu'il signe Isidore Ducasse. Mais il meurt la même année. L'écrivain, dont on ne possède aucune image, sinon des portraits imaginaires, disparaît à vingt-quatre ans.

Les Chants de Maldoror

1869

Le héros des *Chants de Maldoror* est insaisissable. Révolté contre Dieu et contre les hommes, hanté par le regret du Bien et par la fascination du Mal, il disparaît et réapparaît sous les formes les plus diverses.

Chaque quart d'heure, quand un coup de vent, plus fort que les autres, rendant ses accents lugubres à travers le cri des pétrels[1] effarés, disloquait le navire dans un craquement longitudinal, et augmentait les plaintes de ceux qui allaient être offerts en holocauste[2] à la mort, je m'enfonçais dans la joue la pointe aiguë d'un fer, et je pensais secrètement : « Ils souffrent davantage ! » J'avais au moins, ainsi, un terme de comparaison. Du rivage, je les apostrophais, en leur lançant des imprécations[3] et des menaces. Il me semblait qu'ils devaient m'entendre ! Il me semblait que ma haine et mes paroles, franchissant la distance, anéantissaient les lois physiques du son, et parvenaient, distinctes, à leurs oreilles, assourdies par les mugissements de l'océan en courroux[4] ! Il me semblait qu'ils devaient penser à moi, et exhaler leur vengeance en impuissante rage ! De temps à autre, je jetais les yeux vers les cités, endormies sur la terre ferme ; et, voyant que personne ne se doutait qu'un vaisseau allait sombrer, à quelques milles du rivage, avec une couronne d'oiseaux de proie et un piédestal de géants aquatiques, au ventre vide, je reprenais courage, et l'espérance me revenait : j'étais donc sûr de leur perte ! Ils ne pouvaient échapper ! Par surcroît de précaution, j'avais été chercher mon fusil à deux coups, afin que, si quelque naufragé était tenté d'aborder les rochers à la nage, pour échapper à une mort imminente, une balle sur l'épaule lui fracassât le bras, et l'empêchât d'accomplir son dessein.

Lautréamont, *Les Chants de Maldoror*, 1869.

1. *pétrels* : oiseaux vivant au large dans les mers froides
2. *holocauste* : sacrifice de victimes
3. *imprécations* : souhaits de malheur, de malédiction
4. *en courroux* : en colère

QUESTIONS

L'obsession du Mal

1. Quand il s'adonne au Mal, le héros est impitoyable. Remplissez ce tableau :

Passage	La pensée de Maldoror
du début à « terme de comparaison »	....
« du rivage » à « impuissante rage »	....
« de temps à autre » à la fin	....

2. Quelle progression remarquez-vous dans la recherche du Mal ?

La voix du Mal

3. Le monde exhale des cris de souffrance et de haine. Relevez tous les termes évoquant un bruit. Qui lutte contre qui ?
Quelles sont les sonorités qui dominent ce passage ? Que cherchent-elles à évoquer ?

4. À quel moment le réseau lexical du bruit disparaît-il ? Pourquoi ?

5. Par quel signe de ponctuation les sentiments du narrateur sont-ils soulignés ? Caractérisez ces sentiments.

Les calculs du Mal

6. L'esprit du Mal raisonne froidement son action. Pourquoi Maldoror a-t-il besoin d'un « terme de comparaison » (ligne 6) ?

7. Dans la dernière phrase, relevez les expressions du but. Que révèlent-elles de la part du narrateur ?

8. Rédigez un paragraphe de synthèse qui mettra en évidence les caractéristiques de ce récit : obsessions du narrateur, techniques narratives, sonorités…

Guy de Maupassant

Nom : Maupassant
Prénom : Guy
Naissance : le 5 août 1850, à Miromesnil, en Normandie
Décès : le 6 juillet 1893, à Paris
Lieux : la Normandie, Paris, Cannes
Situation familiale : célibataire, de nombreuses aventures amoureuses
Professions : employé dans un ministère, puis il vit de sa plume
Amitiés : Flaubert, Robert Pinchon et des canotiers, Henry Cazalis son médecin, confident des années noires

Il a écrit

des recueils de contes et nouvelles, parmi lesquels : *La Maison Tellier* (1881), *Contes de la bécasse* (1883), *Le Horla* (1887) ;

des romans, dont : *Une vie* (1883), *Bel-Ami* (1885), *Pierre et Jean* (1888).

LE JEUNE NORMAND

Après la séparation de ses parents, le jeune Guy et son frère sont élevés par leur mère dans la propriété des Verguies, à Étretat. Laure de Maupassant a la passion de la littérature qu'elle transmet à son fils. Elle l'encourage, guide ses lectures. Guy profite des vacances pour arpenter les champs et les plages de Normandie avec les enfants du pays. Pêcheurs de la côte et bourgeois des villes, fermiers en blouse bleue, hobereaux campagnards, farces paysannes et scènes de chasses : il acquiert la connaissance intime d'une région, toile de fond de ses futurs récits.

LE CONTEUR RÉALISTE

C'est Flaubert, ami de la famille, qui aide Maupassant à devenir écrivain : à Rouen, à Paris, pendant des années, le vieux romancier prodigue ses conseils à son jeune héritier spirituel. Le succès vient à trente ans, avec *Boule-de-Suif* et *La Maison Tellier*. Galvanisé, Maupassant abandonne son emploi au ministère, et se consacre à son œuvre, publiant plusieurs volumes chaque année, recueils de nouvelles ou romans, auxquels s'ajoutent de très nombreux articles dans les journaux. Maupassant aime canoter avec ses amis et les filles charmantes et peu farouches des bords de Seine. Il voyage sur son voilier, *Le Bel-Ami* : la Corse, l'Italie, l'Afrique du Nord. Sa vie se partage ainsi entre la Normandie, Paris et la Méditerranée.

L'ÉCRIVAIN DU FANTASTIQUE

Si, dans chacun de ses recueils, Maupassant recrée la malice burlesque de la farce, il est aussi l'un des meilleurs écrivains fantastiques, qui fait pénétrer dans l'univers inquiétant des doubles et des apparitions, des miroirs sans reflet, des souvenirs obsédants dans lesquels se débattent des narrateurs saisis par l'angoisse. Il écrit ainsi *Le Horla* en 1887. Et lui-même éprouve un sentiment de malaise, de profonde anxiété que sa célébrité, ses nombreuses conquêtes féminines ne peuvent apaiser. Victime d'hallucinations il fait au début de l'année 1891 une tentative de suicide. Il meurt dix-huit mois plus tard après avoir perdu toute lucidité.

Le Masque

1889

Souvent courtes, les nouvelles de Maupassant décrivent des comportements dont l'interprétation est riche de sens. *Le Masque* met en scène la lutte désespérée contre le vieillissement, dans un récit au rythme très rapide.

Il était maigre, vêtu en gommeux[1], avec un joli masque verni sur le visage, un masque à moustache blonde frisée que coiffait une perruque à boucles.

Il avait l'air d'une figure de cire du musée Grévin[2], d'une étrange et fantasque[3] caricature du charmant jeune homme des gravures de mode, et il dansait avec un effort convaincu, mais maladroit, avec un emportement comique. Il semblait rouillé à côté des autres, en essayant d'imiter leurs gambades ; il semblait perclus[4], lourd comme un roquet jouant avec des lévriers. Des bravos moqueurs l'encourageaient. Et lui, ivre d'ardeur, gigotait avec une telle frénésie que, soudain, emporté par un élan furieux, il alla donner de la tête dans la muraille du public qui se fendit devant lui pour le laisser passer, puis se referma autour du corps inerte, étendu sur le ventre, du danseur inanimé. Des hommes le ramassèrent, l'emportèrent. On criait : « Un médecin. » Un monsieur se présenta, jeune, très élégant, en habit noir avec de grosses perles à sa chemise de bal. « Je suis professeur à la Faculté », dit-il d'une voix modeste. On le laissa passer, et il rejoignit, dans une petite pièce pleine de cartons comme un bureau d'agent d'affaires, le danseur toujours sans connaissance qu'on allongeait sur des chaises. Le docteur voulut d'abord ôter le masque et reconnut qu'il était attaché d'une façon compliquée avec une multitude de menus fils de métal, qui le liaient adroitement aux bords de sa perruque et enfermaient la tête entière dans une ligature solide dont il fallait avoir le secret. Le cou lui-même était emprisonné dans une fausse peau qui continuait le menton, et cette peau de gant, peinte comme de la chair, attenait[5] au col de la chemise.

Il fallut couper tout cela avec de forts ciseaux ; et quand le médecin eut fait, dans ce surprenant assemblage, une entaille allant de l'épaule à la tempe, il entrouvrit cette carapace et y trouva une vieille figure d'homme usée, pâle, maigre et ridée. Le saisissement fut tel parmi ceux qui avaient apporté ce jeune masque frisé, que personne ne rit, que personne ne dit un mot.

Guy de Maupassant, *Le Masque*, 1889.

1. *vêtu en gommeux* : jeune homme d'une élégance prétentieuse
2. *musée Grévin* : à Paris, musée de nombreux personnages célèbres en cire
3. *fantasque* : se dit d'une chose bizarre, imprévue
4. *perclus* : qui a de la peine à se mouvoir, inerte
5. *attenait* : signifie « qui touche à »

QUESTIONS

La progression du récit

1. Un récit court s'organise rigoureusement. Quelles sont ses étapes ?

2. Pourquoi le médecin est-il décrit ainsi ? Montrez qu'il représente un double inversé de son patient.

L'évolution des spectateurs

3. Analysez les comportements successifs des témoins.

4. Pourquoi le narrateur insiste-t-il sur les moqueries ? Rapprochez-les de la dernière phrase du texte.

La transformation du masque

5. Relevez les connotations positives dans la première description du masque.

6. Dans la deuxième description, montrez que le masque est décrit comme une prison. Pourquoi ?

Un drame vrai

Maupassant, dans cette nouvelle, profite d'un fait divers pour développer un récit réaliste. Il cultive l'art de la concision, le sens du drame humain, à travers les secrets, les mystères des familles.

Dans une propriété de campagne, mi-ferme et mi-château, vivait une famille possédant une fille courtisée par deux jeunes gens, les deux frères. Ils appartenaient à une ancienne et bonne maison, et vivaient ensemble en une propriété voisine.

L'aîné fut préféré. Et le cadet, dont un amour tumultueux bouleversait le cœur, devint sombre, rêveur, errant. Il sortait des jours entiers ou bien s'enfermait en sa chambre, et lisait ou méditait.

Plus l'heure du mariage avançait, plus il devenait ombrageux[1].

▲ « Le père de la mariée cherche en sa tête de vieux couplets qu'il fredonnait autrefois... » *Repas de Noce*, peint par Fourié, en 1886.

Une semaine environ avant la date fixée, le fiancé, qui revenait un soir de sa visite quotidienne à la jeune fille, reçut un coup de fusil à bout portant, au coin d'un bois. Des paysans, qui le trouvèrent au jour levant, rapportèrent le corps à son logis. Son frère s'abîma dans un désespoir fougueux qui dura deux ans. On crut même qu'il se ferait prêtre ou qu'il se tuerait.

Au bout de ces deux années de désespoir, il épousa la fiancée de son frère.

Cependant on n'avait pas trouvé le meurtrier. Aucune trace certaine n'existait ; et le seul objet révélateur était un morceau de papier presque brûlé, noir de poudre, ayant servi de bourre[2] au fusil de l'assassin. Sur ce lambeau de papier, quelques vers étaient imprimés, la fin d'une chanson, sans doute, mais on ne put découvrir le livre dont cette feuille était arrachée.

On soupçonna du meurtre un braconnier mal noté. Il fut poursuivi, emprisonné, interrogé, harcelé ; mais il n'avoua pas, et on l'acquitta, faute de preuves.

Telle est l'exposition de ce drame. On croirait lire un horrible roman d'aventures. Tout y est : l'amour des deux frères, la jalousie de l'un, la mort du préféré, le crime au coin d'un bois, la justice dépistée[3], le prévenu acquitté, et le fil léger resté aux mains des juges, ce bout de papier noir de poudre.

Et, maintenant, vingt ans s'écoulent. Le cadet, marié, est heureux, riche et considéré ; il a trois filles. Une d'elles va se marier à son tour. Elle épouse le fils d'un ancien magistrat, un de ceux qui siégeaient autrefois lors de l'assassinat du frère aîné.

Et voilà que le mariage a lieu, un grand mariage de campagne, une noce. Les deux pères se serrent les mains, les jeunes gens sont heureux. On dîne dans la longue salle du château ; on boit, on plaisante, on rit, et, le dessert venu, quelqu'un propose de chanter des chansons, comme on faisait au temps ancien.

L'idée plaît, et chacun chante.

Son tour venu, le père de la mariée cherche en sa tête de vieux couplets qu'il fredonnait autrefois, et peu à peu il les retrouve.

Ils font rire, on applaudit ; il continue, entonne le dernier ; puis, lorsqu'il a fini, son voisin le magistrat lui demande : « Où diable avez-vous trouvé cette chanson-là ? j'en connais les derniers vers. Il me semble même qu'ils sont liés à quelque grave circonstance de ma vie, mais je ne sais plus au juste ; je perds un peu la mémoire. »

Et, le lendemain, les nouveaux mariés partent pour leur voyage nuptial[4].

Cependant, l'obsession des souvenirs indécis, cette démangeaison constante de retrouver une chose qui vous échappe sans cesse, harcelait le père du jeune homme. Il fredonnait sans repos le refrain qu'avait chanté son ami, et ne retrouvait toujours pas d'où lui venaient ces vers qu'il sentait pourtant gravés depuis longtemps en sa tête, comme s'il avait eu un intérêt sérieux à ne les point oublier.

Deux ans encore se passent. Et voilà qu'un jour, en feuilletant de vieux papiers, il retrouve, copiées par lui, ces rimes qu'il a tant cherchées.

C'étaient les vers restés lisibles sur la bourre du fusil dont on s'était autrefois servi pour le meurtre.

Alors il recommence tout seul l'enquête. Il interroge avec astuce, fouille dans les meubles de son ami, tant et si bien qu'il retrouve le livre dont la feuille avait été arrachée.

C'est en ce cœur de père que se passe maintenant le drame. Son fils est le gendre de celui qu'il soupçonne si violemment ; mais, si celui qu'il soupçonne est coupable, il a tué son frère pour lui voler sa fiancée ! Est-il un crime plus monstrueux ?

Le magistrat l'emporte sur le père. Le procès recommence. L'assassin véritable est, en effet, le frère. On le condamne.

Guy de Maupassant, *Un drame vrai*, 1882.

1. *ombrageux :* **farouche**
2. *bourre :* **corps neutre qui maintient en place la charge**
3. *dépistée :* **déjouée, à laquelle on a échappé**
4. *nuptial :* **qui se rapporte au mariage**

QUESTIONS

La concision de la narration

1. Pour écrire en si peu de mots plus de vingt ans d'une histoire, il faut être concis. Relevez les deux étapes du récit.

Les deux épisodes

2. Les deux épisodes sont racontés différemment. Relevez ces différences (temps des verbes, dialogue, arrêts descriptifs).

Le vrai et le vraisemblable

3. Le vrai peut quelquefois n'être pas vraisemblable. Expliquez cette opposition en vous appuyant sur des détails.

Arthur Rimbaud

Nom : Rimbaud
Prénom : Arthur
Naissance : le 20 octobre 1854, à Charleville, dans les Ardennes
Décès : le 10 novembre 1891, à Marseille
Lieu : Paris, la Belgique, l'Abyssinie dans le sud de l'Afrique
Situation familiale : célibataire, sans enfant
Profession : négociant, après avoir renoncé à la poésie
Amitiés : Izambart son professeur de lycée, Paul Demeny, Verlaine, Germain Nouveau

Il a écrit

Une saison en enfer (1873), *Illuminations* (1886), *Poésies complètes* (édition posthume, 1895, avec une préface de Verlaine).

LE RÉVOLTÉ

Fuyant une vie grise rivée à un commerce étriqué, le père, le premier, quitte une femme autoritaire, enfermée dans un souci de respectabilité. C'est à lui, peut-être, que pense son fils lorsque le dimanche, à Charleville, il défile avec son frère et ses sœurs dans la rue qui mène à l'église, surveillé par une mère droite et noire qui le talonne. La révolte couve, les heurts avec sa mère se multiplient. Au collège, il obtient des résultats brillants, son habileté en vers latins fait de lui une gloire locale, mais les professeurs s'inquiètent de son indépendance d'esprit, de son désir d'évasion. Le 29 août 1870, il met à exécution ses projets de fuite : Rimbaud prend le train pour Paris. On le rattrape. Il recommencera.

LE POÈTE FULGURANT

Il gagne enfin Paris, rencontre Verlaine, à qui il montre ses poèmes. Rimbaud veut vivre librement et intensément, il refuse toute compromission. Verlaine quitte sa femme pour le suivre à travers l'Europe, la Belgique, l'Angleterre, dans un « long dérèglement de tous les sens » auquel contribuent l'alcool et la drogue. La rupture entre les deux amis est tragique. Rimbaud termine alors *Une saison en enfer*, part à Londres en compagnie du poète Germain Nouveau, écrit les *Illuminations*. En 1875, il rencontre Verlaine à Stuttgart, une dernière fois. Désormais Rimbaud n'écrira plus aucun poème.

LE MARCHAND D'ARMES

La vie de Rimbaud devient une longue série de voyages, qui le ramènent toujours à Charleville. À Brindisi, en Italie, il est frappé d'insolation et doit être rapatrié. À Vienne, dévalisé, expulsé par la police autrichienne, il repart à pied pour Charleville. On publie en 1886 les *Illuminations*, qui expriment le désir fulgurant de « changer la vie », de « trouver une langue nouvelle ». En 1880, il s'embarque pour l'Égypte, traverse les déserts d'Éthiopie, puis rejoint Aden. Pendant dix ans, sous le soleil d'Afrique, il mène une vie solitaire, faisant commerce des armes et de marchandises diverses. Atteint d'un cancer au genou, il est ramené à Marseille et meurt le 10 novembre 1891.

Avec l'année 1870, la France connaît les horreurs de la guerre. Rimbaud s'insurge contre la tuerie et et la dénonce dans plusieurs poèmes. « Le Mal » va plus loin encore : au-delà de la dénonciation des souffrances humaines, c'est Dieu qui est pris à partie.

Le Mal

Tandis que les crachats rouges de la mitraille
Sifflent tout le jour par l'infini du ciel bleu ;
Qu'écarlates ou verts, près du Roi qui les raille,
Croulent les bataillons en masse dans le feu ;

Tandis qu'une folie épouvantable, broie
Et fait de cent milliers d'hommes un tas fumant ;
– Pauvres morts ! Dans l'été, dans l'herbe, dans ta joie,
Nature ! ô toi qui fis ces hommes saintement !...

– Il est un Dieu, qui rit aux nappes damassées[1]
Des autels, à l'encens[2], aux grands calices d'or ;
Qui dans le bercement des hosannah[3] s'endort,

Et se réveille, quand des mères, ramassées
Dans l'angoisse, et pleurant sous leur vieux bonnet noir
Lui donnent un gros sou lié dans leur mouchoir !

Arthur Rimbaud, *Poésies*, 1870.

1. *damassé :* fabriqué avec des fils de couleurs différentes enchevêtrés pour constituer un dessin
2. *encens :* parfum brûlé pour rendre louange à Dieu
3. *hosannah :* hymne à la gloire de Dieu, qui se chante habituellement le jour des Rameaux

Questions

La dénonciation

1. Les deux dénonciations, humanitaire et religieuse, apparaissent nettement dans la construction du sonnet. Montrez-le.

2. Le sonnet est constitué d'une seule phrase. Quelles en sont les deux propositions principales ? Par conséquent, quelle est la dénonciation la plus importante ?

Les horreurs de la guerre

3. Dans le brasier, les hommes sont une masse informe sans identité. Relevez les termes qui l'indiquent.

4. Montrez que les sonorités soulignent l'horreur de la guerre.

5. La honte de la guerre naît du contraste avec la bonté de la nature. Que veulent faire comprendre les vers 7 et 8 ? Que penser du rythme de ces vers ?

Le scandale de Dieu

6. À quoi voit-on, dans le premier tercet, que Dieu est :
- insensible aux malheurs humains,
- vautré dans le luxe,
- vaniteux ?

7. Quelle raison fait se réveiller Dieu ? Quels détails rendent les mères particulièrement pathétiques ?

8. En quoi la ponctuation souligne-t-elle l'indignation du poète ?

Rimbaud a souvent exprimé la grisaille et l'enfermement de son enfance, qui furent le berceau de sa révolte. Dans les derniers vers du poème, il montre comment la lecture et la rêverie servent de tremplin à la naissance de la poésie.

Les Poètes de sept ans

Il craignait les blafards[1] dimanches de décembre,
Où, pommadé, sur un guéridon d'acajou,
Il lisait une Bible à la tranche vert-chou ;
Des rêves l'oppressaient chaque nuit dans l'alcôve.
Il n'aimait pas Dieu ; mais les hommes, qu'au soir fauve,
Noirs, en blouse, il voyait rentrer dans le faubourg
Où les crieurs, en trois roulements de tambour,
Font autour des édits[2] rire et gronder les foules.
– Il rêvait la prairie amoureuse, où des houles
Lumineuses, parfums sains, pubescences[3] d'or,
Font leur remuement calme et prennent leur essor !

Et comme il savourait surtout les sombres choses,
Quand, dans la chambre nue aux persiennes closes,
Haute et bleue, âcrement prise d'humidité,
Il lisait son roman sans cesse médité,
Plein de lourds ciels ocreux[4] et de forêts noyées,
De fleurs de chair aux bois sidérals[5] déployées,
Vertige, écroulements, déroutes et pitié !
– Tandis que se faisait la rumeur du quartier,
En bas, – seul, et couché sur des pièces de toile
Écrue, et pressentant violemment la voile !

Arthur Rimbaud, « Les Poètes de sept ans » (fin du poème), *Poésies*, 1870.

1. *blafard :* d'un blanc terne
2. *édit :* loi ou ordonnance promulguée par le pouvoir, et qui était annoncée par le crieur sur la voie publique
3. *pubescences :* état des tiges et des feuilles qui sont garnies de duvet
4. *ocreux :* qui a la couleur de l'ocre
5. *sidéral :* qui concerne les astres

QUESTIONS

Le jeu des oppositions

1. Montrez que chaque début de strophe est construit sur le même modèle syntaxique.

2. En quoi leurs contenus s'opposent-ils ? Dressez un tableau mettant en évidence ces oppositions :

Strophe 1	Strophe 2
craignait blafards	savourait sombres ....

Rêve et réalité

3. Chaque strophe part de la réalité pour basculer peu à peu dans le rêve.
Délimitez les passages où le rêve s'impose.

4. Le lexique organise la description de ces deux univers.
Montrez qu'à la réalité du monde civilisé s'opposent des rêves hantés par la nature.

La force des mots

5. Expliquez l'expression « il lisait un roman sans cesse médité ».

6. Quels sont les mots dont les connotations rappellent le voyage et la fuite ? Où se trouvent-ils situés dans chaque strophe ?

7. En quoi la ponctuation vient-elle souligner le contenu du poème ? Quels sont les sentiments exaltés ?

Illuminations

1886

Chacun des poèmes du recueil propose des scènes féeriques ou hallucinatoires. Avec « Aube », Rimbaud donne une image totalement renouvelée du matin pourtant souvent célébré par les poètes.

Aube

J'ai embrassé l'aube d'été.

Rien ne bougeait encore au front des palais. L'eau était morte. Les camps d'ombres ne quittaient pas la route du bois. J'ai marché, réveillant les haleines vives et tièdes, et les pierreries regardèrent, et les ailes se levèrent sans bruit.

La première entreprise[1] fut, dans le sentier déjà empli de frais et blêmes éclats, une fleur qui me dit son nom.

Je ris au wasserfall[2] blond qui s'échevela à travers les sapins : à la cime argentée je reconnus la déesse.

Alors je levai un à un les voiles. Dans l'allée, en agitant les bras. Par la plaine, où je l'ai dénoncée au coq. À la grand'ville elle fuyait parmi les clochers et les dômes, et courant comme un mendiant sur les quais de marbre, je la chassais.

En haut de la route, près d'un bois de lauriers, je l'ai entourée avec ses voiles amassés, et j'ai senti un peu son immense corps. L'aube et l'enfant tombèrent au bas du bois.

Au réveil il était midi.

Arthur Rimbaud, *Illuminations*, 1886.

1. *entreprise :* **conquête**
2. *wasserfall :* **mot allemand signifiant chute d'eau**

QUESTIONS

Le poème en prose

1. Le poème en prose se présente comme un poème narratif organisé en paragraphes. Relevez les moments successifs du récit. Sur quelles indications, spatiales et temporelles, celui-ci repose-t-il ?

2. Comment se présentent la première et la dernière phrase du poème ? À quoi pourrait-on les comparer ? Quel est l'effet produit ?

Une nature vivante

3. En chemin, la nature semble se transformer en être vivant au passage du poète. Relevez les éléments qui participent à cette personnification.

4. En quoi les images participent-elles à transformer le réel en univers féerique ?

5. Analysez les sonorités des lignes 8 et 9. Que soulignent-elles ?

L'illumination

6. L'illumination prend ici la forme d'une « déesse » qui apparaît au centre du poème.
Quel rôle symbolique peut-on donner à la poursuite qui s'engage alors ?

7. Quelle interprétation donnez-vous de la dernière phrase ? À quoi pourrait-on comparer cette « illumination » ?

Le peuple

Un nouveau personnage entre dans le roman au XIXe siècle : le peuple au travail. Le romancier en construit le portrait individuel ou collectif, décrit ses lieux de vie, lui bâtit un destin. Victor Hugo, Émile Zola, les frères Goncourt érigent le peuple en héros d'œuvres majeures.

▶ LE PEUPLE COMME PERSONNAGE

Le personnage symbolique. Il incarne le peuple en représentant ses combats, ses espoirs et ses échecs. Il peut être responsable d'un groupe dont il traduit les aspirations, comme Étienne Lantier, le mineur gréviste dans *Germinal* ; il peut aussi être porteur des souffrances de ses semblables, comme *Gervaise,* la blanchisseuse victime de l'alcoolisme. Parfois même ce personnage symbolique atteint la dimension du mythe, comme Gavroche, dans *Les Misérables.*

Le personnage collectif. Foule, groupe en marche, équipe au travail, c'est alors la masse qui est décrite. Têtes, jambes, bouches multiples forment une volonté unique comme celle d'un seul corps.

> On voyait seulement les trous des bouches noires, chantant *La Marseillaise,* dont les strophes se perdaient en un mugissement confus, accompagné par le claquement des sabots sur la terre dure.
>
> Émile Zola, *Germinal,* 1885.

▶ LES LIEUX DU PEUPLE

Le lieu du travail. Rien n'est prévu pour humaniser ces lieux : ils sont gris, sales, froids, nauséabonds, malsains. Il s'agit évidemment des usines et des mines du nouveau prolétariat, mais aussi des métiers traditionnels : dans *Pot-Bouille*, Zola décrit souvent les cuisines.

Le lieu familial. On y subit l'absence de confort et la promiscuité. Mais on y découvre aussi une communauté dont les membres sont solidaires.

Les lieux de loisir. Ce sont souvent des lieux d'excès et de débauche. Décrivant Paris, Balzac parle déjà des « cabarets, qui font une ceinture de boue à la ville ». Mais autour de la ville se créent aussi les zones de loisir où le peuple se promène ou va voir ce que font les autres.

▶ L'ÉNERGIE DU PEUPLE

La force vitale. Pour le romancier, le peuple possède une vitalité naturelle que la civilisation n'a pas affaiblie. Cette image, déjà évoquée par Michelet, est celle du personnage collectif de la foule manifestant dans *Germinal*, c'est aussi celle de certains individus, comme Jean Valjean.

La souffrance et l'espoir. Lorsque la souffrance n'ôte pas tout optimisme, elle laisse entrevoir la rédemption future. C'est la conclusion de *Germinal* : alors que la grève a échoué, le printemps qui arrive laisse entrevoir les moissons d'un monde meilleur, et donne son titre au roman.

La déchéance. Lorsque la souffrance paraît sans issue, l'espoir meurt. Les romanciers multiplient les figures de l'être déchu par excès de misère. La prostituée et l'alcoolique en sont les types les plus fréquents.

> Elle en était venue à considérer la vente et le débit de l'amour comme une profession un peu moins laborieuse, un peu moins pénible que les autres.
>
> Edmond et Jules de Goncourt, *La Fille Élisa,* 1887.

Exercice 1

Flaubert décrit le peuple envahissant les appartements royaux pendant la révolution de 1848. Relevez ce qui montre que l'auteur peut faire percevoir :
– des détails dispersés, des individus multiples ;
– une masse compacte ;
– une irrésistible volonté collective.

Tout à coup *La Marseillaise* retentit. Hussonnet et Frédéric se penchèrent sur la rampe. C'était le peuple. Il se précipita dans l'escalier, en secouant à flots vertigineux des têtes nues, des casques, des bonnets rouges, des baïonnettes et des épaules, si impétueusement, que des gens disparaissaient dans cette masse grouillante qui montait toujours, comme un fleuve refoulé par une marée d'équinoxe, avec un long mugissement, sous une impulsion irrésistible.

Gustave Flaubert, *L'Éducation sentimentale,* 1869.

Exercice 2

Le lieu décrit ici est à la fois un lieu de travail et un lieu de vie. Quelle impression dominante se dégage du lieu ? Relevez les adjectifs et étudiez leurs connotations.

Le fourneau allumé rend l'atmosphère de la pièce étouffante. Il y circule des odeurs de vieille graisse, de sauces rances, de persistantes fritures. Pendant que nous mangeons, une marmite où bout la soupe des chiens exhale une odeur fétide qui vous prend à la gorge et vous fait tousser... C'est à vomir !... On respecte davantage les prisonniers dans les prisons et les chiens dans les chenils...

Octave Mirbeau, *Le Journal d'une femme de chambre,* 1900.

Exercice 3

D'après ce texte, quels sont les plaisirs de ce lieu de loisir qui se trouve à la porte de Clignancourt, en sortant de Paris ?
Quelle est la place de la nature dans cette description d'une « campagne » ?

Ils descendaient, passaient la porte, longeaient les débits de saucisson de Lorraine, les marchands de gaufres, les cabarets en planches, les tonnelles sans verdure et au bois encore blanc où un pêle-mêle d'hommes, de femmes, d'enfants, mangeaient des pommes de terre frites, des moules et des crevettes, et ils arrivaient au premier champ, à la première herbe vivante : sur le bord de l'herbe, il y avait une voiture à bras chargée de pain d'épices et de pastilles de menthe, et une marchande de coco vendait à boire sur une table dans le sillon.

Edmond et Jules de Goncourt, *Germinie Lacerteux,* 1865.

Exercice 4

Fantine, la mère de Cosette, a dû se prostituer pour gagner l'argent nécessaire à la pension de sa fille chez les Thénardier. Relevez les allusions à cette déchéance morale.
La description de Fantine est en fait une description de la vieillesse. Donnez-en les caractéristiques.

Quelques mois auparavant, à ce moment où Fantine venait de perdre sa dernière pudeur, sa dernière honte et sa dernière joie, elle était l'ombre d'elle-même ; maintenant elle en était le spectre. Le mal physique avait complété l'œuvre du mal moral. Cette créature de vingt-cinq ans avait le front ridé, les joues flasques, les narines pincées, les dents déchaussées, le teint plombé, le cou osseux, les clavicules saillantes, les membres chétifs, la peau terreuse, et ses cheveux blonds poussaient mêlés de cheveux gris.

Victor Hugo, *Les Misérables,* 1862.

▲ À travers ce détail d'un tableau de Pellizza da Volpedo (1868-1907), c'est le courage, l'énergie mais aussi le désespoir que représente le peintre, dans *Les Ambassadeurs de la faim.*

Le réalisme

Les écrivains réalistes veulent « faire vrai » en imaginant des décors, des personnages et des intrigues qui pourraient exister. À la suite de Balzac, le roman triomphe dans cette entreprise, entre 1850 et 1890, avec des écrivains comme Flaubert, Zola, Maupassant.

▶ L'HISTOIRE DU MOT

Le terme de réalisme désigne depuis longtemps la tendance à reproduire le réel en art. Mais, au XIXe siècle, il devient un courant organisé qui se donne pour mission de comprendre les comportements humains et les fonctionnements sociaux. Et quand, avec Zola, il cherche à le faire avec une rigueur proche des sciences expérimentales, il devient le naturalisme.

▶ L'ORIGINE DU MOUVEMENT

Il veut rompre avec un certain romantisme qui cultive trop les sentiments exacerbés et les situations extrêmes. Le roman réaliste s'inspire du roman historique qui veut recréer une époque du passé, documentation à l'appui : ne suffit-il pas d'être « historien du présent » pour être réaliste ?

▶ LES THÈMES ESSENTIELS

Les tares de la bourgeoisie. Les réalistes les dénoncent constamment : bêtise, égoïsme, hypocrisie, goût forcené de l'argent qui fait abandonner toutes les valeurs.

Le malheur du peuple. La naissance d'un prolétariat, l'urbanisation rapide et sauvage sont perçues comme une insupportable et scandaleuse aggravation de la misère du peuple.

La trivialité de l'amour. Elle est dépeinte pour éviter les idéalisations du romantisme : il est beaucoup question de l'adultère, de la prostitution, de l'assouvissement du désir physique.

Le déterminisme social et héréditaire. Les réalistes, et plus encore les naturalistes (Zola), pensent qu'il commande largement les comportements humains.

▶ LES PROCÉDÉS PRIVILÉGIÉS

Le point de vue interne	Tout est vu à travers les yeux du personnage, qui devient ainsi plus présent.	« Il apercevait autour de lui ce matin terne, ce jour sans rayon frissonnant à l'étroite fenêtre, ce pan de mur d'en face… » E. et J. de Goncourt, *Manette Salomon*, 1867.
Le style indirect libre	La parole du narrateur fait place à celle du personnage, sans changement syntaxique spécifique.	« Elle ne put retenir un geste de colère. Pourquoi ne venait-il pas seul ? » Émile Zola, *Au bonheur des dames*, 1883.
La précision des détails	L'objet, le personnage, le paysage sont soigneusement décrits pour paraître réels.	« Sa blouse bleue serrée à la taille par une ceinture de cuir noir passait d'un train rapide et régulier sur la haie verte des saules. » Guy de Maupassant, *La Petite Roque*, 1886.
Le vocabulaire technique	Le lexique, y compris technique, est le lexique employé dans le milieu décrit.	« Enfin apparurent les échafaudages des hautes machines ; carrabolistes, onagres, catapultes et scorpions… » Gustave Flaubert, *Salammbô*, 1862.

AUJOURD'HUI *Le réalisme désigne toute œuvre qui se veut fidèle à la réalité, mais aussi tout comportement qui se veut efficace par respect des lois du réel : le réaliste s'oppose alors à l'idéaliste.*

Exercice 1

Germinie attend en vain son amant : elle erre.
1. Repérez les indications de temps : que révèlent-elles sur l'organisation de la description ?
2. Sa vie est sans issue : comment cette impression rejaillit-elle sur la perception du paysage ?

C'était, à mesure qu'elle allait, des jardinets mortuaires, des bâtisses de guingois, des architectures ignobles, de grandes portes cochères moisies, des palissades enfermant dans un terrain vague l'inquiétante blancheur des pierres la nuit, des angles de bâtisses aux puanteurs salpêtrées, des murs salis d'affiches honteuses et de lambeaux d'annonces déchirées où la publicité pourrie était comme une lèpre. De temps en temps, à un brusque tournant, des ruelles s'ouvraient qui semblaient à quelques pas s'enfouir dans un trou, et d'où sortait un souffle de cave.

Edmond et Jules de Goncourt, *Germinie Lacerteux*, 1865.

Exercice 2

M. Parent vient d'apprendre, par Julie, que sa femme le trompe depuis longtemps avec un certain Limousin. Repérez les passages en style indirect libre. Pourquoi l'auteur choisit-il ce procédé ?

Son enfant lui demeurait au moins ! qu'importait le reste ? Il le tenait, le serrait, la bouche dans ses cheveux blonds ; soulagé, consolé, balbutiant : « Georges... mon petit Georges, mon cher petit Georges... » Mais il se rappela brusquement ce qu'avait dit Julie... Oui, elle avait dit que son enfant était à Limousin... Oh ! cela n'était pas possible, par exemple ! non, il ne pouvait pas le croire, il n'en pouvait même douter une seconde. C'était là une de ces odieuses infamies qui germent dans les âmes ignobles des servantes ; il répétait : « Georges... mon cher Georges. »

Guy de Maupassant, *Monsieur Parent*, 1886.

Exercice 3

1. Faites la liste des ingrédients cités dans cette description du gâteau de mariage d'Emma.
2. Pouvez-vous faire un dessin précis du gâteau, couleurs comprises, à partir de cette description ?

À la base, d'abord, c'était un carré de carton bleu figurant un temple avec portiques, colonnades et statuettes de stuc tout autour, dans des niches constellées d'étoiles en papier doré ; puis se tenait au second étage un donjon en gâteau de Savoie entouré de menues fortifications en angélique, amandes, raisins secs, quartiers d'oranges. Et enfin, sur la plate-forme supérieure, qui était une prairie verte où il y avait des rochers avec des lacs de confiture et des bateaux en écales de noisettes, on voyait un petit Amour, se balançant à une escarpolette de chocolat, dont les deux poteaux étaient terminés par deux boutons de roses naturels, en guise de boules, au sommet.

Gustave Flaubert, *Madame Bovary*, 1857.

Exercice 4

Observez le tableau de Gustave Courbet. Quels thèmes du réalisme retrouve-t-on dans cette œuvre ?

◀ Gustave Courbet, *Les Cribleuses de blé*, 1854.

Le symbolisme

Ce courant littéraire et artistique de la seconde moitié du XIXe siècle repose sur l'idée que le monde réel n'est que le reflet d'une réalité transcendante. À travers images et symboles, l'artiste a la mission d'atteindre cette réalité supérieure.

▶ L'HISTOIRE DU MOT

Passé officiellement dans la langue après 1830, le terme de symbolisme désigne tout système de symboles visant à l'interprétation d'une pensée scientifique ou religieuse difficile à saisir. Pour les symbolistes, l'adoption du terme en 1886 affirme la valeur littéraire du symbole qui permet de saisir une vérité supérieure et abstraite dissimulée derrière la réalité concrète.

▶ L'ORIGINE DU MOUVEMENT

Le symbolisme naît en réaction contre les certitudes matérialistes et scientifiques du naturalisme, et contre sa prétention à peindre le réel. Après une phase de rupture qu'on appelle le décadentisme, le mouvement affirme ses principes dans un manifeste, publié par Jean Moréas dans *Le Figaro* du 18 novembre 1886. Il revendique comme aînés Baudelaire, Rimbaud, et surtout Verlaine. Mallarmé en devient le chef de file.

▶ LES THÈMES ESSENTIELS

Le paysage état d'âme. La description concrète du paysage permet d'incarner ce que l'on ressent, qui est trop immatériel et subtil pour être exprimé directement.

La fluidité du réel. Les contours des choses et des êtres sont difficiles à cerner, changeants, fuyants, flous, et la poésie doit pouvoir exprimer cette fluidité par ses mots et par sa musique.

▶ LES PROCÉDÉS PRIVILÉGIÉS

Le lexique du flou	Il permet de suggérer les états d'âme et les idées abstraites sans les expliciter.	« Brouillards, montez ! Versez vos cendres monotones / Avec de longs haillons de brume dans les cieux / Qui noiera le marais livide des automnes » Stéphane Mallarmé.
L'harmonie des sonorités	Les sonorités renforcent le sens en créant une musique.	« Et leur chanson se mêle au clair de lune, / Au calme clair de lune triste et beau » Paul Verlaine.
Le vers libre	Il rend aux mots et aux phrases leur musique propre en refusant la musique de la versification classique.	« Les cors, les cors, les cors – mélancoliques !… / mélancoliques !… / S'en vont, changeant de ton, / Changeant de ton et de musique » Jules Laforgue.
Les symboles	Métaphores, images, objets concrets évoquent un état d'âme ou une idée immatérielle.	« Assiégez le réduit de mes rêves défunts, / Et dispersez ce qu'il y reste de parfums. » Charles Cros.

AUJOURD'HUI *Le terme a retrouvé sa signification très large, enrichie de la dimension artistique que lui a donnée la période symboliste.*

Exercice 1

Dans ces deux strophes des « Ariettes oubliées », analysez les connotations de flou pour tous les termes en italique.

Je *devine*, à travers un *murmure*,
Le *contour* subtil des voix anciennes
Et dans les *lueurs* musiciennes,
Amour *pâle*, une aurore future !

Et mon âme et mon cœur en délires
Ne sont plus qu'une *espèce* d'œil double
Où *tremblote* à travers un jour *trouble*
L'ariette, hélas ! de toutes lyres !

Paul Verlaine, *Romances sans paroles*, 1874.

Exercice 2

Lorsqu'il écrit *Un coup de dés*, Mallarmé libère le vers de toute forme de versification classique, mais le répartit aussi librement dans la page. Ces lignes sont les dernières du poème.

1. Étudiez l'effet produit par l'organisation des participes présents.

2. Pourquoi le poète a-t-il isolé sur une ligne « avant de s'arrêter » ?

3. Étudiez la rime intérieure du dernier vers.

veillant
doutant
roulant
brillant et méditant
avant de s'arrêter
à quelque point dernier qui le sacre
Toute Pensée émet un Coup de dés.

Stéphane Mallarmé, *Un coup de dés*, 1897.

Exercice 3

Stuart Merrill, originaire d'Amérique, se fixe en France et devient disciple de Mallarmé. Son recueil poétique le plus important s'intitule *Les Gammes*, signe de sa recherche sur la musique de la langue, et en particulier sur les sonorités. Recherchez dans ce quatrain toutes les allitérations et les assonances, et étudiez les effets produits.

La blême lune allume en la mare qui luit,
Miroir des gloires d'or, un émoi d'incendie.
Tout dort. Seul, à mi-mort, un rossignol de nuit
Module en mal d'amour sa molle mélodie.

Stuart Merrill, *Les Gammes*, 1887.

Exercice 4

La comparaison entre le cygne et le poète est chère à Mallarmé. Dans l'extrait suivant, efforcez-vous de découvrir ce que signifie tout ce qui est dit sur le cygne, sachant qu'il s'agit du symbole du poète.

Le cygne d'autrefois se souvient que c'est lui
Magnifique mais qui sans espoir se délivre
Pour n'avoir pas chanté la région où vivre
Quand du stérile hiver a resplendi l'ennui.

Tout son col secouera cette blanche agonie
Par l'espace infligée à l'oiseau qui le nie,
Mais non l'horreur du sol où le plumage est pris.

Fantôme qu'à ce lieu son pur éclat assigne,
Il s'immobilise au songe froid de mépris
Que vêt parmi l'exil inutile le cygne.

Stéphane Mallarmé, « Le vierge, le vivace et le bel aujourd'hui », 1885.

Exercice 5

Quels thèmes du symbolisme retrouve-t-on dans ce tableau d'Alexandre Séon ?

◄ Alexandre Séon, *Lamentation d'Orphée*, 1896.

LE PERSONNAGE ROMANESQUE

Le personnage est une personne fictive. Il est essentiel à l'univers romanesque, puisqu'il provoque, à travers le dynamisme de ses actions, de ses projets, le dynamisme de la lecture.

▶ LA CARACTÉRISATION DU PERSONNAGE

Le romancier construit son personnage en lui donnant la plupart du temps un certain nombre de caractéristiques : une identité (nom, âge, métier, statut social…) ; un passé antérieur au récit ; des traits physiques ; des traits psychologiques ; et même un langage spécifique.

> L'ogresse s'appelle la mère Ponisse ; sa triple profession consiste à loger, à tenir un cabaret et à louer des vêtements aux misérables créatures qui pullulent dans ces rues immondes. L'ogresse a quarante ans environ. Elle est grande, corpulente…
>
> Eugène Sue, *Les Mystères de Paris,* 1842.

En peu de lignes sont donnés le nom, l'âge, le statut social, des précisions sur le physique.

▶ LES TYPES DE CARACTÉRISATION

La caractérisation directe. Les informations sont données explicitement, par un narrateur, ou par le personnage lui-même, ou par un autre personnage.

La caractérisation indirecte. C'est le lecteur qui déduit lui-même l'information et construit le personnage en s'appuyant sur une action, un comportement, une parole qu'il prononce, un détail de sa tenue vestimentaire, le lieu dans lequel il vit, etc.

▶ LES FONCTIONS DU PERSONNAGE

Acteur dans l'intrigue. Le personnage prend alors son sens par la place qu'il occupe par rapport aux autres personnages. Il existe des types de rôles plus ou moins définis d'emblée, qui renvoient aux schémas organisateurs fondamentaux de tout récit. Il peut être :
- objet recherché, meurtrier du roman policier ou jeune fille du roman d'amour ;
- sujet qui entre en quête, le détective ou l'amoureux ;
- adjuvant s'il vient en aide au sujet ;
- opposant s'il cherche à l'empêcher de réussir.

Incarnation de valeurs. Il peut être personnage symbolique, incarner des valeurs et des types de comportements positifs ou négatifs.

Révélateur de la psychologie humaine. Dans le roman classique et dans le roman réaliste, les comportements des personnages se veulent le reflet des comportements humains réels. Le personnage construit doit donner l'occasion de mieux connaître l'être humain.

> Lucien ne répondit plus. La réflexion était venue trop tard, comme chez tous les hommes qui sont esclaves de la sensation. Là est la différence entre le poète et l'homme d'action.
>
> Honoré de Balzac, *Les Illusions perdues,* 1843.

L'auteur abandonne le passé pour un présent de vérité générale. « Tous les hommes » : le personnage de Lucien permet de tirer des conclusions sur le comportement des êtres humains.

Exercice 1

Jules Vallès décrit ce personnage parce qu'il représente un type. Lequel ? Quelles sont ses caractéristiques ?

Rouiller est un fort gaillard de quarante ans, à charpente vigoureuse, et dont le visage est comme barbouillé de lie. Il se balance en marchant, porte des pantalons à la hussarde, son chapeau sur l'oreille, et le pif en l'air. Il semble vouloir faire, avec les moulinets de ses jambes, de la place au peuple qui vient derrière lui. On cherche dans sa main la canne du compagnon du devoir ou celle du tambour-major, qu'il fera voltiger au-dessus d'un bataillon d'irréguliers.
Il est cordonnier, et révolutionnaire.
« Je chausse les gens et je déchausse les pavés ! »

Jules Vallès, *L'Insurgé,* 1886.

Exercice 2

1. Le personnage de Bonnemort se construit pour le lecteur à partir de son nom. Montrez-le.

2. Que laissent supposer, en caractérisation indirecte, les deux remarques : « eut un ricanement d'aise » ; « accès terrible de toux » ?

« Je m'appelle Bonnemort. »
– C'est un surnom ? demanda Étienne, étonné.
Le vieux eut un ricanement d'aise, et montrant le Voreux :
« Oui, oui... on m'a retiré trois fois de là-dedans en morceaux, une fois avec tout le poil roussi, une autre avec de la terre jusque dans le gésier, la troisième avec le ventre gonflé d'eau comme une grenouille... Alors, quand ils ont vu que je ne voulais pas crever, ils m'ont appelé Bonnemort, pour rire. »
Sa gaieté redoubla, un grincement de poulie mal graissée, qui finit par dégénérer en un accès terrible de toux.

Émile Zola, *Germinal,* 1885.

Exercice 3

L'extrait suivant dresse deux portraits parallèles : celui du héros Frédéric Moreau, et celui de son camarade Deslauriers. En vous aidant de l'opposition, explicitez les traits de caractère que vous jugez appartenir à chacun des deux personnages.

Frédéric possédait dans sa commode toutes sortes de provisions, des choses recherchées, un nécessaire de toilette, par exemple. Il aimait à dormir tard le matin, à regarder les hirondelles, à lire des pièces de théâtre, et, regrettant les douceurs de la maison, il trouvait rude la vie du collège.
Elle semblait bonne au fils de l'huissier. Il travaillait si bien qu'au bout de la seconde année il passa dans la classe de Troisième. Cependant, à cause de sa pauvreté, ou de son humeur querelleuse, une sourde malveillance l'entourait. Mais un domestique, une fois, l'ayant appelé fils de gueux en pleine cour des Moyens, il lui sauta à la gorge et l'aurait tué, sans trois maîtres d'école qui intervinrent.

Gustave Flaubert, *L'Éducation sentimentale,* 1869.

Exercice 4

Relevez dans ce passage les deux généralisations montrant que Balzac, en décrivant son personnage, décrit aussi la psychologie de tous les chercheurs envahis par leur recherche.

Les sentiments profonds qui animent les grands hommes respiraient dans ce pâle visage fortement sillonné de rides, sur ce front plissé comme celui d'un vieux roi plein de soucis, mais surtout dans ces yeux étincelants dont le feu semblait également accru par la chasteté que donne la tyrannie des idées, et par le foyer intérieur d'une vaste intelligence.

Honoré de Balzac, *La Recherche de l'absolu,* 1834.

Exercice 5

Que signifie le prénom « Candide » ? Quels détails de la description semblent correspondre à ce prénom ?

Il y avait en Westphalie, dans le château de M. le baron de Thunder-ten-tronckh, un jeune garçon à qui la nature avait donné les mœurs les plus douces. Sa physionomie annonçait son âme. Il avait le jugement assez droit, avec l'esprit le plus simple ; c'est, je crois, pour cette raison qu'on le nommait Candide.

Voltaire, *Candide,* 1759.

L'ÉTUDE D'UN TEXTE ROMANESQUE

L'analyse d'un texte romanesque doit permettre de comprendre l'intention de l'auteur, ce qu'il a voulu exprimer. Le lecteur doit donc repérer, au-delà de l'histoire racontée, la structure cachée du texte et les techniques utilisées.

▶ LE REPÉRAGE DU TYPE DE TEXTE

Identifier le type de texte permet de repérer la fonction dominante de l'extrait du roman : raconter une succession d'événements (narratif), représenter un objet, un personnage ou un paysage (descriptif), rapporter des paroles au discours direct (dialogue), indirect ou indirect libre.

> Il était six heures du soir. On vint m'avertir, un moment après mon retour, qu'une dame demandait à me voir. J'allai au parloir sur le champ. Dieux ! quelle apparition surprenante ! J'y trouvai Manon.
>
> Antoine-François Prévost, *Manon Lescaut*, 1731.

Les repères spatiaux et temporels renseignent sur le cadre du récit, les verbes d'action sont au passé simple : le passage est narratif.

▶ LA RECHERCHE DES PRINCIPAUX THÈMES

Regrouper les mots qui appartiennent à un même domaine (le champ lexical) permet de repérer les thèmes essentiels du texte.

> Un avril tendre luisait déjà dans l'herbe. Après une grosse heure de montée dans des pâturages à odeurs exquises, Angélo descendit dans une combe vers une cabane de branches.
>
> Jean Giono, *Le Bonheur fou*, 1957, Éd. Gallimard.

Le champ lexical de la nature souligne le thème du printemps, de la douceur des sensations.

▶ L'ÉTUDE DE LA STRUCTURE STYLISTIQUE ET DES SONORITÉS

La recherche des figures de style d'un texte permet de voir comment l'auteur souligne le contenu narratif de son récit.

> La Lison, renversée sur les reins, le ventre ouvert, perdait sa vapeur, par les robinets arrachés, les tuyaux crevés, en des souffles qui grondaient, pareils à des râles furieux de géante.
>
> Émile Zola, *La Bête humaine*, 1890.

Les allitérations, les comparaisons et les métaphores transforment une locomotive accidentée en un être vivant dont les râles d'agonie se répercutent dans toute la phrase.

▶ L'ÉTUDE DE LA STRUCTURE SYNTAXIQUE

Observer l'unité du paragraphe et le mouvement des phrases, leur construction et leur ponctuation donne des indications sur l'évolution du récit et sur les éléments mis en valeur.

> Sur l'établi, lourde table carrée en chêne brut grossièrement équarri, tachée de graisse et de suif, fourmillent, étincellent, scintillent une poignée de diamants et de rubis d'une grosseur et d'un éclat admirables.
>
> Eugène Sue, *Les Mystères de Paris*, 1842-1843.

Les trois verbes provoquent un effet de contraste en s'opposant au groupe circonstanciel du début de phrase. Le sujet est mis en valeur par son rejet après le verbe.

EXERCICE 1

À quels types de texte appartiennent les extraits suivants ? Relevez les indices précis qui vous permettent de répondre.

Je repris enfin mes sens. Le premier usage que j'en fis fut de m'apercevoir que j'étais dans une autre chambre que la mienne. Je voulus savoir pourquoi ; je le demandai à une vieille femme qui me gardait ; mais elle me répondit qu'il ne fallait pas que je parlasse, que le médecin l'avait expressément défendu.

Alain-René Lesage, *Gil Blas de Santillane*, 1715.

Ces yeux on ne les voyait ni bruns ni bleus : ils étaient d'un gris indéfinissable et changeant, d'un gris qui n'était pas une couleur mais une lumière. L'émotion y passait dans le feu de la fièvre, le plaisir dans l'éclair d'une sorte d'ivresse, la passion dans une phosphorescence.

Edmond et Jules de Goncourt, *Germinie Lacerteux*, 1864.

EXERCICE 2

1. Dégagez le thème dominant dans les textes de l'exercice 1.

2. Faites l'analyse syntaxique du texte des Goncourt. Que souligne la construction de la dernière phrase ?

EXERCICE 3

1. Relevez une métaphore, une comparaison, une allitération et une assonance dans l'extrait suivant.

2. Quelle intention de l'auteur ces figures de style soulignent-elles ?

Dans une odeur de soufre, de poudre noire, d'étoffes brûlées, de terre calcinée, qui rôde en nappes sur la campagne, toute la ménagerie donne, déchaînée. Meuglements, rugissements, grondements farouches et étranges, miaulements de chat qui vous déchirent férocement les oreilles et vous fouillent le ventre, ou bien le long hulullement pénétrant qu'exhale la sirène d'un bateau en détresse sur la mer. Parfois même des espèces d'exclamations se croisent dans les airs, auxquelles des changements bizarres de ton communiquent comme un accent humain. La campagne, par places, se lève et retombe ; elle figure devant nous, d'un bout de l'horizon à l'autre, une extraordinaire tempête de choses.

Henri Barbusse, *Le Feu*, 1916, Éd. Flammarion.

EXERCICE 4

1. Quels sont les différents types de texte présents dans cet extrait ?

2. Relevez les différents champs lexicaux du texte. Quelles oppositions apparaissent ?

3. Rédigez deux paragraphes qui analysent d'une part, la progression du récit et d'autre part, les oppositions mises en jeu.

Elle entra dans la boutique, déjà pleine de monde. Cette boutique, fort renommée, où le marchand accumulait les imaginations les plus bizarres, scènes en sucre, anecdotes sentimentales en bonbons, terribles histoires militaires en fruits confits, était le point de mire de toutes les curiosités en balade... On venait là comme à une représentation de théâtre, comme à un panorama. Des foules, constamment, stationnaient devant cet étalage, s'y succédaient, tout le jour, encombrant cette partie du trottoir, et, malgré les efforts d'un homme de police pour le dégager, rendant la circulation difficile. Tout à coup, profitant de l'inattention générale et ayant aperçu sur les coussins de la voiture, probablement oublié par la dame, un joli petit sac de velours à monture d'or, un être lamentable, une sorte de mendiant décharné, la peau toute jaune, couvert de guenilles, fit le geste de s'en emparer... Mais le cocher, s'étant retourné à ce moment précis, poussa un grand cri :
– Au voleur !... Au voleur !...
La foule, en extase devant la vitrine, s'était aussi retournée à ce cri... Subitement, toutes les faces s'étaient crispées, une lueur d'hébétude farouche, et presque d'épouvante, dans les yeux...
– Quoi ?... quoi ?... hurla la foule...
Le cocher, terrible, la bouche mauvaise, répéta :
– Au voleur !... Au voleur !...

Octave Mirbeau, *Paysage de foule*, 1898.

LES INDICES DE LA SUBJECTIVITÉ

Lorsqu'un auteur écrit un texte argumentatif, il peut affirmer avec plus ou moins de force sa conviction. Un certain nombre d'indices permettent d'analyser sa démarche de persuasion.

▶ L'EXPRESSION DU DEGRÉ D'ADHÉSION

Lorsqu'un énonciateur développe une argumentation, il peut le faire sur un ton de grande certitude, ou avec une certaine prudence, voire en exprimant des réserves ou des doutes. Le degré d'adhésion s'exprime :

– par le lexique à l'aide d'adjectifs (« possible » ≠ « certain »), d'adverbes (« peut-être » ≠ « sûrement »), de verbes (« il semble que » ≠ « il faut que ») ;

– par la syntaxe, la double négation ou la tournure interronégative, par exemple, rendant paradoxalement le propos très affirmatif ; le conditionnel exprime inversement une retenue.

> Tous les efforts de la violence ne peuvent faiblir la vérité, et ne servent qu'à la relever davantage.
>
> Blaise Pascal, *Les Provinciales*, 1656.

« Tous » et « ne... que » donnent à l'affirmation une valeur absolue.

▶ L'EXPRESSION D'UN JUGEMENT DE VALEUR

Pour convaincre, l'énonciateur peut choisir de renoncer au ton neutre et de se montrer dépréciatif ou laudatif en fonction de la thèse qu'il défend. Le jugement de valeur s'exprime par les connotations des termes employés : le positif et le négatif, le bon et le mauvais, le beau et le laid. Cette indication d'un jugement de valeur a pour but d'agir sur les sentiments, les affects de l'interlocuteur.

> De tous les échafauds, l'échafaud politique est le plus abominable, le plus funeste, le plus vénéneux.
>
> Victor Hugo, Préface du *Dernier jour d'un condamné.*

L'accumulation des adjectifs multiplie les connotations négatives.

▶ LE SOUS-ENTENDU

C'est l'idée qui, non exprimée clairement dans l'énoncé, peut néanmoins être déduite de cet énoncé. Le sous-entendu peut être le résultat de choix lexicaux ou syntaxiques très variés : il suffit qu'une liberté d'interprétation soit donnée au destinataire, par le caractère inachevé ou ambigu de l'énoncé. Le sous-entendu laisse au destinataire la responsabilité de l'interprétation.

> Le latex coulait. Le sang aussi. Mais le latex seul était précieux, recueilli, et, recueilli, payait.
>
> Marguerite Duras, *Un barrage contre le Pacifique*, 1950, Éd. Gallimard.

Le sous-entendu laisse au destinataire la responsabilité de l'interprétation : la vie humaine vaut moins que le latex.

▶ LE PRÉSUPPOSÉ

C'est ce qui, dans une phrase, ne peut pas être discuté ou mis en doute, car on le présente comme un acquis et non pas comme une nouvelle information.
Le présupposé, dans un texte argumentatif, a pour but d'obliger le destinataire à accepter certaines idées en les présentant comme admises d'emblée.

EXERCICE 1

D'Alembert sait combien ses contemporains méprisent les métiers manuels et techniques. Quel type d'adhésion choisit-il, et pourquoi ?

Le mépris qu'on a pour les arts mécaniques semble avoir influé jusqu'à un certain point sur les inventeurs mêmes. Les noms de ces bienfaiteurs du genre humain sont presque tous inconnus, tandis que l'histoire de ses destructeurs, c'est-à-dire des conquérants, n'est ignorée de personne. Cependant c'est peut-être chez les artisans qu'il faut aller chercher les preuves les plus admirables de la sagacité de l'esprit, de sa patience et de ses ressources.

D'Alembert, l'*Encyclopédie*, 1751-1772.

EXERCICE 2

Quels indices lexicaux et syntaxiques permettent à l'auteur d'affirmer son opinion ?

La révocation de l'édit de Nantes, sans le moindre prétexte et sans aucun besoin, et les diverses proscriptions plutôt que déclarations qui la suivirent, furent les fruits de ce complot affreux qui dépeupla un quart du royaume, qui ruina son commerce, qui l'affaiblit dans toutes ses parties, qui le mit si longtemps au pillage public et avoué des dragons.

Saint-Simon, *Mémoires*, 1739-1750.

EXERCICE 3

Composez un tableau en deux colonnes. Dans la première, inscrivez ce qui est dit sur la paix, et dans la deuxième les remarques sur la guerre. Puis étudiez leur opposition en analysant les connotations.

La guerre est le fruit de la dépravation des hommes ; c'est une maladie convulsive et violente du corps politique ; il n'est en santé, c'est-à-dire dans son état naturel, que lorsqu'il jouit de la paix ; c'est elle qui donne de la vigueur aux empires ; elle maintient l'ordre parmi les citoyens ; elle laisse aux lois la force qui leur est nécessaire ; elle favorise la population, l'agriculture et le commerce ; en un mot, elle procure au peuple le bonheur qui est le but de toute société. La guerre, au contraire, dépeuple les États ; elle y fait régner le désordre ; les lois sont forcées de se taire à la vue de la licence qu'elle introduit ; elle rend incertaines la liberté et la propriété des citoyens ; elle trouble et fait négliger le commerce ; les terres deviennent incultes et abandonnées.

Denis Diderot, article « Paix », l'*Encyclopédie*, 1751-1772.

EXERCICE 4

L'écrivain Georges Duhamel s'oppose farouchement au monde de l'image. Repérez les indices, syntaxiques et lexicaux, qui viennent appuyer son jugement.

J'affirme qu'un peuple soumis pendant un demi-siècle au régime actuel des cinémas américains s'achemine vers la pire décadence. J'affirme qu'un peuple hébété par des plaisirs fugitifs, épidermiques, obtenus sans le moindre effort intellectuel, j'affirme qu'un tel peuple se trouvera, quelque jour, incapable de mener à bien une œuvre de longue haleine et de s'élever, si peu que ce soit, par l'énergie de la pensée.

Georges Duhamel, *Scènes de la vie future*, 1930, Éd. Mercure de France.

EXERCICE 5

Dans cet extrait, Rousseau énumère les quatre comportements que les femmes ne doivent pas avoir. Quels sont les présupposés de cet énoncé ? Quels sous-entendus le lecteur peut-il y voir ?

Le ciel ne les fit point insinuantes et persuasives pour devenir acariâtres ; il ne les fit point faibles pour être impérieuses ; il ne leur donna pas une voix douce pour dire des injures ; il ne leur fit point les traits si délicats pour les défigurer par la colère. Quand elles se fâchent, elles s'oublient : elles ont souvent raison de se plaindre, mais elles ont toujours tort de gronder. Chacun doit garder le ton de son sexe ; un mari trop doux peut rendre une femme impertinente ; mais, à moins qu'un homme ne soit un monstre, la douceur d'une femme le ramène, et triomphe de lui tôt ou tard.

Jean-Jacques Rousseau, *Émile ou de l'Éducation*, 1762.

LA RÉFUTATION

Pour défendre ses idées, un écrivain peut s'opposer à celles de ses adversaires en présentant une série d'arguments. En réfutant les idées adverses, il persuade ainsi le lecteur du bien-fondé de ses propres idées.

▶ L'AUTEUR DE LA RÉFUTATION

L'auteur affirme sa légitimité à intervenir dans un débat et justifie son droit à réfuter la thèse adverse. Cette légitimité s'appuie sur des principes universels, sur sa responsabilité sociale d'écrivain.

> Je n'ai qu'une passion, celle de la lumière, au nom de l'humanité qui a tant souffert et qui a droit au bonheur.
>
> Émile Zola, *J'accuse*, lettre au Président Félix Faure, 13 janvier 1898.

C'est au nom d'un idéal de vérité que l'auteur défend Dreyfus.

▶ LES OUTILS DE LA RÉFUTATION

Les faits. L'auteur cite des faits laissés de côté dans l'argumentation adverse. Il s'appuie sur ces faits pour dire que l'argumentation de l'adversaire est incomplète.

Les arguments. L'auteur avance plusieurs idées au service de sa thèse. Il présente ses propres arguments comme supérieurs à ceux de l'adversaire.

▶ L'ORGANISATION DE LA RÉFUTATION

Pour démontrer que sa thèse est juste et réfuter celle de l'adversaire, l'écrivain peut placer ses arguments selon plusieurs schémas.

Schéma 1. L'auteur présente la thèse adverse, enchaîne sur les arguments défavorables à cette thèse, et propose sa propre thèse.

Schéma 2. L'auteur fait dialoguer les deux thèses en présence : à chaque argument de la thèse adverse répond un argument proposé par l'auteur.

Schéma 3. L'auteur propose sa thèse, suggère par avance les objections de ses adversaires et justifie ensuite sa thèse.

> Je vous dis qu'il faut regarder tous les hommes comme nos frères. Quoi ? Mon frère le Turc ! Mon frère le Chinois ? Oui, sans doute ; ne sommes-nous pas tous enfants du même père et créatures du même Dieu !
>
> Voltaire, *Traité sur la tolérance*, 1763.

Voltaire justifie sa thèse face aux objections de ses adversaires.

▶ L'ADHÉSION DU LECTEUR

Réfuter une thèse permet de donner de l'intérêt et de la vigueur à ses propres idées : le lecteur s'attache au dynamisme de la réflexion et adhère ainsi plus facilement aux positions que l'écrivain défend.

> Y a-t-il une plus exécrable tyrannie que celle de verser le sang à son gré sans en rendre la moindre raison ? Ce n'est pas l'usage, disent les juges – eh ! monstres ! il faut que cela devienne l'usage.
>
> Voltaire, *Traité sur la tolérance*, 1763.

Le lecteur ne peut être solidaire d'individus considérés comme monstrueux.

Exercice 1

Voltaire ouvre le dossier de l'affaire Calas par les lignes qui suivent. Par quels termes peut-on comprendre que Voltaire se fait le porte-parole de la conscience publique ?

Le meurtre de Calas, commis dans Toulouse avec le glaive de la justice, le 9 mars 1762, est un des plus singuliers événements qui méritent l'attention de notre âge et de la postérité.

Voltaire, *Traité sur la tolérance*, 1763.

Exercice 2

Dans *Germinal*, le héros du roman, Étienne Lantier, défend la possibilité du progrès social. Il réfute les idées de Bonnemort, un vieux mineur qui pense que rien ne changera jamais.

Repérez les idées et les faits qui permettent à Étienne Lantier d'organiser une réfutation complète de l'opinion de Bonnemort.

Comment ! la réflexion serait défendue à l'ouvrier ! Eh ! justement, les choses changeraient bientôt, parce que l'ouvrier réfléchissait à cette heure. Du temps du vieux, le mineur vivait dans la mine comme une brute, comme une machine à extraire la houille, toujours sous la terre, les oreilles et les yeux bouchés aux événements du dehors. Aussi les riches qui gouvernent, avaient-ils beau jeu de s'entendre, de le vendre et de l'acheter, pour lui manger la chair : il ne s'en doutait même pas. Mais, à présent, le mineur s'éveillait au fond, germait dans la terre ainsi qu'une vraie graine ; et l'on verrait un matin ce qu'il pousserait au beau milieu des champs : oui, il pousserait des hommes, une armée d'hommes qui rétabliraient la justice. Est-ce que tous les citoyens n'étaient pas égaux depuis la Révolution ?

Émile Zola, *Germinal*, 1885.

Exercice 3

La Fontaine, dans ses fables, démontre l'importance des rapports de force dans la société. Relevez les arguments de l'agneau qui répond aux accusations du loup.

LE LOUP ET L'AGNEAU

La raison du plus fort est toujours la meilleure :
Nous l'allons montrer tout à l'heure.
Un Agneau se désaltérait
Dans le courant d'une onde pure.
Un Loup survient à jeun qui cherchait aventure,
Et que la faim en ces lieux attirait.
Qui te rend si hardi de troubler mon breuvage ?
Dit cet animal plein de rage :
Tu seras châtié de ta témérité.
– Sire, répond l'Agneau, que votre Majesté
Ne se mette pas en colère ;
Mais plutôt qu'elle considère
Que je me vas désaltérant
Dans le courant,
Plus de vingt pas au-dessous d'Elle,
Et que par conséquent, en aucune façon,
Je ne puis troubler sa boisson.
– Tu la troubles, reprit cette bête cruelle,
Et je sais que de moi tu médis l'an passé.
– Comment l'aurais-je fait si je n'étais pas né ?
Reprit l'Agneau, je tette encor ma mère.
– Si ce n'est toi, c'est donc ton frère.
– Je n'en ai point. – C'est donc quelqu'un des tiens :
Car vous ne m'épargnez guère,
Vous, vos bergers, et vos chiens.
On me l'a dit : il faut que je me venge.
Là-dessus, au fond des forêts
Le Loup l'emporte, et puis le mange,
Sans autre forme de procès.

La Fontaine, *Fables, Livre I*, fable 10, 1668.

Exercice 4

Rousseau réfléchit à l'apprentissage de la lecture. Identifiez et reformulez sa thèse.

On se fait une grande affaire de chercher les meilleures méthodes d'apprendre à lire ; on invente des bureaux, des cartes ; on fait de la chambre d'un enfant un atelier d'imprimerie. Locke veut qu'il apprenne à lire avec des dés. Ne voilà-t-il pas une invention bien trouvée ? Quelle pitié ! Un moyen plus sûr que tout cela, et celui qu'on oublie toujours, est le désir d'apprendre. Donnez à l'enfant ce désir, puis laissez là vos bureaux et vos dés, toute méthode lui sera bonne.

Jean-Jacques Rousseau, *Émile ou de l'Éducation*, 1762.

1900
1950

Omnia
REVUE PRATIQUE DE L'AUTOMOBILE
RÉDACTEUR EN CHEF
BAUDRY DE SAUNIER
NOVEMBRE 1920
4 FRANCS
AUX ATELIERS CITROEN
UN HALL DE MONTAGE

Le temps des ruptures

LA RÉPUBLIQUE À L'ÉPREUVE

En 1914, la nouvelle de la mobilisation générale résonne comme un coup de tonnerre dans le ciel d'une France encore très largement rurale et met un terme à l'insouciance de la Belle Époque. La guerre fonde dans la boue des tranchées la légitimité d'une République enfin solide et bientôt victorieuse. Le traité de Versailles est signé dans l'allégresse générale mais porte déjà en lui les germes d'un conflit futur. L'atmosphère des années trente est d'ailleurs imprégnée de la menace nouvelle et les accords de Münich en 1938 marquent le début d'une débâcle qui ne prend tout son sens qu'en 1940. La IIIe République meurt ainsi avec l'occupation allemande et, à la France de Vichy, succède une IVe République qui doit tout reconstruire. Les grèves terribles de 1947-1948 s'achèvent cependant avec le retour de la croissance économique. Une France urbaine et tournée vers l'Europe prend forme peu à peu.

LA DÉMOCRATISATION DES LETTRES

Au début du siècle, la langue populaire franchit les barrières des faubourgs de Paris : les « apaches », voyous d'un genre nouveau, entrent dans le roman. L'heure est à la liberté de langage, celle des surréalistes et celle de Céline qui adopte dans ses romans un style oral. Le cinéma devient parlant et le phonographe, expérimenté par Apollinaire, donne à la chanson populaire une nouvelle dimension. L'école, désormais gratuite et obligatoire, forme ses instituteurs et ses élites. Le respect des règles orthographiques et grammaticales est ainsi codifié strictement et imposé par le système éducatif. En même temps que l'ascension sociale, la langue et la culture deviennent accessibles à tous.

LA CONSCIENCE D'UNE MODERNITÉ

La littérature creuse au XXe siècle une réflexion sur elle-même commencée depuis peu. Les avant-gardes se succèdent avec une volonté commune de faire table rase du passé : le mouvement surréaliste développe une vision renouvelée du monde et de la littérature. Néanmoins, la littérature populaire poursuit son développement : le roman policier ou le récit d'anticipation parviennent à satisfaire un public avide d'évasion. Parallèlement, dès 1933, la littérature entame une réflexion inspirée par l'Histoire. Malraux fait reposer le cadre de ses romans sur l'actualité tandis que Giraudoux propose une relecture des mythes de l'Antiquité. La Résistance enrôle ainsi écrivains et poètes qui cherchent à exprimer leur besoin de liberté. La fin du second conflit mondial marque le début d'une ère nouvelle et Saint-Germain-des-Prés devient le lieu symbolique de l'existentialisme. Au constat de l'absurdité de la condition humaine répond l'affirmation d'une liberté essentielle.

LE LYRISME DES TEMPS NOUVEAUX

Les bouleversements scientifiques et techniques rendent le monde plus rapide et coloré. Le train, l'automobile, le télégraphe et l'avion impriment leur rythme et leurs formes à tous les domaines artistiques. La tour Eiffel, tant décriée à la fin du siècle précédent, se retrouve avec des accents cubistes dans les toiles de Robert Delaunay. Peintres et écrivains travaillent de concert et fréquentent les mêmes cafés. Apollinaire devient ainsi le porte-parole de Picasso. Les surréalistes accentuent encore cette complicité au cours des décennies suivantes. La peinture se fait le miroir des changements du monde, dans ses aspects les plus tragiques parfois : Picasso, avec *Guernica*, inscrit dans l'abstraction toute l'horreur du second conflit mondial qui se prépare. Le paysage urbain change également et la ville prend progressivement une silhouette résolument verticale sous l'influence d'architectes comme Le Corbusier, qui inscrivent au cœur de la cité ce « lyrisme des temps nouveaux ».

L'aéroplane est un hommage à Blériot qui a traversé la Manche quatre ans plus tôt.

L'art moderne renouvelle les systèmes utilisés depuis la Renaissance : la perspective, vieille de cinq siècles, apparaît désuète, le tableau tend à s'aplatir.

Les formes ne cherchent plus à imiter les apparences. Elles se simplifient, elles s'épurent et se géométrisent comme celles de la tour Eiffel.

Delaunay renouvelle la vision du monde en unissant les couleurs impressionnistes et les formes géométriques du cubisme.

La banderole publicitaire intègre des mots dans la peinture, comme le fait Picasso.

Delaunay marque son intérêt pour la publicité en associant son nom à un produit.

La vitesse, les déplacements rapides ne permettent de percevoir qu'un monde fragmenté, comme dans un kaléidoscope.

Le geste du peintre est rapide, ce qui accentue l'instabilité de chaque surface.

Robert Delaunay, *L'Équipe de Cardiff*, 1912-1913.

Le sport illustre le dynamisme de l'homme, la fraternité du jeu et l'optimisme du peintre.

Guillaume Apollinaire

Nom : de Kostrowitzky
Prénoms : Guillaume, sa mère l'appelait Wilhelm
Pseudonyme : Guillaume Apollinaire
Naissance : le 26 août 1880, à Rome ; son père ne le reconnaît pas
Décès : le 9 novembre 1918, à Paris
Lieux : Monaco, Paris, Stavelot (Belgique), les bords du Rhin, les tranchées en Champagne
Situation familiale : marié quelques mois avant sa mort
Amitiés : Derain, Picasso, Max Jacob
Amours : Annie Playden, Marie Laurencin, Lou, Madeleine Pagès, Jacqueline Kolb, « la jolie rousse »

Il a écrit

de courts récits, dont : *L'Hérésiarque et Compagnie* (1910) ;

des recueils de poèmes, dont : *Alcools* (1913), *Calligrammes* (1918) ;

une pièce de théâtre : *Les Mamelles de Tirésias* (1918) ;

de nombreux textes critiques.

LA JEUNESSE NOMADE

Wilhelm de Kostrowitzky est le fils naturel d'une aventurière polonaise et d'un officier italien. Il n'est reconnu que par sa mère lors de son baptême, en 1880. Il a cinq ans lorsque son père les abandonne, lui et son frère cadet, à la vie d'errance fiévreuse imposée par Angélica, leur mère : Monte-Carlo, Nice, Lyon, Spa… De casino en maison de jeu, leur itinéraire suit les passions maternelles, au gré de la roulette et du baccara. En 1898, son frère et lui doivent quitter Stavelot au petit jour pour rejoindre Paris : complètement ruinée par le jeu, Angélica est incapable de régler la note d'hôtel. Le jeune homme élégant doit alors travailler pour subvenir aux besoins de la famille.

LE PORTE-PAROLE DE LA MODERNITÉ

Très vite, Apollinaire se lie aux milieux artistiques et littéraires parisiens. Un coup de foudre amoureux le pousse cependant à partir pour la Rhénanie où il suit, en qualité de précepteur, une jeune gouvernante anglaise, Annie Playden. Cette expérience malheureuse dure un an. Une ultime démarche auprès de la jeune fille la fait fuir en Amérique… À partir de 1903, Apollinaire occupe une place de plus en plus importante au sein du Paris artistique de la Belle Époque. Il rencontre Jarry, Derain, Max Jacob et Picasso, se lie avec Marie Laurencin. Il est de tous les mouvements d'avant-garde, supprime la ponctuation de ses poèmes et publie, en 1913, son premier recueil, *Alcools*.

LE POÈTE SOLDAT

Lorsque la nouvelle de la mobilisation générale éclate, le 26 juillet 1914, Apollinaire s'engage et rejoint, à Nîmes, son régiment. Commence alors une période de correspondances multiples, au gré de ses liaisons fulgurantes et au milieu des combats. *Calligrammes*, publié en 1918, s'inspire largement de cette période. En 1916, Apollinaire est blessé à la tête. Dès lors, le poète soldat promène à Paris son uniforme bleu horizon, la tête sanglée dans un cabochon de cuir. Il est marié depuis six mois lorsqu'il est emporté par une épidémie de grippe espagnole. Son convoi funèbre traverse une foule en liesse : la nouvelle de l'armistice vient de parvenir à Paris.

Alcools

1913

La structure du recueil publié en 1913 est complexe : *Alcools* ne suit pas une progression chronologique mais plutôt thématique, groupant des poèmes composés entre dix-huit et trente-deux ans par Apollinaire. *Nuit rhénane* fait partie des poèmes inspirés par son séjour sur les bords du Rhin.

Nuit rhénane

Mon verre est plein d'un vin trembleur comme une flamme
Écoutez la chanson lente d'un batelier[1]
Qui raconte avoir vu sous la lune sept femmes
Tordre leurs cheveux verts et longs jusqu'à leurs pieds

Debout chantez plus haut en dansant une ronde
Que je n'entende plus le chant du batelier
Et mettez près de moi toutes les filles blondes
Au regard immobile aux nattes repliées

Le Rhin le Rhin est ivre où les vignes se mirent[2]
Tout l'or des nuits tombe en tremblant s'y refléter
La voix chante toujours à en râle-mourir
Ces fées aux cheveux verts qui incantent[3] l'été

Mon verre s'est brisé comme un éclat de rire

Guillaume Apollinaire,
Alcools, 1913, Éd. Gallimard.

1. *batelier :* homme qui conduit les bateaux sur les rivières
2. *se mirent :* se reflètent
3. *incantent :* prononcent des formules magiques

QUESTIONS

Une atmosphère étrange

1. L'éclairage de la scène, l'ivresse qui s'empare du paysage donnent au poème une atmosphère inquiétante. Relevez les réseaux lexicaux qui participent à cette impression.
2. Analysez les connotations du premier vers. Quels échos trouve-t-il dans le reste du poème ?
3. Comment la menace de la mort apparaît-elle dans le troisième quatrain ?

Le choc des contraires

4. Le deuxième quatrain traduit le refus de boire et de subir l'ivresse qui s'empare du paysage.
Montrez que les deux premiers quatrains s'opposent terme à terme.
5. On a vu dans le dernier vers du poème une annonce de la poésie surréaliste. Justifiez ce jugement en analysant la comparaison qui clôt le poème.

Une incantation lyrique

6. Les sonorités du poème opposent la « chanson lente » du batelier à l'incantation des femmes aux cheveux verts. Confrontez le martèlement du vers 5 aux sonorités plus douces des vers 2 et 4. Quel est l'effet produit ?
7. Analysez les sonorités des vers 9 et 13. En quoi traduisent-elles l'atmosphère sonore de la scène ?

Calligrammes

Le recueil *Calligrammes* a pour thèmes la passion amoureuse et l'horreur, mêlées dans un même tourbillon poétique. Dans la soirée du 31 juillet 1914, Apollinaire se trouve au casino de Deauville, en compagnie de son ami André Rouveyre, lorsqu'ils apprennent la nouvelle de la mobilisation générale. Ils décident de regagner Paris. C'est cette expérience que retrace *La Petite Auto*.

La Petite Auto

Le 31 du mois d'Août[1] 1914
Je partis de Deauville un peu avant minuit
Dans la petite auto de Rouveyre

Avec son chauffeur nous étions trois

Nous dîmes adieu à toute une époque
Des géants furieux se dressaient sur l'Europe
Les aigles quittaient leur aire[2] attendant le soleil
Les poissons voraces montaient des abîmes
Les peuples accouraient pour se connaître à fond
Les morts tremblaient de peur dans leurs sombres demeures

Les chiens aboyaient vers là-bas où étaient les frontières
Je m'en allais portant en moi toutes ces armées qui se battaient
Je les sentais monter en moi et s'étaler les contrées[3] où elles serpentaient
Avec les forêts les villages heureux de la Belgique
Francorchamps avec l'Eau Rouge et les pouhons[4]
Région par où se font toujours les invasions
Artères ferroviaires où ceux qui s'en allaient mourir
Saluaient encore une fois la vie colorée
Océans profonds où remuaient les monstres
Dans les vieilles carcasses naufragées
Hauteurs inimaginables où l'homme combat
Plus haut que l'aigle ne plane
L'homme y combat contre l'homme
Et descend tout à coup comme une étoile filante
Je sentais en moi des êtres neufs pleins de dextérité[5]
Bâtir et aussi agencer un univers nouveau
Un marchand d'une opulence[6] inouïe et d'une taille prodigieuse
Disposait un étalage extraordinaire
Et des bergers gigantesques menaient
De grands troupeaux muets qui broutaient les paroles
Et contre lesquels aboyaient tous les chiens sur la route

1. Il s'agissait en fait du mois de juillet
2. *aire :* refuge
3. *contrées :* régions, pays
4. *pouhons :* marécages
5. *dextérité :* adresse
6. *opulence :* richesse

Je n'oublierai jamais ce voyage nocturne où nul de nous ne dit un mot

O
dé
part
sombre
où mouraient
nos 3 phares

O
nuit
tendre
d'avant
la guerre

O
vil
lages où se hâtaient

MARECHAUX-FERRANTS RAPPELES
ENTRE MINUIT ET UNE HEURE DU MATIN

vers LISIEUX la très bleue

ou bien

Versailles d'or

et 3 fois nous nous arrêtâmes pour changer un pneu qui avait éclaté

Et quand après avoir passé l'après-midi
Par Fontainebleau
Nous arrivâmes à Paris
Au moment où l'on affichait la mobilisation
Nous comprîmes mon camarade et moi
Que la petite auto nous avait conduits dans une époque
Nouvelle
Et bien qu'étant déjà tous deux des hommes mûrs
Nous venions cependant de naître

Guillaume Apollinaire, *Calligrammes*, 1918, Éd. Gallimard.

QUESTIONS

Des images contemporaines

1. Apollinaire se nourrit de la réalité immédiate et puise souvent dans l'actualité. Quel est le thème principal abordé par le poème ? Illustrez votre réponse par des exemples précis.

2. Montrez que la progression du poème se confond avec le trajet d'un lieu à un autre.

3. En étudiant le rejet du vers 38 et l'image du vers 40, expliquez comment le poème souligne le passage d'une époque à une autre.

La liberté du langage

4. Montrez à l'aide d'exemples comment le calligramme permet au lecteur de saisir simultanément le sens et la forme. Exemple : dans « se hâtaient », le désordre des lettres traduit le mouvement désordonné des maréchaux-ferrants.

5. Apollinaire aime enchaîner les thèmes et les images. Analysez le passage des vers 20 à 30 pour montrer que l'univers de la guerre se traduit par le gigantisme : hyperbole, énumération, gradation, parallélisme.

Un rythme libéré

6. La modernité touche aussi le rythme du poème. Ainsi, Apollinaire utilise le vers libre. Analysez les vers 1 à 13 en comptant leur nombre de syllabes. Pourquoi peut-on parler de vers libre ?

7. Le rythme du poème s'exprime à travers la structure et la longueur des vers : rythme ascendant = succession de vers de plus en plus longs ; rythme descendant = vers de plus en plus courts. Analysez le rythme des vers 1 à 13 et 25 à 40.

André Gide

Nom : Gide
Prénom : André
Naissance : le 22 novembre 1869, au domicile de ses parents, à Paris
Décès : le 19 février 1951, à Paris, d'une congestion pulmonaire
Lieux : Paris, Montpellier, Cuverville, Biskra (Algérie), Auteuil
Situation familiale : marié à Madeleine Rondeaux, sa cousine
Amitiés : Pierre Louÿs, Paul Valéry, Roger Martin du Gard, Jacques Copeau, Jacques Rivière

Il a écrit

Les Nourritures terrestres (1897), *L'Immoraliste* (1902), *La Porte étroite* (1909), *Les Caves du Vatican* (1914), *Si le grain ne meurt* (1920-1924), *Les Faux-Monnayeurs* (1926) ;

son *Journal* (1950).

LE JEUNE HOMME TIMIDE

André Gide voit le jour dans une famille appartenant à la haute bourgeoisie protestante. Son père meurt alors qu'il a onze ans et il reçoit dès lors une éducation puritaine et exclusivement féminine. Le jeune Gide trouve ainsi très vite refuge dans la littérature. Il commence en effet dès l'âge de quatorze ans la rédaction de son *Journal*, poursuivie jusqu'à sa mort. Sa rencontre avec Paul Valéry est déterminante. Gide fréquente les cercles littéraires parisiens, admire Goethe et Mallarmé, et se fait remarquer par sa timidité excessive : cape sur les épaules, Bible sous le bras, il cultive son image de jeune poète mais affronte le public avec terreur.

L'ÉCRIVAIN INSAISISSABLE

C'est au cours d'un voyage en Algérie, en 1893, que Gide se « découvre ». Exalté par l'univers des *Mille et Une Nuits*, le désert et les oasis, il en revient profondément transformé, ayant pris conscience de son homosexualité qu'il revendique bientôt. Cela ne l'empêche pas d'épouser Madeleine, sa cousine, en un mariage d'affection et de convenance. Cette situation inconfortable est au centre de l'œuvre : *Les Nourritures terrestres* (1897), *La Porte étroite* (1909), *Les Caves du Vatican* (1914) font de Gide un auteur renommé. Parallèlement, il participe à la création de la *Nouvelle Revue Française* qui devient une maison d'édition prestigieuse sous la direction de Gaston Gallimard.

LE MAÎTRE À PENSER D'UNE GÉNÉRATION

Chaque œuvre d'André Gide se distingue de la précédente par un style et un ton nouveaux, et s'écarte de la conception traditionnelle du genre romanesque. La publication des *Faux-Monnayeurs*, en 1926, marque l'aboutissement de cette recherche. Dès lors, l'engagement politique devient la préoccupation première d'André Gide. Il dénonce tour à tour le colonialisme, le fascisme et le communisme, s'imposant peu à peu comme le maître à penser d'une génération. La carrière de l'écrivain est couronnée en 1947 par le prix Nobel de littérature. Gide se consacre désormais à son *Journal*. Il meurt en 1951, emporté par une congestion pulmonaire.

La Porte étroite

1909

Le récit de *La Porte étroite* repose sur un épisode réel de la vie d'André Gide. Enfant, il découvre le terrible secret de Madeleine, sa cousine, Alissa dans le récit : régulièrement, « un jeune homme en uniforme » vient rendre visite à la mère d'Alissa, pendant les absences de son mari. Gide, à partir de ce moment, jure amour et protection à celle qui deviendra son épouse.

Me voici devant la porte d'Alissa. J'attends un instant. Les rires et les éclats de voix montent de l'étage inférieur ; et peut-être ont-ils couvert le bruit que j'ai fait en frappant, car je n'entends pas de réponse. Je pousse la porte, qui cède[1] silencieusement. La chambre est déjà si sombre que je ne distingue pas aussitôt Alissa ; elle est au chevet de son lit, à genoux, tournant le dos à la croisée[2] d'où tombe un jour mourant. Elle se retourne, sans se relever pourtant, quand j'approche ; elle murmure :

« Oh ! Jérôme, pourquoi reviens-tu ? »

Je me baisse pour l'embrasser ; son visage est noyé de larmes...

Cet instant décida de ma vie ; je ne puis encore aujourd'hui le remémorer[3] sans angoisse. Sans doute je ne comprenais que bien imparfaitement la cause de la détresse d'Alissa, mais je sentais intensément que cette détresse était beaucoup trop forte pour cette petite âme palpitante, pour ce frêle corps tout secoué de sanglots.

Je restais debout près d'elle, qui restait agenouillée ; je ne savais rien exprimer du transport[4] nouveau de mon cœur ; mais je pressais sa tête contre mon cœur et sur son front mes lèvres par où mon âme s'écoulait. Ivre d'amour, de pitié, d'un indistinct mélange d'enthousiasme, d'abnégation[5], de vertu, j'en appelais à Dieu de toutes mes forces et m'offrais, ne concevant plus d'autre but à ma vie que d'abriter cette enfant contre la peur, contre le mal, contre la vie. Je m'agenouille enfin plein de prière ; je la réfugie contre moi ; confusément je l'entends dire :

« Jérôme ! ils ne t'ont pas vu, n'est-ce pas ? Oh ! va-t'en vite ! Il ne faut pas qu'ils te voient. »

Puis, plus bas encore :

« Jérôme, ne raconte à personne... mon pauvre papa ne sait rien... »

André Gide, *La Porte étroite*, 1909, Éd. Mercure de France.

1. *qui cède :* **qui s'ouvre**
2. *la croisée :* **la fenêtre**
3. *remémorer :* **se souvenir**
4. *transport :* **sentiment**
5. *abnégation :* **dévouement**

QUESTIONS

Une scène pathétique

1. Le portrait d'Alissa en fait une enfant fragile et torturée, et donne à la scène un ton pathétique. Relevez, dans les attitudes d'Alissa, ce qui fait d'elle un être torturé qui inspire la pitié.

2. Qu'est-ce qui, dans l'atmosphère de la pièce, renforce ce sentiment de détresse ?

Les ressources du cœur

3. À l'attitude immorale des adultes, le narrateur oppose la pureté des sentiments éprouvés par les deux enfants. Relevez et classez ces sentiments dans le passage.

4. Pourquoi peut-on dire que l'adoration du narrateur est proche de l'exaltation religieuse ? Appuyez votre réponse sur des indices précis.

Le regard de l'adulte

5. Se retournant sur cet épisode de son passé, le narrateur décrit la scène avec son regard d'adulte. À travers quel passage précis Gide expose-t-il ses sentiments d'adulte ? Ceux-ci ont-ils beaucoup évolué ?

6. Analysez l'utilisation des temps verbaux dans ce passage.

Les Caves du Vatican

L'idée des *Caves du Vatican* vient à Gide vers 1893, soit une vingtaine d'années avant qu'il écrive réellement cette « sotie ». L'écrivain voit dans la sotie une farce burlesque qui lui permet de tourner en dérision ses propres angoisses. D'où ce ton de « ferveur joyeuse » qu'il donne à son récit.

Madame Amédée Fleurissoire, née Péterat, sœur cadette de Véronique Armand-Dubois et de Marguerite de Baraglioul, répondait au nom baroque[1] d'Arnica. Philibert Péterat, botaniste[2] assez célèbre, sous le Second Empire[3], par ses malheurs conjugaux, avait, dès sa jeunesse, promis des noms de fleurs aux enfants qu'il pourrait avoir. Certains amis trouvèrent un peu particulier le nom de Véronique dont il baptisa le premier ; mais, lorsque au nom de Marguerite, il entendit insinuer qu'il en rabattait[4], cédait à l'opinion, rejoignait le banal, il résolut, brusquement rebiffé[5], de gratifier son troisième produit d'un nom si délibérément botanique qu'il fermerait le bec à tous les médisants.

Peu après la naissance d'Arnica, Philibert, dont le caractère s'était aigri, se sépara d'avec sa femme, quitta la capitale et s'alla fixer à Pau. L'épouse s'attardait à Paris l'hiver, mais aux premiers beaux jours regagnait Tarbes, sa ville natale, où elle recevait ses deux aînées dans une vieille maison de famille.

Véronique et Marguerite mi-partissaient[6] l'année entre Tarbes et Pau. Quant à la petite Arnica, inconsidérée par ses sœurs et par sa mère, un peu niaise, il est vrai, et plus touchante que jolie, elle demeurait, été comme hiver, près du père.

La plus grande joie de l'enfant était d'aller herboriser[7] avec son père dans la campagne ; mais souvent le maniaque, cédant à son humeur chagrine, la plantait là, partait tout seul pour une énorme randonnée, rentrait fourbu et, sitôt après le repas, se fourrait au lit sans faire à sa fille l'aumône d'un sourire ou d'un mot. Il jouait de la flûte à ses heures de poésie, rabâchant insatiablement les mêmes airs. Le reste du temps il dessinait de minutieux portraits de fleurs.

André Gide, *Les Caves du Vatican*, 1914, Éd. Gallimard.

1. *baroque :* original
2. *botaniste :* savant qui étudie les végétaux
3. *le Second Empire :* 1852-1870
4. *rabattait :* oubliait ses exigences
5. *rebiffé :* signifie qui ne cède pas en langage familier
6. *mi-partissaient :* répartissaient
7. *herboriser :* cueillir des plantes en vue de les étudier

QUESTIONS

Un récit cocasse

1. Passant de l'ironie au franchement cocasse, Gide n'hésite pas à forcer le trait et à jouer sur la répétition.
Relevez le champ lexical de la botanique, du végétal dans le texte.

2. Quel effet cette accumulation produit-elle sur le récit ?

Une héroïne bouffonne

3. Le comique du portrait d'Arnica repose sur une sorte de malédiction qui semble peser sur elle. Quels événements font d'Arnica un personnage pitoyable ?

4. Par quelles remarques, quelles interventions, le narrateur renforce-t-il le côté ridicule de son héroïne ?

Des personnages fantoches

5. Dans ce récit, Gide s'amuse à faire vivre ses personnages de telle manière qu'ils apparaissent comme des marionnettes, des « fantoches », sans maîtrise de leur destin. Relevez les caractéristiques de chacun des personnages qui entourent Arnica.

Les Faux-Monnayeurs

1926

Dans ce roman, Édouard, l'un des nombreux personnages, lui-même romancier, écrit un roman intitulé *Les Faux-Monnayeurs*. Il s'interroge sur ce que doit être le roman moderne, principale préoccupation de Gide écrivain.

Édouard somnole ; ses pensées insensiblement prennent un autre cours. Il se demande s'il aurait deviné, à la seule lecture de la lettre de Laura[1], qu'elle a les cheveux noirs ? Il se dit que les romanciers, par la description trop exacte de leurs personnages, gênent plutôt l'imagination qu'ils ne la servent et qu'ils devraient laisser chaque lecteur se représenter chacun de ceux-ci comme il lui plaît. Il songe au roman qu'il prépare, qui ne doit ressembler à rien de ce qu'il a écrit jusqu'alors. Il n'est pas assuré que *Les Faux-Monnayeurs* soit un bon titre. Il a eu tort de l'annoncer. Absurde, cette coutume d'indiquer les « en préparation », afin d'allécher les lecteurs. Cela n'allèche personne et cela vous lie... Il n'est pas assuré non plus que le sujet soit très bon. Il y pense sans cesse et depuis longtemps mais il n'en a pas écrit encore une ligne. Par contre, il transcrit sur un carnet ses notes et ses réflexions.

Il sort de sa valise ce carnet. De sa poche, il sort un stylo. Il écrit :

« Dépouiller le roman de tous les éléments qui n'appartiennent pas spécifiquement[2] au roman. De même que la photographie, naguère, débarrassa la peinture du souci de certaines exactitudes, le phonographe[3] nettoiera sans doute demain le roman de ses dialogues rapportés, dont le réaliste souvent se fait gloire. Les événements extérieurs, les accidents, les traumatismes appartiennent au cinéma ; il sied que le roman les lui laisse. »

André Gide, *Les Faux-Monnayeurs*, 1926, Éd. Gallimard.

▲ *La Reproduction interdite*, par Magritte en 1937.

1. **Laura vient d'envoyer une lettre désespérée à Édouard, lui annonçant qu'elle attend un enfant**
2. spécifiquement : **uniquement**
3. le phonographe : **appareil destiné à reproduire les sons**

QUESTIONS

Le rôle du narrateur

1. Le narrateur raconte les événements et les communique au lecteur. Il peut être narrateur-auteur ou narrateur-personnage. Repérez ces deux niveaux de narration.

La mise en abyme

2. Le procédé de la mise en abyme consiste, par un jeu de miroirs, à renvoyer une même image à l'infini. En quoi cet extrait illustre-t-il le procédé de la mise en abyme ?

Une réflexion sur le roman

3. Par la voix d'Édouard, Gide s'attaque au roman réaliste du XIXe siècle. Quels sont les principaux reproches adressés à ce genre littéraire ?

Paul Claudel

Nom : Claudel
Prénom : Paul
Naissance : le 6 août 1868,
à Villeneuve-sur-Fère, dans l'Aisne
Décès : le 23 février 1955, à Brangues, dans le Dauphiné
Lieux : France, Chine, Brésil, Japon, États-Unis,
où il est tour à tour ambassadeur
Situation familiale : marié en 1906
à la fille de l'architecte de Fourvière
Profession : diplomate
Amour : Rose Vetch

Il a écrit

des poèmes, dont : *Connaissance de l'Est* (1900), *Cinq Grandes Odes* (1910) ;

des pièces de théâtre, dont : *Tête d'Or* (1890), *L'Échange* (1901), *Partage de midi* (1906), *Le Pain dur* (1918), *Le Soulier de satin* (1929).

LE CATHOLIQUE CONVERTI

Paul Claudel garde du Tardenois, dans l'Aisne, pays où il passe son enfance, l'image d'une région balayée par le vent. Sa famille vient s'installer à Paris en 1882. La découverte de Rimbaud en 1886 est une révélation pour le jeune poète. Cette même année est décisive pour Claudel : entré par hasard dans Notre-Dame de Paris, le jour de Noël, il est touché par la foi. Cette période est celle du déchirement et des hésitations. Il devient le disciple de Mallarmé, chez lequel il rencontre André Gide et Paul Valéry. Parallèlement, il prépare le concours des Affaires étrangères. À vingt-deux ans, il achève sa première pièce de théâtre, *Tête d'Or*, qui mêle le tragique et le burlesque. En 1891, après quatre années d'hésitations, l'écrivain s'ouvre à la foi catholique.

LE DIPLOMATE AMOUREUX

La carrière diplomatique de Claudel débute à New York en 1893 et se poursuit en Chine deux ans plus tard. Il écrit des poèmes en prose et remanie ses drames. La fin de l'année 1900 marque pour lui le début d'une nouvelle passion, amoureuse cette fois. Il se lie, sur le bateau qui le ramène en Chine, avec l'épouse d'un négociant. Celle-ci vient vivre chez lui, avec ses quatre enfants, avant de fuir pour l'Europe, où elle se remarie. Claudel la poursuit en vain, mettant sa carrière en péril. Un mariage de raison lui fait épouser en 1906 la fille de l'architecte de Fourvière. Il trouve dans cette union l'apaisement intérieur qui lui permet de se consacrer à son œuvre.

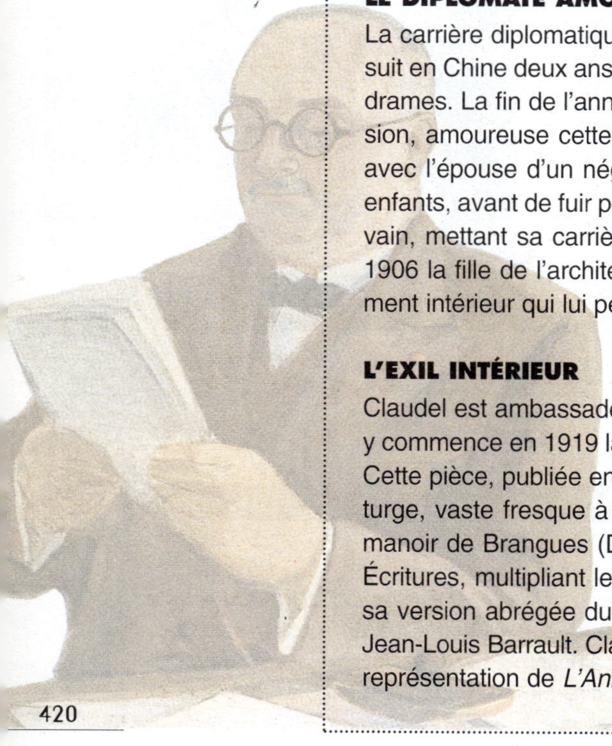

L'EXIL INTÉRIEUR

Claudel est ambassadeur au Brésil pendant la Première Guerre mondiale. Il y commence en 1919 la rédaction du *Soulier de satin*, qu'il achève au Japon. Cette pièce, publiée en 1929, est le couronnement de son œuvre de dramaturge, vaste fresque à l'architecture baroque. Il se retire en 1935 dans son manoir de Brangues (Dauphiné), se consacrant à l'étude de la Bible et des Écritures, multipliant les articles et remaniant son œuvre littéraire. En 1943, sa version abrégée du *Soulier de satin* est mise en scène avec succès par Jean-Louis Barrault. Claudel meurt en 1955, quelques jours après la première représentation de *L'Annonce faite à Marie*, au Théâtre-Français.

Connaissance de l'Est

1900

Héritier du symbolisme, Claudel réunit dans *Connaissance de l'Est* un ensemble de poèmes en prose qui abolissent les frontières entre genre poétique et genre narratif. La figure de l'arbre est au centre de l'œuvre. Elle apparaît ici sous la forme d'un banyan, arbre tropical aux racines immenses.

Le Banyan

Le banyan tire.

Ce géant ici[1], comme son frère de l'Inde, ne va pas ressaisir la terre avec ses mains, mais, se dressant d'un tour d'épaule, il emporte au ciel ses racines comme des paquets de chaînes. À peine le tronc s'est-il élevé de quelques pieds au-dessus du sol qu'il écarte laborieusement[2] ses membres, comme un bras qui tire avant le faisceau[3] de cordes qu'il a empoigné. D'un lent allongement le monstre qui hale[4] se tend et travaille dans toutes les attitudes de l'effort, si dur que la rude écorce éclate et que les muscles lui sortent de la peau. Ce sont des poussées droites, des flexions et des arcs-boutements, des torsions de reins et d'épaules, des détentes de jarret, des jeux de cric et de levier, des bras qui, en se dressant et en s'abaissant, semblent enlever le corps de ses jointures[5] élastiques. C'est un nœud de pythons, c'est une hydre[6] qui de la terre tenace s'arrache avec acharnement. On dirait que le banyan lève un poids de la profondeur et le maintient de la machine de ses membres tendus.

Paul Claudel, *Connaissance de l'Est*, 1900, Éd. Mercure de France.

1. *ici :* Claudel est en Chine lorsqu'il écrit ce poème
2. *laborieusement :* avec peine
3. *le faisceau :* l'ensemble
4. *haler :* tirer
5. *jointures :* articulations
6. *hydre :* animal mythique

QUESTIONS

L'arbre symbolique

1. Magnifique, l'arbre de Claudel impose sa carrure au poème, le traversant de part en part.
Relevez l'ensemble des mots et expressions utilisés pour désigner le banyan. Regroupez-les en fonction de leurs connotations.

2. Quelles forces symboliques le poème illustre-t-il ?

L'athlète végétal

3. En utilisant comparaisons et métaphores, Claudel donne au banyan une puissance symbolique proche du mythe.
À quelle image principale le banyan est-il associé ? Relevez les termes de la métaphore filée.

4. Quelles images secondaires le poème met-il en jeu ?

Le poème en prose

5. Le poème en prose est proche du récit par sa forme et son contenu narratif. Il s'en distingue cependant par le jeu sur les images, la construction et les sonorités.
Repérez trois passages dominés par une même sonorité (allitération). Quelle réalité chacune de ces allitérations illustre-t-elle ?

Le Soulier de satin

Claudel cherche à exprimer, à travers l'écriture, la spiritualité de l'homme. *Le Soulier de satin* est une pièce immense, dont la représentation dure onze heures. Dans ce passage, qui fait partie de l'exposition, Don Balthazar représente l'ordre face à Doña Prouhèze. Celle-ci, épouse du juge Don Pélage, mais amoureuse du jeune don Rodrigue, s'abandonne à son destin…

▲ *Le Soulier de satin* mis en scène par Antoine Vitez dans le décor dessiné par Yannis Kokkos.

DOÑA PROUHÈZE

Je jure que je ne veux point faire le mal, c'est pourquoi je vous ai tout dit. Ah ! ce fut dur de vous ouvrir mon cœur et je crains que vous n'ayez rien compris,
Rien que ma bonne affection pour vous. Tant pis ! Maintenant c'est vous qui êtes responsable et chargé de me défendre.

DON BALTHAZAR

Il faut m'aider, Prouhèze.

DOÑA PROUHÈZE

Ah ! ce serait trop facile ! Je ne cherche point d'occasion, j'attends qu'elle vienne me trouver.
Et je vous ai loyalement averti, la campagne s'ouvre[1].
C'est vous qui êtes mon défenseur. Tout ce que je pourrai faire pour vous échapper et pour rejoindre Rodrigue,
Je vous donne avertissement que je le ferai.

DON BALTHAZAR

Vous voulez cette chose détestable ?

DOÑA PROUHÈZE

Ce n'est point vouloir que prévoir. Et vous voyez que je me défie tellement de ma liberté que je l'ai remise entre vos mains.

DON BALTHAZAR

N'aimez-vous point votre mari ?

DOÑA PROUHÈZE

Je l'aime.

DON BALTHAZAR

L'abandonneriez-vous à cette heure où le Roi lui-même l'oublie,
Tout seul sur cette côte sauvage[2] au milieu des infidèles[3],
Sans troupes, sans argent, sans sécurité d'aucune sorte ?

DOÑA PROUHÈZE

Ah ! cela me touche plus que tout le reste. Oui, l'idée de trahir ainsi l'Afrique et notre pavillon[4],
Et l'honneur du nom de mon mari, je sais qu'il ne peut se passer de moi,
Ces tristes enfants que j'ai recueillis, à la place de ceux que Dieu ne m'a pas donnés, ces femmes qu'on soigne à l'infirmerie, ces partisans rares et pauvres qui se sont donnés à nous, abandonner tout cela,
Je peux dire que cela me fait horreur.

DON BALTHAZAR

Et qu'est-ce donc qui vous appelle ainsi vers ce cavalier ?

1. *la campagne s'ouvre :* **la guerre contre vous commence**
2. *côte sauvage :* **côte africaine où Don Pélage gouverne au nom du roi d'Espagne**
3. *infidèles :* **qui n'ont pas la foi chrétienne, ici musulmans**
4. *pavillon :* **drapeau, signe du pouvoir du roi d'Espagne sur la terre africaine**

DOÑA PROUHÈZE

Sa voix.

DON BALTHAZAR

Vous ne l'avez connu que peu de jours.

DOÑA PROUHÈZE

Sa voix ! Je ne cesse de l'entendre.

DON BALTHAZAR

Et que vous dit-elle donc ?

DOÑA PROUHÈZE

Ah ! si vous voulez m'empêcher d'aller à lui,
Alors du moins liez-moi, ne me laissez pas cette cruelle liberté !
Mettez-moi dans un cachot profond derrière des barres de fer !
Mais quel cachot serait capable de me retenir quand celui même de mon corps menace de se déchirer ?
Hélas ! il n'est que trop solide, et quand mon maître m'appelle, il ne suffit que trop à retenir cette âme, contre tout droit, qui est à lui,
Mon âme qu'il appelle et qui lui appartient !

Paul Claudel, *Le Soulier de satin*, Première journée, scène 5, 1929, Éd. Gallimard.

Les personnages ▶ du *Soulier de satin* dessinés par Yannis Kokkos.

QUESTIONS

Un mouvement irrésistible

1. Doña Prouhèze, le sujet, désire retrouver Rodrigue, l'objet. Elle rencontre au cours de sa quête des obstacles (les « opposants ») ou des aides (les « adjuvants »), personnages ou objets.
Montrez que Don Balthazar, d'opposant devient adjuvant involontaire.

2. Quels autres personnages cités peuvent être considérés comme opposants ou adjuvants ?

3. Résumez l'intrigue.

Des rapports inégaux

4. Analysez comment l'organisation des échanges de paroles entre les personnages permet d'établir qui domine le dialogue.
Montrez, en vous appuyant sur le type de phrases employé par Don Balthazar, que celui-ci est en position d'infériorité.

5. Qui domine l'échange et impose son point de vue ? Appuyez votre réponse sur l'analyse de la longueur des répliques.

La soif de pureté

6. Doña Prouhèze incarne la pureté de l'amour infini.
Relevez, dans les différentes répliques de Doña Prouhèze, celle qui fait état de la noblesse de son caractère. Quelles qualités morales ce passage révèle-t-il ?

7. Analysez la dernière réplique de la jeune femme en expliquant les images qu'elle contient.

8. Sur quel champ lexical son discours s'appuie-t-il ?

Marcel Proust

Nom : Proust
Prénom : Marcel
Naissance : le 10 juillet 1871, à Auteuil
Décès : le 18 novembre 1922, à Paris
Lieux : le boulevard Malesherbes à Paris où il passe son enfance ; Auteuil chez son oncle ; Illiers, la ville des vacances ; le Grand Hôtel de Cabourg ; le 102 boulevard Haussmann à Paris où il compose *À la recherche du temps perdu*
Situation familiale : célibataire
Amitiés : Robert de Montesquiou ; Reynaldo Hahn ; Alfred Agostinelli, son chauffeur ; Céleste, sa bonne

Il a écrit

Du côté de chez Swann (1913),
À l'ombre des jeunes filles en fleurs (1918),
Le Côté de Guermantes (1921),
Sodome et Gomorrhe (1921),
La Prisonnière (1923),
Albertine disparue (1925),
Le Temps retrouvé (1927).

LE DANDY MONDAIN

Issu de la haute bourgeoisie, Marcel Proust reçoit une éducation aristocratique, entouré de l'affection maternelle et protégé par un père fortuné, médecin brillant. Des crises d'asthme perturbent une scolarité remarquée. Poussé vers le droit, il choisit les lettres, passionné par la littérature et conscient de ses qualités. Proust vit ainsi une jeunesse dorée qui le conduit à s'intégrer rapidement aux cercles littéraires de la Belle Époque, dont il devient l'une des figures les plus raffinées. Mais la mort de son père puis celle de sa mère affectent fortement cet écrivain qui n'a jusqu'alors publié que quelques articles pour des revues et cache un roman au fond d'un tiroir.

L'AUTEUR DE *LA RECHERCHE*

« Suis-je un romancier ? » se demande encore Proust en 1908. Il a trente-sept ans… *À la recherche du temps perdu*, son œuvre unique, n'est effectivement qu'une ébauche, une accumulation de souvenirs encore tièdes, comme s'ils étaient toujours enfouis dans les draps du lit qu'il ne quitte pratiquement jamais, y dormant le jour, y écrivant la nuit. Jusque-là il n'a brillé que dans les salons de la haute société, ce « royaume du néant » qu'il s'attache à décrire sa vie durant. Peu à peu, Proust se replie sur l'univers de son enfance, le faisant ressurgir dans son œuvre. Il est aidé en cela par le déclenchement de la Première Guerre mondiale qui l'éloigne un peu plus des mondanités.

L'ÉCRIVAIN EXTÉNUÉ

La gloire éclate soudainement pour Marcel Proust. Alors que son premier roman était passé presque inaperçu, il obtient le prix Goncourt pour le second, en 1919. Dès lors, le romancier vit pour son œuvre, lorsque la maladie le lui permet, sa « cathédrale », comme il se plaît à l'appeler, une œuvre toujours en chantier, sans cesse remaniée ou élargie, en perpétuel devenir. L'écrivain rature, insère, ajoute des pages par milliers, au grand désespoir de ses éditeurs. À ce travail exténuant, Proust s'épuise, jusqu'à la mort, une fois le mot « Fin » inscrit sur l'ultime page. L'essentiel de l'œuvre paraît ainsi à titre posthume.

Du côté de chez Swann

1913

Marcel Proust est par excellence l'écrivain de la Belle Époque, période qui marque l'agonie du monde raffiné de la noblesse, supplanté par celui de la bourgeoisie. Proust fait ici la satire de cette bourgeoisie guindée.

Elle tenait à garder en évidence les cadeaux que les fidèles avaient l'habitude de lui faire de temps en temps, afin que les donateurs eussent le plaisir de les reconnaître quand ils venaient. Aussi tâchait-elle de persuader qu'on s'en tînt aux fleurs et aux bonbons, qui du moins se détruisent ; mais elle n'y réussissait pas et c'était chez elle une collection de chauffe-pieds, de coussins, de pendules, de paravents, de baromètres, de potiches, dans une accumulation de redites et un disparate d'étrennes.

De ce poste élevé elle participait avec entrain[1] à la conversation des fidèles et s'égayait de leurs « fumisteries », mais depuis l'accident qui était arrivé à sa mâchoire, elle avait renoncé à prendre la peine de pouffer[2] effectivement et se livrait à la place à une mimique[3] conventionnelle qui signifiait, sans fatigue ni risques pour elle, qu'elle riait aux larmes. Au moindre mot que lâchait un habitué contre un ennuyeux ou contre un ancien habitué rejeté au camp des ennuyeux – et pour le plus grand désespoir de M. Verdurin qui avait eu longtemps la prétention d'être aussi aimable que sa femme, mais qui riant pour de bon s'essoufflait vite et avait été distancé et vaincu par cette ruse d'une incessante et fictive[4] hilarité – elle poussait un petit cri, fermait entièrement ses yeux d'oiseau qu'une taie[5] commençait à voiler, et brusquement, comme si elle n'eût eu que le temps de cacher un spectacle indécent ou de parer à un accès mortel, plongeant sa figure dans ses mains qui la recouvraient et n'en laissaient plus rien voir, elle avait l'air de s'efforcer de réprimer, d'anéantir un rire qui, si elle s'y fût abandonnée, l'eût conduite à l'évanouissement. Telle, étourdie par la gaité des fidèles, ivre de camaraderie, de médisance[6] et d'assentiment[7], Mme Verdurin, juchée sur son perchoir, pareille à un oiseau dont on eût trempé le colifichet[8] dans du vin chaud, sanglotait d'amabilité.

Marcel Proust, *Du côté de chez Swann*, 1913.

1. *entrain* : gaieté
2. *pouffer* : rire
3. *mimique* : grimace
4. *fictive* : fausse
5. *taie* : tache sur l'œil
6. *médisance* : méchanceté
7. *assentiment* : accord, consentement
8. *colifichet* : sorte de biscuit léger qu'on donne aux oiseaux

QUESTIONS

Le salon bourgeois

1. Mme Verdurin réunit dans son salon les « fidèles » qui viennent lui rendre visite.
Quel est le sujet de conversation préféré du petit clan ?

2. Que montre l'expression : « un ancien habitué rejeté au camp des ennuyeux » ?

Un portrait satirique

3. La satire s'attaque à une chose, une personne ou une mode en s'en moquant, utilisant volontiers l'ironie. Analysez comment Proust tourne en dérision Mme Verdurin.

4. Comment Monsieur Verdurin est-il représenté ? Justifiez l'emploi du plus-que-parfait.

Un monde de faux-semblants

5. Le salon représenté ici est caractéristique du factice des sentiments exaltés par les Verdurin. Relevez dans le texte les mots qui dénoncent cette hypocrisie.

6. En quoi cette représentation de la bourgeoisie peut-elle être considérée comme un réquisitoire ?

À l'ombre des jeunes filles en fleurs

La Recherche du temps perdu souligne l'apprentissage d'une sensibilité, l'éveil d'une conscience, à travers les moments de bonheur et de chagrin. La première partie de *À l'ombre des jeunes filles en fleurs* relate la première expérience sentimentale du jeune narrateur, épris de Gilberte Swann. L'amour qu'il éprouve n'est cependant pas réciproque, et il faut une coïncidence malheureuse pour que le héros prenne conscience de l'inutilité de sa quête amoureuse.

Ce qui m'aida à patienter tout l'espace d'une journée fut un projet que je fis. Du moment que tout était oublié, que j'étais réconcilié avec Gilberte, je ne voulais plus la voir qu'en amoureux. Tous les jours, elle recevrait de moi les plus belles fleurs qui fussent. Et si Mme Swann, bien qu'elle n'eût pas le droit d'être une mère trop sévère, ne me permettait pas des envois de fleurs quotidiens, je trouverais des cadeaux plus précieux et moins fréquents. Mes parents ne me donnaient pas assez d'argent pour acheter des choses chères. Je songeai à une grande potiche[1] de vieux Chine qui me venait de ma tante Léonie et dont maman prédisait chaque jour que Françoise allait venir en lui disant : « A s'est décollée » et qu'il n'en resterait rien. Dans ces conditions n'était-il pas plus sage de la vendre, de la vendre pour pouvoir faire tout le plaisir que je voudrais à Gilberte ? Il me semblait que je pourrais bien en tirer mille francs. Je la fis envelopper, l'habitude m'avait empêché de jamais la voir ; m'en séparer eut au moins un avantage qui fut de me faire faire sa connaissance. Je l'emportai avec moi avant d'aller chez les Swann, et en donnant leur adresse au cocher, je lui dis de prendre par les Champs-Élysées, au coin desquels était le magasin d'un grand marchand de chinoiseries que connaissait mon père. À ma grande surprise, il m'offrit séance tenante de la potiche non pas mille, mais dix mille francs[2]. Je pris ces billets avec ravissement ; pendant toute une année, je pourrais combler chaque jour Gilberte de roses et de lilas. Quand je fus remonté dans la voiture en quittant le marchand, le cocher, tout naturellement, comme les Swann demeuraient près du Bois[3], se trouva, au lieu du chemin habituel, descendre l'avenue des Champs-Élysées. Il avait déjà dépassé le coin de la rue de Berri, quand, dans le crépuscule, je crus reconnaître, très près de la maison des Swann, mais allant dans la direction inverse et s'en éloignant, Gilberte qui marchait lentement, quoique d'un pas délibéré[4], à côté d'un jeune homme avec qui elle causait et duquel je ne pus distinguer le visage. Je me soulevai dans la voiture, voulant faire arrêter, puis j'hésitai. Les deux promeneurs étaient déjà un peu loin, et les deux lignes douces et parallèles que traçait leur lente promenade allaient s'estompant dans l'ombre élyséenne[5]. Bientôt j'arrivai devant la maison de Gilberte. Je fus reçu par Mme Swann : « Oh ! elle va être désolée, me dit-elle, je ne sais pas comment elle n'est pas là. Elle a eu très chaud tantôt à un cours, elle m'a dit qu'elle voulait aller prendre un peu l'air avec une de ses amies. – Je crois que je l'ai aperçue avenue des Champs-Élysées. – Je ne pense pas que ce fût elle. En tout cas, ne le dites pas à son père, il n'aime pas qu'elle sorte à ces heures-là. *Good evening.* » Je partis, dis au

1. *potiche* : vase
2. *dix mille francs* : environ un an du salaire moyen de l'époque
3. *le Bois* : le bois de Boulogne, lieu de promenade traditionnel des parisiens des Années folles
4. *délibéré* : de sa propre volonté
5. *l'ombre élyséenne* : l'avenue des Champs-Élysées était bordée d'arbres

▲ Sur les Champs-Élysées, le rituel élégant de la promenade peint par Jean Béraud.

cocher de reprendre le même chemin, mais ne retrouvai pas les deux promeneurs. Où avaient-ils été ? Que se disaient-ils dans le soir, de cet air confidentiel ?

Je rentrai, tenant avec désespoir les dix mille francs inespérés qui avaient dû me permettre de faire tant de petits plaisirs à cette Gilberte que, maintenant, j'étais décidé à ne plus revoir.

Marcel Proust, *À l'ombre des jeunes filles en fleurs*, 1918.

QUESTIONS

L'espace d'une journée

1. *La Recherche* relate minutieusement le passé du narrateur, recréant l'univers de son enfance. Relevez dans cet extrait les repères temporels qui ponctuent la journée du héros.

2. Quel est le temps utilisé pour marquer l'enchaînement des événements ?

3. Quel est l'itinéraire parcouru par le jeune homme ? Mettez en évidence son trajet au moyen d'un schéma.

L'imaginaire

4. Le narrateur imagine son futur bonheur, créant un monde imaginaire à côté du monde réel. Relevez les passages dans lesquels le narrateur imagine l'avenir. Quels sont les temps et le mode employés ?

5. Par quels actes, quels projets, le narrateur dévoile-t-il son caractère puéril ?

6. Par quels sentiments successifs le héros passe-t-il dans le texte ?

Un bonheur insaisissable

7. Gilberte semble fuir l'amour du jeune Marcel, plongeant celui-ci dans un abîme de perplexité. Imaginez, sous la forme d'un monologue intérieur, une suite au récit, dans laquelle le narrateur prend la décision de ne plus voir Gilberte. Vous commencerez votre récit de la manière suivante : « Sans doute cet arrêt chez le marchand de chinoiseries m'avait réjoui... »

Paul Valéry

Nom : Valéry
Prénom : Paul
Naissance : le 30 octobre 1871, à Sète
Décès : le 20 juillet 1945, à Paris, à neuf heures du matin ; inhumé au Cimetière marin de Sète
Lieux : Sète ; Gênes, ville natale de sa mère ; Montpellier ; Paris
Situation familiale : marié avec Jeannie Gobillard
Professions : secrétaire particulier d'Édouard Lebey, l'administrateur de l'Agence Havas ; puis professeur au Collège de France
Amitiés : Pierre Louÿs, André Gide, Stéphane Mallarmé, J.-K. Huysmans, Henri de Régnier

Il a écrit

des poèmes : *La Jeune Parque* (1917), *Album de vers anciens* (1920), *Charmes* (1922) ;

des récits, dont : *Monsieur Teste* (1926) ;

des recueils d'essais et de conférences : *Variété I à V* (de 1924 à 1944) ;

une pièce de théâtre : *Mon Faust* (1946).

DE SÈTE À PARIS

Paul Valéry naît à Sète en 1871, d'un père corse et d'une mère génoise. Il est un élève brillant mais insatisfait par les contenus de l'enseignement. Il dessine, peint et lit beaucoup, admirateur de Rimbaud, Huysmans et surtout Mallarmé à qui il envoie ses premiers vers. C'est à Montpellier qu'il rencontre Pierre Louÿs et André Gide. Ensemble ils partagent la même passion pour la poésie et se retrouvent à Paris où Valéry s'installe définitivement en 1894. Depuis peu, celui-ci a cependant décidé de renoncer à la poésie : dans sa chambre, seuls un tableau noir couvert d'équations et un squelette font office de décoration.

LES MATINÉES D'UN PENSEUR

Après son mariage, Valéry devient, en 1900, le secrétaire particulier de l'un des administrateurs de l'Agence Havas. Ce travail lui permet de consacrer du temps à la rédaction de son « journal du matin » dans lequel il consigne ses réflexions sur de multiples sujets… Il fréquente la rue de Rome où Mallarmé reçoit de jeunes poètes mais respecte son vœu de ne plus écrire de vers. Il faut les efforts conjugués de Gide et de Gaston Gallimard pour qu'il se décide à retravailler ses poèmes de jeunesse en vue d'une publication. Ils connaissent immédiatement un vif succès auprès du public lettré, succès confirmé par la publication du *Cimetière marin* et de *Charmes*.

LE PRINCE DES POÈTES

Valéry entre à l'Académie française en 1925. Le caractère universel de ses travaux le contraint à mener une vie tout entière consacrée à son œuvre : préfaces, conférences, inaugurations et honneurs multiples saturent son emploi du temps. Des débats retentissants l'opposent à Claudel ou à l'abbé Bremond. Nommé à la chaire de poétique du prestigieux Collège de France, il s'étonne ironiquement de devenir professeur à près de cinquante ans. Son attitude pendant l'occupation allemande est exemplaire et c'est avec un profond soulagement qu'il assiste à la Libération de Paris. Valéry meurt le 20 juillet 1945 à Paris. On lui consacre des obsèques nationales avant de l'inhumer, selon sa volonté, au Cimetière marin de Sète.

Album de vers anciens

1920

De « La Fileuse », Valéry déclare que le premier vers lui est venu en dormant. C'est là sa seule concession à la notion d'inspiration poétique. Pour lui, seul le travail de l'écriture compte.

La Fileuse

Assise, la fileuse au bleu de la croisée[1]
Où le jardin mélodieux se dodeline ;
Le rouet[2] ancien qui ronfle l'a grisée.

Lasse, ayant bu l'azur, de filer la câline
Chevelure, à ses doigts si faibles évasive[3],
Elle songe, et sa tête petite s'incline.

Un arbuste et l'air pur font une source vive
Qui, suspendue au jour, délicieuse arrose
De ses pertes de fleurs le jardin de l'oisive[4].

Une tige, où le vent vagabond se repose,
Courbe le salut vain de sa grâce étoilée,
Dédiant magnifique, au vieux rouet, sa rose.

Mais la dormeuse file une laine isolée ;
Mystérieusement l'ombre frêle se tresse
Au fil de ses doigts longs et qui dorment, filée.

Le songe se dévide[5] avec une paresse
Angélique, et sans cesse, au doux fuseau[6] crédule,
La chevelure ondule au gré de la caresse...

Derrière tant de fleurs, l'azur se dissimule,
Fileuse de feuillage et de lumière ceinte[7] ;
Tout le ciel vert se meurt. Le dernier arbre brûle.

Ta sœur, la grande rose où sourit une sainte,
Parfume ton front vague au vent de son haleine
Innocente, et tu crois languir[8]... Tu es éteinte

Au bleu de la croisée où tu filais la laine.

Paul Valéry, *Album de vers anciens*, 1920, Éd. Gallimard.

1. *croisée* : fenêtre
2. *rouet* : instrument à pédale, servant à filer le lin
3. *évasive* : les cheveux s'échappent sous les doigts
4. *l'oisive* : sans occupation
5. *se dévide* : se déroule comme un fil
6. *fuseau* : bobine de bois autour de laquelle on enroule le fil de soie
7. *ceinte* : entourée
8. *languir* : se sentir faible, abattu

QUESTIONS

Une harmonie parfaite

1. En quoi les sonorités participent-elles à donner une atmosphère harmonieuse au poème ? Relevez allitérations et assonances.

Une rêverie profonde

2. À partir de quelle conjonction un sentiment d'inquiétude apparaît-il ? Relevez les mots qui confirment cette impression.

Une forme ordonnée

3. Comment la construction du poème met-elle en valeur la charge poétique de l'écriture ? Quel est le rôle du dernier vers ?

Charmes

Paul Valéry exploite dans *Charmes* toutes les subtilités de la construction poétique. Pour lui, « la *pureté* est le résultat d'opérations infinies sur le langage. » Dans « La Dormeuse », c'est le sonnet qu'il exploite pour faire partager au lecteur sa tendre admiration devant un corps de femme endormie…

La Dormeuse

Quels secrets dans son cœur brûle ma jeune amie,
Âme par le doux masque aspirant une fleur ?
De quels vains aliments sa naïve chaleur
Fait ce rayonnement d'une femme endormie ?

Souffle, songes, silence, invincible accalmie,
Tu triomphes, ô paix plus puissante qu'un pleur,
Quand de ce plein sommeil l'onde grave et l'ampleur
Conspirent[1] sur le sein d'une telle ennemie.

Dormeuse, amas[2] doré d'ombres et d'abandons,
Ton repos redoutable est chargé de tels dons,
Ô biche avec langueur[3] longue auprès d'une grappe,

Que malgré l'âme absente, occupée aux enfers,
Ta forme au ventre pur qu'un bras fluide[4] drape,
Veille ; ta forme veille, et mes yeux sont ouverts.

Paul Valéry, *Charmes*, 1922, Éd. Gallimard.

1. *conspirent :* s'entendent, s'accordent
2. *amas :* ensemble formé par un groupe d'étoiles
3. *avec langueur :* sans force
4. *un bras fluide :* cette métaphore désigne le drap qui protège la jeune femme, telle une statue antique

QUESTIONS

Un désordre ordonné

1. Ce poème respecte les règles du sonnet : deux quatrains, deux tercets, une « pointe » au dernier vers. Repérez ces éléments en vous appuyant sur des exemples.

2. Comment expliquer le choix de l'alexandrin ?

Une beauté inaccessible

3. La dormeuse se caractérise par la grâce de son corps et par les secrets de son âme. Établissez le champ lexical du corps d'une part, celui de l'âme endormie d'autre part. Quel contraste ce travail met-il en évidence ?

Un songe musical

4. Pour Valéry, l'assonance et l'allitération sont « la substance sonore de la poésie ». Montrez comment les sonorités du vers 5 traduisent la respiration de la dormeuse.

5. Analysez le rythme du vers 14. Quel sentiment met-il en valeur ?

Variété

1938

Le « Discours de Sète », où Valéry fut élève, s'adresse à des adolescents. L'auteur souligne dans ce passage combien les temps modernes sont porteurs d'incertitude, opposant le passé de son enfance à l'avenir sombre qui semble promis à ceux qui l'écoutent.

Les études, jadis, conduisaient assez régulièrement à des carrières où la plupart arrivaient à s'établir. Entreprendre ses études, c'était, en quelque sorte, prendre un train qui menait quelque part (sauf accidents). On faisait ses classes[1] ; on passait, quitte à s'y reprendre, ses examens ou ses concours. On devenait notaire, médecin, artilleur, avocat ou fonctionnaire, et les perspectives offraient à qui prenait quelqu'une de ces voies, déjà bien tracées et jalonnées, un sort à peu près sûr. Les diplômes, en ce temps-là, représentaient une manière de valeur or. On pouvait compter sur le milieu social, dont les changements étaient lents, et s'effectuaient, d'ailleurs, dans un sens assez facile à pressentir[2]. Il était possible, alors, de perdre un peu de temps aux dépens des études : ce n'était point toujours du temps perdu pour l'esprit, car l'esprit se nourrit de tout, et même de loisir, pourvu qu'il ait cet appétit où je vois sa vertu principale.

Hélas ! Jamais l'avenir ne fut si difficile à imaginer. À peine le traitons-nous en esquisse, les traits se brouillent, les idées s'opposent aux idées, et nous nous perdons dans le désordre caractéristique du monde moderne. Vous savez assez que les plus savants, les plus subtils, ne peuvent rien en dire qu'ils ne se sentent aussitôt tentés de se rétracter[3] ; qu'il n'est de philosophe, ni de politique, ni d'économiste qui puisse se flatter d'assigner à ce chaos un terme dans la durée, et un état final dans l'ordre et la stabilité. Cette phase critique est l'effet composé de l'activité de l'esprit humain : nous avons, en effet, en quelques dizaines d'années, créé et bouleversé tant de choses aux dépens du passé, – en le réfutant, en le désorganisant, en refaisant les idées, les méthodes, les institutions[4], – que le présent nous apparaît comme une conjoncture sans précédent et sans exemple, un conflit sans issue entre des *choses qui ne savent pas mourir* et des *choses qui ne peuvent pas vivre*.

Paul Valéry, « Discours prononcé à la distribution des prix du collège de Sète », 1935, publié dans *Variété IV* en 1938, Éd. Gallimard.

1. *faire ses classes :* faire ses preuves
2. *à pressentir :* à deviner
3. *se rétracter :* se contredire
4. *les institutions :* ensemble des lois et coutumes qui assurent le fonctionnement de la société

QUESTIONS

Les pouvoirs de l'école

1. Valéry décrit, dans le premier paragraphe, sa conception personnelle de l'école.
Quels sont les trois rôles qu'il lui attribue ? Ont-ils beaucoup évolué aujourd'hui ?

L'opposition de deux époques

2. Chaque paragraphe s'organise autour d'une époque.
Par quels procédés Valéry souligne-t-il l'opposition entre le passé et le présent (repères temporels, temps verbaux, vocabulaire…) ?

Une analyse lucide

3. Les années trente sont marquées par une double crise, à la fois économique et idéologique. Relevez dans le second paragraphe les termes soulignant cet état de désordre social.

Colette

Nom : Colette
Prénom : Gabrielle
Naissance : le 28 janvier 1873,
à Saint-Sauveur-en-Puisaye, dans l'Yonne
Décès : le 3 août 1954,
dans son appartement du Palais-Royal, à Paris
Lieux : Saint-Sauveur, Paris, Rozven et Saint-Tropez
Situation familiale : mariée trois fois
Professions : danseuse à l'Empyrée-Clichy,
mime au café-concert le Bataclan, écrivain,
journaliste et critique de théâtre

Elle a écrit

des romans, dont : *Claudine à l'école* (1900), *Les Vrilles de la vigne* (1908), *Chéri* (1920), *Le Blé en herbe* (1923), *Sido* (1929), *La Chatte* (1933) ;

des articles, des mémoires, des textes autobiographiques.

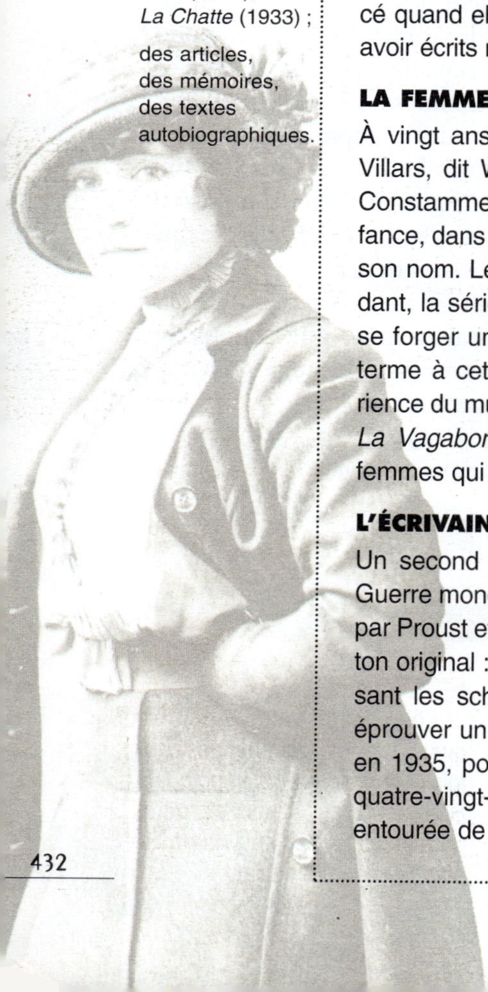

LA SAUVAGEONNE

Gabrielle Colette est née dans un petit village de Bourgogne, Saint-Sauveur-en-Puisaye, où elle grandit au sein d'une famille modeste. Son père, fonctionnaire au Trésor passionné de littérature, lui fait aimer la lecture tandis que sa mère, Sidonie, lui dévoile les secrets de la nature. L'atmosphère de l'enfance imprègne ainsi l'œuvre entière de la nostalgie d'un temps et d'un pays à jamais perdus, où les bruits, les odeurs, les couleurs d'un paysage traduisent le lien étroit qui unit Colette aux souvenirs de sa jeunesse. Ce lien est renforcé quand elle découvre, après la mort de son père, que les livres qu'il disait avoir écrits n'étaient en fait que des pages blanches reliées en volumes.

LA FEMME ÉMANCIPÉE

À vingt ans, Colette se marie avec un écrivain parisien, Henry Gauthier-Villars, dit Willy, qui lui fait découvrir les mondanités de la Belle Époque. Constamment en quête d'argent, Willy l'incite à rédiger ses souvenirs d'enfance, dans le vague espoir de les faire publier. Ce qu'il fait, en les signant de son nom. Le succès est considérable mais Colette n'en profite pas. Cependant, la série des *Claudine* lui apprend à écrire, parfois dans l'urgence, et à se forger un style original et poétique. Un premier divorce vient mettre un terme à cette « collaboration » en 1906. La jeune femme fait alors l'expérience du music-hall avec une amie, Missy, expérience qu'elle consigne dans *La Vagabonde* (1926). Elle devient ainsi le symbole d'une génération de femmes qui accèdent à l'indépendance.

L'ÉCRIVAIN EN PLEINE GLOIRE

Un second mariage conduit Colette au journalisme. Lors de la Première Guerre mondiale, c'est de Venise que parviennent ses chroniques, admirées par Proust et Gide. Dès lors, les romans se succèdent, se distinguant par leur ton original : *Chéri* (1920) ou *Le Blé en herbe* (1923) font scandale en inversant les schémas traditionnels de l'amour, montrant la passion que peut éprouver un jeune homme pour une femme plus âgée. Un dernier mariage, en 1935, pousse Colette à s'installer définitivement à Paris. Elle y meurt à quatre-vingt-un ans, en pleine gloire, dans son appartement du Palais-Royal, entourée de ses chats.

Les Vrilles de la vigne

1908

Les Vrilles de la vigne rassemblent des nouvelles. Dans cet extrait, Colette dresse le portrait de Nonoche qui semble imposer sa grâce féline à l'œuvre de la romancière.

NONOCHE

Le soleil descend derrière les sorbiers[1], grappés de fruits verts qui tournent çà et là au rose aigre. Le jardin se remet lentement d'une longue journée de chaleur, dont les molles feuilles du tabac demeurent évanouies. Le bleu des aconits[2] a certainement pâli depuis ce matin, mais les reines-claudes, vertes hier sous leur poudre d'argent, ont toutes, ce soir, une joue d'ambre[3].

L'ombre des pigeons tournoie, énorme, sur le mur tiède de la maison et éveille, d'un coup d'éventail, Nonoche qui dormait dans sa corbeille...

Son poil a senti passer l'ombre d'un oiseau ! Elle ne sait pas bien ce qui lui arrive. Elle a ouvert trop vite ses yeux japonais, d'un vert qui met l'eau sous la langue. Elle a l'air bête comme une jeune fille très jolie, et ses taches de chatte portugaise semblent plus en désordre que jamais : un rond orange sur la joue, un bandeau noir sur la tempe, trois points noirs au coin de la bouche, près du nez blanc fleuri de rose... Elle baisse les yeux et la mémoire de toutes choses lui remonte au visage dans un sourire triangulaire ; contre elle, noyé en elle, roulé en escargot, sommeille son fils.

« Qu'il est beau ! se dit-elle. Et gros ! Aucun de mes enfants n'a été si beau. D'ailleurs je ne me souviens plus d'eux... Il me tient chaud. »

Elle s'écarte, creuse le ventre avant de se lever, pour que son fils ne s'éveille pas. Puis elle bombe un dos de dromadaire, s'assied et bâille, en montrant les stries[4] fines d'un palais trois fois taché de noir.

Colette, *Les Vrilles de la vigne*, 1908, Éd. Hachette, 1961.

1. *sorbier :* **arbre cultivé pour ses fruits et son bois dur**
2. *aconit :* **plante vénéneuse à fleurs bleues**
3. *ambre :* **couleur de miel**
4. *stries :* **lignes fines et parallèles**

QUESTIONS

L'harmonie naturelle du jardin

1. La vue est le sens le plus sollicité dans une description, mais l'intervention des autres sens peut la rendre plus concrète.
Quels sont les sens sollicités dans les deux premiers paragraphes ?

2. Sur quels champs lexicaux la description s'appuie-t-elle ?

Un portrait haut en couleurs

3. Colette multiplie les portraits de chats, leur donnant une existence et une personnalité unique. Relevez pour chacune des parties du corps décrites, la caractéristique qui lui est associée. Quel est le champ lexical dominant ?

Une psychologie de l'animal

4. « À fréquenter le chat, on ne risque que de s'enrichir », écrit Colette dans *Les Vrilles de la vigne*, ajoutant qu'elle calque ses attitudes sur celles de ses chats. Étudiez cette personnification en associant à chacun des gestes de Nonoche le trait de caractère qu'il révèle.

André Breton

Nom : Breton
Prénom : André
Naissance : le 19 février 1896, à Tinchebray, dans l'Orne
Décès : le 28 septembre 1966, à Paris
Lieux : Paris ; Nantes où il est infirmier militaire pendant la Première Guerre mondiale ; Lorient, la ville de ses parents
Situation familiale : marié trois fois
Professions : conseiller littéraire du couturier Jacques Doucet, écrivain
Amitiés : Paul Valéry, Guillaume Apollinaire, Jacques Vaché, Paul Éluard, Louis Aragon, Philippe Soupault, Benjamin Péret

Il a écrit

des recueils poétiques, dont : *Les Champs magnétiques* (1920), avec Philippe Soupault, *Clair de terre* (1923) ;

des essais et des récits, dont : *Nadja* (1928), *L'Amour fou* (1937) ;

des textes théoriques, dont : *Le Manifeste du surréalisme* (1924).

L'ÉTUDIANT INDÉCIS

Issu d'une famille modeste, André Breton subit pendant longtemps l'influence de ses parents, qui rêvent pour lui d'une carrière scientifique. Élève zélé et discipliné, il s'inscrit ainsi en faculté de médecine malgré une attirance évidente pour la poésie. Mobilisé en 1915, il est infirmier militaire à Nantes, rencontre Aragon et Soupault. Ensemble, ces « trois mousquetaires », rejoints par Éluard, veulent « changer la vie ». Ils adhèrent au mouvement Dada, enchaînant provocations et scandales. Breton se marie en 1921 avec Simone Kahn, séduite par ses yeux gris. *Mont de piété* (1918) puis *Clair de terre* (1923) donnent au jeune poète une renommée grandissante qui lui permet d'abandonner ses études de médecine.

LE THÉORICIEN DU SURRÉALISME

La découverte de l'écriture automatique est une révélation pour André Breton. Elle inaugure une conception radicalement nouvelle de la poésie dont les règles sont définies en 1924 dans le *Manifeste du surréalisme*. Ce mouvement rassemble une génération de jeunes poètes hostiles à la tradition. Cependant, l'engagement politique de plus en plus radical du groupe crée des heurts. Les querelles sont violentes et les ruptures nombreuses. Parallèlement, la production poétique est intense : *Nadja*, en 1928, puis *L'Amour fou*, en 1937, illustrent à merveille l'éblouissement qui s'empare du poète au détour d'un hasard surréaliste. Mais la guerre, déclarée en 1939, puis la défaite, un an plus tard, poussent Breton à se réfugier aux États-Unis.

LE POÈTE INSOUMIS

La période d'exil dure jusqu'en 1946. Elle prend pour Breton la dimension tragique d'un amour déçu. Il tente, en France, de reconstituer autour de lui le groupe surréaliste d'avant-guerre. L'entreprise est toutefois illusoire. Toujours très actif, Breton s'engage contre la guerre d'Algérie. Sur le plan artistique, il cultive son « musée idéal », écrit lorsque l'envie l'en prend, plongeant sa plume dans l'encrier d'Apollinaire qui trône sur son bureau… « Je cherche l'or du temps » sont les mots qui referment l'œuvre sur elle-même, inscrits sur son faire-part de décès, survenu le 28 septembre 1966 dans les bras de sa fille, Aube.

Nadja

1928

L'aventure relatée dans *Nadja* a été vécue par Breton en 1926 : irrésistiblement attiré par une jeune fille mystérieuse, le poète vit avec elle des aventures au caractère magique. Les grands enjeux du surréalisme sont inscrits dans *Nadja*, notamment le culte du hasard et l'errance à travers la ville.

Dans ce compartiment où nous sommes seuls, toute sa confiance, toute son attention, tout son espoir me sont revenus. Si nous descendions au Vésinet[1] ? Elle suggère que nous nous promenions un peu dans la forêt. Pourquoi pas ? Mais, comme je l'embrasse, soudain elle pousse un cri. « Là (me montrant le haut de la glace de la portière) il y a quelqu'un. Je viens de voir très nettement une tête renversée. » Je la rassure tant bien que mal. Cinq minutes plus tard, même jeu : « Je te dis qu'il est là, il a une casquette. Non, ce n'est pas une vision. » Je me penche au-dehors : rien sur la longueur du marchepied, ni sur l'escalier du wagon voisin. Pourtant Nadja affirme qu'elle n'a pu se tromper. Elle fixe obstinément le haut de la glace et demeure très nerveuse. Par acquit de conscience[2], je me penche une seconde fois au-dehors. J'ai le temps de voir, très distinctement, se retirer la tête d'un homme couché à plat ventre sur le toit du wagon, au-dessus de nous et qui porte en effet une casquette d'uniforme. Sans doute un employé de chemin de fer, qui n'a eu aucune peine à venir là, de l'impériale[3] du wagon voisin. À la station suivante, comme Nadja se tient à la portière et que je suis de l'œil, à travers la vitre, la silhouette des voyageurs, un homme seul, avant de sortir de la gare, lui envoie un baiser. Un second agit de même, un troisième. Elle reçoit avec complaisance et gratitude ces sortes d'hommages. Ils ne lui manquent jamais et elle paraît y tenir beaucoup. Au Vésinet, toutes lumières éteintes, impossible de se faire ouvrir aucune porte. Le vagabondage en forêt n'est plus très engageant. Force nous est d'attendre le prochain train, qui nous déposera à Saint-Germain[4] vers une heure.

André Breton, *Nadja*, 1928, Éd. Gallimard.

1. *Le Vésinet :* **commune des Yvelines**
2. *par acquit de conscience :* **afin d'en être bien sûr**
3. *l'impériale :* **le toit**
4. *Saint-Germain :* **Saint-Germain-en-Laye, dans les Yvelines**

QUESTIONS

Un parcours initiatique

1. *Nadja* se présente comme l'histoire d'une errance à travers Paris, à la recherche d'un « hasard objectif ».
Repérez les étapes du parcours effectué et les obstacles qui se dressent en chemin.

2. Quels indices montrent que le parcours n'obéit à aucune intention consciente ?

L'univers surréaliste

3. Les statues, les affiches, les humains envoient des signes qui balisent le parcours des deux personnages.
Relevez les événements étranges qui surviennent, donnant à l'extrait son atmosphère surréaliste.

4. En quoi peut-on rapprocher cette atmosphère de celle du rêve ?

Le rejet du roman

5. Breton considère le roman comme une imposture, remplaçant par exemple les descriptions par des photographies.
Étudiez le dialogue des lignes 2 à 8 en montrant que Breton y emploie à la fois les discours direct, indirect et indirect libre.

6. Quel est l'effet produit par cet enchevêtrement des discours ?

ANDRÉ BRETON

L'Union libre

La femme est le thème central de la poésie surréaliste, de celle de Breton en particulier. De sa rencontre avec le poète surgit un univers où toute convention sociale ou morale disparaît. *L'Union libre* est paru en 1931, sans nom d'auteur. Le poème, immédiatement, fit scandale.

Ma femme à la chevelure de feu de bois
Aux pensées d'éclairs de chaleur
À la taille de sablier
Ma femme à la taille de loutre entre les dents du tigre
Ma femme à la bouche de cocarde et de bouquet d'étoiles de dernière [grandeur
Aux dents d'empreintes de souris blanche sur la terre blanche
À la langue d'ambre[1] et de verre frottés
Ma femme à la langue d'hostie poignardée
À la langue de poupée qui ouvre et ferme les yeux
À la langue de pierre incroyable
Ma femme aux cils de bâtons d'écriture d'enfant
Aux sourcils de bord de nid d'hirondelle
Ma femme aux tempes d'ardoise de toit de serre
Et de buée aux vitres
Ma femme aux épaules de champagne
Et de fontaine à têtes de dauphins sous la glace
Ma femme aux poignets d'allumettes
Ma femme aux doigts de hasard et d'as de cœur
Aux doigts de foin coupé
Ma femme aux aisselles de martre[2] et de fênes[3]
De nuit de la Saint-Jean
De troène[4] et de nid de scalares[5]
Aux bras d'écume de mer et d'écluse
Et de mélange du blé et du moulin
Ma femme aux jambes de fusée
Aux mouvements d'horlogerie et de désespoir
Ma femme aux mollets de moelle de sureau[6]
Ma femme aux pieds d'initiales
Aux pieds de trousseaux de clés aux pieds de calfats[7] qui boivent
Ma femme au cou d'orge imperlé[8]
Ma femme à la gorge de Val d'or
De rendez-vous dans le lit même du torrent
Aux seins de nuit
Ma femme aux seins de taupinière marine
Ma femme aux seins de creuset du rubis
Aux seins de spectre de la rose sous la rosée
Ma femme au ventre de dépliement d'éventail des jours
Au ventre de griffe géante

1. *ambre :* résine fossile
2. *martre :* petit mammifère carnivore
3. *fênes :* fruits du hêtre
4. *troène :* arbuste
5. *scalares :* du latin *scala* (échelle), la scalare est un mollusque
6. *sureau :* arbuste à fleurs blanches et à fruits rouges
7. *calfats :* oiseaux exotiques
8. *orge imperlé :* grain d'orge non décortiqué

▲ Détail d'un tableau du XVIe siècle, *Portrait d'une dame*, de Cranach.

Ma femme au dos d'oiseau qui fuit vertical
Au dos de vif-argent
Au dos de lumière
À la nuque de pierre roulée et de craie mouillée
Et de chute d'un verre dans lequel on vient de boire
Ma femme aux hanches de nacelle
Aux hanches de lustre et de pennes[9] de flèche
Et de tiges de plumes de paon blanc
De balance insensible
Ma femme aux fesses de grès et d'amiante
Ma femme aux fesses de dos de cygne
Ma femme aux fesses de printemps
Au sexe de glaïeul
Ma femme au sexe de placer[10] et d'ornithorynque[11]
Ma femme au sexe d'algue et de bonbons anciens
Ma femme au sexe de miroir
Ma femme aux yeux pleins de larmes
Aux yeux de panoplie violette et d'aiguille aimantée
Ma femme aux yeux de savane
Ma femme aux yeux d'eau pour boire en prison
Ma femme aux yeux de bois toujours sous la hache
Aux yeux de niveau d'eau de niveau d'air de terre et de feu

André Breton, *L'Union libre*, 1931, Éd. Gallimard.

9. pennes : **plumes garnissant la flèche**
10. placer : **gisement de métaux précieux**
11. ornithorynque : **mammifère australien à bec, queue et à doigts palmés**

QUESTIONS

Une poésie libérée

1. Le style d'André Breton se libère totalement des contraintes de la poésie classique mais en même temps, il illustre un thème traditionnel de la poésie lyrique : le blason du corps féminin.
Quelles sont les différentes parties du corps abordées ? Suivent-elles une progression logique ?

2. En quoi la construction du poème est-elle originale et moderne ?

La mélopée amoureuse

3. Comme un chant adressé à la femme aimée, *L'Union libre* trouve son rythme dans la répétition des mêmes sonorités.
Quelle est la construction syntaxique de la plupart des vers ?

4. Quel effet musical la répétition des mêmes termes (anaphore) produit-elle ?

5. En quoi l'absence de ponctuation renforce-t-elle cette impression ?

La création du sens

6. L'image surréaliste s'appuie sur le rapport d'analogie, rapprochant deux réalités très éloignées l'une de l'autre, sans lien logique apparent. Relevez cinq exemples d'analogies dans le poème. Quel est l'effet produit ?

7. Relevez et classez les images en fonction du domaine auquel elles se rattachent.

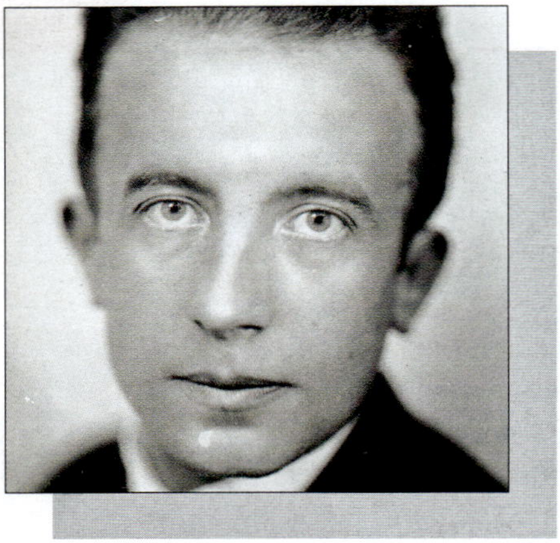

Paul Éluard

Nom : Grindel
Prénom : Eugène
Pseudonyme : Paul Éluard
Naissance : le 15 décembre 1895, à Saint-Denis, dans la banlieue parisienne
Décès : le 18 novembre 1952, à neuf heures du matin
Lieux : Paris, le sanatorium de Clavadel en Suisse, les tranchées d'Hargicourt dans la Somme
Situation familiale : marié trois fois
Professions : agent immobilier, écrivain, conférencier
Amitiés : André Breton, Philippe Soupault, Louis Aragon
Amours : Gala, Nusch, Dominique

Il a écrit

des recueils de poèmes, dont : *Mourir de ne pas mourir* (1924), *Capitale de la douleur* (1926), *L'Amour la poésie* (1929), *Les Yeux fertiles* (1936), *Poésie et Vérité 1942* (1942), *Poésie ininterrompue* (1946-1953).

LE JEUNE HOMME AMOUREUX

L'enfance puis l'adolescence d'Eugène Grindel sont marquées par des déménagements successifs : l'ascension sociale de son père, agent immobilier, lui fait fréquenter tour à tour l'école de Saint-Denis, celle d'Aulnay-sous-Bois, puis l'école Colbert de Paris. Mais la tuberculose l'oblige à interrompre ses études. Il passe alors une longue période en Suisse, au sanatorium de Clavadel, où il fait la connaissance d'une jeune fille russe, Gala, dont il tombe passionnément amoureux. Lorsque la guerre éclate, Éluard a vingt ans. Il se voit affecté dans la Somme, en tant qu'infirmier militaire. Bouleversé par le spectacle quotidien de la « boucherie héroïque », il demande à rejoindre l'infanterie. Une permission de trois jours lui permet ainsi d'épouser Gala.

LE SURRÉALISTE RÉVOLTÉ

En 1919, Éluard fait la rencontre de trois jeunes poètes, Aragon, Breton et Soupault. Les jeunes gens publient dans des revues éphémères, enchaînent scandales, bagarres et provocations en même temps que les recueils. Cette vie tumultueuse pousse Éluard, après une série de déceptions amoureuses, à partir pour Tahiti. Gala, accompagnée par Max Ernst, vient cependant le rechercher quelques mois plus tard à Saïgon. Ils rentrent à Paris pour la publication du *Manifeste du surréalisme*. Un second mariage, une nouvelle passion viennent relancer l'inspiration du poète qui devient l'un des chefs de file du mouvement.

LE POÈTE ENGAGÉ

L'occupation de la France par l'armée allemande et la politique de collaboration du régime de Vichy ne pouvaient laisser Éluard indifférent. Il entre alors dans la clandestinité. Sa popularité devient immense avec la publication du poème *Liberté* qui, traduit, est parachuté à tous les résistants d'Europe. À la Libération, Éluard voyage beaucoup, participant à de nombreuses conférences sur la paix nouvelle. Cependant, la mort de Nusch, sa compagne, le bouleverse au point de le placer au bord de la folie. Marié une nouvelle fois, il tombe cependant gravement malade. Une crise cardiaque emporte ce poète aux mots amoureux qui, sa vie durant, a chanté la louange de la femme aimée.

Mourir de ne pas mourir

1924

Mourir de ne pas mourir, publié en 1924, devait être, selon Éluard, son « dernier recueil ». Il s'enfuit la veille de sa publication, décidé à disparaître pour toujours, comme Rimbaud cinquante ans auparavant. Éluard donne à la poésie surréaliste une voix neuve dont la force repose sur la simplicité des mots, traits d'union entre le rêve et la réalité.

Le Jeu de construction

L'homme s'enfuit, le cheval tombe,
La porte ne peut pas s'ouvrir,
L'oiseau se tait, creusez sa tombe,
Le silence le fait mourir.

Un papillon sur une branche
Attend patiemment l'hiver,
Son cœur est lourd, la branche penche,
La branche se plie comme un ver.

Pourquoi pleurer la fleur séchée
Et pourquoi pleurer les lilas ?
Pourquoi pleurer la rose d'ambre[1] ?

Pourquoi pleurer la pensée tendre ?
Pourquoi chercher la fleur cachée
Si l'on n'a pas de récompense ?

– Mais pour ça, ça et ça.

Paul Éluard, *Mourir de ne pas mourir*, 1924,
Éd. Gallimard.

1. *ambre* : résine utilisée en bijouterie

QUESTIONS

Un rêve surréaliste

1. Éluard tente, comme de nombreux poètes surréalistes, de recréer l'atmosphère du rêve dans ses poèmes.
Relevez dans les deux premiers quatrains les indices qui peuvent rappeler l'atmosphère d'un rêve.

2. Relevez et analysez les images (comparaisons et métaphores) qui participent à la création d'un univers dominé par le rêve.

La mélancolie poétique

3. Sur son manuscrit, le poète avait d'abord écrit : « Le silence m'a fait mourir » (vers 4), mettant ainsi en évidence une profonde mélancolie.
Relevez le champ lexical de la tristesse dans le poème. Quels désirs met-il en valeur ?

4. En quoi le dernier vers vient-il redonner une dimension optimiste au poème ? Expliquez sa signification.

Le jeu poétique

5. Le titre souligne que, pour Éluard, la poésie est un jeu qui unit des éléments très divers par le rythme, le lexique ou la versification.
Analysez la structure du poème : composition des strophes, rimes, nombre de syllabes…

6. Sur quelle alternance rythmique le premier quatrain est-il construit ?

7. Sur quels procédés le rythme des tercets repose-t-il ?

Capitale de la douleur

Ce poème appartient à la période surréaliste du poète, marquée par la célébration de l'amour fou. La femme donne à voir le monde dans toute sa pureté, un monde sans angoisse où le thème du regard est prédominant.

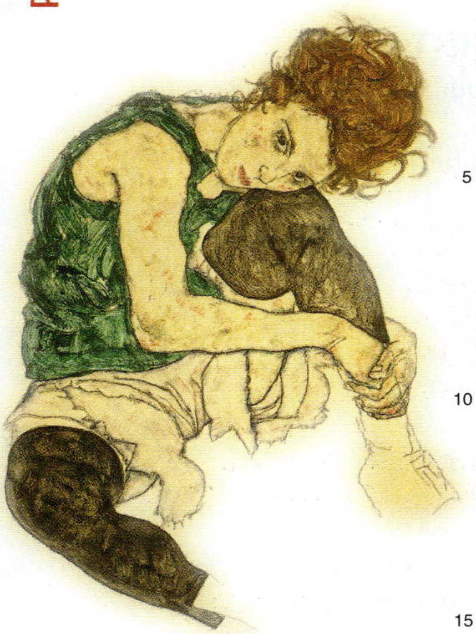

▲ *Femme assise avec la jambe gauche repliée,* par Egon Schiele.

La courbe de tes yeux fait le tour de mon cœur,
Un rond de danse et de douceur,
Auréole[1] du temps, berceau nocturne et sûr,
Et si je ne sais plus tout ce que j'ai vécu
C'est que tes yeux ne m'ont pas toujours vu.

Feuilles de jour et mousse de rosée,
Roseaux du vent, sourires parfumés,
Ailes couvrant le monde de lumière,
Bateaux chargés du ciel et de la mer,
Chasseurs des bruits et sources des couleurs,

Parfums éclos d'une couvée d'aurores
Qui gît[2] toujours sur la paille des astres,
Comme le jour dépend de l'innocence
Le monde entier dépend de tes yeux purs
Et tout mon sang coule dans leurs regards.

Paul Éluard, *Capitale de la douleur,* 1926, Éd. Gallimard.

1. *auréole :* couronne de lumière
2. *qui gît :* qui est étendu

QUESTIONS

L'échange amoureux

1. On définit comme lyrique une poésie qui exprime des émotions et des passions personnelles et amoureuses.
En quoi cette définition peut-elle s'appliquer au poème d'Éluard ?

2. La poésie amoureuse exalte le rapport entre le poète et son inspiratrice. Relevez et analysez l'utilisation des pronoms personnels et des adjectifs possessifs.

La séduction du regard

3. Éluard consacre tout son poème aux yeux. Relevez les images auxquelles ils sont associés. À quels thèmes ces images sont-elles liées ?

4. Le regard de la femme aimée imprime au monde un motif circulaire qui le transforme en un refuge. Relevez les images s'inspirant du motif du cercle et donnez-leur une signification.

La douceur du monde

5. Un élargissement progressif au « monde entier » s'opère à travers les thèmes de la nature, du voyage et d'une nouvelle naissance. Relevez et analysez le champ lexical développé par ces thèmes.

6. L'amour est aussi une façon de s'ouvrir à la douceur du monde. Relevez et classez les différentes sensations qui participent à cette impression de douceur.

Le Lit la table

Éluard, poète engagé dans la Résistance, garde la simplicité d'un langage qui touche. Il établit, dans « Le Cimetière des fous », un parallèle entre ceux qui sont morts pour défendre la liberté et ceux qu'on enferme afin de ne plus voir leur folie.

▲ *L'Au-delà*, peint par René Magritte en 1938.

Le Cimetière des fous[1]

Ce cimetière enfanté par la lune
Entre deux vagues de ciel noir
Ce cimetière archipel[2] de mémoire
Vit de vents fous et d'esprits en ruine

Trois cents tombeaux réglés[3] de terre nue
Pour trois cents morts masqués de terre
Des croix sans nom corps du mystère
La terre éteinte et l'homme disparu

Les inconnus sont sortis de prison
Coiffés d'absence et déchaussés

N'ayant plus rien à espérer
Les inconnus sont morts dans la prison

Leur cimetière est un lieu sans raison.

Asile de Saint-Alban, 1943

Paul Éluard, *Le Lit la table*, 1944, Éd. Gallimard.

1. **Éluard était réfugié pendant la Seconde Guerre mondiale dans un hôpital psychiatrique**
2. archipel : **groupe d'îles**
3. réglés : **alignés**

QUESTIONS

Une atmosphère lugubre

1. L'atmosphère du poème repose sur l'omniprésence de la mort, évoquée explicitement ou implicitement par les connotations de certains mots.
Complétez le tableau suivant :

Omniprésence de la mort	
Explicite	« cimetière », ...
Implicite	« ciel noir », ...

Un dénuement sans limite

2. Le cimetière est le lieu de l'absence de vie, d'espoir. Relevez les expressions qui soulignent cette absence et indiquez la réalité qu'elles évoquent. Par exemple, « sans nom » = perte d'identité.

3. Ne peut-on distinguer une progression dans le dénuement ? Que veut-elle montrer ?

4. Sur quelles sonorités ce climat lugubre repose-t-il ?

La folie des hommes

5. Éluard établit un parallèle entre l'asile psychiatrique, qui supprime toute dignité, et la guerre, qui souligne la folie des hommes. Il répète pour cela dans son poème certaines constructions syntaxiques qu'on nomme parallélismes.
Relevez et analysez ceux-ci.

6. Quelles significations peut-on donner au dernier vers ? Contre quelle logique s'élève-t-il ?

Louis Aragon

Nom : Aragon
Prénom : Louis
Naissance : le 3 octobre 1897, à Paris
Décès : le 24 décembre 1982, à Paris
Lieux : Paris, Moscou
Professions : écrivain, journaliste, homme politique
Amitiés : André Breton, Paul Éluard, Paul Nizan
Amour : Elsa Triolet, sœur de la compagne du poète russe Maïakovski

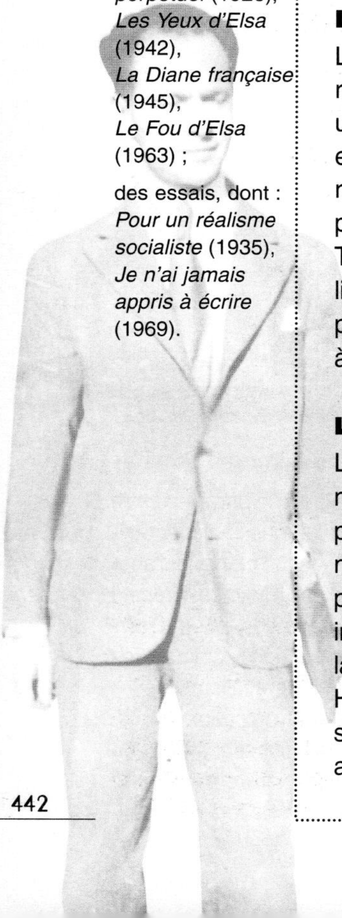

Il a écrit

des romans, dont : *Le Paysan de Paris* (1926), *Les Beaux Quartiers* (1936), *Blanche ou l'Oubli* (1967) ;

des recueils de poèmes, dont : *Le Mouvement perpétuel* (1926), *Les Yeux d'Elsa* (1942), *La Diane française* (1945), *Le Fou d'Elsa* (1963) ;

des essais, dont : *Pour un réalisme socialiste* (1935), *Je n'ai jamais appris à écrire* (1969).

L'ÉCRIVAIN PRÉCOCE

Enfant illégitime et néanmoins gâté, Aragon reçoit une éducation exclusivement féminine, fréquentant les meilleures institutions de Neuilly. On lui cache le mystère de ses origines jusqu'en 1917 : son père, ancien préfet de police puis ambassadeur, ne l'a pas reconnu. Le lycéen brille par ses résultats hors normes et entame des études de médecine. Il rencontre ainsi André Breton en 1917 à l'hôpital du Val-de-Grâce et traverse héroïquement la Première Guerre mondiale. Ensemble, ils participent activement au mouvement Dada et fondent la revue *Littérature*.

LE SURRÉALISTE AU SERVICE DE LA RÉVOLUTION

La publication du *Manifeste du surréalisme* en 1924 concrétise les recherches des jeunes poètes. La révolution est lancée ! Afin de lui donner une ampleur plus grande encore, Aragon, Éluard et Breton adhèrent ensemble au parti communiste, dont le modèle est, depuis la révolution russe, l'Union soviétique. Cependant, une période de tumulte affectif s'ouvre pour Aragon, ponctuée par une tentative de suicide. Sa rencontre avec Elsa Triolet est pour lui une seconde naissance. Aragon devient en 1927 journaliste à *L'Humanité*, poursuivant toutefois son œuvre romanesque avec la publication des *Beaux Quartiers*. Mais l'amitié avec Breton tourne peu à peu à l'orage : Aragon s'exclut du mouvement surréaliste.

L'ENGAGEMENT ET LES DOUTES

Lors de la Seconde Guerre mondiale, son courage vaut à Aragon la médaille militaire. L'Occupation le voit entrer dans la Résistance où il publie des poèmes clandestins comme *Les Yeux d'Elsa*. À la Libération, son engagement politique est toujours aussi vivace. Il entre bientôt au comité central du parti communiste. Ses « romans du monde réel » reflètent cet attachement indéfectible ; ses poèmes exaltent son amour pour Elsa. Cependant, la révélation des crimes de Staline, les sanglantes interventions soviétiques en Hongrie puis en Tchécoslovaquie plongent Aragon dans un doute grandissant. La mort d'Elsa, en 1970, accélère le processus. Aragon meurt en 1982, après avoir publié un recueil de nouvelles au titre éloquent : *Le Mentir-Vrai*.

Elsa au miroir

C'était au beau milieu de notre tragédie
Et pendant un long jour assise à son miroir
Elle peignait ses cheveux d'or je croyais voir
Ses patientes mains calmer un incendie
C'était au beau milieu de notre tragédie

Et pendant un long jour assise à son miroir
Elle peignait ses cheveux d'or et j'aurais dit
C'était au beau milieu de notre tragédie
Qu'elle jouait un air de harpe sans y croire
Pendant tout ce long jour assise à son miroir

Elle peignait ses cheveux d'or et j'aurais dit
Qu'elle martyrisait à plaisir sa mémoire
Pendant tout ce long jour assise à son miroir
À ranimer les fleurs sans fin de l'incendie
Sans dire ce qu'une autre à sa place aurait dit

Elle martyrisait à plaisir sa mémoire
C'était au beau milieu de notre tragédie
Le monde ressemblait à ce miroir maudit
Le peigne partageait les feux de cette moire[1]
Et ces feux éclairaient des coins de ma mémoire

C'était au beau milieu de notre tragédie
Comme dans la semaine est assis le jeudi

Et pendant un long jour assise à sa mémoire
Elle voyait au loin mourir dans son miroir

Un à un les acteurs de notre tragédie
Et qui sont les meilleurs de ce monde maudit

Et vous savez leurs noms sans que je les aie dits
Et ce que signifient les flammes des longs soirs

Et ses cheveux dorés quand elle vient s'asseoir
Et peigner sans rien dire un reflet d'incendie

Louis Aragon, *La Diane française*, 1945,
Éd. Seghers.

1. *moire* : **étoffe de soie présentant des reflets chatoyants**

QUESTIONS

Le miroir d'Elsa

1. Observez le dernier mot des premier et dernier vers de chaque quintil. Que semble suggérer cette construction ?

Le vertige sonore

2. La reprise de certains vers avec quelques variantes crée un vertige sonore. Relevez les variantes des vers 2, 3 et 4.

Le reflet des années noires

3. Le poète évoque le contexte historique de la France occupée. À travers quels leitmotive Aragon évoque-t-il la sombre réalité ?

Jean Giraudoux

Nom : Giraudoux
Prénom : Jean
Naissance : le 29 octobre 1882, à Bellac, dans le Limousin
Décès : le 31 janvier 1944, à Paris
Lieux : Châteauroux, Paris, Munich, Harvard
Situation familiale : marié
Profession : diplomate
Amitié : Louis Jouvet

Il a écrit

des romans, dont : *Suzanne ou le Pacifique* (1921), *Juliette au pays des hommes* (1924) ;

des pièces de théâtre, dont : *Amphitryon 38* (1929), *Intermezzo* (1933), *La guerre de Troie n'aura pas lieu* (1935), *Électre* (1937), *Ondine* (1939) ;

des essais, dont : *Pleins Pouvoirs* (1939), *Sans Pouvoirs* (publication posthume, 1946).

L'INTERNE STUDIEUX

Loin du Paris des Années folles, Jean Giraudoux naît à Bellac, en plein cœur du Limousin, au « centre même de la France ». Il grandit sagement, sous les regards bienveillants d'une mère affectueuse dont il ne parle jamais, et d'un père fonctionnaire, à l'honnêteté scrupuleuse. Des études brillantes au lycée de Châteauroux où il est interne valent à ce boursier de rejoindre Paris et d'entrer dans la prestigieuse École normale supérieure de la rue d'Ulm. Des séjours en Allemagne, à Munich, puis aux États-Unis, à Harvard, en font un jeune homme un peu dandy, à l'éducation très solide. Il publie bientôt dans la rubrique « Les Contes des mille et un matins » à laquelle participe la célèbre Colette.

L'ÉCRIVAIN DIPLOMATE

Au seuil de sa carrière d'écrivain, Jean Giraudoux se sent attiré par le Quai d'Orsay et la diplomatie. Il y entre par le « petit concours » pour recevoir à trente et un ans le grade de vice-consul. La Première Guerre mondiale lui fait connaître les blessures et les honneurs, sur les champs de bataille d'Alsace et des Dardanelles. Secrétaire d'ambassade après la démobilisation, Giraudoux continue à publier des romans qui connaissent un vif succès. C'est ainsi un romancier proche de la gloire qui fait la rencontre du comédien et metteur en scène Louis Jouvet en 1928. Commence alors entre les deux hommes une complicité qui fera les beaux jours du théâtre de l'Athénée.

LA DÉCOUVERTE DU TRAGIQUE

Le théâtre est une consécration pour Giraudoux dont la renommée dépasse vite les frontières de la France. L'univers diplomatique ne pouvait toutefois manquer d'alerter le dramaturge de la menace nouvelle qui pèse sur l'Europe : l'engagement politique se traduit dès lors par le prophétisme sombre de ses deux pièces les plus célèbres, *La guerre de Troie n'aura pas lieu* (1935), et *Électre* (1937). Lorsque la Seconde Guerre mondiale éclate et transforme la débâcle de 40 en victoire de l'absurde, le diplomate prend sa retraite pour se consacrer entièrement au théâtre. Giraudoux meurt quelques mois avant la libération de son pays. Ses dernières pièces seront jouées avec un succès immense, Louis Jouvet assurant leur mise en scène.

La guerre de Troie n'aura pas lieu

1935

La guerre de Troie a bien eu lieu, chacun le sait. Giraudoux fait donc une mise en garde contre d'autres conflits à venir, rendant visible la fatalité d'une nouvelle guerre. Ici, il s'attaque aux intellectuels qui, tel Demokos, ne voient dans la guerre qu'un moyen de se faire écouter du peuple.

DEMOKOS. – Puis-je enfin réclamer un peu de silence, Pâris ?... Abnéos, et toi, Géomètre, et vous mes amis, si je vous ai convoqués ici avant l'heure, c'est pour tenir notre premier conseil. Et c'est de bon augure[1] que ce premier conseil de guerre ne soit pas celui des généraux, mais celui des intellectuels. Car il ne suffit pas, à la guerre, de fourbir des armes à nos soldats. Il est indispensable de porter au comble leur enthousiasme. L'ivresse physique, que leurs chefs obtiendront à l'instant de l'assaut par un vin à la résine[2] vigoureusement placé, restera vis-à-vis des Grecs inefficiente[3], si elle ne se double de l'ivresse morale que nous, les poètes, allons leur verser. Puisque l'âge nous éloigne du combat, servons du moins à le rendre sans merci. Je vois que tu as des idées là-dessus, Abnéos, et je te donne la parole.

ABNÉOS. – Oui. Il nous faut un chant de guerre.

DEMOKOS. – Très juste. La guerre exige un chant de guerre.

PÂRIS. – Nous nous en sommes passés jusqu'ici.

HÉCUBE. – Elle chante assez fort elle-même...

ABNÉOS. – Nous nous en sommes passés, parce que nous n'avons jamais combattu que des barbares[4]. C'était de la chasse. Le cor suffisait. Avec les Grecs, nous entrons dans un domaine de guerre autrement relevé.

DEMOKOS. – Très exact, Abnéos. Ils ne se battent pas avec tout le monde.

PÂRIS. – Nous avons déjà un chant national.

ABNÉOS. – Oui. Mais c'est un chant de paix.

PÂRIS. – Il suffit de chanter un chant de paix avec grimace et gesticulation pour qu'il devienne un chant de guerre... Quelles sont déjà les paroles du nôtre ?

ABNÉOS. – Tu le sais bien, anodines[5]. – C'est nous qui fauchons les moissons, qui pressons le sang de la vigne !

DEMOKOS. – C'est tout au plus un chant de guerre contre les céréales. Vous n'effraierez pas les Spartiates[6] en menaçant le blé noir.

PÂRIS. – Chante-le avec un javelot à la main et un mort à tes pieds, et tu verras.

Jean Giraudoux, *La guerre de Troie n'aura pas lieu*,
Acte II, scène 4, 1935, Éd. Grasset.

1. *bon augure :* bon présage
2. vin grec parfumé à la résine
3. *inefficiente :* inefficace, sans effet
4. *barbares :* ensemble des peuples étrangers
5. *anodines :* sans force, sans valeur
6. *Spartiates :* guerriers de Sparte en Grèce, à la réputation redoutable

QUESTIONS

La satire des poètes

1. Giraudoux dénonce ceux qui poussent au combat.
Par quels moyens Demokos veut-il donner du courage aux soldats ?

2. Pourquoi peut-on dire que Demokos fait preuve d'hypocrisie ?

L'affrontement des opinions

3. Au couple Demokos-Abnéos, Giraudoux oppose le couple Hécube-Pâris.
Relevez les traits ironiques lancés par ces deux personnages. Que dénoncent-ils ?

La double énonciation

4. À quelle réalité connue du spectateur les paroles du chant de guerre renvoient-elles ?

5. Expliquez la phrase : « C'est nous qui fauchons les moissons, qui pressons le sang de la vigne ! »

JEAN GIRAUDOUX

Électre

Pour Jean Giraudoux, les mythes antiques, en montrant des individus qui affrontent leur destin, dévoilent la beauté et la fragilité de la condition humaine. Selon une légende grecque, Agamemnon, le roi de Mycènes, a été tué par sa femme, Clytemnestre. Éloigné pendant de nombreuses années, Oreste, leur fils, rentre au palais où l'attend sa sœur, Électre. Celle-ci veut venger son père. Oreste et Clytemnestre se rencontrent pour la première fois.

CLYTEMNESTRE[1]. – Ainsi c'est toi, Oreste ?

ORESTE[2]. – Oui, mère, c'est moi.

CLYTEMNESTRE. – C'est doux, à vingt ans, de voir une mère ?

ORESTE. – Une mère qui vous a chassé, triste et doux.

CLYTEMNESTRE. – Tu la regardes de bien loin.

ORESTE. – Elle est ce que j'imaginais.

CLYTEMNESTRE. – Mon fils aussi. Beau. Souverain. Et pourtant je m'approche.

ORESTE. – Moi non. À distance c'est une splendide mère.

CLYTEMNESTRE. – Qui te dit que de près sa splendeur subsiste ?

ORESTE. – Ou sa maternité ? C'est bien pour cela que je reste immobile.

CLYTEMNESTRE. – Un mirage de mère, cela te suffit ?

ORESTE. – J'ai eu tellement moins jusqu'à ce jour. À ce mirage du moins je peux dire ce que je ne dirai jamais à ma vraie mère.

CLYTEMNESTRE. – Si le mirage le mérite, c'est déjà cela. Que lui dis-tu ?

ORESTE. – Tout ce que je ne te dirai jamais. Tout ce qui, dit à toi, serait mensonge.

CLYTEMNESTRE. – Que tu l'aimes ?

ORESTE. – Oui.

CLYTEMNESTRE. – Que tu la respectes ?

ORESTE. – Oui.

CLYTEMNESTRE. – Que tu l'admires ?

ORESTE. – Sur ce point seul mirage et mère peuvent partager.

CLYTEMNESTRE. – Pour moi, c'est le contraire. Je n'aime pas le mirage de mon fils. Mais que mon fils soit lui-même devant moi, qu'il parle, qu'il respire, je perds mes forces.

ORESTE. – Songe à lui nuire[3], tu les retrouveras.

CLYTEMNESTRE. – Pourquoi es-tu si dur ? Tu n'as pas l'air cruel, pourtant. Ta voix est douce.

ORESTE. – Oui. Je ressemble point par point au fils que j'aurais pu être. Toi aussi d'ailleurs ! À quelle mère admirable tu ressembles en ce moment. Si je n'étais pas ton fils, je m'y tromperais.

ÉLECTRE[4]. – Alors, pourquoi parlez-vous tous deux ? Que penses-tu gagner, mère, à cette ignoble coquetterie maternelle ? Puisque au milieu de la nuit, des haines, des menaces, s'est ouvert une minute ce guichet qui permet à la mère et au fils de s'entrevoir tels qu'ils ne sont pas, profitez-en, et refermez-le. La minute est écoulée.

CLYTEMNESTRE. – Pourquoi si vite ? Qui te dit qu'une minute d'amour maternel suffise à Oreste ?

ÉLECTRE. – Tout me dit que toi tu n'as pas droit, dans ta vie, à plus d'une

1. *Clytemnestre :* mère d'Oreste et d'Électre
2. *Oreste :* frère d'Électre et fils de Clytemnestre
3. *nuire :* faire du mal
4. *Électre :* fille de Clytemnestre et sœur d'Oreste

5. *Euménides :* divinités de la vengeance. Petites filles au début de la pièce, elles grandissent au fur et à mesure des scènes

minute d'amour filial. Tu l'as eue. Et comble… Quelle comédie joues-tu ? Va t'en…

CLYTEMNESTRE. – Très bien. Adieu.

UNE PETITE EUMÉNIDE[5], *apparaissant derrière les colonnes.* – Adieu, vérité de mon fils.

ORESTE. – Adieu.

SECONDE PETITE EUMÉNIDE. – Adieu, mirage de ma mère.

ÉLECTRE. – Vous pouvez vous dire au revoir. Vous vous reverrez.

Jean Giraudoux, *Électre,* Acte I, scène 11, 1937, Éd. Grasset.

► Le face à face entre Oreste et Clytemnestre dans la pièce de Sophocle, *Électre*, jouée et mise en scène au théâtre de Chaillot à Paris.

QUESTIONS

Une situation tendue

1. Cette scène montre, au-delà du mythe antique, les difficultés qui peuvent exister entre une mère et un fils abandonné. Repérez-les en remplissant le tableau suivant :

Champs lexicaux	Clytemnestre	Oreste
Amour/Haine	....	....
Proximité/ Éloignement	....	....
Vérité/ Mensonge	....	....

Les rapports de force

2. L'échange des paroles permet d'étudier les rapports de force entre les personnages. Repérez les indices des événements qui se sont passés auparavant et qui expliquent l'état de leurs relations.

3. Relevez l'origine et la fréquence des questions. Qui se trouve en position de demande et donc de faiblesse ?

4. Analysez de la même manière les positions et les mouvements des personnages. Que montrent-ils ?

L'impossible réconciliation

5. Les thèmes, les mouvements, les échanges semblent opposer Oreste et Clytemnestre mais un espoir de réconciliation semble encore possible. En quoi l'intervention d'Électre détruit-elle cet espoir ? Analysez les images qu'elle utilise. Quel est le champ lexical dominant dans ses interventions ?

6. Que semble signifier l'intervention des petites Euménides ? Pourquoi peut-on dire qu'elles incarnent la fatalité ?

François Mauriac

Nom : Mauriac
Prénom : François
Naissance : le 11 octobre 1885, à Bordeaux
Décès : le 1er septembre 1970, à Paris
Lieux : le domaine familial de Malagar, en Gironde ; Paris, où il réside
Situation familiale : marié
Professions : romancier, journaliste, mémorialiste
Amitiés : l'écrivain Maurice Barrès, à qui il soumet ses premiers poèmes ; le général de Gaulle qu'il soutient toute sa vie

Il a écrit

des romans, dont : *Le Baiser au lépreux* (1922), *Génitrix* (1923), *Le Désert de l'amour* (1925), *Thérèse Desqueyroux* (1927), *Le Nœud de vipères* (1932), *Le Sagouin* (1951) ;

des textes autobiographiques, dont : *Mémoires intérieurs* (1959) ;

des essais, dont : *Le Bloc-Notes* (1952-1957).

LE CATHOLIQUE

Né à Bordeaux, François Mauriac a deux ans lorsque son père meurt. Sous influence maternelle il fréquente les institutions catholiques de la région bordelaise dont les paysages, l'atmosphère et le climat imprégneront largement ses romans. Très vite, la vocation d'écrivain s'impose, prenant d'abord la forme d'un premier recueil de poèmes, *Les Mains jointes*, en 1909. Le titre est symbolique du thème unique d'un écrivain qui se définit comme « un catholique qui écrit des romans ». *Le Baiser au lépreux*, en 1922, puis *Thérèse Desqueyroux*, en 1927, font de François Mauriac un romancier renommé.

LE MORALISTE

Les romans de Mauriac éclairent d'une lumière souvent très crue la haine et le péché qui caractérisent ses personnages. L'âme humaine et ses abîmes sont ainsi au centre de l'œuvre. Les années trente marquent toutefois une évolution : devant les bouleversements sociaux et politiques de l'Europe, Mauriac s'engage avec force. Son audience s'est accrue avec son élection à l'Académie française en 1933, l'écrivain en profite pour dénoncer les crimes de la guerre d'Espagne. La défaite et l'Occupation le poussent à devenir l'un des plus fidèles partisans du général de Gaulle.

LE POLÉMISTE

Mauriac devient dans les années cinquante un journaliste brillant et combatif, immédiatement reconnaissable à sa voix, altérée depuis une opération des cordes vocales. Il dénonce le colonialisme, milite pour l'indépendance des pays du Maghreb et obtient, en 1952, le prix Nobel de littérature. Journaliste à *L'Express* puis au *Figaro littéraire* à partir de 1961, Mauriac voit dans le général de Gaulle l'homme providentiel qu'il faut à la France. Attentif à toutes les manifestations de la vie politique, il incarne, dans les dernières années de sa vie, l'image d'un polémiste brillant et redoutable. Il meurt à quatre-vingt-cinq ans, laissant derrière lui une œuvre romanesque féconde, enrichie d'observations sur la société, qu'il publie dans ses *Mémoires*.

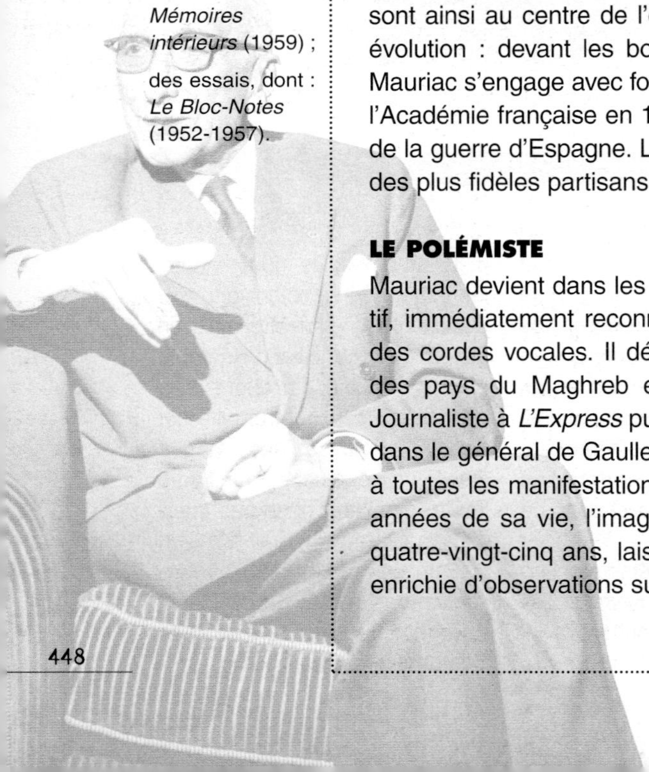

Thérèse Desqueyroux

1927

Mauriac n'a cessé de dénoncer dans son œuvre l'hypocrisie de l'univers des grands propriétaires terriens, monde dans lequel il est né et où il a grandi. Dans la plupart de ses romans, les héros présentent un double visage, partagés entre la perversité et la sainteté. Thérèse Desqueyroux n'échappe pas à la règle : elle tente d'empoisonner son mari qui lui fait horreur.

C'était ce jour du grand incendie de Mano[1]. Des hommes entraient dans la salle à manger où la famille déjeunait en hâte. Les uns assuraient que le feu paraissait très éloigné de Saint-Clair[2] ; d'autres insistaient pour que sonnât le tocsin[3]. Le parfum de la résine brûlée imprégnait ce jour torride et le soleil était comme sali. Thérèse revoit Bernard, la tête tournée, écoutant le rapport de Balion[4], tandis que sa forte main velue s'oublie au-dessus du verre et que les gouttes de Fowler[5] tombent dans l'eau. Il avale d'un coup le remède sans, qu'abrutie de chaleur, Thérèse ait songé à l'avertir qu'il a doublé sa dose habituelle. Tout le monde a quitté la table – sauf elle qui ouvre des amandes fraîches, indifférente, étrangère à cette agitation, désintéressée de ce drame, comme de tout drame autre que le sien. Le tocsin ne sonne pas. Bernard rentre enfin : « Pour une fois, tu as eu raison de ne pas t'agiter : c'est du côté de Mano que ça brûle… » Il demande : « Est-ce que j'ai pris mes gouttes ? » et sans attendre la réponse, de nouveau il en fait tomber dans son verre. Elle s'est tue par paresse, sans doute, par fatigue. Qu'espère-t-elle à cette minute ? « Impossible que j'aie prémédité de me taire. »

Pourtant, cette nuit-là, lorsqu'au chevet de Bernard vomissant et pleurant, le docteur Pédemay l'interrogea sur les incidents de la journée, elle ne dit rien de ce qu'elle avait vu à table. Il eût été pourtant facile, sans se compromettre, d'attirer l'attention du docteur sur l'arsenic que prenait Bernard.

François Mauriac, *Thérèse Desqueyroux*, 1927, Éd. Grasset.

1. *Mano :* **domaine voisin de celui qu'habitent les personnages**
2. *Saint-Clair :* **village où résident Thérèse et Bernard**
3. *le tocsin :* **sonnerie de cloche destinée à donner l'alarme**
4. *Balion :* **adjoint de Bernard**
5. *Fowler :* **liqueur destinée à soigner Bernard**

QUESTIONS

Les lieux de l'enfance

1. Tous les romans de Mauriac ont pour cadre la Gironde où il est né et qu'il recrée à travers la description des lieux de son enfance. Relevez les indications de lieu dans ce passage.

2. Grâce à quels détails l'auteur donne-t-il de la scène une description réaliste ?

3. Quel est le point de vue choisi par Mauriac pour son récit ? Justifiez votre réponse.

Un personnage ambigu

4. Le personnage de Thérèse hante l'imagination de Mauriac car elle incarne le crime et le péché, mais aussi une forme d'innocence originale.
Quels éléments peuvent venir atténuer la culpabilité de Thérèse dans cet extrait ?

5. Pourquoi, cependant, Thérèse reste-t-elle coupable aux yeux du narrateur ? Appuyez votre réponse sur les lignes 19 à 23.

La narration du souvenir

6. Le roman de Mauriac opère un va-et-vient entre le moment de la narration et les souvenirs de Thérèse, au moyen des retours en arrière.
Quel est le temps employé par l'auteur pour faire la description du « crime » ? Quel est l'intérêt pour le lecteur d'un tel procédé ?

7. Découpez le texte en trois parties, en fonction des temps utilisés par l'auteur. Donnez-leur un titre.

Louis-Ferdinand Céline

Nom : Destouches
Prénom : Louis-Ferdinand
Pseudonyme : Louis-Ferdinand Céline
Naissance : le 27 mai 1894, à Courbevoie
Décès : le 1er juillet 1961, à Meudon
Lieux : Paris et sa banlieue, l'Angleterre, New York, Sigmaringen lors de la débâcle de 1944, la prison à Copenhague, Meudon
Situation familiale : marié
Professions : médecin, écrivain
Amitiés : rares

Il a écrit

des romans, dont : *Voyage au bout de la nuit* (1932), *Mort à crédit* (1936), *D'un château l'autre* (1957), *Rigodon* (1961).

L'APPRENTISSAGE DE LA VIE

Louis-Ferdinand Destouches passe son enfance à Courbevoie, dans la banlieue parisienne où il est né, recevant une éducation sérieuse, bien moins misérable que celle décrite dans ses romans. Ses parents, petits commerçants, l'envoient même en Angleterre et en Allemagne, avant de le placer en apprentissage dans de grandes maisons de commerce. À dix-huit ans, Louis-Ferdinand s'engage pour trois années dans un régiment de cuirassiers. Lorsque la Première Guerre mondiale éclate, il se distingue par son courage : il est blessé, médaillé puis réformé. Il commence alors une vie d'errance à Londres, au Cameroun, puis en France, où il entame des études de médecine.

LE MÉDECIN ROMANCIER

Céline obtient son doctorat de médecine en 1924. Le docteur Destouches voyage alors pour le compte de la Société des Nations aux États-Unis et en Afrique, avant de s'installer au dispensaire de Clichy. C'est à cette époque qu'il se découvre une vocation d'écrivain. *Voyage au bout de la nuit*, son premier roman, obtient en 1932 le prix Renaudot : il y décrit sur le mode autobiographique son errance à travers le monde, dont il donne une vision très pessimiste. *Mort à crédit*, son deuxième roman, fait scandale. Céline y dresse un tableau particulièrement sombre des banlieues de son enfance mais s'impose par un style original : celui-ci supprime toute frontière entre l'écrit et l'émotion du langage parlé, embarquant le lecteur dans son « métro émotif ».

LE PARIA

Céline, à la fin des années trente, développe des thèses racistes et antisémites dans plusieurs pamphlets, publiés de 1937 à 1941. La haine du genre humain tout entier semble être devenue le moteur de son écriture. Ses prises de position contre les juifs dans la presse de la collaboration le contraignent à s'enfuir à la Libération. Il accompagne Pétain lors de la débâcle en Allemagne, puis connaît la prison au Danemark. Amnistié, Céline revient vivre en France et publie à nouveau, dans l'isolement le plus complet. Il donne désormais de lui l'image d'un marginal, solitaire et persécuté. Il meurt en 1951.

Voyage au bout de la nuit

1932

Céline invente une nouvelle forme littéraire, mêlée de violentes accusations et d'un langage agressif, souvent argotique.

– Le maréchal des logis[1] Barousse vient d'être tué, mon colonel, qu'il dit tout d'un trait[2].

– Et alors ?

– Il a été tué en allant chercher le fourgon à pain sur la route des Étrapes, mon colonel !

– Et alors ?

– Il a été éclaté par un obus !

– Et alors, nom de Dieu !

– Et voilà ! Mon colonel...

– C'est tout ?

– Oui, c'est tout, mon colonel.

– Et le pain ? demanda le colonel.

▲ *Le Défilé des mutilés (détail)*, peint avec émotion par Galtier-Boissière au lendemain de la Grande Guerre.

Ce fut la fin de ce dialogue parce que je me souviens bien qu'il a eu le temps de dire tout juste : « Et le pain ? » Et puis ce fut tout. Après ça, rien que du feu et puis du bruit avec. Mais alors un de ces bruits comme on ne croirait jamais qu'il en existe. On en a eu tellement plein les yeux, les oreilles, le nez, la bouche, tout de suite, du bruit, que je croyais bien que c'était fini que j'étais devenu du feu et du bruit moi-même.

Et puis non, le feu est parti, le bruit est resté longtemps dans ma tête, et puis les bras et les jambes qui tremblaient comme si quelqu'un vous les secouait de par-derrière. Ils avaient l'air de me quitter, et puis ils me sont restés quand même mes membres. Dans la fumée qui piqua les yeux encore pendant longtemps, l'odeur pointue de la poudre et du soufre nous restait comme pour tuer les punaises et les puces de la terre entière.

Louis-Ferdinand Céline, *Voyage au bout de la nuit*, 1932, Éd. Gallimard.

1. *maréchal des logis* : sous-officier dans l'artillerie
2. *tout d'un trait* : à toute vitesse

QUESTIONS

L'impossible dialogue

1. Le narrateur dénonce le côté inhumain de la hiérarchie militaire. Qu'est-ce qui, dans le dialogue, souligne les rapports de force ? Appuyez votre réponse sur les types de phrases employés.

2. En quoi les deux hommes ont-ils des conceptions radicalement opposées de la guerre ?

Le monologue intérieur

3. Le monologue intérieur donne des informations sur la réalité décrite et informe le lecteur sur les pensées et sensations du narrateur. Illustrez chacune de ces fonctions par des exemples précis.

4. Relevez les indices de l'oralité du discours : vocabulaire familier, tournures orales, etc.

Une remise en cause de la guerre

5. Lors de sa parution, en 1932, le *Voyage au bout de la nuit* fit scandale, par la description qu'il faisait des héros de la Première Guerre mondiale.
En quoi ce passage a-t-il pu scandaliser ? Rédigez un paragraphe d'une dizaine de lignes.

Mort à crédit

Céline emporte son lecteur dans un univers fait des souvenirs d'une enfance difficile dont il aime restituer l'émotion. Inventeur de langue, il brise les règles de la syntaxe ordinaire pour recréer l'illusion d'un style oral populaire, capable de restaurer l'intimité du lecteur et du narrateur. Dans cet extrait, le jeune Ferdinand, envoyé en Angleterre pour un séjour linguistique, voit avec tristesse le moment de son départ approcher : l'école est en faillite, abandonnée aux regards mélancoliques de ses deux derniers pensionnaires.

C'est Jonkind[1] qui animait toutes les parlotes, lui tout seul ! « No trouble ! » Il avait appris un autre mot ! « No fear ! » Il en était fier et joyeux. Ça n'arrêtait pas ! « Ferdinand ! No fear ! » qu'il m'apostrophait sans cesse, entre chaque bouchée...

Dehors, j'aimais pas qu'on me remarque... Je lui bottais un petit peu le train... Il me comprenait bien, il me foutait la paix... Pour sa récompense, je lui donnais des cornichons. J'en emportais une réserve, j'en avais toujours plein mes poches... C'était sa friandise exquise, avec ça, je le faisais marcher... Il se serait fait crever en « pickles »...

Notre salon se déplumait[2]... Les bibelots sont barrés d'abord... et puis le divan capitonné rose, et puis les potiches[3], enfin pour finir les rideaux... Au milieu de la pièce, les derniers quinze jours, il ne restait plus que le Pleyel[4], un gros noir, monumental...

Ça me disait pas beaucoup de rentrer, puisqu'on avait plus très faim... On prenait des précautions, on emportait des provisions, on pillait un peu la cuistance[5] au moment de sortir. Je me sentais plus pressé du tout... Même fatigué je me trouvais mieux dehors à baguenauder[6] par-ci, par-là... On se reposait au petit bonheur... On se payait une dernière station, sur les marches ou sur les rocailles, juste à la porte de notre jardin... Là où passait le grand escalier, la montée du port, c'était presque sous nos fenêtres... On restait avec Jonkind, le plus tard possible, planqués, silencieux.

◄ « Même fatigué je me trouvais mieux dehors à baguenauder par-ci, par-là... » Les rues de Londres, lorsque Céline était pensionnaire, par le peintre Charles Ginner. *Piccadilly Circus*.

On discernait bien les navires, de cet endroit-là, les venues, les rencontres du port... C'était comme un vrai jeu magique... sur l'eau à remuer de tous les reflets... tous les hublots qui passent, qui viennent, qui scintillent encore... Le chemin de fer qui brûle, qui tremblote, qui incendie par le travers les arches minuscules... Nora, elle jouait toujours son piano en nous attendant... Elle laissait la fenêtre ouverte... On l'entendait bien de notre cachette... Elle chantait même un petit peu... à mi-voix... Elle s'accompagnait... Elle chantait pas fort du tout... C'était en somme un murmure... une petite romance... Je me souviens encore de l'air... J'ai jamais su les paroles... La voix s'élevait tout doucement, elle ondoyait dans la vallée... Elle revenait sur nous... L'atmosphère au-dessus du fleuve, ça résonne, ça amplifie... C'était comme de l'oiseau sa voix, ça battait des ailes, c'était partout dans la nuit, des petits échos...

Tous les gens étaient passés, tous ceux qui remontaient du boulot, les escaliers étaient vides... On était seuls avec « no fear »... On attendait qu'elle s'interrompe, qu'elle chante plus du tout, qu'elle ferme le clavier... Alors on rentrait.

Le piano à queue, il a plus existé longtemps. Il sont venus le chercher les déménageurs un lundi matin... Il a fallu qu'ils le démantibulent pièce par pièce... Avec Jonkind on a pris part à la manœuvre... Ils ont agencé d'abord un vrai treuil au-dessus de la croisée[7]... Ça passait mal par la fenêtre... Toute la matinée, au salon, ils ont trafiqué des cordes, des poulies... Ils ont basculé la grande caisse par la véranda du jardin... Je le vois encore le grand placard tout noir qui s'élève dans l'air... au-dessus du panorama...

Louis-Ferdinand Céline, *Mort à crédit*, 1936, Éd. Gallimard.

1. *Jonkind :* le seul ami de Ferdinand
2. les huissiers font saisir les meubles de l'école
3. *les potiches :* les vases
4. *Pleyel :* piano
5. *la cuistance :* la cuisine
6. *baguenauder :* flâner
7. *la croisée :* menuiserie encadrant la fenêtre

QUESTIONS

L'émotion du langage parlé

1. Céline introduit dans l'écriture romanesque le « langage parlé » qui caractérise son œuvre, effaçant la frontière entre l'écrit et l'oral. Relevez ce qui, dans le lexique, s'apparente au discours oral : termes familiers, tournures négatives incomplètes, ruptures de constructions, etc.
2. En quoi l'utilisation de la ponctuation vient-elle souligner cette oralité du texte ?
3. Quelle impression le style de Céline produit-il sur le lecteur ?

Une scène intimiste

4. Cet extrait se caractérise par la double intimité qui s'installe entre les personnages d'une part, entre le lecteur et le narrateur de l'autre. Relevez les images, les termes marquant la douceur et la demi-teinte dans ce passage. Montrez qu'ils créent une atmosphère magique pour les personnages.
5. Le narrateur abandonne parfois l'ordre chronologique du récit, faisant du lecteur une sorte de confident. Relevez ces passages et analysez les temps employés.

La « petite musique »

6. Céline aimait évoquer la « petite musique » qu'il imprime à la phrase pour souligner les rares instants de bonheur de son personnage. Relevez le réseau lexical du chant et de la voix. Quelles comparaisons suscite-t-il ?
7. Le rythme des phrases est marqué par le rythme ternaire, les répétitions ou le jeu sur les sonorités. Donnez un exemple pour chacun de ces procédés. Quel est l'effet produit sur le style de cette page ?

Henri Michaux

Nom : Michaux
Prénom : Henri
Naissance : le 24 mai 1899, à Namur, en Belgique
Naturalisé français en 1955
Décès : le 19 octobre 1984, à Paris
Lieux : Bruxelles, Rio de Janeiro, Quito en Équateur, Paris
Situation familiale : marié
Professions : marin, écrivain, peintre
Amitiés : rares, Michaux ne s'aime pas et fuit les hommes

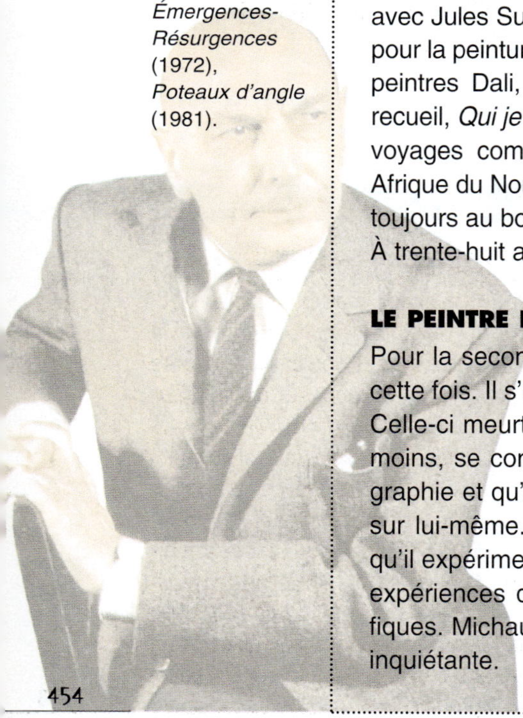

Il a écrit

des recueils qui associent parfois le récit, la poésie et l'essai : *Mes propriétés* (1929), *Un certain Plume* (1930), *La Nuit remue* (1935), *L'Espace du dedans* (1944), *Ailleurs* (1948), *L'Infini turbulent* (1957), *Émergences-Résurgences* (1972), *Poteaux d'angle* (1981).

LE VOYAGEUR INSATISFAIT

Henri Michaux naît à Namur, en Belgique, d'un père ardennais et d'une mère wallonne. Son insatisfaction s'exprime très tôt dans le refus d'une existence conformiste. En pension, à la campagne, chez les jésuites, il se passionne pour le latin. Mais la Première Guerre mondiale, avec l'occupation de la Belgique par l'armée allemande, l'oblige en 1916 à interrompre ses études pour deux ans. Une fois la guerre terminée, il s'embarque comme matelot et ses premiers voyages l'emmènent à Rio de Janeiro puis Buenos Aires. Il découvre l'envie d'écrire grâce à la lecture de Lautréamont, ce qui l'incite, à vingt-cinq ans, à s'installer à Paris.

LE SOLITAIRE LASSÉ DU RÉEL

Commence pour Michaux une vie de jeune homme pauvre. Une rencontre avec Jules Supervielle l'introduit dans les milieux artistiques. Il se passionne pour la peinture qu'il détestait jusque-là. L'art abstrait le fascine, ainsi que les peintres Dali, Ernst, De Chirico… En 1927, Michaux publie son premier recueil, *Qui je fus*. Mais ce solitaire décide de partir à nouveau. Il multiplie les voyages comme autant de tentatives d'expatriation : Équateur, Turquie, Afrique du Nord, les Indes puis de nouveau l'Amérique du Sud… L'échec est toujours au bout et creuse à chaque fois un peu plus son désenchantement. À trente-huit ans, il rentre à Paris où il expose ses premiers dessins.

LE PEINTRE DE L'AVENTURE INTÉRIEURE

Pour la seconde fois, Michaux connaît l'occupation allemande, en France cette fois. Il s'installe au Lavandou en 1941 et y rencontre sa future femme. Celle-ci meurt au cours d'un tragique accident. Michaux écrit de moins en moins, se consacre à la peinture. Parallèlement, il refuse qu'on le photographie et qu'on réédite ses anciens recueils, vivant de plus en plus replié sur lui-même. L'expérience intérieure prend une tournure effrayante lorsqu'il expérimente les effets de la mescaline, un champignon hallucinogène, expériences qu'il multiplie et consigne dans des comptes rendus scientifiques. Michaux meurt en 1984, laissant derrière lui une œuvre originale et inquiétante.

Mes propriétés

1929

Mes propriétés, recueil publié par Michaux à la suite d'un voyage décevant en Équateur, mélange et renouvelle les genres poétiques. Les poèmes en prose y côtoient les descriptions minutieuses d'animaux imaginaires et des poèmes en vers dont le plus célèbre demeure « Emportez-moi ».

Emportez-moi

Emportez-moi dans une caravelle[1],
Dans une vieille et douce caravelle,
Dans l'étrave[2], ou si l'on veut, dans l'écume,
Et perdez-moi, au loin, au loin.

Dans l'attelage d'un autre âge.
Dans le velours trompeur de la neige.
Dans l'haleine de quelques chiens réunis.
Dans la troupe exténuée[3] des feuilles mortes.

Emportez-moi sans me briser, dans les baisers,
Dans les poitrines qui se soulèvent et respirent,
Sur les tapis des paumes et leur sourire,
Dans les corridors[4] des os longs et des articulations.

Emportez-moi, ou plutôt enfouissez-moi.

Henri Michaux, *Mes propriétés*, 1929, Éd. Gallimard.

1. *caravelle :* navire utilisé aux XVe et XVIe siècles
2. *l'étrave :* l'avant du navire
3. *exténuée :* épuisée
4. *corridors :* couloirs

QUESTIONS

L'évasion intérieure

1. Pour Michaux, le véritable voyage est le renoncement au monde pour un ailleurs inconnu. Déterminez le réseau lexical dominant pour chacune des strophes du poème.

2. Au besoin d'éloignement infini s'ajoute une sensation d'éternelle douceur. Par quels termes celle-ci s'exprime-t-elle ?

3. Vers quelle contrée inconnue le poète emmène-t-il son lecteur ? Expliquez le dernier vers.

Un poème musical

4. Michaux retrouve dans la musique un modèle de langage qui lui convient et donne à ses poèmes un tempo appuyé sur la répétition.
Repérez ces reprises d'un même terme dans le poème.

5. Sur quelle sonorité dominante chaque quatrain s'appuie-t-il ?

6. Poésie et musique ont en commun d'être une « litanie, litanie comme la vie ». Expliquez pourquoi.

Un rythme nouveau

7. Le poème en vers libres utilise des vers de longueurs différentes, faisant ainsi varier le rythme de la lecture et lui donnant un « souffle » particulier.
Relevez des exemples de variations. Quels sont les effets rythmiques qui en résultent ?

8. Analysez la seconde strophe (structure syntaxique, ponctuation, longueur des vers). Quel est l'effet produit par son rythme ascendant ?

Un certain Plume

Plume est le seul véritable « personnage » créé par Michaux. Il se retrouve le héros malgré lui d'aventures à la fois comiques et tragiques. L'humour noir de l'auteur, le monde angoissant qu'il fait surgir, suscitent une impression de malaise chez le lecteur qui voit toutes ses certitudes s'effondrer.

Un homme paisible

Étendant les mains hors du lit, Plume fut étonné de ne pas rencontrer le mur. « Tiens, pensa-t-il, les fourmis l'auront mangé… » et il se rendormit.

Peu après sa femme l'attrapa et le secoua : « Regarde, dit-elle, fainéant ! pendant que tu étais occupé à dormir on nous a volé notre maison. » En effet, un ciel intact s'étendait de tous côtés. « Bah ! la chose est faite », pensa-t-il.

Peu après un bruit se fit entendre. C'était un train qui arrivait sur eux à toute allure. « De l'air pressé qu'il a, pensa-t-il, il arrivera sûrement avant nous » et il se rendormit.

Ensuite le froid le réveilla. Il était tout trempé de sang. Quelques morceaux de sa femme gisaient[1] près de lui. « Avec le sang, pensa-t-il, surgissent toujours quantité de désagréments ; si ce train pouvait n'être pas passé, j'en serais fort heureux. Mais puisqu'il est déjà passé… » et il se rendormit.

– Voyons, disait le juge, comment expliquez-vous que votre femme se soit blessée au point qu'on l'ait trouvée partagée en huit morceaux, sans que vous, qui étiez à côté, ayez pu faire un geste pour l'en empêcher, sans même vous en être aperçu. Voilà le mystère. Toute l'affaire est là-dedans.

– Sur ce chemin[2], je ne peux pas l'aider, pensa Plume, et il se rendormit.

– L'exécution aura lieu demain. Accusé, avez-vous quelque chose à ajouter ?

– Excusez-moi, dit-il, je n'ai pas suivi l'affaire. Et il se rendormit.

Henri Michaux, *Un certain Plume*, 1930, Éd. Gallimard.

1. *gisaient :* **s'étendaient**
2. *sur ce chemin :* **avec un tel raisonnement**

QUESTIONS

La progression dramatique du récit

1. Le texte est ponctué de catastrophes qui donnent au récit une intensité dramatique.
Faites le relevé de ces catastrophes et indiquez en quoi il y a progression.

2. Par quelle reprise anaphorique d'une même phrase le récit est-il rythmé ? Quel est l'effet produit ?

Un monde absurde

3. Tout, dans le texte, semble aller dans le sens d'une fatalité contre laquelle il ne sert à rien de lutter.
Relevez dans les réactions, les pensées de Plume, ce qui souligne cette fatalité.

4. Les réactions des autres personnages sont-elles plus conformes à la logique ? Analysez leurs interventions.

Le mélange de deux univers

5. Cauchemar et réalité se mêlent au point que le lecteur ne parvient plus à faire la part des deux.
Montrez comment la construction de chaque paragraphe participe à cette impression.

6. En quoi peut-on parler d'humour noir pour ce récit ? Relevez quelques exemples caractéristiques.

La Nuit remue

1935

La Nuit remue se compose de poèmes en prose dont le thème général repose sur la difficulté d'exister. Dans « Icebergs », Michaux parvient à créer un univers idéal dans lequel temps et espace semblent se figer en un monde neuf, fait de pureté infinie.

Icebergs

Icebergs, sans garde-fou, sans ceinture, où de vieux cormorans[1] abattus et les âmes des matelots morts récemment viennent s'accouder aux nuits enchanteresses de l'hyperboréal[2].

Icebergs, Icebergs, cathédrales sans religion de l'hiver éternel, enrobés dans la calotte glaciaire de la planète Terre.

Combien hauts, combien purs sont tes bords enfantés par le froid.

Icebergs, Icebergs, dos du Nord-atlantique, augustes Bouddhas[3] gelés sur des mers incontemplées, Phares scintillants de la Mort sans issue, le cri éperdu du silence dure des siècles.

Icebergs, Icebergs, Solitaires sans besoin, des pays bouchés, distants, et libres de vermine[4]. Parents des îles, parents des sources, comme je vous vois, comme vous m'êtes familiers...

Henri Michaux, *La Nuit remue*, 1935, Éd. Gallimard.

1. *cormorans :* **oiseaux pêcheurs**
2. *hyperboréal :* **de l'extrême Nord**
3. *Bouddhas :* **divinités hindoues**
4. *vermine :* **insecte nuisible, parasite**

QUESTIONS

La peinture du bout du monde

1. Chaque strophe dresse un tableau dont le motif central est l'iceberg. Relevez, pour chacune des strophes, les différents éléments qui viennent compléter le tableau.

2. Le poème en prose utilise les suggestions des images, le jeu sur les sonorités. Relevez une allitération et une assonance.

Un univers immobile

3. « Icebergs » donne à voir un univers figé par « l'hiver éternel ». Faites le relevé des termes qui participent à cette impression de fixité.

4. Quel est l'effet produit par l'utilisation systématique de phrases nominales ?

5. Sur quel autre procédé le rythme du poème repose-t-il ? Pourquoi peut-on dire que la forme du poème reflète son contenu ?

Une vision de pureté

6. La mort elle-même semble trouver refuge dans cet univers de pureté retrouvée.
Quels sont les termes qui, dans le lexique, mettent en place ce monde de pureté infinie ?

7. La dernière image du poème ouvre l'imaginaire sur d'autres univers possibles.
Expliquez l'expression « Parents des îles, parents des sources ».

Jacques Prévert

Nom : Prévert
Prénom : Jacques
Naissance : le 4 février 1900, à Neuilly-sur-Seine
Décès : le 12 avril 1977, à Omonville-la-Petite, dans le Cotentin
Lieu : le Paris des quartiers populaires
Situation familiale : marié, une fille, Michèle
Professions : divers petits métiers, employé dans une agence de publicité, scénariste et dialoguiste de cinéma
Amitiés : son frère Pierre ; Marcel Duhamel, le fondateur de la Série Noire ; le peintre Yves Tanguy ; Raymond Queneau ; les cinéastes Jean Renoir et Marcel Carné ; le musicien Joseph Kosma

Il a écrit

des recueils de poèmes parmi lesquels : *Paroles* (1945), *Histoires* (1946), *Spectacle* (1951), *Charmes de Londres* (1952), *La Pluie et le Beau Temps* (1955) ;

les scénarios et les dialogues d'un grand nombre de films, parmi lesquels : *Drôle de drame, Quai des brumes, Les Visiteurs du soir, Les Enfants du paradis, Les Disparus de Saint-Agil.*

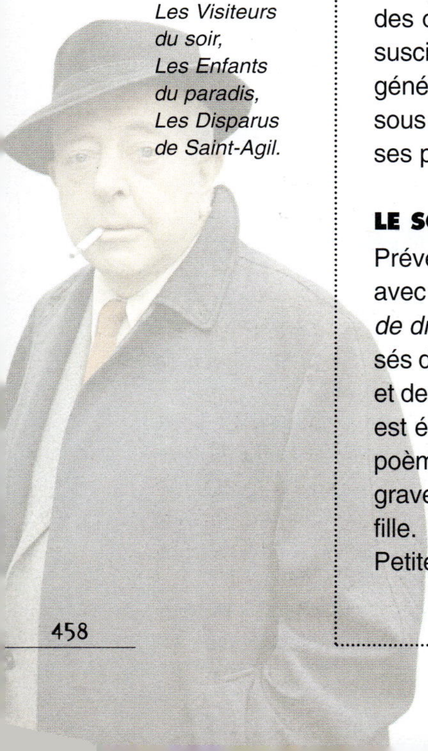

LE PIÉTON DE PARIS

Peu après la naissance de Jacques Prévert, sa famille connaît de graves ennuis d'argent. Travaillant pour l'Office central des pauvres, André Prévert emmène son fils dans ses visites. Jacques et Pierre Prévert, son frère cadet, grandissent dans le Paris des quartiers populaires, celui des ouvriers et des enfants des villes. Dès l'âge de quinze ans, Prévert exerce divers petits métiers. Au cours de son service militaire, il rencontre Yves Tanguy et Marcel Duhamel. Les trois amis s'installent à Montparnasse. Prévert écrit peu, hante les cinémas, flâne dans les rues de Paris.

LE POÈTE MILITANT

Les premiers poèmes paraissent à partir de 1930. Écrivain engagé, Prévert collabore au Groupe Octobre, une jeune troupe de théâtre militant : il écrit des textes contestataires qui expriment la révolte contre la misère et l'ordre établi. Le Groupe part à Moscou. À Paris, il joue à la porte des usines, au milieu des ouvriers en grève. Période d'euphorie et d'angoisse : le Front populaire suscite en France l'espoir d'une vie meilleure ; en Espagne les troupes du général Franco veulent détruire la République. Le Groupe Octobre est dissous en 1936, faute de moyens. Au long de cette période, Prévert a multiplié ses poèmes, collaboré pour le cinéma.

LE SCÉNARISTE

Prévert écrit scénarios et dialogues. Très vite, il collabore avec Jean Renoir, avec Marcel Carné, pour des films qui sont autant de chefs d'œuvre : *Drôle de drame, Quai des brumes, Les Enfants du paradis*… Ses poèmes, dispersés dans des revues, sont rassemblés pendant la guerre par des professeurs et des élèves du lycée de Reims. À partir de ces feuillets clandestins, *Paroles* est édité en 1945. Le succès du livre est relayé par la mise en musique des poèmes que chantent Yves Montand ou Juliette Gréco. En 1948, après un grave accident, Prévert s'installe à Saint-Paul-de-Vence avec sa femme et sa fille. Il écrit livres, scénarios, réalise des collages. Il meurt à Omonville-la-Petite, d'un cancer du poumon.

Les *Paroles* dénoncent la guerre et toutes les formes d'oppression, sociale, religieuse, politique. Avec tendresse, dans une langue simple, Prévert rapporte des instants de bonheur, la complainte des amours malheureux ou menacés.

Sables mouvants

Démons et merveilles
Vents et marées
Au loin déjà la mer s'est retirée
Et toi
Comme une algue doucement caressée par le vent
Dans les sables du lit tu remues en rêvant
Démons et merveilles
Vents et marées
Au loin déjà la mer s'est retirée
Mais dans tes yeux entrouverts
Deux petites vagues sont restées
Démons et merveilles
Vents et marées
Deux petites vagues pour me noyer.

La Belle Saison

À jeun perdue glacée
Toute seule sans un sou
Une fille de seize ans
Immobile debout
Place de la Concorde
À midi le Quinze Août.

Jacques Prévert, *Paroles*, 1945,
Éd. Gallimard.

QUESTIONS

La tendresse et l'amour

1. Comment Prévert développe-t-il dans *Sables mouvants* un climat de douceur et de fascination ?

2. L'émotion que suscite *La Belle Saison* repose sur une série de contrastes. Relevez ces contrastes.

3. Quel est le champ lexical dominant du poème ?

La mélancolie des images

4. Pour créer son univers, le poème a recours aux images. Retrouvez les comparaisons et les métaphores dans *Sables mouvants*.

5. Prévert procède souvent par juxtaposition, comme dans un collage. Retrouvez ces juxtapositions.

Le charme du rythme

6. Le poème n'obéit pas à une versification régulière, mais joue sur le retour de certaines rimes, sur les répétitions. Après avoir analysé les rimes et compté les syllabes des vers, indiquez la structure rythmique des poèmes.

André Malraux

Nom : Malraux
Prénom : André
Naissance : le 3 novembre 1901, à Montmartre
Décès : le 23 novembre 1976, à l'hôpital de Créteil
Lieux : Paris, le Cambodge, l'Espagne, Chartres où il est emprisonné en 1940, Strasbourg
Situation familiale : marié
Professions : écrivain, journaliste, critique d'art, homme politique, ministre
Amitiés : André Breton, André Gide, le général de Gaulle

Il a écrit

des romans : *Les Conquérants* (1928), *La Voie royale* (1930), *La Condition humaine* (1933), *L'Espoir* (1937) ;

des écrits sur l'art, dont : *Les Voix du silence* (1951), *La Métamorphose des dieux* (1957) ;

des textes autobiographiques, dont : *Antimémoires* (1967) ;

des essais politiques.

L'AVENTURIER

André Malraux a quatre ans lorsque ses parents se séparent : l'enfance, qui prend fin avec la Première Guerre mondiale, n'est pas la période de sa vie qu'il préfère. Rose à la boutonnière, cape doublée de soie, il promène sa jeunesse sur le pavé parisien de l'après-guerre, fréquentant les cercles littéraires et artistiques. Il a vingt ans lorsque le goût du voyage le surprend. Trafiquant de statues en Indochine, il fait l'expérience de la prison et de l'Extrême-Orient qui devient le cadre privilégié de ses premiers romans : *Les Conquérants* (1928), *La Voie royale* (1930) et *La Condition humaine* (1933).

LE RÉSISTANT

Peu à peu, Malraux, écrivain à succès, se forge une réputation d'aventurier révolutionnaire, parcourant tous les pays du globe. L'arrivée au pouvoir de Hitler l'inquiète et il s'engage dans la lutte contre le fascisme. C'est ainsi qu'on le retrouve à la tête d'une escadrille de fortune pendant la guerre d'Espagne, auprès des Républicains. Mais il lutte également avec la plume et publie *L'Espoir*, en 1937 : il tente d'adapter le roman pour le cinéma, tournant dans des conditions périlleuses, en plein cœur des champs de bataille. Le déclenchement de la Seconde Guerre mondiale retarde la sortie du film. Engagé de la première heure, Malraux est aussi parmi les premiers prisonniers. Évadé, il devient le colonel Berger, à la tête d'un réseau de deux mille résistants.

LE MINISTRE

Sa rencontre avec le général de Gaulle est un tournant. L'écrivain devient ministre de l'Information en 1945. Lorsque de Gaulle quitte le pouvoir, peu de temps après, Malraux met entre parenthèses sa carrière d'homme politique. Douze ans plus tard, lorsque la guerre d'Algérie, dont il dénonce les erreurs, fait revenir de Gaulle au pouvoir, Malraux devient ministre de la Culture. Parallèlement, il rédige ses *Antimémoires* dans lesquels il ruse avec le destin, mêle la réalité autobiographique et la fiction romanesque. Cette méditation sur la condition humaine se poursuit jusqu'à sa mort, en novembre 1976.

La Condition humaine

1933

La Condition humaine prend pour cadre la Chine de 1927, secouée par une guerre civile. Tchen se voit confier pour mission l'assassinat d'un trafiquant d'armes. Le roman s'ouvre au moment précis où il s'apprête à commettre son crime.

21 MARS 1927

Minuit et demi.

Tchen tenterait-il de lever la moustiquaire ? Frapperait-il au travers ? L'angoisse lui tordait l'estomac ; il connaissait sa propre fermeté, mais n'était capable en cet instant que d'y songer avec hébétude[1], fasciné par ce tas de mousseline[2] blanche qui tombait du plafond sur un corps moins visible qu'une ombre, et d'où sortait seulement ce pied à demi incliné par le sommeil, vivant quand même – de la chair d'homme. La seule lumière venait du building voisin : un grand rectangle d'électricité pâle, coupé par les barreaux de la fenêtre dont l'un rayait le lit juste au-dessous du pied comme pour en accentuer le volume et la vie. Quatre ou cinq klaxons grincèrent à la fois. Découvert ? Combattre, combattre des ennemis qui se défendent, des ennemis éveillés !

La vague de vacarme retomba : quelque embarras de voitures (il y avait encore des embarras de voitures, là-bas, dans le monde des hommes...). Il se retrouva en face de la tache molle de la mousseline et du rectangle de lumière, immobiles dans cette nuit où le temps n'existait plus.

Il se répétait que cet homme devait mourir. Bêtement : car il savait qu'il le tuerait. Pris ou non, exécuté ou non, peu importait. Rien n'existait que ce pied, cet homme qu'il devait frapper sans qu'il se défendît, – car, s'il se défendait, il appellerait.

Les paupières battantes, Tchen découvrait en lui, jusqu'à la nausée, non le combattant qu'il attendait, mais un sacrificateur[3]. Et pas seulement aux dieux qu'il avait choisis : sous son sacrifice à la révolution[4] grouillait un monde de profondeurs auprès de quoi cette nuit écrasée d'angoisse n'était que clarté. « Assassiner n'est pas seulement tuer... »

André Malraux, *La Condition humaine*, 1933, Éd. Gallimard.

1. *hébétude :* **engourdissement**
2. *mousseline :* **toile très fine et transparente**
3. *sacrificateur :* **prêtre qui exécutait les sacrifices dans l'Antiquité**
4. *la révolution :* **la révolution chinoise, alliant communistes et nationalistes contre les puissances étrangères**

QUESTIONS

Le cadre du récit

1. Le romancier fixe le cadre de son récit en situant celui-ci à une époque et dans un lieu déterminés. Relevez les repères temporels et spatiaux de cette première page.

2. Relevez les contrastes et indiquez l'effet produit.

L'apparition des personnages

3. Les personnages apparaissent de manière incomplète, de façon à préserver un effet de suspense. Relevez pour chaque personnage les indications apportées. Peut-on dresser le portrait physique de Tchen ? Pourquoi ?

Un portrait original

4. Le discours indirect libre permet de suivre les pensées d'un personnage, prises en charge par le narrateur. Relevez deux passages au discours indirect libre. Quel est l'intérêt de ce procédé pour la progression du récit ?

L'Espoir

L'*Espoir* est un modèle de roman engagé. Rédigé en plein cœur de la guerre civile espagnole, le roman illustre la manière dont Malraux conçoit l'écriture : elle est une défense de valeurs universelles comme la fraternité, l'action et l'espérance. Les Républicains sont soutenus par les Brigades internationales dans lesquelles se retrouvent des sympathisants de tous les pays. Magnin, leur capitaine, rend une visite aux blessés.

Le bombardier breton, indifférent et contracté, discutait avec son voisin, un anarchiste espagnol, son lit couvert de numéros de *L'Humanité*[1] et d'œuvres de Courteline[2], House était seul dans une chambre, à l'étage supérieur, ce qui ne présageait rien de bon.

Magnin ouvrit la porte ; l'Anglais le salua du poing levé, en souriant, mais ses yeux ne souriaient plus.

– Comment ça va ?

– Je ne sais pas : personne ne sait l'anglais…

Le « captain » ne répondait pas à la question, mais à sa propre obsession : ce qu'il ne savait pas, c'était s'il serait amputé ou non.

Avec ses fines moustaches blondes sous son nez pointu, il avait l'air d'un collégien bien bordé. Comme ce poing levé semblait un hasard, un accident ! La vérité, n'eût-ce pas été ces mains sagement posées sur le drap, ce visage auquel une mistress House[3], dans quelque cottage[4], pensait sans doute ainsi, reposant entre un oreiller et un drap ? et il y avait l'autre vérité, ignorée de cette mistress House, les deux jambes avec cinq balles, sous le drap soigneusement tiré. Ce garçon n'a pas vingt-cinq ans, pensait Magnin. Que dire ? C'est peu, une idée en face de deux jambes à couper.

– Euh… alors, oui, dit Magnin tirant sa moustache. Qu'est-ce que j'oublie… J'ai des oranges en bas…

Il sortit. L'infirmité l'émouvait plus que la mort, il n'aimait pas mentir et ne savait que répondre. Avant tout, il voulait savoir, et il grimpait chez le médecin-chef.

– Non, lui dit celui-ci. L'aviateur anglais a eu de la chance : les os ne sont pas touchés. Il n'est pas un instant question d'amputation.

Magnin redescendit en courant. Un bruit cristallin de cuillers emplissait l'escalier et tintait dans son cœur.

– Les os ne sont pas touchés, dit-il en rentrant. Il avait oublié son histoire d'oranges.

House l'avait salué de nouveau du poing : nul ne comprenant sa langue à l'hôpital, il avait pris l'habitude de ce geste, qui était la seule forme de sa fraternité.

– La question… l'amputation… ne se pose pas, reprit Magnin, bafouillant, gêné de redire en anglais ce que le médecin venait de lui dire en espagnol.

Pris entre l'espoir et la crainte du mensonge amical, House baissa les yeux, reprit le contrôle de sa respiration et demanda :

– Quand pourrai-je marcher ?

– Je vais demander au médecin-chef.

1. *L'Humanité* : quotidien du Parti Communiste français
2. *Courteline* : dramaturge français du XIXe siècle, maître du Vaudeville
3. *mistress House* : maîtresse de maison
4. *cottage* : petite maison de campagne

Celui-là va me prendre pour un idiot, pensa Magnin pendant qu'il remontait les marches de l'escalier blanc.

– Excusez-moi, dit-il au médecin ; ce garçon demande quand il pourra marcher, et il me serait pénible de lui mentir.

– Dans deux mois.

Magnin redescendit. À peine eût-il dit « deux mois » qu'une ivresse de prisonnier libéré monta du lit, mystérieuse en ce que rien ne l'exprimait : House ne pouvait bouger ses jambes ; ses bras étaient sur le lit, sa tête sur l'oreiller ; seuls ses doigts se crispaient au bout des bras immobiles, et sa pomme d'Adam, très visible, montait et descendait. Ces gestes d'une joie sans limites, c'étaient les gestes mêmes de la peur...

Dans la banlieue de Madrid, moins de miliciens brandissaient des fusils dans moins d'autos, moins couvertes d'inscriptions. Vers la porte de Tolède des jeunes gens s'exerçaient à marcher au pas. Magnin pensait à la France. Jusqu'à cette guerre, les Junkers avaient constitué l'essentiel de la flotte de bombardement allemande. C'étaient des avions commerciaux transformés, et la confiance de l'Europe en la technique allemande avait vu en eux une flotte de guerre. Leur armement, excellent, n'était pas efficace ; et ils n'étaient pas capables de poursuivre les Douglas, des avions de commerce américains.

André Malraux, *L'Espoir*, 1937, Éd. Gallimard.

▲ Affiche des Républicains espagnols, en 1936, pendant la guerre civile.

QUESTIONS

Une fraternité virile

1. Tous les personnages de cette scène sont réunis autour d'un idéal commun. Relevez et classez les allusions qui soulignent leurs différences.

2. Devant quel symbole les différences s'effacent-elles ? Tentez d'en analyser la signification en vous montrant attentif au contexte historique du récit.

La montée de l'intensité

3. La scène est construite sur une intensité dramatique croissante. Quels sont les différents procédés choisis par l'auteur pour retarder le dénouement ?

4. Quel est le point de vue choisi par Malraux pour servir de fil conducteur au récit ? Pourquoi peut-on parler de narrateur omniscient ?

Une scène lyrique

5. L'avant-dernier paragraphe provoque l'émotion du lecteur en jouant sur les sentiments. Par quels gestes, quelles attitudes, l'Anglais exprime-t-il son bonheur ?

6. Relevez les mots exprimant l'émotion dans ce passage. En quoi cette « ivresse de prisonnier libéré » s'exprime-t-elle de manière paradoxale ?

Jean-Paul Sartre

Nom : Sartre
Prénom : Jean-Paul
Naissance : le 21 juin 1905, à Paris
Décès : le 15 avril 1980, à Paris
Lieu : le quartier Saint-Germain, à Paris
Situation familiale : compagnon de l'écrivain Simone de Beauvoir
Professions : philosophe, dramaturge, journaliste, écrivain
Amitiés : Paul Nizan, Raymond Aron, ses camarades de classe ; Pierre Victor, son secrétaire

Il a écrit

des romans et des récits, dont : *La Nausée* (1938), *Le Mur* (1939), *Les Chemins de la liberté* (1945-1949) ;

une autobiographie : *Les Mots* (1964) ;

des pièces de théâtre, dont : *Les Mouches* (1943), *Huis clos* (1944), *Les Séquestrés d'Altona* (1959) ;

des ouvrages philosophiques et des essais, dont : *L'Être et le Néant* (1943), *L'Idiot de la famille* (1971).

L'ÉTUDIANT PHILOSOPHE

Sartre dit de lui-même qu'il a été élevé « seul entre un vieillard et deux femmes », sa mère et sa grand-mère. C'est à Meudon qu'il grandit, après la mort prématurée de son père. Il apprend à lire à quatre ans, poussé par son grand-père, et écrit ses « cahiers de roman » dès l'âge de sept ans. Ses études le mènent à Paris, au lycée Henri IV où il fait la connaissance de Paul Nizan. En 1924, l'étudiant brillant intègre l'École normale supérieure et obtient cinq ans plus tard l'agrégation de philosophie. Entre-temps, il a rencontré Simone de Beauvoir, qu'il ne quittera plus. Son premier roman, *La Nausée*, est publié en 1938 et reçoit l'accueil favorable de la critique.

L'ÉCRIVAIN ENGAGÉ

En septembre 1939, Sartre est mobilisé, puis fait prisonnier sans avoir combattu, en juin 1940. Pendant cette période de la drôle de guerre, il rédige ses *Carnets* et se fait libérer grâce à un faux certificat médical. Sartre se tourne alors vers le théâtre pour exprimer son engagement. Il écrit une première pièce, *Les Mouches*, grâce à laquelle il rencontre Albert Camus, collabore à la presse clandestine et publie, en 1943, *L'Être et le Néant*. À la Libération, Sartre fonde la revue *Les Temps modernes*. Sa théorie de l'existentialisme connaît un succès foudroyant, rendant soudain son auteur célèbre.

L'INTELLECTUEL MÉDIATIQUE

Pour Sartre, l'intellectuel est un homme d'action, il doit s'engager. C'est ce qu'il va s'attacher à faire sa vie durant. Le contexte de la guerre froide le pousse à prendre des positions tranchées. Il devient ainsi le compagnon de route des communistes, se rendant en U.R.S.S., en Chine et à Cuba. Pendant la guerre d'Algérie, il soutient les indépendantistes du F.L.N. et échappe en 1961 à deux attentats. La publication de son dernier roman, *Les Mots*, en 1964, marque une pause dans l'engagement. La même année, Sartre refuse le prix Nobel. Il participe activement à la révolte étudiante de mai 68 et prend, cinq ans plus tard, la direction du journal *Libération*. Mais des problèmes de santé le rendent presque aveugle. Il meurt en 1980 à Paris. Cinquante mille personnes assistent à son enterrement.

La Nausée

La Nausée juxtapose une réflexion philosophique et un récit. Le narrateur, venu s'installer dans une petite ville normande afin de terminer un travail de recherches historiques, est en proie à d'étranges nausées qui lui donnent peu à peu une vision nouvelle du monde et de l'existence.

Est-ce que c'est ça, la liberté ? Au-dessous de moi, les jardins descendent mollement vers la ville et, dans chaque jardin, s'élève une maison. Je vois la mer, lourde, immobile, je vois Bouville. Il fait beau.

Je suis libre : il ne me reste plus aucune raison de vivre, toutes celles que j'ai essayées ont lâché et je ne peux plus en imaginer d'autres. Je suis encore assez jeune, j'ai encore assez de forces pour recommencer. Mais que faut-il recommencer ? Combien, au plus fort de mes terreurs, de mes nausées, j'avais compté sur Anny[1] pour me sauver, je le comprends seulement maintenant. Mon passé est mort. M. de Rollebon[2] est mort, Anny n'est revenue que pour m'ôter tout espoir. Je suis seul dans cette rue blanche que bordent les jardins. Seul et libre. Mais cette liberté ressemble un peu à la mort.

Aujourd'hui ma vie prend fin. Demain j'aurai quitté cette ville qui s'étend à mes pieds, où j'ai si longtemps vécu. Elle ne sera plus qu'un nom, trapu, bourgeois, bien français, un nom dans ma mémoire, moins riche que ceux de Florence ou de Bagdad. Il viendra une époque où je me demanderai : « Mais enfin, quand j'étais à Bouville, qu'est-ce que je pouvais donc faire, au long de la journée ? » Et de ce soleil, de cet après-midi, il ne restera rien, pas même un souvenir.

Toute ma vie est derrière moi. Je la vois tout entière, je vois sa forme et les lents mouvements qui m'ont mené jusqu'ici. Il y a peu de choses à en dire : c'est une partie perdue, voilà tout. Voici trois ans que je suis entré à Bouville, solennellement. J'avais perdu la première manche. J'ai voulu jouer la seconde et j'ai perdu aussi : j'ai perdu la partie. Du même coup, j'ai appris qu'on perd toujours. Il n'y a que les salauds qui croient gagner.

Jean-Paul Sartre, *La Nausée*, 1938, Éd. Gallimard.

1. *Anny* : la fiancée de Roquentin, le narrateur, qui vient de le quitter pour un autre
2. *M. de Rollebon* : personnage historique sur lequel Roquentin effectue des recherches

QUESTIONS

Un personnage « vide et sec »

1. Le narrateur, Roquentin, se présente comme un personnage impersonnel, sans vie intérieure. Relevez les mots et expressions qui soulignent le vide de son existence.

2. Montrez que pour Roquentin, le temps lui-même est vide de sens (lignes 13 à 19).

Une réflexion philosophique

3. Derrière le narrateur, on peut lire les préoccupations de l'auteur, Sartre, qui mène une réflexion philosophique sur l'existence.
Quels sont les grands thèmes de réflexion qui apparaissent dans ce passage ? À quel constat cette méditation aboutit-elle ?

Un roman de l'absurde

4. *La Nausée* apparaît comme un roman de l'absurde dans lequel les objets et le monde perdent leur sens. Relevez les passages descriptifs du texte. Pourquoi peut-on dire que, sous les yeux de Roquentin, les choses « s'animent mollement » et donnent une impression de flottement ?

Huis clos

Huis clos* est la seconde pièce de Jean-Paul Sartre. Elle représente l'enfer, tel que le conçoit Sartre, un enfer dont les occupants comprennent peu à peu le fonctionnement.

INÈS. – Je vois. *(Un temps.)* Pour qui jouez-vous la comédie ? Nous sommes entre nous.

ESTELLE, *avec insolence.*– Entre nous ?

INÈS. – Entre assassins. Nous sommes en enfer, ma petite, il n'y a jamais d'erreur et on ne damne[1] jamais les gens pour rien.

ESTELLE. – Taisez-vous.

INÈS. – En enfer ! Damnés ! Damnés !

ESTELLE. – Taisez-vous. Voulez-vous vous taire ? Je vous défends d'employer des mots grossiers.

INÈS. – Damnée, la petite sainte. Damné, le héros sans reproche. Nous avons eu notre heure de plaisir, n'est-ce pas ? Il y a des gens qui ont souffert pour nous jusqu'à la mort et cela nous amusait beaucoup. À présent, il faut payer.

GARCIN, *la main levée.* – Est-ce que vous vous tairez ?

INÈS, *le regarde sans peur, mais avec une immense surprise.* – Ha ! *(Un temps.)* Attendez ! J'ai compris, je sais pourquoi ils nous ont mis ensemble.

GARCIN. – Prenez garde à ce que vous allez dire.

INÈS. – Vous allez voir comme c'est bête. Bête comme chou ! Il n'y a pas de torture physique, n'est-ce pas ? Et cependant, nous sommes en enfer. Et personne ne doit venir. Personne. Nous resterons jusqu'au bout seuls ensemble. C'est bien ça ? En somme, il y a quelqu'un qui manque ici : c'est le bourreau.

GARCIN, *à mi-voix.* – Je le sais bien.

INÈS. – Eh bien, ils ont réalisé une économie de personnel. Voilà tout. Ce sont les clients qui font le service eux-mêmes, comme dans les restaurants coopératifs[2].

ESTELLE. – Qu'est-ce que vous voulez dire ?

INÈS. – Le bourreau, c'est chacun de nous pour les deux autres.

Jean-Paul Sartre, *Huis clos*, scène 5, 1944, Éd. Gallimard.

1. *damner :* **envoyer en enfer**
2. *les restaurants coopératifs :* **les restaurants en self-service**

QUESTIONS

Le triangle dramatique

1. La tension dramatique de la pièce repose sur les relations entretenues par les trois personnages. Montrez, à travers l'étude des répliques et des indications scéniques, que c'est Inès qui mène le jeu.

Un langage proche du réel

2. La mise à nu des personnages passe d'abord par le dépouillement de leur langage, proche du réel. Relevez les mots et expressions appartenant au vocabulaire familier. Quel peut être l'intérêt de ce procédé ?

La mise en scène du tragique

3. Condamnés à rester ensemble, les trois personnages découvrent le tragique de leur situation. Mettez en évidence cet aspect tragique en expliquant la phrase : « Le bourreau, c'est chacun de nous pour les deux autres. »

Les Mots

1964

Les Mots sont pour Sartre un adieu à la littérature. Cette autobiographie romancée aborde uniquement l'enfance de l'écrivain. Sartre décrit sa découverte de la lecture puis de l'écriture sous le regard complaisant de son entourage.

J'ai commencé ma vie comme je la finirai sans doute : au milieu des livres. Dans le bureau de mon grand-père, il y en avait partout ; défense était faite de les épousseter sauf une fois l'an, avant la rentrée d'octobre. Je ne savais pas encore lire que, déjà, je les révérais[1], ces pierres levées : droites ou penchées, serrées comme des briques sur les rayons de la bibliothèque ou noblement espacées en allées de menhirs[2], je sentais que la prospérité de notre famille en dépendait. Elles se ressemblaient toutes, je m'ébattais dans un minuscule sanctuaire, entouré de monuments trapus, antiques qui m'avaient vu naître, qui me verraient mourir et dont la permanence[3] me garantissait un avenir aussi calme que le passé. Je les touchais en cachette pour honorer mes mains de leur poussière mais je ne savais trop qu'en faire et j'assistais chaque jour à des cérémonies dont le sens m'échappait : mon grand-père – si maladroit, d'habitude, que ma mère lui boutonnait ses gants – maniait ces objets culturels avec une dextérité[4] d'officiant[5]. Je l'ai vu mille fois se lever d'un air absent, faire le tour de sa table, traverser la pièce en deux enjambées, prendre un volume sans hésiter, sans se donner le temps de choisir, le feuilleter en regagnant son fauteuil, par un mouvement combiné du pouce et de l'index puis, à peine assis, l'ouvrir d'un coup sec « à la bonne page » en le faisant craquer comme un soulier. Quelquefois je m'approchais pour observer ces boîtes qui se fendaient comme des huîtres et je découvrais la nudité de leurs organes intérieurs, des feuilles blêmes et moisies, légèrement boursouflées, couvertes de veinules[6] noires, qui buvaient l'encre et sentaient le champignon.

▲ *Rouleau de carton et livres*, par Rohner en 1992.

Jean-Paul Sartre, *Les Mots*, 1964, Éd. Gallimard.

1. *révérais* : admirais, adorais
2. *menhirs* : lieux supposés de culte chez les Gaulois
3. *permanence* : les livres sont toujours là, rassurants
4. *dextérité* : adresse
5. *officiant* : celui qui célèbre la messe
6. *veinules* : réseau de veines minuscules

QUESTIONS

Un roman autobiographique

1. Relevez les caractéristiques du genre autobiographique dans ce passage.

La magie du livre

2. Analysez l'image qui termine cet extrait. Quelles sensations les livres éveillent-ils chez l'enfant ?

La figure de l'écrivain

3. En quoi l'attitude du grand-père peut-elle être qualifiée de théâtrale ?

Albert Camus

Nom : Camus
Prénom : Albert
Naissance : le 7 novembre 1913, à Mondovi, en Algérie
Décès : le 4 janvier 1960, à 13 heures 55, d'un accident de voiture
Lieux : Alger, Oran, Paris
Situation familiale : marié
Professions : journaliste, écrivain, philosophe, dramaturge
Amitiés : Jean Grenier, son professeur de français à Alger ; Jean-Paul Sartre jusqu'en 1951

Il a écrit

des romans : *L'Étranger* (1942), *La Peste* (1947), *La Chute* (1956) ;

un recueil de nouvelles : *L'Exil et le Royaume* (1957) ;

des pièces de théâtre, dont : *Caligula* (1944), *Les Justes* (1949) ;

des essais : *Le Mythe de Sisyphe* (1942), *L'Homme révolté* (1951).

L'ORPHELIN D'ALGER

Si l'Algérie est le cadre privilégié des romans d'Albert Camus, c'est qu'elle est également le pays où il est né et où il passe ses vingt premières années. Il voit le jour à Mondovi en 1913 et grandit à Alger après le décès de son père, ouvrier algérien mort sur les champs de bataille de la Marne. Son enfance est donc misérable, mais illuminée par le soleil et adoucie par la Méditerranée dans laquelle il aime se baigner. Des études remarquables donnent à la jeunesse de Camus une vigueur enthousiaste : il se marie mais divorce après quelques semaines, s'occupe d'un théâtre, dénonce les conditions de vie misérables des Algériens, poursuit ses études de philosophie.

LE JOURNALISTE RÉSISTANT

Lorsque la Seconde Guerre mondiale éclate, Camus se rend à Paris où il fait l'expérience de la « drôle de guerre » et termine son premier roman, *L'Étranger*. Celui-ci, publié en 1942, frappe par son style dépouillé et son contenu. Camus entre dans la clandestinité en 1943 et participe activement à la Résistance. Son action passe par le journalisme et le théâtre. À la Libération, il prend la tête de la revue *Combat* tandis qu'il s'affirme au théâtre, où il fait jouer ses pièces engagées : *Caligula* et *Le Malentendu*, toutes deux mises en scène en 1944.

LE RÉVOLTÉ SOLITAIRE

Les années d'après-guerre sont marquées par la maladie mais aussi par le succès. La parution de *La Peste* en 1947 fait de Camus un romancier reconnu. La situation de l'Algérie inquiète cependant l'écrivain qui se retrouve peu à peu isolé par ses prises de position. La rupture avec Jean-Paul Sartre intervient en 1951. L'isolement devient presque total avec le déclenchement de la guerre d'Algérie, que Camus vit comme un drame personnel. Il se mure désormais dans le silence. En 1957, le prix Nobel de littérature vient toutefois consacrer cet écrivain lucide, à contre-courant des idéologies. Un accident de voiture met brutalement fin à ses jours, en 1960. Dans une poche de l'imperméable qu'il ne quittait jamais, on trouve un billet de train inutilisé. Au dernier moment, Camus avait choisi la route.

L'Étranger

1942

Avec *L'Étranger*, un personnage déroutant entre en littérature. Indifférent à tout, Meursault éprouve le sentiment de l'absurde à travers sa vie d'employé de bureau. Dès les premières lignes du roman, le lecteur découvre un climat étrange, à travers la narration que fait Meursault des événements.

AUJOURD'HUI, maman est morte. Ou peut-être hier, je ne sais pas. J'ai reçu un télégramme de l'asile : « Mère décédée. Enterrement demain. Sentiments distingués. » Cela ne veut rien dire. C'était peut-être hier.

L'asile de vieillards est à Marengo[1], à quatre-vingts kilomètres d'Alger. Je prendrai l'autobus à deux heures et j'arriverai dans l'après-midi. Ainsi, je pourrai veiller et je rentrerai demain soir. J'ai demandé deux jours de congé à mon patron et il ne pouvait pas me les refuser avec une excuse pareille. Mais il n'avait pas l'air content. Je lui ai même dit : « Ce n'est pas de ma faute. » Il n'a pas répondu. J'ai pensé alors que je n'aurais pas dû lui dire cela. En somme, je n'avais pas à m'excuser. C'était plutôt à lui de me présenter ses condoléances. Mais il le fera sans doute après-demain, quand il me verra en deuil. Pour le moment, c'est un peu comme si maman n'était pas morte. Après l'enterrement, au contraire, ce sera une affaire classée et tout aura revêtu une allure plus officielle.

J'ai pris l'autobus à deux heures. Il faisait très chaud. J'ai mangé au restaurant, chez Céleste, comme d'habitude. Ils avaient tous beaucoup de peine pour moi et Céleste m'a dit : « On n'a qu'une mère. » Quand je suis parti, ils m'ont accompagné à la porte. J'étais un peu étourdi parce qu'il a fallu que je monte chez Emmanuel pour lui emprunter une cravate noire et un brassard[2]. Il a perdu son oncle, il y a quelques mois.

J'ai couru pour ne pas manquer le départ. Cette hâte, cette course, c'est à cause de tout cela sans doute, ajouté aux cahots[3], à l'odeur d'essence, à la réverbération[4] de la route et du ciel, que je me suis assoupi. J'ai dormi pendant presque tout le trajet. Et quand je me suis réveillé, j'étais tassé contre un militaire qui m'a souri et qui m'a demandé si je venais de loin. J'ai dit « oui » pour n'avoir plus à parler.

Albert Camus, *L'Étranger*, 1942, Éd. Gallimard.

1. *Marengo* : l'action du roman se déroule en Algérie
2. *brassard* : le brassard noir était porté en signe de deuil
3. *cahots* : chocs provoqués par la route
4. *réverbération* : réflexion de la lumière du soleil

QUESTIONS

Un personnage étrange

1. À la fin du roman, après qu'il a commis un crime, les jurés, lors de son procès, reprocheront surtout à Meursault son comportement, son attitude en général.
Qu'est-ce qui, selon vous, caractérise l'attitude de Meursault vis-à-vis des autres ?

Des informations insolites

2. Les sentiments que peut ressentir le narrateur semblent totalement absents de son récit. Par quoi Meursault semble-t-il uniquement préoccupé dans ce passage ?

3. Les premières phrases du roman sont célèbres. En quoi peuvent-elles surprendre le lecteur ?

Une narration énigmatique

4. Meursault raconte sa propre vie avec neutralité. Retrouvez des exemples de phrases qui se suivent sans lien logique, comme de simples constatations.

5. En quoi l'utilisation du passé composé renforce-t-elle cette impression ?

La Peste

ALBERT CAMUS

La Peste est d'abord la chronique d'une lutte : celle des habitants d'Oran face à l'absurdité de leur situation, enfermés dans une ville où la peste prend des allures chaque jour plus effrayantes. Dans cet extrait, le fléau atteint son paroxysme et plus personne ne songe à nier son existence. Désormais, chacun se doit d'agir, comme il le peut, pour repousser la maladie.

Ainsi, à longueur de semaine, les prisonniers de la peste se débattirent comme ils le purent. Et quelques-uns d'entre eux, comme Rambert, arrivaient même à imaginer, on le voit, qu'ils agissaient encore en hommes libres, qu'ils pouvaient encore choisir. Mais, en fait, on pouvait dire à ce moment, au milieu du mois d'août, que la peste avait tout recouvert. Il n'y avait plus alors de destins individuels, mais une histoire collective qui était la peste et des sentiments partagés par tous. Le plus grand était la séparation et l'exil[1], avec ce que cela comportait de peur et de révolte. Voilà pourquoi le narrateur croit qu'il convient, à ce sommet de la chaleur et de la maladie, de décrire la situation générale et, à titre d'exemple, les violences de nos concitoyens vivants, les enterrements des défunts et la souffrance des amants séparés.

C'est au milieu de cette année-là que le vent se leva et souffla pendant plusieurs jours sur la cité empestée. Le vent est particulièrement redouté des habitants d'Oran[2] parce qu'il ne rencontre aucun obstacle naturel sur le plateau où elle est construite et qu'il s'engouffre ainsi dans les rues avec toute sa violence. Après ces longs mois où pas une goutte d'eau n'avait rafraîchi la ville, elle s'était couverte d'un enduit gris qui s'écailla sous le souffle du vent. Ce dernier soulevait ainsi des vagues de poussière et de papiers qui battaient les jambes des promeneurs devenus plus rares. On les voyait se hâter par les rues, courbés en avant, un mouchoir ou la main sur la bouche. Le soir, au lieu des rassemblements où l'on tentait de prolonger le plus possible ces jours dont chacun pouvait être le dernier, on rencontrait de petits groupes de

▼ Alger en 1925. Lieu de l'enfance, source d'inspiration de l'écrivain, la ville est inséparable de l'œuvre de Camus.

gens pressés de rentrer chez eux ou dans des cafés, si bien que pendant quelques jours, au crépuscule qui arrivait bien plus vite à cette époque, les rues étaient désertes et le vent seul y poussait des plaintes continues. De la mer soulevée et toujours invisible montait une odeur d'algues et de sel. Cette ville déserte, blanchie de poussière, saturée d'odeurs marines, toute sonore des cris du vent, gémissait alors comme une île malheureuse.

Jusqu'ici la peste avait fait beaucoup plus de victimes dans les quartiers extérieurs, plus peuplés et moins confortables, que dans le centre de la ville. Mais elle sembla tout d'un coup se rapprocher et s'installer aussi dans les quartiers d'affaires. Les habitants accusaient le vent de transporter les germes d'infection. « Il brouille les cartes », disait le directeur de l'hôtel. Mais quoi qu'il en fût, les quartiers du centre savaient que leur tour était venu en entendant vibrer tout près d'eux, dans la nuit, et de plus en plus fréquemment, le timbre[3] des ambulances qui faisait résonner sous leurs fenêtres l'appel morne[4] et sans passion de la peste.

À l'intérieur même de la ville, on eut l'idée d'isoler certains quartiers particulièrement éprouvés et de n'autoriser à en sortir que les hommes dont les services étaient indispensables. Ceux qui y vivaient jusque-là ne purent s'empêcher de considérer cette mesure comme une brimade spécialement dirigée contre eux, et dans tous les cas, ils pensaient par contraste aux habitants des autres quartiers comme à des hommes libres. Ces derniers, en revanche, dans leurs moments difficiles, trouvaient une consolation à imaginer que d'autres étaient encore moins libres qu'eux. « Il y a toujours plus prisonnier que moi » était la phrase qui résumait alors le seul espoir possible.

Albert Camus, *La Peste*, 1947, Éd. Gallimard.

1. *la séparation et l'exil :* **la ville est coupée du reste du monde**
2. *Oran :* **port d'Algérie**
3. *le timbre :* **les sirènes**
4. *morne :* **d'une tristesse sombre**

QUESTIONS

Une chronique de la peste

1. La chronique peut être définie comme la narration de faits historiques selon l'ordre dans lequel ils se sont déroulés.
Relevez les repères temporels qui jalonnent cet extrait. Pourquoi peut-on dire qu'il s'agit d'une chronique ?

2. Relevez les interventions du narrateur dans les lignes 1 à 17. Quel est le temps employé ? Quel est l'effet produit sur le récit ?

3. Découpez le texte en trois parties auxquelles vous donnerez un titre.

La ville assiégée

4. À la progression chronologique de la peste correspond une avancée spatiale du mal. À travers quels événements celle-ci apparaît-elle ?

5. À quoi les habitants sont-ils comparés au début du passage ? Qu'est-ce qui, dans leurs attitudes, leur comportement, justifie cette image ?

6. Relevez et analysez la comparaison des lignes 29 à 31. Par quelles sonorités la phrase souligne-t-elle cette image ? Rédigez votre réponse.

Un récit exemplaire

7. Le récit de la peste est proche du mythe et se veut exemplaire, chargé de signification.
Que veut dire le narrateur lorsqu'il établit une opposition entre les destins individuels et l'histoire collective ?

8. De quelle période et de quels événements historiques récents au moment de la parution du roman peut-on rapprocher la situation des habitants d'Oran ? Quelles conclusions le lecteur peut-il tirer du parallèle établi par Camus ?

Le héros engagé

De Zola à Sartre, l'engagement des héros de roman dévoile les contradictions d'une époque, ses drames et ses tragédies. Malraux, Giraudoux ou Camus exposent à travers leurs héros une certaine vision de l'univers. La littérature dresse le portrait de l'homme libre face à l'Histoire.

► LES LIEUX DE L'ENGAGEMENT

La guerre. Elle est souvent aux origines de l'engagement. Le héros, aux prises avec la réalité, trouve dans la guerre un moyen de lutter pour son bonheur.

La révolution. Elle génère des mouvements de foule où l'émotion peut s'exprimer avec lyrisme. La Russie, la Chine, l'Espagne sont les lieux caractéristiques du héros engagé.

> Un bataillon de Tchang Kaï-chek est déjà dans la rue. On ne distingue rien hors des faisceaux lumineux des phares, mais on sent qu'en bas une foule mouvante anime l'ombre...
>
> André Malraux, *Les Conquérants*, 1928, Éd. Gallimard.

Le conflit social. L'industrialisation galopante coupe la société en deux. La ville, l'usine, la mine se retrouvent au cœur des préoccupations des personnages.

> Elle avait entendu dire qu'il y avait beaucoup de misère dans le Midi, que des milliers d'ouvriers étaient en grève et que le gouvernement avait voulu faire tirer sur eux.
>
> Louis Guilloux, *La Maison du peuple*, 1927, Éd. Grasset.

► LE PORTRAIT DU HÉROS ENGAGÉ

L'homme de bonne volonté. Aventurier ou journaliste, médecin, poète ou pilote, le héros engagé défend une cause et se veut toujours au service des hommes. Tels sont Jallez et Jerphanian, les deux *Hommes de bonne volonté*, Kyo, Katow ou Tchen, les héros de *La Condition humaine* ou encore Fabien, le pilote de *Vol de nuit*.

Le militant. Proche du peuple, parfois à la tête d'un groupe armé, membre d'un parti ou d'un syndicat, il tente de faire partager sa révolte afin de transformer le monde.

> Grâce à Bolivar, viendra l'heure où ce pays sera délivré, où ce pays, je le répète, deviendra une grande nation d'hommes libres !
>
> Emmanuel Roblès, *Montserrat*, 1948, Éd. du Seuil.

Le révolutionnaire. Au service d'une cause, seule l'action compte pour lui. Il est prêt à tuer ou à mourir pour défendre ses idées.

> Dans l'étroit bistrot demeuré ouvert toute la nuit devant l'immense avenue vide, Nils, dit le Négus, de la Fédération anarchiste ibérique et du syndicat des transports, distribuait des revolvers à ses copains.
>
> André Malraux, *L'Espoir*, 1937, Éd. Gallimard.

► LES MOTIVATIONS DE L'ENGAGEMENT

Les injustices sociales. La misère et la faim, l'injustice et le désarroi poussent le héros et appellent l'action. Les injustices motivent le combat et la révolte.

La conviction idéologique. L'idéal politique est au cœur des préoccupations du héros qui voit dans l'action la seule issue possible. Quitte à se sacrifier pour son idéal.

La confiance en l'avenir. Malgré les conflits et les guerres, celui qui s'engage revendique son appartenance à une humanité en laquelle il croit. Il combat pour un monde meilleur.

Exercice 1

Quelle est la préoccupation commune aux deux extraits suivants ? À quel type de héros renvoient-ils ?

« L'esprit ne meurt jamais, dit-il. Il en a vu d'autres. Il renaît de ses cendres. Nous devons bâtir pour deux mille ans : d'abord il faut détruire. » Je le regardais. Je regardais au fond de ses yeux clairs. Il était sincère, oui. C'est ça le plus terrible.

Vercors, *Le Silence de la mer*, 1942, Éd. Albin Michel.

Stepan : La liberté est un bagne aussi longtemps qu'un seul homme est asservi sur la terre. J'étais libre et ne cessais de penser à la Russie et à ses esclaves.

Albert Camus, *Les Justes*, 1949, Éd. Gallimard.

Exercice 2

Écrit par Malraux, pendant la guerre d'Espagne, *L'Espoir* décrit la lutte quotidienne d'hommes défendant leur idéal.

1. Quelles sont les grandes motivations de l'engagement mises en évidence par ce passage ?

2. À travers quel champ lexical chaque thème est-il développé ?

Un ouvrier passa en courant, un revolver à la main :
– On arme le peuple !
– Nous aussi ? demanda le Négus.
– Je te dis qu'on arme le peuple !
– Les anarchistes aussi ?
L'autre ne se retourna pas.
Le Négus chercha un café, téléphona au journal anarchiste. On armait le peuple, en effet : mais les anarchistes, jusqu'ici, avaient reçu soixante revolvers. « Autant aller les chercher soi-même sur les navires de guerre ! »
Une sirène d'usine meugla dans le matin. Comme les jours où ne se décident que de petits destins. Comme les jours où le Négus et ses copains les entendaient et se hâtaient devant de longs murs gris et jaunes, des murs sans fin.

André Malraux, *L'Espoir*, 1937, Éd. Gallimard.

Exercice 3

En quoi le portrait dressé par Vercors est-il celui d'un héros engagé ? Relevez les idées et les actes par lesquels le héros s'engage.

Il voulut arborer l'étoile jaune, se porter otage volontaire. Il finit par comprendre la vanité de ces révoltes. D'autres ont souffert, ont maigri de faim. Lui maigrissait, se consumait de rage rentrée. Inutile de vous dire qu'il se lança dans la Résistance à corps perdu. C'est un miracle qu'il soit encore en vie.

Vercors, *Le Silence de la mer*, 1942, Éd. Albin Michel.

Exercice 4

Aujourd'hui, les causes à défendre, les misères à soulager, en France et dans le monde, ne manquent pas. Tentez de dresser le portrait de votre héros engagé en répondant aux questions suivantes.

1. Quels lieux de l'histoire vous semblent être les plus caractéristiques de l'engagement, dans le monde actuel ?

2. Quelles peuvent être les motivations de l'engagement à la fin du XXe siècle ?

3. Quelles caractéristiques, physiques ou morales, attribuerait aujourd'hui un romancier au héros engagé ?

▶ Le monde moderne est un monde actif, dynamique, traversé par des conflits, menacé par les injustices sociales. C'est aux ouvriers, aux hommes de condition modeste, que Fernand Léger rend hommage dans *Le Mécanicien*, peint en 1918.

Le surréalisme

Le surréalisme est une exploitation nouvelle des possibilités du langage, visant à mettre en valeur une réalité ignorée jusque-là, car censurée par les contraintes de la morale et de la raison.

▶ L'HISTOIRE DU MOT

Lorsque André Breton emploie pour la première fois le mot « surréalisme », il reprend un mot inventé par Apollinaire quelques années plus tôt mais lui donne un sens nouveau : « Par lui, nous avons convenu de désigner un certain automatisme psychique qui correspond assez bien à l'état de rêve. » Il a ainsi trouvé un terme générique qui résume une démarche poétique nouvelle.

▶ L'ORIGINE DU MOUVEMENT

Le surréalisme trouve ses origines dans le mouvement Dada de Tristan Tzara qui revendique la vanité de toute œuvre d'art. Bien vite cependant, Breton, Soupault, Aragon et Éluard prennent leurs distances et veulent construire quelque chose de nouveau. Ils trouvent dans les travaux de Sigmund Freud une nouvelle définition de l'inconscient qui leur ouvre une porte sur le monde du rêve. L'ensemble de ces recherches est fixé en 1924 dans *Le Manifeste du surréalisme,* écrit par Breton.

▶ LES THÈMES ESSENTIELS

Le rêve. Il ouvre une porte sur un monde merveilleux où tout devient possible car aucun contrôle de la raison ne s'y exerce.

L'amour fou. Il caractérise l'amour surréaliste pour lequel la femme et le désir deviennent des objets quasi mythologiques.

Le hasard. Il est privilégié car il fait naître l'illumination poétique. La coïncidence devient ainsi signifiante.

La folie. Elle est une forme supérieure de la connaissance et représente une source de la création poétique.

▶ LES PROCÉDÉS PRIVILÉGIÉS

L'écriture automatique	Elle consiste à écrire comme sous la dictée de l'inconscient des phrases que la raison n'aurait jamais produites.	« J'ai devant moi la fée du sel Dont la robe brodée d'agneaux Descend jusqu'à la mer. » André Breton.
L'image poétique	Elle met sur le même plan deux réalités très éloignées.	« La terre est bleue comme une orange. » Paul Éluard.
Le jeu sur la forme et le sens des mots	L'allure, la forme ou le sens des mots donnent l'occasion d'explorer un univers transformé.	« Rose Sélavy et moi esquivons les ecchymoses des esquimaux aux mots exquis. » Marcel Duchamp.

AUJOURD'HUI *Le surréalisme est entré dans notre univers quotidien. La publicité, le cinéma, la bande dessinée en font largement usage. Le mot lui-même désigne les situations et les événements extraordinaires de la vie quotidienne qui bascule ainsi dans l'univers du rêve.*

Exercice 1

Analysez les images contenues dans les phrases suivantes. Pourquoi peut-on dire qu'elles sont toutes des images surréalistes ?

L'heure qui s'échappait ne bat plus que d'une aile (Pierre Reverdy)

Comme se sont piqués tes vieux os de papillon ! (René Char)

Les réverbères mouillés bruissent encadrés d'une nuée d'yeux bleus (André Breton)

L'aube se passe autour du cou
Un collier de fenêtres (Paul Éluard)

Exercice 2

L'écriture automatique laisse une place importante aux associations verbales dictées par l'inconscient. Retrouvez celles-ci dans le poème. Par exemple, « le mica » = « la mi-carême ».

Quel affreux désordre de sentiments
C'est le mica non c'est la Mi-Carême
Quel affreux désordre de sentiments
Où sont les amis où sont les amants

Les uns dans le foin d'autres à la crème
On se dit amis on est diamants
Les uns dans le foin d'autres à la crème
On est dit amants quelle erreur extrême

Électro-aimants
Me suive qui m'aime
Enfer et tourments
C'est l'Ami Carême

Louis Aragon,
« L'illusion et la désillusion »,
Le Mouvement perpétuel, Éd. Gallimard.

Exercice 3

1. Les poètes surréalistes ont créé de nombreux jeux ayant pour but de « libérer l'activité métaphorique de l'esprit ». Rédigez cinq propositions hypothétiques puis cinq propositions affirmatives. Reliez-les ensuite au hasard. Exemple : « Si tous les chevaux avaient pour fer des aimants » (Breton) « Le cœur des amants cesserait de battre. » (Desnos)

2. En quoi ces jeux constituent-ils le principe même de la poésie surréaliste ?

Exercice 4

La femme prend chez Robert Desnos la dimension du mythe. Relevez le vocabulaire de l'amour et du rêve. En quoi l'image finale de l'extrait est-elle caractéristique de l'écriture surréaliste ?

J'ai tant rêvé de toi que mes bras habitués, en étreignant ton ombre, à se croiser sur ma poitrine ne se plieraient pas au contour de ton corps, peut-être.

Et que, devant l'apparence réelle de ce qui me hante et me gouverne depuis des jours et des années, je deviendrais une ombre sans doute.

Ô balances sentimentales.

Robert Desnos, *Corps et Biens*, 1930,
Éd. Gallimard.

Exercice 5

1. Quels grands thèmes surréalistes ce tableau contient-il ?

2. L'image surréaliste met sur le même plan deux réalités très éloignées l'une de l'autre. Expliquez de quelle façon dans ce tableau.

▲ Max Ernst, *Ubu Imperator*, 1923.

LA FOCALISATION

Les informations et événements que contient un récit sont le résultat de choix multiples effectués par le romancier. La focalisation est un de ces choix : elle décide du regard à partir duquel s'organise le récit.

▶ LA FOCALISATION INTERNE

La focalisation interne consiste à raconter en se situant à l'intérieur d'un personnage. Elle permet de révéler de façon constante et approfondie ses pensées et ses sentiments.
Grâce à ce type de focalisation, le personnage est très proche du lecteur, qui entre en complicité avec lui et peut facilement s'identifier à lui.

> Le tir cessa, et l'angoisse s'accrut. Les canons, là-bas, rectifiaient-ils leur tir ? On attendait. On attendait. On attendait.
>
> André Malraux, *L'Espoir*, 1937, Éd. Gallimard.

Le narrateur décrit l'angoisse des personnages en faisant pénétrer le lecteur dans leurs pensées grâce au discours indirect libre.

▶ LA FOCALISATION EXTERNE

La focalisation externe consiste à raconter tout en restant à l'extérieur des personnages. Elle limite les informations aux actions, aux dialogues, aux gestes ; les pensées, les sentiments ne sont pas connus du lecteur. Les personnages ne sont alors caractérisés directement que par ce qu'ils disent d'eux-mêmes, ou par ce qu'en disent d'autres personnages.
Grâce à ce type de focalisation, le récit donne au lecteur une impression d'objectivité, d'impartialité.

> Parmi toutes ces capotes militaires, un costume civil de couleur beige. L'homme qui le porte ne semble pas souffrir du froid ; il a autour du cou une écharpe de soie verte qu'il serre d'une main nerveuse. Il va de groupe en groupe, tourne la tête de gauche à droite avec une expression hagarde, comme s'il cherchait un visage au milieu de cette cohue.
>
> Patrick Modiano, *Villa Triste*, 1975, Éd. Gallimard.

Le narrateur ne peut émettre que des hypothèses sur la vie intérieure du personnage.

▶ LA FOCALISATION ZÉRO

La focalisation zéro consiste à raconter comme si tout pouvait être connu du narrateur. On parle alors de narrateur omniscient, c'est-à-dire d'un narrateur qui sait tout, comme s'il occupait la position de Dieu. Elle permet de raconter toutes les actions, de savoir ce qui se passe au même moment, en des endroits différents. Les personnages peuvent être dévoilés de l'intérieur aussi bien que de l'extérieur : on connaît leurs sentiments, leurs pensées, leurs souvenirs… Pouvoir tout observer donne aussi la possibilité de commenter l'histoire, les ressorts de l'intrigue, le caractère des personnages.
Grâce à ce type de focalisation, le lecteur détient le maximum d'informations et en sait plus que tous les personnages réunis.

> Voilà ce qui avait eu lieu cette même nuit à la Force : une évasion avait été concertée…
>
> Victor Hugo, *Les Misérables*, 1862.

Le narrateur raconte ce qui s'est passé au même moment en deux lieux différents.

EXERCICE 1

Ce passage est écrit en focalisation interne. À travers les yeux de quel personnage découvre-t-on la scène ?

Des nuées sombres couraient sur la face de la lune. Il la contempla, en rêvant à la grandeur des espaces, à la misère de la vie, au néant de tout. Le jour parut ; ses dents claquaient ; et, à moitié endormi, mouillé par le brouillard et tout plein de larmes, il se demanda pourquoi n'en pas finir ? Rien qu'un mouvement à faire ! Le poids de son front l'entraînait, il voyait son cadavre flottant sur l'eau ; Frédéric se pencha.

Gustave Flaubert, *L'Éducation sentimentale*, 1845.

EXERCICE 2

Dans cet extrait, de quel type de focalisation s'agit-il ? Justifiez votre réponse.

Il n'y avait jamais eu un été semblable dans les collines. D'ailleurs, ce jour-là, cette même chaleur noire commença à déferler en vagues tout de suite très brutales sur le pays du sud, sur les solitudes du Var où les petits chênes se mirent à crépiter, sur les fermes perdues des plateaux où les citernes furent tout de suite assaillies de vols de pigeons, sur Marseille où les égouts commencèrent à fumer.

Jean Giono, *Le Hussard sur le toit*, 1951, Éd. Gallimard.

EXERCICE 3

De quel type de focalisation s'agit-il ? Justifiez votre réponse. Quel effet produit cette façon de présenter le nouveau personnage qui arrive ?

Un coup de vent fit battre la porte de l'arrière-chambre qui communiquait avec la sienne et dont la fenêtre donnait aussi sur la cour aux voitures. Meaulnes allait la refermer, lorsqu'il aperçut dans cette pièce une lueur, comme celle d'une bougie allumée sur la table. Il avança la tête dans l'entrebâillement de la porte. Quelqu'un était entré là, par la fenêtre sans doute, et se promenait de long en large, à pas silencieux. Autant qu'on pouvait le voir, c'était un très jeune homme.

Alain-Fournier, *Le Grand Meaulnes*, 1913, Éd. Fayard, 1971.

EXERCICE 4

De quel type de focalisation s'agit-il ?

Analysez les choix effectués dans la description, et montrez qu'ils correspondent à l'état d'esprit de la petite fille.

Elle quitta son lit, elle traversa pieds nus sa chambre et écarta un peu les lames des stores pour regarder dehors. Il y avait beaucoup de soleil, et en se penchant un peu elle put voir un morceau de ciel bleu. En bas, sur le trottoir, trois ou quatre pigeons sautillaient, leurs plumes ébouriffées par le vent. Au-dessus des toits des voitures arrêtées, la mer était bleu sombre, et il y avait un voilier blanc qui avançait difficilement. Lullaby regarda tout cela, et elle se sentit soulagée d'avoir décidé de ne plus aller à l'école.

Jean-Marie G. Le Clézio, *Lullaby*, 1980, Éd. Gallimard.

EXERCICE 5

1. Ce passage est en focalisation externe. Relevez, dans la description des deux personnages, les indices qui le montrent.

2. Le narrateur donne pour les deux personnages une indication identique, laquelle et pourquoi ? Faites le lien entre ce choix et celui de la focalisation externe.

Un homme.
Il est debout, il regarde : la plage, la mer.
La mer est basse, calme, la saison est indéfinie, le temps, lent.
L'homme se trouve sur un chemin de planches posé sur le sable.
Il est habillé de vêtements sombres. Son visage est distinct.
Ses yeux sont clairs.
Il ne bouge pas. Il regarde.
La mer, la plage, il y a des flaques, des surfaces d'eau calme isolées.
Entre l'homme qui regarde et la mer, tout au bord de la mer, loin, quelqu'un marche. Un autre homme. Il est habillé de vêtements sombres. À cette distance son visage est indistinct.

Marguerite Duras, *L'Amour*, 1971, Éd. Gallimard.

LE TEXTE

LE VERS LIBRE ET LE POÈME EN PROSE

La poésie en prose apparaît dès le XIXe siècle dans les œuvres de Baudelaire et Rimbaud ; Verlaine invente le vers impair et le vers libre fait son apparition, sans rime ni métrique fixe. Le XXe siècle s'attache à développer ces formes nouvelles et à en exploiter l'infinie richesse.

▶ LE VERS LIBRE

Né à la fin du XIXe siècle, le vers libre s'affranchit des contraintes de la poésie classique afin de créer des effets de musicalité nouveaux. Il s'appuie sur deux procédés essentiels :

L'effacement de la rime. Dans un poème en vers libres, la rime n'est plus systématique. En renonçant à la rime, le poète renforce le principe des échos entre les mots qui se répondent dans tout le poème.

Une métrique irrégulière. Le vers libre abandonne la métrique classique. Le nombre de syllabes de chaque vers n'est plus régulier, ce qui donne au poème des rythmes nouveaux.

Et dans les trous
Les roues vertigineuses les bouches les voix
Et les chiens du malheur qui aboient à nos trousses
Les démons sont déchaînés
Ferrailles
Tout est un faux accord

Blaise Cendrars, *Prose du Transsibérien et de la petite Jeanne de France,* 1913, Éd. Denoël.

Le nombre de syllabes de chaque vers n'est pas régulier, des mètres différents alternent et suscitent un rythme heurté qui s'harmonise avec le monde moderne.

▶ LE POÈME EN PROSE

La prose est une forme poétique à part entière depuis le milieu du XIXe siècle. C'est Baudelaire qui définit le mieux ce genre nouveau : « Une prose poétique, musicale, sans rythme et sans rime, assez souple et assez heurtée pour s'adapter aux mouvements lyriques de l'âme, aux ondulations de la rêverie, aux soubresauts de la conscience. » Trois grands procédés permettent d'identifier le poème en prose.

La structure narrative. Le poème se rapproche de la prose par son aspect narratif. La strophe ressemble au paragraphe.

Le jeu sur les sonorités. Les sonorités du poème en prose lui donnent une musicalité propre à déclencher la rêverie. Un tissu d'échos, d'assonances et d'allitérations se met en place.

L'importance accordée aux images. Les images donnent une cohésion au poème en prose. Dispersées dans tout le poème, elles en assurent l'unité thématique et poétique.

Ce lâche et froid sous-sol que l'on nomme la mie a son tissu pareil à celui des éponges : feuilles ou fleurs y sont comme des sœurs siamoises soudées par tous les coudes à la fois. Lorsque le pain rassit ces fleurs fanent et se rétrécissent : elles se détachent alors les unes des autres, et la masse en devient friable...

Francis Ponge, « Le Pain », *Le Parti pris des choses,* 1942, Éd. Gallimard.

L'architecture sonore du poème le distingue d'un texte en prose traditionnel. Le texte narratif s'efface au profit d'effets purement descriptifs. Comparaisons et métaphores envahissent le poème, qui se prête au jeu sur les mots et libère le langage de ses contraintes habituelles.

EXERCICE 1

Indiquez, pour chaque vers, le nombre de syllabes, et recherchez dans chaque extrait un exemple d'écho ou de jeu sur les sonorités.

Dans la toux, dans l'atroce, dans la transe
Il construit mes châteaux
Dans des toiles, dans des trames, dans des taches
Il les illumine.

Henri Michaux, « Mon sang », *L'Espace du dedans*, 1935, Éd. Gallimard.

Je suis si loin des voix
Des rumeurs de la fête
Le moulin d'écume tourne à rebours
Le sanglot des sources s'arrête
L'heure a glissé péniblement.

Pierre Reverdy, « Le Chant des morts », *Main-d'œuvre*, 1949, Éd. Mercure de France.

Les nuits de Paris ont ces odeurs fortes
que laissent les regrets et les maux de tête
et je savais qu'il était tard
et que la nuit
la nuit de Paris allait finir
comme les jours de fête

Philippe Soupault, *Westwego*, 1922, Éd. Lachenal et Ritter.

EXERCICE 2

Observez le poème suivant : la disposition décalée des vers et le jeu sur les blancs contribuent à donner une impression de tristesse.

En quoi la progression du nombre de syllabes des vers renforce-t-elle l'impression de désolation ? Quel est l'effet produit par la présence irrégulière de rimes ?

La porte qui ne s'ouvre pas
La main qui passe
Au loin un verre qui se casse
La lampe fume
Les étincelles qui s'allument
Le ciel est plus noir
Sur les toits
Quelques animaux
Sans leur ombre
Un regard
Une tache sombre
La maison où l'on n'entre pas.

Pierre Reverdy, « Nomade », *Les Ardoises du toit*, 1918, Éd. Flammarion.

EXERCICE 3

Ce poème est-il un poème en vers libres ou en prose ? Expliquez votre réponse.

Le sommeil de mon cœur délie le nœud du jour,
Il roule sourdement l'Europe et l'Amérique
Dont il éteint les phares
Et le chant des cigales.

Le passé, l'avenir
Comme des chiens jumeaux flairent autour de nous.

Jules Supervielle, « Prairie », *Gravitations*, 1925, Éd. Gallimard.

EXERCICE 4

Illustrez chacun des procédés relevant de la poésie en prose par un exemple précis issu du poème suivant.

Pourquoi peut-on dire que le poème de Michaux correspond à la définition donnée par Baudelaire ?

Je n'ai jamais su si c'était l'effet d'une maladie ou une simple disposition naturelle. Le corps des Écalites, pour peu qu'il soit touché d'un toucher appuyé, rougit (sauf aux mains et aux pieds).

Et la marque tient une heure, bien davantage parfois.

Les chasseurs qui reviennent de la forêt reviennent tout en fleurs, en feuilles, en graines.

Le corps des femmes est nacré, rose, à reflets, admirable.

Je ne me lassais pas d'y former comme à l'estompe, avec le pouce et les doigts, des figures rosées et d'autres corps rosés de fées ou de poupées. Et, grâce à ce petit talent, elles m'aimaient. Elles aimaient, soumises et espiègles, se laisser faire sous mes doigts.

Henri Michaux, « Les Écalites », *Voyage en Grande Garabagne*, 1936, Éd. Gallimard.

L'ÉTUDE D'UN POÈME

L'analyse d'un poème repose sur la recherche et l'interprétation des procédés utilisés par le poète. Syntaxe, sonorités, rythmes, images et vocabulaire nécessitent ainsi une lecture attentive et méthodique.

▶ L'EXAMEN DE LA FORME ET DE LA STROPHE

La forme du poème peut être fixe : fable, rondeau, ballade, ode ou sonnet. Elle peut être régulière et se présenter comme une suite de strophes aux vers de longueur égale : distiques, tercets, quatrains, quintils. Enfin, le poème peut adopter une forme libre : longueurs des vers inégales, abandon de la rime, poésie en prose.

▶ LE REPÉRAGE DES VERS, DE LA RIME ET DU RYTHME

Le vers se définit comme un énoncé au rythme identifiable : alexandrin, décasyllabe, octosyllabe. La rime est la répétition d'un même son en fin de vers : rimes plates, embrassées ou croisées. Le rythme se définit par le retour régulier de syllabes accentuées.

L'Océan resplendit sous sa vaste nuée ;
L'onde, de son combat sans fin exténuée,
S'assoupit, et, laissant l'écueil se reposer
Fait de toute la rive un immense baiser.

Victor Hugo, *Les Contemplations*, 1856.

Les vers sont des alexandrins aux rimes plates. Le rythme est croissant puis décroissant, soulignant le calme qui s'empare peu à peu de l'océan.

▶ L'ANALYSE DU LEXIQUE ET DES IMAGES

Les champs lexicaux qui traversent le poème permettent d'en déterminer les grands thèmes. Certains mots peuvent avoir plusieurs sens (polysémie) ou des connotations sur lesquelles joue le poète. Les images, comparaisons ou métaphores, rapprochent deux univers éloignés.

Tous les chemins vont vers la ville.
Du fond des brumes,
Avec tous ses étages en voyage
Jusques au ciel, vers de plus hauts étages,
Comme d'un rêve, elle s'exhume.

Émile Verhaeren, *Les Campagnes hallucinées*, 1893.

Le lexique et les images assimilent la ville à une apparition verticale.

▶ L'ÉTUDE DE LA SYNTAXE ET DES SONORITÉS

Les répétitions de sonorités (allitérations et assonances) indiquent les significations cachées du poème. Les constructions syntaxiques, par leurs ruptures, mettent en valeur un mot ou une image : antithèse, enjambement ou rejet.

Il aimait à la voir, avec ses jupes blanches,
Courir tout au travers du feuillage et des branches,
Gauche et pleine de grâce, alors qu'elle cachait
Sa jambe, si la robe aux buissons s'accrochait.

Baudelaire, *Poème de jeunesse*, 1872.

Le groupe nominal « Sa jambe », en étant rejeté au début du vers 4, est mis en valeur : il s'agit d'un enjambement.

Exercice 1

Analysez la forme du poème : la strophe, le vers, la rime.

La terre file son chemin
Et tourne autour de son idée
Mais force champs, villes, jardins
À garder l'immobilité.

Les nuages passent rapides
Inquiets des évasions.

Jules Supervielle, « Chemin de ronde »,
Gravitations, 1925, Éd. Gallimard.

Exercice 2

1. Analysez la forme du poème : la strophe, le vers, la rime.

2. Dégagez ensuite le thème principal en relevant un champ lexical.

Ah Dieu ! que la guerre est jolie
Avec ses chants ses longs loisirs
Cette bague je l'ai polie
Le vent se mêle à vos soupirs

Adieu ! voici le boute-selle
Il disparut dans un tournant
Et mourut là-bas tandis qu'elle
Riait au destin surprenant.

Guillaume Apollinaire, « L'Adieu du cavalier »,
Calligrammes, 1918, Éd. Gallimard.

Exercice 3

1. Sur quelles sonorités dominantes le poème est-il construit ?

2. En quoi le second tercet s'oppose-t-il au premier ?

Toc toc Il a fermé sa porte
Les lys du jardin sont flétris
Quel est donc ce mort qu'on emporte

Tu viens de toquer à sa porte
    Et trotte trotte
    Trotte la petite souris

Guillaume Apollinaire, « La Dame »,
Alcools, 1913, Éd. Gallimard.

Exercice 4

1. Analysez la forme du poème.

2. Dégagez son thème principal en relevant un champ lexical.

3. En quoi la forme du poème souligne-t-elle son contenu ?

Il pleure dans mon cœur
Comme il pleut sur la ville ;
Quelle est cette langueur
Qui pénètre mon cœur ?

Ô bruit doux de la pluie
Par terre et sur les toits !
Pour un chant qui s'ennuie
Ô le chant de la pluie !

Il pleure sans raison
Dans ce cœur qui s'écœure.
Quoi ! Nulle trahison ?...
Ce deuil est sans raison.

C'est bien la pire peine
De ne savoir pourquoi
Sans amour et sans haine
Mon cœur a tant de peine !

Paul Verlaine, *Romances sans paroles*, 1874.

Exercice 5

Faites l'analyse du poème suivant en groupant vos remarques dans un tableau (forme, lexique, syntaxe, sonorités).
Rédigez ensuite votre analyse.

Quelle, et si fine, et si mortelle,
Que soit ta pointe, blonde abeille,
Je n'ai, sur ma tendre corbeille,
Jeté qu'un songe de dentelle.

Pique du sein la gourde belle,
Sur qui l'Amour meurt ou sommeille,
Qu'un peu de moi-même vermeille`
Vienne à la chair ronde et rebelle !

J'ai grand besoin d'un prompt tourment :
Un mal vif et bien terminé
Vaut mieux qu'un supplice dormant !

Soit donc mon sens illuminé
Par cette infime alerte d'or
Sans qui l'Amour meurt ou s'endort !

Paul Valéry, « L'Abeille », *Charmes*, 1922,
Éd. Gallimard.

L'INTERPRÉTATION ET LA MISE EN SCÈNE

Le texte de théâtre n'est pas écrit pour être lu, mais pour être joué. Il est donc nécessaire de procéder à une interprétation qui permette de comprendre comment passer de l'écriture à la représentation.

▶ LES DIALOGUES

Les paroles des personnages permettent de comprendre la situation qu'ils occupent dans l'intrigue et le développement de l'action. Les échanges de paroles exposent les caractéristiques des personnages et leurs relations.

▶ LES DIDASCALIES

Les didascalies sont les indications de mise en scène notées par l'auteur dans le texte. Elles sont constituées de tout le texte qui n'est pas prononcé par les personnages, mais qui permet de comprendre ce qui se passe sur scène. On peut distinguer :

– les didascalies initiales (liste des personnages, décor, lieu) placées au début du texte ;

– les didascalies placées à l'intérieur des dialogues (nom du personnage indiqué à chaque changement d'interlocuteur, indication du ton, des mouvements…).

CLOV *(se tournant vers Hamm, exaspéré).* – Qu'est-ce que c'est ?

Samuel Beckett, *Fin de partie,* 1957, Éd. de Minuit.

Les didascalies permettent de repérer le personnage qui parle, ses actions, le ton de ses paroles. Ainsi, la question posée par Clov prend ici une signification particulière.

▶ LES COSTUMES

Les costumes, c'est-à-dire les vêtements, masques, perruques ou maquillages, sont souvent ce que le spectateur perçoit d'abord du personnage. Le choix du costume revêt donc une signification primordiale et peut s'orienter dans plusieurs directions, parfois mêlées :

– le costume réaliste (celui que le personnage porterait dans la vie courante ou celui d'un personnage historique) qui fixe immédiatement le statut social du personnage ;

– le costume typique (reconnu par tradition comme le costume d'Arlequin) ;

– le costume symbolique (qui souligne un caractère ou un thème par quelques traits précis ; par exemple, le ventre proéminent symbole de la gourmandise…) ;

– le costume à contre-emploi (le roi habillé en enfant, signe de son caractère infantile) ;

– le « refus » du costume (le costume, semblable pour tous les personnages, ne donne aucune indication sur leurs rôles respectifs, seul le jeu compte).

▶ LE DÉCOR

Le décor permet de situer la fiction théâtrale. On distingue trois grands types de décors :

– le décor réaliste qui tente de figurer le lieu, tel qu'il existe dans la réalité (un salon…) ;

– le décor par allusions qui situe l'action par quelques indications (pancarte…) ;

– le décor symbolique qui crée un espace imaginaire, à partir des jeux de volumes et de matière (plan incliné, disposition de tentures…).

Si un décor peut indiquer un lieu unique (unité de lieu du théâtre classique), il peut changer éventuellement au cours de la pièce (un salon, puis la rue…), voire il peut être parfois à lieux multiples (les mystères représentent simultanément plusieurs lieux sur la scène ; il faut alors changer d'endroit sur la scène pour indiquer un changement du lieu de l'action).

EXERCICE 1

Complétez les indications chiffrées dans le texte suivant par les didascalies qui correspondent à la situation.

(Deux ans après la disparition en mer de Jambart, sa femme se remarie avec Barillon. Soudain, les jeunes mariés apprennent par une lettre que Jambart est vivant et qu'il vient retrouver sa femme. Sous le choc, ils s'évanouissent...)

MADAME JAMBART, [1]. – Ah ! mes enfants ! mes enfants !... [2] Ah !
TOUS. – Quoi ?
MADAME JAMBART, [3]. – Ah ! mon Dieu ! mais alors, s'il est vivant, il est aussi mon mari !
TOUS. – Oui.
MADAME JAMBART. – Ah ! mon Dieu ! Je suis bighomme !!!
TOUS, [4]. – Oh !
BARILLON, [5]. – Et moi aussi !
MADAME JAMBART. – Vous, mais vous n'avez qu'une femme !
BARILLON, [6]. – J'ai une femme et un mari !

Georges Feydeau, *Le Mariage de Barillon*, Acte II, scène 10, 1890.

Didascalies proposées : *avec horreur / à moitié évanouie / avec désespoir / brusquement, après une seconde de réflexion / tout à coup, elle pousse un hurlement strident qui remet Barillon à lui-même / se levant*

EXERCICE 2

Dans *Le Barbier de Séville* de Beaumarchais, le comte Almaviva est amoureux de Rosine et tente sans cesse de l'approcher. Voici les didascalies initiales pour ses costumes.

1. Expliquez pourquoi on peut dire qu'il s'agit de costumes réalistes.

2. Analysez leurs significations par rapport au personnage et à l'intrigue.

Le Comte Almaviva est enveloppé d'un grand manteau brun ou cape espagnole ; chapeau noir rabattu, avec un ruban de couleur autour de la forme. Au deuxième acte, habit uniforme de cavalier, avec des moustaches et des bottines. Au troisième, habillé en bachelier : cheveux ronds ; grande fraise au cou ; veste, bas et manteau d'abbé. Au quatrième acte, il est vêtu superbement à l'espagnole, avec un riche manteau ; par-dessus tout, le large manteau brun dont il se tient enveloppé.

EXERCICE 3

Le décor ci-dessous a été imaginé par Hans Haferung pour une mise en scène de *Maître Puntila et son valet Matti* de Bertolt Brecht en 1956. Pourquoi peut-on dire qu'il s'agit à la fois d'un décor par allusions et d'un décor symbolique ?

▶ Dessin de préparation exécuté par Hans Haferung, en 1956, pour la rélisation du décor de *Maître Puntila et son valet Matti* de Bertolt Brecht.

LES GENRES ARGUMENTATIFS

L'argumentation traverse tous les genres littéraires. Le roman, le théâtre, la poésie développent souvent des situations d'argumentation. Les écrivains utilisent cependant des genres proprement argumentatifs pour présenter leurs idées, pour défendre leurs opinions.

▶ LE PAMPHLET

Le pamphlet est un court écrit satirique qui attaque avec force les institutions, une personne connue. La brièveté, l'intensité et l'actualité du sujet abordé caractérisent le pamphlet.

> Frère Coutu, en disant ces mots, bâilla plus que jamais. Berthier répliqua par des bâillements qui ne finissaient point.
>
> Voltaire, *Relation de la maladie du jésuite Berthier*, 1759.

Le pamphlet est l'arme favorite de Voltaire pour se moquer de ses adversaires : les jésuites, les partisans du despotisme ou du fanatisme.

▶ L'ESSAI

L'essai permet à un écrivain, mais aussi à un critique littéraire, de traiter d'un sujet, d'un auteur, avec une certaine liberté, sans prétendre épuiser complètement la matière.

> Rendre la vertu aimable, le vice odieux, le ridicule saillant, voilà le projet de tout honnête homme qui prend la plume, le pinceau ou le ciseau.
>
> Denis Diderot, *Essai sur la peinture*, 1765.

L'essai permet à Diderot d'analyser les œuvres des grands peintres, mais aussi de développer ses idées sur l'importance de la peinture dans la société.

▶ LE MANIFESTE ET LA PRÉFACE

Le manifeste est un texte théorique qui expose les principes d'un nouvel engagement littéraire. La préface est un texte placé en tête d'un livre, qui sert à le présenter au lecteur. L'écrivain profite de la préface pour défendre sa conception de la littérature.

> Ces critiques sont le partage de quatre ou cinq auteurs qui n'ont jamais pu par eux-mêmes exciter la curiosité du lecteur.
>
> Jean Racine, Préface de *Bérénice*, 1600.

À travers la préface de ses pièces, Racine explique et défend son théâtre attaqué par la critique.

▶ LE RÉQUISITOIRE ET LE PLAIDOYER

Le réquisitoire est un genre judiciaire : c'est le développement de l'accusation, qui énumère devant un tribunal les crimes, les fautes imputés à celui qu'on accuse. Le plaidoyer est aussi un genre judiciaire : c'est le développement de la défense d'une personne, accusée devant un tribunal. Mais la littérature a très souvent intégré ces deux situations d'argumentation dans le roman, le théâtre.

> Le fond de sa pensée, si j'ai bien compris, c'est que j'avais prémédité mon crime. Du moins il a essayé de le démontrer. Comme il le disait lui-même : « J'en ferai la preuve, messieurs, et je la ferai doublement. »
>
> Albert Camus, *L'Étranger*, 1942, Éd. Gallimard.

Le réquisitoire du procureur conduira à la condamnation de Meursault.

Exercice 1

Observez ces différents extraits et leurs références.

1. À quel genre argumentatif chaque passage appartient-il ?

2. Quels indices dans chaque extrait ont guidé votre analyse ?

Je veux expliquer comment une famille, un petit groupe d'êtres, se comporte dans une société, en s'épanouissant pour donner naissance à dix, à vingt individus qui paraissent, au premier coup d'œil, profondément dissemblables, mais que l'analyse montre intimement liés les uns aux autres. L'hérédité a ses lois, comme la pesanteur.

Émile Zola, *La Fortune des Rougon*, 1871.

Ce pauvre jeune homme a des ennemis puissants ; mais, même parmi ses ennemis (et combien n'en a-t-il pas !) quel est celui qui met en doute ses admirables talents et sa science profonde ? Ce n'est pas un sujet ordinaire que vous allez juger, monsieur. Durant près de dix-huit mois nous l'avons tous connu pieux, sage, appliqué ; mais, deux ou trois fois par an, il était saisi par des accès de mélancolie qui allaient jusqu'à l'égarement.

Stendhal, *Le Rouge et le Noir*, 1830.

Exercice 2

Victor Hugo, en exil, écrit pour dénoncer le coup d'État de Louis Napoléon Bonaparte.

1. À quel genre argumentatif ce texte appartient-il ?

2. Retrouvez ses caractéristiques.

Si on le juge en dehors de ce qu'il appelle « ses actes nécessaires » ou « ses grands actes », c'est un personnage vulgaire, puéril, théâtral et vain. Les personnes invitées chez lui, l'été, à Saint-Cloud, reçoivent, en même temps que l'invitation, l'ordre d'apporter une toilette du matin et une toilette du soir. Il aime la gloriole, le pompon, l'aigrette, la broderie, les paillettes et les passequilles, les grands mots, les grands titres, ce qui sonne, ce qui brille, toutes les verroteries du pouvoir.

Victor Hugo, *Napoléon le petit*, 1853.

Exercice 3

Dans *Les Plaideurs*, un chien comparaît devant le juge Dandin.

1. De quel genre argumentatif Racine se moque-t-il ?

2. Quels indices vous ont permis de répondre ?

LÉANDRE

Mon père, il faut juger.

DANDIN

Aux galères.

LÉANDRE

Un chien

Aux galères !

DANDIN

Ma foi ! je n'y conçois plus rien ;
De monde, de chaos, j'ai la tête troublée.
Eh ! concluez.

L'INTIMÉ, *lui présentant de petits chiens.*

Venez, famille désolée ;
Venez, pauvres enfants qu'on veut rendre orphelins.
Venez faire parler vos esprits enfantins.
Oui, messieurs, vous voyez ici notre misère :
Nous sommes orphelins ; rendez-nous notre père.

Jean Racine, *Les Plaideurs*, 1668.

Exercice 4

André Breton en appelle aux forces du rêve et de l'instinct, à la puissance de l'imagination.

À quelles convictions le passage du *Manifeste du surréalisme* fait-il appel ?

C'est de très mauvaise foi qu'on nous contesterait le droit d'employer le mot SURRÉALISME dans le sens très particulier où nous l'entendons, car il est clair qu'avant nous ce mot n'avait pas fait fortune. Je le définis donc une fois pour toutes :

SURRÉALISME, n. m. Automatisme psychique pur par lequel on se propose d'exprimer, soit verbalement, soit par écrit, soit de toute autre manière, le fonctionnement réel de la pensée. Dictée de la pensée, en l'absence de tout contrôle exercé par la raison, en dehors de toute préoccupation esthétique ou morale.

André Breton, *Manifeste du surréalisme*, 1924,
Société nouvelle des Éditions Pauvert 1979.

Depuis 1950

Le temps des défis

LA PROSPÉRITÉ ET LA CRISE

La France est confrontée à la décolonisation. La guerre d'Indochine, puis celle d'Algérie, ramènent au pouvoir, en 1958, le général de Gaulle qui fonde la Ve République. La France connaît alors la prospérité économique. La société de consommation se développe, contestée par les jeunes en mai 1968. À partir de 1974, une crise économique profonde bouleverse les repères sociaux. De 1981 à 1995, les différents gouvernements sous la présidence de François Mitterrand ne peuvent endiguer la montée du chômage à laquelle s'ajoutent les problèmes de l'exclusion. Par ailleurs, depuis la création du Marché commun, le 25 mars 1957, la construction européenne se poursuit dans un contexte international modifié, entre la mort de Staline (1953) et la chute du mur de Berlin (1989).

L'ENRICHISSEMENT DU LANGAGE

Devant l'influence de l'anglais dans la langue internationale des affaires, à travers la musique, « la culture rock », la langue française paraît menacée. Cette inquiétude conduit le Commissariat général de la langue française à multiplier les recommandations pour lutter contre le « franglais ». L'État soutient la francophonie, le développement du français parlé hors de France, et l'enseignement des langues régionales. De même, gardiens de la mémoire linguistique du pays, les dictionnaires se diversifient : dictionnaire des proverbes, des expressions populaires, de l'argot. Les lieux de lecture se transforment et s'ouvrent au grand public : Centre Pompidou, Bibliothèque de France. Plus généralement la frontière entre l'écrit et l'oral est de plus en plus réduite. Le français parlé s'enrichit du vocabulaire des sciences humaines, de la sociologie, de la psychanalyse. L'influence du langage des jeunes est considérable.

LA RÉFLEXION SUR L'HOMME ET LA SOCIÉTÉ

Au lendemain de la guerre, les génocides et la bombe atomique laissent l'homme en proie à l'angoisse. Le théâtre de l'Absurde, de Beckett, de Ionesco, et le Nouveau roman de Robbe-Grillet ou de Simon explorent cet effritement de l'homme confronté à lui-même. Les sciences humaines connaissent pendant les années soixante un prodigieux essor. Les intellectuels combattent alors les fausses valeurs de la société de consommation. Le monde de l'édition évolue : les collections de poche se développent, les foires du livre se multiplient, le livre rencontre l'informatique et la télématique. Le retour à la fiction, au plaisir du récit, conduit cependant à l'exploration de nouveaux territoires imaginaires chez Tournier, chez Le Clézio. La notion d'avant-garde, si déterminante dans les années cinquante, ne peut plus fédérer des créateurs isolés, désenchantés devant la « société du spectacle », qui, à travers les médias, sacrifie aux seuls intérêts commerciaux.

UN ART FAIT D'INTERROGATIONS

Tous les arts partagent le sentiment d'angoisse, de solitude, devant la concentration urbaine, l'univers déshumanisé. L'hyperréalisme conduit à s'interroger devant la présence obsédante, la multiplication des objets. Des artistes ridiculisent la société de consommation en présentant des automobiles compressées. Tandis que des peintres comme Soulages explorent l'abstraction, d'autres utilisent les techniques modernes, jouant avec le graphisme de la publicité, de la bande dessinée. Le « postmoderne » apparaît alors comme une mélancolie, l'exploration d'une ère du vide qui autorise jeux et montages. Au cinéma, à la Nouvelle Vague de François Truffaut et de Jean-Luc Godard succèdent de nombreuses adaptations d'œuvres littéraires : *Jean de Florette* ou *Cyrano de Bergerac*. Tandis que de jeunes réalisateurs, comme Luc Besson ou Leos Carax, mettent en scène des marginaux, des êtres désemparés.

Le peintre aime le noir, qui est pour lui « l'absence de couleur la plus intense, la plus violente ». Le spectateur doit partager l'émotion, l'intensité exprimées par le peintre.

Brossées à contre-jour sur le blanc, les larges bandes noires confèrent un caractère monumental au tableau.

Entre le blanc et le noir apparaît l'épaisseur stratifiée de la matière.

Coups de brosses sommaires et directs qui témoignent du geste du peintre.

La composition du tableau, derrière le désordre apparent, est dynamisée par les diagonales.

Pierre Soulages, *Peinture*, 18 avril 1959.

La peinture doit être vue pour elle-même, comme une force, une présence intense.

Le blanc crée avec le noir de puissants contrastes dramatiques, des effets de clair-obscur.

Aux yeux de Soulages, l'abstraction est le refus de raconter ou de décrire quelque chose. Le tableau doit être regardé avec intensité, comme une image poétique.

Eugène Ionesco

Nom : Ionesco
Prénom : Eugène
Naissance : le 26 novembre 1912, à Slatina, en Roumanie
Décès : le 28 mars 1994, à Paris
Lieux : Paris, le petit village de la Chapelle-Anthenaise dans la Mayenne, Bucarest, Marseille
Situation familiale : marié à Rodica Burileano ; une fille, Marie-France
Professions : professeur, correcteur pour une maison d'édition, auteur dramatique
Amitiés : l'auteur dramatique Adamov, le cinéaste Buñuel, les écrivains roumains de langue française : Cioran, Mircea Éliade

Il a écrit

des pièces de théâtre parmi lesquelles : *La Cantatrice chauve* (1950), *La Leçon* (1951), *Les Chaises* (1952), *Amédée ou comment s'en débarrasser* (1954), *Rhinocéros* (1960), *Le Roi se meurt* (1962) ;

des essais parmi lesquels : *Notes et Contre-Notes* (1962) ;

des journaux comme : *Journal en miettes* (1967) ;

un roman : *Le Solitaire* (1973).

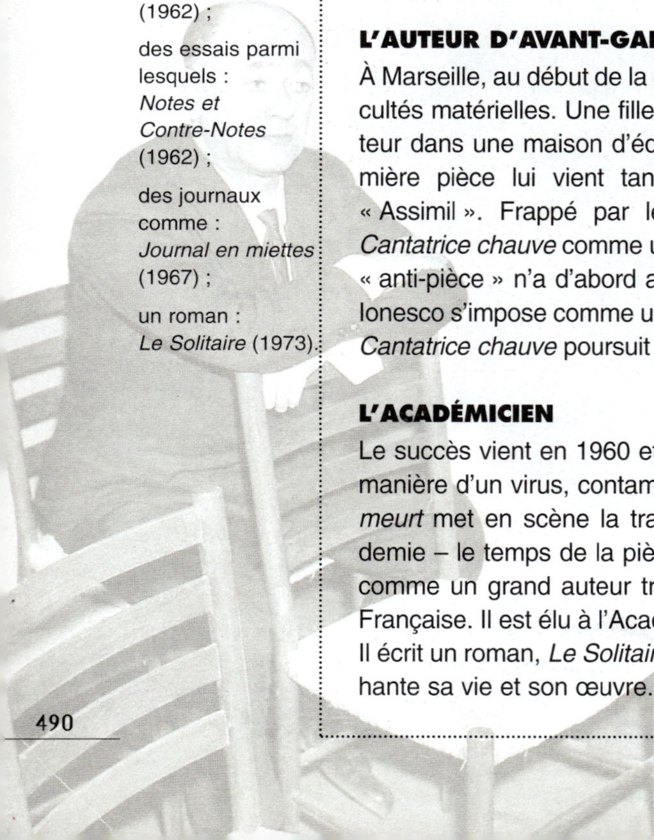

L'ENFANT TOURMENTÉ

Eugène Ionesco naît en Roumanie d'un père roumain, d'une mère française. Un an après sa naissance, ses parents s'installent à Paris. Les disputes des parents, la guerre de 1914 suscitent chez l'enfant un sentiment d'angoisse. Son père retourne en Roumanie, sa mère prend en charge l'éducation d'Eugène Ionesco et de sa jeune sœur, qu'elle emmène voir Guignol au Luxembourg. Instants de bonheur et de fascination. En 1921, les deux enfants connaissent une vie paisible dans un village de Mayenne. Mais ils doivent se rendre en Roumanie où les réclame leur père. À Bucarest, Eugène Ionesco assiste à la montée du nazisme, qui gagne la Roumanie. Il se marie et obtient en 1938 une bourse pour effectuer en France une thèse sur la poésie.

L'AUTEUR D'AVANT-GARDE

À Marseille, au début de la guerre, comme à Paris, le couple connaît des difficultés matérielles. Une fille, Marie-France, naît en 1944. Ionesco est correcteur dans une maison d'éditions administratives. En 1948, l'idée de sa première pièce lui vient tandis qu'il apprend l'anglais dans une méthode « Assimil ». Frappé par le caractère artificiel des dialogues, il écrit *La Cantatrice chauve* comme une conversation mécanique, vidée de sens. Cette « anti-pièce » n'a d'abord aucun succès. Mais avec *La Leçon, Les Chaises,* Ionesco s'impose comme un important auteur d'avant-garde. Depuis 1957, *La Cantatrice chauve* poursuit ses représentations au théâtre de la Huchette.

L'ACADÉMICIEN

Le succès vient en 1960 et 1962. *Rhinocéros* dénonce le fascisme qui, à la manière d'un virus, contamine l'un après l'autre les personnages. *Le Roi se meurt* met en scène la tragédie d'un homme qui, au bout d'une heure et demie – le temps de la pièce –, va mourir. Ionesco est désormais consacré comme un grand auteur tragique. Ses œuvres sont créées à la Comédie-Française. Il est élu à l'Académie française en 1970. Son théâtre se poursuit. Il écrit un roman, *Le Solitaire*, dont le titre affiche l'un des thèmes majeurs qui hante sa vie et son œuvre.

La Cantatrice chauve

1950

Inspirée d'une méthode d'apprentissage de l'anglais, *La Cantatrice chauve* exprime toute l'absurdité d'un dialogue devenu purement mécanique. Dans ce passage, un capitaine des pompiers entre en scène, où se trouvent déjà les époux Smith et les époux Martin.

LE POMPIER. – Est-ce qu'il y a le feu chez vous ?
Mme SMITH[1]. – Pourquoi nous demandez-vous ça ?
LE POMPIER. – C'est parce que... excusez-moi, j'ai l'ordre d'éteindre tous les incendies dans la ville.
Mme MARTIN. – Tous ?
LE POMPIER. – Oui, tous.
Mme SMITH, *confuse*. – Je ne sais pas... je ne crois pas, voulez-vous que j'aille voir ?
M. SMITH, *reniflant*. – Il ne doit rien y avoir. Ça ne sent pas le roussi.
LE POMPIER, *désolé*. – Rien du tout ? Vous n'auriez pas un petit feu de cheminée, quelque chose qui brûle dans le grenier ou dans la cave ? Un petit début d'incendie, au moins ?
Mme SMITH. – Écoutez, je ne veux pas vous faire de la peine mais je pense qu'il n'y a rien chez nous pour le moment. Je vous promets de vous avertir dès qu'il y aura quelque chose.
LE POMPIER. – N'y manquez pas, vous me rendriez service.
Mme SMITH. – C'est promis.
LE POMPIER, *aux époux Martin*. – Et chez vous, ça ne brûle pas non plus ?
Mme MARTIN. – Non, malheureusement.
M. MARTIN, *au Pompier*. – Les affaires vont plutôt mal, en ce moment !
LE POMPIER. – Très mal. Il n'y a presque rien, quelques bricoles, une cheminée, une grange. Rien de sérieux. Ça ne rapporte pas. Et comme il n'y a pas de rendement, la prime à la production est très maigre.
M. SMITH. – Rien ne va. C'est partout pareil. Le commerce, l'agriculture, cette année c'est comme pour le feu, ça ne marche pas.
M. MARTIN. – Pas de blé, pas de feu.
LE POMPIER. – Pas d'inondation non plus.
Mme SMITH. – Mais il y a du sucre.
M. SMITH. – C'est parce qu'on le fait venir de l'étranger.
Mme MARTIN. – Pour les incendies, c'est plus difficile. Trop de taxes !

Eugène Ionesco, *La Cantatrice chauve*, scène 8, jouée en 1950, éditée en 1954, Éd. Gallimard.

1. *Smith* : nom utilisé dans la méthode d'apprentissage de l'anglais « Assimil »

QUESTIONS

L'absurdité de la situation

1. Expliquez en quoi l'accomplissement de la mission du pompier devient absurde.

L'expression de la banalité

2. L'absurde naît aussi des banalités exprimées par les personnages. Relevez des exemples de formules banales.

La parole mécanique

3. Les associations d'idées ou de mots sont mécaniques, sans lien logique. Relevez une association mécanique d'idées à la fin du texte.

Le Roi se meurt

Avec *Le Roi se meurt*, Eugène Ionesco n'exprime pas seulement l'absurdité du langage ou de certaines situations, il dévoile aussi le tragique et l'absurdité de toute existence : la mort à laquelle nul n'échappe, même s'il est roi.

LE ROI[1]. – Qu'avez-vous tous à me regarder ainsi ? Est-ce qu'il y a quelque chose d'anormal ? Il n'y a plus rien d'anormal puisque l'anormal est devenu habituel. Ainsi, tout s'arrange.

MARIE[2], *se précipitant vers le Roi.* – Mon Roi, vous boitez.

LE ROI, *faisant deux ou trois pas en boitant légèrement.* – Je boite ? Je ne boite pas. Je boite un peu.

MARIE. – Vous avez mal, je vais vous soutenir.

LE ROI. – Je n'ai pas mal. Pourquoi aurais-je mal ? Si, un tout petit peu. Ce n'est rien. Je n'ai pas besoin d'être soutenu. Pourtant, j'aime que tu me soutiennes.

MARGUERITE[3], *se dirigeant vers le Roi.* – Sire, je dois vous mettre au courant.

MARIE. – Non, taisez-vous.

MARGUERITE, *à Marie.* – Taisez-vous.

MARIE, *au Roi.* – Ce n'est pas vrai ce qu'elle dit.

LE ROI. – Au courant de quoi ? Qu'est-ce qui n'est pas vrai ? Marie, pourquoi cet air désolé ? Que vous arrive-t-il ?

MARGUERITE, *au Roi.* – Sire, on doit vous annoncer que vous allez mourir.

LE MÉDECIN. – Hélas, oui, Majesté.

LE ROI. – Mais je le sais, bien sûr. Nous le savons tous. Vous me le rappellerez quand il sera temps. Quelle manie avez-vous, Marguerite, de m'entretenir de choses désagréables dès le lever du soleil.

MARGUERITE. – Il est déjà midi.

LE ROI. – Il n'est pas midi. Ah, si, il est midi. Ça ne fait rien. Pour moi, c'est le matin. Je n'ai encore rien mangé. Que l'on m'apporte mon breakfast. À vrai dire, je n'ai pas trop faim. Docteur, il faudra que vous me donniez des pilules pour réveiller mon appétit et dégourdir mon foie. Je dois avoir la langue saburrale[4], n'est-ce pas ? *Il montre sa langue au Docteur.*

LE MÉDECIN. – En effet, Majesté.

LE ROI. – Mon foie s'encrasse. Je n'ai rien bu hier soir, pourtant j'ai un mauvais goût dans la bouche.

LE MÉDECIN. – Majesté, la reine Marguerite dit la vérité, vous allez mourir.

LE ROI. – Encore ? Vous m'ennuyez ! Je mourrai, oui, je mourrai. Dans quarante ans, dans cinquante ans, dans trois cents ans. Plus tard. Quand je voudrai, quand j'aurai le temps, quand je le déciderai. En attendant, occupons-nous des affaires du royaume. *(Il monte les*

▼ Dans le rôle du Roi Béranger Ier, Michel Bouquet.

marches du trône.) Aïe ! Mes jambes, mes reins. J'ai attrapé froid dans ce palais mal chauffé, avec ces carreaux cassés qui laissent entrer la tempête et les courants d'air. A-t-on remplacé sur le toit les tuiles que le vent avait arrachées ? On ne travaille plus. Il faudra que je m'en occupe moi-même. J'ai eu d'autres choses à faire. On ne peut compter sur personne. *(À Marie qui essaye de le soutenir.)* Non, j'arriverai. *(Il s'aide de son sceptre[5] comme d'un bâton.)* Ce sceptre peut encore servir. *(Il réussit péniblement à s'asseoir, aidé tout de même par la reine Marie.)* Mais non, mais non, je peux. Ça y est ! Ouf ! Il est devenu bien dur ce trône. On devrait le faire rembourrer. Comment se porte le pays ce matin ?

MARGUERITE. – Ce qu'il en reste.

LE ROI. – Ce sont encore de beaux restes. De toute façon, il faut s'en occuper, cela vous changera les idées. Qu'on fasse venir les ministres. *(Apparaît Juliette.[6])* Allez chercher les ministres, ils sont sans doute encore en train de dormir. Ils s'imaginent qu'il n'y a plus de travail.

JULIETTE. – Ils sont partis en vacances. Pas bien loin puisque les terres se sont raccourcies et rabougries. Ils sont à l'autre bout du royaume, c'est-à-dire à trois pas, au coin du bois, au bord du ruisseau. Ils font la pêche, ils espèrent avoir un peu de poisson pour nourrir la population.

LE ROI. – Va les chercher au coin du bois.

JULIETTE. – Ils ne viendront pas, ils sont en congé. J'y vais voir quand même. *Elle va regarder par la fenêtre.*

LE ROI. – Quelle indiscipline !

JULIETTE. – Ils sont tombés dans le ruisseau.

MARIE. – Essaye de les repêcher.

Juliette sort.

LE ROI. – Si j'avais deux autres spécialistes du gouvernement dans le pays, je les remplacerais.

MARIE. – On en trouvera d'autres.

LE MÉDECIN. – On n'en trouvera plus, Majesté.

MARGUERITE. – Vous n'en trouverez plus, Bérenger.

MARIE. – Si, parmi les enfants des écoles lorsqu'ils seront grands. Il faut attendre un peu. Une fois repêchés, ces deux-là pourront bien gérer les affaires courantes.

Eugène Ionesco, *Le Roi se meurt,* jouée en 1962, éditée en 1963, Éd. Gallimard.

1. *Le Roi :* **Bérenger Ier**
2. *Marie :* **deuxième épouse du Roi**
3. *Marguerite :* **première épouse du Roi**
4. *saburrale :* **chargée**
5. *sceptre :* **bâton de commandement, signe de l'autorité suprême du roi**
6. *Juliette :* **femme de ménage qui sert aussi d'infirmière**

QUESTIONS

La mort annoncée

1. On annonce au roi qu'il va mourir. Expliquez comment l'auteur dramatise cette annonce.

2. Quelle différence existe-t-il dans l'attitude des personnages de la cour face à l'annonce de cette mort ?

Les signes de la déchéance

3. Quels sont les indices physiques et matériels de la déchéance du roi ?

4. Expliquez que l'écoulement du temps se précipite. Quelle est la signification de cette accélération ?

Le refus de l'impensable

5. Le roi refuse de penser à la mort. Relevez et expliquez les passages du texte qui indiquent qu'il tente par ses réponses et ses actes de se masquer l'impensable, c'est-à-dire sa propre mort.

Jean Giono

Nom : Giono
Prénom : Jean
Naissance : le 30 mars 1895, 1, rue Torte, à Manosque
Décès : dans la nuit du 8 au 9 octobre 1970, à Manosque
Lieux : Manosque ; le mont Kemmel en Belgique, où Giono fut « gazé » en 1917 ; Paris lorsqu'il doit se rendre chez son éditeur
Situation familiale : marié à Élise Maurin, en 1920
Professions : commis de banque au Crédit du Sud-Est jusqu'en 1929, puis écrivain
Amitiés : Louis David et Lucien Jacques, amis de toujours ; André Gide, qui soutient sa carrière littéraire

Il a écrit

des romans parmi lesquels : *Regain* (1930), *Le Chant du monde* (1934), *Un roi sans divertissement* (1947), *Le Hussard sur le toit* (1951), *L'Iris de Suse* (1970).

L'EMPLOYÉ DE BANQUE

Fils unique d'une blanchisseuse et d'un artisan cordonnier, Jean Giono naît dans un milieu modeste, à Manosque, où il grandit. Il doit interrompre ses études, à l'âge de seize ans, afin de trouver du travail. Il devient ainsi commis au Crédit du Sud-Est. Le métier n'est pas pour déplaire à cet adolescent rêveur qui met à profit ses heures d'inactivité pour lire Virgile et les grands classiques. La mobilisation générale vient mettre un terme à cette vie tranquille : le jeune homme est mobilisé et connaît pendant quatre longues années l'horreur des tranchées. Il revient du conflit convaincu de l'absurdité de la société moderne et se réfugie plus que jamais dans la littérature.

L'ÉCRIVAIN PROVENÇAL

En 1919, Jean Giono réintègre la banque où il continue une carrière paisible. Derrière les colonnes de chiffres cependant, au verso des cours de Bourse bien alignés, prend peu à peu forme un premier roman, *Colline*, qui est publié en 1929. Le style surprend et le paysage provençal qui en forme le cadre séduit. L'écrivain, qui refuse de quitter Manosque, vit désormais de sa plume. L'atmosphère politique des années trente renforce ses convictions pacifistes. Admiré par les uns, hué par les autres, il devient le porte-parole d'une génération qui refuse de connaître deux guerres mondiales. Ses appels à la révolte et au « refus d'obéissance » mènent ainsi Giono en prison lorsqu'éclate le nouveau conflit, en 1939. Il est libéré deux mois plus tard mais connaît la même mésaventure à la Libération, accusé à tort de collaboration.

LE VOYAGEUR IMMOBILE

La leçon est retenue par Giono qui oriente son œuvre dans une direction radicalement nouvelle. Son univers romanesque prend la dimension d'une vaste fresque que l'écrivain intitule « chroniques romanesques ». *Un roi sans divertissement* en 1947, puis le cycle du *Hussard sur le toit* tirent un trait sur l'écrivain provençal. C'est désormais l'arrière-pays imaginaire qui attire Giono. Entre deux romans, il collabore au *Dauphiné libéré* où il livre des chroniques, et adapte des récits au théâtre ou au cinéma... Giono meurt à Manosque en accord avec sa vision de l'écrivain qu'il définit comme un « voyageur immobile ».

Le Hussard sur le toit

1951

Jean Giono crée le personnage d'Angelo Pardi, brillant cavalier, escrimeur étincelant, prompt à s'indigner devant les bassesses. Fuyant le choléra , le jeune homme se lie d'amitié avec Pauline de Théus. Celle-ci, cependant, est à son tour atteinte par la maladie…

La nuit était devenue extrêmement noire et silencieuse.

« Ce n'est pas la première fois, se dit Angelo, mais ils me sont tous morts dans les mains. »

L'absence d'espoir, plus que le désespoir et surtout la fatigue physique le faisaient de plus en plus maintenant tourner les regards vers la nuit. Il n'était pas en quête d'une aide mais d'un repos.

Pauline semblait s'éloigner. Il n'osait pas l'interroger. Les paroles de l'homme à la redingote étaient encore trop récentes. Il se souvenait de la lucidité[1] dont cet homme avait parlé et il craignait la lucidité de cette bouche qui continuait à dégorger des boues blanchâtres.

Il s'étonnait, il s'effrayait même un peu du vide de la nuit. Il se demandait comment il avait pu ne pas avoir peur jusqu'ici et surtout de choses si menaçantes. Il ne cessait cependant de s'activer à réchauffer sous ses mains ces aines[2] en bordure desquelles le froid et la couleur de marbre[3] étaient toujours au repos.

Enfin, il eut toute une série de petites pensées très colorées, de lumières très vives dont quelques-unes étaient cocasses et risibles et, à bout de forces, il reposa sa joue sur ce ventre qui ne tressaillait plus que faiblement, et il s'endormit.

Une douleur à l'œil le réveilla ; il vit rouge, ouvrit les yeux. C'était le jour.

Il ne savait pas sur quoi de doux et de chaud sa tête reposait. Il se voyait recouvert jusqu'au menton par les pans de son manteau. Il respira fortement. Une main fraîche toucha sa joue.

« C'est moi qui t'ai couvert, dit une voix. Tu avais froid. »

Il fut sur pied instantanément. La voix n'était pas tout à fait étrangère. Pauline le regardait avec des yeux presque humains.

Jean Giono, *Le Hussard sur le toit*, 1951, Éd. Gallimard.

1. les deux voyageurs ont croisé en chemin un philosophe qui leur a expliqué que les cholériques mouraient en fait de « lucidité » (ils voient la réalité telle qu'elle est)
2. les aines : le bas du ventre
3. couleur qui apparaît sur le corps des malades

QUESTIONS

Un univers contrasté

1. Au terrible froid qui s'empare du corps des cholériques, Angelo ne sait qu'opposer la chaleur qui semble les ranimer.
Étudiez les contrastes qui soulignent la proximité de la mort.

2. À quel sentiment chaque couleur est-elle liée ?

L'identification au héros

3. Giono décrit l'univers à travers le regard, les pensées et paroles du héros en utilisant le procédé de la focalisation interne.
Relevez et classez les verbes de perception de ce passage.
Quel est, pour le lecteur, l'intérêt de ce procédé ?

Une maladie étrange

4. Au-delà des maux physiques, le choléra semble ôter à ceux qu'il touche leur humanité, leur fait « rendre l'âme ».
Relevez les manifestations physiques et morales de la maladie.

5. En quoi la fin de l'extrait laisse-t-elle planer un doute sur la guérison de l'héroïne ?

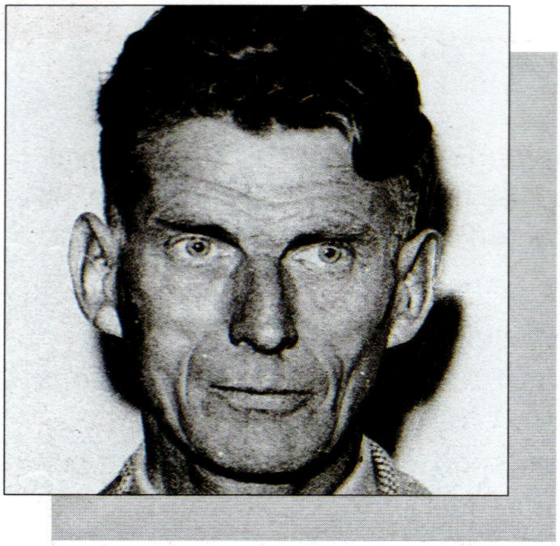

Samuel Beckett

Nom : Beckett
Prénom : Samuel
Naissance : le 13 avril 1906, à Foxrock, dans la banlieue de Dublin
Décès : le 22 décembre 1989, à Paris
Lieux : Dublin puis Paris, s'installe en France en 1937
Situation familiale : marié
Profession : a préparé une carrière d'enseignant en langue romane (français, italien)
Amitiés : le poète et romancier irlandais James Joyce, l'éditeur Jérôme Lindon
Signe particulier : écrit en français à partir de 1945

Il a écrit

des essais parmi lesquels : *Proust* (1931) ;

des romans parmi lesquels : *Murphy* (1938), *Molloy* (1951), *L'Innommable* (1953) ;

des pièces de théâtre parmi lesquelles : *En attendant Godot* (1952), *Fin de partie* (1957), *Oh les beaux jours* (1963).

L'ÉTUDIANT DÉSENCHANTÉ

Né dans une famille de la petite bourgeoisie protestante de Dublin, Samuel Beckett est un étudiant studieux. Nommé comme assistant à Trinity College, la prestigieuse université de Dublin, il semble alors destiné à une brillante carrière d'enseignant en français. Pourtant, Samuel Beckett étouffe et ne peut supporter l'avenir qu'il se prépare. Il démissionne. Il séjourne à Londres, dans la misère, puis s'installe à Paris où, quelques années auparavant, il a été lecteur d'anglais à l'École normale supérieure. Il fréquente l'écrivain irlandais James Joyce et se lance dans l'écriture qui devient le refuge et l'expression du désenchantement qui l'habite.

LE DRAMATURGE DE L'ATTENTE

Pendant la Seconde Guerre mondiale, Samuel Beckett participe à la Résistance. À la Libération, il revient à Paris et mène de nouveau une existence misérable. Ses romans sont d'abord refusés par tous les éditeurs. En 1953, après avoir été refusé par de nombreux théâtres, *En attendant Godot* est joué à Paris : texte épuré, à la fois tragique et empli d'humour noir, cette histoire de deux clochards renvoie au public l'image d'une vie qui est une vaine attente. C'est un triomphe ; la pièce est reprise à Londres et à New York. Désormais les textes de théâtre remplacent les récits. Beckett devient célèbre, trop à son goût.

L'ÉCRIVAIN DU SILENCE

Lorsqu'en 1985, un journaliste demande à Samuel Beckett « Pourquoi écrivez-vous ? », il répond en une formule laconique : « bon qu'à ça ». Pour Beckett, l'écriture est une tentative ultime pour emplir le silence et la solitude de l'existence. Solitude choisie, en retrait d'un monde qui lui offre pourtant le prix Nobel de littérature en 1969 ; silence nécessaire pour poser un regard sans espoir et sans regret sur une humanité en souffrance. Ses dernières œuvres sont courtes, des pièces sans personnages, sans paroles parfois, mais où chaque indication de mise en scène est extrêmement précise. Une économie et une exigence qui témoignent de la volonté de lucidité qui accompagne l'œuvre de Beckett jusqu'à sa mort, en 1989.

Molloy

1951

Les premières œuvres de Beckett sont des romans. *Molloy* est l'itinéraire d'un clochard à moitié paralysé. Récit à la première personne où l'expression de la pensée du vagabond précipite le lecteur dans un vertige continu.

Ce fut une nuit d'écoute, une nuit donnée aux menus bruissements et soupirs qui agitent les petits jardins de plaisance la nuit, faits du timide sabbat[1] des feuilles et des pétales et de l'air qui y circule différemment qu'ailleurs, où il y a moins de contrainte, et différemment que pendant le jour qui permet de surveiller et de sévir, et d'autre chose qui n'est pas clair, n'étant ni l'air ni ce qu'il meut. C'est peut-être le bruit lointain toujours le même que fait la terre et que les autres bruits cachent, mais pas pour longtemps. Car ils ne rendent pas compte de ce bruit qu'on entend lorsqu'on écoute vraiment, quand tout semble se taire. Et il y avait un autre bruit, celui de ma vie que faisait sienne ce jardin chevauchant la terre des abîmes et des déserts. Oui, il m'arrivait d'oublier non seulement qui j'étais, mais que j'étais, d'oublier d'être. Alors je n'étais plus cette boîte fermée à laquelle je devais de m'être si bien conservé, mais une cloison s'abattait et je me remplissais de racines et de tiges bien sages par exemple, de tuteurs depuis longtemps morts et que bientôt on brûlerait, du campos[2] de la nuit et de l'attente du soleil, et puis du grincement de la planète qui avait bon dos, car elle roulait vers l'hiver, l'hiver la débarrasserait de ces croûtes dérisoires. Ou j'étais de cet hiver le calme précaire, la fonte des neiges qui ne changent rien et les horreurs du recommencement. Mais cela ne m'arrivait pas souvent, la plupart du temps je restais dans ma boîte qui ne connaissait ni saisons ni jardins. Et ça valait mieux. Mais là-dedans il faut faire attention, se poser des questions, par exemple celle de savoir si on est toujours, et si non, quand ça prit fin, et si oui combien de temps ça va durer encore, n'importe quoi qui vous empêche de perdre le fil du songe. Moi je me posais volontiers des questions, l'une après l'autre, rien que pour les contempler. Non, pas volontiers, par raison, afin de me croire toujours là. Et cependant ça ne me disait rien d'être toujours là. J'appelais ça réfléchir. Je réfléchissais presque sans arrêt, je n'osais pas m'arrêter. C'est peut-être à cela que je devais mon innocence.

Samuel Beckett, *Molloy*, Première partie, 1951, Éd. de Minuit.

1. *sabbat* : ici, agitation, chahut, à l'image des réunions des sorcières
2. *campos* : repos, vacances

QUESTIONS

Le poids de la pensée

1. Le lecteur suit la réflexion continue du narrateur. Expliquez que la modification du temps verbal dans le texte indique qu'il s'agit d'une pensée immédiate, sans recul.

La force de l'image

2. L'auteur utilise une série d'images appartenant au domaine de la nature. Relevez-les et expliquez comment les associations lexicales créent une atmosphère tragique.

L'absurdité de toute action

3. Le narrateur indique que ses actions n'ont jamais de justification particulière. Relevez et expliquez les phrases qui suppriment toute valeur aux idées qui viennent d'être exprimées.

En attendant Godot

195

La pièce *En attendant Godot* est refusée par plusieurs théâtres avant d'être représentée à Paris. La vaine attente de deux clochards, Estragon et Vladimir, renvoie aux spectateurs l'image d'une existence dérisoire.

ESTRAGON. – Allons-nous-en.
VLADIMIR. – On ne peut pas.
ESTRAGON. – Pourquoi ?
VLADIMIR. – On attend Godot[1].
ESTRAGON. – C'est vrai. *(Un temps.)* Tu es sûr que c'est ici ?
VLADIMIR. – Quoi ?
ESTRAGON. – Qu'il faut attendre.
VLADIMIR. – Il a dit devant l'arbre. *(Ils regardent l'arbre.)* Tu en vois d'autres ?
ESTRAGON. – Qu'est-ce que c'est ?
VLADIMIR. – On dirait un saule.
ESTRAGON. – Où sont les feuilles ?
VLADIMIR. – Il doit être mort.
ESTRAGON. – Finis les pleurs.
VLADIMIR. – À moins que ce ne soit pas la saison.
ESTRAGON. – Ce ne serait pas plutôt un arbrisseau ?
VLADIMIR. – Un arbuste.
ESTRAGON. – Un arbrisseau.
VLADIMIR. – Un – *(Il se reprend).* Qu'est-ce que tu veux insinuer ? Qu'on s'est trompé d'endroit ?
ESTRAGON. – Il devrait être là.
VLADIMIR. – Il n'a pas dit ferme qu'il viendrait.
ESTRAGON. – Et s'il ne vient pas ?
VLADIMIR. – Nous reviendrons demain.
ESTRAGON. – Et puis après-demain.
VLADIMIR. – Peut-être.
ESTRAGON. – Et ainsi de suite.
VLADIMIR. – C'est-à-dire...
ESTRAGON. – Jusqu'à ce qu'il vienne.
VLADIMIR. – Tu es impitoyable.

Samuel Beckett, *En attendant Godot*, Acte I,
éditée en 1952, jouée en 1953, Éd. de Minuit.

▲ Rufus et Georges Wilson dans les rôles d'Estragon et de Vladimir.

1. *Godot :* **personnage énigmatique qui n'apparaît jamais ; Godot renvoie peut-être à *God*, c'est-à-dire Dieu en anglais**

QUESTIONS

L'attente infinie

1. Les deux personnages attendent l'arrivée de Godot. Expliquez que son arrivée n'apparaît pas du tout certaine.

La fragilité des repères

2. L'environnement des personnages apporte peu de renseignements sur la situation. Que sait-on de l'arbre ?

L'humour noir

3. Les paroles expriment souvent le tragique de l'existence à travers un humour noir. Relevez et expliquez ce procédé dans le passage.

Fin de partie

1957

Pour Beckett, l'absence d'intrigue et de destin, le dénuement des actions et des paroles expriment la condition humaine. Aveugle, assis dans un fauteuil roulant, Hamm dialogue sans espoir avec Clov, qui est à son service.

HAMM. – Regarde l'Océan !

Clov descend de l'escabeau, fait quelques pas vers la fenêtre à gauche, retourne prendre l'escabeau, l'installe sous la fenêtre à gauche, monte dessus, braque la lunette sur le dehors, regarde longuement. Il sursaute, baisse la lunette, l'examine, la braque de nouveau.

CLOV. – Jamais vu une chose comme ça !

HAMM *(inquiet)*. – Quoi ? Une voile ? Une nageoire ? Une fumée ?

CLOV *(regardant toujours)*. – Le fanal[1] est dans le canal.

HAMM *(soulagé)*. – Pah ! Il l'était déjà.

CLOV *(de même)*. – Il en restait un bout.

HAMM. – La base.

CLOV *(de même)*. – Oui.

HAMM. – Et maintenant ?

CLOV *(de même)*. – Plus rien.

HAMM. – Pas de mouettes ?

CLOV *(de même)*. – Mouettes !

HAMM. – Et l'horizon ? Rien à l'horizon ?

CLOV *(baissant la lunette, se tournant vers Hamm, exaspéré)*. – Mais que veux-tu qu'il y ait à l'horizon ? *Un temps.*

HAMM. – Les flots, comment sont les flots ?

CLOV. – Les flots ? *(Il braque la lunette.)* Du plomb[2].

HAMM. – Et le soleil ?

CLOV *(regardant toujours)*. – Néant.

HAMM. – Il devrait être en train de se coucher pourtant. Cherche bien.

CLOV *(ayant cherché)*. – Je t'en fous[3].

HAMM. – Il fait donc nuit déjà ?

CLOV *(regardant toujours)*. – Non.

HAMM. – Alors quoi ?

CLOV *(de même)*. – Il fait gris. *(Baissant la lunette et se tournant vers Hamm, plus fort.)* Gris ! *(Un temps. Encore plus fort.)* GRRIS !

Il descend de l'escabeau, s'approche de Hamm par derrière et lui parle à l'oreille.

HAMM *(sursautant)*. – Gris ! Tu as dit gris ?

CLOV. – Noir clair. Dans tout l'univers.

Samuel Beckett, *Fin de partie*, 1957, Éd. de Minuit.

1. *fanal :* sorte de phare permettant de guider les navires
2. *du plomb :* qui a la couleur gris bleuâtre et la forte densité du plomb
3. *je t'en fous :* on peut toujours chercher, il n'y a rien (avec agacement)

QUESTIONS

La fin d'un monde

1. La pièce montre un monde sans vie, tel qu'il pourrait être après un cataclysme nucléaire. Relevez des indices de cette situation.

Le tragique de l'existence

2. Comment la couleur exprime-t-elle le tragique de l'existence ?

3. Expliquez que le dialogue entre les personnages est difficile.

Un dehors inaccessible

4. Expliquez en quoi l'architecture du lieu et les objets utilisés indiquent que le dehors est inaccessible.

Raymond Queneau

Nom : Queneau
Prénom : Raymond
Naissance : le 21 février 1903, au Havre
Décès : le 25 octobre 1976, à Paris
Lieux : Le Havre, Paris, le Limousin
Situation familiale : marié à Janine Kahn ; un fils, Jean-Marie
Professions : employé de banque, directeur de collection et secrétaire général des éditions Gallimard
Amitiés : des écrivains, Jacques Prévert, André Breton, Georges Bataille, Michel Leiris, François Le Lionnais ; les peintres Élie Lascaux et Jean Dubuffet

Il a écrit

des romans, dont : *Le Chiendent* (1933), *Loin de Rueil* (1944), *Zazie dans le métro* (1959) ;

des recueils de poèmes, dont : *Chêne et Chien* (1937), *Le Chien à la mandoline* (1958), *Cent mille milliards de poèmes* (1961) ;

des chansons et des dialogues de films.

LE PHILOSOPHE PASSIONNÉ DE CINÉMA

« Je naquis au Havre un vingt et un février / en mil neuf cent et trois. / Ma mère était mercière et mon père mercier / ils trépignaient de joie. » Raymond Queneau fait au lycée du Havre des études brillantes, passe à Paris une licence de philosophie. Spectateur passionné, il fréquente les salles de cinéma. En 1924, il adhère au mouvement surréaliste. Il effectue son service militaire dans les zouaves, en Algérie et au Maroc. À son retour, devenu employé de banque, il retrouve ses amis peintres et écrivains. Il épouse en 1928 Janine Kahn, belle-sœur d'André Breton. L'année suivante il rompt avec Breton, se détache du surréalisme.

LE PROMENEUR DE PARIS

Queneau entreprend des recherches sur des auteurs inconnus, « les fous littéraires ». Il en tire une *Encyclopédie des sciences inexactes* refusée par les éditeurs. Il se promène dans Paris, connaît au cours de cette exploration de la ville des moments de bonheur. Son premier roman, *Le Chiendent*, en 1933, est un jeu sur le langage, une tentative d'écrire « comme on parle ». Les œuvres qui suivent se présentent comme des exercices poétiques et romanesques où se mêlent l'autobiographie et la farce, la dérision et une tendresse pour le quotidien. Lecteur aux éditions Gallimard, il en devient pendant la guerre le secrétaire général.

L'ENCYCLOPÉDISTE ET LE PATAPHYSICIEN

Élu membre de l'Académie Goncourt en 1951, Queneau adhère la même année au Collège de Pataphysique qui tourne en dérision les institutions. Il dirige l'*Encyclopédie de la Pléiade*, qui dresse l'état des connaissances en accordant à l'art une place importante. C'est ainsi que cohabitent la passion du savoir, les jeux du langage et l'humour ravageur. En 1959 paraît *Zazie dans le métro*. Louis Malle en tire un film, alors que Queneau lui-même a écrit de nombreux dialogues pour le cinéma. Sa passion des combinatoires le conduit à soutenir l'*Oulipo*, atelier de recherches qui invite à la création à partir de règles contraignantes. Affecté par la mort de sa femme, en 1972, Queneau meurt quatre ans plus tard.

Zazie dans le métro

1959

Confiée à son oncle Gabriel, Zazie découvre Paris. À travers une série d'aventures burlesques, l'humour de Queneau tourne en dérision les valeurs établies. Le roman est aussi jeu sur le langage où l'argot, la parodie, les inventions verbales créent un climat de liberté.

– Alors ? pourquoi que tu veux l'être, institutrice ?

– Pour faire chier les mômes, répondit Zazie. Ceux qu'auront mon âge dans dix ans, dans vingt ans, dans cinquante ans, dans cent ans, dans mille ans, toujours des gosses à emmerder.

– Eh bien, dit Gabriel[1].

– Je serai vache comme tout avec elles. Je leur ferai lécher le parquet. Je leur enfoncerai des compas dans le derrière. Je leur botterai les fesses. Parce que je porterai des bottes. En hiver. Hautes comme ça (geste). Avec des grands éperons pour leur larder la chair du derche.

– Tu sais, dit Gabriel avec calme, d'après ce que disent les journaux, c'est pas du tout dans ce sens-là que s'oriente l'éducation moderne. C'est même tout le contraire. On va vers la douceur, la compréhension, la gentillesse. N'est-ce pas, Marceline[2], qu'on dit ça dans le journal ?

– Oui, répondit doucement Marceline. Mais toi, Zazie, est-ce qu'on t'a brutalisée à l'école ?

– Il aurait pas fallu voir.

– D'ailleurs, dit Gabriel, dans vingt ans, y aura plus d'institutrices : elles seront remplacées par le cinéma, la tévé, l'électronique, des trucs comme ça. C'était aussi écrit dans le journal l'autre jour. N'est-ce pas, Marceline ?

– Oui, répondit doucement Marceline.

Zazie envisagea cet avenir un instant.

– Alors, déclara-t-elle, je serai astronaute.

– Voilà, dit Gabriel approbativement. Voilà, faut être de son temps.

– Oui, continua Zazie, je serai astronaute pour aller faire chier les Martiens.

Gabriel enthousiasmé se tapa sur les cuisses :

– Elle en a de l'idée, cette petite.

Il était ravi.

Raymond Queneau, *Zazie dans le métro,* 1959, Éd. Gallimard.

1. *Gabriel* : l'oncle de Zazie, qui en a la garde pour 48 heures
2. *Marceline* : l'amie de Gabriel

QUESTIONS

Une héroïne délurée

1. Le comique de la scène repose sur le personnage de Zazie. Retrouvez, à travers ses propos, ses traits de caractère dominants.

2. Indiquez comment, à travers Zazie, l'humour de Queneau prend le contrepied des valeurs établies, des discours habituels.

Des personnages complices

3. Repérez précisément sur quoi reposent le contraste et le comique entre Zazie et le couple Gabriel/Marceline :
– sur le plan des idées exprimées,
– du point de vue du ton adopté.

4. À quel moment y a-t-il complicité totale entre Gabriel et sa nièce ?

Le jeu sur le langage

5. Queneau prend toutes les libertés. Donnez des exemples : d'une syntaxe et d'un vocabulaire familiers ; de termes argotiques.

6. À quel moment Gabriel s'exprime-t-il dans une langue plus recherchée ? Repérez un terme rare, sophistiqué.

Francis Ponge

Nom : Ponge
Prénom : Francis
Naissance : le 27 mars 1899, à Montpellier
Décès : le 6 août 1988, dans sa maison de Bar-sur-Loup
Lieux : Avignon, Caen, Paris, le mas de Bar-sur-Loup près de Grasse
Situation familiale : marié, une fille Armande
Professions : employé aux Messageries Hachette, employé d'assurances, professeur à l'Alliance française
Amitiés : les écrivains Jean Paulhan, Pierre Leyris, Albert Camus ; les peintres Braque, Fautrier

Il a écrit

des recueils de poèmes parmi lesquels : *Le Parti pris des choses* (1942), *Le Grand Recueil : I Lyres, II Méthodes, III Pièces* (1961), *Le Savon* (1967) ;

des essais parmi lesquels : *Pour un Malherbe* (1965) ;

des textes sur l'art parmi lesquels : *L'Atelier contemporain* (1977).

L'ÉTUDIANT

Francis Ponge passe son enfance à Avignon où son père est directeur d'une banque. Sa famille est cultivée, de vieille tradition protestante. Passionné, turbulent, l'enfant connaît une existence heureuse, baignant dans la douceur du midi. En 1909, son père est transféré à Caen ; Francis Ponge découvre, au lycée, une passion pour la langue française, pour la lecture du grand dictionnaire du XIXe siècle, le Littré. Au baccalauréat, il a la meilleure note de l'académie en philosophie ; mais, au moment de sa licence en philosophie, de même qu'au concours de l'École normale supérieure, il n'ouvre pas la bouche à l'oral. Mobilisé dans l'infanterie en 1918, il s'installe à Paris l'année suivante, passionné par la littérature et la politique.

L'HOMME ENGAGÉ

À Paris, Francis Ponge rencontre Jean Paulhan à la *Nouvelle Revue Française*, et commence à publier textes et poèmes. Éprouvé par la mort de son père en 1923, il connaît une vie matérielle difficile. Il découvre « les douze métiers, les treize misères de l'homme » : après les Messageries Hachette où il travaille pendant six ans, « une sorte de bagne », il est démarcheur pour une compagnie d'assurances, écrivant chaque soir ses poèmes. De son mariage avec Odette Chabanel naît une fille, Armande. Devant l'injustice sociale, la montée du fascisme, Ponge s'inscrit au Parti communiste en 1937. Licencié, il connaît le chômage. Après la défaite de 1939, il participe à la Résistance.

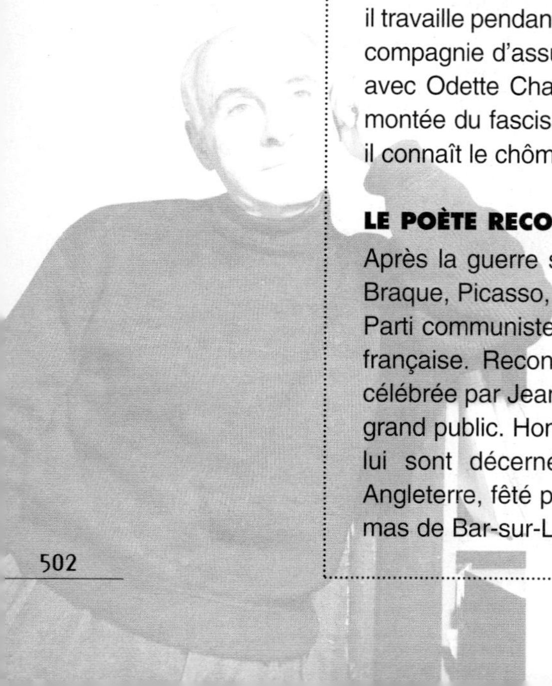

LE POÈTE RECONNU

Après la guerre s'ouvre de nouveau une période difficile. Ponge rencontre Braque, Picasso, il multiplie les lectures publiques de ses œuvres. Il quitte le Parti communiste en 1947 ; en 1952, il entre comme professeur à l'Alliance française. Reconnue depuis longtemps par un petit cercle d'admirateurs, célébrée par Jean-Paul Sartre, l'originalité de son œuvre s'affirme auprès du grand public. Hommages, expositions lui sont consacrés ; des prix littéraires lui sont décernés. Ponge voyage aux États-Unis, aux Pays-Bas, en Angleterre, fêté par les nouvelles générations de lecteurs. Il meurt dans son mas de Bar-sur-Loup, près de Grasse, dans la lumière de l'été 1988.

Le Grand Recueil

1961

Ponge prend « le parti des choses », des objets simples et familiers. Une cruche, une huître, un lézard deviennent objets du poème. Ponge éclaire ainsi les rapports complices entre les mots et les choses.

Le Lézard

Le Lézard dans le monde des mots n'a pas pour rien ce *zède* ou *zèle*[1] tortillard[2], et pas pour rien sa désinence en *ard*, comme fuyard, flemmard, musard[3], pendard, hagard. Il apparaît, disparaît, réapparaît. Jamais familier pourtant. Toujours un peu égaré, toujours cherchant furtivement sa route.

Ce ne sont pas insinuations trop familières que celles-ci. Ni venimeuses. Nulle malignité : aucun signe d'intelligence à l'homme.

Une sorte de petite locomotive haut-le-pied. Un petit train d'allégations[4] hâtives, en grisaille, un peu monstrueuses, à la fois familières et saugrenues, – qui circule avec la précipitation fatale aux jouets mécaniques, faisant comme eux de brefs trajets à ras de terre, mais beaucoup moins maladroit, têtu, il ne va pas buter contre un meuble, le mur ; très silencieux et souple au contraire, il s'arrange toujours, lorsqu'il est à bout de course, d'arguments, de ressort dialectique[5], pour disparaître par quelque fente, ou fissure, de l'ouvrage de maçonnerie sur lequel il a accompli sa carrière…

Il arrive qu'il laisse entre vos doigts le petit bout de sa queue.

… Une simple gamme chromatique ? Un simple arpège[6] ? Une bonne surprise après tout, si elle fait d'abord un peu sauter le cœur. On reviendra près de cette pierre.

Ou bien on l'aperçoit tout à coup, plaqué contre la muraille : il était là, immobile.

Il a, dans sa seule silhouette alors, quelque chose d'un peu redoutable. C'est son côté trop dessiné, son petit côté dragon, ou poignard.

Francis Ponge, *Pièces*, repris dans *Le Grand Recueil*, 1961, Éd. Gallimard.

1. *zèle :* ardeur à servir une cause
2. *tortillard :* d'après tortiller, tordre à plusieurs tours
3. *musard :* qui passe son temps à muser, à traîner
4. *des allégations :* des affirmations
5. *la dialectique :* l'art de la discussion
6. un arpège : un accord dont on égrène les notes

QUESTIONS

Les qualités de l'objet

1. Par les descriptions et le jeu des images, le poème précise les qualités particulières de l'objet. Retrouvez, de la ligne 9 à 25, les principales images auxquelles le lézard est associé.

2. Retrouvez tout au long du texte deux traits essentiels : le lézard est petit ; il apparaît et disparaît.

Le mot et la chose

3. Le poème montre l'adéquation entre le mot « lézard » et la chose qu'il désigne, le reptile. Comment se trouvent justifiées la lettre « z » ; la désinence en « ard » ?

4. Pour quelle raison Ponge a-t-il recours au mot « tortillard » ? Quelle image ce mot annonce-t-il ?

Le sens et le son

5. Les mots se font écho tout au long du texte. Retrouvez un autre mot en « ard » dans le poème.

6. Comment passe-t-on de la lettre « z » au mot « zèle » ? Quel sens du mot « zèle » Ponge a-t-il retenu pour l'associer au lézard ?

Alain Robbe-Grillet

Nom : Robbe-Grillet
Prénom : Alain
Naissance : en 1922, à Brest
Lieux : la Bretagne, le Maroc, la Martinique, Paris, New York
Situation familiale : marié
Professions : ingénieur agronome, romancier
Amitiés : Jérôme Lindon, directeur des éditions de Minuit ; le metteur en scène Alain Resnais ; le critique littéraire Roland Barthes

Il a écrit

des romans parmi lesquels : *Les Gommes* (1953), *Le Voyeur* (1955), *La Jalousie* (1957), *L'Année dernière à Marienbad* (1961) ;

une autobiographie : *Le Miroir qui revient* (1985) ;

des essais et réflexions critiques parmi lesquels : *Pour un nouveau roman* (1963).

L'INGÉNIEUR AGRONOME

Né à Brest, Alain Robbe-Grillet gardera longtemps le souvenir de cette ville du bord de mer, de ses nuits humides et froides, de ses ciels bas. Enfant, il se promène dans les rues un peu tristes où les marchands de souvenirs exposent, sur le trottoir, des tourniquets de cartes postales. Il exerce d'abord le métier d'ingénieur agronome, et se trouve chargé de mission à l'Institut national de la statistique en 1945, puis en 1950 à l'Institut des fruits et agrumes coloniaux, ce qui lui donne l'occasion de nombreux voyages en Guinée, au Maroc, à la Martinique.

LE CHEF DE FILE DU NOUVEAU ROMAN

La publication des *Gommes* et du *Voyeur* forme un tournant décisif dans la vie de Robbe-Grillet. Parce qu'ils remettent en cause la tradition romanesque héritée du XIXe siècle, ces romans – avec ceux d'autres écrivains comme Michel Butor, Claude Simon, Nathalie Sarraute ou Claude Ollier – ouvrent une période très intense dans la vie artistique et intellectuelle. Discussions, polémiques et débats se multiplient autour du Nouveau Roman dont Robbe-Grillet apparaît comme le chef de file. Il abandonne le métier d'ingénieur pour se consacrer au travail de romancier, tout en occupant un poste de conseiller aux éditions de Minuit, écrivant de nombreux articles pour défendre et développer ses idées sur le roman.

LE ROMANCIER ET LE CINÉASTE

Tableaux, photographies, publicités : Robbe-Grillet aime les images. Elles sont pour lui comme des énigmes captivantes avec lesquelles son œuvre joue. En 1961, il réalise un film avec le cinéaste Alain Resnais, *L'Année dernière à Marienbad*, et passe lui-même à la mise en scène. Auteur et réalisateur, il produit – de *Trans-Europ-Express* en 1966 jusqu'au *Jeu avec le feu* en 1975 – des films complexes et déroutants, qui démontent le récit traditionnel en même temps que les stéréotypes policiers et érotiques du cinéma. Son œuvre romanesque se poursuit. Et en 1985, revenant sur son itinéraire, Robbe-Grillet écrit une autobiographie, *Le Miroir qui revient*, où vérité et fiction se mêlent subtilement.

Les Gommes

1953

Avec *Les Gommes*, Robbe-Grillet remet en cause le roman traditionnel, invente une construction nouvelle, porte un regard méthodique sur les choses... Wallas, enquêtant sur un meurtre, erre dans une ville sans nom.

Wallas erre à travers la ville, au hasard. La nuit est humide et froide. Toute la journée le ciel est resté jaune, bas, enfumé – un ciel de neige – mais il n'a pas neigé et ce sont maintenant les brouillards de novembre qui s'installent. L'hiver vient vite cette année.

Les lumières au coin des rues tracent des cercles de clarté rousse, qui suffisent tout juste à empêcher le passant de se perdre. Il faut faire très attention, en traversant, pour ne pas buter du pied contre les bordures de trottoirs.

Dans les quartiers où les boutiques sont plus nombreuses, l'étranger s'étonne d'un éclairage si pauvre des vitrines. On n'a pas besoin, sans doute, d'attirer la clientèle pour vendre du riz et du savon noir. Il y a peu de marchands de frivolités dans cette province.

Wallas pénètre dans un magasin[1] encombré et poussiéreux, qui semble destiné à l'entreposage des marchandises plutôt qu'à leur vente au détail. Tout au fond un homme en tablier est en train de clouer une caisse. Il s'arrête de frapper pour essayer de comprendre quelle sorte de gomme Wallas désire. Il hoche la tête plusieurs fois, au cours de l'explication, comme s'il savait bien lui-même de quoi il s'agit. Ensuite, sans rien répondre, il se dirige vers l'autre côté de la boutique ; il est obligé de déplacer une grande quantité d'objets sur son passage, pour parvenir jusqu'à son but. Il ouvre et referme plusieurs tiroirs l'un après l'autre, réfléchit une minute, grimpe sur une échelle double, recommence ses investigations[2] – sans plus de succès.

Il revient vers son client ; il n'a plus cet article. Il en avait encore, il n'y a pas bien longtemps – un lot qui lui restait d'avant la guerre ; on a dû vendre la dernière – à moins que quelqu'un ne l'ait rangée ailleurs : « Il y a tellement de choses ici qu'on ne retrouve plus rien. »

Wallas replonge dans la nuit.

Alain Robbe-Grillet, *Les Gommes*, 1953, Éd. de Minuit.

1. à plusieurs reprises dans le roman, Wallas cherche à acheter une gomme dans divers magasins de la ville
2. *ses investigations :* ses recherches

QUESTIONS

Un univers étrange

1. Wallas se promène au hasard dans une ville qui n'est jamais identifiée.
Relevez ce qui contribue à créer un sentiment de malaise :
– à travers les notations portant sur le climat, l'atmosphère,
– à travers les éléments du décor.

De petits événements

2. Contre les rebondissements du roman traditionnel, le Nouveau Roman explore des événements à peine perceptibles. Quel est « l'événement » central du passage ? Par quels procédés la narration lui donne-t-elle une place importante ?

L'effet de distance

3. Quel effet produit ici le présent ?
4. Repérez dans le texte :
– le récit à la troisième personne,
– la focalisation interne et le monologue intérieur, qui pénètrent dans la conscience du personnage,
– le style indirect libre,
– les ellipses qui accélèrent l'action.

Julien Gracq

Nom : Poirier
Prénom : Louis
Pseudonyme : Julien Gracq
Naissance : le 27 juillet 1910
Lieux : le Maine-et-Loire natal, la Bretagne et la Cornouaille dont il aime le mystère, Paris où il enseigne à partir de 1947
Situation familiale : célibataire
Profession : professeur d'histoire et de géographie
Amitiés : José Corti, son éditeur ; Ernst Junger, l'écrivain allemand

Il a écrit

des romans parmi lesquels : *Au château d'Argol* (1938), *Le Rivage des Syrtes* (1951), *Un balcon en forêt* (1958), *La Presqu'île* (1970) ;

une pièce de théâtre : *Le Roi pêcheur* (1948) ;

des essais parmi lesquels : *La Littérature à l'estomac* (1950).

LE JEUNE PROFESSEUR

Né dans une famille de commerçants, à Saint-Florent-le-Vieil, Louis Poirier découvre les paysages du Maine-et-Loire. L'enfant aime remonter dans une barque solitaire la rivière de l'Èvre, l'affluent de la Loire, se promener dans les forêts. Mis en pension au lycée de Nantes, il souffre de l'isolement et de la discipline. C'est dans les livres qu'il trouve refuge : la lecture de Stendhal, la découverte du personnage de Julien Sorel dans *Le Rouge et le Noir*, est pour lui un éblouissement. À Paris, il étudie la géographie à l'École normale supérieure. Reçu au concours de l'agrégation, il commence une carrière de professeur au lycée de Nantes où il fut lui-même élève.

LE ROMANCIER CONTRE LE ROMANESQUE

En 1937, alors qu'il enseigne à Quimper, le jeune professeur écrit son premier roman : *Au château d'Argol* est publié sous le pseudonyme de Julien Gracq chez l'éditeur José Corti, à qui le romancier demeurera toujours fidèle. Le roman ne connaît aucun succès, mais soulève l'enthousiasme d'André Breton, dont Gracq fait la connaissance. À l'encontre des romans qui multiplient les péripéties, ce qui compte le plus pour Julien Gracq, c'est la création d'un univers mystérieux et raffiné, où le héros, partagé entre la peur et le désir, le rêve et le souvenir, attend l'événement. Comme l'écrit Breton dans *L'Amour fou* : « Indépendamment de ce qui arrive, n'arrive pas, c'est l'attente qui est magnifique. »

L'ÉCRIVAIN CONSACRÉ

Mobilisé pendant la guerre, Julien Gracq tombe gravement malade en Allemagne, dans un camp de prisonniers. Ramené en France, il est nommé en 1947 dans un lycée parisien. Il poursuit son œuvre romanesque, crée une pièce de théâtre, condamne violemment dans *La Littérature à l'estomac* le milieu de l'édition et de la critique, tous ceux qui ne voient dans la littérature qu'un objet de commerce. Il refuse ainsi le prix Goncourt qu'obtient, en 1951, *Le Rivage des Syrtes*. Protégeant le travail et la solitude de l'écriture, Gracq demeure à l'écart de toute mondanité. Au cinéma, André Delvaux, Jean Mitrani adaptent ses œuvres, dont ils restituent l'émotion, le mystère, la poésie.

Le Rivage des Syrtes

1951

Julien Gracq crée un univers mystérieux et envoûtant. Aux frontières de deux mondes, ses héros sont plongés dans l'attente. C'est ce prélude à l'action que raconte le roman… Aldo, envoyé à l'extrémité de la Seigneurie d'Orsenna, est chargé de provoquer une guerre avec le Farghistan qui lui fait face, par-delà la mer des Syrtes. Il s'enlise dans l'attente du combat.

J'aimais ce silence menacé et ses replis d'ombre, comme suspendus sur une clameur profonde et énorme ; je faisais glisser dans mes doigts ce sable qu'avaient vanné tant de tempêtes, et qui maintenant bâillonnait la ville dans le sommeil ; je regardais Maremma[1] s'ensevelir, et en même temps, les yeux blessés, giflé par le vent furieux qui mitraillait le sable, il me semblait sentir la vie même battre plus sauvagement à mes tempes et quelque chose se lever derrière cet ensevelissement. Parfois, au détour d'une rue, une cruche ou un panier de poissons en équilibre sur la tête, apparaissait une femme de pêcheur sous les éternels voiles noirs qui font des groupes à Maremma autant de cortèges de deuil, et dont on ramène un pan sur la bouche pour se protéger de la grêle du sable : elle passait près de moi silencieusement comme un fantôme errant de la ville morte, m'apportant à la fois une odeur de mer et de désert, et toute pareille, ainsi surgie de cette nécropole[2] inhabitable, à ces flammes errantes et funèbres qui s'élèvent et palpitent faiblement sur une terre trop gorgée de mort. La vie s'aventurait sur ces confins extrêmes plus vulnérable et plus nue, dressée sur l'horizon de sel et de sable comme un signe exténué, elle voletait par les rues effacées comme un lambeau de ténèbres oublié dans le plein jour. La lumière baissait déjà sur le large, et il me semblait sentir en moi qu'un désir montait, d'une fixité terrible, pour écourter encore ces journées rapides : le désir que les jours de la fin se lèvent et que monte l'heure du dernier combat douteux[3] ; les yeux grands ouverts sur le mur épaissi du large, la ville respirait avec moi dans le noir comme un guetteur sur qui l'ombre déferle, retenant son souffle, les yeux rivés au point de la nuit la plus profonde.

Julien Gracq, *Le Rivage des Syrtes*, 1951, Éd. J. Corti.

1. *Maremma :* **la ville face à la mer**
2. *nécropole :* **vaste cimetière antique**
3. *le dernier combat douteux :* **la guerre qu'Aldo est censé déclencher**

QUESTIONS

La présence de la mer

1. La mer ou la forêt, un château, une ville abandonnée, font partie de l'univers de Gracq. Retrouvez la présence de la mer dans le texte.

2. La mer est à la fois une étendue et une frontière.
Relevez tout ce qui, directement ou indirectement, exprime l'étendue, l'horizon, et le passage.

Les mystères de la nuit

3. La nuit favorise le développement du mystère, l'installation d'un climat irréel, et chargé de mort. Dégagez les champs lexicaux de la nuit et de la mort.

4. L'écriture poétique de Julien Gracq a souvent recours aux images. Repérez comparaisons et métaphores de la ligne 8 à 16.

L'attente du guetteur

5. Tous les héros de Julien Gracq sont plongés dans l'attente d'un événement majeur, dont on se demande s'il arrivera jamais.
Dites comment à la tombée du jour correspond la montée du sentiment d'impatience, dans le cœur d'Aldo.

Un balcon en forêt

JULIEN GRACQ

Au début de la guerre, pendant les premiers mois de 1940, l'aspirant Grange est envoyé dans les Ardennes, où il est chargé de guetter l'arrivée des Allemands. Avec quelques hommes, au milieu de la forêt, il attend, retrouvant le contact avec la nature dans une atmosphère qui semble irréelle. Déjà les habitants ont évacué le village voisin, contribuant au mélange de féerie et d'angoisse des combats.

Le parasol avait disparu, mais les fauteuils et la table de jardin étaient restés à leur place[1]. Le châtaignier couronné de son tapage finissant d'oiseaux y jetait une ombre épaisse ; la petite terrasse surélevée avait l'air d'une scène de théâtre où la porte du fond, pour s'entr'ouvrir, attend seulement le déclic du clair de lune. Grange poussa la porte, et, inspectant l'armoire vitrée avec sa torche électrique, atteignit une bouteille de cognac. Il se sentit soudain grand'soif ; il alla tirer un seau d'eau au puits de la placette. Dans le silence désertique, la poulie poussa un barrissement énorme, incongru : un caquetage désapprobateur s'éveilla dans le châtaignier, mais étouffé, déjà nocturne. « Si je restais ici, j'aurais envie de parler aux bêtes », pensa Grange. Le couchant restait lumineux et tout jaune , au-dessous de lui, à travers le vitrage de forge, les pupitres de la salle d'école s'allumaient maintenant à la lumière frisante comme autant de petits miroirs. Il se cala les reins au creux de son fauteuil et allongea les jambes sur la table, fastueusement. Un chat noir s'engagea dans la rue obliquement, posant ses pattes avec précaution l'une après l'autre, le regarda un moment en dessous, puis, après mûre délibération, se dirigea vers la terrasse. Grange l'attrapa par la peau du cou ; à peine sur ses genoux, la bête, qui faisait mine de se sauver, se mit à ronronner indécemment comme une petite ville prise. Grange buvait à petits coups, plein d'une exaltation très trouble où il y avait la jubilation un peu ivre, inquiétante, du « tout est permis », une envie retenue de vaisselle cassée et de tapage nocturne, le sentiment de pur bien-être qui coulait du soir frais, et tout au fond une angoisse sourde, animale, couvée par ce silence qui rêvait de la trompette du Jugement. Mais la petite vie chaude qui s'endormait sur ses genoux le rassurait.

▲ Jean Fautrier (1898-1964), *Arbre.*

– Mon lieutenâ-ânt !...

À l'entrée du village, il entendit Hervouët[2] qui le hélait comme du fond d'un bois noir. Ils fouillèrent les granges, s'aidant parfois de leur torche électrique dans le crépuscule avancé, finirent par découvrir une vieille brouette sur laquelle ils chargèrent les rouleaux de barbelé. À deux, la solitude du village fantôme devenait purement agréable : ils se sentaient libres et hardis, prêts à l'aventure, contents de porter tout ce qu'ils avaient avec eux. Avant de partir, ils se servirent un nouveau cognac sous le châtaignier. La nuit était venue, calme et très claire ; au-dessus de leur tête, le châtaignier découpait dans le ciel un lourd nuage d'encre aux bords frisés qui jetait sur la terrasse une ombre plus noire, mais à travers sa frange de feuilles et jusque dans ses déchirures, on voyait briller un fouillis d'étoiles ; ils parlaient assez bas, paisiblement, avec des intervalles de silence ; la solitude, le parfum de forêt, l'ombre veloutée du feuillage énorme, la royauté fantomatique de ce village mort donnaient à Grange une impression de luxe singulier. La terre s'ensauvageait, toute rajeunie d'un parfum d'herbe haute et de campement nocturne, retrouvait l'humeur barbare de se loger au large ; il se faisait un silence frais à l'oreille, où quelque chose dans l'homme était vengé et ragaillardi ; on eût dit que le ciel était plein d'étoiles neuves. Cachés dans l'ombre des arbres, où bougeait seul le point rouge de leurs cigarettes, ils regardaient dans la perspective de la ruelle pleine de nuit bleue les toits qui commençaient à se mouiller de lune. Les chauves-souris avaient cessé de voleter autour du châtaignier ; de la lisière de la forêt toute proche on entendait monter le qui-vive étrange de la hulotte.

Julien Gracq, *Un balcon en forêt,* 1958, Éd. J. Corti.

1. **Grange pénètre dans le jardin du café des Platanes abandonné, comme tout le village, par ses habitants**

2. Hzervouët : **l'un des soldats qui, sous les ordres de Grange, garde la maison forte, le « blockhaus », où ils sont retranchés**

QUESTIONS

Un moment de féerie

1. L'atmosphère semble irréelle, le temps semble suspendu pour un moment de féerie. Qu'est-ce qui, de la ligne 3 à 5, à la ligne 13, doit déclencher le « spectacle » ?

2. Complétez le tableau suivant des jeux de l'ombre et de la lumière :

Présence de l'ombre	Jeu de la lumière
l. 3 : une ombre épaisse	l. 5 ....
....	....

Un bien-être exceptionnel

3. D'abord seul, puis en compagnie de Hervouët, Grange éprouve un sentiment de bien-être extraordinaire.

Dites ce qui contribue à cette impression de liberté en repérant les termes qui expriment :

– l'euphorie, l'ivresse légère de Grange,
– la solitude agréable,
– le silence et la paix des lieux.

4. À quels endroits, cependant, est évoquée l'inquiétude de Grange ?

La force de la nature

5. Grange ressent à l'occasion de sa promenade une communion nouvelle avec la nature.

Repérez tout ce qui souligne dans le texte :

– la communion avec le végétal,
– la présence familière des animaux.

6. Il semble que la nature connaît elle-même un renouveau à la fin du texte. De la ligne 54 à 61, soulignez tous les termes qui expriment cette puissance de renouvellement.

René Char

Nom : Char
Prénom : René
Naissance : le 14 juin 1907, à l'Isle-sur-Sorgue
Décès : le 19 février 1988
Lieux : l'Isle-sur-Sorgue et la Provence, Paris
Situation familiale : marié puis divorcé ; remarié avec Marie-Claude de Saint-Seine en 1987
Profession : directeur des plâtrières du Vaucluse
Amitiés : des amis d'enfance comme Francis Curel ; des résistants comme Émile Cavagni ; des peintres : Braque, Nicolas de Staël ; des écrivains : Éluard, Camus ; le musicien Pierre Boulez

Il a écrit des recueils de poèmes, dont : *Le Marteau sans maître* (1934), *Fureur et Mystère* (1948), *La Parole en archipel* (1962), *Chants de la Balandrane* (1977), *Dans les Voisinages de Van Gogh* (1985).

L'ENFANT DE L'ISLE-SUR-SORGUE

Le parc des Névons, l'Isle-sur-Sorgue constituent ses premiers repères : dans le paysage de la Provence, René Char éprouve intensément le sentiment de la vie comme un jaillissement. Son père meurt en 1918. L'enfant est mis en pension au lycée d'Avignon. En 1925, René Char est peu assidu à l'école de commerce de Marseille. Il rencontre les surréalistes, Éluard, Breton, Aragon ; écrits, manifestes contre le fascisme, Char est de tous les combats, jusqu'à sa rupture avec le mouvement en 1935. Il retrouve la Provence où il est victime d'une septicémie. En 1937, *Placard pour un chemin des écoliers* est dédié aux enfants espagnols victimes de la guerre civile.

LE CAPITAINE ALEXANDRE

Mobilisé en 1939, René Char entre dans la Résistance après la défaite. À partir de 1942, sous le nom de capitaine Alexandre, il est chef départemental des résistants dans le maquis des Basses-Alpes, responsable des parachutages clandestins. Compagnons exécutés, souffrances, anxiétés : les *Feuillets d'Hypnos* témoignent de cette traversée de la nuit. En 1944, Char est à Alger auprès du général de Gaulle. Après la Libération, il prend position, en 1949, contre Staline, contre la justice coloniale française, en faveur de la Grèce opprimée. Il condamnera de même l'installation de fusées sur le plateau d'Albion en 1967.

LE POÈTE DE LA TERRE ET DE L'EAU

Retiré à l'Isle-sur-Sorgue, Char publie ses poèmes, entre la fureur et le mystère, le dépouillement et la sensualité. Il dit le paysage natal, ses sources, ses animaux. Le poète est semblable à Orion, le chasseur aveugle de la mythologie, qui cherche son chemin entre les constellations et les odeurs de la terre. Char se lie avec des peintres, Braque, Matisse, Picasso, qui illustrent son œuvre. En 1955, le musicien Pierre Boulez crée *Le Marteau sans maître* sur ses poèmes. En 1982, le ministre de la Culture inaugure le musée René Char. Le poète meurt six ans plus tard, lui qui invitait les hommes à « regarder la terre sur laquelle ils vivent et à la tutoyer en baissant les yeux ».

René Char évoque les paysages de son enfance. Sensible aux jeux de l'eau et du vent, au partage de l'ombre et de la lumière, sa poésie restitue dans un langage dépouillé, à travers des images énigmatiques, un instant de bonheur toujours menacé.

Dansons aux Baronnies[1]

En robe d'olivier
l'Amoureuse
avait dit :
Croyez à ma très enfantine fidélité.
Et depuis,
une vallée ouverte
une côte qui brille
un sentier d'alliance
ont envahi la ville
où la libre douleur est sous le vif de l'eau.

René Char, *Le Nu perdu*, 1964-1970, Éd. Gallimard.

1. *Buis-les-Baronnies :* gros bourg de la vallée de l'Ouvèze, connu pour ses marchés, ses foires annuelles
2. *ébriété :* ivresse

Ébriété[2]

Tandis que la moisson achevait de se graver sur le cuivre du soleil, une alouette chantait dans la faille du grand vent sa jeunesse qui allait prendre fin. L'aube d'automne parée de ses miroirs déchirés de coups de feu, dans trois mois retentirait.

René Char, *Aromates chasseurs*, 1972-1975, Éd. Gallimard.

QUESTIONS

Le pays natal et le poème

1. Les paysages du Vaucluse sont le cadre familier de la poésie de René Char. Repérez les champs lexicaux dominants dans les deux poèmes.
2. La poésie de Char s'inscrit dans le mouvement de la modernité. Quelles sont les caractéristiques du poème moderne que l'on retrouve ici ?

Les mots purs et mystérieux

3. L'impression de mystère se développe à travers des images énigmatiques. Repérez dans les deux poèmes des alliances de mots qui unissent :
– des éléments appartenant à des réalités différentes ;
– le concret et l'abstrait.

Le moment du passage

4. La poésie selon René Char saisit le moment d'une découverte, d'un passage entre joie et douleur. Retrouvez l'expérience du passage. Relevez les termes de cette opposition en indiquant :
– ceux qui expriment un sentiment de plénitude, de bonheur ;
– ceux qui marquent une menace, une mort.

Michel Tournier

Nom : Tournier
Prénom : Michel
Naissance : le 19 décembre 1924, à Paris
Lieux : Saint-Germain-en-Laye, Paris, Fribourg et la Forêt-Noire
Situation familiale : célibataire
Professions : traducteur, responsable d'émissions de radio et de télévision, directeur de collections littéraires, romancier
Amitiés : des écrivains, Yvan Audouard, Armand Gatti ; le musicien Pierre Boulez ; des philosophes, Gilles Deleuze, Michel Foucault ; le photographe Étienne Boubat

Il a écrit

des romans, dont : *Vendredi ou les Limbes du Pacifique* (1967), *Le Roi des Aulnes* (1970), *Les Météores* (1975), *La Goutte d'or* (1986) ;

des recueils de nouvelles et des commentaires libres de photographies.

L'ENFANT ET LE PHONOGRAPHE

Michel Tournier naît à Paris dans une famille aisée qui aime la musique et la littérature allemande. L'enfant étudie au collège de Saint-Germain-en-Laye ; il retrouve chaque soir ses disques et son cher phonographe auprès duquel il passe des heures, captivé. Pendant l'été, la famille se rend dans la Forêt-Noire : c'est l'occasion pour Tournier de se familiariser avec la mythologie et la poésie allemandes. À Paris, à la Sorbonne, il choisit d'étudier la philosophie, et travaille, de 1946 à 1949, à l'université de Tübingen. À son retour en France, il échoue à l'agrégation. À travers ses examinateurs, c'est le destin qui en a décidé : Tournier ne sera pas professeur.

L'EXPLORATEUR DES MYTHES ET DES LÉGENDES

Sur l'île Saint-Louis, Tournier mène alors une vie de bohème, partagée entre des traductions de romans allemands et des émissions de radio. Il devient attaché de presse, directeur de collection littéraire, tout en écrivant. Dès sa parution *Vendredi ou les Limbes du Pacifique* connaît un grand succès, reçoit le prix de l'Académie française. Trois ans plus tard, le prix Goncourt récompense *Le Roi des Aulnes*. Dès lors Tournier poursuit l'exploration de mythes anciens dont il renouvelle le sens : Robinson Crusoë, les Rois Mages, Jeanne d'Arc… Chaque fois un personnage découvre sa vocation après une série d'épreuves. Le roman est une initiation, au monde, à soi-même.

L'ÉCRIVAIN PASSIONNÉ DE PHOTOGRAPHIE

Michel Tournier écrit aussi pour les enfants auxquels il rend visite dans les écoles : il leur propose une version adaptée de son premier roman, *Vendredi ou la Vie sauvage*, une fable nouvelle sur Pierrot et Arlequin, *Pierrot ou les Secrets de la nuit*… Il publie des essais, des recueils de nouvelles. Il se consacre à la photographie, organisant des expositions, accompagnant dans leurs voyages ses amis photographes, dont il commente les œuvres. Dans le vieux presbytère acheté près de Paris, en lisière d'une forêt de charmes centenaires, Tournier aime observer le passage des saisons, le premier soleil du matin, quand son chat, imprégné des odeurs de la nuit, remonte du jardin.

Le Roi des Aulnes

1970

Inspiré par Goethe qui raconte comment le Roi des Aulnes emporte les enfants dans la nuit, Tournier relate les aventures d'Abel Tiffauges. Prisonnier en Allemagne, celui-ci profite de missions dans la campagne pour se réfugier dans une cabane, où il nourrit un vieil élan aveugle.

« D'après ce que vous dites, vous connaîtriez donc l'Unhold[1] ? reprit le forestier[2], et devant l'air d'incompréhension de Tiffauges, il expliqua. C'est le nom d'un élan aveugle qui craint sans doute la société de ses semblables où il se ferait vite enfourcher par les autres mâles. Tout le monde le connaît dans les bois où il hiverne, car il vient mendier à manger auprès des passants. Malheureusement, dès que le printemps s'annonce, il émigre de quelques kilomètres vers le sud, et il s'expose ainsi aux risques d'une région où il n'est pas encore connu. Un jour ou l'autre, on me l'abattra, conclut-il sombrement. D'autant plus qu'il n'est pas commode, vous l'avez peut-être remarqué, *Unhold*. Vous comprenez ? Ça veut dire la brute, le malgracieux, mais aussi le sorcier, le diable. C'est qu'il fait peur avec ses yeux blancs et son insistance brutale !

– Le voilà », prononça Tiffauges.

En effet un raclement caractéristique contre le mur de la maison, puis contre la porte s'était mêlé au crépitement du feu. Lorsque Tiffauges ouvrit la porte, l'officier forestier, bien qu'il eût rencontré maintes fois l'Unhold, fut surpris de la masse noire et velue qui l'obstrua aussitôt. Tiffauges avait tendu vers le mufle[3] frémissant quelques rondelles de rutabaga dans ses mains ouvertes et jointes en corbeille. L'élan les glana avec circonspection de ses petites lèvres pincées, aussi précises qu'un pouce et un index. Puis ils se parlèrent, Tiffauges passa ses ongles entre les deux longues oreilles étonnamment vives et expressives en expliquant à l'Unhold qu'il était beau et doux, fort et sans malice, et que le monde était méchant et perfide. Unhold répondait par un brame[4] modulé, si profond qu'on aurait dit le rire d'un géant ventriloque, et les oreilles qui vibraient et battaient l'air manifestaient sans équivoque possible la joie et la confiance. Puis l'élan recula, et Tiffauges le suivit, comme pour lui faire escorte jusqu'au seuil de son domaine, et l'on entendit décroissant le clic-clac caractéristique de la démarche du grand fauve boréal qui s'éloignait.

Michel Tournier, *Le Roi des Aulnes*, 1970, Éd. Gallimard.

1. **l'Unhold est le surnom donné dans la région à l'élan**
2. le forestier : **le garde qui s'entretient avec Tiffauges**
3. le mufle : **l'extrémité du museau chez certains mammifères**
4. un brame : **le cri du cerf**

QUESTIONS

La disgrâce des créatures

1. Tournier montre des êtres solitaires et faibles, qui sont dépositaires d'importantes valeurs. Relevez tout ce qui fait de l'élan une créature pitoyable. Quels dangers le menacent ?

Une leçon de générosité

2. Entre Tiffauges et l'élan règne un sentiment de confiance partagé. Comment Tournier rend-il sensible cette proximité, cette complicité ? Quels sont les traits nouveaux de l'élan qui apparaissent alors ?

Le héros et son double

3. La complicité de Tiffauges et de l'élan est le signe que le héros a rencontré son double. À quels moments le vieil élan est-il humanisé ? En quoi sa situation peut-elle être comparée à celle de Tiffauges ?

Bernard-Marie Koltès

Nom : Koltès
Prénom : Bernard-Marie
Naissance : le 9 avril 1948, à Metz
Décès : le 15 avril 1989, à Paris
Lieux : Strasbourg, l'Afrique, l'Amérique latine, New York, Paris
Profession : a intégré une école de journalisme avant d'abandonner ses études
Amitié : le metteur en scène Patrice Chéreau

Il a écrit

des pièces de théâtre parmi lesquelles : *La Nuit juste avant les forêts* (1977), *Combat de nègre et de chiens* (1983), *Quai Ouest* (1985), *Dans la solitude des champs de coton* (1986), *Roberto Zucco* (1990) ;

des récits : *La Fuite à cheval très loin dans la ville* (1984), *Prologue* (1991).

LA RÉVÉLATION DU THÉÂTRE

Né à Metz, élevé dans un milieu catholique pratiquant, Bernard-Marie Koltès entre dans une école jésuite avant de préparer une formation de journaliste à Strasbourg. En 1967, âgé de dix-neuf ans, il est profondément ému par le jeu de Maria Casarès interprétant Médée. C'est une révélation : il décide d'être auteur dramatique, rêvant vaguement d'être interprété par cette actrice. Il entre à l'école du Théâtre National de Strasbourg, étudie la mise en scène, crée sa compagnie et écrit des textes joués par les élèves de l'école. En 1972, il réalise un rêve : un de ses textes, *L'Héritage*, est interprété par Maria Casarès sur France Culture. Cinq ans plus tard, il triomphe au festival d'Avignon en faisant jouer *La Nuit juste avant les forêts*.

LE VOYAGEUR VAGABOND

À partir de la fin des années 1970, Bernard-Marie Koltès ne cesse de voyager et ramène une multitude d'images qu'il retranscrit dans ses pièces. Il séjourne un mois sur un chantier en Afrique et en tire *Combat de nègre et de chiens* ; le paysage du port de New York l'inspire pour *Quai Ouest*... Les lieux du théâtre de Koltès deviennent ainsi des métaphores de la vie, des occasions de rencontres entre des hommes et des femmes à la recherche d'eux-mêmes. Mises en scène par Patrice Chéreau, les pièces de Bernard-Marie Koltès connaissent un important succès : la vérité des situations, la simplicité et le lyrisme de l'écriture touchent le public.

L'ÉCRIVAIN EN SURSIS

En 1986, Bernard-Marie Koltès apprend qu'il est atteint du sida. Il sait que son temps est compté. Il accélère le rythme de son écriture : il traduit le *Conte d'hiver* de Shakespeare, il propose *Le Retour au désert*, affrontement d'un frère et d'une sœur dans une province française, pendant la guerre d'Algérie. Après avoir vu un visage d'assassin placardé dans le métro de New York, Bernard-Marie Koltès a l'idée de montrer l'itinéraire d'un meurtrier. Il s'inspire d'un fait divers pour écrire *Roberto Zucco*, mais il meurt avant que sa pièce soit jouée. Il a quarante et un ans. Son théâtre est désormais traduit et joué dans toute l'Europe et aux États-Unis.

La Nuit juste avant les forêts

Jouée à Avignon en 1977, *La Nuit juste avant les forêts* est saluée pour son lyrisme sauvage et familier. Avec une grande maîtrise du monologue, Bernard-Marie Koltès y montre la solitude d'un homme qui erre dans la nuit.

Si j'avais pu imaginer, je l'aurais inventée comme cela, telle que je la voyais quand je l'ai abordée : petite, pas solide, toute blonde avec des reflets et des boucles, pas trop de boucles et pas trop blonde, juste ce qu'il fallait pour y croire, et que ce ne soit pas possible de ne pas courir derrière, et quand je l'ai abordée : tu n'as pas du feu, s'il te plaît, camarade[1], pardon, des yeux qui regardent comme on peut seulement l'inventer, et que cela brille exactement comme je l'aurais inventé, pour planer, un soir où c'est désert et où rien ne se passe, mais il y a d'autres soirs, malgré la pluie, malgré cette saleté de lumière et la nuit qui encombrent tout, où il traîne des filles – non pas une par hasard, mais plusieurs l'une après l'autre, de plus en plus belles, mais pas belles comme tu crois, belles comme c'est pas possible, à vous rendre cinglé, à vous rendre d'heure en heure plus cinglé, d'heure en heure des filles plus impossibles, on ne sait pas quand cela va s'arrêter, cela monte, on se met à planer, on n'imagine plus rien, car il y a de ces filles qui défilent devant vous !, et quand on a fini de croire que cela peut être mieux, qu'on peut devenir encore plus cinglé à les regarder, il en débarque une comme celle-là, où il faut tout lâcher pour courir derrière, obligatoirement, oubliant que la pluie et le manque d'argent vous ôtent des moyens, mais celle-là, on est obligé de courir l'aborder, avec ses cheveux, ses yeux par en dessous, son air pas solide et pas trop de boucles : camarade, camarade ! – alors c'est justement là : camarade, camarade ! –, là qu'ils nous attendent, là qu'on va se faire avoir comme le dernier des cons.

Bernard-Marie Koltès, *La Nuit juste avant les forêts*, jouée en 1977, publiée en 1988, Éd. de Minuit.

1. *camarade* : **il s'agit de l'interlocuteur imaginaire du personnage**

QUESTIONS

La solitude de l'existence

1. Les personnages sont seuls et expriment un certain désenchantement. En analysant la situation dans laquelle parle le personnage, expliquez que celle-ci est misérable.

La recherche du dialogue

2. Les monologues ont un rôle particulier dans le théâtre de Bernard-Marie Koltès. Relevez les indices qui soulignent que le monologue vise ici un interlocuteur que le spectateur imagine.

La rencontre de la nuit

3. La nuit est l'instant de la rencontre qui peut tout changer. En étudiant l'emploi des répétitions dans ce texte, expliquez comment elles mettent en évidence le coup de foudre final.

Combat de nègre et de chiens

Avec *Combat de nègre et de chiens*, Bernard-Marie Koltès obtient son premier grand succès public. En Afrique noire, Alboury veut récupérer le corps d'un ami assassiné sur un chantier dirigé par les Blancs. Le chef du chantier refuse et Alboury décide d'attendre. Il rencontre Léone, une jeune femme qui vient de quitter Paris.

Sur le chantier, au pied du pont inachevé, près de la rivière, dans une demi-obscurité, Alboury et Léone.

LÉONE. – Vous avez des cheveux super.

ALBOURY. – On dit que nos cheveux sont entortillés et noirs parce que l'ancêtre des nègres, abandonné par Dieu puis par tous les hommes, se retrouva seul avec le diable, abandonné lui aussi de tous, qui alors lui caressa la tête en signe d'amitié, et c'est comme cela que nos cheveux ont brûlé.

LÉONE. – J'adore les histoires sur le diable, j'adore comme vous les racontez ; vous avez des lèvres super ; d'ailleurs le noir, c'est ma couleur.

ALBOURY. – C'est une bonne couleur pour se cacher.

LÉONE. – Cela, qu'est-ce que c'est ?

ALBOURY. – Le chant des crapauds-buffles : ils appellent[1] la pluie.

LÉONE. – Et cela ?

ALBOURY. – Le cri des éperviers. *(Après un temps :)* Il y a aussi le bruit d'un moteur.

LÉONE. – Je n'entends pas.

ALBOURY. – Je l'entends.

LÉONE. – C'est le bruit de l'eau, c'est le bruit d'autre chose ; avec tous ces bruits, impossible d'être sûr.

ALBOURY *(après un temps)*. – Tu as entendu ?

LÉONE. – Non.

ALBOURY. – Un chien.

LÉONE. – Je ne crois pas que j'entends. *(Aboiements d'un chien, au loin.)* C'est un roquet[2], un chien de rien du tout, cela se reconnaît à la voix ; c'est un cabot, il est très loin ; on ne l'entend plus. *(Aboiements.)*

ALBOURY. – Il me cherche.

LÉONE. – Qu'il vienne. Moi, je les aime, je les caresse, ils n'attaquent pas si on les aime.

ALBOURY. – Ce sont des bêtes mauvaises ; moi, elles me sentent de loin, elles courent après pour me mordre.

LÉONE. – Vous avez peur ?

ALBOURY. – Oui, oui, j'ai peur.

LÉONE. – Pour un roquet de rien qu'on n'entend même plus !

ALBOURY. – Nous, on fait bien peur aux poules ; c'est normal que les chiens nous fassent peur.

LÉONE. – Je veux rester avec vous. Que voulez-vous que j'aille faire avec eux[3] ? J'ai lâché mon travail, j'ai tout lâché ; j'ai quitté Paris, ouyouyouille, j'ai tout quitté. Je cherchais justement quelqu'un à qui être fidèle. J'ai trouvé. Maintenant, je ne peux plus bouger. *(Elle ferme*

1. *appellent :* **annoncent**
2. *roquet :* **petit chien hargneux**
3. *eux :* **il s'agit des Blancs du chantier**

▲ Dans un coin du chantier, Léone et Alboury se rencontrent. Dialogue entre deux êtres, entre deux mondes, suspendant un instant le cours du temps. Mise en scène de Patrice Chéreau.

les yeux.) Je crois que j'ai un diable dans le cœur, Alboury ; comment je l'ai attrapé, je n'en sais rien, mais il est là, je le sens. Il me caresse l'intérieur, et je suis déjà toute brûlée, toute noircie en dedans.

ALBOURY. – Les femmes parlent si vite ; je n'arrive pas à suivre.

LÉONE. – Vite, vous appelez cela vite ? quand cela fait au moins une heure que je ne pense qu'à cela, une heure pour y penser et je ne pourrais pas dire que c'est du sérieux, du bien réfléchi, du définitif ? Dites-moi ce que vous avez pensé lorsque vous m'avez vue.

ALBOURY. – J'ai pensé : c'est une pièce qu'on a laissée tomber dans le sable ; pour l'instant, elle ne brille pour personne ; je peux la ramasser et la garder jusqu'à ce qu'on la réclame.

LÉONE. – Gardez-la, personne ne la réclamera.

ALBOURY. – Le vieil homme[4] m'a dit que tu étais à lui.

LÉONE. – Biquet, c'est donc biquet qui vous gêne ? mon Dieu ! il ne ferait pas de mal à une mouche, pauvre biquet. Que croyez-vous que je suis, pour lui ? Une petite compagnie, un petit caprice, parce qu'il a de l'argent et qu'il ne sait qu'en faire. Et moi qui n'en ai pas, n'est-ce pas une chance terrible de l'avoir rencontré ? ne suis-je pas une chipie d'avoir autant de chance ? Ma mère, si elle savait, oh, elle ferait les gros yeux, elle m'aurait dit : coquine, cette chance-là n'arrive jamais qu'aux actrices ou aux prostitués ; pourtant, je ne suis ni l'une ni l'autre et cela m'est arrivé. Et quand il m'a proposé de le rejoindre en Afrique, oui j'ai dit oui, je suis prête.

Bernard-Marie Koltès, *Combat de nègre et de chiens*, scène 2, jouée en 1983, publiée en 1989, Éd. de Minuit.

4. *le vieil homme* : le chef de chantier

QUESTIONS

La rencontre de deux mondes

1. La pièce montre deux mondes différents. Lesquels ?

2. Par quelles images l'auteur rend-il compte de l'attirance de Léone pour Alboury ?

L'émotion de l'instant présent

3. En analysant les répétitions de termes dans les répliques de Léone, expliquez que cela crée un rythme rapide et saccadé qui exprime l'émotion de la jeune femme.

Le dedans et le dehors

4. Les paroles des personnages soulignent un lien étroit entre le dedans (la scène) et le dehors (l'extérieur de la scène). En analysant les allusions sur le dehors, expliquez quel est l'environnement des personnages.

Marguerite Duras

Nom : Donnadieu
Prénom : Marguerite
Pseudonyme : Duras
Naissance : le 14 avril 1914, à Gia-Dinh, près de Saigon
Lieux : le Cambodge, l'Indochine, où elle passe son enfance, Paris, Trouville où elle séjourne régulièrement
Situation familiale : mariée à Robert Antelme en 1939 ; divorcée en 1946
Professions : travaille un temps au ministère des Colonies puis vit de sa plume ; cinéaste, dramaturge
Amitiés : Dionys Mascolo, le père de son enfant ; Yann Andréa, son compagnon

Elle a écrit des romans parmi lesquels : *Un barrage contre le Pacifique* (1950), *Moderato Cantabile* (1958), *Le Ravissement de Lol V. Stein* (1964), *Le Vice-Consul* (1965), *Détruire, dit-elle* (1969), *L'Amant* (1984), *La Douleur* (1985), *Yann Andréa Steiner* (1992).

L'INDOCHINOISE

Marguerite Donnadieu grandit dans l'atmosphère étouffante et misérable de la Cochinchine – aujourd'hui le Viêt-nam et le Cambodge – où elle est née. Son père meurt alors qu'elle a quatre ans, en 1918. Sa mère doit ainsi élever seule ses trois enfants. Toutes les économies de la famille sont englouties dans l'achat de terres qui se révèlent incultivables. En 1932, Marguerite se rend en métropole, où elle rejoint son frère aîné, afin de terminer ses études. En 1939, elle épouse l'écrivain Robert Antelme. La mort, à la naissance, d'un premier enfant l'affecte profondément. Deux ans plus tard, en 1944, alors qu'elle est engagée dans la Résistance, son mari est arrêté par la Gestapo et déporté à Dachau.

LA ROMANCIÈRE ENGAGÉE

La notoriété ne vient pour Marguerite Duras que dans les années cinquante. *Un barrage contre le Pacifique* rate de peu le prix Goncourt 1950. La parution de *Moderato Cantabile*, en 1958, est saluée par la critique et le public. Désormais, la narration prend dans l'œuvre de l'écrivain une forme discontinue, soulignant le vide et l'absence par une ponctuation inhabituelle. Marguerite Duras adhère un temps au Parti communiste, s'engage contre la guerre d'Algérie, trouve dans la crise de Mai 68 un moyen d'exprimer sa révolte. Ces années sont celles de la consécration.

L'ÉCRIVAIN CINÉASTE

Au cinéma, elle écrit le scénario du film d'Alain Resnais, *Hiroshima mon amour*, puis met en scène ses propres films. Cassant les barrières entre les genres, elle soulève les interrogations et désoriente avec le « texte, théâtre, film » dont *India Song* (1975) est le meilleur exemple. Cette approche de l'écriture coupe peu à peu Marguerite Duras du grand public. Il faut attendre 1984 pour la voir revenir à une conception plus traditionnelle du roman, avec la parution de *L'Amant*, qui obtient le prix Goncourt et connaît un succès considérable auprès du public. Le retour au roman se confirme depuis, à travers une œuvre originale et féconde, dans laquelle le blanc et l'ellipse expriment une révolte permanente contre un monde jugé impossible.

L'Amant

Marguerite Duras grandit en Indochine, au bord du fleuve Mékong. *L'Amant* évoque sur le mode autobiographique cette période de son adolescence autour de la description de la famille, plongée dans la misère, de la rencontre amoureuse et de la naissance du désir.

La maison est bâtie sur un terre-plein qui l'isole du jardin, des serpents, des scorpions, des fourmis rouges, des inondations du Mékong, de celles qui suivent les grandes tornades de la mousson. Cette élévation de la maison sur le sol permet de la laver à grands seaux d'eau, de la baigner tout entière comme un jardin. Toutes les chaises sont sur les tables, toute la maison ruisselle, le piano du petit salon a les pieds dans l'eau. L'eau descend par les perrons, envahit le préau vers les cuisines. Les petits boys[1] sont très heureux, on est ensemble avec les petits boys, on s'asperge, et puis on savonne le sol avec du savon de Marseille. Tout le monde est pieds nus, la mère aussi. La mère rit. La mère n'a rien à dire contre rien. La maison tout entière embaume, elle a l'odeur délicieuse de la terre mouillée après l'orage, c'est une odeur qui rend fou de joie surtout quand elle est mélangée à l'autre odeur, celle du savon de Marseille, celle de la pureté, de l'honnêteté, celle du linge, celle de la blancheur, celle de notre mère, de l'immensité de la candeur[2] de notre mère. L'eau descend jusque dans les allées. Les familles des boys viennent, les visiteurs des boys aussi, les enfants blancs des maisons voisines. La mère est très heureuse de ce désordre, la mère peut être très très heureuse quelquefois, le temps d'oublier, celui de laver la maison peut convenir pour le bonheur de la mère. La mère va dans le salon, elle se met au piano, elle joue les seuls airs qu'elle connaisse par cœur, qu'elle a appris à l'École normale[3]. Elle chante. Quelquefois elle joue, elle rit. Elle se lève et elle danse tout en chantant. Et chacun pense et elle aussi la mère que l'on peut être heureux dans cette maison défigurée qui devient soudain un étang, un champ au bord d'une rivière, un gué, une plage.

Ce sont les deux plus jeunes enfants, la petite fille et le petit frère, qui les premiers se souviennent. Ils s'arrêtent de rire tout à coup et ils vont dans le jardin où le soir vient.

Marguerite Duras, *L'Amant*, 1984, Éd. de Minuit.

1. *boys* : nom donné aux enfants indigènes
2. *candeur* : naïveté
3. *L'École normale* : école où sont formés les instituteurs

QUESTIONS

L'atmosphère coloniale

1. Relevez les termes qui évoquent l'Indochine des années trente puis ceux qui soulignent la présence de la civilisation occidentale.

2. Par quelle phrase l'auteur souligne-t-il le caractère paisible de cette cohabitation ?

Un éclair de bonheur

3. Quel est le rôle symbolique de cette grande lessive ? Relevez le champ lexical de la pureté, du renouveau.

4. Comment expliquer la fin du passage ? Sur quel contraste est-il construit ?

L'incantation poétique

5. L'écriture de M. Duras exprime le souvenir par l'incantation, la répétition qui donne au texte un rythme musical.
Relevez quelques exemples de mots ainsi répétés, formant la structure thématique du passage.

Jean-Marie G. Le Clézio

Nom : Le Clézio
Prénom : Jean-Marie Gustave
Naissance : le 13 avril 1940, à Nice
Lieux : Nice, Bristol, le Nigéria, la Thaïlande où il fait son service militaire au titre de la coopération, le Mexique et l'Amérique centrale, l'île Maurice
Situation familiale : marié une première fois à Londres avec une Polonaise ; puis avec Jemia, originaire de l'île Maurice
Professions : enseignant, romancier

Il a écrit

des romans, dont : *Le Procès-verbal* (1963), *Le Livre des fuites* (1969), *Désert* (1980), *Le Chercheur d'or* (1985), *Onitsha* (1991) ;

des recueils de nouvelles, dont : *Mondo et d'autres histoires* (1978), *La Ronde et autres faits divers* (1982) ;

des essais, dont : *Le Rêve mexicain* (1982).

L'ENFANT QUI VEUT ÊTRE MARIN

Le Clézio naît à Nice, d'une famille bretonne qui s'était installée à l'île Maurice, dans l'océan Indien, au XVIIIe siècle. L'imagination de l'enfant s'ouvre aux rêves de voyages. Il veut devenir marin : « Du plus loin que je me souvienne, j'ai entendu la mer », confiera un de ses personnages. En 1947, embarquant avec sa mère sur un vieux cargo, il part retrouver son père, médecin en brousse au Nigéria, qu'il ne connaît pas. Pendant le voyage, il écrit des récits sur un grand cahier d'écolier. Après deux années de vie libre dans la savane auprès de son père, Le Clézio regagne Nice. Après le baccalauréat, il étudie et enseigne en Angleterre, se marie à Londres.

L'EXPLORATEUR DU MONDE

En 1963, à l'âge de vingt-trois ans, Le Clézio publie son premier roman, qui obtient un prix littéraire. Les œuvres se succèdent, mettant en scène des personnages solitaires, agressés par la violence du monde moderne, dépossédés de la réalité de la vie. Mais déjà, après son service militaire en Thaïlande au titre de la coopération, Le Clézio quitte Nice pour l'Amérique Centrale. Il partage la vie des Indiens du Panama, une vie accordée à l'ordre du monde. « Je ne sais pas comment cela est possible, mais c'est ainsi : je suis un Indien », écrit-il en 1971. Partageant sa vie entre la France et le Mexique, Le Clézio voyage au contact des civilisations anciennes, de leurs mythes, de leurs légendes, au Sahara, en Afrique noire.

L'ÉCRIVAIN

En compagnie de sa seconde femme, Jemia, originaire de l'île Maurice, il illustre et traduit du créole des petits poèmes « devinettes ». En quête d'une paix intérieure, ses personnages trouvent la sérénité, la liberté, à travers les sensations physiques, au contact des éléments : la terre, l'eau et le feu. Contestant les fausses valeurs de la civilisation moderne, un enfant sauvage, une jeune Indienne, les hommes du désert introduisent aux simples vérités du monde. Et Le Clézio poursuit sa quête à travers sa vie et son œuvre, comme les explorateurs remontent les grands fleuves à la recherche des sources cachées.

Désert

Le Clézio raconte l'affrontement de deux univers. Au caractère artificiel du monde moderne s'oppose le désir de liberté des civilisations anciennes… Émigrée à Marseille, Lalla, descendante des hommes bleus du désert, prend la défense des petites filles qu'exploite Zora, une femme avide.

Zora regarde un moment Lalla, sans comprendre. Son visage gras et pâle a pris une telle expression de stupidité que Lalla répète :

« Ne la battez plus ! »

Tout à coup le visage de Zora se déforme, à cause de la colère. Elle donne un violent coup de canne[1] à la figure de Lalla, mais la baguette ne la touche qu'à l'épaule gauche, parce que Lalla a su esquiver le coup.

« Tu vas voir si je vais te battre ! » crie Zora, et son visage est maintenant un peu coloré.

« Lâche ! Méchante femme ! »

Lalla empoigne la canne de Zora et elle la casse sur son genou. Alors c'est la peur qui déforme le visage de la grosse femme. Elle recule, en bégayant :

« Va-t'en ! Va-t'en ! Tout de suite ! Va-t'en ! »

Mais déjà Lalla court à travers la grande salle, elle bondit au-dehors, à la lumière du soleil ; elle court sans s'arrêter, jusqu'à la maison d'Aamma[2]. La liberté est belle. On peut regarder de nouveau les nuages qui glissent à l'envers, les guêpes qui s'affairent autour des petits tas d'ordures, les lézards, les caméléons, les herbes qui tremblotent dans le vent. Lalla s'assoit devant la maison, à l'ombre du mur de planches, et elle écoute avidement tous les bruits minuscules. Quand Aamma revient, vers le soir, elle lui dit simplement :

« Je n'irai plus travailler chez Zora, plus jamais. »

Aamma la regarde un instant, mais elle ne dit rien.

C'est à partir de ce jour-là que les choses ont changé réellement pour Lalla, ici, à la Cité[3].

Jean-Marie G. Le Clézio, *Désert*, 1980, Éd. Gallimard.

1. c'est avec cette canne que Zora frappe les petites filles qui ne travaillent pas assez vite
2. Aamma a recueilli Lalla
3. *la Cité* : un ensemble de baraquements provisoires où vivent des immigrés, près de Marseille

QUESTIONS

Le monde vil et brutal

1. Zora, la propriétaire du magasin, incarne l'appât du gain, la force brutale. Indiquez tout ce qui révèle un personnage vil, dans son caractère, dans son expression, dans ses attitudes et ses paroles.

2. Quel rôle la canne joue-t-elle dans le passage ?

3. Comment peut-on expliquer la réaction de Zora à la ligne 4 ?

Le monde de la liberté

4. Dehors, Lalla éprouve un sentiment de liberté.
En quoi consiste pour elle le bonheur ? Comment retrouve-t-on, dans les réactions et dans les gestes de Lalla, la fille du désert ?

5. Montrez que les deux parties du passage s'opposent précisément :
– sur le plan de la situation,
– sur le plan de la narration.

L'affirmation de soi

6. S'opposer à Zora est pour Lalla une épreuve à travers laquelle elle affirme ses valeurs, son identité. Comment s'expriment, tout au long du texte, cette force, cette détermination nouvelle que Lalla a découvertes en elle ?

7. Quand Le Clézio souligne-t-il le moment d'une rupture, d'un passage ?

Onitsha

Dans un univers peuplé de mythes, les personnages se lancent à la rencontre du monde… Comme Le Clézio lui-même, Fintan, le héros d'*Onitsha*, découvre l'Afrique. En compagnie de Bony, un ami africain, il part à la recherche d'une source mystérieuse.

Ils reprirent leur marche, l'un derrière l'autre à présent. Ils traversèrent un chaos de rochers, puis ils entrèrent dans des buissons d'épines. Fintan suivait Bony, sans ressentir la fatigue. Les ronces avaient déchiré ses vêtements. Ses jambes saignaient.

Vers midi, ils arrivèrent aux collines. Il y avait quelques maisons isolées où les chiens aboyaient. Bony escalada un rocher usé, gris sombre, qui s'effritait en lamelles sous les pieds. Du haut du rocher, on voyait toute l'étendue du plateau, les villages lointains, les champs, et presque irréel, le lit d'une rivière qui brillait entre les arbres. Mais ce qui attirait le regard, c'était une grande faille dans le plateau où la terre rouge luisait comme les bords d'une plaie.

Fintan regardait chaque détail du paysage. Il y avait ici un très grand silence, avec seulement le froissement léger du vent sur les schistes[1], et l'écho affaibli des chiens. Fintan n'osait pas parler. Il vit que Bony contemplait lui aussi l'étendue du plateau et la faille rouge. C'était un endroit mystérieux, loin du monde, un endroit où on pouvait tout oublier. « C'est ici qu'il faudrait qu'il vienne », se dit Fintan en pensant à Geoffroy. En même temps il fut étonné de ne plus ressentir de rancœur[2]. C'était un endroit qui effaçait tout, même la brûlure du soleil et les piqûres des feuilles vénéneuses, même la soif et la faim. Même les coups de bâton.

1. *les schistes :* **roches sédimentaires, provenant de la transformation des argiles par déshydratation**
2. *rancœur :* **amertume due à une injustice, une déception**

« L'eau *mbiam* est là-bas », dit Bony.

Ils descendirent la pente des collines vers le nord. Le chemin était difficile, les enfants devaient sauter de roche en roche, éviter les buissons d'épines, les crevasses. Bientôt ils arrivèrent dans une étroite vallée où coulait un ruisseau. Les arbres formaient une voûte sombre et humide. L'air était plein de moustiques. Fintan voyait devant lui la silhouette mince de Bony qui se faufilait entre les arbres. À un moment il sentit sa gorge se serrer de peur. Bony avait disparu. Il n'entendait que les coups de son cœur. Alors il s'est mis à courir le long du ruisseau, entre les arbres, en criant : « Bony ! Bony !… »

Au fond du ravin, la petite rivière coulait sur les rochers. Fintan s'agenouilla au bord de l'eau et il but longuement, le visage contre l'eau comme un animal. Il entendit un bruit derrière lui, il se retourna en tressaillant. C'était Bony. Il marchait lentement avec des gestes étranges, comme s'il y avait un danger.

Il conduisit Fintan un peu plus haut le long de la rivière. Soudain, au détour d'un arbre, l'eau *mbiam* apparut. C'était un bassin d'eau profonde, entouré de hauts arbres et d'un mur de

lianes. Tout à fait au fond du bassin, il y avait une source, une petite cascade qui surgissait au milieu des feuillages.

Fintan sentit une fraîcheur agréable. Arrêté devant le bassin, Bony regardait l'eau, sans bouger. Son visage exprimait une joie mystérieuse. Très lentement, il entra dans le bassin, et il lava son visage et son corps. Il se tourna vers Fintan : « Viens ! »

Il prit de l'eau dans sa main et aspergea le visage de Fintan. L'eau froide coulait sur sa peau, il lui sembla qu'elle entrait dans son corps et lavait sa fatigue et sa peur. Il y avait une paix en lui, comme le poids du sommeil.

Les arbres étaient immenses et silencieux. L'eau était lisse et sombre. Le ciel devint très clair, comme toujours avant la nuit. Bony choisit un endroit, sur une petite grève, devant le bassin. Avec des branches et des feuilles, il fabriqua un abri pour la nuit, pour s'abriter du serein[3]. C'est là qu'ils dormirent, dans le calme de l'eau. Au petit matin, ils retournèrent à Onitsha[4].

Jean-Marie G. Le Clézio, *Onitsha*, 1991, Éd. Gallimard.

3. *le serein :* par temps clair, humidité des soirs d'été
4. *Onitsha :* le petit port fluvial d'Afrique où Fintan, en compagnie de sa mère, est venu rejoindre son père

QUESTIONS

Le mystère et l'initiation

1. Le Clézio crée dans ses romans un climat de mystère. Repérez d'un bout à l'autre du texte la présence du mystère, d'une émotion profonde liée à la peur, à l'étonnement.

2. En quoi peut-on dire que l'itinéraire suivi par le héros est comme un chemin initiatique au terme duquel il parvient à un secret ? Quel est alors, selon vous, le sens symbolique de « la source » à laquelle aboutissent Fintan et Bony ?

La nature libre et sauvage

3. Le Clézio donne une très grande importance à la nature. Recherchez dans le texte comment les quatre éléments naturels – l'air, l'eau, la terre, le feu – sont représentés.

4. Repérez la présence, la promesse de l'eau tout au long du texte. Montrez comment s'opposent, puis s'harmonisent entre eux, les rochers, les feuillages, l'eau.

5. À quel moment du texte, Fintan est-il intégré à l'univers naturel ?

L'univers des sensations

6. Le Clézio retrouve l'importance des sensations élémentaires, quand, au contact des choses, le corps souffre ou se réjouit. Montrez que s'opposent des sensations douloureuses et un bien-être physique retrouvé.

7. Analysez le dernier paragraphe. Relevez tous les termes qui créent une impression de sérénité. Montrez que la construction des phrases contribue à ce climat de douceur. Relevez assonances et allitérations.

L'absurde

Bien que cette dénomination ne désigne aucun mouvement concerté, l'absurde correspond à un climat d'angoisse chez les écrivains, après la Seconde Guerre mondiale. Il se manifeste essentiellement au théâtre qui explore alors l'incommunicabilité de l'homme moderne dans un univers déshumanisé.

▶ L'ORIGINE DU MOT

Un critique littéraire a proposé de regrouper sous l'expression « théâtre de l'absurde » des auteurs dramatiques qui, travaillant isolément, ont cependant en commun de créer des pièces tragiques où la condition humaine est perçue comme contraire à la raison, dépourvue de sens, sans avenir.

▶ L'HISTOIRE DU MOUVEMENT

Dans les années cinquante, influencés par Berthold Brecht, Antonin Artaud ou Jean-Paul Sartre, apparaissent des auteurs dramatiques marqués par la Seconde Guerre mondiale : Eugène Ionesco, Samuel Beckett. L'expression « théâtre de l'absurde » regroupe ainsi des écrivains qui, sans créer un mouvement, expriment la même angoisse existentielle. D'abord méconnus, Beckett recevra le prix Nobel, Ionesco entrera à l'Académie française.

▶ LES THÈMES ESSENTIELS

La solitude de l'homme, le tragique de l'existence. Les personnages, étrangers dans le monde, prennent conscience de la dérision de la condition humaine. Anonymes, sans épaisseur, ils se présentent comme des anti-héros.

L'espace vide, l'écoulement infini du temps. Les personnages évoluent dans un univers sans repères, sans futur, comme s'ils survivaient à un cataclysme.

L'incommunicabilité, la vanité du langage. Les personnages éprouvent l'impossibilité de communiquer. Le langage semble vide, mécanique, artificiel.

▶ LES PROCÉDÉS PRIVILÉGIÉS

La dérision du langage	Le langage est mécanique, fait de platitudes, de non-sens.	« La fumée prit feu / Le feu prit feu. » Eugène Ionesco, *La Cantatrice chauve,* 1950.
L'absence d'action, le vide du décor	Au milieu d'un espace vide, la vie s'enlise dans la monotonie.	« En attendant, il ne se passe jamais rien. » Samuel Beckett, *En attendant Godot,* 1953.
Le mélange des tons et des genres	La tragédie et la comédie, l'angoisse et l'humour se mêlent.	« Ils vont rire, ils vont bouffer, ils vont danser sur ma tombe. » Eugène Ionesco, *Le Roi se meurt,* 1962.
L'importance de l'objet	Les objets occupent tout l'espace, inquiétants, étouffants.	L'importance des chaises dans *Les Chaises* de Ionesco.

AUJOURD'HUI *Quand l'homme retrouve angoisse et inquiétude devant un monde sans repères, l'« absurde » continue de désigner la part dérisoire et tragique de la condition humaine.*

Exercice 1

Fin de partie **met en présence un aveugle, Hamm, et son serviteur, Clov.**

Retrouvez dans les deux extraits suivants les thèmes et les procédés du théâtre de l'absurde.

Intérieur sans meubles.
Lumière grisâtre.
Aux murs de droite et de gauche, vers le fond, deux petites fenêtres haut perchées, rideaux fermés.
Porte à l'avant-scène à droite. Accroché au mur, près de la porte, un tableau retourné.
À l'avant-scène à gauche, recouvertes d'un vieux drap, deux poubelles l'une contre l'autre.
Au centre, recouvert d'un vieux drap, assis dans un fauteuil à roulettes, Hamm.

HAMM. – Va chercher la burette.
CLOV. – Pour quoi faire ?
HAMM. – Pour graisser les roulettes.
CLOV. – Je les ai graissées hier.
HAMM. – Hier ! Qu'est-ce que ça veut dire. Hier !
CLOV *(avec violence)*. – Ça veut dire il y a un foutu bout de misère. J'emploie les mots que tu m'as appris. S'ils ne veulent plus rien dire apprends-m'en d'autres. Ou laisse-moi me taire.

Samuel Beckett, *Fin de partie*, 1957, Éd. de Minuit.

Exercice 2

Ionesco a eu l'idée de sa première pièce en apprenant l'anglais par une méthode « Assimil ».

Repérez dans l'extrait de *La Cantatrice chauve* des indices de cette origine de la pièce. Quel est l'effet produit ?

Mme MARTIN. – Je peux acheter un couteau de poche pour mon frère, mais vous ne pouvez acheter l'Irlande pour votre grand-père.
M. SMITH. – On marche avec les pieds, mais on se réchauffe à l'électricité ou au charbon.
M. MARTIN. – Celui qui vend aujourd'hui un bœuf, demain aura un œuf.
Mme SMITH. – Dans la vie, il faut regarder par la fenêtre.
Mme MARTIN. – On peut s'asseoir sur la chaise, lorsque la chaise y'en a pas.

Eugène Ionesco, *La Cantatrice chauve*, scène 11, 1950, Éd. Gallimard.

Exercice 3

Beckett témoigne de la dérision de la condition humaine et des peurs enfouies. Dans ce passage, en quoi consiste l'absurde ? À quel moment s'exprime la peur refoulée ?

ESTRAGON. – Où irons-nous ?
VLADIMIR. – Pas loin.
ESTRAGON. – Si si, allons-nous en loin d'ici !
VLADIMIR. – On ne peut pas.
ESTRAGON. – Pourquoi ?
VLADIMIR. – Il faut revenir demain.
ESTRAGON. – Pour quoi faire ?
VLADIMIR. – Attendre Godot.
ESTRAGON. – C'est vrai. *(Un temps.)* Il n'est pas venu ?
VLADIMIR. – Non.
ESTRAGON. – Et maintenant il est trop tard.
VLADIMIR. – Oui, c'est la nuit.
ESTRAGON. – Et si on le laissait tomber ? *(Un temps.)* Si on le laissait tomber ?
VLADIMIR. – Il nous punirait.

Samuel Beckett, *En attendant Godot*, 1952, Éd. de Minuit.

Exercice 4

Observez le tableau de Francis Grubber. Expliquez comment celui-ci contient les trois thèmes essentiels de l'absurde.

▲ Francis Grubber, *Nu sur fond vermillon*, 1948.

LE TEMPS ROMANESQUE

Dans un roman, l'auteur fixe le cadre de son récit à une époque et dans une durée bien précises. Mais le temps ne s'écoule pas de manière régulière. Le narrateur raconte les événements sans forcément respecter l'ordre chronologique de leur déroulement. Il peut aussi ne pas tout raconter, accélérant ou ralentissant le rythme de son récit. Le temps romanesque ne s'écoule donc qu'en fonction des choix de l'auteur.

▶ LE SOMMAIRE

L'auteur peut choisir d'accélérer son récit en résumant des épisodes secondaires. Ainsi, une phrase peut résumer un laps de temps très long. C'est le sommaire.

> Ils s'enfermèrent durant cinq semaines dans un couvent de carmélites en Calabre, se relayant pour surveiller les cornues dans lesquelles macéraient les plus étranges bouillons de culture.
>
> Blaise Cendrars, *Bourlinguer*, 1948, Éd. Denoël.

Le repère temporel souligne la durée de l'épisode, le temps de la fiction. L'absence d'événements marquants justifie le sommaire.

▶ LA SCÈNE

L'auteur peut détailler le récit en faisant la relation minutieuse d'un événement. C'est la scène, qui a pour effet de ralentir le rythme du récit.

> Une heure, deux heures, trois heures ; la neige continue à tomber. Quatre heures ; la nuit ; on allume les âtres ; il neige. Dehors, il n'y a plus ni terre, ni ciel, ni village, ni montagne ; il n'y a plus que les amas croulants de cette épaisse poussière glacée d'un monde qui a dû éclater.
>
> Jean Giono, *Un roi sans divertissement*, 1947, Éd. Gallimard.

La multiplication des repères temporels provoque un ralentissement du récit, souligné par une ponctuation très marquée, créant un effet de suspense.

▶ LA PAUSE

Le narrateur peut introduire une pause au récit en faisant une description.

> Tout azur avait fui la mer, coulée dans un métal solide et gris, presque sans plis, et le soleil éteint laissait sur l'horizon une longue trace d'un rouge triste, au-dessus de laquelle régnait une zone pâle, verte, plus claire que l'aurore…
>
> Colette, *Le Blé en herbe*, 1923, Éd. Garnier-Flammarion.

L'action se fige en un tableau où les repères temporels ont disparu au profit des repères spatiaux. Le récit marque une pause.

▶ L'ELLIPSE

Le narrateur peut choisir de ne pas relater certains événements. Le récit présente alors une ellipse. Ce procédé s'utilise fréquemment entre deux chapitres.

EXERCICE 1

Indiquez, pour chacune des citations suivantes, quel est le temps de la fiction d'une part, le temps de la narration de l'autre. Quelle remarque peut-on faire en ce qui concerne l'écoulement du temps romanesque ?

Et, pendant les dix années qui s'écoulèrent, la poussée vigoureuse des Froment continua, telle qu'une saine végétation de joie et de force, dans le domaine sans cesse enrichi de Chantebled.

Émile Zola, *Fécondité*, 1899.

La tente dressée, je m'occupai de panser mes pieds écorchés avec de la chandelle que je gardais en réserve dans ma musette et, comme un pauvre chien exténué, je m'allongeai sur la terre mouillée et m'endormis profondément. Pendant la nuit, des camarades, tombés de fatigue sur la route, ne cessèrent de rallier le camp.

Octave Mirbeau, *Le Calvaire*, 1886.

Au bout d'un quart d'heure, comme on entendait un pas lourd s'approcher, l'homme éveillé a fermé les yeux.

Michel Butor, *L'Emploi du temps*, 1956,
Éd. de Minuit.

Ceci fut le début d'une randonnée qui devait durer plus de dix ans à travers tous les pays du globe.

Blaise Cendrars, *Moravagine*, 1926, Éd. Grasset.

EXERCICE 2

1. Relevez dans le texte les repères temporels situant le récit à une époque ; dans une durée.

2. Découpez le texte en trois parties distinctes : sommaire, pause et scène. Le temps de la narration correspond-il au temps de la fiction ? Quel est l'effet produit sur le rythme du récit ?

Nous étions pourtant depuis dix ans dans ce pays lorsque Meaulnes arriva.
J'avais quinze ans. C'était un froid dimanche de novembre, le premier jour d'automne qui fît songer à l'hiver. Toute la journée, Millie avait attendu une voiture de La Gare qui devait lui apporter un chapeau pour la mauvaise saison. Le matin, elle avait manqué la messe ; et jusqu'au sermon, assis dans le chœur avec les autres enfants, j'avais regardé anxieusement du côté des cloches, pour la voir entrer avec son chapeau neuf.
Après midi, je dus partir seul à vêpres.
« D'ailleurs, me dit-elle, pour me consoler, en brossant de sa main mon costume d'enfant, même s'il était arrivé, ce chapeau, il aurait bien fallu, sans doute, que je passe mon dimanche à le refaire. »
Souvent nos dimanches d'hiver se passaient ainsi. Dès le matin, mon père s'en allait au loin, sur le bord de quelque étang couvert de brume, pêcher le brochet dans une barque ; et ma mère, retirée jusqu'à la nuit dans sa chambre obscure, rafistolait d'humbles toilettes.

Alain-Fournier, *Le Grand Meaulnes*, 1913,
Éd. Fayard.

EXERCICE 3

Faites le relevé des repères qui soulignent l'écoulement du temps dans ce passage. Comment Maupassant parvient-il à créer un effet de suspense ? Donnez un exemple précis pour chacun des procédés utilisés.

Jeanne passa deux jours dans un trouble de pensée qui la rendait incapable de réfléchir à rien. Le troisième matin elle reçut un seul mot de Rosalie annonçant son retour par le train du soir. Rien de plus.
Vers trois heures elle fit atteler la carriole d'un voisin qui la conduisit à la gare de Beuzeville pour attendre sa servante.
Elle restait debout sur le quai, l'œil tendu sur la ligne droite des rails qui fuyaient en se rapprochant là-bas, là-bas, au bout de l'horizon. De temps en temps elle regardait l'horloge. – Encore dix minutes – Encore cinq minutes – Encore deux minutes – Voici l'heure. – Rien n'apparaissait sur la voie lointaine. Puis tout à coup elle aperçut une tache blanche, une fumée, puis, au-dessous, un point noir qui grandit, grandit, accourant à toute vitesse. La grosse machine enfin, ralentissant sa marche, passa, en ronflant, devant Jeanne, qui guettait avidement les portières.

Guy de Maupassant, *Une Vie*, 1833.

LES FIGURES DE STYLE

L'écrivain veut attirer l'attention de son lecteur. Il utilise le langage de façon expressive grâce à des rapprochements, des oppositions. Il emploie des figures de style.

▶ LES FIGURES D'ANALOGIE

La comparaison. Elle rapproche deux champs lexicaux et met en évidence un élément commun à l'aide d'un outil de comparaison. Effet : la comparaison éclaire un aspect de la réalité.

La métaphore. Elle assimile un champ lexical à un autre sans outil comparatif. Elle peut se développer tout au long d'une phrase, d'un texte : c'est alors une métaphore filée. Effet : la métaphore introduit une vision originale de la réalité.

Bergère ô Tour Eiffel le troupeau des ponts bêle ce mâtin.
Guillaume Apollinaire, *Alcools,* 1913, Éd. Gallimard.

Une vision originale anime le vers tout entier.

▶ LES FIGURES DE SUBSTITUTION

La métonymie. Elle désigne un objet ou un être par un autre nom que le sien mais qui lui est logiquement associé parce qu'il désigne son contenant, sa cause, son origine, son symbole. Effet : la métonymie caractérise une réalité pour lui conférer une valeur concrète ou générale.

La synecdoque. Elle désigne un objet par une partie de cet objet ou évoque un ensemble par un seul élément de cet ensemble. Effet : la synecdoque isole un détail et le valorise.

Étranger, dont la voile a si longtemps longé nos côtes.
Saint-John Perse, *Amers,* 1957, Éd. Gallimard.

La voile, à elle seule, évoque le navire.

▶ LES FIGURES D'OPPOSITION

L'antithèse. Elle rapproche dans un même énoncé deux termes nettement opposés afin de souligner leur contradiction. Effet : l'antithèse intensifie les conflits d'idées ou de sentiments.

L'oxymore. Il réunit dans un même énoncé deux termes qui s'excluent ordinairement afin de concilier leur sens. Effet : l'oxymore produit une signification originale.

Le soleil noir de la mélancolie.
Gérard de Nerval, *Les Chimères,* 1854.

La mélancolie apparaît comme une lumière voilée.

▶ LES FIGURES D'INSISTANCE

L'anaphore et le parallélisme. L'anaphore reprend un même mot à la même place, souvent au début d'une phrase. Le parallélisme utilise plusieurs fois une même forme syntaxique. Effet : ces figures créent un rythme et développent un thème.

L'accumulation et la gradation. L'accumulation énumère plusieurs termes qui se rapportent à un même thème, la gradation les ordonne selon une progression. Effet : les figures mettent en relief des nuances.

L'attelage suait, soufflait, était rendu.
Jean de La Fontaine, *Fables,* 1668.

Le dernier terme est le terme le plus significatif.

Exercice 1

Repérez les différentes figures d'insistance dans les extraits qui suivent.

Celle que j'aime ne m'entend pas
Celle que j'aime ne me répond pas

Robert Desnos, *Corps et biens*, 1930, Éd. Gallimard.

Que serais-je sans toi qui vins à ma rencontre
Que cette heure arrêtée au cadran de la montre
Que serais-je sans toi qu'un cœur au bois dormant
Que serais-je sans toi que ce balbutiement

Louis Aragon, « Prose du bonheur et d'Elsa », *Le Roman inachevé*, 1956, Éd. Gallimard.

Exercice 2

Relevez les différentes figures d'opposition utilisées dans les vers suivants.

Épouse et n'épouse pas ta maison.

René Char, *Feuillets d'Hypnos*, 1944, Éd. Gallimard.

Mon cœur ne sera plus qu'un bloc rouge et glacé.

Charles Baudelaire, *Les Fleurs du mal*, 1857.

Cette obscure clarté qui tombe des étoiles

Pierre Corneille, *Le Cid*, 1636.

Exercice 3

Relevez les figures de substitution dans cet extrait du théâtre du XVIIe.

Si vous fûtes vaillant, je le suis aujourd'hui
Et ce bras du royaume est le plus ferme appui.
Grenade et l'Aragon tremblent quand ce fer brille ;
Mon nom sert de rempart à toute la Castille.

Pierre Corneille, *Le Cid*, 1636.

Exercice 4

Relevez et analysez les gradations utilisées par Maupassant dans les extraits de son roman *Pierre et Jean*.

Pierre marchait au milieu de ces gens, plus perdu, plus séparé d'eux, plus isolé, plus noyé, dans sa pensée torturante, que si on l'avait jeté à la mer du pont d'un navire, à cent lieues au large. Il les frôlait, entendant, sans écouter, quelques phrases ; et il voyait, sans regarder, les hommes parler aux femmes et les femmes sourire aux hommes.

Guy de Maupassant, *Pierre et Jean*, 1888.

Exercice 5

Repérez la figure d'insistance utilisée par Henri Michaux dans le poème suivant et analysez les effets qu'elle provoque.

Lugubres, lugubres mois !
Lugubres comme cantonnement inondé par surprise.
Lugubres comme le blockhaus aperçu tout à coup et trop tard, trop tard son embrasure mince semblable à un mauvais œil plissé, mais ce qui sort est autrement pénétrant.
Lugubres comme un croiseur sans escorte aérienne, le soir, près des unités ennemies tandis qu'on entend des bruits dans le ciel que l'on n'identifie que trop bien.

Henri Michaux, *Épreuves, Exorcismes*, 1940-1944, Éd. Gallimard.

Exercice 6

Relevez dans ces poèmes en prose de Francis Ponge les différentes figures d'analogie.

La barque tire sur sa longe, hoche le corps d'un pied sur l'autre, inquiète et têtue comme un jeune cheval.
Ce n'est pourtant qu'un assez grossier réceptacle, une cuiller de bois sans manche : mais, creusée et cintrée pour permettre une direction du pilote, elle semble avoir son idée, comme une main faisant le signe couci-couça.
Montée, elle adopte une attitude passive, file doux, est facile à mener. Si elle se cabre, c'est pour les besoins de la cause.
Lâchée seule, elle suit le courant et va, comme tout au monde, à sa perte tel un fétu.

Francis Ponge, « La Barque », *Pièces*, 1962, Éd. Gallimard.

Chaque hirondelle inlassablement se précipite – infailliblement elle s'exerce – à la signature, selon son espèce, des cieux.
Plume acérée, trempée dans l'encre bleue-noire, tu t'écris vite !
Si trace n'en demeure...
Sinon, dans la mémoire, le souvenir d'un élan fougueux, d'un poème bizarre.
Avec retournements en virevoltes aiguës, épingles à cheveux, glissades rapides sur l'aile, accélérations, reprises, nage de requin.

Francis Ponge, « Les Hirondelles », *Pièces*, 1962, Éd. Gallimard.

LE DÉNOUEMENT

Tragique ou heureux, le dénouement achève la pièce. Comme son nom l'indique, il dénoue l'action et, à travers une dernière parole et action, inscrit un ultime sens dans l'esprit du spectateur.

► LE DÉNOUEMENT-RÉSOLUTION

Traditionnel, le dénouement-résolution apporte une solution aux problèmes rencontrés par les personnages. Celle-ci peut être heureuse (la comédie, le mélodrame) ou tragique (la tragédie classique, le drame). La résolution peut être provoquée de plusieurs manières :

– action d'un des personnages de l'intrigue,

– intervention d'un personnage extérieur à l'intrigue (celui qui « tombe du ciel » à l'image du *deus ex-machina* antique, un dieu qui arrivait sur scène grâce à une machinerie et réglait la situation),

– événement extérieur à l'action qui se déroule sur scène (apporté par un messager...).

Le dénouement prend classiquement la forme d'un coup de théâtre, c'est-à-dire d'un bouleversement radical.

► LE DÉNOUEMENT-OUVERTURE

Le dénouement-ouverture achève une histoire et, dans le même temps, constitue le début d'une autre histoire ; il ouvre une perspective nouvelle et peut faire suite à une résolution.

► LE DÉNOUEMENT-ANÉANTISSEMENT

L'histoire s'achève sans qu'aucune perspective ne soit posée pour l'avenir.

> Henry. – Rien, toute la journée rien. *(Un temps.)* Toute la journée, toute la nuit, rien. *(Un temps.)* Pas un bruit.
> *Mer.*
> Samuel Beckett, *Cendres*, 1959, Éd. de Minuit.

► LE DÉNOUEMENT-RECOMMENCEMENT

La fin de la pièce indique que l'action va recommencer, soit à l'identique, soit avec une légère modification.

> *La pièce recommence avec les Martin, qui disent exactement les répliques des Smith dans la première scène, tandis que le rideau se ferme doucement.*
> Eugène Ionesco, *La Cantatrice chauve*, 1950, Éd. Gallimard.

► LA DERNIÈRE PAROLE

La pièce s'achève le plus souvent par une dernière parole qui résonne aux oreilles du spectateur. L'analyse de celle-ci permet de saisir une signification profonde de l'intrigue.

> OLGA, *criant.* – Allez-vous-en ! Allez-vous-en !
> *Hugo ouvre la porte d'un coup de pied.*
> HUGO, *il crie.* – Non récupérable.
> *Rideau.*
> Jean-Paul Sartre, *Les Mains sales*, 1948, Éd. Gallimard.

La dernière parole de Hugo donne la signification ultime de l'intrigue. Le héros témoigne une absolue liberté en refusant toute récupération de son action.

Exercice 1

Voici deux dénouements. À l'aide des indications portées sur la page de gauche, caractérisez chacun des dénouements.

Je veux bien croire que, si tu pouvais aimer davantage, tu n'aimerais que moi. Tu n'aimerais que moi ! Quelle folle espérance me séduit…

G. Gleizes, d'après Crébillon fils, *Les Incertitudes du désir*, 1989, Éd. L'Avant-Scène, Théâtre n° 862.

Personne ne peut se plaindre de moi. J'ai été Gouverneur et m'en vais les mains nettes. Nu je suis né, nu je me trouve. Je suis quitte. Adieu, Messieurs.

A. Casona, *Sancho Panza dans son île*, 1962, Traduction A. Camp, Éd. L'Avant-Scène, Théâtre n° 263.

Exercice 2

Caractérisez le texte suivant en précisant à quel type de dénouement il appartient.

Expliquez que « tout est bien qui finit bien ».

Après avoir économisé pendant une année, Champbourcy et ses amis viennent dépenser leur cagnotte à Paris. Mais la visite tourne mal : ils sont accusés de vol, on leur confisque leur cagnotte…

Félix. – Cette nuit, dans un couloir, je me suis trouvé face à face avec mon voleur…
Tous. – Quel voleur ?
Félix. – Celui qui m'avait pris ma montre… hier, sur le boulevard…
Champbourcy, *étonné*. – Tiens !
Félix. – Je l'ai fait arrêter… mais il n'a pas pu me la rendre, vu qu'il l'avait jetée dans le parapluie d'un imbécile qui regardait les gravures.
Champbourcy. – Dans le mien ! c'était moi !…
Tous. – C'était lui !…
Colladan. – Ah ! cette fois, nous sommes sauvés !
Champbourcy. – Notre innocence sera reconnue !
Cordenbois. – On nous rendra la cagnotte.
Champbourcy. – Mon ami, je vous donne ma fille…
Félix, *remerciant*. – Ah ! monsieur !…

Eugène Labiche, *La Cagnotte*, Acte V, scène 7, 1864.

Exercice 3

Complétez le tableau en relevant dans le texte ce qui appartient à chacun des aspects du dénouement-ouverture :

Fin d'une histoire	Début d'une autre histoire
....	Déclaration d'amour

Maud. – J'ai pensé tout le temps, pendant ces damnées vacances, que je t'aimais beaucoup. C'est tout. Je t'ai trouvé très… euh… très convenable.
Louis. – Voici une des déclarations d'amour les plus enflammées que j'aie reçues de ma vie.
Maud. – Je vais peut-être aller me recoucher. Tu aimes comme quartier, avenue d'Iéna ?
Louis. – Ça m'est complètement égal.
Maud. – Bon. Je crois que je vais vendre cette maison.
Louis. – Je crois que tu as raison. Tu vas vendre la maison et casser le disque.
Maud. – Oui. Tout à l'heure.
(À la porte, elle se retourne.)
Finalement, c'était une bonne idée, ces vacances, non ?

Françoise Sagan, *Un piano dans l'herbe*, Acte II, scène 3, 1970, Éd. Flammarion.

Exercice 4

Caractérisez le texte suivant en précisant à quel type de dénouement il appartient.

En analysant les oppositions de thèmes, expliquez que le personnage dont parle Joseph est mort total0ement isolé.

Joseph. – Même si elle vous aimait. Même si son espoir était le vôtre et si elle a pleuré les enfants de la plaine, elle est restée une étrangère à votre pays. *Temps.*
Nous sommes restés des étrangers à votre pays. Elle sera enterrée dans le cimetière colonial de Saïgon.
Tous sortent sauf le caporal qui s'accroupit près du corps.
Rires d'enfants. Tam-tams, loin.
Musique.

Marguerite Duras, « L'Eden Cinéma », deuxième partie, 1977, Éd. Mercure de France.

L'ÉTUDE D'UN TEXTE ARGUMENTATIF

L'analyse du texte argumentatif doit mettre en évidence la stratégie développée par l'auteur pour convaincre son lecteur. Il est donc nécessaire de dégager la thèse soutenue, les arguments et les illustrations, ainsi que les liens logiques qui structurent le raisonnement.

▶ LA RECHERCHE DE LA SITUATION D'ARGUMENTATION

La situation d'argumentation dépend du contexte dans lequel le texte est écrit. Quel est le thème mis en jeu par le discours ? Qui en est l'émetteur ? Qui en est le récepteur ? La réponse à ces questions peut s'appuyer sur l'interprétation du contexte (la date, l'auteur, le titre).

> Dreyfus est innocent, je le jure. J'y engage ma vie, j'y engage mon honneur. À cette heure solennelle, devant ce tribunal qui représente la justice humaine, devant vous, messieurs les jurés, qui êtes l'émanation même de la France, devant le monde entier, je jure que Dreyfus est innocent.
>
> Émile Zola, « Déclaration au jury », *La Vérité en marche*, 1901.

Le cadre historique est celui de l'affaire Dreyfus. L'écrivain argumente pour convaincre le jury.

▶ L'EXAMEN DE LA THÈSE DÉFENDUE

On appelle thèse du texte l'opinion défendue par l'auteur. La thèse peut être explicite et exprimée clairement, ou implicite lorsqu'elle est sous-entendue.

> Le droit d'esclavage est nul, non seulement parce qu'il est illégitime, mais parce qu'il est absurde et ne signifie rien. Ces mots, esclavage, et droit, sont contradictoires.
>
> Jean-Jacques Rousseau, *Le Contrat social*, 1762.

L'auteur affirme explicitement son refus de l'esclavage, répétant la thèse qu'il défend afin de mieux convaincre son lecteur.

▶ L'ÉTUDE DE L'ORGANISATION DU DISCOURS

Le discours argumentatif s'organise autour de la thèse à défendre : il développe des arguments, des preuves, qu'il illustre par des exemples destinés à éclairer et convaincre le lecteur.

> Les moteurs de l'homme sont le plaisir et la douleur physique. Pourquoi la faim est-elle le principe le plus habituel de son activité ? C'est qu'entre tous les besoins, ce dernier est celui qui se renouvelle le plus souvent, et qui commande le plus impérieusement. C'est la faim et la difficulté de pourvoir à ce besoin, qui, dans les forêts, donnent aux animaux carnassiers tant de supériorité d'esprit sur l'animal pâturant.
>
> Helvétius, *De l'Homme*, 1773.

L'auteur appuie sa thèse sur un argument dont le poids est à son tour renforcé par un exemple.

▶ L'ANALYSE DES PROCÉDÉS RHÉTORIQUES

Le texte argumentatif développe une opinion, un point de vue. Différents procédés rhétoriques viennent appuyer la thèse de l'auteur : appel aux sentiments, ironie, lexique valorisant ou dévalorisant, accumulation, répétition.

EXERCICE 1

Quel est le thème de l'extrait suivant ?

« Presse » (droit politique). On demande si la liberté de la *presse* est avantageuse ou préjudiciable à un État. La réponse n'est pas difficile. Il est de la plus grande importance de conserver cet usage dans tous les États fondés sur la liberté.

Jaucourt, article « Presse », l'*Encyclopédie*, 1751-1772.

EXERCICE 2

1. Quel est le thème de cet extrait ?

2. Quelle est la thèse de l'auteur ?

Jamais la vie n'a semblé plus lourde à porter. Après les grandes secousses sociales, on a souvent constaté ce dégoût de vivre, ce besoin du sommeil de la terre. C'est un vent mauvais dont le souffle charrie la mort. L'épidémie du suicide se déclare, comme une peste venue on ne sait d'où.

Émile Zola, *Études sur la France contemporaine*, 1875-1880.

EXERCICE 3

1. Relevez dans le texte suivant la thèse défendue.

2. Recherchez l'argument utilisé et les exemples qui viennent l'illustrer.

3. Quelle est la conclusion de l'auteur ?

4. Sur quels procédés rhétoriques l'auteur s'appuie-t-il ?

Le malheur nous est utile, sans lui les facultés aimantes de notre âme resteraient inactives : il la rend un instrument tout harmonie, dont, au moindre souffle, il sort des murmures inexprimables. Que celui que le chagrin mine s'enfonce dans les forêts ; qu'il erre sous leur voûte mobile ; qu'il gravisse la colline, d'où l'on découvre, d'un côté de riches campagnes, de l'autre le soleil levant sur des mers étincelantes, dont le vert changeant se glace de cramoisi et de feu ; sa douleur ne tiendra point contre un tel spectacle : non qu'il oublie ceux qu'il aima, car alors ses maux seraient préférables, mais leur souvenir se fondra avec le calme des bois et des cieux : il gardera sa douceur et ne perdra que son amertume. Heureux ceux qui aiment la nature : ils la trouveront, et trouveront seulement elle, au jour de l'adversité.

François-René de Chateaubriand, *Essai sur les révolutions*, 1797.

EXERCICE 4

Guy de Maupassant s'élève vigoureusement contre la construction de la tour Eiffel et exprime son mécontentement dans les journaux.

1. Relevez les arguments avancés par l'auteur pour justifier son jugement.

2. Relevez les mots utilisés pour désigner la tour et classez-les en fonction de leur champ lexical.

3. Quel est le rôle de l'image, des comparaisons et métaphores, dans ce texte argumentatif ?

4. Sur le modèle de Maupassant et en utilisant les mêmes procédés, défendez la thèse selon laquelle la tour Eiffel est une œuvre d'art qui fait rêver.

Depuis un mois, tous les journaux illustrés nous présentent l'image affreuse et fantastique d'une tour de fer de trois cents mètres qui s'élèvera sur Paris comme une corne unique et gigantesque.
Ce monstre poursuit les yeux à la façon d'un cauchemar, hante l'esprit, effraie d'avance les pauvres gens naïfs qui ont conservé le goût de l'architecture artiste, de la ligne et des proportions.
Cette pointe de fonte épouvantable n'est curieuse que par sa hauteur. Les femmes colosses ne nous suffisent plus ! Après les phénomènes de chair, voici les phénomènes de fer. Cela n'est ni beau, ni gracieux, ni élégant, – c'est grand, voilà tout. On dirait l'entreprise diabolique d'un chaudronnier atteint du délire des grandeurs.
Pourquoi cette tour, pourquoi cette corne ? Pour étonner ? Pour étonner qui ? Les imbéciles. On a donc oublié que le mot art signifie quelque chose.

Guy de Maupassant, « La tour... Prends garde », *Gil Blas*, 19 octobre 1886.

A

Absurde : caractérise ce qui n'a pas de sens, ce à quoi on ne peut pas donner de sens. Au milieu du XXe siècle, l'absurde qualifiait plusieurs courants intellectuels et artistiques. Albert Camus a défendu la philosophie de l'absurde. Le sentiment de « l'absurde naît de cette confrontation entre l'appel humain et le silence déraisonnable du monde ». Mais l'homme conquiert sa dignité quand il devient capable de le savoir et de l'assumer. Eugène Ionesco a illustré le théâtre de l'absurde : les personnages sont illogiques, échangent des propos stéréotypés, l'action est souvent inexistante ; sa pièce la plus célèbre est *La Cantatrice chauve*.

Accent : on distingue
– l'accent de langue, appelé aussi accent d'intensité, qui allonge la voyelle accentuée et se trouve à une place fixe : la dernière syllabe d'une unité syntaxique (ou sur l'avant-dernière si la dernière comporte un *e* muet) ;

– l'accent d'insistance dont la place n'est pas fixe et dont le but est l'expressivité ;

– l'accent métrique, qui contribue à scander les vers, et qui est en général placé sur la syllabe qui précède une coupe.

Accumulation : série de termes de même nature (série de noms, série de verbes...). Un des plus célèbres exemples d'accumulation dans la littérature française se trouve dans une lettre de Madame de Sévigné : « Je m'en vais vous mander la chose la plus étonnante, la plus surprenante, la plus merveilleuse, la plus miraculeuse, la plus triomphante, la plus étourdissante, la plus inouïe, la plus singulière, la plus extraordinaire, la plus incroyable, la plus imprévue, la plus grande, la plus petite, la plus rare, la plus commune, la plus éclatante, la plus secrète jusqu'aujourd'hui, la plus brillante, la plus digne d'envie... ».

Actant : rôle fondamental joué par un personnage dans un récit.

Acte : partie d'une pièce de théâtre composée d'une série de scènes ou de tableaux. Dans le théâtre classique, une pièce comportait en général cinq actes.

Action : suite des événements dans un récit, une pièce de théâtre, un film. L'action peut jouer un rôle secondaire, si l'auteur a préféré tenir compte de la psychologie des personnages ou de la création d'une atmosphère. Mais elle peut être essentielle comme par exemple dans le roman policier.

Adhésion : degré de confiance accordé à une thèse.

Alexandrin : vers de douze syllabes : pour cette raison on peut aussi l'appeler dodécasyllabe (en grec, *dodéka* = douze). Le nom d'alexandrin, lui, vient d'un des premiers romans écrits en vers de douze syllabes, qui s'intitulait *Le Roman d'Alexandre*.

Alliance de mots (= oxymore) : on trouve dans la littérature des exemples célèbres de cette figure de style : « obscure clarté » (Corneille) « le Bourgeois gentilhomme » (Molière) « cette boucherie héroïque » (Voltaire) « le soleil noir de la mélancolie » (Nerval).

Allitération : retour de consonnes identiques dans un énoncé.

Anagramme : un anagramme utilise toutes les lettres, ou une partie des lettres d'un mot, dans un ordre différent, pour composer un autre mot. Rabelais, à un moment où il ne voulait pas être reconnu, avait choisi pour pseudonyme l'anagramme de son vrai nom : Alcofribas Nasier.

Analogie : mise en relation de deux objets, deux phénomènes, deux situations qui appartiennent à des domaines différents mais font penser l'un à l'autre parce que leur déroulement, leur aspect présentent des similitudes. Le raisonnement par analogie est la recherche d'une conclusion à partir de cette mise en relation.

Anaphore : répétition d'un mot au début d'un groupe de mots.

Antihéros : personnage principal qui ne possède aucune des qualités remarquables du héros traditionnel. Il est au contraire falot, sans envergure. Les personnages de Flaubert sont souvent des antihéros.

Antiphrase : expression employée dans un sens contraire à son sens ordinaire.

Antithèse : coexistence dans le même énoncé de deux termes contradictoires.

Aparté : paroles qu'un personnage de théâtre adresse au spectateur, à l'insu des autres personnages.

Aphorisme : réflexion formulée de façon brève.

Apologie : éloge accordé à un individu ou à ses idées. On prononce ou on écrit une apologie lorsqu'on défend inconditionnellement quelqu'un ou quelque chose.

Argument : idée qui sert à démontrer une thèse.

Argumentation : ensemble d'idées logiquement reliées afin de démontrer une thèse.

Argumentateur : personne qui cherche à convaincre son interlocuteur (l'argumenté).

Assonance : ce peut être aussi la répétition de la dernière voyelle accentuée dans des vers qui se suivent. L'assonance a été employée par les premiers poètes français (Moyen Âge) avant la généralisation de la rime.

Assonance : retour de voyelles identiques dans un énoncé.

Attaque : vers qui ouvre un poème et en détermine le ton.

Autobiographie :

auto	bio	graphie
↓	↓	↓
propre à soi	vie	écriture

Comme le montre l'étymologie, c'est le récit rétrospectif qu'une personne fait de sa propre existence. À la différence des mémoires, qui insistent avant tout sur l'époque historique à laquelle l'auteur a vécu, l'autobiographie insiste sur l'histoire individuelle (*Les Confessions* de Rousseau).

B

Ballade : forme poétique médiévale qui se compose de trois strophes terminées par un vers identique et d'un envoi (demi-strophe qui s'adresse au dédicataire de l'œuvre).

Baroque : qualificatif donné à un style qui s'éloigne des règles de la Renaissance classique et qui privilégie l'irrégulier, le mouvement, et le jeu des apparences et des métamorphoses. Il a d'abord été un style architectural, sculptural et pictural, en Italie. Dans la littérature française, il est représenté par un grand nombre d'œuvres du début du XVIIe siècle, et la période classique s'imposera ensuite par réaction.

Bienséance : terme de la critique classique, très usité au XVIIe siècle, désigne la convenance, la décence, la délicatesse. La règle des bienséances dans le théâtre classique interdisait que les personnages mangent, boivent, se tuent ou meurent sur scène.

Bouffon : qui fait rire par la farce, par une exagération grossière.

Bucolique : qualifie un texte qui évoque la vie des bergers, mais sous une forme idéalisée.

Burlesque : comique outré, reposant sur l'extravagance des situations. Substantivé, il a désigné aussi un genre littéraire ou un style dont le comique naissait du contraste entre le sujet, qui se voulait noble, et le style familier et amusant dans lequel il était traité. Ce genre a été très à la mode au milieu du XVIIe siècle.

C

Calligrammes : poème que l'auteur représente sous la forme d'un dessin. Les lignes de ce dessin sont les vers eux-mêmes.

Caricature : art de se moquer d'un individu en exagérant ses défauts.

Cartésien : qui est rigoureux et méthodique, selon les principes du philosophe Descartes (XVIIe siècle).

Catastrophe : dans la dramaturgie classique, dernier événement, en général funeste, qui amène le dénouement d'une tragédie.

Catharsis : mot emprunté au philosophe grec antique Aristote. Pour lui, le spectateur d'un spectacle se libère de passions qui pourraient être dangereuses. Il sort du spectacle purifié parce qu'il a libéré ses passions sur le mode imaginaire.

Césure : coupe à place fixe qui divise un alexandrin en deux hémistiches (demi-vers).

Champ lexical : ensemble de mots appartenant à un même thème.

Champ sémantique : ensemble des sens d'un mot fournis par le dictionnaire.

Chanson courtoise : genre poétique médiéval qui traite de thèmes amoureux.

Chanson de geste : poème épique écrit en langue vulgaire (XI-XIIe siècles), en alexandrins ou en décasyllabes, avec des assonances. Il comportait plusieurs milliers de vers et était récité avec un accompagnement musical. Il avait pour sujet les exploits plus ou moins merveilleux de héros réels mais souvent mythifiés. Les plus célèbres ont raconté la légende de Charlemagne et de ses preux.

Chute : fin d'un texte qui conduit à réinterpréter le texte lui-même. Les « histoires drôles » reposent en général sur leur chute. En poésie, un exemple célèbre est fourni par « Le Dormeur du Val » de Rimbaud. Le dernier vers « il a deux trous rouges au côté droit » montre que le soldat qu'on croyait endormi est en fait un soldat mort. La relecture du poème permet alors de trouver des indices de cette mort.

Citation : phrase extraite d'une œuvre connue pour appuyer une thèse.

Classique : la période classique dans la littérature française se situe dans la seconde moitié du XVIIe siècle. Parmi les écrivains classiques on peut citer Boileau, La Bruyère, La Fontaine, Racine. L'écrivain classique considère qu'il existe une nature humaine universelle et, par conséquent, il veut décrire les comportements, les sentiments et les passions de l'homme de tous les temps. L'art classique se caractérise aussi par la recherche de la mesure, de l'ordre, de l'équilibre, d'une certaine retenue.

Cliché : une expression ou image devenue banale pour avoir été trop souvent employée prend le nom de « cliché ».

Comédie : genre théâtral qui vise à faire rire ou sourire le spectateur.

Comparaison : rapprochement de deux mots qui met en évidence un élément commun.

Concession : admettre un point de vue différent du sien. Un raisonnement par concession commence par reconnaître que la thèse adverse se justifie dans une certaine mesure, mais sans que cela suffise pour y adhérer : après la concession est exposée une antithèse. Un paragraphe, mais aussi un plan de devoir, peut être organisé en raisonnement par concession.

Confident : au théâtre, personnage secondaire qui a pour fonction essentielle de recevoir les confidences du héros. C'est par exemple le cas d'Œnone, dans le *Phèdre* de Racine. Le spectateur prend ainsi connaissance des sentiments éprouvés par le héros.

Connecteur : terme qui établit un lien logique entre deux énoncés.

Connotation : évocations associées d'un terme qui enrichissent la réalité désignée (la mer : la liberté, l'infini).

Conte : récit bref qui fait entrer le lecteur dans un monde différent du monde réel (conte merveilleux ou fantastique). Il peut inviter à la réflexion (conte philosophique).

Contre-rejet : ce terme appartient au lexique de la versification. Il ne faut pas confondre contre-rejet et contre-enjambement : le premier terme indique ce qui est rejeté, le deuxième terme le procédé lui-même.

Contre-rejet : mot qui amorce une phrase qui se poursuit au vers suivant.

Correspondances : selon cette théorie, illustrée par Baudelaire, il existerait :
– des correspondances « horizontales », ou « synesthétiques », entre les différents sens (« il est des parfums frais comme des chairs d'enfants, / Doux comme les hautbois, verts comme les prairies ») ;

– des correspondances verticales, c'est-à-dire une relation entre notre monde visible et un monde invisible, qui explique d'ailleurs l'existence des correspondances horizontales.

Coup de théâtre : événement imprévu qui modifie le cours de l'action.

Coupe : repérage de chaque accent qui permet de déterminer le rythme d'un vers.

D

Déduction : opération logique qui consiste à passer d'une étape à l'étape suivante, souvent sous la forme du passage d'une cause à une conséquence. La déduction peut aussi avoir un sens plus particulier qui s'oppose alors au sens de l'induction : c'est le passage du général au particulier, alors que l'induction est le passage du particulier au général.

Dénouement : issue heureuse ou malheureuse d'un conflit.

Description : texte qui cherche à fournir au lecteur une représentation précise ou évocatrice d'un objet, d'un lieu, d'un individu.

Diatribe : texte ou discours qui attaque de façon violente une personne ou une institution.

Didactique : a pour objectif d'instruire.

Didascalies : indications scéniques qui accompagnent un texte de théâtre pour permettre au lecteur de mieux se représenter la pièce.

Diérèse : dissociation de deux voyelles qui se suivent afin d'être comptées pour deux syllabes (ex : mystéri-euse).

Digression : hors-sujet, propos étranger au sujet général d'un discours, d'un débat, d'un écrit.

Dilemme : c'est l'obligation de choisir entre deux partis contradictoires, mais qui tous les deux présentent des inconvénients.

Discours : ce terme peut avoir plusieurs sens :
– un sens courant : c'est un développement oratoire qui est prononcé devant un public avec une certaine solennité ;
– un sens dans l'histoire des genres : jusqu'au XVIIIe siècle, il désignait une forme d'essai, un texte d'idées. Exemples : *Discours de la méthode* de Descartes, ou *Discours sur l'origine de l'inégalité* de Rousseau.

Discours rapporté : paroles d'un personnage transcrites dans un récit au style direct ou indirect, ou encore au style indirect libre.

Distique : groupe de deux vers.

Dizain : groupe de dix vers.

Dramatique : ce qui se rapporte à l'action (en grec, *drama* = action) : on parle dans ce sens de l'intérêt dramatique d'une scène ou d'un passage. Mais « dramatique » signifie aussi tout ce qui concerne le théâtre : l'expression « genre dramatique » désigne tous les types d'œuvres théâtrales.

Dramaturgie : art de la composition des pièces de théâtre. De ce fait, la personne qui écrit une pièce de théâtre s'appelle un dramaturge.

Drame bourgeois : genre théâtral (théorisé au XVIIIe siècle par Diderot) qui cherche à émouvoir le spectateur par le spectacle de la vertu.

Drame romantique : genre théâtral (théorisé par Victor Hugo) qui opère le mélange de la tragédie et de la comédie.

E

Écart : variation originale, propre à un auteur qui s'éloigne de l'usage habituel du langage.

École : groupe d'artistes qui partagent les mêmes idées sur les techniques et les buts de leur art, comme par exemple l'école romantique ou l'école naturaliste au XIXe siècle.

Écriture automatique : mode d'écriture qui cherche à échapper aux contraintes de la logique.

Effet de réel : l'impression de réalité perçue par le lecteur et qui est obtenue à l'aide de procédés divers, comme par exemple la description ou l'adoption du point de vue du personnage.

Élégie : poésie lyrique, souvent amoureuse, dont le ton est mélancolique et tendre.

Ellipse : (dans un récit) désigne l'omission de certaines phases de l'histoire contée. Cela correspond à une rupture temporelle du récit.

Éloge : discours qui valorise un individu, une œuvre.

Éloquence : l'art de bien parler.

Emphase : caractérise une expression d'une solennité excessive.

Engagement : pour un écrivain, fait de prendre position, par ses paroles et par ses écrits, sur les questions politiques qui font l'actualité de son époque. Dans les années 50 à 70, l'engagement a été au cœur du débat entre les écrivains, depuis la publication, en 1948, du texte de Sartre qui abordait ce problème *(Qu'est-ce que la littérature ?)*.

Enjambement : répartition d'un groupe grammatical entre la fin d'un vers et le début du vers suivant.

Énonciation : acte de production de l'énoncé.

Énumération : accumulation de termes qui décrivent une situation.

Épigramme : petit poème qui se termine par une attaque satirique. L'une des plus connues de la littérature française est celle de Voltaire contre un adversaire des « philosophes » : « L'autre jour au fond d'un vallon, Un serpent piqua Jean Fréron. Que pensez-vous qu'il arriva ? Ce fut le serpent qui creva. »

Épilogue : à la suite d'un récit, l'épilogue raconte rapidement ce qui s'est passé après la relation de ce qui a fait le récit.

Épique : ton qui donne à un événement la valeur d'un acte héroïque.

Épistolaire : tout ce qui concerne les lettres. On parle par exemple de roman épistolaire, lorsque le roman est une série de lettres échangées entre des personnages. *La Nouvelle Héloïse* de Rousseau, ou *Les Liaisons dangereuses* de Choderlos de Laclos, sont des romans épistolaires du XVIIIe siècle.

Épître : une lettre en vers.

Épopée : poème narratif qui raconte les actions héroïques d'un homme ou d'un peuple, en y mêlant une part de merveilleux.

Essai : texte argumentatif qui analyse un aspect d'un sujet.

Euphémisme : expression employée à la place d'une autre pour en atténuer l'aspect jugé brutal (le quatrième âge : les grands vieillards).

Exergue : citation en tête d'un texte. On en trouve par exemple au début des chapitres dans certains romans.

Existentialisme : ce courant philosophique du XXe siècle affirme que l'homme est libre, qu'il n'est pas prédéterminé. Ce sont ses actes et ses choix qui le font devenir ce qu'il est.

Exorde : en rhétorique, première partie d'un discours, l'entrée en matière, qui a souvent pour but d'attirer l'attention et la bienveillance de l'auditoire.

Exposition : indications nécessaires à la compréhension de l'intrigue fournies par les premières scènes d'une pièce de théâtre.

F

Fable : poème bref qui met souvent en scène des animaux et dont la portée morale est soulignée par une maxime générale.

Fabliau : forme poétique du Moyen Âge, c'était un texte narratif bref, à rimes plates, qui racontait une histoire amusante fort triviale, et qui mettait en scène des personnages qui étaient à l'opposé des personnages de la littérature courtoise.

Fantastique : employé comme nom ou comme adjectif, il désigne des textes, des films faisant appel à des événements inexplicables, pour créer l'angoisse et même l'épouvante. Le malaise vient de ce qu'il est impossible de savoir si les faits sont de l'ordre du réel ou de l'ordre du surnaturel. Le surnaturel s'insinue dans le quotidien et brise la frontière de l'un à l'autre.

Farce : c'est une petite pièce bouffonne, qui a pour but de faire rire avec un comique assez schématique.

Fiction : ce terme désigne ce qui est inventé dans une œuvre littéraire.

Figure de style : procédé d'écriture qui attire l'attention du lecteur.

Francophonie : on désigne ainsi l'ensemble des personnes qui parlent le français à travers le monde. Il existe donc une littérature appelée francophone.

G

Genre : catégorie dans laquelle on rassemble les œuvres littéraires ayant un certain nombre de points communs. On parle de genre poétique, de genre romanesque...

Gradation : succession ordonnée de termes qui vont du plus faible au plus fort.

H

Harmonie imitative : répétitions de sonorités qui permettent de suggérer diverses impressions.

Hémistiche : demi-alexandrin.

Hermétisme : caractéristique d'une œuvre très difficile à comprendre, secrète, qui exige beaucoup de connaissances pour se laisser pénétrer, qui n'est pas accessible au profane.

Héros : personnage principal d'un récit, d'une pièce de théâtre, d'un film.

Hiatus : rencontre de la voyelle sonore qui termine un mot avec la voyelle sonore qui commence le mot suivant. La doctrine classique interdisait le hiatus en poésie, car désagréable à l'oreille.

Honnête homme : représente l'idéal de la bonne société du XVIIe siècle. C'est un homme cultivé mais qui ne le montre pas. Il est modéré en tout, et très sociable.

Humanisme : c'est un mouvement de pensée de la Renaissance, qui s'est caractérisé par la volonté de promouvoir l'esprit humain auquel il faisait pleine confiance. C'était aussi une volonté de renouer avec les valeurs et l'art de l'Antiquité. Les humanistes avaient une grande soif de connaissances. Par extension, ce terme désigne toute doctrine qui a pour fin l'homme et son épanouissement.

Humour : prise de distance, qui essaie de jeter un œil neuf sur les conventions en usage, pour en dénoncer les dysfonctionnements, mais sans agressivité, à la différence de l'ironie qui est beaucoup moins bienveillante. Cependant, il existe aussi l'humour noir, qui souligne, avec une certaine cruauté et une désillusion extrême, les absurdités du monde.

Hymne : poème ou chant à la gloire des héros, des dieux. Il ne correspond pas à une forme littéraire précise. Au XVIe siècle, Ronsard a écrit de nombreux hymnes.

Hyperbole : terme excessif qui crée un effet d'insistance.

I

Image : comparaison ou métaphore qui nourrissent l'imagination du lecteur.

Image : procédé qui a pour but de rendre une idée ou une réalité plus sensible ou plus belle, en donnant à ce dont on parle des formes qui viennent d'autres objets. La métaphore, la comparaison, l'allégorie, par exemple, sont des images.

Imbroglio : situation très embrouillée, très complexe, dans laquelle il est difficile de se retrouver. On peut parler d'imbroglio pour l'intrigue de certaines pièces de théâtre.

Implicité : propos qui n'est pas exprimé dans un énoncé mais qui est présupposé ou sous-entendu.

Incipit : début d'un poème, d'un roman.

Indices de subjectivité : sentiment, émotion ou jugement d'un locuteur qui apparaissent dans ses paroles.

Induction : type de raisonnement qui consiste à passer du particulier au général. En d'autres termes, cela signifie qu'à partir d'un fait ou d'une série de faits on aboutit à une idée. C'est un raisonnement fréquent dans les sciences expérimentales, quand on tire des règles générales d'une série d'observations.

Intermède : sorte de divertissement entre deux actes d'une pièce de théâtre. Molière a souvent utilisé des intermèdes dans ses comédies (ex. : *Le Bourgeois gentilhomme*).

Intertextualité : dans un texte, l'ensemble des allusions à d'autres textes déjà écrits, aux idées qui existent déjà, aux motifs culturels déjà développés par d'autres écrivains. Quand on explique un texte, il est important de savoir déceler ces allusions plus ou moins implicites.

Intimiste : qualifie une œuvre littéraire centrée sur la peinture très approfondie et très nuancée de la vie psychologique.

Intonation : mouvement mélodique de la parole, caractérisé par des variations de hauteur.

Intrigue : l'enchaînement des événements dans un récit de fiction ou dans une pièce de théâtre. Dans un récit de fiction, on peut mettre en évidence les phases successives de l'intrigue.

Inversion : dans une phrase, construction qui n'est pas conforme à l'ordre habituel de succession des mots.

Ironie : procédé qui consiste à suggérer le contraire de ce que l'on dit pour dévaloriser le point de vue adverse.

L

Leitmotiv : thème ou formule qui revient plusieurs fois dans une œuvre.

Lexique : ensemble des mots propres à un groupe ou à une personne. On peut donc avoir plusieurs types de lexique.

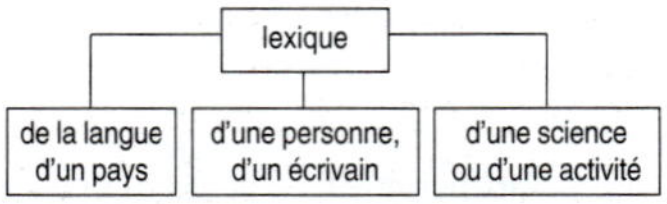

Libertin : quelqu'un qui refuse toute religion révélée. Le libertin pense que l'homme peut se diriger lui-même en suivant la raison et la nature, sans succomber à l'idéologie religieuse. Ce mouvement de pensée a été très important au XVIIe siècle. Ses détracteurs ont contribué à une évolution péjorative du sens de ce mot. Maintenant, on parle de libertin pour désigner quelqu'un dont les mœurs sont dissolues.

Litote : expression retenue qui suggère plus qu'elle ne dit («va, je ne te hais point» = je t'aime).

Lyrisme : on qualifie ainsi l'expression de sentiments personnels intimes.

M

Manifeste : texte théorique qui proclame les intentions d'un mouvement intellectuel, artistique, politique.

Marivaudage : ce terme désigne ce qui fait penser aux échanges amoureux des pièces de Marivaux : galanteries précieuses, raffinement, frivolité élégante.

Maxime : c'est une règle de conduite. Mais c'est aussi la formule concise et frappante qui énonce cette règle de conduite. Au XVIIe siècle, La Rochefoucauld en a écrit un recueil.

Mélodrame : drame populaire qui accentue et exagère les effets de pathétique. Beaucoup de mélodrames ont été écrits au XIXe siècle.

Mémoires : récits de périodes historiques écrits par un auteur ayant lui-même participé aux événements.

Merveilleux : à la différence du fantastique où le lecteur hésite entre une solution rationnelle et l'irruption de l'irrationnel, dans le merveilleux la présence du surnaturel est acceptée comme telle. C'est par exemple le cas dans les contes de fées.

Métaphore : comparaison sans outil de comparaison.

Métaphore filée : métaphore développée qui s'appuie sur un réseau lexical.

Métonymie : désignation d'une réalité au moyen d'une réalité qui lui est proche (fumer des havanes : des cigares qui viennent de La Havane).

Métrique : l'étude des éléments numériques dont sont formés les vers.

Mime : ce terme peut avoir deux sens : Le mime est un acteur qui ne joue qu'avec des gestes très stylisés.

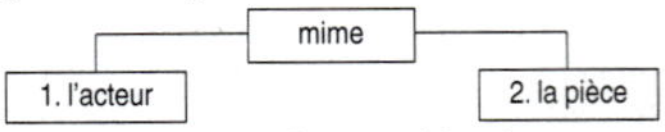

Mise en scène : art de porter à la scène un texte en utilisant les ressources de l'espace scénique (déplacement des acteurs, décor, lumière.).

Monologue : dans le monologue, le personnage se parle à lui-même. En général, il est seul en scène, mais il peut aussi être entendu par un personnage caché dont il ne soupçonne pas la présence. Il peut également parler en présence d'un ou plusieurs autres personnages : mais il ne se soucie pas d'être écouté par eux et ne cherche pas à entrer en relation avec eux.

Monologue intérieur : cette expression appartient au lexique du récit. Elle désigne l'artifice qui consiste à rapporter telle quelle la pensée du personnage, comme si nous étions à l'intérieur de sa conscience.

Moraliste : on donne ce nom à un écrivain qui dépeint les mœurs, qui réfléchit sur la nature humaine et les comportements des hommes. On peut par exemple considérer que La Bruyère, écrivain du XVIIe siècle, est un moraliste.

Moralité : ce terme possède en littérature un sens particulier. Il s'agit d'une sorte de pièce de théâtre brève, qui comporte souvent des allégories de notions appartenant à la morale, et qui a existé à la fin du Moyen Âge.

Mystère : dans une acception littéraire, ce mot désigne une sorte de pièce de théâtre religieuse, qui était courte au début mais qui est devenue de plus en plus longue : dans la première moitié du XVIe siècle elle pouvait durer jusqu'à plusieurs jours. Son sujet était toujours tiré de l'Ancien ou du Nouveau Testament.

Mythe : on peut dégager trois sens : – le mythe est un récit fabuleux anonyme, auquel on peut trouver un sens symbolique, et qui fait partie des traditions d'une communauté humaine ;
– on appelle également mythe la représentation de faits ou de personnages de façon amplifiée et déformée parce que cela exprime les désirs de la communauté qui véhicule ce mythe ;
– dans un sens péjoratif, on traite de mythe une construction de l'esprit qui ne repose sur rien de réel.

N

Narrateur : c'est celui par lequel est raconté un récit. Il ne faut pas le confondre avec l'auteur : le narrateur peut être l'un des personnages ; et même lorsqu'il n'est pas un personnage il est celui qui prend en charge le récit sans vraiment représenter l'auteur, sauf dans le cas de l'autobiographie.

Narratologie : ce terme désigne toutes les études qui sont faites sur l'art de mener un récit.

Naturalisme : ce mouvement littéraire de la fin du XIXe siècle est né dans le prolongement du réalisme. Comme lui, il veut peindre la réalité avec exactitude, en particulier la réalité sociale. Mais il veut aussi adopter une démarche d'observation comparable à celle des sciences de la nature, pour respecter encore mieux les données du réel. Il s'est fait reprocher une complaisance dans le sordide, mais c'était aussi par refus de laisser de côté certains aspects de la vie sociale. Émile Zola est le chef de file du naturalisme.

Nouveau roman : ce mouvement est né vers 1950 d'une remise en question du roman traditionnel. Il veut détruire la notion de personnage et l'analyse psychologique ; il refuse de mettre en place une intrigue. Ce qui compte, c'est le travail de l'écriture. « Le roman n'est plus l'écriture d'une aventure, mais l'aventure d'une écriture », dit leur théoricien Jean Ricardou.

Nouvelle : récit qui se présente souvent comme une histoire vraie et dont la brièveté accentue l'effet dramatique.

O

Objection : argument qui sert à réfuter une thèse.

Octosyllabe : vers de huit syllabes.

Ode : forme poétique d'origine antique qui se compose de plusieurs strophes.

Omniscient : le narrateur est omniscient lorsque par convention il est censé tout connaître sur les événements et les personnages, y compris leur pensée intérieure.

Onomatopée : c'est un mot qui rappelle, par ses sonorités, le bruit que fait l'objet, l'être, ou l'action qu'il désigne. Exemple : le glou-glou, le coucou, le tic-tac.

Opposition : mode de raisonnement qui confronte des idées contradictoires.

Oraison funèbre : cette expression désigne le sermon ou le discours écrit pour être prononcé au moment de la mort d'un personnage illustre. Au XVIIe siècle, Bossuet en a écrit un certain nombre, en particulier *L'Oraison funèbre de Henriette d'Angleterre*.

Oxymore : coexistence de deux termes contradictoires dans un même groupe de mots.

P

Pamphlet : texte destiné à attaquer une personne ou une institution. Voltaire en a écrit beaucoup, souvent anonymes ou sous des pseudonymes pour ne pas être poursuivi par la censure.

Panégyrique : discours de cérémonie, composé pour chanter la gloire d'une personne illustre.

Parabole : ce petit récit a pour but de dégager une morale, une leçon, par l'intermédiaire de son symbolisme.

Paradoxe : idée qui surprend parce qu'elle est en contradiction avec ce qui est habituellement admis.

Parallélisme : expression ou construction qui possède une forme identique.

Paraphrase : consiste à réécrire un texte avec d'autres mots mais sans rien changer au sens du texte. Faire de la paraphrase quand on commente un texte, c'est répéter le contenu du texte sans expliquer la façon dont il est écrit, sans apporter des précisions pour élucider et interpréter.

Parnasse : mouvement poétique de la seconde moitié du XIXe siècle, qui réagit contre certaines tendances du romantisme, en particulier contre l'expression trop complaisante des sentiments personnels. Les parnassiens soulignent l'importance du travail et de la technique dans la composition. Ce mouvement est représenté par Leconte de Lisle et José-Maria de Heredia.

Parodie : imitation comique, qui peut même être moqueuse.

Paronyme : mots de sens différents mais proches par leurs sonorités. *Exemple* : avoir-asseoir, argent-ardent... Ils peuvent être responsables de confusions qui perturbent la communication, mais ils sont aussi à l'origine de la figure de style qu'on appelle la paronomase. Et le jeu sur les paronymes est aussi une source inépuisable de quiproquos comiques (ex. : la grammaire et la grand-mère dans la fameuse scène 6 de l'acte II des *Femmes savantes*).

Pastiche : écrit dans lequel l'auteur imite le style d'un autre auteur. Ce peut être dans une intention parodique, c'est aussi un moyen d'apprendre soi-même à écrire. Dans certains cas, le pastiche atteint même les dimensions d'un véritable texte littéraire : Marcel Proust a réalisé de remarquables pastiches, en particulier ceux qui sont réunis dans son recueil intitulé *Pastiches et Mélanges*.

Pastorale : dans ces textes littéraires, les personnages sont des bergers, mais ne sont pas du tout décrits de façon réaliste. Ils sont maniérés, raffinés.

Pathétique : caractère d'un texte qui provoque une grande émotion, qui éveille par exemple des sentiments de pitié.

Pause : moment d'un récit où l'action cède la place à la description.

Période : phrase longue dont l'ensemble respecte un équilibre de contenu et de construction.

Péripétie : changement brusque de la situation dans une pièce de théâtre ou un récit.

Périphrase : désignation détournée d'une réalité (« des ténèbres où l'on dort » = la mort).

Péroraison : en rhétorique, c'est la dernière partie d'un discours, qui fait appel à la pitié ou à la clémence.

Personnification : cette figure de style consiste à faire d'un être inanimé ou d'une abstraction un être réel.

Philosophie des Lumières : mouvement de pensée qui rassemble les écrivains du XVIIIe siècle qui luttent contre la superstition et l'absolutisme.

Picaresque : le mot vient de l'espagnol « picaro », qui signifie coquin. Les romans picaresques mettent en scène de pauvres hères qui circulent à travers le pays et les milieux sociaux, et qui ne sont pas étouffés par les scrupules.

Plagiat : fait de recopier des passages appartenant à d'autres auteurs, en faisant croire qu'on les a écrits soi-même.

Plaidoyer : discours qui défend un individu ou une thèse.

Pléonasme : fait de donner deux fois la même information dans une expression, ex. : « monter en haut ».

Poème en prose : poème qui abandonne la forme du vers et qui valorise la recherche du rythme de la phrase et des images.

Point de vue : dans un récit, le narrateur peut voir les événements et les lieux par les yeux d'un personnage dont il adopte le point de vue.

Polémique : le terme vient du grec polémos, qui signifie « la guerre ».
- Adjectif = qui suppose une attitude critique.
- Nom = débat violent opposant des idées.

Poncif : on parle de poncif lorsqu'un thème ou une forme d'expression est d'une grande banalité.

Préciosité : mouvement intellectuel du XVIIe siècle. Les précieux cultivaient le raffinement de l'expression.

Préface : texte qui présente une œuvre pour en défendre l'originalité.

Préromantisme : nom qu'on a donné après coup à une tendance de certains écrivains du XVIIIe siècle qui annonçaient le romantisme. Ils cultivaient déjà le goût pour la nature et privilégiaient l'expression du moi. Rousseau fait partie des préromantiques.

Présupposé : idée présente dans un énoncé comme une vérité acquise.

Prétérition : cette figure de style consiste à parler de quelque chose en commençant par annoncer qu'on ne va pas en parler. « Je ne vous dirai pas... ».

Progression du discours : mode d'enchaînement des idées et des exemples dans un texte argumentatif.

Prologue : au théâtre, il s'agit d'une déclaration qui précède la pièce elle-même. Extérieure à l'intrigue, elle peut annoncer ce que sera l'intrigue, en proposer d'emblée une interprétation, etc. *Antigone* de Jean Anouilh, par exemple, commence par un prologue, comme toutes les pièces antiques.

Prosodie : étude de la durée et du caractère mélodique des sons dans un poème.

Prosopopée : cette figure de style consiste à imaginer le discours d'une personne morte ou absente, ou même d'une chose personnifiée.

Protagoniste : acteur qui joue le rôle principal dans une pièce de théâtre.

Pseudonyme : nom d'emprunt sous lequel un artiste, un écrivain se fait connaître.

Purisme : souci extrême de la correction du langage.

Q

Quatrain : strophe de quatre vers.

Quintil : strophe de cinq vers.

Quiproquo : paroles qu'un personnage adresse à un autre en se trompant sur son identité ou sur le sens de son discours. Un quiproquo célèbre du théâtre français se trouve dans *L'Avare*, lorsque Harpagon parle du vol de sa cassette pendant que le prétendant de sa fille Mariane croit qu'il s'agit de celle-ci.

R

Rabelaisien : on emploie cet adjectif pour qualifier ce qui rappelle la verve excessive, grossière mais aussi pleine de vie qui caractérise l'œuvre de Rabelais.

Réalisme : cet adjectif caractérise un texte ou un auteur qui peint le réel tel qu'il est, avec précision, en évitant d'orienter subjectivement le récit, et en excluant tout ce qui ne pourrait pas se produire dans la réalité.
Mais ce terme correspond aussi à un courant littéraire du XIXe siècle, dont le précurseur est Balzac. Flaubert et Maupassant marquent l'apogée du réalisme, que Zola infléchit en naturalisme (voir ce mot).

Récit : ce terme offre deux sens bien distincts. Il désigne d'abord un texte racontant un événement ou une série d'événements. Mais il possède aussi un sens spécifique par lequel il s'oppose à la notion de discours.

Réfutation : démonstration qui combat une thèse pour en montrer les faiblesses ou la fausseté.

Règles : d'un point de vue littéraire, ce mot prend un sens très précis quand on fait référence à la période classique. Les règles étaient les contraintes que les écrivains étaient tenus de respecter. C'était en particulier le cas pour le théâtre.

Rejet : bref groupe de mots qui complète un groupe syntaxique placé au vers précédent.

Réquisitoire : discours qui dresse la liste des méfaits ou des crimes commis par un individu.

Réseau lexical : ensemble des mots d'un texte qui se rattachent à un thème.

Rhétorique : ce mot a plusieurs sens. Il peut signifier l'art de bien parler, et, l'éloquence oratoire. Mais il désigne aussi l'art de présenter les idées de la façon la plus persuasive possible.

Rime : identité sonore (les voyelles et les consonnes qui les suivent éventuellement) marquant la fin d'un vers.

Rime intérieure : rappel à l'intérieur d'un vers des rimes finales.

Roman : à l'origine, le nom de roman a été donné à la langue vulgaire issue du latin. Par extension, on a donné le nom de roman à un écrit en langue romane, qui n'était d'ailleurs pas un écrit en prose, mais une forme poétique en octosyllabes *(Le Roman de Renart)*. Puis il a désigné un récit en prose d'aventures imaginaires. Actuellement, la prise en considération de sa longueur conduit à faire la distinction entre la nouvelle, récit court, et le roman, récit beaucoup plus long.

Roman d'apprentissage : roman qui raconte la formation d'un être humain parfois depuis son enfance, mais plus souvent pendant son adolescence et les premières années de sa maturité. On appelle aussi ce type de romans des romans de formation. *L'Éducation sentimentale* de Flaubert en est un.

Roman-feuilleton : roman paraissant par épisodes dans la presse. Ce genre est né au XIXe siècle, et de nombreux écrivains ont alors fait connaître plusieurs de leurs romans de cette façon, avant de les publier en librairie (Balzac).

Romanesque : ce terme a deux sens bien distincts. Il désigne tout ce qui se rapporte au roman. Mais il qualifie aussi tout ce qui rappelle le côté très sentimental et très aventureux des intrigues de romans faciles.

Romantisme : mouvement littéraire et artistique du début du XIXe siècle qui valorise l'expression profonde des sentiments personnels.

Rondeau : type de poème qui a eu beaucoup de succès au XIVe siècle, et jusqu'à la première moitié du XVIe siècle avec Clément Marot. C'était un poème lyrique à forme fixe, comportant un refrain.

Rythme : dans un vers, il est caractérisé par le retour, à intervalles relativement réguliers, des temps marqués ou accents rythmiques. Par exemple le rythme de l'alexandrin classique correspond à une accentuation sur la 6e et la 12e syllabe. Cette régularité est un des traits distinctifs de la poésie classique, puisqu'en prose, et dans le vers libre, la place des syllabes accentuées n'est pas prédéterminée.

Rythme du texte : rapports qui s'établissent entre le temps de la fiction et celui de la narration. Le récit s'accélère par des omissions, des ellipses, des anticipations. Il ralentit par des retours en arrière, des pauses.

S

Satire : dans un premier sens, ce terme désigne un poème de forme libre, à rimes plates. Mais il s'applique aussi à des écrits en prose. Le but de la satire est de critiquer les mœurs, une institution. Très souvent l'auteur y attaque les vices et les ridicules de ses contemporains.

Satirique (texte) : qui dénonce et ridiculise les défauts d'un individu ou d'une société.

Scène (récit) : épisode raconté de façon détaillée.

Scène (théâtre) : unité de découpage d'un acte qui correspond à l'arrivée ou au départ d'un personnage.

Schéma actantiel : ensemble des rôles fondamentaux remplis par les personnages d'un récit.

Schéma narratif : succession logique d'actions qui expliquent le décalage entre la situation initiale et la situation finale d'un récit.

Sentence : une sentence est une pensée exprimée de façon dogmatique et littéraire à la fois.

Sermon : discours religieux qui invite les croyants à réfléchir sur le sens de leur vie.

Situation argumentaire : contexte qui permet de définir les enjeux d'une argumentation et les positions des interlocuteurs.

Sizain : strophe de six vers.

Sommaire : épisode d'un récit raconté avec une grande brièveté.

Sonnet : poème à forme fixe composé de deux quatrains et de deux tercets.

Sophisme : raisonnement qui apparaît comme très rigoureux et très logique, mais qui, en réalité, n'est pas juste.

Sotie : au Moyen Âge, ce genre dramatique court mettait en scène des personnages qui représentaient des fous. Les propos de ces fous véhiculaient en fait des vérités dures à entendre.

Sous-entendu : propos implicite que l'on peut logiquement déduire d'un énoncé.

Spleen : ce mot est d'origine anglaise. Il avait déjà été employé par Diderot, mais c'est Baudelaire qui l'a fait entrer définitivement dans la langue. Le spleen caractérise une sorte de mélancolie et d'angoisse vague, qui provoque le dégoût de vivre.

Stances : série de strophes qui témoignent souvent d'une méditation personnelle.

Stéréotype : idée toute faite, qui se révèle à la fois banale et simpliste.

Stichomythie : partie d'un dialogue dramatique où les interlocuteurs se répondent vers pour vers.

Surréalisme : mouvement artistique et littéraire qui s'est imposé au lendemain de la première guerre mondiale. Il est d'abord une révolte, le désir de renverser l'art, la morale et la société. Les artistes surréalistes (Apollinaire, Breton, Soupault, Ernst, Miró, Dali...) se donnent pour mission de saisir ce qui, en l'homme, échappe à la conscience, toutes les zones non rationnelles et pourtant bien réelles de l'activité de l'esprit humain. Ils accordent beaucoup d'importance au rêve par exemple, ou à la folie.

Suspense : dans un récit ou un film, c'est un moment qui a été organisé pour créer chez le lecteur ou le spectateur une attente anxieuse.

Syllogisme : ce raisonnement consiste à tirer une conclusion à partir de deux propositions : les prémisses. Exemple : les hommes sont mortels (prémisse majeure). Or Socrate est un homme (prémisse mineure). Donc Socrate est mortel (conclusion). Les syllogismes, pour être justes, obéissent à des règles rigoureuses étudiées dès l'Antiquité par les philosophes (Aristote).

Symbole : métaphores, images, objets concrets qui évoquent une idée, un idéal ou un état d'âme.

Symbolisme : c'est un mouvement littéraire de la fin du XIXe siècle. Il n'a pas de doctrine précise, mais il est né dans le prolongement de l'œuvre de Baudelaire. On a coutume de considérer comme symbolistes des poètes tels que Verlaine, Rimbaud et surtout Mallarmé. Le poète symboliste cherche à exprimer le moi et le monde par un travail subtil sur la langue, et par l'intervention de symboles qui admettent plusieurs interprétations.

Synecdoque : désignation d'un être ou d'un objet au moyen d'une partie de cet être ou de cet objet (ex. : des bras s'agitaient = des individus).

Synérèse : fusion de deux voyelles en une diphtongue afin de respecter le mètre d'un vers (ex. : lier).

T

Thème : un thème est un élément de contenu qui revient très souvent à l'intérieur d'une œuvre. Par exemple, le thème de l'eau peut être étudié chez Maupassant, ou le thème de l'automne chez Apollinaire.

Tirade : réplique longue prononcée par un personnage de théâtre.

Ton d'un texte : ensemble de caractères d'un texte qui provoquent un certain état affectif chez le lecteur (comique, tragique, pathétique, lyrique).

Tragédie : genre théâtral qui présente des personnages soumis à des forces qui les dépassent.

Tragique : texte qui émeut le spectateur en lui présentant des situations sans issue.

Troubadour : au Moyen Âge, c'est un poète de langue d'oc qui compose (composer se dit *trobar* en langue d'oc) des poèmes, qui parlent le plus souvent de l'amour courtois.

Trouvère : équivalent du troubadour, mais en langue d'oïl, c'est-à-dire dans le sud, où composer se dit *trouver*.

Truculent (style) : on qualifie ainsi un style qui n'hésite pas à employer des mots crus, grossiers ou des mots violents.

Type (personnage) : personnage qui incarne une qualité, un défaut ou qui représente un groupe social, un style de vie.

Type de texte : définition d'un texte en fonction de son organisation (narratif, descriptif, argumentatif, lyrique).

U

Utopie : ce mot signifie à l'origine le pays de nulle part (u-topia : le non-lieu). C'est le titre que l'écrivain anglais Thomas More a donné à son œuvre, dans laquelle il imagine une société idéale. Ce fut le point de départ d'un genre littéraire qui consiste à imaginer une communauté parfaitement organisée. C'est ce que fait Rabelais quand il décrit l'abbaye de Thélème, ou Voltaire lorsqu'il imagine le pays d'Eldorado dans *Candide*.

V

Vaudeville : comédie fondée sur des séries de quiproquos et de hasards (genre qui triomphe après 1850 avec Eugène Labiche).

Vers : énoncé identifiable par le retour à la ligne et par le rythme.

Vers impair : vers qui comprend un nombre impair de syllabes.

Vers libre : vers d'un poème moderne qui n'obéit plus à un mètre établi, régulier, et dont la rime a disparu.

Versification : contraintes qui définissent le vers du point de vue du mètre, du rythme, de la rime.

Vitesse du récit : étude comparée du temps de la fiction (durée de l'intrigue, chronologie de l'action) et du temps de la narration (importance accordée à un événement par un récit).

Vraisemblance : fait de donner l'impression que ce qu'on raconte aurait pu se passer tel quel dans la réalité. Pour certains auteurs, le vraisemblable est encore plus exigeant que le vrai, puisque « le vrai peut parfois n'être point vraisemblable ».

E

F

G

H

I

J

K

L

CRÉDIT PHOTOGRAPHIQUE

p. 10-11 : *Saint-Louis* (détail), Archives Nationales, Giraudon ; *Roman des Chevaliers* (détail), Chantilly Musée Condé / Giraudon ; *Ptolémée*, Peter Barruguete XVe s., Arch. Nathan ; **p. 12 h :** Détail des *Très Riches Heures du Duc de Berry*, octobre, Musée Condé, Chantilly, ph. Josse ; **m :** Détail des *Grandes Chroniques de France*, un professeur à l'Université de Paris, Arch. Nathan ; **b :** Détail du *Roman de Troie*, Adoubement d'un Chevalier, Arch. Nathan ; **p. 13 :** *Pontifical de Sens*, Arch. Nathan ; **p. 14 :** Arch. Nathan ; **p. 16 :** *Roman de La Violette ou de Girard de Nevers XVe s.*, par Gilbert de Montreuil (détail), BN / Arch. Nathan ; **p. 18 h :** *Chansonnier XVe s.*, Mss Rotschild (détail), Arch. Nathan ; **b :** Arch. Nathan ; **p. 21 :** Scène galante, *Boccace, Decameron* (détail), ph. Josse ; **p. 22 h :** *Roman de Renart* (détail), BN / Tallandier ; **b :** *Roman de Lancelot du Lac*, 1344 (détail), Arch. Nathan ; **p. 24 h :** *Roman de la Rose*, Jeunesse et Amant s'embrassant, Paris Bibl. Ste Geneviève / Giraudon ; **b :** *Voyage de Tristan et Yseut XVe s.*, Chantilly, ph. Josse ; **p. 26 h :** Manuscrit italien, *L'art de la Danse* (détail), Arch. Nathan ; **b :** *Boccace, Le livre des femmes nobles et renommées XVe s.* (détail), Tallandier ; **p. 28 :** *Le livre des prouffits champêtres et maulx de Pierre de Crescent* (détail), Arch. Nathan ; **p. 30 h :** J. Fouquet, *Heures d'Étienne Chevalier* : Ste Apolline (détail), Musée Condé, Chantilly / Lauros / Giraudon ; **b :** *Chronique de Froissart*, supplice (détail), BN / Tallandier ; **p. 33 :** L'arbre de mai, miniature des *Heures de Charles d'Angoulême XVe s.*, Arch. Nathan ; **p. 34-35 :** *Le Roman de La Rose* (détail), British Library, Bridgeman / Giraudon ; **p. 36 h / b :** Scène de festin (détails), BN / Tallandier ; **p. 39 :** Scène de jugement XVe s. (détail), Arch. Nathan ; **p. 41 :** Épilogue du tournoi (détail), BN / Tallandier ; **p. 44-45 :** *François Ier*, école française XVIe s. (détail), Chantilly, Musée Condé / ph. Josse ; *Bal à la cour des Valois* (détail), ph. Bulloz ; *Atelier d'imprimeur au XVIe s.*, Arch. Nathan ; **p. 46 h :** *Le sac de Lyon par Le Baron des Adrets*, 1562, Musée Historique Gadagne / Lauros-Giraudon ; **m :** *Antoine Macault présente à François Ier sa traduction de Diodore de Sicile*, Chantilly, Musée Condé / Lauros-Giraudon ; **b :** *Louise de Savoie reçoit le livre* (détail) XVIe s., BN / Josse ; **p. 47 :** Josse / Kunstmuseum, Vienne ; **p. 48 h :** *François Rabelais*, école française XVIe s., Josse ; **b :** Arch. Nathan ; **p. 51 :** Bruegel Le Vieux, XVIe s., *Jeux d'enfants*, Vienne, Kunstmuseum / Arch. Nathan ; **p. 53 :** Bruegel Le Vieux, *Rixe de paysans*, Montpellier (détail), ph. Bulloz ; **p. 54 :** *Brevarius Grimani*, mois de juillet (détail), Giraudon ; **p. 55 :** Bruegel, *Cortège de noces* (détail), Petit Palais, Paris / Bulloz ; **p. 56 h :** ph. Josse ; **b :** France XVe s., *Retable du Parlement de Paris*, (détail), Giraudon ; **p. 59 :** Bruegel L'Ancien, *Retour du troupeau XVIe s.* (détail), ph. Josse ; **p. 60 :** ph. Josse ; **b :** *Chasse à la cour de Bourgogne* (détail), Arch. Nathan ; **p. 64 h :** ph. Josse ; **b :** Château de Michel de Montaigne, mine de plomb, 1796, cliché : Musée des Arts Décoratifs, Bordeaux ; **p. 66 :** *Théodore de Bry*, XVIe s. Illustrations de Thomas Harriot / EdimÉdia / Arch. AKG Berlin ; **p. 68 h :** Gravure par Hébert / Arch. Nathan ; **b :** Hogenberg, *Les guerres civiles* (détail), ph. Jean Vigne ; **p. 71 :** ph. Josse ; **p. 73 :** ph. Josse ; **p. 78-79 :** L. Le Nain 1593-1648, *La Forge*, ph. Josse ; Ph. de Champaigne 1602-1674, *Le Cardinal de Richelieu*, ph. Josse ; Collier (mort vers 1702), *Nature morte* : vanité (détail), ph. Bridgeman / Giraudon ; **p. 80 h :** *Assassinat de Henri IV*, gravure hollandaise XVIIe s. (détail), ph. Josse ; **m :** Maurice Loir, *Statuts de l'Académie* (détail), 1910, J.L. Charmet ; **b :** *St Vincent de Paul prêchant* (détail), Tallandier ; **p. 81 :** ph. Josse ; **p. 82 :** *Malherbe* par R. Lefebvre 1755 / 1830, ph. Josse ; **p. 85 :** (détail), Bulloz ; **p. 86 h :** Arch. Nathan ; **b :** *Les retrouvailles d'Astrée et de Céladon* (détail), tapisserie d'Aubusson du XVIIe s., ph. Dagli Orti ; **p. 88 h :** Gravure de Lasne, XVIIe s., BN ; **b :** d'après A. Bosse, Le Toucher (détail), ph. Bulloz ; **p. 90 h :** Giraudon ; **b :** Rubens, *Le Jardin de l'Amour* (détail), ph. Josse ; **p. 92 h :** ph. Josse ; **b :** *Collation dans un parc* (détail), ph. Lauros / Giraudon ; **p. 93 :** *Collation dans un parc* (détail), ph. Lauros / Giraudon ; **p. 94 h :** ph. Josse ; **b :** Poussin, *Vénus montrant ses armes à Enée* 1639 (détail), ph. Josse ; **p. 97 :** ph. Marc Enguerand ; **p. 99 :** ph. Rauli / Enguerand ; **p. 100 h :** Sébastien Bourdon, Descartes, ph. Josse ; **b :** Dagli Orti ; **p. 103 :** *Vénus montrant ses armes à Enée* (détail), ph. Josse ; **p. 105 :** ph. Josse ; **p. 116-117 :** *Intérieur d'une salle de géométrie et de géographie* France, XVIIe s., ph. Giraudon ; *Louis XIV*, école française XVIIe s., ph. Josse ; *Atlas de Masse, construction de fortifications*, Bibl. de l'inspection du génie, Flammarion / Giraudon, ministère de la Défense, Service Historique de l'Armée de Terre ; **p. 118 h :** *Versailles*, par Van der Meulen, 1664 (détail), ph. Josse ; **m :** *Décor pour le théâtre du château de Versailles* (détail), gravure XVIIe s., ph. Josse ; **b :** *Vue du Pont Neuf et du Louvre*, vers 1665, ph. Josse ; **p. 119 :** Musée des Beaux-Arts, Dunkerque, ph. Claude Theriez ; **p. 120 h :** ph. Josse ; **b :** *D'Argenson signifiant aux religieuses de Port Royal l'arrêt de dispersion* (détail), ph. Josse ; **p. 122 :** Vermeulen, *Livres et instruments de musique* (détail), Giraudon ; **p. 124 :** ph. Josse ; **p. 126 :** Peter Neefs, *Intérieur de la Cathédrale d'Anvers* (détail), ph. Josse ; **p. 128 h :** *Molière* par Mignard, ph. Josse / Musée Condé, Chantilly ; **b :** *Farceurs dansants* (détail), ph. Laurent / Edimages ; **p. 131 :** Croquis de costumes pour Dom Juan, par Françoise Chevalier ; **p. 134 h :** Arch. Nathan ; **b :** Van Der Meulen, *Louis XIV chassant à Versailles* (détail), ph. Josse ; **p. 136 :** Bruegel de Velours, *l'Arche de Noé* (détail), ph. Josse ; **p. 138 h :** *Racine* par Mignard, ph. Josse ; **b :** *Racine et les demoiselles de St Cyr* (détail), ph. Charmet ; **p. 143 :** ph. Brigitte Enguerand ; **p. 144 h :** N. de Largillière, *La Fontaine*, ph. Josse ; **b :** Verali XVIIe s., *Paysage* (détail), ph. Josse ; **p. 147 :** Illustration de Grandville, Edimédia ; **p. 148 h :** *Madame de La Fayette* par Petitot (début XIXe s.), ph. Charmet ; **b :** Collier, *Vanité* (détail), Bridgeman / Giraudon ; **p. 150-151 :** Wtewael (1566-1638), *Intérieur de cuisine* (détail), ph. Josse ; **p. 152 h :** BN / Arch. Nathan ; **b :** JB Martin, *Versailles* (détail), ph. Josse ; **p. 155 :** Nicolas Régnier, *La Vanité*, ph. Josse ; **p. 156 h :** *La Bruyère* par N. de Largillière, ph. Josse ; **b :** Henri Testelin, *Louis XIV, Colbert et les membres de l'Académie des Sciences en 1666* (détail), ph. Josse ; **p. 157 :** d'après A. Bosse, *Les 5 sens, Le Goût* (détail), ph. Josse ; **p. 158 :** Claude Guy Hallé, *Réparation faite à Louis XIV par le Doge de Gênes*, ph. Dagli Orti ; **p. 160 :** Joseph Vivien, *portrait de Fénelon*, ph. Josse ; **p. 163 :** Baron Pierre Narcisse Guerin, *Andromaque et Pyrrhus* (détail), ph. RMN ; **p. 165 :** Arch. Nathan ; **p. 174-175 :** *Louis XV en armure* par Carle Van Loo, ph. Josse ; *Halte de chasse* par Carle Van Loo, Arch. Nathan ; *portrait d'Arthur Seba*, © Christies Colour Library, Arch. Nathan ; **p. 176 h :** *Assignats et tampons*, Archives Nationales, Arch. Nathan ; **m :** *Le Château d'Amboise*, Gravure XVIIIe s. (détail), ph. Josse ; **b :** Van Grevenbroeck, Italie, *Nobles au café* (détail), Giraudon ; **p. 177 :** Londres, Dullwich Gallery, Arch. Nathan ; **p. 178 h :** ph. Josse ; **b :** *Mandrin*, gravure XVIIIe s., ph. Josse ; **p. 180 :** Van Der Meulen, *Attaque d'un convoi*, 1660, ph. Josse ; **p. 182 h :** Collection Viollet, Arch. Nathan ; **b :** J. Vernet, *Le Port de Marseille* (détail), ph. Josse ; **p. 185 :** ph. Josse ; **p. 188 h :** *Marivaux* par J.B. Van Loo, ph. Josse ; **b :** *Pique-nique à la campagne* par Théophile Schuler (détail), ph. Dagli Orti ; **p. 191 :** ph. Ramon Senera / Enguerand ; **p. 193 :** Marc Enguerand ; **p. 194 :** *portrait de Saint-Simon* par H. Rigaud, ph. Josse ; **p. 196 :** *portrait de Voltaire* par Quentin de La Tour, ph. Josse ; **p. 198 :** Samuel Scott, *Quai de la Douane à Londres* (détail), ph. Bridgeman / Giraudon ; **p. 201 :** *Étalon*, art moghol XVIIIe s., ph. Josse ; **p. 202 h :** Arch. Nathan, CNMHS ; **b :** Defrance, *À l'égide de Minerve*, XVIIIe s. (détail), Lauros / Giraudon ; **p. 205 :** Illustration de Pasquier, Bulloz ; **p. 207 :** ph. Josse ; **p. 209 :** ph. Josse ; **p. 216-217 :** *Robespierre*, peinture anonyme XVIIIe s., ph. Dagli Orti ; *Le port de Marseille* par J. Vernet (détail), ph. Josse ; *Expérience de Montgolfier* 1783, ph. Josse ; **p. 218 h :** *Arrestation de Robespierre*, ph. Bulloz ; **m :** *Le déjeuner des Encyclopédistes*, Arch. Nathan / Musée Carnavalet ; **b :** Lemonnier, *Le salon de Madame Geoffrin* (détail), ph. Josse ; **p. 219 :** ph. Josse ; **p. 220 h :** *portrait de Voltaire* par J. Pajou, ph. Josse ; **b :** Giraudon, *Voltaire et les paysans de Ferney* ; **p. 222 :** *Nègre des Antilles coupant la canne à sucre*, ph. Dagli Orti ; **p. 223 :** J.L. Charmet ; **p. 224 :** Palix ; **p. 226 :** d'après dessins de Jean Huber, Eau forte anonyme, Arch. Nathan ; **p. 227 :** d'après dessins de Jean Huber, Eau forte anonyme, Arch. Nathan ; **p. 228 :** *portrait de Diderot*, par Van Loo, ph. Josse ; **p. 230 :** Collection Viollet ; **p. 232 :** Vernet, *Les abords d'une foire* (détail), ph. Bulloz ; **p. 234 :** *portrait de Bougainville*, gravure, ph. Josse ; **p. 236 h :** *portrait de J.J. Rousseau* par Quentin de La Tour, ph. Josse ; **b :** Roger Viollet ; **p. 239 :** Palix ; **p. 241 :** Dagli Orti ; **p. 242 :** A. Vallayer-Coster, *Nature morte au homard* (détail), ph. Dagli Orti ; **p. 244 h :** portrait anonyme, ph. Josse ; **b :** Lauros / Giraudon ; **p. 246 :** *Naufrage de Virginie* par Prud'hon, ph. Josse ; **p. 248 h :** *portrait de Choderlos de Laclos* par Boilly, ph. Josse ; **b :** *Café du Caveau du Palais Royal* (détail), Musée de la Ville de Paris, Musée Carnavalet, Lauros-Giraudon ; **p. 251 :** Dagli Orti ; **p. 252 :** *portrait de Beaumarchais* par Nattier, ph. Josse ; **p. 254 :** Brigitte Enguerand ; **p. 257 :** Brigitte Enguerand ; **p. 259 :** Edimédia ; **p. 261 :** ph. Josse ; **p. 268-269 :** *Napoléon Ier* par David, ph. Josse ; *Marché et fontaine des Innocents* par Chalon, ph. Josse ; *La Locomotive Jackson*, doc. Tallandier ; **p. 270 h :** *Lamartine à l'Hôtel de Ville*, ph. Josse ; **m :** *Une lecture chez la portière*, d'après M. de Montaut, ph. J.L. Charmet ; **b :** Besnard, *La première avant La Bataille d'Hernani* ; ph. Josse ; **p. 271 :** Delacroix, *La Liberté guidant le peuple*, ph. Josse ; **p. 272 :** Godefroid, d'après Girard, *portrait de Mme de Staël*, ph. Josse ; **p. 274 :** Girodet, *portrait de Chateaubriand*, ph. Josse ; **p. 277 :** ph. Josse ; **p. 280 h :** *portrait de Stendhal* par J.O. Sodermark, ph. Josse ; **b :** Bidault et C. Vernet, *Le Château de Luxembourg* (détail), ph. Josse ; **p. 283 :** Arch. Nathan ; **p. 284 :** L. Rousselot, *Lanciers sous Louis Philippe*, Musée de l'Armée, Paris, Lauros / Giraudon ; **p. 286 h :** portrait anonyme, doc. Tallandier ; **b :** portrait par Decaisne, musée des Ursulines, Mâcon, ph. Eschmann ; **p. 289 :** Decamps, *Enfants près d'une fontaine* (détail), Lauros / Giraudon ; **p. 290 h :** ph. Josse ; **b :** Heim, *La chambre des députés au Palais Royal* (détail), ph. Lauros / Giraudon ; **p. 292 :** portrait par L. Boulanger ; **p. 295 :** Edimédia / Archives AKG. Berlin ; **p. 296 :** Arch. Nathan ; **p. 299 :** Arch. Nathan ; **p. 300 h :** portrait par Alphonse Bellay, ph. Josse ; **b :** Affiche fin XIXe s., ph. J.L. Charmet ; **p. 303 :** Gravure de M. Leloir / Arch. Nathan ; **p. 304 :** A. de Chatillon, Maison de Victor Hugo, doc. Bulloz ; **p. 306 :** Louis Boulanger, *Quasimodo*, Maison de Victor Hugo, doc. Bulloz ; **p. 308-309 :** L. Boulanger, Illustrations pour Lucrèce Borgia, (détails), ph. Bulloz ; **p. 310 h :** *portrait de Mérimée* par Rochart, ph. Josse ; **b :** Delaye, *Diligence devant une auberge* (détail), Arch. Nathan ; **p. 312 :** Arch. Nathan ; **p. 313 :** Frédéric Church, *Lever du soleil*, ph. Josse ; **p. 316 h :** portrait par Landelle, doc. Tallandier ; **b :** Lami, *Un salon parisien* (détail), ph. Bulloz ; **p. 318 :** Françoise Chevalier ; **p. 320-321 :** ph. Charmet ; **p. 323 :** Planche du Journal des Modes 1822, doc. Tallandier ; **p. 325 :** Erich Lessing/Magnum ; **p. 334-335 :** *Napoléon III* par Winterhalter, ph. Josse ; Enders, *À la gare St Lazare*, ville de Paris, ph. Bulloz, L. Garneray, *Vapeur sortant du port*, ph. Josse ; **p. 336 h :** Beroud, *L'Exposition universelle de 1889*, DR, Musée de la Ville de Paris, Musée Carnavalet, ph. Lauros / Giraudon ; **m :** J.L. Charmet ; **b :** doc. Tallandier ; **p. 337 :** ph. Giraudon ; **p. 338 h :** portrait par Léon Bonnat, ph. Josse ; **b :** doc. Tallandier, ph. Ghémar, coll. Le Pellay Fonteny ; **p. 341 :** *portrait de Léopoldine Hugo* par A. de Chatillon, doc. Tallandier, ph. Dubout ;

CRÉDIT PHOTOGRAPHIQUE

p. 343 : ph. Josse ; **p. 344 :** ph. Josse ; **p. 346 h / b :** portrait par E. Jules Levy, Giraudon ; ph. Lauros / Giraudon ; **p. 348 h :** ph. Josse ; **b :** E. Guérard, *Le Boulevard des Italiens et le Café Tortoni* (détail), Arch. Nathan ; **p. 351 :** E. Guérard, *Le Boulevard des Italiens et le Café Tortoni* (détail), Arch. Nathan ; **p. 352 h :** portrait par Blanquer, ph. Lauros / Giraudon ; **p. 354 :** *L'Odalisque rouge*, ph. Josse ; **p. 356 h :** portrait par Carjat, Arch. Nathan ; **b :** Gervex et Stevens, *Panorama du siècle* (détail), ph. Lauros / Giraudon ; **p. 361 :** ph. Giraudon ; **p. 362 h :** portrait par Giraud, ph. Josse ; **b :** Giraud, *Eugène Giraud dans son atelier* (détail), ph. Lauros / Giraudon ; **p. 366 :** Perpignan, Musée Hyacinthe Rigaud ; ph. Michel Jauze, Perpignan ; **p. 368 h :** Harlingue-Viollet, Arch. Nathan ; **b :** Florian, d'après de La Barre, ph. Lauros / Giraudon ; **p. 370 :** Constantin Meunier, *Au pays noir*, ph. Josse ; **p. 371 :** Constantin Meunier, *Le mineur*, ph. Giraudon ; **p. 372 :** ph. Lauros / Giraudon ; **p. 374 h :** portrait par Manet, ph. Josse ; **b :** portrait par Dornac, DR / Archives Larousse / Giraudon ; **p. 376 :** CDA / Edimédia ; **p. 378 h :** portrait par Chantalat, ph. Josse ; **b :** portrait par Edmond Aman Jean ; ph. Josse ; **p. 382 h :** portrait imaginaire par Vallotton, doc. Tallandier ; **b :** illustration de Jacques Houplain, Arch. Nathan ; **p. 384 h :** portrait par Feyen-Perrin, ph. Lauros / Giraudon ; **b :** Caillebotte, *Le père Magloire*, B.L. Giraudon ; **p. 386 :** Rouen, Musée des Beaux-Arts, ph. Lauros / Giraudon ; **p. 388 h :** Fantin Latour, *Un coin de table* (détail), ph. Josse ; **b :** Coussens, d'après une photo de Carjat, Arch. Nathan ; **p. 390 :** ph. Josse ; **p. 395 :** Dagli Orti ; **p. 397 :** ph. Josse ; **p. 399 :** ph. RMN ; **P. 408-409 :** *Clemenceau* par Marcel Baschet, Sygma / L'Illustration ; Hans Balluschen, 1910, *Intérieur d'usine*, ph. Edimédia / Archives ANG, Berlin ; dessin de F. Auer, ph. Edimédia ; **p. 410 h :** mars 1917, *Le récit*, Sygma / L'Illustration ; **m :** *L'écolier*, huile sur toile de Jules Mignon, INRP / Musée National de l'Education, Rouen ; **b :** 1933, *L'imprimerie de l'Illustration à Bobigny*, Sygma / L'Illustration ; **p. 411 :** Musée d'Art Moderne de la Ville de Paris, Lauros / Giraudon ; **p. 412 h :** *Apollinaire* par Picasso (détail), ph. RMN / Archives Picasso ; **b :** *Apollinaire* par Picasso, Roger Viollet / Arch. Nathan ; **p. 413 :** J. Wright of Derby : *Clair de lune et château* (détail), ph. Josse ; **p. 416 h :** Edimédia / Arch. Snark ; **b :** Van Rysselberghe, *La lecture* (détail), Lauros / Giraudon ; **p. 419 :** photothèque René Magritte / Giraudon ; **p. 420 h :** ph. G.L. Manuel, coll. J.L. Charmet / coll. part. ; **b :** Claudel par Kingi Koshiba / J.L. Charmet ; **p. 421 :** *Le Grand banian* 1915, autochrome de Léon Busy, Musée Albert Kahn, Département des Hauts-de-Seine ; **p. 422-423 :** Maquette de Yannis Kokkos pour le Festival d'Avignon, 1987, Archives du Festival d'Avignon, ph. J.L. Charmet ; **p. 424 h :** portrait de M. Proust par J.E. Blanche, ph. Josse ; **b :** Arch. Nathan ; **p. 427 :** ph. Lauros/Giraudon / Musée de la Ville de Paris, Musée Carnavalet ; **p. 428 h :** coll. Catherine Gide, ph. J.L. Charmet ; Paul Valery en 1923 ; **b :** par J.E. Blanche, ph. Josse ; **p. 430 :** *Sommeil*, par Paul Iribe 1934, Sygma / L'Illustration ; **p. 432 h :** Roger-Viollet ; **b :** Coll. Viollet / Arch. Nathan ; **p. 433 :** Arch. Nathan ; **p. 434 h :** Roger Viollet / Arch. Nathan ; **b :** Sabine Weiss/Rapho ; **p. 437 :** Lucas Cranach, *Portrait d'une dame*, ph. Giraudon ; **p. 438 h :** Martinie-Viollet / Arch. Nathan ; **b :** Gouache de F. Léger / Arch. Nathan ; **p. 440 :** Prague, Galerie Nationale ; **p. 441 :** Photothèque René Magritte / Giraudon ; **p. 442 h :** Keystone / Arch. Nathan ; **b :** Bibliothèque Littéraire Jacques Doucet / J.L. Charmet ; **p. 444 h :** *portrait de Giraudoux* par Mariano, ph. Josse ; **b :** J.L. Charmet ; **p. 447 :** Marc Enguerand ; **p. 448 h :** *portrait de F. Mauriac* par Raymonde Heudebert ; **b :** ph. René Saint-Paul ; **p. 450 h :** Harlingue-Viollet / Arch. Nathan ; **b :** Galtier-Boissière, *Le défilé des mutilés*, 1919 (détail), ph. Edimédia ; **p. 451 :** Galtier-Boissière, Le défilé des mutilés, 1919 (détail), ph. Edimédia ; **p. 452 :** Charles Ginner, *Piccadilly Circus*, 1912, Tate Gallery, Londres, ph. John Webb ; **p. 454 h :** doc. Tallandier ; **b :** Gisèle Freund ; **p. 457 :** Frédéric Church, *Les Icebergs, 1861* (détail), ph. Josse ; **p. 458 :** ph. Robert Doisneau / Rapho ; **p. 460 h :** J.P. Laffont / Sygma ; **b :** Debeil / Gamma ; **p. 463 :** J.L. Charmet ; **p. 464 h :** Coll. Viollet ; **b :** Gisèle Freund ; **p. 467 :** Georges Rohner, *Rouleau de carton et livres, 1992*, ph. Giraudon ; **p. 468 h :** René Saint-Paul ; **b :** René Saint-Paul ; **p. 470 :** Edimédia ; **p. 473 :** MNAM ; **p. 475 :** MNAM ; **p. 483 :** Institut für Theater-Film und Fernsehwissenschaft Universitat zu Köln ; **p. 486-487 :** Conférence de presse 1965, ph. Berretty / Rapho ; Manifestation d'étudiants 25 février 1992, ph. Denoyelle, l'étudiant / Jerrican ; L'homme sur la lune, Apollo 11 juillet 1969, ph. Dite / Nasa ; **p. 488 h :** Fievez / Sipa Press ; **m :** J.M. Voge./ Gamma ; **b :** Alain Buu / Gamma ; **p. 489 :** Soulages, *Peinture, 130 x 195 cm, 18 avril 1959*, ph. Y. Bresson, Musée d'Art Moderne de St Étienne ; **p. 490 h :** ph. Pelletier / Gamma ; **b :** Keystone ; **p. 492 :** ph. Marc Enguerand ; **p. 494 h :** ph. Yan / Rapho ; **b :** Collection Viollet ; **p. 496 h :** Roger-Viollet / Arch. Nathan ; **b :** Gamma ; **p. 498 :** ph. Bernard ; **p. 500 h / b :** Lipnitzki-Viollet ; **p. 501 :** Dessin de Virginie Calviac, extrait de l'Inventaire de la faune de France, Nathan, MNHN Paris 1992 ; **p. 502 h :** ph. Lipnitzki-Viollet / Arch. Nathan ; **b :** René Saint-Paul ; **p. 504 h/b :** Serge Assier / Gamma ; **p. 506 h/b :** Ulf Andersen / Gamma ; **p. 508 :** Lapi-Viollet / Arch. Nathan ; **p. 510 :** Photothèque des Musées de la Ville de Paris ; **p. 512 h :** Louis Monier / Arch. Nathan ; **b :** Rougemont / Gamma ;p. 514 h : A. Denize / Gamma ; **b :** John Foley / Gamma ; **p. 516 h/b :** Ulf Andersen / Gamma ; **p. 519 :** Marc Enguerand ; **p. 520 h :** Ulf Andersen / Gamma ; b : S. Bassouls / Sygma ; **p. 522-523 :** Thomas Baines, *Paysage d'Afrique du Sud* (détail), Edimédia ; **p. 525 :** Francis Gruber ;

Couverture : J. Vernet, *Le Port de la Rochelle* (détail), ph. Josse.

Édition : Pascale Van der Plaetsen

Recherche iconographique : Monique Durguérian

Coordination artistique : Danielle Capellazzi

Conception graphique : Élisabeth Maréchal

Mise en page : Élisabeth Maréchal et Catherine Balbiani

Composition et photogravure : PFC

N° d'Éditeur : 10030829 - (III) - 75 - (CSBP) - 90
Imprimé en France - Septembre 1995
par Mame Imprimeurs à Tours (n° 35446)